Erich Kästner · Werke
Band VIII

Erich Kästner · Werke
HERAUSGEGEBEN VON
FRANZ JOSEF GÖRTZ

Erich Kästner

Eintritt frei!
Kinder die Hälfte!

Romane für Kinder II

HERAUSGEGEBEN VON
FRANZ JOSEF GÖRTZ
IN ZUSAMMENARBEIT
MIT ANJA JOHANN

Carl Hanser Verlag

Zuerst erschienen:
Arthur mit dem langen Arm
Williams & Co. Verlag, Berlin 1930
Das verhexte Telefon
Williams & Co. Verlag, Berlin 1930
Das fliegende Klassenzimmer
Perthes (DVA), Stuttgart 1933
Das doppelte Lottchen
Atrium Verlag, Zürich 1949
Die Konferenz der Tiere
Europa Verlag, Zürich 1949
Das Schwein beim Friseur
Atrium Verlag, Zürich 1962
Der kleine Mann
Atrium Verlag, Zürich 1963
Der kleine Mann und die kleine Miss
Atrium Verlag, Zürich 1967

ISBN 3-446-19564-5 (Leinen)
ISBN 3-446-19563-7 (Broschur)

Alle Rechte an dieser Gesamtausgabe vorbehalten
© Carl Hanser Verlag München Wien 1998
Alle Rechte an den Illustrationen vorbehalten
Arthur mit dem langen Arm von Walter Trier
© 1932 Atrium Verlag, Zürich
Das verhexte Telefon von Walter Trier
© 1935 Atrium Verlag, Zürich
Die Konferenz der Tiere von Walter Trier
© 1990 Atrium Verlag, Zürich
Der kleine Mann von Horst Lemke
© 1963 Atrium Verlag, Zürich
Der kleine Mann und die kleine Miss
von Horst Lemke
© 1967 Atrium Verlag, Zürich
Ausstattung: Bernd Pfarr
Gestaltung und Herstellung:
Hanne Koblischka und Meike Harms
Texterfassung: Randall L. Jones,
Brigham Young University, Provo/Utah
Satz: Filmsatz Schröter GmbH, München
Druck und Bindung: Pustet, Regensburg
Printed in Germany

Inhaltsübersicht

   7 Arthur mit dem langen Arm

 23 Das verhexte Telefon

 41 Das fliegende Klassenzimmer

161 Das doppelte Lottchen

255 Die Konferenz der Tiere

317 Das Schwein beim Friseur

389 Der kleine Mann

527 Der kleine Mann und die kleine Miss

661 Anhang

663 Nachwort

685 Inhaltsverzeichnis

ARTHUR MIT DEM LANGEN ARM

Vorwort zu
Arthur mit dem langen Arm

In Dresden wohnt ein kleiner Neffe
von mir, den ich mitunter treffe.
Statt »ihnen« schreibt er häufig »sie«.
Und stets hat er zerschundne Knie.

Er wird, wie ich gefunden habe,
wahrscheinlich nie ein Musterknabe.
Das ist jedoch nicht schlimm. Wir beiden,
wir können uns trotzdem gut leiden.

Eh' ich mich aus dem Mantel schäle,
verlangt er schon, daß ich erzähle.
Das tue ich denn auch, sonst wär' ich
ja nicht der gute Onkel Erich.

Am liebsten hat er Versgeschichten.
Er setzt sich hin und läßt mich dichten.
Ich schrieb das auf, und so entstand
im Lauf der Zeit ein kleiner Band.

Und weil wir beide drüber lachten,
und weil sie uns Vergnügen machten,
gefallen sie vielleicht euch allen?
Na, seht mal zu, ob sie gefallen!

Arthur mit dem langen Arm

Unerhört ist die Geschichte,
welche ich euch jetzt berichte.
Sie behandelt lang und breit
Arthurs Ungezogenheit.

Ach, er war der tollste Knabe,
den ich je gesehen habe!
Doch nun wird er nie mehr froh.
Wie das kam? Ja, das kam so:

Arthurs Schwester, namens Trude,
fuhr einmal nach Buxtehude.
Arthur, der den Koffer trug,
brachte sie bis an den Zug.

Wagen quiekten. Leute rannten.
Arthur brüllte: »Grüß' die Tanten!«
Trude, die am Fenster stand,
reichte ihm noch rasch die Hand.

Doch da kam ein Ruck, ein Stoß!
und der Zug fuhr plötzlich los.
Arthur hielt die Hand der Schwester,
so aus Unsinn, immer fester.

Und er wankte nicht vom Flecke,
doch der Zug bog um die Ecke.
Arthur wich nicht einen Schritt,
aber seine Hand fuhr mit!

Trude krähte wie ein Sänger.
Arthurs Arm ward lang und länger.
Und trotz ihrem Angstgezeter
wuchs der Arm auf dreißig Meter.

Jemand zog das Notsignal.
Und der Zug, der hielt nochmal.
Arthur mit dem langen Arm
übergab man dem Gendarm.

Dieser wußte mit dem langen
Arme auch nichts anzufangen.
In der Schule und zu Haus
lachte man den Arthur aus.

Schließlich wurde er für Geld
auf dem Jahrmarkt ausgestellt.
Für 10 Pfennig zog und rollte
man den Arm, so oft man wollte.

Man benutzte ihn als Reck
und zu manchem andern Zweck,
wie etwa zum Bäumestutzen
und zum Kirchturmfensterputzen.

Wißt Ihr, was er in der Nacht
mit dem langen Arme macht?
Wegen seiner Riesenmaße
hängt der Arm bis auf die Straße.

Leute, die vorübergehn,
bleiben dann gewöhnlich stehn.

Und sie zupfen unter Witzen
Arthur an den Fingerspitzen.

Jedesmal, wenn man ihn neckt,
wird er aus dem Schlaf geweckt.
Schreiben wir ihm einen Brief:
Wir bedauerten ihn tief.

Das zersägte Motorrad

Der Max hat täglich einen Tanz
mit seinem großen Bruder Franz,
weil dieser lange Goliath
ein herrliches Motorrad hat.

Das wäre schön und wäre gut
und wäre noch kein Grund zur Wut.
Doch Franz hat auch ein Fräulein Braut.
Und nächstens werden sie getraut.

Max sagt zu Franz auf Schritt und Tritt:
»Nimm mich doch, bitte, einmal mit!«
Franz nickt in solchen Fällen prompt,
bis dann die Braut dazwischenkommt.

Da fahren sie dann fort, und der
empörte Max schaut hinterher.
Er kann vor Ärger kaum noch sprechen
und denkt bei sich: Ich muß mich rächen.

Er will nicht stets der Dumme sein,
und endlich fällt ihm etwas ein.

Am nächsten Abend führt er's aus.
Der Bruder Franz ist noch im Haus.

Max schraubt und sägt, mit Ruck und Stoß,
den Beiwagen vom Rade los.
Doch macht er's so, daß jeder denkt,
daß beides noch zusammenhängt.

Dann stellt er, um was zu erleben,
sich sanft und unschuldsvoll daneben.
Er ist vergnügt, sein Herz schlägt laut.
Er freut sich so auf Franzens Braut.

Er malt sich aus, was kommen muß,
den Anfang und nachher den Schluß:
Wenn Franzens Braut zur Abfahrt treibt
und trotz der Abfahrt sitzen bleibt.

Da tritt Franz aus dem Haus und spricht:
»Max, meine Braut kommt heute nicht,
weil sie …, ich weiß nicht, was sie vorhat.
Deshalb fährst Du mit mir Motorrad!«

Max hat natürlich keine Lust.
Doch denkt er: Menschenskind, du mußt!
und setzt sich, ohne viel zu sagen,
in Franzens abgesägten Wagen.

Der Franz gibt Gas. Der Krach ist groß.
Der Franz springt auf. Die Fahrt geht los.
Schon gibt es aber einen Knacks.
Der Franz fährt ab, doch ohne Max.

Dem ist es eine harte Lehre.
Was lernt er denn? Die Lehre wäre?
Wer andern schadet, sich zu nützen,
bleibt oft, auch wenn er recht hat, sitzen.

Ursula hängt in der Luft

Luftballons sind sehr beliebt
und das Schönste, was es gibt.
Erstens sind sie immer rund.
Zweitens sind sie meistens bunt.

Drittens fliegen sie so fein!
Hierbei fällt mir wieder ein,
was damals mit Ursula
und dem alten Knoll geschah.

Knoll war ein bekannter Säufer
und ein Luftballonverkäufer.
Denkt, an diesen alten Mann
schlich sie sich von hinten ran.

Einen langen Stab benutzend,
hielt er Luftballons, vier Dutzend'
Doch er wackelte bedenklich,
denn er war vom Trinken kränkli

Ursel gab ihm einen Stoß!
Da ließ Knoll die Stange los.
Hastig griff sie zu und flog
in die Luft, so sehr sie zog.

Langsam ward sie klein und klein
Und allmählich konnte keiner
ihr noch mit den Augen folgen.
So verschwand sie hinter Wolken

Immer weiter trieb der Wind
die Ballons mitsamt dem Kind.
Als sie wieder runtersah,
hing sie über Afrika.

Überm Tanganjika-See
taten ihr die Finger weh.
Aber mit dem letzten Rest
ihrer Kraft hielt sie sich fest.

Schließlich kam ein Negerheer
und beschoß sie mit dem Speer.
Die Ballons zerplatzten laut,
übrig blieb nur ihre Haut.

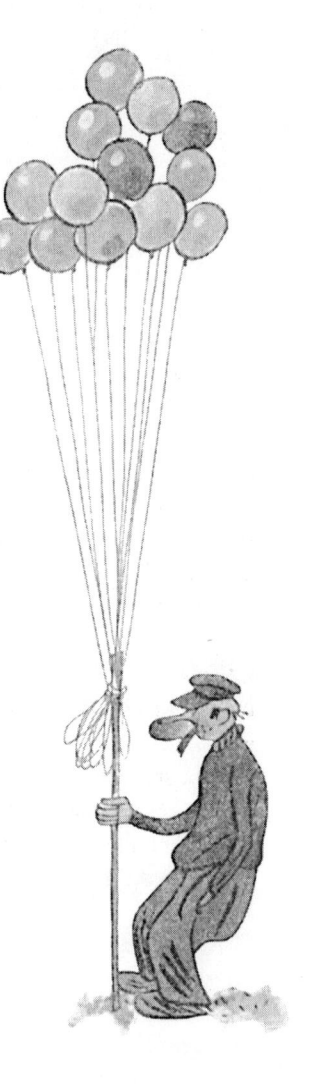

Ursula, die langsam sank,
fühlte sich vor Schreck ganz krank.
Und dann fiel sie unter Schreien
mitten in die Negerreihen.

Anfangs wollten sie sie braten.
Welches Glück, daß sie's nicht taten.
König Wum nahm sie zur Frau.
(Doch, das weiß man nicht genau.)

Fest steht, daß sie leben blieb,
weil sie eine Karte schrieb.
Darauf stand in ihrer Schrift:
»Seht, wie mich das Schicksal trifft!
Holt mich heim aus Afrika.
Herzlichst Eure Ursula.«

Die Sache mit den Klößen

Der Peter war ein Renommist.
Ihr wißt vielleicht nicht, was das ist?
Ein Renommist, das ist ein Mann,
der viel verspricht und wenig kann.

Wer fragte: »Wie weit springst Du, Peter?«
bekam zur Antwort: »Sieben Meter.«
In Wirklichkeit – Kurt hat's gesehn –
sprang Peter bloß drei Meter zehn.

So war es immer: Peter log,
daß sich der stärkste Balken bog.
Und was das Schlimmste daran war:
Er glaubte seine Lügen gar!

Als man einmal vom Essen sprach,
da dachte Peter lange nach.
Dann sagte er mit stiller Größe:
»Ich esse manchmal dreißig Klöße.«

Die andern Kinder lachten sehr.
Doch Peter sprach: »Wenn nicht noch mehr!«
»Nun gut«, rief Kurt, »wir wollen wetten.«
(Wenn sie das bloß gelassen hätten.)

Der Preis bestand, besprachen sie,
in einer Taschenbatterie.
Die Köchin von Kurts Eltern kochte
die Klöße, wenn sie's auch nicht mochte.

Kurts Eltern waren ausgegangen.
So wurde schließlich angefangen.
Vom ersten bis zum fünften Kloß,
da war noch nichts Besondres los.

Die andern Kinder saßen stumm
um Peter und die Klöße rum.
Beim siebenten und achten Stück
bemerkte Kurt: »Er wird schon dick.«

Beim zehnten Kloß ward Peter weiß
und dachte: Kurt erhält den Preis.
Ihm war ganz schlecht, doch tat er heiter
und aß, als ob's ihm schmeckte, weiter.

Er schob die Klöße in den Mund
und wurde langsam kugelrund.
Der Anzug wurde furchtbar knapp.
Die Knöpfe sprangen alle ab.

Die Augen quollen aus dem Kopf.
Doch griff er tapfer in den Topf.
Nach fünfzehn Klößen endlich sank
er stöhnend von der Küchenbank.

Die Köchin Hildegard erschrak,
als er so still am Boden lag.
Dann fing er gräßlich an zu husten,
daß sie den Doktor holen mußten.

»Um Gottes willen,« rief er aus,
»der Junge muß ins Krankenhaus.«
Vier Klöße steckten noch im Schlund.
Das war natürlich ungesund.

Mit Schmerzen und für teures Geld
ward Peter wieder hergestellt.
Das Renommieren hat zu Zeiten
auch seine großen Schattenseiten.

DAS VERHEXTE TELEFON

Der Oberkellner Nietenführ
war neulich wieder mal bei mir.
Und weil er mich am Schreibtisch sah,
sprach er: »Was machen Sie denn da?«

»Ich schreibe«, sprach ich, »ein Gedicht
für Kinder. Soll ich lieber nicht?
Ich bin zwar auch mal klein gewesen
und habe Verse gern gelesen,
doch neulich meinte Dr. Kraus,
die Kinder machten sich nichts draus.«

Da wurde Nietenführ ganz wild
und rief: »Der Kerl ist nicht im Bild!
Auf sowas darf man gar nicht hören.
Ich ließe mich dadurch nicht stören.«
Ich war sehr geistesgegenwärtig
und sprach: »Na schön, ich dichte fertig.«

Er ging. Ich brachte Nietenführ
noch rasch bis an die Wohnungstür.
Dann nahm ich Platz und schrieb und schrieb.
Nun habt das Buch auch bißchen lieb!

Das verhexte Telefon

Neulich waren bei Pauline
sieben Kinder zum Kaffee.
Und der Mutter taten schließlich
von dem Krach die Ohren weh.

Deshalb sagte sie: »Ich gehe.
Aber treibt es nicht zu toll.
Denn der Doktor hat verordnet,
daß ich mich nicht ärgern soll.«

Doch kaum war sie aus dem Hause,
schrie die rote Grete schon:
»Kennt ihr meine neuste Mode?
Kommt mal mit ans Telefon.«

Und sie rannten wie die Wilden
an den Schreibtisch des Papas.
Grete nahm das Telefonbuch,
blätterte darin und las.

Dann hob sie den Hörer runter,
gab die Nummer an und sprach:
»Ist dort der Herr Bürgermeister?
Ja? Das freut mich. Guten Tach!

Hier ist Störungsstelle Westen.
Ihre Leitung scheint gestört.
Und da wäre es am besten,
wenn man Sie mal sprechen hört.

Klingt ganz gut … Vor allen Dingen
bittet unsere Stelle Sie,
prüfungshalber was zu singen.
Irgendeine Melodie.«

Und die Grete hielt den Hörer
allen Sieben an das Ohr.
Denn der brave Bürgermeister
sang »Am Brunnen vor dem Tor«.

Weil sie schrecklich lachen mußten,
hängten sie den Hörer ein.
Dann trat Grete in Verbindung
mit Finanzminister Stein.

»Exzellenz, hier Störungsstelle.
Sagen Sie doch dreimal ›Schrank‹.
Etwas lauter, Herr Minister!
Tschuldigung und besten Dank.«

Wieder mußten alle lachen.
Hertha schrie »Hurra!« und dann
riefen sie von neuem lauter
sehr berühmte Männer an.

Von der Stadtbank der Direktor
sang zwei Strophen »Hänschen klein«.

Und der Intendant der Oper
knödelte die »Wacht am Rhein«.

Ach, sogar den Klassenlehrer
rief man an. Doch sagte der:
»Was für Unsinn? Störungsstelle?
Grete, Grete! Morgen mehr.«

Das fuhr allen in die Glieder.
Was geschah am Tage drauf!
Grete rief: »Wir tuns nicht wieder.«
Doch er sagte: »Setzt Euch nieder.
Was habt Ihr im Rechnen auf?«

Der Preisboxer

Vermutlich kennt Ihr solche Knaben,
die (wenn sie kleine Kinder sehn)
die gräßliche Gewohnheit haben,
mit Fäusten auf sie loszugehn.

Dann boxen sie wie Titelhalter
die kleinen Kerls zu Kuchenteig.
Doch zeigt sich wer in ihrem Alter,
so kneifen sie. Denn sie sind feig.

Der Adolf war ein solcher Kunde.
Und trat er tückisch aus dem Haus,
so rissen in der ganzen Runde,
die kleinen Kinder alle aus.

Er stieß. Er zog sie an den Haaren.
Es war ihm gleich, wohin er traf.
Zu denen, welche größer waren,
benahm er sich hingegen brav.

Da zogen Leute namens Bock
im Haus von Adolfs Eltern ein.
Sie zogen in den dritten Stock.
Ihr Sohn hieß Fritz und war noch klein.

Bereits am nächsten Tag erhielt
der Fritz von Adolf seine Schläge.
Er hatte still für sich gespielt.
Doch Adolf rief: »Geh aus dem Wege!«

Nun kamen, von dem Krach beflügelt,
die Kinder aus der Gegend an.
Sie wollten sehn, wie Adolf prügelt
und was der Fritz vertragen kann.

Er schlug, so sehr es ihm behagte,
und fand an diesem Sport Genuß,
bis Fritz den Rock auszog und sagte:
»Nun aber Schluß!«

Er gab dem Adolf eins vors Kinn
und rief: »Das war ein Uppercut!«

DER PREISBOXER

Der Adolf fiel beinahe hin
und wünschte sich nach Haus ins Bett.

Dann schlug Fritz Haken rechts und links
und gab ihm einen Magenstoß.
Die kleinen Kinder staunten rings.
Und schließlich brach der Jubel los.

Was half dem Adolf seine Länge?
Er sank fast um und weinte laut.
Zum Schluß erklärte Fritz der Menge:
»Paßt auf! Jetzt schlag ich ihn knock out.«

Er drehte sich herum, als ging er.
Doch plötzlich, scheinbar ohne Ziel,
gab er dem Großen einen Schwinger,
daß Adolf steif zu Boden fiel!

Da lag er wie vom Blitz getroffen,
und hielt die Augen zugepreßt.
Und Fritzchen sprach: »Es steht zu hoffen,
daß er Euch jetzt in Ruhe läßt.«

Ferdinand saugt Staub

Wenn Ferdinand Maschinen sah,
dann war er meistens hingerissen,
ob Radio, ob Kamera –
er schraubte hier – er schraubte da,
er wollte alles wissen.

Sein Vater sparte und erstand
den größten Staubsaugapparat,
den er im Kaufhaus Ury fand.
Er ahnte nicht, was Ferdinand,
als er allein war, tat.

Es ließ dem Jungen keine Ruh,
ob denn der Apparat was taugte.
Er drehte an und ab und zu.
Er hielt den Sauger an die Schuh.
Es stob der Staub. Er saugte.

Es stob der Staub aus jeder Ecke.
Der Apparat war wie verrückt.
Er schob den Bücherschrank vom Flecke.
Er schluckte die geblümte Decke.
Ein Fenster ward zerdrückt.

Es stob der Staub. Der Schrank schlug Wellen.
Dem Ferdinand mißlang vor Schreck,
die Mordmaschine abzustellen.
Er hörte seinen Dackel bellen –
schwupp, war das Tierchen weg.

DAS VERHEXTE TELEFON

Durchs Zimmer flog ein Blumenstrauß.
Am Boden häuften sich die Reste.
Der Vater kam verstört nach Haus.
Es zog ihm gleich die Stiefel aus.
Sein Bauch quoll aus der Weste.

FERDINAND SAUGT STAUB

Die Wände wurden krumm und krümmer.
Die Lampe sauste aufs Parkett.
Der Zustand wurde immer schlimmer.
Schon schwebte aus dem Nebenzimmer
das Mahagonibett.

Es drehte sich. Es stürzte dann.
Die Stühle hüpften wie Gespenster.
Da packte der empörte Mann
den Apparat energisch an
und schmiß ihn aus dem Fenster.

Die Straßenbahn sprang aus den Schienen
und überfuhr den Apparat.
Der Vater sah mit strengen Mienen
auf Ferdinand und die Ruinen
und sprach: »Da hast du den Salat.«

Übermut tut selten gut

Klaus und Kläre gehn im Zoo spazieren.
Und sie bleiben immer wieder stehn,
um den Garten mit den tausend Tieren
sich so recht ausführlich anzusehn.

Denn da gibt es ganz verrückte Biester,
mit Geweih und Bart und Pinselohr.
Klaus tut sich gern wichtig, und so liest er
Kläre alle Namensschilder vor.

Ganz besonders stehen sie und gaffen
durch das eine hohe Gitter dort.
Denn dahinter stehen zwei Giraffen.
Kläre möchte gar nicht wieder fort.

Klaus sucht unterdessen spitze Steine.
Diese wirft er dann (und holt weit aus)
den Giraffen an die langen Beine.
Seine Schwester sagt nur: »Aber Klaus!«

Er sucht Steine von enormer Größe,
und er knallt sie auf das gelbe Fell.
»Warum werden sie«, brüllt er, »nicht böse?«
Kläre sagt nur: »Das geht manchmal schnell.«

Wieder bückt er sich und sucht und sieht
nicht, daß die Giraffen näher kommen.
Und bevor er es bemerkt und flieht,
haben ihn die beiden festgenommen.

Jede der Giraffen schnappt ein Ohr.
Und dann ziehen sie ihn erst mal breit.
Und dann ziehn sie ihn zu sich empor.
Kläre steckt vor Schreck den Kopf ins Kleid.

Klaus brüllt so, als stecke er am Spieße.
Doch sie hören gar nicht auf sein Weinen.
Wenn man ihn, schreit er, jetzt gehen ließe,
würfe er nie mehr mit spitzen Steinen.

Die Giraffen machen sich nichts draus,
sondern ziehn und zerren wutentbrannt.

Kläre holt die Wärter, aber Klaus
hat schon Ohren wie ein Elefant.

Auch die Wärter können hier nichts machen
wenn der Anblick sie auch sehr erregt.
Alle Tiere schauen zu und lachen.
Und die Ohren wachsen unentwegt.

Bis die Wärter mit Pistolen knallen.
Dann erst lassen die Giraffen den
ganz und gar verzerrten Knaben fallen.
Kläre wagt es kaum, ihn anzusehn.

Seine Ohren schlenkern ihm wie Schleppen
um die Füße bei dem kleinsten Schritt.
Er hat Mühe, daß er auf den Treppen
sich nicht auf die eignen Ohren tritt.

Armer Klaus, was wird mit dir geschehen,
wenn die Eltern deine Ohren sehen?
Ach, was wird dir noch damit passieren!
Und im Winter wirst du sie erfrieren.

Brauchen wir dir jetzt noch einzuschärfen:
Du sollst nicht mit spitzen Steinen werfen?
Nein, du weißt es endlich, Tiere quälen
ist so gut wie gar nicht zu empfehlen.

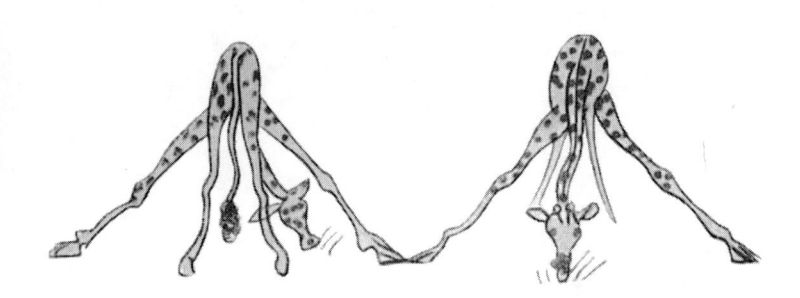

DAS FLIEGENDE KLASSENZIMMER

Ein Roman für Kinder

Die erste Abteilung des Vorworts

*enthält eine Debatte zwischen Frau Kästner und
ihrem Sohn · einen Blick auf die Zugspitze · einen
Schmetterling namens Gottfried · eine schwarz- und
weißgefleckte Katze · etwas ewigen Schnee · einen
harmonischen Feierabend · und den berechtigten
Hinweis, daß aus Kälbern manchmal Ochsen werden.*

Diesmal wird es eine regelrechte Weihnachtsgeschichte. Eigentlich wollte ich sie schon vor zwei Jahren schreiben; und dann, ganz bestimmt, im vorigen Jahr. Aber wie das so ist, es kam immer etwas dazwischen. Bis meine Mutter neulich sagte: »Wenn du sie heuer nicht schreibst, kriegst du nichts zu Weihnachten!«

Damit war alles entschieden. Ich packte schleunigst meinen Koffer, legte den Tennisschläger, den Badeanzug, den grünen Bleistift und furchtbar viel Schreibpapier hinein und fragte, als wir schwitzend und abgehetzt in der Bahnhofshalle standen: »Und wohin nun?« Denn es ist begreiflicherweise sehr schwierig, mitten im heißesten Hochsommer eine Weihnachtsgeschichte zu verfassen. Man kann sich doch nicht gut auf den Hosenboden setzen und schreiben: »Es war schneidend kalt, der Schnee fiel in Strömen, und Herrn Doktor Eisenmayer erfroren, als er aus dem Fenster sah, beide Ohrläppchen«, – ich meine, dergleichen kann man doch beim besten Willen nicht im August hinschreiben, während man wie ein Schmorbraten im Familienbad liegt und auf den Hitzschlag wartet! Oder?

Frauen sind praktisch. Meine Mutter wußte Rat. Sie trat an den Fahrkartenschalter, nickte dem Beamten freundlich zu und fragte: »Entschuldigen Sie, wo liegt im August Schnee?«

»Am Nordpol«, wollte der Mann erst sagen, dann aber erkannte er meine Mutter, unterdrückte seine vorlaute Bemerkung und meinte höflich: »Auf der Zugspitze, Frau Kästner.«

Und so mußte ich mir auf der Stelle ein Billett nach Oberbayern lösen. Meine Mutter sagte noch: »Komme mir ja nicht ohne die Weihnachtsgeschichte nach Hause! Wenn's zu heiß wird, guckst du dir den Schnee auf der Zugspitze an! Verstanden?« Da fuhr der Zug los.

»Vergiß nicht, die Wäsche heimzuschicken«, rief meine Mutter hinterher.

Ich brüllte, um sie ein bißchen zu ärgern: »Und gieß die Blumen!« Dann winkten wir mit den Taschentüchern, bis wir einander entschwanden.

Und nun wohne ich seit vierzehn Tagen am Fuße der Zugspitze, an einem großen dunkelgrünen See, und wenn ich nicht gerade schwimme oder turne oder Tennis spiele oder mich von Karlinchen rudern lasse, sitz ich mitten in einer umfangreichen Wiese auf einer kleinen Holzbank, und vor mir steht ein Tisch, der in einem fort wackelt, und auf dem schreib ich nun also meine Weihnachtsgeschichte.

Rings um mich blühen die Blumen in allen Farben. Die Zittergräser verneigen sich respektvoll vor dem Winde. Die Schmetterlinge fliegen spazieren. Und einer von ihnen, ein großes Pfauenauge, besucht mich sogar manchmal. Ich hab ihn Gottfried getauft, und wir können uns gut leiden. Es vergeht kaum ein Tag, an dem er nicht angeflattert kommt und sich zutraulich auf mein Schreibpapier setzt. »Wie geht's, Gottfried?« frage ich ihn dann, »ist das Leben noch frisch?« Er hebt und senkt, zur Antwort, leise seine Flügel und fliegt befriedigt seiner Wege.

Drüben am Rande des dunklen Tannenwaldes hat man einen großen Holzstoß gestapelt. Obendrauf kauert eine schwarzund weißgefleckte Katze und starrt zu mir herüber. Ich habe sie stark im Verdacht, daß sie verhext ist, und wenn sie wollte, reden könnte. Sie will nur nicht. Jedesmal, wenn ich mir eine Zigarette anzünde, macht sie einen Buckel.

Nachmittags reißt sie aus, denn dann wird es ihr zu heiß. Mir auch; ich bleib aber da. Trotzdem: So herumzuhocken, vor Hitze zu kochen und dabei zum Beispiel eine Schneeballschlacht zu beschreiben, das ist keine Kleinigkeit.

Da lehne ich mich dann weit auf meiner Holzbank zurück, schaue zur Zugspitze hinauf, in deren gewaltigen Felsklüften der kühle ewige Schnee schimmert, – und schon kann ich weiterschreiben! An manchen Tagen freilich ziehen aus der Wetterecke des Sees Wolken herauf, schwimmen quer durch den Himmel auf die Zugspitze zu und türmen sich vor ihr auf, bis man nichts mehr von ihr sieht.

Da ist es natürlich mit dem Schildern von Schneeballschlachten und anderen ausgesprochen winterlichen Ereignissen vorbei. Aber das macht nichts. An solchen Tagen beschreib ich einfach Szenen, die im Zimmer spielen. Man muß sich zu helfen wissen!

Abends holt mich regelmäßig Eduard ab. Eduard ist ein bildhübsches, braunes Kalb mit winzigen Hörnern. Man hört ihn schon von weitem, weil er eine Glocke umhängen hat. Erst läutet es ganz von ferne; denn das Kalb weidet oben auf einer Bergwiese. Dann dringt das Läuten immer näher und näher. Und schließlich ist Eduard zu sehen. Er tritt zwischen den hohen dunkelgrünen Tannen hervor, hat ein paar gelbe Margueriten im Maul, als hätte er sie extra für mich gepflückt, und trottet über die Wiese, bis zu meiner Bank.

»Nanu, Eduard, schon Feierabend?« frag ich ihn. Er sieht mich groß an und nickt, und seine Kuhglocke läutet. Aber er frißt noch ein Weilchen, weil es hier herrliche Butterblumen und Anemonen gibt.

Und ich schreibe noch ein paar Zeilen. Und hoch oben in der Luft kreist ein Adler und schraubt sich in den Himmel hinauf.

Schließlich steck ich meinen grünen Bleistift weg und klopfe Eduard das warme glatte Kalbfell. Und er stupst mich mit den kleinen Hörnern, damit ich endlich aufstehe. Und dann bummeln wir gemeinsam über die schöne, bunte Wiese nach Hause.

Vor dem Hotel verabschieden wir uns. Denn Eduard wohnt nicht im Hotel, sondern um die Ecke bei einem Bauern.

Neulich hab ich den Bauer gefragt. Und er hat gesagt, Eduard würde später sicher einmal ein großer Ochse werden.

Die zweite Abteilung des Vorworts

*enthält den Verlust eines grünen Bleistifts · eine Bemerkung
über die Größe von Kindertränen · die Ozeanfahrt des
kleinen Jonathan Trotz · den Grund, warum ihn seine
Großeltern nicht abholten · ein Loblied auf die menschliche
Hornhaut und die dringende Aufforderung, Mut und
Klugheit unter einen Hut zu bringen.*

Eigentlich wollte ich gestern abend, als ich gegessen hatte und faul in der Gaststube saß, gleich weiterschreiben. Das Alpenglühen war erloschen. Die Zugspitze und die Riffelwände versanken im Schatten der nahenden Nacht. Und am anderen Ufer des Sees guckte der Vollmond lächelnd über den schwarzen Wald.

Da merkte ich, daß ich meinen grünen Bleistift verloren hatte. Sicher war er mir auf dem Nachhauseweg aus der Tasche gefallen. Vielleicht hatte ihn auch Eduard, das bildhübsche Kalb, für einen Grashalm gehalten und verschluckt. Jedenfalls saß ich nun in der Gaststube herum und konnte nicht schreiben. Denn es gab im ganzen Hotel, obwohl es ein pikfeines Hotel ist, weit und breit keinen grünen Bleistift, den ich mir hätte borgen können! Toll, was?

Schließlich nahm ich ein Kinderbuch vor, das mir der Verfasser geschickt hatte, und las darin. Aber ich legte es bald wieder weg. Sosehr ärgerte ich mich darüber! Ich will euch auch sagen, warum. Jener Herr will den Kindern, die sein Buch lesen, doch tatsächlich weismachen, daß sie ununterbrochen lustig sind und vor lauter Glück nicht wissen, was sie anfangen sollen! Der unaufrichtige Herr tut, als ob die Kindheit aus prima Kuchenteig gebacken sei.

Wie kann ein erwachsener Mensch seine Jugend so vollkommen vergessen, daß er eines Tages überhaupt nicht mehr weiß, wie traurig und unglücklich Kinder zuweilen sein können? (Ich bitte euch bei dieser Gelegenheit von ganzem Herzen: Vergeßt eure Kindheit nie! Versprecht ihr mir das? Ehrenwort?)

Es ist nämlich gleichgültig, ob man wegen einer zerbrochenen Puppe weint, oder weil man, später einmal, einen Freund verliert. Es kommt im Leben nie darauf an, worüber man traurig ist, sondern nur darauf, wie sehr man trauert. Kindertränen sind, bei Gott, nicht kleiner und wiegen oft genug schwerer als die Tränen der Großen. Keine Mißverständnisse, Herrschaften! Wir wollen uns nicht unnötig weich machen. Ich meine nur, daß man ehrlich sein soll, auch wenn's weh tut. Ehrlich bis auf die Knochen.

In der Weihnachtsgeschichte, die ich euch vom nächsten Kapitel ab erzählen werde, kommt ein Junge vor, der Jonathan Trotz heißt und den die anderen Johnny nennen. Dieser kleine Tertianer ist nicht die Hauptfigur des Buchs. Aber sein Lebenslauf paßt hierher. Er wurde in New York geboren. Sein Vater war Deutscher. Die Mutter war Amerikanerin. Und die beiden lebten wie Hund und Katze miteinander. Schließlich lief die Mutter fort. Und als Johnny vier Jahre alt war, brachte ihn sein Vater in den Hafen von New York; zu einem Dampfer, der nach Deutschland fuhr. Er kaufte dem Jungen eine Schiffsfahrkarte, steckte ihm einen Zehndollarschein ins braune Kinderportemonnaie und hängte ihm eine Papptafel um den Hals, auf der Johnnys Name stand. Dann gingen sie zu dem Kapitän. Und der Vater sagte: »Nehmen Sie doch, bitteschön, mein Kind mit! Die Großeltern holen es in Hamburg vom Dampfer ab.«

»Geht in Ordnung, mein Herr«, antwortete der Kapitän. Und da war Johnnys Vater auch schon verschwunden.

Nun fuhr der Junge also ganz allein über den Ozean. Die Passagiere waren riesig freundlich zu ihm, schenkten ihm Schokolade, lasen, was auf seinem Pappschild stand, und sagten: »Nein, hast du aber ein Glück, daß du schon als kleines Kind über das große Meer fahren darfst!«

Als sie eine Woche lang unterwegs gewesen waren, kamen sie in Hamburg an. Und der Kapitän wartete am Fallreep auf Johnnys Großeltern. Die Passagiere stiegen alle aus und klopften dem Jungen noch einmal auf die Backen. Ein Lateinprofessor sagte ergriffen: »Möge es dir zum Besten dienen, o Knabe!«

Und die Matrosen, die an Land gingen, riefen: »Halte die Ohren steif, Johnny!« Und dann kamen die Männer an Bord, die den Dampfer frisch streichen mußten, damit er zur nächsten Amerikafahrt wieder blitzblank aussähe.

Der Kapitän stand am Kai, hielt den kleinen Jungen an der Hand, blickte von Zeit zu Zeit auf die Armbanduhr und wartete. Doch wer nicht kam, das waren Johnnys Großeltern. Sie konnten auch gar nicht kommen. Denn sie waren schon seit vielen Jahren tot! Der Vater hatte das Kind ganz einfach loswerden wollen und es nach Deutschland geschickt, ohne sich weiter den Kopf zu zerbrechen, was nun werden würde.

Damals verstand Jonathan Trotz noch nicht, was ihm angetan worden war. Aber er wurde größer, und da kamen viele Nächte, in denen er wachlag und weinte. Und er wird diesen Kummer, den man ihm zufügte, als er vier Jahre alt war, sein Leben lang nicht verwinden können, obwohl er, das dürft ihr mir glauben, ein tapferer Junge ist.

Die Sache ging noch halbwegs aus. Der Kapitän hatte eine verheiratete Schwester; dorthin brachte er den Jungen, besuchte ihn, wenn er in Deutschland war, und gab ihn, als er zehn Jahre zählte, ins Internat des Johann Sigismund-Gymnasiums zu Kirchberg. (Dieses Internat ist übrigens der Schauplatz unserer Weihnachtsgeschichte.)

Manchmal fährt Jonathan Trotz in den Ferien noch zu der Schwester des Kapitäns. Die Leute sind wirklich sehr gut zu ihm. Aber meistens bleibt er während der Ferien in der Schule. Er liest viel. Und er schreibt heimlich Geschichten.

Vielleicht wird er einmal ein Dichter. Aber das weiß man noch nicht. Er verbringt halbe Tage in dem großen Schulpark und unterhält sich mit den Kohlmeisen. Die fliegen ihm auf die Hand und schauen ihn aus ihren kleinen Augen fragend an, wenn er redet. Manchmal zeigt er ihnen ein kleines braunes Kinderportemonnaie und einen Zehndollarschein, der drinsteckt ...

Ich erzählte euch die Lebensgeschichte Johnnys nur, weil der unaufrichtige Herr, dessen Kinderbuch ich gestern abend in der Gaststube las, behauptet, die Kinder wären in einem fort fidel und wüßten vor lauter Wonne nicht, wo ihnen der Kopf steht. Hat der Mann eine Ahnung!

Der Ernst des Lebens beginnt wirklich nicht erst mit dem Geldverdienen. Er beginnt nicht damit, und er hört damit nicht auf. Ich betone diese stadtbekannten Dinge nicht etwa, daß ihr euch einen Stiefel darauf einbilden sollt, bewahre! Und ich betone sie nicht, um euch bange zu machen. Nein, nein. Seid glücklich, so sehr ihr könnt! Und seid so lustig, daß euch vor Lachen der kleine Bauch weh tut!

Nur: Macht euch nichts vor, und laßt euch nichts vormachen. Lernt es, dem Mißgeschick fest ins Auge zu blicken. Erschreckt nicht, wenn etwas schiefgeht. Macht nicht schlapp, wenn ihr Pech habt. Haltet die Ohren steif! Hornhaut müßt ihr kriegen!

Ihr sollt hart im Nehmen werden, wie die Boxer das nennen. Ihr sollt lernen, Schläge einzustecken und zu verdauen. Sonst seid ihr bei der ersten Ohrfeige, die euch das Leben versetzt, groggy. Denn das Leben hat eine verteufelt große Handschuhnummer, Herrschaften! Wenn man so eine Ohrfeige erwischt hat und nicht darauf gefaßt war, dann braucht nur noch eine kleine Stubenfliege zu husten, und schon liegt man längelang auf der Nase.

Also: Ohren steif halten! Hornhaut kriegen! Verstanden? Wer das erste heraus hat, der hat schon halb gewonnen. Denn der behält trotz der dankend erhaltenen Ohrfeigen Geistesgegenwart genug, um jene beiden Eigenschaften zu betätigen, auf die es ankommt: den Mut und die Klugheit. Und schreibt euch hinter die Ohren, was ich jetzt sage: Mut ohne Klugheit ist Unfug; und Klugheit ohne Mut ist Quatsch! Die Weltgeschichte kennt viele Epochen, in denen dumme Leute mutig oder kluge Leute feige waren. Das war nicht das richtige.

Erst wenn die Mutigen klug und die Klugen mutig geworden sind, wird das zu spüren sein, was irrtümlicherweise schon oft festgestellt wurde: ein Fortschritt der Menschheit.

Ich sitze übrigens, während ich diese beinahe philosophischen Dinge schreibe, wieder auf meiner Holzbank, vor dem Wackeltisch, mitten in der bunten umfangreichen Wiese. Ich hab mir, gleich am Vormittag, im Kolonialwarengeschäft einen grünen Bleistift besorgt. Und jetzt ist's schon wieder Spätnachmittag geworden. Auf der Zugspitze blitzt der Neuschnee. Drüben auf dem Holzstoß kauert die schwarz- und weißgefleckte Katze und starrt unverwandt herüber. Sie ist bestimmt verhext! Und vom Berg herab klingt das Läuten der Glocke, die mein Freund Eduard umhängen hat. Er wird mich bald abholen kommen und mit seinen kleinen Hörnern stupsen. Gottfried, das Pfauenauge, war heute nicht da. Hoffentlich ist ihm nichts passiert.

Ja, und morgen beginne ich endgültig mit der Weihnachtsgeschichte. Darin wird von Mutigen und Angsthasen, von Gescheiten und von Dummköpfen die Rede sein. In einem Internat gibt es ja vielerlei Kinder.

Da fällt mir ein: Wißt ihr denn auch alle, was ein Internat ist? Ein Internat ist eine Art Wohnschule. Man könnte ebenso sagen: eine Schülerkaserne. Die Jungens wohnen darin. Sie essen in einem großen Speisesaal an langen Tischen, die sie selber decken müssen. Sie schlafen in großen Schlafsälen; frühmorgens kommt der Hausmeister und zerrt an einer Glocke, die furchtbar lärmend läutet. Und ein paar Primaner sind Schlafsaalinspektoren. Sie passen wie die Schießhunde auf, daß die anderen blitzartig aus den Betten springen. Manche Jungens lernen es nie, ihr Bett ordentlich zu machen, und deshalb müssen sie, wenn die anderen am Sonnabend und Sonntag Ausgang haben, in den Wohnzimmern bleiben und Strafarbeiten machen. (Dadurch lernen sie das Bettenmachen aber auch nicht.)

Die Eltern der Schüler wohnen in entlegenen Städten oder auf dem Lande, wo es keine höheren Schulen gibt. Und die Kinder kommen bloß in den Ferien zu Besuch. Manche Jungens möchten, wenn die Ferien vorbei sind, am liebsten zu Hause bleiben. Andere wieder blieben sogar während der Ferien in der Schule, wenn es die Eltern nur erlaubten.

Und dann gibt es auch sogenannte Externe. Die sind aus derselben Stadt, in der sich das Gymnasium befindet, und sie wohnen nicht in der Schule, sondern zu Hause.

Doch da tritt eben mein Freund Eduard, das bildhübsche Kalb, aus dem dunkelgrünen Tannenwald. Und jetzt gibt er sich einen Ruck und trottet, quer durch die Wiese, auf mich und meine Holzbank zu. Er holt mich ab. Ich muß Feierabend machen.

Nun steht er neben mir und betrachtet mich liebevoll. Entschuldigt also, daß ich abbreche! Morgen stehe ich frühzeitig auf und fange endlich an, die Weihnachtsgeschichte zu erzählen. Meine Mutter hat gestern geschrieben und angefragt, wie weit ich damit sei.

Das erste Kapitel

*enthält eine Fassadenkletterei · einige Tanzstundenjünglinge
den Primus, der kolossal wütend werden kann
einen großen weißen Umhängebart · den Bericht
über die Abenteuer des »Fliegenden Klassenzimmers«
eine Theaterprobe mit Versen
und eine unerwartete Unterbrechung.*

Zweihundert Schemel wurden gerückt. Zweihundert Gymnasiasten standen lärmend auf und drängten zum Portal des Speisesaals. Das Mittagessen im Kirchberger Internat war zu Ende.

»Teufel, Teufel!« sagte der Tertianer Matthias Selbmann zu seinem einen Tischnachbarn. »Hab ich einen Hunger! Ich brauche dringend zwanzig Pfennige für eine Tüte Kuchenränder. Hast du Moneten?«

Uli von Simmern, ein kleiner blonder Junge, kramte das Portemonnaie aus der Tasche, gab dem immer hungrigen Freund zwei Groschen und flüsterte: »Da, Matz! Laß dich aber nicht klappen. Der schöne Theodor hat Gartenwache. Wenn der sieht, daß du aus dem Tore rennst, bist du geliefert.«

»Laß mich doch mit deinen albernen Primanern zufrieden, du Angströhre«, sagte Matthias großartig und steckte das Geld ein.

»Und vergiß nicht, in die Turnhalle zu kommen! Wir haben wieder Probe.«

»Eisern!« meinte Matz, nickte und verschwand, um sich schleunigst beim Bäcker Scherf in der Nordstraße Kuchenabfälle zu besorgen.

Draußen schneite es. Weihnachten lag in der Luft. Man konnte es schon förmlich riechen … Die meisten Schüler liefen in den Park hinaus, beschossen sich mit Schneebällen oder rüttelten, wenn jemand gedankenvoll des Wegs kam, mit aller Kraft an den Bäumen, daß der Schnee schwer aus den Zweigen prasselte. Hundertfältiges Gelächter erfüllte den Garten. Einige Oberklassianer schritten würdig, Zigaretten rauchend und mit hochgeklapptem Mantelkragen, zum Olymp hinauf. (Olymp, so hieß seit Jahrzehnten ein entlegener geheimnisreicher Hügel, den nur die Primaner betreten durften und der, einem Gerücht nach, mit alten germanischen Opfersteinen ausgestattet war, an denen, alljährlich vor Ostern, gespenstige Aufnahmefeierlichkeiten vorgenommen wurden. Brrr!)

Andere Schüler blieben im Schulgebäude, stiegen zu den Wohnzimmern hinauf, um zu lesen, Briefe zu schreiben, ein Mittagsschläfchen zu halten oder zu arbeiten. Aus den Klavierzimmern erscholl laute Musik.

Auf dem Turnplatz, der vor einer Woche vom Hausmeister in eine Eisbahn verwandelt worden war, lief man Schlittschuh. Dann gab es plötzlich eine haarige Prügelei. Die Eishockeymannschaft wollte trainieren. Aber die Schlittschuhläufer wollten nicht von der Bahn herunter. Ein paar Sextaner und Quintaner mußten, mit Schneeschippen und Besen bewaffnet, das Eis säubern, froren an den Fingern und schnitten wütende Gesichter.

Vor dem Schulhaus staute sich eine aufgeregte Kindermenge und blickte nach oben. Denn im dritten Stockwerk balancierte der Sekundaner Gäbler auf den schmalen Fenstersimsen die Hauswand entlang aus einem Zimmer ins andere. Wie eine Fliege klebte er an der Mauer und schob sich langsam, Schritt für Schritt, seitwärts.

Die Jungen, die ihm zuschauten, hielten den Atem an.

Endlich war Gäbler am Ziel und sprang, mit einem Satz, durchs weitgeöffnete Fenster!

»Bravo!« riefen die Zuschauer und klatschten begeistert in die Hände.

»Was war denn eben los?« fragte ein Primaner, der etwas später vorüberkam.

»Och, nichts Besonderes«, antwortete Sebastian Frank. »Wir haben bloß den Schreivogel gebeten, mal aus dem Fenster zu gucken. Weil der Harry nicht glauben wollte, daß der Schreivogel schielt.« Die anderen lachten.

»Du willst mich wohl auf den Arm nehmen?« fragte der Primaner.

»Nicht doch, nicht doch«, erwiderte Sebastian bescheiden. »Bei Ihrer Größe? Ich würde mir ja glatt den Arm verstauchen.«

Der Primaner zog es vor, beflügelten Schritts weiterzugehen.

Da kam Uli angerannt. »Sebastian, du sollst zur Probe kommen!«

»Der König sprach's, der Knabe lief«, deklamierte Sebastian spöttisch und setzte sich langsam in Trab.

Vor der Turnhalle standen schon drei Jungen. Johnny Trotz, der Verfasser des Weihnachtsstücks mit dem spannenden Titel »Das fliegende Klassenzimmer«; Martin Thaler, Primus und Bühnenmaler in einer Person, und Matthias Selbmann, der immer Hunger hatte, besonders nach den Mahlzeiten, und der später Boxer werden wollte.

Er kaute und hielt dem mit Sebastian daherkommenden kleinen Uli ein paar Kuchenränder entgegen. »Da!« brummte er, »iß auch was, damit du groß und stark wirst.«

»Wenn du nicht so dumm wärst«, sagte Sebastian zu Matz, »so würde ich jetzt ausrufen: Wie kann ein gescheiter Mensch nur so viel fressen!«

Matthias zuckte gutmütig mit den Achseln und kaute weiter.

Sebastian stellte sich auf die Zehen, blickte durch das Fenster und schüttelte den Kopf. »Die Halbgötter hüpfen schon wieder Tango.«

»Los!« befahl Martin, und die fünf Jungen betraten die Turnhalle. Das Schauspiel, das sich ihnen bot, mißfiel ihnen offensichtlich. Zehn Primaner tanzten paarweise übers Parkett. Man übte für die Tanzstunde. Der lange Thierbach hatte sich, von der Köchin wahrscheinlich, den Hut geborgt. Er hatte ihn schief auf den Kopf gesetzt und bewegte sich, vom Arm des Partners krampfhaft elegant umfangen, als sei er eine junge Dame.

Martin ging zu dem Klavier hinüber, an dem der schöne Theodor saß und so falsch wie möglich in die Tasten hieb.

»Diese Fatzken«, knurrte Matthias verächtlich. Uli versteckte sich hinter ihm.

»Ich muß Sie bitten, aufzuhören«, sagte Martin höflich. »Wir wollen das Stück von Johnny Trotz weiterprobieren.«

Die Tänzer hielten inne. Der schöne Theodor unterbrach sein Klavierspiel und meinte hochnäsig: »Wartet gefälligst, bis wir die Turnhalle nicht mehr brauchen!« Dann spielte er weiter. Und die Primaner tanzten wieder.

Martin Thaler, der Primus der Tertia, kriegte seinen weit und breit bekannten roten Kopf. »Hören Sie, bitte, auf!« sagte er laut. »Doktor Bökh hat uns erlaubt, täglich von zwei bis drei Uhr mittags in der Turnhalle zu probieren. Das wissen Sie ganz genau.«

Der schöne Theodor drehte sich auf dem Klavierstuhl herum. »Wie sprichst du eigentlich mit deinem Stubenältesten? He?«

Uli wollte auskneifen. Er hatte keinen Sinn für brenzlige Situationen. Aber Matthias hielt ihn an dem Rockärmel fest, starrte wütend zu den Primanern hinüber und murmelte: »Teufel, Teufel! Soll ich dem langen Laban eins vor den Latz knallen?«

»Ruhe!« sagte Johnny. »Martin bringt das schon in Ordnung.«

Die Primaner standen im Kreis um den kleinen Thaler herum, als wollten sie ihn fressen. Und der schöne Theodor begann wieder seinen Tango zu spielen. Da stieß Martin die Umstehenden beiseite, trat dicht ans Klavier und schlug den Deckel zu! Den Primanern blieb vor Staunen die Spucke weg. Matthias und Johnny eilten zu Hilfe.

Doch Martin wurde ohne sie fertig. »Sie haben sich genau wie wir an die bestehenden Bestimmungen zu halten!« rief er empört. »Bilden Sie sich nur nichts drauf ein, daß Sie zufällig ein paar Jahre älter sind als wir! Beschweren Sie sich über mich bei Doktor Bökh! Aber ich bestehe darauf, daß Sie die Turnhalle augenblicklich verlassen!«

Dem schönen Theodor war der Klavierdeckel auf die Finger gefallen. Sein hübsches Fotografiergesicht verzerrte sich vor

Wut. »Na warte, mein Jungchen«, sagte er drohend. Dann räumte er das Feld.

Sebastian öffnete die Tür und verbeugte sich, ausgesucht höflich, vor den abziehenden Primanern.

»Diese Herren Eintänzer«, meinte er abfällig, als sie draußen waren. »Drehen sich in ihrer Tanzstunde mit angemalten Fräuleins im Kreise und halten sich für die Erdachse. Sie sollten lieber einmal lesen, was Arthur Schopenhauer über die Weiber schreibt.«

»Ich finde die Mädchen sehr nett«, sagte Johnny Trotz.

»Und ich hab eine Tante, die kann boxen«, bemerkte Matthias stolz.

»Los, los!« rief Martin. »Jonathan! Die Probe kann anfangen.«

»Jawohl«, sagte Johnny. »Also heute kommt das letzte Bild noch einmal dran. Das sitzt noch gar nicht. Matz, du kannst deine Rolle schweinemäßig.«

»Wenn mein alter Herr wüßte, daß ich hier Theater spiele, nähme er mich sofort von der Penne«, meinte Matthias. »Ich tu's ja auch bloß euch zuliebe. Wer außer mir könnte denn sonst den Petrus spielen, wie?« Dann holte er einen großen weißen Bart aus der Hosentasche und hängte sich ihn vors Gesicht.

Das Stück, das Johnny geschrieben hatte und das man zur Weihnachtsfeier in der Turnhalle aufführen wollte, hieß, wie gesagt, »Das fliegende Klassenzimmer«. Es bestand aus fünf Akten und war gewissermaßen eine fast prophetische Leistung. Es beschrieb nämlich den Schulbetrieb, wie er in Zukunft vielleicht wirklich stattfinden wird.

Im ersten Akt fuhr ein Studienrat, den Sebastian Frank mit Hilfe eines angeklebten Schnurrbarts naturgetreu darzustellen hatte, samt seiner Klasse im Flugzeug los, um den Geographieunterricht jeweils an Ort und Stelle abzuhalten. »Der Unterricht wird zum Lokaltermin«, hieß eine Verszeile im ersten Akt. Die war aber nicht von Johnny, sondern von dem schrecklich gescheiten Sebastian, der damit, wenn er sie deklamierte, die Lehrer zum Lachen bringen wollte. Martin, der Klassenerste, hatte, weil er sehr gut zeichnete, die Bühnenbilder ausgeführt. An einem Barren wurde ein auf weiße Pappe gemaltes Flugzeug angezweckt. Es hatte drei Propeller und drei Motoren und eine aufklappbare Tür, durch die man in das Flugzeug (also eigentlich in den Barren) steigen konnte.

Uli Simmern spielte die Schwester eines der »fahrenden Schüler«. Er hatte sich von seiner Base Ursel ein Dirndlkleid schicken lassen. Und beim Friseur Krüger wollten sie eine blonde Gretchenperücke leihen. Eine Perücke mit langen geflochtenen Zöpfen. Sie waren am vergangenen Sonnabend, als sie Ausgang gehabt hatten, dort gewesen und hatten Uli die Perücke aufgesetzt. Er war nicht wiederzuerkennen gewesen. Er hatte zum Verwechseln einem Mädchen geglichen! Fünf Mark betrug die Leihgebühr. Aber Friseur Krüger hatte gesagt, falls sie später, wenn es soweit wäre, sich alle bei ihm rasieren lassen würden, leihe er ihnen die Perücke zum halben Preis. Das hatten sie ihm denn auch fest versprochen.

Na ja. Im ersten Akt fuhr die Klasse los. Im zweiten Akt landete das Flugzeug am Kraterrand des Vesuvs. Martin hatte den feuerspeienden Berg beängstigend schön auf einer großen Pappe aufgemalt. Man brauchte die Pappe nur vor ein Hochreck zu schieben, damit der Vesuv nicht umfiel, – und schon konnte Sebastian, der Herr Studienrat, seinen gereimten Vortrag über das Wesen der Vulkane abhalten und die Schüler über Herkulanum und Pompeji, die von der Lava verschütteten römischen Städte, ausfragen. Schließlich brannte er sich an der von Martin gemalten Flamme, die aus dem Krater emporschoß, eine Zigarre an, und dann fuhren sie weiter.

Im dritten Akt gingen sie bei den Pyramiden von Gizeh nieder, spazierten vor die nächste bemalte Pappwand und ließen sich von Sebastian über die Erbauung dieser riesigen Königsgräber aufklären. Dann kam Johnny, mumienbleich bemalt, als Ramses II. aus einer der Pyramiden hervor. Dabei mußte er sich freilich bücken, denn die Pappe war zu klein. Ramses hielt zunächst eine Lobrede auf die fruchtbaren Fluten des Nils und auf den Segen des Wassers im allgemeinen. Später erkundigte er sich nach dem Verlauf des Weltunterganges, den ihm sein Sterndeuter geweissagt hatte. Er war sehr aufgebracht, als er vernahm, daß die Erde noch immer existiere. Und er drohte, er werde den Sterndeuter fristlos entlassen. Uli, der das Mädchen spielte, mußte den alten ägyptischen Pharao auslachen und sagen, der Sterndeuter sei doch längst tot. Daraufhin machte Ramses II. ein geheimnisvolles Zeichen, und Uli hatte ihm, völlig behext, in die sich langsam schließende Pyramide zu folgen. Die Zurückbleibenden mußten erst traurig sein, sich dann aber doch losreißen.

Im vierten Akt landete das »Fliegende Klassenzimmer« am Nordpol. Sie sahen die Erdachse aus dem Schnee herausragen und konnten mit eigenen Augen feststellen, daß die Erde an den Polen abgeplattet ist. Sie sandten eine Funkfotografie davon ans Kirchberger Tageblatt, hörten von einem Eisbären, den Matthias, in ein Fell gehüllt, darstellte, eine ergreifende Hymne auf die Einsamkeit zwischen Eis und Schnee, schüttelten ihm zum Abschied die Pranke und flogen weiter.

Durch ein Versehen des Studienrats und weil das Höhensteuer versagte, kamen sie, im fünften und letzten Akt, in den Himmel. Und zwar zu Petrus, der vor einem Tannenbaum saß, das Kirchberger Tageblatt las und Weihnachten feierte. Er erzählte ihnen, daß er ihren Rektor, den Oberstudiendirektor Prof. Dr. Grünkern, gut kenne. Und wie es ihm gehe. Und hier oben sei nicht viel zu sehen. Denn der Himmel sei ja unsichtbar. Und fotografieren dürften sie auch nicht.

Der Studienrat fragte, ob ihnen Petrus das kleine Mädchen, das Ramses II. in die Pyramiden entführt habe, nicht wiederbeschaffen könne. Petrus nickte, sagte einen Zauberspruch, und prompt kam Uli aus einer gemalten Wolke herausgeklettert! Sie freuten sich kolossal und sangen »Stille Nacht, heilige Nacht«.

Das würden dann zur Weihnachtsfeier die Zuschauer, Lehrer und Schüler, alle mitsingen. Und so mußte die Aufführung bestimmt ein gutes Ende nehmen.

Heute probten sie also den letzten Akt. Petrus, nämlich Matthias, saß auf einem Stuhl vor einem gemalten Lichterbaum, und die anderen – außer Uli, der ja noch in der Pyramide war – umstanden ihn ehrfürchtig. Matthias kraulte sich in seinem weißen Umhängebart und sagte mit möglichst tiefer Stimme:

>»Der Himmel ist für euresgleichen
>ja doch nur scheinbar zu erreichen.
>Ihr fliegt herauf in Apparaten.
>Ihr blickt herein durchs Okular.
>Doch glaubt es mir: Trotz solcher Taten
>bleibt euch der Himmel unsichtbar.
>Er ist für euch verbaut mit Mauern.
>Ihr seht nur mich. Sonst seid ihr blind.

Martin: Das ist aufs tiefste zu bedauern.

Sebastian: Wir wollen nicht darüber trauern,
sondern so bleiben, wie wir sind.

Petrus: Den Himmel, wie er ist, sehn nur die Toten.

Johnny: Darf ich von Ihnen ein paar Fotos machen?

Petrus: Fotografieren ist hier streng verboten.
Wir haben keinen Sinn für solche Sachen.
Forscht, wo ihr was zum Forschen findet.
Das Unerforschbare ...«

Matthias stolperte über das letzte Wort. Es war ihm zu schwierig, und dabei vergaß er den Text. Er starrte, stumm um Entschuldigung bittend, zu Johnny, dem Dichterfürsten, hinüber. Johnny trat zu ihm und sagte ihm leise vor.

»Stimmt. Hast ganz recht«, meinte Matz. »Aber weißt du, ich hab so einen Hunger. Und das schlägt mir immer enorm aufs Gedächtnis.« Dann nahm er sich aber zusammen, hustete und fuhr fort:

>»Forscht, wo ihr was zum Forschen findet.
>Das Unerforschbare laßt unergründet.
>Wir kennen euch. Ihr seid entrüstet,
>wenn euch etwas verboten ist.

	Ihr tut, als ob ihr alles wüßtet.
	Obwohl ihr noch viel wissen müßtet,
	bevor ihr nur ein Zehntel wißt.
Johnny:	Sankt Peter übertreibt entschieden.
	Wir sind gar nicht so wißbegierig.
	Den meisten wär's auch viel zu schwierig.
Martin:	Und Dummheit, Petrus, macht zufrieden.
Sebastian:	Wir hörten, daß Sie alles wissen.
	Ist Ihnen auch vielleicht bekannt,
	daß wir ein kleines Kind vermissen?
	Es folgte Ramses und verschwand.
	Nun irrt es durch das Labyrinth
	der Pyramide.
Petrus:	Armes Kind!
	Ich werde eine Formel sprechen,
	die das Verlorne wiederbringt.
	Ihr dürft mich nur nicht unterbrechen!
	Vielleicht, daß der Versuch gelingt …
	Das Vergangne ist geblieben.
	Und der Weg behält die Schritte.
	Das Zerrißne bleibt geschrieben.
	Komm, und tritt – «

In diesem Augenblick wurde die Tür der Turnhalle stürmisch aufgerissen! Matthias blieb der Vers im Halse stecken. Die andern drehten sich erschrocken um, und Uli blickte neugierig aus der gemalten Wolke heraus, hinter der er seinen Auftritt erwartet hatte.

Im Rahmen der Tür stand ein Junge. Er blutete im Gesicht und an einer Hand. Sein Anzug war zerrissen. Er schmiß die Schülermütze wütend auf den Fußboden und brüllte: »Wißt ihr, was passiert ist?«

»Woher sollen wir das denn wissen, Fridolin?« fragte Matthias freundlich.

»Wenn ein Externer nach dem Unterricht wieder in die Schule kommt und noch dazu so verprügelt aussieht wie du«, meinte Sebastian, »dann ...«

Aber Fridolin schnitt ihm das Wort ab. »Laß jetzt deinen Quatsch!« rief er. »Die Realschüler haben mich und den Kreuzkamm auf dem Nachhauseweg überfallen. Den Kreuzkamm haben sie gefangengenommen. Und die Diktathefte, die wir seinem Alten zum Korrigieren bringen sollten, haben sie auch!« (Kreuzkamms Vater war nämlich Deutschlehrer am Johann Sigismund-Gymnasium.)

»Teufel, Teufel! Die Diktathefte haben sie auch?« fragte Matthias. »Gott sei Dank!«

Martin sah seinen Freund Johnny an. »Sind wir genug?« Johnny nickte.

»Dann los!« rief der Primus. »Über den Zaun in die Schrebergärten! Aber ein bißchen plötzlich! Wir sammeln uns beim Nichtraucher!«

Sie rasten aus der Halle. Uli rannte neben Matthias her. »Wenn uns jetzt der schöne Theodor erwischt, sind wir hin«, keuchte er.

»Dann bleib doch hier«, meinte Matthias.

»Du bist wohl verrückt?« fragte der Kleine beleidigt.

Die sechs Jungen waren am Rande des Parks angelangt, erkletterten den Zaun und schwangen sich hinüber.

Matthias trug noch immer seinen falschen weißen Vollbart vorm Gesicht.

Das zweite Kapitel

enthält Näheres über den Nichtraucher · drei orthographische Fehler · Ulis Angst vor der Angst · den Kriegsrat im Eisenbahnwaggon · die Entsendung des Kundschafters Fridolin · den Grund, warum Kreuzkamm überfallen wurde, und einen Dauerlauf zu fünft.

Den Nichtraucher – so nannten sie einen Mann, dessen wirklichen Namen sie gar nicht kannten. Sie nannten ihn nicht etwa den Nichtraucher, weil er nicht geraucht hätte; er rauchte sogar sehr viel. Sie besuchten ihn oft. Sie besuchten ihn heimlich und mochten ihn gern. Sie mochten ihn fast so gern wie ihren Hauslehrer, den Doktor Johann Bökh. Das will viel heißen.

Und sie nannten ihn den Nichtraucher, weil in seinem Schrebergarten ein ausrangierter Eisenbahnwaggon stand, in dem er Sommer und Winter wohnte; und dieser Waggon enthielt lauter Nichtraucherabteile zweiter Klasse. Er hatte ihn, als er vor einem Jahr in die Gartenkolonie zog, für hundertachtzig Mark von der Deutschen Reichsbahn gekauft, ein bißchen umgebaut und lebte nun darin. Die kleinen weißen Schilder, auf denen »Nichtraucher« stand, hatte er am Wagen stecken lassen.

Im Sommer und im Herbst blühten in seinem kleinen Garten wunderbare Blumen. Wenn er mit dem Umpflanzen, Gießen und Jäten fertig war, legte er sich ins grüne Gras und las in einem der vielen Bücher, die er besaß. Im Winter lebte er natürlich meist im Wagen. Mit einem kleinen Kanonenofen, dessen blauschwarzes Rohr zum Dach herausschaute und manchmal schrecklich qualmte, hielt er sein komisches Haus warm.

Zu Weihnachten sollte ihm Johnny bescheren. (Johnny blieb diesmal auch während der Weihnachtsferien in der Schule; denn der Kapitän war nach New York unterwegs.) Sie hatten Geld gesammelt und schon ein paar Geschenke besorgt: warme Strümpfe, Tabak, Zigaretten und einen schwarzen Pullover. Hoffentlich paßte der. Sie hatten vorsichtshalber Umtausch ausgemacht.

Martin, der sehr wenig Geld besaß, weil seine Eltern arm waren und er eine halbe Freistelle bekam, hatte ein Bild für den Nichtraucher gemalt. Es hieß »Der Einsiedler«, und man sah einen Mann darauf, der zwischen bunten Blumen in einem Schrebergarten saß. Am Zaun standen drei winkende Knaben, die er freundlich und doch traurig anschaute. Auf seinen Schultern und Händen hockten kleine zutrauliche Kohlmeisen und Rotkehlchen; und schillernde Schmetterlinge tanzten über seinem Kopf einen Reigen.

Es war ein sehr schönes Bild. Martin hatte mindestens vier Stunden dafür gebraucht.

Mit diesen Dingen sollte Johnny den Nichtraucher am Heiligen Abend überraschen. Sie wußten, daß er mutterseelenallein sein würde. Und das tat ihnen leid.

Abends zog er immer seinen besten Anzug an und ging in die Stadt hinunter. Er hatte ihnen erzählt, er gebe Klavierunterricht. Das glaubten sie aber nicht, obwohl sie nicht widersprachen. Rudi Kreuzkamm, der ja extern war und viel in der Stadt herumkam, hatte behauptet, der Nichtraucher spiele abends, bis in die Nacht hinein, in der Vorstadtkneipe »Zum letzten Knochen« Klavier, und er kriege eine Mark fünfzig Pfennig dafür und ein warmes Abendbrot. Erwiesen war es zwar nicht, doch möglich war's schon. Es war ihnen auch gleichgültig. Fest stand nur, daß er ein feiner, kluger Kerl war und wahrscheinlich viel Unglück im Leben gehabt hatte. Er sah nicht aus, als ob es von Anfang an sein Ziel gewesen sei, in verrauchten Kneipen Schlager herunterzudreschen.

Schon oft hatten sie sich heimlich bei ihm Rat geholt. Vor allem dann, wenn sie ihren Hauslehrer nicht fragen wollten. Doktor Bökh hieß mit seinem Spitznamen Justus. Das heißt auf deutsch: der Gerechte! Denn Doktor Bökh war gerecht. Gerade deswegen verehrten sie ihn so.

Manchmal brauchten sie aber eben Ratschläge in solchen Fällen, wo Recht und Unrecht schwer voneinander zu trennen war. Dann trauten sie sich nicht zum Justus, sondern kletterten hastig über den Zaun, um den Nichtraucher zu fragen.

Martin, Johnny, Sebastian und Fridolin, der verwundete Externe, traten durch das Tor des kahlen, verschneiten Gartens. Martin klopfte. Und dann verschwanden sie in dem Eisenbahnwaggon.

Matthias und Uli blieben vor dem Tor stehen. »Da ist, scheint's, wieder mal eine feierliche Keilerei fällig«, bemerkte Matthias voller Genugtuung.

Und Uli sagte: »Vor allem müssen wir schauen, daß wir die Diktathefte wiederkriegen.«

»Bloß nicht!« entgegnete Matthias. »Ich hab das dunkle Gefühl, als hätte ich furchtbaren Stuß zusammengeschmiert. Hör mal, Kleiner, schreibt man Provintz mit tz?«

»Nein«, antwortete Uli. »Nur mit z.«

»Aha«, sagte Matthias. »Das hab ich also schon falsch gemacht. Und Profiand? Mit f?«

»Nein, mit v.«

»Und hinten?«

»Mit t.«

»Teufel, Teufel!« meinte Matthias. »In zwei Wörtern drei Fehler. Die reinste Rekordhascherei! Ich bin dafür, die Realschüler sollen uns den Kreuzkamm herausgeben und die Diktathefte behalten.«

Sie schwiegen eine Weile. Uli trat, weil er fror, von einem Fuß auf den andern. Schließlich sagte er: »Trotzdem würde ich sofort mit dir tauschen, Matz. Ich mache zwar nicht so viele Fehler im Diktat. Und im Rechnen auch nicht. Aber ich hätte furchtbar gern deine schlechten Zensuren, wenn ich außerdem deine Courage hätte.«

»Das ist ja nun kompletter Quatsch«, erklärte Matthias. »An meiner Dummheit ist nicht zu rütteln. Da kann mir mein Alter Nachhilfestunden geben lassen, soviel er will. Ich kapiere den Kram ja doch nicht! Es ist mir, offen gestanden, auch ganz egal, wie man Provintz und Profiand und Karrusel schreiben muß. Ich werde später mal Boxweltmeister, und da brauche ich keine Orthographie. Aber daß du ein Angsthase bist, das kannst du doch, wenn du willst, ändern!«

»Hast du 'ne Ahnung«, meinte Uli niedergeschlagen, und er

rieb sich die klammen Finger. »Was ich schon alles angestellt habe, um mir die Feigheit abzugewöhnen – das geht auf keine Kuhhaut. Jedesmal nehm ich mir vor, nicht davonzulaufen und mir nichts bieten zu lassen. Felsenfest nehm ich mir's vor! Aber kaum ist es soweit, dann reiß ich auch schon aus. Ach, ist das ekelhaft, wenn man spürt, daß einem die andern absolut nichts zutrauen!«

»Na, du müßtest eben einmal irgendwas tun, was ihnen Respekt einjagt«, sagte Matthias. »Etwas ganz Tolles. Daß sie denken: Donnerwetter, ist der Uli ein verfluchter Kerl. In dem haben wir uns aber gründlich getäuscht. Findest du nicht auch?«

Uli nickte, senkte den Kopf und stieß mit den Stiefelspitzen an eine Zaunlatte. »Ich friere wie ein Schneider«, erklärte er schließlich.

»Das ist ja auch kein Wunder«, meinte Matthias streng. »Du ißt zu wenig! Es ist geradezu eine Schande. Man kann es kaum mit ansehen. Heimweh hast du wahrscheinlich außerdem, was?«

»Danke, es geht«, sagte Uli leise. »Nur abends manchmal, oben im Schlafsaal, wenn sie drüben in der Infanteriekaserne den Zapfenstreich blasen.« Er schämte sich.

»Und ich hab schon wieder einen Hunger!« rief Matthias, über sich selber empört. »Heute früh beim Diktat auch. Am liebsten hätte ich den ollen Professor Kreuzkamm gefragt, ob er mir 'ne Stulle borgen könnte. Statt dessen muß man überlegen, ob sich so blöde Wörter mit tz oder mit v schreiben!«

Uli lachte und sagte: »Matz, nimm doch endlich deinen weißen Vollbart aus dem Gesicht.«

»Herrje, hab ich die Matratze immer noch umhängen?« fragte Matthias. »Das sieht mir ähnlich.« Er steckte den Bart in die Tasche, bückte sich, machte eine Kollektion Schneebälle und warf sie mit aller Kraft nach dem Schornstein des Nichtrauchers. Er traf zweimal.

Im Innern des Eisenbahnwagens saßen die vier anderen Jungen unruhig auf den abgewetzten Plüschpolstern. Ihr Freund, der

Nichtraucher, war noch gar nicht alt. Fünfunddreißig Jahre vielleicht. Er trug einen verschossenen Trainingsanzug, lehnte an der Schiebetür, rauchte aus einer kleinen englischen Pfeife und lauschte lächelnd dem ausführlichen Bericht, den Fridolin von dem Überfall gab. Schließlich war der Junge fertig.

Sebastian sagte: »Es wird das Gescheiteste sein, wenn Fridolin gleich abschwirrt und bei Kreuzkamms unauffällig feststellt, ob der Rudi inzwischen heimgekommen ist und ob er die Diktathefte mitgebracht hat.«

Fridolin sprang auf und sah den Nichtraucher an. Der nickte.

Und Martin rief: »Wenn der Rudi noch nicht da sein sollte, mußt du das Dienstmädchen einweihen, damit der Professor nichts erfährt.«

»Und dann«, meinte Sebastian, »kommst du vor das Haus vom Egerland. Dort warten wir auf dich. Und wenn die Bande den Rudi und die Hefte noch nicht herausgerückt hat, steigen wir dem Egerland aufs Dach. Er hat den Überfall geleitet. An ihn müssen wir uns halten. Vielleicht nehmen wir ihn als Geisel gefangen, verhandeln dann mit den anderen Realschülern und tauschen ihn gegen Rudi aus.«

»Also gut«, sagte Fridolin. »Wo der Egerland wohnt, das wißt ihr. Ja? Förstereistraße 17. Bis nachher! Aber daß ihr auch dort seid!«

»Eisern!« riefen die anderen. Fridolin gab dem Nichtraucher die mit einem Taschentuch verbundene, von den Feinden zerkratzte Hand und stürmte hinaus. Die anderen Jungen standen auch auf.

»Nun erklärt mir bloß«, sagte der Nichtraucher mit seiner klaren, beruhigenden Stimme, »wieso der Egerland und die übrigen Realschüler auf den Einfall gekommen sein mögen, euren Professorensohn gefangenzunehmen und eure wissenschaftlichen Schriften zu beschlagnahmen!«

Die Jungen schwiegen. Dann sagte Martin: »Das ist was für unseren Dichter. Johnny, erzähle!«

Und Johnny ergriff das Wort. »Dieser Überfall hat eine lange Vorgeschichte«, berichtete er. »Daß die Realschüler mit uns verzankt sind, das ist gewissermaßen prähistorisch. Es soll vor zehn Jahren schon genauso gewesen sein. Es ist ein Streit zwischen den Schulen, nicht zwischen den Schülern. Die Schüler führen eigentlich nur aus, was ihnen die Chronik der Pennen vorschreibt. Wir haben ihnen im vorigen Monat, als wir Ausgang hatten, auf den Spielwiesen eine Fahne abgejagt. Eine Art Räuberflagge. Mit einem scheußlichen Totenschädel drauf. Wir verweigerten die Herausgabe der Beute. Und da beschweren sie sich telefonisch beim Justus. Der machte uns einen haushohen Krach. Wir verrieten aber nichts. Da drohte er: Wenn die Fahne nicht binnen drei Tagen in den Händen der Realschüler sei, dürften wir ihn zwei Wochen lang nicht grüßen.«

»Eine kuriose Drohung«, meinte der Nichtraucher und lächelte nachdenklich. »Wirkte sie denn?«

»Wie Backpflaumen«, sagte Johnny. »Am nächsten Tage schon fanden die Realschüler ihre Fahne wieder. Sie lag, wie aus den Wolken gefallen, im Schulhof.«

Sebastian fiel Johnny ins Wort. »Die Sache hatte nur einen Haken. Die Fahne war ein bißchen zerrissen.«

»Ein bißchen sehr zerrissen«, verbesserte Martin.

»Und nun werden sie sich an den Diktatheften rächend betätigen wollen«, schloß Sebastian, scharfsinnig wie immer, den Vortrag.

»Na, da zieht mal in euren prähistorischen Krieg«, sagte der Nichtraucher. »Vielleicht komm ich aufs Schlachtfeld in die Förstereistraße und verbinde die Verwundeten. Ich muß mich nur rasch umziehen. Und euer Justus, der gefällt mir immer besser.«

»Ja«, rief Martin begeistert. »Der Doktor Bökh ist ein großartiger Kerl.«

Der Nichtraucher zuckte leicht zusammen. »Wie heißt euer Justus?«

»Doktor Johann Bökh«, sagte Johnny. »Kennen Sie ihn etwa?«

»Kein Gedanke«, meinte der Nichtraucher. »Ich kannte früher einmal jemanden, der so ähnlich hieß … Nun macht aber, daß ihr auf den Kriegspfad kommt, ihr Hottentotten! Und brecht niemandem das Genick. Euch nicht, und den anderen auch nicht. Ich lege nur noch ein Brikett in meinen Kamin und zieh mich um.«

»Auf Wiedersehen!« schrien die drei Jungen und rannten in den Garten.

Draußen sagte Sebastian: »Ich wette, er kennt den Justus.«

»Das geht uns einen Dreck an«, erklärte Martin. »Wenn er ihn besuchen will – die Adresse weiß er ja nun.«

Sie stießen auf Matthias und Uli. »Na endlich«, knurrte Matthias. »Uli ist schon halb erfroren.«

»Dauerlauf macht warm«, sagte Martin. »Los!« Und dann trabten sie stadtwärts.

Das dritte Kapitel

enthält Fridolins Rückkehr · ein Gespräch über den ulkigsten Primus von Europa · Frau Egerlands neuesten Ärger einen reitenden Boten zu Fuß · unannehmbare Bedingungen einen brauchbaren Schlachtplan und den noch brauchbareren Vorschlag des Nichtrauchers.

Es schneite noch immer. Der Atem der rennenden Jungen dampfte, als ob sie dicke Zigarren rauchten. Vor den Eden-Lichtspielen am Barbarossaplatz standen ein paar externe Quartaner. Sie wollten ins Kino gehen und warteten darauf, daß geöffnet wurde.

»Lauft mal ruhig weiter!« rief Martin seinen Kameraden zu. »Ich hole euch schon wieder ein.« Dann trat er zu den Quartanern. »Ihr könntet uns einen Gefallen tun«, sagte er. »Laßt das Kino schießen! Die Realschüler haben den Kreuzkamm gefangengenommen, und wir müssen ihn rauspauken.«

»Sollen wir gleich mitkommen?« fragte der Quartaner Schmitz. Er war klein und kugelrund und wurde Fäßchen genannt.

»Nein«, meinte Martin. »Seid in einer Viertelstunde in der Vorwerkstraße, an der Ecke der Förstereistraße. Bringt noch'n paar Jungens mit. Aber verteilt euch beim Anmarsch. Und steckt die Mützen ein! Sonst wissen die Realisten zu früh, daß wir was vorhaben.«

»Schon gut, Martin«, sagte das Fäßchen.

»Also, ich verlasse mich auf euch.«

»Eisern!« riefen die Quartaner. Und Martin rannte keuchend weiter. Er holte die anderen ein und führte sie, da man unbemerkt bleiben wollte, auf Umwegen an die Förstereistraße heran. In der Vorwerkstraße, an der Ecke, machten sie halt.

Wenig später kam Fridolin angefegt.

»Na?« fragten sie alle wie aus einem Mund.

»Der Rudi ist noch nicht zu Hause«, sagte er, ganz außer Atem. »Das Dienstmädchen ist glücklicherweise gar nicht so dämlich, wie sie aussieht. Sie will dem Professor, wenn er fragt, weismachen, Rudi sei bei mir zum Essen eingeladen.«

»Es wird also ernst«, meinte Matthias befriedigt. »Da will ich mal schnell in die Nummer 17 gehen und den Egerland in Atome zertrümmern.«

»Hier bleibst du!« befahl Martin. »Mit Prügeln allein ist uns nicht geholfen. Und wenn du dem Egerland den Kopf abreißt, wissen wir immer noch nicht, wo der Kreuzkamm mit den Heften steckt. Wart's nur ab. Wir werden dich schon noch brauchen.«

»Das ist eine Aufgabe für mich«, meinte Sebastian Frank, und damit hatte er recht. »Ich geh als Parlamentär hin. Vielleicht gelingt die Sache auf dem Verhandlungswege.«

»So siehst du gerade aus.« Matthias lachte abfällig.

»Ich werde wenigstens ausfindig machen, wo der Rudi steckt«, sagte Sebastian. »Das ist auch schon was wert.« Er zog ab. Martin begleitete ihn ein Stück.

Matthias lehnte sich an eine Laterne, zog ein Oktavheft aus der Tasche und bewegte die Lippen, als rechne er.

Uli fror schon wieder. »Was zählst du denn, Matz?« fragte er.

»Meine Schulden«, gestand Matthias trübselig. »Ich fresse meinen alten Herrn noch kahl.« Dann klappte er das Heft zu, steckt es wieder ein und sagte: »Fridolin, pump mir 'nen Groschen! Im Dienst der guten Sache. Du kriegst ihn spätestens übermorgen zurück. Mein Alter hat geschrieben, daß er das Reisegeld und außerdem zwanzig Mark abgeschickt hat. Wenn ich jetzt nichts esse, kann ich nachher nicht zuschlagen.«

»Das ist ja glatte Erpressung«, sagte Fridolin und gab ihm zehn Pfennige.

Matthias schoß wie ein Pfeil in den nächsten Bäckerladen. Als er wiederkam, kaute er selig und hielt den anderen eine Tüte hin. Es waren Semmeln. Aber die anderen wollten nicht. Fridolin spähte gespannt um die Straßenecke. Und Johnny Trotz betrachtete ein Kolonialwarengeschäft, als liege mindestens der Schatz der Inkas im Schaufenster. Sie kannten das schon an ihm. Bei allem, was er anschaute, machte er Augen, als habe er es noch nie vorher gesehen. Deswegen redete er wohl auch so wenig. Er war dauernd mit Sehen und Hören beschäftigt.

Da bog Martin um die Ecke, nickte ihnen aber nur zu und verschwand im Eckhaus der Vorwerkstraße. Uli freute sich über den Appetit von Matthias und sagte: »Der Martin ist ein Kerl, was? Wie er vorhin die Primaner aus der Turnhalle hinausfensterte!«

»Martin ist ganz ohne Frage der ulkigste Primus von Europa«, meinte Matthias kauend. »Er ist widerlich fleißig und trotzdem kein Streber. Er ist, seit er in der Penne ist, Klassenerster und macht trotzdem jede ernsthafte Keilerei mit. Er hat eine halbe Freistelle und kriegt Stipendien, aber er läßt sich von niemandem was bieten. Ob das nun Primaner sind oder Pauker oder die Könige aus dem Morgenlande – wenn er im Recht ist, benimmt er sich wie eine Herde wilder Affen.«

»Ich glaube, er hat sich den Justus zum Vorbild genommen«, sagte Uli, als verrate er ein großes Geheimnis. »Er liebt die Gerechtigkeit genau wie der Justus. Und da wird man wahrscheinlich so'n Kerl.«

Sebastian klingelte in der Förstereistraße 17, im dritten Stock, bei Egerlands. Eine Frau öffnete und blickte ihn mürrisch an. »Ich gehe mit Ihrem Sohn in dieselbe Klasse«, sagte Sebastian. »Kann ich ihn mal sprechen?«

»Das ist ja heute wie im Taubenschlag«, brummte die Frau. »Was ist denn mit euch Brüdern los? Einer holt den Kellerschlüssel, um seinen Rodelschlitten einzustellen. Der zweite braucht dringend eine Wäscheleine. Und die übrigen kommen in die Wohnung und machen mir die Teppiche dreckig.«

Sebastian putzte sich die Stiefel auf dem Strohdeckel sauber und fragte: »Ist er jetzt allein, Frau Egerland?«

Sie nickte unwillig und ließ ihn eintreten. »Dort ist sein Zimmer.« Sie zeigte auf eine Tür im Hintergrunde des Korridors.

»Ach, eh ich's vergesse«, sagte der Junge, »haben Sie den Kellerschlüssel schon wiedergekriegt?«

»Du willst wohl auch einen Schlitten einstellen?« knurrte sie.
Er schüttelte den Kopf. »Nicht unbedingt nötig, liebe Frau Egerland«, meinte er und trat, ohne anzuklopfen, ins Zimmer des feindlichen Anführers.

Der Realschüler Egerland hüpfte vor Staunen vom Stuhl. »Was soll denn das heißen?« rief er. »Ein Gymnastiker?«

»Ich bin gewissermaßen ein reitender Bote«, sagte Sebastian. »Ich bin ein Parlamentär und bitte, das zu berücksichtigen.«

Egerland runzelte die Stirn. »Dann binde dir wenigstens ein weißes Taschentuch um den Arm. Sonst geht's dir dreckig, wenn dich meine Leute erwischen.«

Sebastian holte ein Taschentuch heraus, meinte lächelnd: »Sehr weiß ist es nicht mehr«, und band es mit Hilfe der linken Hand und der Zähne um den rechten Arm.

»Und was willst du?« fragte Egerland.

»Wir ersuchen euch um die Herausgabe des Gymnasiasten Kreuzkamm und der Diktathefte.«

»Was bietet ihr dafür?«

»Nichts«, sagte Sebastian kühl. »Unsere Leute sind im Anmarsch und werden sich den Gefangenen, wenn ihr ihn nicht freiwillig herausgebt, holen.«

Egerland lachte. »Erst müßt ihr wissen, wo er ist. Und dann müßt ihr ihn befreien. Das sind zwei Sachen, die viel Zeit kosten, mein Lieber.«

»Ich verbitte mir jede Art von Vertraulichkeit«, entgegnete Sebastian streng. »Ich bin nicht dein Lieber, verstanden? Außerdem erlaube ich mir den Hinweis, daß ihr mit dem Rudi Kreuzkamm nicht das geringste anfangen könnt. Wollt ihr ihn etwa tagelang versteckt halten? Das könnte sehr unangenehm für euch werden. Aber zur Sache. Welche Bedingungen stellt ihr?«

»Eine einzige Bedingung müßt ihr erfüllen«, sagte Egerland. »Ihr schreibt sofort einen Brief an uns, in dem ihr euch entschuldigt, daß ihr unsere Fahne zerrissen habt, und in dem ihr bittet, wir möchten euch den Gefangenen und die Hefte zurückgeben.«

»Andernfalls?«

»Andernfalls verbrennen wir die Diktathefte, und der Kreuzkamm bleibt gefangen. Ich kann dir schon jetzt versprechen: Der wird, wenn ihr den Brief nicht schreiben solltet, bei uns zum alten Mann! Ohrfeigen kriegt er außerdem. Alle zehn Minuten sechs Stück.«

Sebastian sagte: »Die Bedingungen sind selbstverständlich unannehmbar. Ich fordere dich zum letztenmal auf, den Kreuzkamm und die Hefte bedingungslos auszuliefern.«

»Wir denken ja gar nicht daran«, antwortete Egerland entschieden.

»Dann ist meine Aufgabe hier erledigt«, meinte Sebastian. »Wir schreiten in etwa zehn Minuten zur Befreiung des Gefangenen.«

Egerland nahm ein schwarzes Tuch vom Tisch, öffnete das Fenster, hängte das Tuch zum Fenster hinaus und brüllte »Ahoi!« in den Hof. Dann schloß er das Fenster, lachte spöttisch und sagte: »Bitte schön, holt ihn euch!«

Sie verbeugten sich feinselig voreinander, und Sebastian verließ eiligst die Wohnung.

Als er zu seinen Leuten zurückkam, waren, unter Fäßchens Leitung, eben die Quartaner eingetroffen. Ungefähr zwanzig Jungen standen in der Vorwerkstraße, froren an den Zehen und warteten gespannt auf den Parlamentär.

»Wir sollen einen Entschuldigungsbrief schreiben, wegen der zerrissenen Fahne«, berichtete Sebastian. »Und außerdem sollen wir schriftlich um die Herausgabe des Gefangenen und der Hefte bitten.«

»Da lachen ja die Hühner!« rief Matthias. »Los, Kinder! Hauen wir sie in die Pfanne!«

»Wo steckt denn der Martin?« fragte Uli besorgt.

»Und wo ist nun eigentlich der Kreuzkamm?« fragte Johnny Trotz.

»Ich glaube, sie haben ihn in Egerlands Keller eingesperrt und gefesselt«, meinte Sebastian. »Egerlands alte Dame erzählte so etwas ähnliches. Den Kellerschlüssel hätten sie verlangt. Und eine Wäscheleine.«

»Also rin ins Vergnügen!« schrie Fäßchen. Und auch die andern konnten es nicht erwarten.

Da kam Martin angerannt. »Los! Sie versammeln sich schon im Hofe!«

Sebastian erstattete dem Primus Bericht.

»Wo warst du denn in der ganzen Zeit?« fragte Uli.

Martin wies auf das Eckhaus in der Vorwerkstraße. »Von dort aus kann man in Egerlands Hof hinübersehen. Er hat ein schwarzes Tuch gehißt und ›Ahoi!‹ gebrüllt, und nun kommt die Bande aus den umliegenden Häusern angerückt.«

Er sah sich um und zählte. »Wir sind genug«, sagte er beruhigt.

»Weißt du vielleicht sogar, wo der Kreuzkamm steckt?« fragte Sebastian eifersüchtig.

»Ja. In Egerlands Keller. Und ein paar Realisten bewachen ihn. Wir müssen sofort losschlagen. Sonst kommen da drüben immer mehr zusammen. Wir müssen den Hof stürmen und den Keller besetzen. Die eine Hälfte, unter Johnnys Kommando, dringt von der Straße her ins Haus. Die andere Hälfte, unter meiner Leitung, macht vom Eckhaus her, in dem ich eben war, über die Mauer weg einen Flankenangriff. Aber ein paar Minuten später.«

»Moment mal«, sagte jemand hinter ihnen. Sie drehten sich erschrocken um.

Der Nichtraucher stand lächelnd da. »Guten Tag!« riefen sie allesamt und lächelten zurück.

»Das geht natürlich nicht, was ihr da vorhabt«, erklärte er. »Der Egerland hat bereits dreißig Jungen beisammen. Ich hab sie mir gerade betrachtet. Außerdem wird euer Krieg einen derartigen Krach verursachen, daß das Überfallkommando anrückt.«

»Und dann erfahren's beide Schulen«, sagte Uli frierend, »und es gibt Skandal. So kurz vor Weihnachten!«

Matthias sah den Kleinen streng an.

»Na ja, es ist doch wahr«, meinte Uli betreten. »Es ist nicht etwa, weil ich meinetwegen Angst hätte, Matz.«

»Was raten Sie uns also?« fragte Martin.

»Seht ihr den Bauplatz da drüben? Ihr fordert die Realschüler auf, sich dort mit euch zu treffen. Und dann veranstaltet ihr einen Zweikampf. Wozu sollen sich denn alle verprügeln? Ihr und sie stellen je einen Vertreter. Es genügt, daß sich zwei verhauen. Wenn euer Vertreter gewinnt, müssen sie euch den Gefangenen bedingungslos herausgeben.«

»Und wenn der Realschüler gewinnt?« fragte Sebastian ironisch.

»Teufel, Teufel!« sagte Matthias. »Bist du plötzlich wahnsinnig geworden? Ich will nur schnell noch eine Semmel essen.« Er griff in seine Tüte und begann zu kauen. »Die Realisten werden den Wawerka aufstellen. Und den erledige ich mit der linken Hand.«

»Gut!« rief Martin. »Versuchen wir's so! Sebastian, haue ab, und bringe sie zum Bauplatz! Wir gehen schon hinüber.«

»Macht vorsichtshalber einen Berg Schneebälle!« rief Sebastian. »Falls etwas schiefgeht.«

Dann raste er um die Ecke.

Das vierte Kapitel

*enthält einen Zweikampf mit technischem k.o.
den Wortbruch der Realschüler · Egerlands seelischen
Konflikt · Martins geheimnisvollen Schlachtplan · mehrere
Ohrfeigen im Keller · ein Häufchen Asche · die Erlaubnis,
siegen zu dürfen, und Egerlands Rücktritt.*

Auf der einen Seite des Bauplatzes standen die Gymnasiasten, auf der anderen die Realschüler. Sie maßen einander mit bösen Blicken. In der Platzmitte fand die förmliche Begegnung der beiden Anführer statt. Sebastian, der Unterhändler, begleitete Egerland. »Unsre Gegner sind mit dem Vorschlag einverstanden«, sagte er zu Martin. »Der Zweikampf wird also stattfinden. Sie stellen den Heinrich Wawerka als ihren Vertreter auf.«

»Für uns wird Matthias Selbmann antreten«, erklärte Martin. »Das Turnier soll, schlägt er vor, entschieden sein, wenn einer von beiden aus dem Kampfring flüchtet oder verteidigungsunfähig geworden ist.«

Egerland sah zu Wawerka hinüber, einem großen, stämmigen Burschen. Wawerka nickte finster, und Egerland sagte: »Wir nehmen die Kampfbedingungen an.«

»Wenn unser Vertreter siegt«, erklärte Sebastian, »liefert ihr uns bedingungslos den Gefangenen und die Hefte aus. Wenn Wawerka gewinnt, könnt ihr sie behalten.«

»Und dann schreibt ihr den Entschuldigungsbrief?« fragte Egerland spöttisch.

»Auf alle Fälle wird dann neu verhandelt«, sagte Martin. »Schlimmstenfalls schreiben wir sogar den Brief. Zunächst findet aber das Duell statt.«

»Ich ersuche die Anführer, zu ihren Leuten zurückzukehren!« rief Sebastian.

Nun lag der Platz zwischen den feindlichen Heerhaufen leer. Links löste sich Wawerka aus den Reihen der Realschüler. Von rechts näherte sich Matthias.

»Ahoi!« schrien die Realisten.

»Eisern!« brüllten die Gymnastiker.

Und jetzt standen die zwei Kämpfer einander lauernd gegenüber.

Es war still geworden. Man wartete auf die Eröffnung der Feindseligkeiten. Keiner der beiden schien anfangen zu wollen.

Da bückte sich Wawerka blitzschnell und zerrte dem Gegner die Füße vom Boden fort. Matthias fiel rücklings und der Länge nach in den Schnee. Der andre warf sich über ihn und prügelte drauflos.

Die Realschüler jaulten vor Begeisterung. Die Gymnasiasten waren erschrocken; und Uli, der vor Kälte und Aufregung klapperte, sagte fortwährend leise vor sich hin: »Matz, sei, bitte, recht vorsichtig! Matz, sei ja recht vorsichtig! Mätzchen, sieh dich doch vor!«

Plötzlich kriegte Matthias den rechten Arm von Wawerka zu packen und drehte ihn langsam und unerbittlich herum. Wawerka fluchte wie ein Kutscher. Das half aber nichts. Er mußte nachgeben und rollte zur Seite. Nun packte Matthias Wawerkas Kopf und drückte den Gegner mit dem Gesicht tief in den Schnee hinein. Der Realschüler zappelte mit den Beinen. Die Luft wurde ihm knapp.

Matthias ließ ihn überraschend frei, sprang drei Schritte zurück und erwartete den nächsten Angriff. Sein linkes Auge war geschwollen. Wawerka stand ächzend auf, spuckte ein halbes Pfund Schnee aus und stürmte zornig auf Matthias los. Der aber unterlief ihn, und der Realschüler flog im Hechtsprung über ihn weg. Wieder in den Schnee hinein! Die Gynmasiasten lachten und rieben sich die Hände. Matthias drehte sich zu seinen Freunden um und rief: »Jetzt fang ich überhaupt erst an!«

Wawerka stand auf, ballte die Fäuste und wartete. Matthias kam näher, holte aus und schlug zu. Der andere keilte zurück. Matz schlug wieder. So prügelten sie sich ein Weilchen, ohne ersichtliche Vorteile für den einen oder den andern. Da bückte sich Matthias. Wawerka senkte die Fäuste, um den Körper zu schützen. Matz aber schnellte hoch, schlug zu und traf den Realschüler am ungedeckten Kinn.

Wawerka taumelte, drehte sich betrunken im Kreise und kriegte die Arme nicht mehr hoch. Er war völlig benommen.

»Los, Matz!« schrie Sebastian hinüber. »Mach ihn fertig!«

»Nein«, rief Matthias. »Er soll sich erst noch einmal erholen.«

Wawerka bückte sich mühsam und stopfte sich eine Portion Schnee in den Rockkragen. Das brachte ihn wieder zu sich. Er hob die Fäuste von neuem und rannte auf Matthias los. Der sprang zur Seite. Und Wawerka sauste an ihm vorbei. Die Realschüler brüllten »Ahoi!« Wawerka blieb stehen, drehte sich um, wie ein Stier in der Arena, und knurrte: »Komm ran, du Lausejunge!«

»Moment«, sagte Matthias. Er schritt näher und hielt dem andern eine Faust unter die Nase. Wawerka schlug voller Wut zu. So wurde sein Gesicht wieder frei, und schon erhielt er ein derartiges Ding hinters Ohr, daß er sich hinsetzte. Er kam wieder hoch, schlingerte auf Matthias zu und wurde mit ein paar knallenden Ohrfeigen abgefangen. Sie waren gar nicht mehr nötig. Er war vollkommen erledigt. Matthias packte den Wehrlosen bei den Schultern, drehte ihn um und gab ihm einen Tritt. Wie eine aufgezogene Laufpuppe stolperte Heinrich Wawerka aus dem Kampfring, mitten in die sprachlose Gruppe der Realschüler hinein. Wenn sie ihn nicht aufgehalten hätten, wäre er weitergetorkelt.

Matthias wurde begeistert empfangen. Alle schüttelten ihm die Hand. Uli strahlte übers ganze Gesicht. »Und eine Angst hab ich deinetwegen ausgestanden!« sagte er. »Tut das Auge sehr weh?«

»Keine Bohne«, brummte der Sieger gerührt. »Hast du übrigens meine letzte Semmel aufgehoben?« Der Kleine gab ihm die Tüte, und Matthias kaute wieder einmal.

»Nun wollen wir rasch den Kreuzkamm herausholen!« rief das Fäßchen.

Es kam anders. Egerland erschien, machte ein verlegenes Gesicht und sagte: »Es tut mir furchtbar leid. Meine Leute wollen euch den Gefangenen nicht ausliefern.«

»Aber das ist ja unmöglich«, meinte Martin. »Wir haben es doch vorher ganz genau besprochen! Ihr könnt doch nicht einfach euer Wort brechen!«

»Ich bin ganz deiner Ansicht«, entgegnete Egerland niedergeschlagen. »Doch sie verweigern mir den Gehorsam. Ich kann nichts dagegen machen.«

Martin kriegte wieder seinen roten Kopf. »Das ist unglaublich!« rief er außer sich. »Haben die Kerle denn keinen Anstand im Leibe?«

»Teufel, Teufel! Wenn ich das gewußt hätte«, sagte Matthias kauend, »dann hätte ich den Wawerka zu Frikasee gemacht. Uli, wie schreibt man Frikasee?«

»Mit zwei s«, antwortete Uli.

»Zu einem Frikassee mit vier s hätte ich ihn verarbeitet«, sagte Matthias.

»Mir ist die Geschichte entsetzlich peinlich«, meinte Egerland. »Ich bin zwar eurer Ansicht, aber ich muß doch zu meinen Leuten halten. Nicht wahr?«

»Natürlich«, sagte Sebastian. »Du hast eben Pech. Du bist ein typisches Beispiel für den Konflikt der Pflichten. Das gab's schon öfter.«

Der Nichtraucher kam langsam über den Platz, nickte Matthias anerkennend zu und erkundigte sich, was es denn gäbe. Sebastian berichtete den Sachverhalt. »Donnerschlag!« sagte der Nichtraucher. »Solche Strolche gibt es unter den Jungens von heute? Es tut mir leid, Martin, daß ich euch den Zweikampf vorgeschlagen habe. So etwas ist natürlich nur unter anständigen Menschen möglich.«

»Sie haben vollkommen recht, mein Herr«, meinte Egerland. »Das einzige, was ich tun kann, ist, daß ich mich dem Gymnasium als Geisel zur Verfügung stelle. Martin Thaler, ich bin euer Gefangener!«

»Bravo, mein Junge«, sagte der Nichtraucher. »Aber das hat natürlich nicht den geringsten Sinn. Wieviel Jungen sollen denn heute noch eingesperrt werden?«

»Es ist gut«, sagte Martin. Sein Gesicht war ernst und blaß. »Du bist ein feiner Kerl. Gehe zu deinen Leuten zurück und teile ihnen mit, daß wir sie in zwei Minuten angreifen werden. Das wird übrigens der letzte Kampf zwischen uns und euch sein. Mit Wortbrüchigen kämpfen wir nicht mehr. Wir verachten sie nur.«

Egerland verbeugte sich stumm und lief fort.

Martin versammelte hastig die Jungen um sich und sagte leise: »Jetzt paßt mal gut auf! In zwei Minuten beginnt ihr eine Schneeballschlacht mit allem Komfort. Die Leitung übernimmt Sebastian. Denn Matthias, Johnny Trotz und ich haben einen kleinen Ausflug vor. Wehe, wenn ihr die Schlacht gewinnt, bevor wir zurück sind! Ihr habt die Aufgabe, die Realschüler hier festzuhalten! Ihr dürft sogar ein bißchen zurückweichen. Damit sie euch verfolgen.«

»Das ist mir zu hoch«, meinte das Fäßchen, bückte sich und buk Schneebälle.

»Ein ausgezeichneter Plan«, sagte Sebastian voller Anerkennung. »Verlaß dich ganz auf mich. Ich werde hier das Ding schon schaukeln.«

Uli, der am liebsten mit Matthias zusammengewesen wäre, trat an Martin heran. »Darf ich nicht mit euch kommen?«

»Nein«, entgegnete Martin.

»Aber Uli!« rief Sebastian. »Du mußt doch hierbleiben und beim Zurückweichen helfen. Das kannst du doch so gut!«

Uli traten Tränen in die Augen.

Matthias holte aus, als wolle er Sebastian totschlagen. »Ein andres Mal«, knurrte er dann. »Ich will jetzt nicht privat werden.«

Von drüben kamen die ersten Schneebälle angeflogen. Sebastian erteilte Befehle. Die Schlacht auf dem Bauplatz begann.

Der Nichtraucher sagte zu Uli: »Kopf hoch, Kleiner!« Den anderen nickte er zu. »Hals- und Beinbruch, ihr Lümmels. Ihr habt ja den Martin. Da braucht ihr mich nicht.«

»Eisern!« brüllten sie. Dann ging er, freundlich und gedankenvoll, zwischen den sausenden Schneebällen nach Hause. In seinen Eisenbahnwagen.

Sebastian fegte von einer Gruppe zur andern. Die Gymnasiasten waren wegen des Wortbruchs total aus dem Häuschen und hätten die Realschüler am liebsten über den Haufen gerannt. Das Fäßchen war besonders ungeduldig »So gib schon endlich den Befehl zum –«, Sturmangriff wollte er rufen. Aber ein feindlicher Schneeball platzte ihm mitten in den Mund. Er machte ein verdutztes Gesicht. Die andern Quartaner lachten.

»Du hast zwar nicht kapiert, warum wir jetzt nicht gewinnen dürfen«, sagte Sebastian. »Aber gehorchen mußt du trotzdem.« Dann sah er sich nach Uli um. Der fror an den Händen und hatte sie in die Hosentasche gesteckt. Als er Sebastians Blick merkte, zog er die Finger rasch wieder heraus und beteiligte sich an dem Bombardement.

Inzwischen rannten Martin, Johnny und Matthias die Vorwerkstraße entlang, verschwanden in dem Eckhaus, liefen in den Hof, setzten über die Mauer und standen vor dem Hofeingang des Hauses, in dem Egerland wohnte.

»Dort ist die Kellertür«, flüsterte Martin. Matthias klinkte vorsichtig auf, und die drei stiegen unhörbar die glitschigen Stufen hinunter. Mitten in völliges Dunkel hinein. Es roch nach alten Kartoffeln.

Nun tasteten sie sich durch schmale, niedrige Gänge. Ein paarmal ging's um die Ecke. Da zupfte Johnny Martin am Rockärmel. Sie blieben stehen und bemerkten einen Seitengang, der erhellt war. Sie schlichen langsam näher und hörten eine fremde Jungenstimme.

»Kurt«, sprach die Stimme, »es sind schon wieder zehn Minuten herum.«

»Na, da wollen wir mal weiterarbeiten«, meinte eine andere fremde Stimme. »Mir tun schon die Hände weh.« Und jetzt vernahm man, sechsmal hintereinander, lautes Klatschen. Dann war's wieder still wie im Grabe.

»Am meisten wundre ich mich, daß ihr euch nicht schämt«, sagte plötzlich ein Dritter.

»Das ist Kreuzkamm«, flüsterte Johnny. Und sie schlichen weiter, bis sie sahen, worum es sich handelte. Hinter einer angelehnten Lattentür standen zwei Realschüler, und auf einem alten, wackligen Küchenstuhl saß Rudi Kreuzkamm. Er war mit einer Wäscheleine umwickelt, konnte kein Glied rühren und hatte unnatürlich rote Backen. Auf einem Tisch brannten drei Kerzenstümpfe. Und in der hintersten Ecke, zwischen Holz, Briketts und Kohlen, lehnte ein Tannenbaum. Egerlands Vater hatte ihn vor zwei Tagen gekauft.

»Ich werde mich erkenntlich zeigen, sobald mich meine Freunde befreit haben«, sagte Kreuzkamm wütend.

»Bis dahin kannst du verschimmeln«, meinte der eine Realschüler.

»In spätestens einer Stunde werden sie herausgekriegt haben, wo ich bin«, entgegnete Kreuzkamm zuversichtlich.

»Da hast du also noch 'ne hübsche Portion Backpfeifen vor dir«, sagte der andre. »Alle zehn Minuten sechs Stück, das sind in einer Stunde sechsunddreißig.«

»Angewandte Mathematik!« rief der erste und lachte, daß das Kellergewölbe dröhnte. »Vielleicht kommen deine Leute auch früher, was?«

»Hoffentlich«, sagte Kreuzkamm.

»Da wollen wir dir doch vorsichtshalber gleich noch 'n halbes Dutzend ins Gesicht stecken. Gewissermaßen als Vorschuß. Kurtchen, mach dich nützlich!«

Der Realschüler, der Kurtchen hieß, trat dicht vor Kreuzkamms Stuhl, hob die linke Hand und schlug zu. Dann hob er die rechte Hand, schlug zu und sagte: »Das wären zwei.« Dann hob er wieder die linke Hand – aber da war auch schon Matthias neben ihm, und die dritte Ohrfeige kriegte Kurt selber.

Er flog krachend in Egerlands Christbaum, blieb in den Tannennadeln sitzen und hielt sich heulend die linke Gesichtshälfte. Martin hatte dem anderen Realschüler einen Doppelnelson angesetzt, daß dem Jungen Hören und Sehen verging. Und Johnny band den verschwollenen Kreuzkamm los.

»Schnell«, rief Martin. »In zwei Minuten müssen wir wieder auf dem Bauplatz sein!«

Rudi Kreuzkamm reckte und dehnte sich. Ihm taten sämtliche Knochen weh. Die Backen waren so dick, als hätte er einen Kloß im Mund. »Seit halb zwei Uhr sitz ich auf dem Stuhl«, sagte er und gab dem Stuhl einen Tritt. »Und jetzt ist's vier. Und alle zehn Minuten sechs Ohrfeigen!«

»Das ist wahrhaftig kein Spaß«, stimmte Matthias zu und nahm die Wäscheleine.

Sie stellten die zwei Realisten Rücken an Rücken und fesselten sie sehr gewissenhaft.

»So«, sagte Martin. »Nun gib den Flegeln rasch die Ohrfeigen zurück! Zweieinhalb Stunden sind hundertfünfzig Minuten. Wieviel Ohrfeigen macht das, Kurt?«

»Neunzig Stück«, antwortete Kurt weinend. »Fünfundvierzig Stück für jeden.«

»Soviel Zeit gibt's ja gar nicht«, meinte Matthias. »Ich werde jedem eine einzige Ohrfeige versetzen. Das ist genau so gut, als ob sie von Rudi neunzig kriegten.« Da begann auch noch der andere Realschüler zu heulen.

»Rudi, wo sind übrigens die Diktathefte?« fragte Martin.

Kreuzkamm deutete in einen Winkel.

»Ich seh sie nicht«, meinte Martin.

»Du mußt gründlicher hinschauen!« antwortete Kreuzkamm.

In dem Winkel lag ein Haufen Asche. Etwas verkohltes Papier und ein Zipfel von einem blauen Umschlag waren noch zu erkennen.

»Heiliger Bimbam!« rief Matthias. »Das sollen die Diktathefte sein?«

Kreuzkamm nickte. »Sie haben sie vor meinen Augen verbrannt.«

»Da wird sich dein alter Herr aber freuen«, sagte Martin. Dann nahm er sein Taschentuch, schob die Asche hinein, verknotete das Tuch sorgfältig und steckte die verbrannten Diktathefte in die Hosentasche.

»Das kann ja niedlich werden«, meinte Johnny.

Matthias rieb sich vergnügt die Hände. »Ich stifte eine Urne für die Asche«, erklärte er. »Und wir beerdigen unsere Diktathefte beim Nichtraucher im Garten. Beileid dankend verbeten.«

Martin dachte nach und sagte: »Rudi, du rennst sofort nach

Hause! Wenn dein Vater nach den Heften fragt, sagst du, sie wären in der Penne. Und ich würde sie ihm morgen früh in der ersten Stunde übergeben. Ja? Weiter erzählst du nichts. Wir verhauen nur noch schnell die Realschüler auf dem Bauplatz, und dann sausen wir heim. Der schöne Theodor wird uns wohl schon erwarten. Los!«

Sie verließen den Keller. Nur Matthias blieb zurück. Als die andern die Treppen hinaufstiegen, hörten sie zweimal hintereinander einen lauten Knall. Und dann heulten zwei Jungen wie die Schloßhunde.

Im Hof holte Matthias die drei ein. »So, das dürfte genügen«, meinte er. »Die sperren keinen Gymnasiasten wieder ein.«

Kreuzkamm verabschiedete sich an der Haustür. »Vielen Dank übrigens«, sagte er und gab ihnen die Hand. »Macht's gut!«

»Eisern!« riefen sie und stürmten um die Ecke. Kreuzkamm befühlte sich vorsichtig die Backen, schüttelte den Kopf und trabte nach Hause.

Vor dem Baugelände ließ Martin halten. »Johnny«, sagte er, »du rennst zu unseren Leuten und rufst dem Sebastian zu: ›Jetzt dürft ihr siegen!‹ Ist das klar? Ihr geht also sofort zum Angriff über. Sobald ihr im Handgemenge seid, fallen Matthias und ich dem Gesindel in den Rücken. Ab!«

Johnny lief, als gelte es das Leben.

Matz und Martin spähten durch einen Spalt des Bauzauns. Sebastian und die anderen hatten sich in die Ecke drängen lassen. Es hagelte Schneebälle. Die Realschüler schrien »Ahoi!« und fühlten sich bereits als Sieger.

»Kannst du Uli entdecken?« fragte Matthias.

»Ich seh ihn nicht«, sagte Martin. »Achtung, Matz! Über den Zaun!« Sie kletterten hinüber und kamen auf die Sekunde zurecht. Sebastian machte seine Sache gut. Völlig überraschend stießen die Gymnasiasten vorwärts. Die Realschüler wichen vor dem Anprall zurück.

Matthias und Martin rannten über den Platz und schlugen

auf den Rücken der weichenden Realschüler los. Manche blieben vor Schreck im Schnee liegen.

»Eisern!« so hallte es von allen Seiten. Wo Matz auftauchte, rissen die Feinde aus. Sie flohen einzeln. Sie flohen in Scharen.

Nur Egerland hielt stand. Er blutete; er zog ein finster entschlossenes Gesicht und sah aus wie ein verlassener, unglückseliger König. Das Fäßchen rannte auf ihn los.

Aber Martin stellte sich vor den feindlichen Anführer und rief: »Wir bewilligen ihm freien Abzug. Er allein war anständig und tapfer bis zuletzt.«

Egerland drehte sich um und verließ, geschlagen und einsam, das Schlachtfeld.

Dann kam Fridolin auf die Freunde los. »Ist Kreuzkamm befreit?«

Martin nickte.

»Und die Diktathefte?« fragte das Fäßchen neugierig.

»Die hab ich im Taschentuch«, sagte Martin und zeigte der ehrfurchtsvoll staunenden Menge die Überreste.

»Da staunt der Laie, und der Fachmann wundert sich«, bemerkte Sebastian.

»Wo ist denn Uli?« fragte Matthias.

Das Fäßchen zeigte mit dem Daumen nach hinten. Matthias rannte bis in die äußerste Ecke des Platzes. Dort saß Uli auf einer Planke und starrte in den Schnee.

»Was ist denn passiert, Kleiner?« fragte Matthias.

»Nichts Besonderes«, antwortete Uli leise. »Ich bin wieder mal ausgerissen. Ausgerechnet der Wawerka kam auf mich los. Ich wollte ihm ganz bestimmt ein Bein stellen. Aber wie ich sein Gesicht sah, war's aus.«

»Ja, er hat eine abscheuliche Visage«, meinte Matthias. »Mir wär's auch fast schlecht geworden, als er auf mich losging.«

»Du willst mich trösten, Mätzchen«, sagte Uli. »Aber das geht so nicht weiter mit mir. Es muß bald etwas geschehen.«

»Na, nun komm«, meinte Matthias. »Die anderen rücken gerade ab.«

Und die beiden ungleichen Freunde liefen hinter den anderen her. Im Dauerlauf ging's zurück in die Schule. Dem schönen Theodor entgegen.

Die geschlagene Armee der Realschüler sammelte sich im Hof der Förstereistraße 17. Sie warteten auf Egerland.
 Er trat ernst unter sie und sagte: »Laßt den Gefangenen frei!«
 »Wir denken gar nicht dran«, rief Wawerka.
 »Dann macht, was ihr wollt!« sagte Egerland. »Und sucht euch einen anderen Anführer.« Er blickte keinen an und ging ins Haus.
 Die übrigen stürmten johlend in den Keller. Sie wollten ihre Wut an dem Gefangenen auslassen.
 Statt einem Gefangenen fanden sie deren zwei! Da zogen alle miteinander lange Gesichter und schämten sich, so gut es ging.

Das fünfte Kapitel

*enthält das Wiedersehen mit dem schönen
Theodor · eine Debatte über die Hausordnung
ein unverhofftes Lob · eine angemessene Strafe
eine längere Erzählung des Hauslehrers und
was die Jungen hinterher dazu sagten.*

Es war schon spät am Nachmittag; kurz nach fünf Uhr. Es schneite nicht mehr. Aber schwere schwefelgelbe Wolken hingen am Himmel. Der Winterabend senkte sich auf die Stadt; es war einer der wenigen, einer der letzten Abende vor dem schönsten im Jahr, vor dem Heiligen Abend. Man konnte zu keinem der vielen Fenster in den vielen Häusern emporsehen, ohne daran zu denken, daß in ein paar Tagen die brennenden Kerzen der Christbäume auf die dunklen Straßen herabschauen würden. Und daß man dann zu Haus wäre, bei den Eltern, unter dem eigenen Weihnachtsbaum.

Die erleuchteten Läden waren mit Tannenzweigen und Glasschmuck ausstaffiert. Die Erwachsenen liefen mit Paketen aus einem Geschäft ins andere und machten enorm geheimnisvolle Gesichter. Die Luft duftete nach Lebkuchen, als ob die Straßen damit gepflastert wären.

Die fünf Jungen rannten. »Ich krieg einen Punchingball zu Weihnachten«, sagte Matthias. »Der Justus wird's bestimmt erlauben, daß ich ihn in der Turnhalle festmache. Mensch, das wird 'ne Sache!«

»Dein Auge ist noch kleiner geworden«, meinte Uli.

»Das macht nichts. Das gehört zum Beruf.«

Sie näherten sich der Schule. Man konnte sie schon sehen. Sie lag hoch über der Stadt. Und mit ihren erleuchteten Stockwerken glich sie einem riesigen Ozeandampfer, der nachts übers Meer fährt. Ganz oben im linken Turm glänzten zwei einsame Fenster. Dort wohnte Doktor Johann Bökh, der Hauslehrer.

»Haben wir eigentlich etwas im Rechnen auf?« fragte Johnny Trotz.

»Ja«, sagte Martin. »Die angewandten Prozentaufgaben. Die sind aber kinderleicht. Ich mache sie nach dem Abendbrot.«

»Und ich schreib sie morgen früh von dir ab«, meinte Sebastian. »Es ist schade um die Zeit. Ich lese gerade ein Werk über die Vererbungslehre. Das ist viel interessanter.«

Die Jungen keuchten den Berg hinan. Der Schnee knirschte unter ihren Füßen.

Vor dem Tor der Schule schritt jemand auf und ab und rauchte eine Zigarette. Es war der schöne Theodor. »Da sind sie ja, die lieben Kinderchen«, sagte er hämisch. »Heimlich im Kino gewesen, was? Hoffentlich war's recht schön. Damit sich die Strafe lohnt.«

»Es war ein wunderbarer Film«, log Sebastian drauf los. »Der Hauptdarsteller sah Ihnen kolossal ähnlich. Er war nur nicht ganz so hübsch.«

Matthias lachte. Aber Martin sagte: »Laß den Blödsinn, Sepp!«

»Natürlich, du bist auch wieder dabei!« rief der schöne Theodor und tat, als ob er Martin erst jetzt bemerke. »Daß man einem solchen Flegel wie dir Stipendien gibt, werde ich wohl nie verstehen.«

»Verlieren Sie nur nicht den Mut«, meinte Johnny. »Sie sind ja noch jung.«

Der schöne Theodor sah aus, als wolle er Feuer speien. »Na, da kommt mal mit, ihr Früchtchen! Der Herr Doktor Bökh erwartet euch schon sehnlichst.«

Sie stiegen die Wendeltreppe im Turmflügel hinauf. Der Primaner kletterte wie ein Polizist hinterher, als habe er Angst, sie könnten wieder auskneifen.

Eine Minute später standen sie allesamt im Arbeitszimmer vorm Justus. »Hier sind die Ausreißer, Herr Doktor«, sagte der schöne Theodor. Seine Stimme klang honigsüß.

Bökh saß am Schreibtisch und betrachtete die fünf Tertianer. Keine Miene verriet, was er dachte. Die fünf sahen geradezu gemeingefährlich aus. Matthias hatte ein geschwollenes Auge. Sebastians Hose war überm Knie zerrissen. Ulis Gesicht und Hände sahen vom Frost blaurot aus. Martin hingen die Haare wirr ins Gesicht. Und Johnnys Oberlippe blutete. In einem der Schneebälle, die ihn getroffen hatten, war ein Stein gewesen. Und der Schnee schmolz von den fünf Paar Stiefeln und bildete fünf kleine Pfützen.

Doktor Bökh erhob sich und trat dicht vor die Angeklagten. »Wie heißt der einschlägige Artikel der Hausordnung, Uli?«

»Den Schülern des Internats ist es verboten, das Schulgebäude außer während der Ausgehzeiten zu verlassen«, antwortete der Kleine ängstlich.

»Gibt es irgendwelche Ausnahmefälle?« fragte Bökh. »Matthias!«

»Jawohl, Herr Doktor«, berichtete Matz. »Wenn ein Mitglied des Lehrkörpers das Verlassen der Schule anordnet oder gestattet.«

»Welcher der Herren hat euch in die Stadt beurlaubt?« fragte der Hauslehrer.

»Keiner«, entgegnete Johnny.

»Auf wessen Erlaubnis hin seid ihr fortgewesen?«

»Wir sind ohne Erlaubnis abgehauen«, erklärte Matthias.

»So war es nicht«, sagte Martin. »Sondern ich habe den anderen befohlen, mir zu folgen. Ich allein bin dafür verantwortlich.«

»Deine Vorliebe, Verantwortung zu übernehmen, ist mir hinreichend bekannt, lieber Martin«, meinte Doktor Bökh streng. »Du solltest dieses Recht nicht mißbrauchen!«

»Er hat es nicht mißbraucht«, rief Sebastian. »Wir mußten in die Stadt. Es war außerordentlich dringend.«

»Warum habt ihr mich, die zuständige Instanz, nicht um Erlaubnis gefragt?«

»Sie hätten, der Hausordnung wegen, die Erlaubnis verweigert«, sagte Martin. »Und dann hätten wir trotzdem in die Stadt rennen müssen! Das wäre noch viel unangenehmer gewesen!«

»Wie? Ihr hättet meinem strikten Verbot zuwidergehandelt?« fragte der Justus.

»Jawohl!« antworteten alle fünf.

»Leider«, fügte Uli kleinlaut hinzu.

»Das ist ja einfach bodenlos, Herr Doktor!« meinte der schöne Theodor und schüttelte das Haupt.

»Es ist mir nicht bewußt, daß ich Sie nach Ihrer originellen Ansicht gefragt hätte«, sagte Doktor Bökh. Und der schöne Theodor wurde puterrot. »Warum mußtet ihr in die Stadt?« fragte der Lehrer.

»Wieder einmal wegen der Realschüler«, berichtete Martin. »Sie hatten einen unserer Externen überfallen. Dieser Externe und die Diktathefte, die Herrn Professor Kreuzkamm zur Korrektur gebracht werden sollten, waren verschwunden. Ein anderer Externer meldete uns das. Und da war es doch ganz klar, daß wir hinunter mußten, um den Gefangenen zu befreien.«

»Habt ihr ihn befreit?« fragte der Lehrer.

»Jawohl«, riefen vier von ihnen. Uli schwieg. Er hielt sich für unwürdig, die Frage zu bejahen.

Doktor Bökh musterte Johnnys gespaltene Oberlippe und das verschwollene Auge von Matthias. »Wurde irgendwer verletzt?« fragte er dann.

»Kein Gedanke«, sagte Matthias. »Niemand.«

»Nur die Diktathefte ...« meinte Sebastian.

Martin blickte ihn so wütend an, daß er abbrach.

»Was ist mit den Heften los?« fragte der Justus.

»Sie wurden in einem Keller, vor den Augen des gefesselten Gefangenen, verbrannt«, sagte Martin. »Wir fanden nur noch die Asche vor.«

»Martin hat die Asche in seinem Taschentuch«, erklärte Matthias fröhlich. »Und ich werde die Urne dafür stiften.«

Doktor Bökh verzog unmerklich das Gesicht. Eine Zehntelsekunde lächelte er. Dann war er wieder ernst. »Und was soll nun werden?« fragte er.

»Ich lege morgen früh eine Liste an«, sagte Martin. »Und jeder Klassenkamerad nennt mir die Zensuren, die er in den Diktaten seit Michaelis gehabt hat. Ich trage sämtliche Zensuren ein und überreiche Herrn Professor Kreuzkamm zum Unterrichtsbeginn die vollständige Liste. Und das letzte, noch nicht korrigierte Diktat müssen wir eben nochmal machen.«

»Teufel, Teufel!« flüsterte Matthias und schüttelte sich.

»Ich weiß nicht, ob sich Professor Kreuzkamm damit zufriedengeben wird«, sagte Justus. »Alle Zensuren werdet ihr wohl auch nicht auswendig wissen. Trotzdem muß ich euch mitteilen, daß ich euer Verhalten billige. Ihr habt euch einfach tadellos benommen, ihr Bengels.«

Die fünf Jungen strahlten wie fünf kleine Vollmonde. Der schöne Theodor versuchte zu lächeln. Aber der Versuch mißlang.

»Gesetzwidrig bleibt es immerhin«, sagte Bökh, »daß ihr die Schule unerlaubt verlassen habt. Setzt euch aufs Sofa! Ihr seid müde. Wir wollen überlegen, was sich tun läßt.«

Die fünf Jungen setzten sich aufs Sofa und blickten ihren Justus vertrauensvoll an. Der Primaner blieb stehen. Am liebsten wäre er fortgelaufen.

Doktor Bökh ging im Zimmer auf und ab und meinte schließlich: »Man könnte den Vorfall ganz sachlich beurteilen und nichts weiter tun als feststellen, daß ihr ohne Erlaubnis fort wart. Welches Strafmaß ist hierfür üblich, Sebastian?«

»Ausgangsentziehung für vierzehn Tage«, antwortete der Junge.

»Man könnte aber auch die Begleitumstände berücksichtigen«, fuhr der Justus fort. »Und wenn man das tut, so steht zunächst einmal außer Frage, daß ihr, als zuverlässige Kameraden, koste es, was es wolle, in die Stadt mußtet. Euer Vergehen bestünde dann nur darin, daß ihr die Erlaubnis einzuholen vergaßt.«

Er trat ans Fenster und blickte durch die Scheiben. Mit abgewandtem Gesicht sagte er: »Warum habt ihr mich denn nicht gefragt? Habt ihr so wenig Vertrauen zu mir?« Er drehte sich um. »Dann verdiente ich ja selber die Strafe! Denn dann wäre ich an eurem Fehler schuld!«

»Nicht doch, lieber Herr Justus!« rief Matthias außer sich, verbesserte sich rasch und meinte verlegen: »Nicht doch, lieber Herr Doktor. Sie wissen doch hoffentlich, wie sehr wir Sie …« Er brachte es aber nicht heraus. Er schämte sich zu bekennen, wie sehr sie den Mann am Fenster liebten.

Martin sagte: »Ich habe mir, bevor wir losgingen, einen Augenblick lang überlegt, ob wir Sie erst fragen sollten. Aber ich hatte das Gefühl, es sei verkehrt. Nicht wegen des Vertrauens, Herr Doktor. Ich weiß selber nicht genau, warum ich's unterließ.«

Das war wieder einmal etwas für den neunmalklugen Sebastian. »Die Sache ist doch ganz logisch«, erläuterte er. »Es gab nur zwei Möglichkeiten. Entweder konnten Sie unsere Bitte abschlagen; dann hätten wir Ihrem Verbot zuwiderhandeln müssen. Oder Sie konnten uns wirklich fortlassen; und wenn dann jemandem etwas zugestoßen wäre, hätte man Sie dafür verantwortlich gemacht. Und die anderen Lehrer und die Eltern hätten auf Ihnen herumgehackt!«

»So ähnlich«, sagte Martin.

»Ihr seid ja geradezu verantwortungssüchtig!« entgegnete der Lehrer. »Ihr habt mich also nur nicht gefragt, um mir Unannehmlichkeiten zu ersparen? Na schön. Ihr sollt die heißersehnte Strafe kriegen. Ich entziehe euch hiermit den ersten Ausgehnachmittag nach den Ferien. Damit ist der Hausordnung Genüge getan. Oder?« Bökh blickte den Primaner fragend an.

»Selbstverständlich, Herr Doktor«, beeilte sich der schöne Theodor zu erklären.

»Und an diesem der Strafe gewidmeten Nachmittag seid ihr fünf hier oben im Turm meine Gäste. Da machen wir einen Kaffeeklatsch. Das steht zwar nicht in der Hausordnung. Aber ich glaube nicht, daß dagegen etwas einzuwenden ist. Oder?« Wieder blickte er den Primaner an.

»Keineswegs, Herr Doktor«, flötete der schöne Theodor. Am liebsten wäre er zersprungen.

»Nehmt ihr die Strafe an?« fragte Bökh.

Die Jungen nickten fröhlich und stießen einander die Ellbogen in die Rippen.

»Großartig«, rief Matthias. »Gibt's Kuchen?«

»Wir wollen's stark hoffen«, meinte der Justus. »Und ehe ich euch jetzt hinauswerfe, will ich euch eine kleine Geschichte erzählen. Denn ich habe ja doch das leise Gefühl, daß euer Vertrauen zu mir noch nicht so groß ist, wie es für euch gut wäre und wie ich's mir wünsche.«

Der schöne Theodor machte kehrt und wollte auf den Zehenspitzen verschwinden.

»Nein, nein, bleiben Sie nur hier!« rief Bökh. Dann setzte er sich hinter den Schreibtisch und drehte den Stuhl so, daß er durchs Fenster blicken konnte. Hinaus in den Winterabend.

»Das ist ungefähr zwanzig Jahre her«, erzählte er. »Damals gab es hier in diesem Haus auch schon solche Jungen, wie ihr welche seid. Und auch schon sehr strenge Primaner. Und auch schon einen Hauslehrer. Und der wohnte in genau demselben Zimmer, in dem wir jetzt sitzen … Von einem der kleinen Tertianer, die vor zwanzig Jahren in euren eisernen Bettstellen schliefen und auf euren Plätzen im Klassenzimmer und im Speisesaal saßen, handelt die Geschichte. Er war ein braver, fleißiger Junge. Er konnte sich über Ungerechtigkeiten empören wie der Martin Thaler. Er prügelte sich herum, wenn es sein mußte, wie der Matthias Selbmann. Er saß mitunter nachts auf dem Fensterbrett im Schlafsaal und hatte Heimweh wie der Uli von Simmern. Er las furchtbar gescheite Bücher wie der Sebastian Frank. Und er verkroch sich manchmal im Park wie der Jonathan Trotz.«

Die Jungen saßen schweigend nebeneinander auf dem Sofa und lauschten andächtig.

Doktor Bökh fuhr fort: »Da wurde eines Tages die Mutter dieses Jungen sehr krank. Und man brachte sie, weil sie sonst bestimmt gestorben wäre, von dem kleinen Heimatort nach Kirchberg ins Krankenhaus. Ihr wißt ja, wo es liegt. Drüben, am anderen Ende der Stadt. Der große rote Ziegelbau. Mit den Isolierbaracken hinten im Garten.

Der kleine Junge war damals sehr aufgeregt. Er hatte keine ruhige Minute. Und da rannte er eines Tages, weil es seiner Mutter sehr schlecht ging, einfach aus der Schule fort, quer durch die Stadt ins Krankenhaus, saß dort am Bett der Kranken und hielt ihre heißen Hände. Dann sagte er ihr, er komme morgen wieder – denn am nächsten Tag hatte er Ausgang – und rannte den weiten Weg zurück.

Am Schultor wartete schon ein Primaner auf ihn. Es war einer von denen, die noch nicht reif genug sind, die Macht, die ihnen übertragen wurde, vernünftig und großmütig auszuüben. Er fragte den Jungen, wo er gewesen sei. Der Junge hätte sich eher die Zunge abgebissen, als diesem Menschen erzählt, daß er von seiner kranken Mutter kam. Der Primaner entzog ihm zur Strafe die Ausgeherlaubnis für den nächsten Tag.

Am nächsten Tag lief der Junge trotzdem davon. Denn die Mutter wartete ja auf ihn! Er rannte quer durch die Stadt. Er saß eine Stunde lang an ihrem Bett. Es ging ihr noch schlechter als am Tage vorher. Und sie bat ihn, morgen wiederzukommen. Er versprach es ihr und lief in die Schule zurück.

Der Primaner hatte bereits dem Hauslehrer gemeldet, daß der Junge wieder fortgelaufen war, obwohl man ihm das Ausgehen verboten hatte. Der Junge mußte zum Hauslehrer hinauf. In dieses Turmzimmer hier. Und er stand, damals vor zwanzig Jahren, genau dort, wo ihr vorhin standet. Der Hauslehrer war ein strenger Mann. Auch er war keiner von denen, denen sich der Junge hätte anvertrauen können! Er schwieg. Und so wurde ihm angekündigt, daß er die Schule vier Wochen lang nicht verlassen dürfe.

Aber am nächsten Tage war er wieder fort. Da brachte man ihn, als er zurückkam, zum Direktor des Gymnasiums. Und der bestrafte ihn mit zwei Stunden Karzer. Als sich nun der Direktor am nächsten Tage vom Hausmeister den Karzer aufschließen ließ, um den Jungen zu besuchen und ins Gebet zu nehmen, saß ein ganz anderer Junge im Karzer! Das war der Freund des Ausreißers, und er hatte sich einsperren lassen, damit der andere wieder zu seiner Mutter konnte.

Ja«, sagte Doktor Bökh, »das waren zwei Freunde! Sie blieben auch später beieinander. Sie studierten zusammen. Sie wohnten zusammen. Sie trennten sich auch nicht, als der eine von ihnen heiratete. Dann aber bekam die Frau ein Kind. Und das Kind starb. Und die Frau starb. Und am Tage nach dem Begräbnis war der Mann verschwunden. Und sein Freund, dessen Geschichte ich euch hier erzähle, hat nie wieder etwas von ihm gehört.« Doktor Bökh stützte den Kopf in die Hand und hatte sehr, sehr traurige Augen.

»Der Direktor«, fuhr er schließlich fort, »war damals außer

sich, als er im Karzer stand und den Betrug merkte. Da berichtete ihm der Junge, warum der andere immer fortgelaufen sei, und es nahm doch noch ein gutes Ende. Der Junge aber, dessen Mutter im Krankenhaus gelegen hatte, nahm sich damals vor, daß er in dieser Schule, in der er als Kind gelitten hatte, weil er keinem voll vertrauen konnte, später einmal selber Hauslehrer werden wollte. Damit die Jungen einen Menschen hätten, dem sie alles sagen können, was ihr Herz bedrückte.«

Der Justus stand auf. Sein Gesicht war freundlich und ernst zugleich. Er sah die fünf Knaben lange an. »Und wißt ihr auch, wie dieser Junge hieß?«

»Jawohl«, sagte Martin leise. »Er hieß Johann Bökh.«

Der Justus nickte. »Und nun macht, daß ihr rauskommt, ihr Banditen!«

Da standen sie auf, machten eine feierliche Verbeugung und verließen leise das Zimmer. Der schöne Theodor ging gesenkten Kopfes an ihnen vorüber.

Auf der Treppe sagte Matthias: »Für diesen Mann da oben laß ich mich, wenn's sein muß, aufhängen.«

Uli sah aus, als ob er nach innen geweint hätte, und meinte: »Ich auch.«

Johnny blieb, bevor sie in die verschiedenen Wohnzimmer gingen, auf dem Korridor stehen. »Wißt ihr auch«, fragte er, »wer der Freund ist, der für ihn im Karzer saß und der am Tage nach dem Begräbnis spurlos verschwunden ist?«

»Keine Ahnung«, sagte Matthias. »Woher sollen wir das denn wissen?«

»Doch«, meinte Johnny Trotz. »Wir kennen ihn alle. Er wohnt nicht weit von hier, und er ist heute zusammengezuckt, als er den Namen Bökh hörte.«

»Du hast recht«, sagte Martin. »Du hast bestimmt recht, Johnny! Wir kennen seinen verlorenen Freund!«

»Nun redet schon endlich«, rief Matthias ungeduldig.

Und Johnny sagte: »Es ist der Nichtraucher.«

Das sechste Kapitel

*enthält ein Gemälde mit einer sechsspännigen Kutsche
viel Freude über einen alten Witz · den Vornamen
Balduin · eine nasse Überraschung · einen Gespensterzug
ein Tier, das Juckpulver streut · Johnny auf
dem Fensterbrett und seine Pläne für die Zukunft.*

Nach dem Abendbrot stiegen sie wieder in ihre Arbeitszimmer hinauf. Martin erledigte die Rechenaufgaben für den nächsten Tag und legte jene Liste an, in der er die verbrannten Diktatzensuren eintragen wollte. Matthias, den er fragte, konnte sich nicht besinnen. »Schreibe bei mir für jedes Diktat 'ne Vier hin«, schlug er schließlich vor. »Ich glaube, da komm ich immer noch ganz gut weg.« Dann holte Matthias beim Hausmeister Hammer und Nägel und befestigte mit großem Getöse Tannenreisig an den Wänden. Bis die Bewohner der Nachbarzimmer Eilboten herüberschickten und anfragten, ob man übergeschnappt sei.

Der schöne Theodor, der Stubenälteste des Zimmers Nummer 9, war nicht wiederzuerkennen. Als ihn Martin fragte, er wegen der Zensurensammlung in die anderen Zimmer gehen dürfe, sagte der Primaner: »Selbstverständlich, mein Junge. Aber bleibe nicht allzu lange fort.«

Matthias starrte Martin fassungslos an. Den anderen Insassen des Zimmers, die nicht wissen konnten, was sich beim Justus abgespielt hatte, blieb überhaupt der Mund offenstehen. Und dem zweiten Primaner, der im Zimmer saß, ging vor Schreck die Zigarre aus. »Was ist denn mit dir los, Theo?« fragte er. »Bist du krank?«

Martin war die Szene unangenehm, und er lief rasch aus dem Zimmer. Nachdem er bei allen andern internen Tertianern gewesen war und deren Zensuren in der Liste eingetragen hatte, ging er zu Johnny Trotz. Dessen Stubenältester war ein netter Kerl. »Na, Martin, schon wieder auf dem Kriegspfade?« fragte er.

»Nein«, antwortete der Junge. »Diesmal nicht. Johnny und

ich wollen eine Weihnachtsüberraschung besprechen.« Und dann flüsterten die beiden miteinander und einigten sich dahin, daß sie den Justus am nächsten Tag nach dem Mittagessen in den Schrebergarten verschleppen wollten.

»Hoffentlich irren wir uns nicht«, meinte Martin. »Sonst wird es eine gräßliche Geschichte. Stelle dir vor, der Nichtraucher und der Justus erklärten plötzlich, daß sie einander überhaupt nicht kennten!«

»Das ist ganz ausgeschlossen«, sagte Johnny entschieden. »In solchen Sachen irre ich mich nie. Verlasse dich da völlig auf mich!« Er dachte nach. »Du darfst auch das Folgende nicht vergessen: Der Nichtraucher ist doch bestimmt nicht zufällig mit seinem Eisenbahnwagen neben unsere Penne gezogen! Er wollte zwar einsam leben und verließ vor Jahren seine Umgebung, ohne eine Spur zu hinterlassen. Aber er konnte sich doch nicht völlig von der Vergangenheit losreißen. Und wenn er sich mit uns unterhält, denkt er an seine eigene Kindheit. Ich verstehe das alles so gut, Martin! Es ist, als ob ich's selber erlebt hätte.«

»Wahrscheinlich hast du recht«, meinte Martin. »Menschenskind, werden sich die zwei freuen! Was?«

Johnny nickte begeistert. »Sobald wir merken, daß wir recht haben«, sagte er, »machen wir uns möglichst unauffällig schwach.«

»Eisern!« murmelte Martin. Dann kehrte er ins Zimmer Nummer 9 zurück. Er holte ein Bild aus dem Pult, das er für seine Eltern gemalt hatte. Es war noch nicht ganz fertig, und er malte weiter. Er wollte es zu Haus unter den Christbaum legen. Morgen, spätestens übermorgen, mußte das Reisegeld eintreffen, das ihm die Mutter schicken würde.

Das Bild war ziemlich merkwürdig. Man sah einen grünen See darauf und hohe schneebedeckte Berge. An den Ufern des Sees standen Palmen und Orangenbäume mit großen Apfelsinen in den Zweigen. Auf dem See schwammen vergoldete Gondeln und Boote mit rostroten Segeln. Auf der Uferstraße fuhr eine blaue Kutsche. Diese blaue Kutsche wurde von sechs Apfelschimmeln gezogen. In der Kutsche saßen Martins Eltern in ihren Sonntagskleidern. Und auf dem Kutschbock saß Martin selber. Er war aber älter als jetzt und hatte einen feschen dunkelblonden Schnurrbart. Neben der Kutsche standen Leute in bunten, südlichen Gewändern und winkten. Martins Eltern nickten freundlich nach allen Seiten, und Martin senkte zum Gruß die geflochtene Peitsche.

Das Bild hieß: »In zehn Jahren.« Und der Junge meinte damit wohl: In zehn Jahren werde er soviel Geld verdienen, daß die Eltern dann, von ihm geführt, Reisen in ferne, seltsame Länder machen könnten.

Matthias betrachtete das Gemälde, kniff die Augen halb zu und sagte: »Teufel, Teufel! Du wirst bestimmt mal so 'ne Nummer wie der Tizian oder der Rembrandt. Ich freue mich jetzt schon drauf, wenn ich später mal sagen kann: ›Ja, der Martin Thaler, der war früher mein Primus. Und ein ganz verfluchter Kerl war er außerdem. Wir haben manches miteinander ausgefressen‹.« Bei dem Wort »ausgefressen« fiel ihm ein, daß er wieder Hunger hatte, und er setzte sich rasch an sein Pult, in dem immer irgendwelche Nahrungsmittel lagerten. Auf der Innenseite des Pultdeckels waren die Fotografien sämtlicher Box-Weltmeister festgezweckt.

Sogar der schöne Theodor ließ sich Martins Bild zeigen und fand, es sei eine ausgesprochene Talentprobe.

Es war ein sehr gemütlicher Abend. Die Sextaner und Quintaner steckten die Köpfe zusammen und gestanden einander, was für Wunschzettel sie heimgeschickt hätten. Und dann begann der Obersekundaner Fritsche eine Geschichte zu erzählen, die vormittags im Unterricht passiert war. Schließlich hörten alle Zimmerbewohner zu.

»Jedes Jahr macht der Grünkern regelmäßig ein und denselben Witz«, berichtete Fritsche. »Dieser Witz ist immer fällig, wenn er in der Sekunda auf die Beschaffenheit des Mondes zu sprechen kommt. Alljährlich, und zwar seit mehr als zwanzig Jahren, sagt er zu Beginn seiner Stunde: ›Wir wollen vom Monde sprechen, sehen Sie mich an!‹«

»Wieso ist denn das ein Witz?« fragte der Quintaner Petermann. Aber die anderen lachten: »Pst!« Und so schwieg er.

Der schöne Theodor sagte: »Bei uns hat kein Aas mehr darüber gelacht.«

In diesem Augenblick lachte der Quintaner Petermann laut. Er hatte den Witz kapiert.

»Na, ist der Groschen gefallen?« fragte Matthias.

Fritsche sagte: »Wir haben es besonders raffiniert gemacht. Wir wußten, daß der Witz heute fällig war, und hatten alles genau verabredet. Als der Direx seinen berühmten Satz heraushatte, lachte die hinterste Reihe in der Klasse. Da freute er sich natürlich. Und dann wollte er zu reden fortfahren. Da lachte aber die zweite Reihe. Und so freute sich der Grünkern gleich noch einmal.

Doch gerade als er weitersprechen wollte, lachte die dritte Reihe. Da verzog er nur das Gesicht. Und dann lachte die vierte Reihe. Da wurde er gelbgrün. Und in diesem Moment lachte die vorderste Reihe. Da war er vollkommen erledigt. Er hing nur noch im Anzug. ›Gefällt Ihnen der Witz nicht, meine Herren?‹ fragte er. Da stand der Mühlberg auf und sagte: ›Der Witz ist ja gar nicht so übel, Herr Oberstudiendirektor. Aber mein Vater hat mir erzählt, daß der Witz, als mein Vater in die Sekunda ging, schon so alt war, daß er hätte pensioniert werden müssen. Wie wär's denn, wenn Sie sich mal was Neues einfallen ließen?‹ Da antwortete der Grünkern nach einer langen Pause: ›Vielleicht haben Sie recht.‹ Und dann rannte er mitten in der Stunde aus dem Klassenzimmer hinaus und ließ uns allein. Er sah aus, als ob er zu seinem eigenen Begräbnis zu Fuß ginge.«

Fritsche lachte, und ein paar andere lachten mit. Doch die meisten schienen mit den Sekundanern nicht ganz einverstanden zu sein. »Ich weiß nicht recht«, sagte einer, »aber ihr hättet den alten Mann nicht so ärgern sollen.«

»Warum denn nicht?« rief Fritsche. »Ein Pauker hat die verdammte Pflicht und Schuldigkeit, sich wandlungsfähig zu erhalten. Sonst könnten die Schüler ja früh im Bette liegen bleiben und den Unterricht auf Grammophonplatten abschnurren lassen. Nein, nein, wir brauchen Menschen als Lehrer und keine zweibeinigen Konservenbüchsen! Wir brauchen Lehrer, die sich entwickeln müssen, wenn sie uns entwickeln wollen.«

Da ging die Tür auf. Oberstudiendirektor Professor Doktor Grünkern trat ins Zimmer Nummer 9. Die Schüler sprangen von ihren Stühlen hoch.

»Bleibt nur sitzen und arbeitet weiter«, sagte der Direx. »Ist alles in Ordnung?«

»Jawohl«, meldete der schöne Theodor. »Es ist alles in Ordnung, Herr Direktor.«

»Das ist ja die Hauptsache«, sagte der alte Mann, nickte müde und ging ins nächste Zimmer.

»Ob er, bevor er hereinkam, an der Tür gehorcht hat?« fragte ein Quintaner neugierig.

»Da kann ich ihm auch nicht helfen«, meinte Fritsche unbarmherzig. »Wenn er, als er noch jung war, Beamter werden wollte, hätte er nicht Lehrer werden dürfen.«

Matthias beugte sich zu seinem Nachbarn, einem rothaarigen Sextaner. »Weißt du übrigens, wie der Grünkern mit Vornamen heißt?« Der Kleine wußte es noch nicht. Matthias sagte: »Balduin heißt er. Balduin Grünkern! Er schreibt immer nur ein B und macht einen Punkt dahinter. Wahrscheinlich geniert er sich.«

»Laßt den alten Mann in Frieden!« meinte der schöne Theodor. »Wir brauchen ihn als Kontrast. Wenn wir ihn nicht hätten, wüßten wir gar nicht, was wir am Doktor Bökh besitzen.«

Der andere Primaner bekam Stielaugen. »Theo«, sagte er, »nun steht's aber endgültig fest: Du hast dir am Gehirn 'ne Blase gelaufen.«

Nach der Abendandacht rannten sie über die große Freitreppe in die Schrankzimmer hinunter, hängten ihre Anzüge weg und sausten in den langen Nachthemden wieder treppauf. Erst in die Waschräume. Dann in die Schlafsäle.

Die Primaner durften länger aufbleiben. Nur die Primaner, die Schlafsaalinspektoren waren, mußten oben sein und aufpassen, daß sich die Jungen gründlich wuschen, daß sie die Zähne putzten und eilends ins Bett kletterten.

Das Zubettgehen war eine schwierige Prozedur. Man mußte sich im Bett aufstellen und die riesige Bettdecke rund um den

Körper wickeln; dann erst ließ man sich, wie vom Blitz getroffen, auf die Matratze fallen, daß das eiserne Bettgestell nur so klapperte.

Im Schlafsaal II gab's einen Zwischenfall. Irgendein Witzbold hatte dem Matthias ein volles Waschbecken unter das Betttuch gestellt. Und als sich Matthias, von den Abenteuern des Tages ermüdet, wie ein Klotz ins Bett plumpsen ließ, fiel er ins Nasse. Fluchend und mit den Zähnen klappernd, sprang er aus dem Bett und zerrte die Waschschüssel unter der Decke hervor. »Wer war das?« schrie er wild. »So eine Gemeinheit! Der Schuft soll sich melden! Ich bring ihn um! Ich füttere die Vögel mit seinem Leichnam!«

Die anderen lachten. Uli kam besorgt im Nachthemd angewandelt und brachte sein Kopfkissen.

»Feiges Gesindel!« brüllte Matthias.

»Geh ins Bett!« rief einer. »Sonst erkältest du dir deine vier Buchstaben.«

»Ruhe!« schrie ein anderer. »Der Justus kommt!«

Uli und Matthias sprangen in ihre Betten. Als Doktor Bökh eintrat, war es mäuschenstill im weiten Saal. Die Jungen lagen wie reihenweise geschichtete Engel da und kniffen die Augen zu. Der Justus ging an den Betten entlang. »Nanu«, sagte er laut. »Da stimmt doch was nicht! Wenn Jungens so ruhig sind, hat's vorher bestimmt Krach gegeben. Martin, raus mit der Sprache!«

Martin schlug die Augen auf und meinte: »Es war nichts Besonderes, Herr Doktor. Nur ein bißchen Ulk.«

»Weiter nichts?«

»Nein.«

Bökh ging zur Tür. »Gute Nacht, ihr Lümmels!«

»Gute Nacht, Herr Doktor!« schrien alle. Und dann lagen sie wirklich ruhig und zufrieden in ihren Betten. Matthias gähnte wie ein Löwe, stopfte Ulis Kopfkissen zwischen sich und das nasse Bettuch und schlief ein. Kurz darauf schliefen auch die anderen.

Nur Uli lag noch wach. Erstens fehlte ihm sein Kopfkissen. Und zweitens überlegte er sich wieder, wie er endlich einmal

Mut beweisen könnte. Dann hörte er den Zapfenstreich blasen, mit dem der Trompeter drüben in der Kaserne den Soldaten, die heimkehrten, mitteilte, daß sie sich beeilen müßten. Uli dachte jetzt an seine Eltern und an seine Geschwister und daran, daß er in drei Tagen zu Hause wäre, – und darüber schlief er lächelnd ein.

Eine Stunde später fuhren die Schläfer erschrocken hoch. Aus dem Schlafsaal I drang satanischer Lärm. Plötzlich sprang die Tür des Schlafsaals II, von Geisterhand bewegt, auf. Und der Lärm wurde immer unerträglicher. Ein paar der ganz kleinen Jungen steckten die Köpfe unter die Bettdecke oder hielten sich die Ohren zu.

Und plötzlich marschierten weiße Hexen und Gespenster in den dunklen Saal. Manche hielten flackernde Kerzen. Andere schlugen blecherne Topfdeckel aneinander. Wieder andere brüllten wie hungrige Ochsen. Ganz zuletzt kam ein riesiges weißes Ungeheuer angewackelt, zerrte manchen Jungen die Bettdecke weg und schüttete aus einer großen Tüte ein geheimnisvolles Pulver in die Betten. Ein paar Sextaner weinten vor Angst.

»Heule doch nicht!« sagte Uli zu seinem Nachbarn. »Das sind doch bloß die Primaner. Die machen ein paar Tage vor Weihnachten stets so einen Umzug. Du mußt nur Obacht geben, daß sie dir kein Juckpulver ins Bett streuen.«

»Ich fürchte mich so«, flüsterte der Sextaner schluchzend. »Was für ein großes Vieh ist das denn, das zuletzt marschiert?«

»Das sind drei Primaner. Sie haben mehrere Bettücher zusammengenäht und, darunter stecken sie nun.«

»Ich fürchte mich aber trotzdem«, sagte der Kleine.

»Man gewöhnt sich dran«, tröstete Uli. »Das erste Jahr hab ich auch geweint.«

»Ja?«

»Ja«, sagte Uli.

Der gespenstische Maskenzug verschwand durch die Hintertür. Es wurde langsam wieder ruhiger. Nur diejenigen, die in der vordersten Bettreihe lagen, kratzten sich und schimpften noch eine Weile in die Kopfkissen. Das Juckpulver tat seine Wirkung. Aber schließlich besänftigten sich auch sie.

Matthias war überhaupt nicht aufgewacht. Wenn er erst einmal die Augen zugemacht hatte, konnte man Kanonen neben ihm abschießen, ohne daß er aufwachte.

Endlich schliefen sie alle bis auf einen. Der eine war Johnny Trotz. Er stand auf und schlich zu einem der großen Fenster. Er schwang sich auf das breite Fensterbrett, zog die Füße hoch, steckte sie unters Nachthemd und blickte auf die Stadt hinunter. In vielen Fenstern war noch Licht, und über der Innenstadt, in der die Kinos und Tanzlokale lagen, kochte der Himmel. Es schneite wieder.

Johnny blickte forschend in die Stadt hinunter. Er dachte: ›Unter jedem Dach leben Menschen. Und wie viele Dächer gibt's in einer Stadt! Und wie viele Städte gibt's in unserm Land! Und wie viele Länder gibt's auf unserm Planeten! Und wie viele Sterne gibt's in der Welt! Das Glück ist bis ins Unendliche verteilt. Und das Unglück auch … Ich werde später bestimmt einmal auf dem Lande leben. In einem kleinen Haus mit einem großen Garten. Und fünf Kinder werde ich haben. Aber ich werde sie nicht übers Meer schicken, um sie loszuwerden. Ich werde nicht so böse sein, wie mein Vater zu mir war. Und meine Frau wird besser sein als meine Mutter. Wo mag sie jetzt sein, meine Mutter? Ob sie noch lebt?

Vielleicht zieht Martin zu mir ins Haus. Er wird Bilder malen. Und ich werde Bücher schreiben. Das wäre ja gelacht‹, dachte Jonathan Trotz, ›wenn das Leben nicht schön wäre!‹

Das siebente Kapitel

*enthält eine Beschreibung Professor Kreuzkamms
ein haarsträubendes Ereignis · den Satz, den die Jungen
fünfmal aufschreiben müssen · eine geheimnisvolle
Ankündigung in der Pause · einen Spaziergang
mit Doktor Bökh · das Wiedersehen im Schrebergarten
und einen Händedruck am Zaun.*

Am nächsten Morgen, kurz vor dem Beginn des Unterrichts, trat Martin aus dem Klassenzimmer auf den Korridor hinaus. Er hatte die Liste mit den Diktatzensuren in der Hand und wollte dem Deutschlehrer, Professor Kreuzkamm, noch bevor dieser ins Klassenzimmer kam, über den gestrigen Unglücksfall Bericht erstatten. Rudi Kreuzkamm, der Sohn des Lehrers, hatte gerade erzählt, der Vater habe noch keine Ahnung.

Der Korridor war leer. Aber der Lärm, der in den vielen Klassenzimmern herrschte, drang in den Flur hinaus und erfüllte ihn mit gedämpftem Summen und Brummen. Es klang nach eingesperrten Fliegen.

Dann kamen die Lehrer aus dem ersten Stock herunter. Sie waren guter Laune und lachten laut. Jeder ging in eines der Klassenzimmer hinein, und das Summen und Brummen im Korridor wurde leiser und leiser. – Professor Kreuzkamm erschien als letzter. Er ging steif wie stets; als habe er einen Spazierstock verschluckt. Doktor Bökh ging neben ihm und erzählte etwas Interessantes. Der Professor hörte aufmerksam zu und sah noch strenger als sonst aus.

Dieser Herr Kreuzkamm war ein seltsamer Mann. Sie hatten immer ein bißchen Angst vor ihm. Er konnte nämlich nicht lachen. Es ist allerdings ebensogut möglich, daß er nur nicht lachen wollte! Rudi, der Sohn, hatte den Mitschülern jedenfalls erzählt, daß sein Vater auch zu Hause keine Miene verziehe.

Daran hätte man sich mit der Zeit gewöhnen können. Die Angelegenheit wurde aber dadurch noch erschwert, daß er, obwohl er selber nie lachte, Dinge sagte, über die man lachen mußte!

Den Matthias beispielsweise hatte er vor ein paar Wochen, als er Klassenarbeiten zurückgab, gefragt: »Was hattest du denn in der vorigen Arbeit?«

»Eine Vier«, hatte Matthias geantwortet.

»So?« hatte der Professor gesagt. »Diesmal ist es viel besser.« Matz hatte sich schon gefreut.

Und dann hatte der Professor gemeint: »Diesmal ist es eine gute Vier!«

Ein anderes Mal hatte der Schrank im Klassenzimmer offengestanden. Da hatte Kreuzkamm gerufen: »Fridolin, mach den Schrank zu! Es zieht!«

Und man kam sich jedesmal, wenn man lachen mußte, so verkohlt vor, weil er selber streng vom Katheder herabblickte und ein Gesicht machte, als habe er Bauchschmerzen. Man wußte nie, woran man war. Denn seine Miene drückte nie aus, was er empfand.

Aber man lernte eine Masse in seinen Stunden. Und das war ja schließlich auch was wert.

Nun mußte ihm Martin also gestehen, daß die Diktathefte verbrannt waren. Der Justus schwenkte in die Quinta, und Professor Kreuzkamm kam allein auf den Jungen losgestiefelt. »Neuigkeiten?« fragte er streng.

»Jawohl, Herr Professor«, sagte Martin kleinlaut. »Die Realschüler haben gestern nachmittag unsere Diktathefte verbrannt.«

Der Lehrer blieb stehen. »Habt ihr sie darum gebeten?« fragte er.

Martin wußte wieder einmal nicht, ob er lachen sollte. Dann schüttelte er den Kopf, erzählte rasch das Notwendigste und händigte dem Professor die Liste aus.

Der Professor öffnete die Tür, schob Martin vor sich her und trat ins Klassenzimmer.

Während Martin vor der Tür gewartet hatte, war etwas Haarsträubendes geschehen!

Ein paar Externe, von Georg Kunzendorf angestiftet, hatten Uli in den Papierkorb gesetzt und den Papierkorb an den zwei

Haken, die zum Aufhängen der Landkarten dienten, hochgezogen. Matthias war von vier Jungen in der Bank festgehalten worden. Und nun hing Uli oben unter der Zimmerdecke und schaute mit knallrotem Kopf aus dem Körbchen. Martin wäre fast in Ohnmacht gesunken.

Professor Kreuzkamm tat, als bemerke er den skandalösen Tatbestand überhaupt nicht, sondern setzte sich gleichmütig hinters Katheder, knüpfte Martins Taschentuch, das vor ihm lag, auf und betrachtete die Asche. »Was soll das darstellen?« fragte er.

»Das sind unsere Diktathefte«, antwortete Martin betreten.

»Aha«, sagte der Professor. »Kaum zum Wiedererkennen. – Wem wurden übrigens gestern mittag die Hefte anvertraut?«

Rudi Kreuzkamm, der Sohn des Professors, stand auf.

»Konntest du die Hefte nicht besser verteidigen?«

»Leider nein«, meinte Rudi. »Es waren ungefähr zwanzig Jungens, die den Fridolin und mich überfielen. Und bevor sie die Hefte verbrannten, wurde ich von ihnen in einem Keller mit einer Wäscheleine gefesselt.«

»Wie lange warst du denn in dem Keller?« fragte der Vater.

»Bis gegen vier Uhr.«

»Haben deine Eltern etwas bemerkt?«

»Nein«, antwortete Rudi.

»Das scheinen ja nette Eltern zu sein«, meinte der Professor ärgerlich.

Ein paar Schüler lachten. Es war aber auch komisch, daß der Professor auf sich selber schimpfte.

»Haben Sie dich denn nicht beim Essen vermißt?« fragte er.

»Nein«, erwiderte Rudi. »Man erzählte ihnen, daß ich bei einem Kameraden eingeladen sei.«

Der Professor meinte streng: »Richte deinem Vater einen schönen Gruß von mir aus, und er solle künftig gefälligst besser auf dich aufpassen!«

Nun lachte die ganze Klasse. Außer Uli. Und außer dem Lehrer.

»Ich werde es meinem Vater bestellen«, entgegnete Rudi Kreuzkamm. Und da lachten sie wieder.

»Feine Zustände sind das bei euch«, sagte der Professor. »Martins Liste brauch ich übrigens nicht. Ich habe sämtliche Zensuren noch einmal in meinem Notizheft stehen. Aber ich werde die beiden Listen miteinander vergleichen. Hoffentlich hat niemand gemogelt. Na, das wird sich ja herausstellen. Außerdem möchte ich euch schon jetzt folgendes mitteilen: Bei dem nächsten Unfug, den ihr anstellt, brumme ich euch ein Diktat auf, daß euch Hören und Sehen vergeht.«

Wie auf Kommando starrten alle zu Uli hinauf. Das konnte ja heiter werden!

»Was soll eigentlich der Papierkorb an der Zimmerdecke?« fragte der Professor. »Laßt doch endlich diese Albernheiten!«

Ein paar Jungen sprangen hoch, um den Papierkorb herabzulassen.

»Nein!« rief der Professor streng. »Laßt ihn nur ruhig hängen! Das hat ja Zeit.« Sollte er wirklich nicht gemerkt haben, daß Uli darinsaß? »Wir wollen«, sagte er, »ehe wir fortfahren, nur noch rasch ein paar Wörter aus dem gestrigen Diktat durchgehen. Wie schreibt man Vertiko? Sebastian!«

Sebastian Frank schob sein Buch über die Vererbungslehre unter die Bank und buchstabierte das Wort. Er buchstabierte es richtig.

Der Professor nickte. »Und wie wird Grammophon geschrieben? Uli!«

Die ganze Klasse erstarrte vor Schreck.

Der Professor trommelte nervös mit den Fingern auf dem Katheder. »Na, wird's bald, Simmern? Los, los!«

Da ertönte es zitternd aus dem Papierkorb: »G...r...a...m...m...«

Weiter kam Uli nicht. Magisch angezogen, blickte der Professor nach oben und stand auf. »Seit wann ist denn dieses Zimmer ein Rummelplatz? Willst du mir erklären, was du in der albernen Luftschaukel zu suchen hast? Bei euch piept's wohl? Komm auf der Stelle herunter!«

»Ich kann nicht«, sagte Uli.

»Wer war das?« fragte der Professor. »Schon gut. Ihr verratet es ja doch nicht. Matthias!«

Matz stand auf.

»Warum hast du das nicht verhindert?«

»Es waren zu viele«, erklärte Uli aus den Lüften.

»An allem Unfug, der passiert, sind nicht etwa nur die schuld, die ihn tun, sondern auch die, die ihn nicht verhindern«, erklärte der Professor. »Diesen Satz schreibt jeder bis zur nächsten Stunde fünfmal auf.«

»Fünfzigmal?« fragte Sebastian spöttisch.

»Nein, fünfmal«, erwiderte der Professor. »Wenn man einen Satz fünfzigmal aufschreibt, hat man ihn zum Schluß wieder vergessen. Nur Sebastian Frank schreibt ihn fünfzigmal auf. Wie lautet der Satz, Martin?«

Martin sagte: »An allem Unfug, der geschieht, sind nicht nur die schuld, die ihn begehen, sondern auch diejenigen, die ihn nicht verhindern.«

»Wenn du wüßtest, wie recht du hast!« meinte der Professor und lehnte sich zurück. »Das war der erste Teil der Tragödie. Nun angelt mal den Kleinen aus seiner Luftschaukel!«

Matthias stürzte nach vorn. Einige andere Jungen folgten. Und schließlich hatte Uli wieder festen Boden unter den Füßen.

»Und jetzt«, sagte der Professor, »folgt der Tragödie zweiter Teil.« Und dann gab er ihnen ein Diktat, daß es rauchte. Fremdwörter, Groß und Kleinschreibung, schwierige Interpunktion – es war glatt zum Verzweifeln. Die Tertianer schwitzten eine halbe Stunde lang Blut. Trotz des Winters und des Schnees. (Von diesem Diktat sprach man übrigens noch nach Jahren. Die beste Zensur war die Drei gewesen.)

»Teufel, Teufel!« flüsterte Matthias seinem Nachbarn zu. »Hoffentlich überfallen heute die Realschüler den Rudi noch einmal!«

Aber Professor Kreuzkamm nahm die Diktathefte selber mit heim. »Sicher ist sicher«, sagte er und verließ das Zimmer so ernst und steif, wie er gekommen war.

In der Pause kletterte Uli aufs Katheder und rief: »Ruhe!« Aber die anderen lärmten weiter.

»Ruhe!« rief er zum zweiten Male. Es klang wie ein gequälter Aufschrei. Und da wurden sie alle still. Uli war blaß wie ein Handtuch. »Ich möchte euch mitteilen«, sagte er leise, »daß ich das nicht mehr aushalte. Ich werde noch ganz krank davon. Ihr denkt, ich bin ein Feigling. Nun, ihr werdet's ja sehen. Ich fordere euch auf, heute um drei Uhr auf den Turnplatz zu kommen. Um drei Uhr. Vergeßt es aber nicht!« Dann stieg er wieder herab und setzte sich auf seinen Platz.

»Was soll das denn heißen, Kleiner?« fragte Matthias. Auch Martin und Johnny kamen an und wollten wissen, was er eigentlich vorhabe.

Er schüttelte beinahe feindselig den Kopf und meinte: »Laßt mich nur gehen! Ihr werdet's schon sehen.«

Vor dem Mittagessen verteilte der Speisesaalpräfekt die Post. Matthias und viele andere erhielten Geldsendungen. Es war das Reisegeld, auf das sie warteten. Martin bekam einen Brief von seiner Mutter. Er steckte ihn in die Tasche. Er brachte es, obwohl er doch lange genug im Internat lebte, noch immer nicht fertig, seine Post am Tisch zu lesen, mitten im Lärm und unter den neugierigen Blicken der Umsitzenden. Nein, er wollte, nach der Theaterprobe, durch den Park oder in ein einsames Klavierzimmer gehen und allein sein, wenn er den Brief öffnete. Er befühlte ihn. Sehr dick war er nicht, der Brief. Anscheinend schickte ihm die Mutter einen Zehnmarkschein. Acht Mark betrug das Reisegeld. Da würden zwei Mark übrigbleiben, und er konnte noch ein paar kleine Geschenke für die Eltern besorgen. Das Bild, das er ihnen gemalt hatte, war zwar ganz hübsch. Aber er fand, ein Bild sei doch ein bißchen wenig für zwei Eltern.

Als die Mahlzeit zu Ende war, berief Matthias seine Gläubiger um sich und zahlte ihnen zurück, was sie ihm, wenn ihn der Hunger gequält hatte, gepumpt hatten. Dann rannte er auf und davon. Er mußte rasch zum Bäcker Scherf. Dort wollte er, weil er heute ein reicher Mann war, für sämtliche Darsteller des Weihnachtsstücks Kuchen einholen. Für sich natürlich auch; denn er spielte ja auch mit.

Der Speisesaal hatte sich geleert. Nur Martin und Johnny

standen noch an der Tür. Und hinten, an der einen Schmalseite des Raumes, saß der Justus an seinem kleinen Tisch und zündete sich eine Zigarre an. Sie gingen zu ihm. Er nickte freundlich und sah sie forschend an. »Ihr seht ja geradezu feierlich aus«, sagte er. »Was habt ihr denn auf dem Rohre?«

»Wir wollten Sie bitten, einen kleinen Spaziergang mit uns zu machen«, erklärte Martin. »Wir müssen Ihnen etwas zeigen.«

»So?« meinte er. »Ihr müßt?«

Beide nickten energisch. Da stand er auf und ging mit ihnen aus dem Speisesaal. Sie führten ihn, ohne daß er Widerstand geleistet hätte, bis zum Schultor.

»Nanu«, sagte er dann. »Hier hinaus?« Sie nickten wieder. »Da bin ich aber mächtig gespannt«, meinte er. Sie führten ihn die Straße hinauf, immer am Eisengitter der Schule entlang. Er erkundigte sich nach ihren Theaterproben.

Johnny Trotz sagte: »Wir können unsere Rollen sehr gut. Sogar Matthias wird morgen abend, zur Weihnachtsfeier, nicht steckenbleiben. Morgen nachmittag haben wir Generalprobe. Mit Kostümen.«

Der Justus erkundigte sich, ob er zur Generalprobe kommen dürfe. Sie sagten, er dürfe selbstverständlich. Aber er merkte, daß es ihnen nicht ganz recht war. Und da meinte er, er werde seine Neugierde schon bis zur ersten öffentlichen Aufführung bezähmen können.

»Wohin transportiert ihr mich denn eigentlich?« fragte Doktor Bökh.

Sie gaben ihm keine Antwort, sondern lächelten und waren sehr aufgeregt.

Plötzlich fragte Johnny: »Was für einen Beruf hatte denn Ihr Freund, von dem Sie uns gestern abend erzählt haben?«

»Er war Arzt«, sagte Doktor Bökh. »Deswegen wird es ihm wohl auch so zu Herzen gegangen sein, daß er seiner Frau und dem Kinde nicht helfen konnte. Er war sogar ein sehr tüchtiger Arzt. Aber gegen das Schicksal hilft manchmal kein Studium.«

»Konnte er Klavier spielen?« fragte Johnny weiter.

Der Justus blickte den Jungen erstaunt an. »Ja«, sagte er schließlich. »Er spielte sogar ausgezeichnet. Aber wie kommst du denn darauf?«

»Bloß so«, meinte Johnny. Und Martin öffnete die Tür zur Schrebergartenkolonie.

»Hier hinein?« fragte der Lehrer. Sie nickten und führten ihn an vielen kleinen verschneiten Gärten vorüber.

»Vor zwanzig Jahren war hier noch Wald«, erzählte Doktor Bökh. »Und wenn wir etwas vorhatten, sind wir über den Zaun geklettert.«

»Das machen wir jetzt auch noch so«, sagte Martin. Und da lachten sie.

Dann blieben die beiden Jungen stehen.

»Da wohnt ja jemand in einem richtigen Eisenbahnwagen!« rief der Justus überrascht.

»Jawohl«, sagte Johnny. »Der Mann, der in diesem Wagen wohnt, ist ein Freund von uns. Und wir haben ihn fast genau so gern wie Sie. Deswegen wollen wir auch, daß Sie ihn endlich kennenlernen.«

Martin war in den Garten gegangen, blieb vor dem Waggon stehen und klopfte dreimal. Die Tür öffnete sich, und der Nichtraucher trat heraus. Er gab Martin die Hand. Dann blickte er zu der Gartentür hinüber, wo Johnny Trotz mit dem Lehrer stand.

Plötzlich stieß der Justus einen tiefen Seufzer aus, riß das Gatter auf und lief auf den Nichtraucher zu. »Robert!« rief er außer sich.

»Johann«, sagte der Nichtraucher und streckte dem Freund die Hand entgegen.

Die zwei Knaben hatten keine große Mühe, sich fortzustehlen, denn die beiden Männer standen wie zwei Steinsäulen im Schnee und sahen einander unverwandt an.

»Alter Junge!« sagte der Justus. »Daß ich dich endlich wiederhabe!«

Martin und Johnny rannten schweigend zwischen den Gärten hin. An dem Zaun, der zum Gymnasium gehörte, blieben sie aufatmend stehen. Sie sprachen kein Wort. Doch ehe sie über den Zaun kletterten, gaben sie einander die Hand.

Es war, als gäben sie sich ein stummes Versprechen. Ein Versprechen, das sich mit Worten gar nicht ausdrücken läßt.

Das achte Kapitel

*enthält sehr viel Kuchen · die nächste Probe des
»Fliegenden Klassenzimmers« · den Grund, warum
Uli einen Schirm mitbrachte · eine ungeheure
Aufregung auf dem Turnplatz und im
Schulgebäude · Doktor Bökhs Trostsprüche
und das Klavierzimmer III.*

Die vorletzte Probe zum »Fliegenden Klassenzimmer« begann mit einem gigantischen Kuchenessen. Matthias hatte großzügig eingekauft und achtete sorgfältig darauf, daß nichts übriggelassen wurde.

Uli erschien mit Verspätung. Er trug einen Regenschirm unterm Arm. »Wozu schleppst du denn die Musspritze herum?« meinte Sebastian. Aber Uli sagte nichts, und da fragten sie nicht weiter.

Sebastian dachte: ›Er hat sich seit heute früh enorm verändert. Es ist mit ihm wie mit einer Uhr. Man hat ihn zu sehr aufgezogen. Und nun ist er überdreht.‹

Uli stellte den Schirm in eine Ecke. Er wollte unter keinen Umständen Kuchen essen, obwohl Matthias ihn sehr darum bat, und sagte, es werde Zeit, mit der Probe zu beginnen.

Und dann übten sie Johnnys Weihnachtsstück. Sie spielten es vom ersten bis zum fünften Akt durch, ohne steckenzubleiben, und waren anschließend sehr zufrieden. »Da habt ihr's!« meinte Matthias stolz. »Je mehr ich esse, um so besser wird mein Gedächtnis.« Dann sprachen sie noch einmal ganz genau über die Kostüme und Requisiten. Den blonden Gretchenzopf für Uli wollte Fridolin noch heute beim Friseur Krüger abholen und morgen früh mitbringen. Der Generalprobe stand also nichts im Wege. Sogar der Christbaum war schon aufgestellt. Er war über und über mit elektrischen Glühbirnen verziert. Und der Hausmeister hatte die Zweige mit mehreren Pfund Watte beladen.

»Hoffentlich klappt es morgen abend«, sagte Johnny. »Vor allem dürft ihr kein Lampenfieber haben. Ihr müßt so tun, als ob wir, ganz wie während der Probe, allein in der Turnhalle wären.«

»Ach, das wird schon gut ablaufen«, meinte Martin. »Aber wir müßten das Aufstellen der Bühnenbilder rasch noch etwas üben. Denn wenn morgen abend eins der Bilder umfällt, die Pyramide oder der Nordpol, so lachen die Zuschauer, ehe wir überhaupt den Mund aufgetan haben. Und dann brauchen wir das Stück gar nicht erst zu spielen.« Johnny gab Martin recht. Und deshalb holten sie die großen bemalten Pappen wieder aus der Ecke und stellten sie rasch an den Reckstangen auf. Dann versuchten sie, ob sie das Flugzeug so vom Fleck bewegen konnten, ohne daß die Zuschauer sähen, wie die Jungen, die hinter der Pappe steckten, den Barren schoben.

»Das muß gehen wie am Schnürchen!« rief Martin. »Die Bühne muß in einer Minute fix und fertig sein!« Sie schoben die Bilder und den Barren wieder in die Ecke und holten sie noch einmal hervor. Sie hantierten und fluchten wie gelernte Bühnenarbeiter.

Uli hatte sich, ohne daß die anderen es gemerkt hätten, aus der Turnhalle gestohlen. Er fürchtete, daß sie ihn an seinem Vorhaben hindern könnten. Und das durfte nicht geschehen.

Über fünfzig Jungen standen neugierig auf der verschneiten Eisbahn und erwarteten ihn. Es waren lauter Unterklassianer. Den Älteren hatte man nichts erzählt. Die Jungen hatten gleich das Gefühl gehabt, daß etwas Außergewöhnliches und Verbotenes bevorstehe. Sie hatten die Hände in den Manteltaschen und äußerten Vermutungen. »Vielleicht kommt er überhaupt nicht«, sagte einer.

Aber da kam Uli schon. Er ging wortlos an ihnen vorüber und schritt auf die Kletterstangen zu, die am Rande des Platzes standen. »Wozu hat er eigentlich einen Schirm mit?« fragte jemand. Aber die anderen machten »Pst!«

Neben den Kletterstangen erhob sich eine hohe Leiter. Eine der üblichen Turnleitern, wie sie in allen Schulen zu finden sind. Uli trat an die Leiter heran und kletterte die eiskalten Sprossen hinauf. Auf der vorletzten Sprosse machte er halt, drehte sich um und blickte zu der großen Jungensmenge hinunter. Er schwankte ein bißchen, als ob ihm schwindle. Dann riß er sich zusammen und sagte laut: »Die Sache ist die. Ich werde jetzt den Schirm aufspannen und einen Fallschirmabsprung machen. Tretet weit zurück, damit ich niemandem auf den Kopf fliege!«

Einige Jungen meinten, Uli sei komplett verrückt. Aber die meisten drängten stumm rückwärts und konnten das angekündigte aufregende Schauspiel nicht erwarten.

Die vier Tertianer, die in der Turnhalle arbeiteten, hatten die Bühnenbilder und den Barren für heute endgültig in die Ecke geschoben. Sebastian schimpfte auf Professor Kreuzkamm, weil dieser ihn den Satz »über die Schuld am Unfug« fünfzigmal aufschreiben ließe. »Und so was einen Tag vor der Weihnachtsfeier!« meinte er gekränkt. »Der Mann hat kein Herz.«

»Du doch auch nicht«, sagte Johnny.

Da drehte sich Matthias suchend um und fragte: »Wo ist denn eigentlich der Kleine? Er ist weg!«

Johnny sah auf die Uhr. »Es ist kurz nach drei«, sagte er. »Uli hatte doch um drei Uhr irgend etwas vor.«

»Freilich«, rief Martin. »Auf dem Turnplatz draußen! Da bin ich aber neugierig.«

Sie verließen die Halle und liefen zu dem Platz hinüber. Sie bogen um die Ecke und blieben wie angewurzelt stehen. Der Platz war voller Schüler. Und alle schauten zu der hohen Turnleiter hinauf, auf der Uli mühsam balancierte. Den aufgespannten Regenschirm hielt er hoch über sich.

Martin flüsterte: »Um Gottes willen! Er will herunterspringen!« Und schon rannte er über den Platz, und die anderen drei folgten ihm. Der Turnplatz war, trotz des Schnees, höllisch glatt. Johnny fiel hin.

»Uli!« schrie Matthias. »Tu's nicht!«

Doch in diesem Augenblick sprang Uli ab. Der Schirm stülpte sich sofort um. Und Uli sauste auf die verschneite Eisfläche hinab. Er schlug dumpf auf und blieb liegen.

Die Menge rannte schreiend auseinander. Im nächsten Augenblick waren die vier Freunde bei dem Verunglückten. Uli lag leichenblaß und besinnungslos im Schnee. Matthias kniete neben Uli und streichelte ihn in einem fort.

Dann rannte Johnny ins Haus, um die Krankenschwester des Internats zu holen. Und Martin lief zum Zaun, kletterte hinüber und alarmierte den Nichtraucher. Der war ja Arzt. Er mußte helfen. Und der Justus war auch noch bei ihm.

Matthias schüttelte den Kopf. »Mein Kleiner«, sagte er zu dem Ohnmächtigen. »Und da behaupten sie immer, daß du keinen Mut hättest!« Und dann weinte der zukünftige Boxweltmeister große Kindertränen. Die meisten tropften in den Schnee. Und ein paar fielen auf Ulis totenblasses Gesicht.

Matthias, Martin, Johnny und Sebastian standen schweigend am Fenster des Vorsaals, der zur Krankenstube des Internats führte. Sie durften nicht hinein. Sie wußten noch nicht, was mit Uli los war. Der Nichtraucher und der Justus, die Krankenschwester und Herr Direktor Grünkern waren im Zimmer. Der Schularzt, der alte Sanitätsrat Hartwig, war auch gekommen.

Schließlich sagte Martin: »Es wird schon nichts Schlimmes sein, Mätzchen!«

»Bestimmt nicht«, meinte Johnny.

»Ich habe ihm den Puls gefühlt, und der ging ganz normal«, erzählte Sebastian. Er erzählte es übrigens zum dritten Male. »Er hat sicher nur das rechte Bein gebrochen.«

Dann schwiegen sie wieder und starrten zu dem Fenster hinaus, auf den weißen Park hinunter. Aber sie sahen nichts. Ihre trüben Gedanken verdunkelten ihnen den Blick. Dieses Warten dauerte ja eine Ewigkeit!

Da öffnete sich leise die Tür. Der Justus trat heraus und kam eilig auf sie zu. »Es ist nicht sehr schlimm«, sagte er. »Der Beinbruch ist unkompliziert. Und außerdem hat er leichte Quetschungen am Brustkorb. Gehirnerschütterung war nicht festzustellen. Also Kopf hoch, Jungens!«

Die Freunde atmeten auf. Matz preßte das Gesicht an die

Fensterscheibe. Seine Schultern zuckten. Der Justus sah aus, als wolle er den großen Bengel streicheln. Er traute sich aber nicht recht. »In vier Wochen ist er wieder gesund«, meinte Doktor Bökh. »Und jetzt will ich rasch den Eltern telefonieren, daß der Junge über Weihnachten hierbleiben muß.«

Er wollte schon gehen. Da fragte er noch: »Könnt ihr mir, um alles in der Welt, erklären, warum er auf den idiotischen Einfall gekommen ist, mit dem Schirm von der Leiter herunterzuspringen?«

»Sie haben ihn immer alle geärgert«, erzählte Matthias schluchzend. »Er sei ein Feigling, haben sie gesagt, und solche Sachen.« Matthias zog das Taschentuch heraus und putzte sich die Nase. »Und ich Rindvieh habe ihm gestern geraten, er müsse eben mal was zeigen, was den anderen imponiere.«

»Na, das ist ihm ja nun gelungen«, sagte der Justus. »Und nehmt euch ein bißchen zusammen! Vergeßt nicht, daß so ein Beinbruch weniger schlimm ist, als wenn der Kleine sein Leben lang Angst davor gehabt hätte, die anderen würden ihn nicht für voll nehmen. Ich glaube wirklich, dieser Fallschirmabsprung war gar nicht so blödsinnig, wie ich zunächst dachte.«

Dann lief er eilig ins Treppenhaus, um Ulis Eltern telefonisch zu benachrichtigen.

Die vier Jungen gingen erst fort, als der Nichtraucher herauskam und ihnen ehrenwörtlich versicherte, daß Uli in einem Monat wieder kreuzfidel sein werde. Matthias wich als letzter von der Stelle. Er fragte noch, ob er zu Uli hineindürfe. Aber der Nichtraucher sagte, das sei streng verboten. Vor morgen sei an so etwas gar nicht zu denken. Dann ging auch Matthias in sein Wohnzimmer hinüber.

Martin spürte, als er die Treppe hinunterstieg, den Brief seiner Mutter in der Tasche knistern.

Er trat ins Klavierzimmer III. Dort setzte er sich aufs Fensterbrett und riß den Umschlag auf. Das erste, was er sah, war eine Reihe von Briefmarken. Er nahm sie heraus und zählte hastig. Es waren zwanzig Fünfundzwanzigpfennigmarken. Es waren also nur fünf Mark!

Dem Jungen stand beinahe das Herz still. Dann nahm er den Briefbogen in die Hand. Er drehte ihn um. Er griff ins Kuvert. Er blickte suchend auf den Fußboden. Aber es wurde nicht mehr. Es blieben Briefmarken im Werte von fünf Mark.

Martins Knie wurden schwach. Sie zitterten. Er blickte auf den Briefbogen und las:

»Mein lieber, guter Junge!

Das wird wahrhaftig ein trauriger Brief. Und ich weiß nicht, wie ich ihn anfangen soll. Denn denke Dir, mein gutes Kind, ich kann Dir diesmal die acht Mark fürs Fahrgeld nicht schicken! Es reicht an keiner Ecke, und daß Vater nichts verdient, weißt Du ja. Wenn ich dran denke, daß Du zu Weihnachten in der Schule bleiben mußt, wird mir ganz elend zumute. Ich habe mir den Kopf zerbrochen. Bei Tante Emma war ich auch. Aber vergeblich. Vater ist zu einem früheren Kollegen gelaufen. Doch der hatte auch nichts übrig. Keinen Pfennig.

Es gibt keinen Ausweg, mein Kleiner. Du mußt diesmal im Internat bleiben. Und wir werden uns vor Ostern nicht wiedersehen. Wenn ich daran denke, – aber man darf es nicht, weil es keinen Zweck hat.

Im Gegenteil. Wir wollen kolossal tapfer sein und die Zähnchen zusammenbeißen, gelt? Das einzige, was ich auftreiben konnte, waren fünf Mark. Von Schneidermeister Rockstroh. Bis Silvester. Dann will er's wiederhaben.

Martin, kaufe Dir in einem Café ein Kännchen Schokolade und ein paar Stück Kuchen dafür. Und sitze ja nicht immer in der Schule und im Zimmer. Hörst Du? Vielleicht ist irgendwo Rodelbahn. Da mußt Du bestimmt hinaus. Das versprichst Du mir doch?

Und morgen bekommst Du mit der Post ein Paket, wo nun die Geschenke drin sind, die Du zu Hause unterm Christbaum beschert kriegen solltest. Vielleicht werden wir gar keinen haben. Wenn Du nicht da bist, hat es ja keinen Sinn.

Viel ist es nicht, was wir Dir schicken. Aber Du weißt ja, daß ich nicht mehr Geld habe. Es ist recht traurig, aber nicht zu än-

dern. Mein lieber Junge, wir werden alle miteinander zu Weihnachten recht tapfer sein und kein bißchen weinen. Ich versprech Dir's. Und Du mir auch? Und nun viele herzliche Grüße und Küsse
> von Deiner Dich liebenden Mutter.

Der Vater läßt grüßen. Du sollst, sagt er, ja recht brav sein. Aber das bist Du ja sowieso, nicht wahr? Ich schicke das Geld in Briefmarken. Du tauschst sie Dir um.«

Martin Thaler starrte auf den Briefbogen. Die Schrift verschwamm vor seinen Augen. Die Mutter hatte geweint. Man sah es. Die Tinte war ein paarmal verwischt.
Der Junge umklammerte den Fensterriegel, blickte zu dem müden, grauen Dezemberhimmel empor und flüsterte: »Muttchen! Gutes, gutes Muttchen!«
Und dann mußte er weinen, obwohl er es ja eigentlich nicht durfte.

Das neunte Kapitel

enthält grundsätzliche Erklärungen Sebastians
über die Angst · die Umbesetzung einer Rolle
einen heimlichen Besuch im Krankenzimmer
das Restaurant »Zum letzten Knochen« nebst
warmem Abendbrot · die Begegnung mit einem
Postboten und Martins Brief nach Hause.

Ulis Fallschirmabsprung war das Tagesgespräch in sämtlichen Arbeitszimmern. Und es herrschte eine einzige Meinung: Der kleine Simmern sei ein Mordskerl, und niemand habe geahnt, daß er eines Tages solch einer Tollkühnheit fähig sein werde.

Nur Sebastian widersprach. »Dieser Sprung hat doch nicht das mindeste mit Kühnheit zu tun«, sagte er abweisend. »Uli war, als er von der Leiter sprang, nicht mutiger als vorher. Ihn trieb die Verzweiflung herunter.«

»Aber der Mut der Verzweiflung!« rief ein Sekundaner. »Es gibt sehr viele Feiglinge, die nicht im Traum daran dächten, von Leitern zu springen. Und wenn sie noch so verzweifelt wären.«

Sebastian nickte wohlwollend. »Das stimmt schon«, meinte er. »Aber der Unterschied zwischen ihnen und Uli liegt nicht auf dem Gebiet der Tapferkeit.«

»Sondern?«

»Der Unterschied ist der, daß sich Uli mehr schämen kann als sie. Uli ist nämlich ein völlig einfacher, naiver Junge. Sein Mangel an Mut störte ihn selber am allermeisten!« Sebastian überlegte eine Weile. Dann fuhr er fort: »Eigentlich geht euch das, was ich jetzt sagen will, gar nichts an. Aber, habt ihr schon einmal darüber nachgedacht, ob ich Mut habe? Ist euch schon einmal aufgefallen, daß ich ängstlich bin? Nichts ist euch aufgefallen! Ich will euch deshalb vertraulich mitteilen, daß ich sogar außerordentlich ängstlich bin. Ich bin aber ein gescheiter Mensch und laß es mir nicht anmerken. Mich stört mein Mangel an Mut nicht besonders. Ich schäme mich nicht darüber. Und das kommt wieder daher, daß ich gescheit bin.

Ich weiß, daß jeder Mensch Fehler und Schwächen hat. Es kommt nur darauf an, diese Fehler nicht sichtbar werden zu lassen.«

Natürlich verstanden nicht alle, was er sagte. Besonders die Jüngeren kapierten es nicht.

»Mir ist es lieber, wenn man sich noch schämen kann«, meinte der Sekundaner.

»Mir auch«, antwortete Sebastian leise. Er war heute merkwürdig gesprächig. Wahrscheinlich war Ulis Unfall daran schuld. Sonst sagte er immer nur spöttische und befremdende Dinge. Er hatte keinen Freund. Und sie hatten stets gedacht, er brauche keinen. Aber jetzt spürten sie, daß er doch unter seiner Einsamkeit litt. Er war bestimmt kein sehr glücklicher Mensch. »Im übrigen«, sagte er plötzlich kalt, »im übrigen soll sich keiner unterstehen, meinen Mangel an Mut komisch zu finden. Ich müßte ihm sonst, lediglich zur Aufrechterhaltung meines Ansehens, eine runterhauen. Soviel Courage hab ich nämlich noch.«

So war er nun! Eben noch hatten sie beinahe Mitleid mit ihm gehabt. Und schon sprang er ihnen wieder mit der Rückseite ins Gesicht.

»Ruhe!« rief der Stubenälteste. Er hatte ein bißchen geschlafen und war gerade aufgewacht.

Und Sebastian schrieb fünfzigmal den Satz vom Unfug auf.

Etwas später ging er in Johnnys Arbeitszimmer. »Wer spielt denn nun morgen abend Ulis Rolle?« fragte er.

Johnny fiel aus allen Wolken. Er hatte überhaupt noch nicht daran gedacht, daß die Aufführung des »Fliegenden Klassenzimmers« durch Ulis Unfall in Frage gestellt war.

»Die Rolle ist ja nicht sehr groß«, meinte Sebastian. »Wir müssen nur wen finden, der sie bis morgen mittag lernt. Und dieser Bedauernswerte muß ferner fähig sein, wie ein kleines blondes Mädel auszusehen.«

Schließlich verfielen sie auf den Quartaner Stöcker. Bevor sie ihn fragten, ob er einspringen wolle, gingen sie ins Wohnzimmer Nummer 9, um die Sache mit Martin zu besprechen.

Das Wohnzimmer Nummer 9 glich einem Trauerhaus. Matthias war beim Justus gewesen und hatte gefragt, ob er während der Weihnachtsferien in der Schule bleiben dürfe. Denn sonst sei ja Uli ganz allein. Aber der Justus hatte geantwortet, das erlaube er auf keinen Fall. Matthias solle nur brav zu seinen Eltern fahren, die sich doch so auf sein Kommen freuten. Außerdem bleibe ja Johnny in der Schule. Und Ulis Eltern hätten vorhin am Telefon gesagt, daß sie am Heiligen Abend für ein paar Tage nach Kirchberg kämen. Nun starrte Matthias also vor sich hin und war wütend, daß er zu Weihnachten nach Hause fahren sollte!

Und ein paar Pulte weiter saß Martin und war tieftraurig, daß er zu Weihnachten in der Schule bleiben mußte. Er sagte sich zwar seit einer Stunde ununterbrochen, daß Uli und Johnny ja auch dableiben würden. Aber das war eben doch etwas ganz anderes. Denn was sollte Johnny schon bei der Schwester seines Kapitäns? Da war es keine besondere Kunst, hierzubleiben, wenn man einen Vater hatte, der ein schlechter Mensch und überdies in Amerika war. Und Uli, der wurde ja von seinen Eltern in der Schule besucht. Das war doch wenigstens etwas. Und außerdem: Wenn man ein Bein gebrochen hatte, konnte man selbstverständlich nicht verreisen.

›Aber ich‹, dachte Martin, ›ich bin doch gesund! Ich habe kein Bein gebrochen und kann trotzdem nicht fort. Ich habe meine Eltern sehr lieb, und sie lieben mich, und trotzdem dürfen wir am Heiligen Abend nicht zusammensein. Und warum eigentlich nicht? Wegen des Geldes. Und warum haben wir keins? Ist mein Vater weniger tüchtig als andere Männer? Nein. Bin ich weniger fleißig als andere Jungen? Nein. Sind wir schlechte Menschen? Nein. Woran liegt es dann? Es liegt an der Ungerechtigkeit, unter der so viele leiden. Es gibt zwar nette Leute, die das ändern wollen. Aber der Heilige Abend ist schon übermorgen. Bis dahin wird es ihnen nicht gelingen.‹

Martin überlegte sogar, ob er zu Fuß nach Hause laufen sollte. Drei Tage würde das dauern. Mitten im Winter. Am zweiten Feiertag könnte er frühestens dort sein. Ob die fünf Mark zum Essen und Übernachten reichten? Und nach den Ferien mußte er doch wieder in die Schule zurück! Und dann würden die Eltern wieder kein Fahrgeld für ihn haben!

Es ging nicht. Wie er's auch drehte und wendete: Er mußte diesmal hierbleiben ...

Als Johnny und Sebastian ins Zimmer kamen und ihn fragten, ob er den Quartaner Stöcker für einen geeigneten Uli-Ersatz halte, hörte er überhaupt nicht zu. Johnny packte ihn an der Schulter und rüttelte ihn aus den trüben Gedanken heraus. Sebastian wiederholte die Frage.

Martin sagte gleichgültig: »Sicher.« Weiter nichts.

Die zwei musterten ihn erstaunt. »Was hast du denn?« fragte Sebastian. »Ist es wegen Ulis Unfall? Da mußt du dir nicht den Kopf zerbrechen. Es konnte viel, viel schlimmer kommen.«

»Sicher«, sagte Martin.

Johnny beugte sich herab und flüsterte: »Du, fehlt dir was? Bist du krank? Oder ist es was anderes?«

»Sicher«, entgegnete Martin. Es gab anscheinend kein anderes Wort weiter. Er klappte den Pultdeckel hoch und nahm Briefpapier heraus.

Da gingen sie wieder. »Was soll das denn heißen?« fragte Johnny Trotz besorgt auf dem Korridor.

»Keine Ahnung«, sagte Sebastian. »Vielleicht Kopfschmerzen.«

Dann sprachen sie mit dem Quartaner Stöcker. Der Junge war Feuer und Flamme. Als er freilich hörte, daß er Mädchenkleider anziehen und eine Gretchenperücke aufsetzen sollte, sank seine Begeisterung beträchtlich. Aber sie sagten, er dürfe die Tertianer nicht im Stich lassen. Johnny drückte ihm das Manuskript des »Fliegenden Klassenzimmers« in die Hand. Und Sebastian befahl: »Morgen mittag kannst du die Rolle!«

Da setzte sich der Kleine hurtig auf die Hosen.

Matthias hatte es nicht länger ausgehalten und war unter einem Vorwand ausgerückt. Der schöne Theodor, der Stubenälteste, stand noch immer unter dem Eindruck, den die gestrige Erzählung Doktor Bökhs auf ihn gemacht hatte, und war die Nachsicht selber. Nun verbarg sich Matthias in der Nähe der Krankenstube hinter einer Säule im Gang und lauerte.

Er hatte Glück. Schon nach wenigen Minuten kam die Krankenschwester aus dem Zimmer und stieg die Treppe hinunter, um einiges in der Küche zu besorgen. Matthias sah sich vorsichtig um.

Einen Augenblick später stand er neben Ulis Bett. Der Junge schlief. Es roch nach Arznei. Matthias schlug das Herz bis zum Hals. Voller Rührung betrachtete er das blasse Gesicht des kleinen Freundes.

Da schlug Uli die Augen auf. Und ein müdes, winziges Lächeln tauchte in seinem Blick auf.

Matthias nickte. Es würgte in seiner Kehle.

»Es hat nicht besonders weh getan«, sagte Uli. »Wirklich nicht. Und meine Eltern kommen übermorgen.«

Matthias nickte wieder. Dann sagte er: »Ich wollte in den Ferien hierbleiben. Aber der Justus hat's verboten.«

»Ich danke dir schön«, flüsterte Uli. »Aber fahr du nur nach Hause. Und wenn du wiederkommst, bin ich schon fast gesund.«

»Natürlich«, meinte Matthias. »Und es tut bestimmt nicht mehr weh?«

»Eisern!« flüsterte Uli. »Was sagen denn die andern?«

»Die sind einfach platt«, berichtete Matthias. »Und sie haben einen unheimlichen Respekt vor dir gekriegt.«

»Siehst du«, flüsterte Uli. »Du hattest schon ganz recht. Angst läßt sich kurieren.«

»Aber Kleiner. So hab ich das doch gestern nicht gemeint«, sagte Matz. »Das konnte nämlich noch viel schlimmer ablaufen. Ich bin doch wirklich kein Angsthase. Aber du könntest mir eine Million versprechen, – ich spränge nicht von der Leiter herunter.«

Ulis Gesicht glänzte vor Freude und Stolz. »Nein?«

»Völlig ausgeschlossen«, sagte Matthias. »Lieber ließe ich mich einen krummen Hund schimpfen.«

Uli war mit sich und der Welt zufrieden. Trotz der Schmerzen und trotz der mehrwöchigen Bettruhe. »Auf dem Nachttisch liegt Schokolade«, flüsterte er. »Vom Grünkern persönlich. Nimm sie dir!«

»Nein, danke«, meinte Matthias. »Ich habe keinen Hunger.« Uli hätte beinahe gelacht. Aber der Brustkorb tat ihm weh. »Du hast keinen Hunger?« flüsterte er. »Aber Mätzchen! Ich befehle dir, die Schokolade zu essen. Sonst rege ich mich auf. Und der Nichtraucher hat mir jede Aufregung verboten.«

Da nahm Matthias rasch die Schokolade an sich. Uli zog solange ein strenges Gesicht, bis Matz ein paar Stückchen in den Mund schob. Dann lächelte er versöhnt.

In diesem Moment öffnete sich die Tür, und die Krankenschwester trat ins Zimmer. »Willst du gleich machen, daß du rauskommst!« rief sie. »Und man hält's doch nicht für möglich: Ißt der große Bengel dem kleinen kranken Kerl die Schokolade weg!«

Matthias wurde über und über rot. »Er hat's mir doch befohlen«, meinte er kauend.

»Scher dich fort!« rief sie.

Die beiden Jungen nickten einander zu. »Gute Besserung, Uli!« sagte Matthias und ging.

Im Anschluß an die Abendandacht hielt der Justus vor sämtlichen Schülern eine kleine Rede. »Wir wollen von Herzen dankbar sein«, sagte er, »daß das Experiment, das der kleine Uli für unerläßlich hielt, ein Unfall blieb und kein Unglück wurde. Es konnte schlimmer kommen. Ich bitte vorsichtshalber die Anwesenden, streng darauf zu achten, daß diese Art von Mut nicht etwa Mode wird. Ich bitte alle, sowohl die Tapferkeit als auch deren Mangel so unauffällig wie möglich auszuüben. Wir müssen auf den Ruf der Schule achten, als wär's unser eigener. Beinbrüche sind Beweismittel, die ich in meiner Eigenschaft als Hauslehrer rundweg ablehnen muß. Ich halte übrigens auch sonst nicht sehr viel davon. So. Und nun Schwamm drüber! Ich gehe heute abend aus. Ich will mal ein Glas Bier trinken. Primaner Henkel wird mich vertreten. Benehmt euch anständig. Denkt daran, daß ich, wenn ihr heute Krach macht, künftig nicht mehr ausgehen kann. Und so'n Glas Bier werdet ihr mir doch wohl gönnen. Na, und nun Gute Nacht!«

»Gute Nacht, Herr Doktor!« riefen sie.

Doktor Johann Bökh ging in die Stadt hinunter. Der Weg war weit. Das Restaurant »Zum letzten Knochen« lag draußen in der Vorstadt. Der Nichtraucher hatte erzählt, daß er hier Klavier spiele.

»Konzert und Tanz, kein Weinzwang«, stand an der Tür. Der Justus trat ein. Das Lokal war keines von den feinen. Und die Gäste sahen ziemlich verwegen aus. Der Nichtraucher saß an einem verstimmten Klavier und spielte einen Schlager nach dem andern.

Bökh setzte sich an einen kleinen Tisch, bestellte ein Glas Bier und zündete sich eine Zigarre an. Der Nichtraucher hatte ihn bemerkt und nickte ihm zu. Der Justus schaute sich, während sein Freund in die Tasten schlug, gründlich um. Es war wirklich ein ziemlich tolles Lokal! Die Männer behielten beim Tanzen die Hüte auf. Es war allerhand.

Etwa eine halbe Stunde später kam der Nichtraucher an Bökhs Tisch. »Große Pause!« sagte er und lächelte vergnügt. Der Kellner brachte ihm ein deutsches Beefsteak mit Bratkartoffeln und ein kleines Bier. »Das warme Abendbrot!« meinte der Nichtraucher und ließ sich's gut schmecken.

»Nimm mir's nicht allzu übel, Robert«, sagte der Justus. »Aber das ist doch kein Beruf für dich! Willst du es nicht doch wieder mit dem bürgerlichen Leben versuchen?« Und als der Freund nicht antwortete, meinte Bökh: »Tu's wenigstens mir zuliebe!«

Der Nichtraucher schüttelte den Kopf. »Was willst du, Johann?« sagte er. »Ich fühle mich in meinem albernen Eisenbahnwagen restlos zufrieden. Im Frühling blühen die Blumen wieder. Viel Geld brauch ich nicht. Und noch nie hatte ich soviel Zeit zum Nachdenken und Lesen wie in diesen letzten Jahren, die du für verlorene Jahre hältst. Das Unglück, das ich damals erlebte, hat schon seinen Sinn. Es muß wohl auch solche Sonderlinge geben, wie ich einer geworden bin. Ich hätte nicht

Arzt werden sollen, sondern Gärtner. Doch dazu ist es ja leider zu spät. Und hier, in diesem lauten und gewöhnlichen Lokal, fühl ich mich so wunderbar allein, als säß ich irgendwo im Wald.«

»Paß mal auf, Robert«, sagte der Justus. »Unser Schularzt, der Sanitätsrat Hartwig, ist schon reichlich alt. Er hat eine große Praxis. Ich kann mir nicht denken, daß es ihm viel ausmacht, wenn er dich zu seinem Nachfolger für unsere Penne vorschlüge. So viel wie als Klavierspieler verdientest du dann auch. Und in deinem Eisenbahnzug könntest du auch wohnen bleiben. Hm? Was hältst du von dem Vorschlag? Soll ich den alten Hartwig mal fragen?«

»Meinetwegen!« entgegnete der Nichtraucher. »Wenn es dir Spaß macht, dann frage ihn. Aber, mein Guter, glaube nicht, daß ich dadurch froher werde, daß ich eines Tages wieder Aspirin verschreibe. Und komme mir bloß nicht mit der Redensart, daß man nicht ohne Ehrgeiz leben solle. Es gibt nämlich viel zu wenig Menschen, die so leben, wie ich's tue. Ich meine natürlich nicht, daß sie alle Klavierspieler in zweifelhaften Lokalen werden sollten. Ich wünschte aber, es gäbe mehr Menschen, die Zeit hätten, sich an das zu erinnern, was wesentlich ist. Geld und Rang und Ruhm, das sind doch kindische Dinge! Das ist doch Spielzeug und weiter nichts. Damit können doch wirkliche Erwachsene nichts anfangen. Hab ich recht, Alter?« Er machte eine Pause. »Aber natürlich, wenn ich mich um deine Gymnasiasten kümmern dürfte, daß sie hübsch gesund bleiben, – das wäre keine ganz häßliche Beschäftigung. Ich brauchte ja auch nur über den Zaun zu klettern, wenn wer krank wäre. Und Blumen züchten und Bücher lesen, das könnte ich außerdem. Also schön, altes Haus, frage deinen ollen Sanitätsrat einmal! Und wenn er mit dem Kopf schütteln sollte, haue ich hier weiter auf die Tasten. Bevor Martin und Johnny, Matthias, Uli und Sebastian ihr Abitur gemacht haben, gehe ich jedenfalls aus meinem Schrebergarten nicht heraus.«

»Und ich nicht aus meinem Turmzimmer«, sagte der Justus. »Es sind doch Prachtkerle!«

Und dann tranken sie einander zu.

»Daß der kleine Uli bald gesund wird!« rief der Nichtraucher. Und sie stießen mit den Gläsern an. Dann erzählten sie einander, was sie von dem Krieg mit den Realschülern wußten.

Der Justus lächelte seinem Freunde zu. »Sie haben uns beide gern, die Lausejungen«, meinte er.

Der Nichtraucher nickte fröhlich und sagte: »Haben sie etwa nicht recht?«

Dann mußte er schon wieder an das verstimmte Klavier. Die Herrschaften wollten tanzen.

Nach Mitternacht gingen sie, quer durch die ganze Stadt, nach Hause. Viele Geschichten aus ihrer Jugend fielen ihnen ein. Wie lange das her war! Aber es war hier gewesen! In denselben Straßen, durch die sie heute nacht spazierten! Und was war aus den anderen geworden, die vor zwanzig Jahren mit ihnen die Schulbank gedrückt hatten? Von etlichen wußten sie etwas. Aber was war aus den anderen geworden? Über ihnen schimmerten die Sterne. Es waren dieselben Sterne wie damals.

An der Ecke Nordstraße leerte der Postbote gerade den Briefkasten.

»Wie oft ist man damals zu diesem Kasten gerannt!« meinte der Justus.

»Mindestens zweimal in der Woche«, sagte der Nichtraucher nachdenklich. »Wenn ich seltener schrieb, dachte meine Mutter, mir sei etwas passiert.«

In dem Briefkasten, den der Postbote leerte, befand sich übrigens ein Brief an Herrn und Frau Thaler in Hermsdorf. Auf der Rückseite stand: »Absender Martin Thaler, Kirchberg, Gymnasium.«

»Der Briefkasten ist der alte geblieben«, meinte der Justus. »Aber der Postbote ist nicht mehr derselbe.«

Der Brief, von dem eben die Rede war, lautete folgendermaßen:

»Meine liebe, gute Mutti!

Erst kriegte ich einen Schreck, weißt du. Aber da es doch nicht zu ändern ist, kann man nichts machen. Ich habe auch kein bißchen geweint. Kein einziges Tröpfchen. Und ich versprech Dir's und dem Vater. Kuchen und Schokolade kaufe ich mir bei Bäcker Scherf. Da ist es furchtbar billig, sagt der Matthias. Rodeln gehe ich auch, wenn es Euch Freude macht. Ganz bestimmt. Du kannst Dich darauf verlassen. Und vielen, vielen Dank für das Geld. Ich gehe am Heiligen Abend auf die Post und tausch es um.

Es sind die ersten Weihnachten, wo wir uns nicht sehen, und das ist natürlich sehr traurig. Aber Ihr kennt mich ja. Wenn ich mich nicht unterkriegen lassen will, tu ich's nicht. Wozu ist man schließlich ein Mann! Auf das Paket morgen freu ich mich riesig. Ich werde mir ein paar Tannenzweige aufs Pult stellen, und Kerzen gibt es auch. Außer mir bleibt noch der Johnny hier. Ihr wißt ja, warum. Und der Uli, der hat das rechte Bein gebrochen. Das ist noch viel ärgerlicher, was? Johnny hat gesagt, es sei gar nicht so schlimm, wenn man sich zusammennimmt. Na also!

Daß ich Dir und Vater diesmal nichts schenken kann, weißt Du ja, gutes Muttchen! Nächstes Jahr gebe ich vielleicht einem von den neuen Sextanern Nachhilfeunterricht, und da hab ich dann viel Geld. Großartig, was?

Aber ich habe Euch ein Bild gemalt. ›In zehn Jahren‹ heißt es, und Ihr werdet's schon verstehen. Man sieht darauf, wie ich Euch in einer blauen Kutsche bis über die Alpen gefahren habe. Ich lege es in den Brief und muß es zweimal zusammenklappen. Sonst geht es nicht in den Umschlag hinein. Und hoffentlich gefällt es Euch. Ich kann es eben noch nicht schöner und habe vierzehn Tage daran gemalt. Und nun, mein gutes Muttchen, muß ich schließen, weil zum Abendessen geklingelt wird, und ich muß doch hinterher noch rasch zum Briefkasten.

Behaltet mich ja recht lieb, auch wenn ich zu Weihnachten nicht nach Hause kann. Und seid nicht traurig! Ich bin es auch nicht. Verlaß Dich drauf! Nein, ich gehe rodeln und denke stets an Euch. Es wird bestimmt sehr lustig. Viele, viele, viele Grüße für Dich und Vater
      von Eurem
      braven Sohn Martin.«

Der Postbote, der den Briefkasten leerte, wußte nicht, wie viele Seufzer in seine große Tasche plumpsten. Und Doktor Bökh und der Nichtraucher wußten es ebensowenig.

Das zehnte Kapitel

*enthält den letzten Unterrichtstag vor den Ferien
einen Spaziergang in Kirchberg und mehrere
Begegnungen · noch eine Tafel Schokolade
für Matthias · die Weihnachtsfeier in der Turnhalle
einen unerwarteten Zuschauer · was er
geschenkt bekommt und was er sagt
und einen Augenblick neben Martins Bett.*

Der nächste Tag war der letzte Unterrichtstag. Am 23. Dezember kann kein Lehrer von seinen Schülern verlangen, daß sie für die Entstehung der Elektrizität oder für den Infinitiv mit zu, für die Zinsrechnung oder für Kaiser Heinrich in Canossa das nötige Interesse aufbringen. Kein Lehrer auf der ganzen Welt kann das verlangen!

Es verlangt ja auch keiner. Das war im Johann Sigismund-Gymnasium in Kirchberg nicht anders. – Die meisten Internen hatten schon begonnen, ihre Koffer zu packen. Sie freuten sich auf die Weihnachtsfeier in der Turnhalle. Sie freuten sich auf die morgige Reise mit der Eisenbahn. Sie freuten sich auf die Geschenke, die sie zu Hause kriegen würden. Sie freuten sich über die Geschenke, die sie den Eltern und Geschwistern mitbringen wollten. Sie freuten sich wie die Schneekönige, waren quietschvergnügt und mußten sich mächtig zusammennehmen, daß sie nicht mitten im Unterricht auf die Bänke kletterten und dort zu tanzen anfingen.

Die Lehrer nahmen notgedrungen auf die geistige Unzurechnungsfähigkeit ihrer Zöglinge Rücksicht und ließen Märchen und Sagen vorlesen oder erzählten selber Geschichten, vorausgesetzt, daß ihnen welche einfielen.

In der allerletzten Stunde hatten die Tertianer Erdkunde bei Doktor Bökh. Er brachte ein Buch mit, in dem die schönsten Fabeln der Weltliteratur gesammelt waren, und ließ reihum einige dieser kurzen bedeutungsvollen Geschichten vorlesen, die fast immer von den Tieren handeln und fast immer die Menschen meinen.

Auch Martin kam an die Reihe. Er stotterte. Er versprach sich. Er übersprang zwei Zeilen und merkte es nicht. Ein paar Tertianer lachten. Johnny blickte besorgt herüber.

»Das war ja eine Glanzleistung«, sagte der Justus. »Du bist wohl mit deinen Gedanken schon in Hermsdorf unterm Christbaum? Warte es nur ab. Du kommst noch früh genug zu deinen Eltern!«

Martin senkte den Kopf und befahl sich: ›Weinen ist streng verboten! Weinen ist streng verboten! Weinen ist streng verboten!‹ Schon gestern abend, als er nicht einschlafen konnte, hatte er diesen Satz immer wieder in sich hineingemurmelt. Mindestens hundertmal.

Der Justus gab das Fabelbuch dem nächsten, sah den Primus bis zum Schluß der Stunde öfters von der Seite an und schien sich zu wundern.

Martin starrte auf seine Bank und traute sich nicht, hochzublicken.

Mittags brachte der Postbote das Paket, das die Mutter brieflich angekündigt hatte. Das Paket mit den Weihnachtsgeschenken! Martin schaute gar nicht hinein, nahm es unter den Arm und trug es ins Schrankzimmer. Gerade als er den Schrank aufgeschlossen hatte und das Paket hineinstellte, kam Matthias vorbei. Er schleppte einen großen Koffer. Er wollte packen.

»Nanu, woher kriegst du denn heute noch ein Paket?« fragte er. »Von zu Hause«, antwortete Martin.

»Wozu schicken die dir denn einen Tag, bevor du sie besuchst, noch ein Paket?«

»Meine Mutter schickt mir die frische Wäsche«, log Martin, »damit ich auf der Rückreise im Januar nicht so viel zu schleppen habe.«

»Eigentlich ganz praktisch«, sagte Matthias. »Na, da will ich mal meinen Koffer packen. Am liebsten bliebe ich zwar hier. Aber der Justus hat etwas dagegen. Er meint, ich solle meinen werten Angehörigen doch ja die Freude machen und mich bei Selbmanns in Frankenstein unter den Christbaum stellen. Mei-

netwegen. Es ist ja über Weihnachten immer ganz ulkig zu Hause, was? Bei euch auch?«
»Freilich«, sagte Martin. »Sehr ulkig sogar.«
Matthias gab keine Ruhe. »Fährst du auch mit dem Mittagszug?«
»Nein, ich fahre später.«
»17 Uhr 12?«
»Jawohl. 17 Uhr 12.«
»Ach, fahre doch auch schon mit dem Mittagszug!« bat Matthias. »Mindestens fünfzig Jungens fahren mittags in unserer Richtung. Da besetzen wir einen ganzen Wagen und machen Krach. Das wird pfundig! Ja? Kommst du mit?«
Martin hielt es nicht mehr aus. Er schlug die Schranktür zu, rief »Nein!« und rannte aus dem Zimmer.
Matthias schüttelte den Kopf und meinte: »Den hat der Affe gebissen.«

Am Nachmittag gingen die meisten in die Stadt hinunter, um rasch noch Besorgungen zu machen oder auch nur, um vor den Spielwarenläden stehen zu bleiben. In den Morgenstunden hatte es geschneit, und jetzt war es beißend kalt. Die Christbaumverkäufer an den Straßenecken suchten ihre letzten Tannen und Fichten loszuwerden. Sie ließen mit sich handeln.
Martin ging zum Postamt und bat den Schalterbeamten, ihm die Briefmarken in Geld umzuwechseln. Der Mann knurrte zwar wie ein Löwe, aber schließlich rückte er zwei Zweimarkstücke und ein Markstück heraus. Der Junge bedankte sich höflich, steckte das Geld ein und wanderte noch ein wenig durch die Straßen.
Auf dem Wilhelmplatz begegnete er Egerland, dem ehemaligen Anführer der Realschüler. Sie grüßten einander wie feindliche Generäle, die sich nach dem Krieg an der Riviera treffen. Unversöhnlich, aber respektvoll.
Und auf der Kaiserstraße stieß Martin auf Sebastian Frank. Sebastian wurde verlegen. Er deutete auf ein paar Päckchen, die er in der Hand hielt.

»Was soll man machen«, sagte er. »Es ist nun mal so Sitte. Machst du auch Einkäufe?«

»Nein«, erwiderte Martin.

»Ich warte immer bis zur letzten Minute«, meinte Sebastian.

»Jedesmal will ich's lassen. Denn es ist ja eigentlich ein ziemlich vorsintflutlicher Brauch, nicht? Aber dann sause ich eben doch jedesmal wieder los. Es ist schon was dran. Und zum Schluß macht's mir geradezu Spaß, den anderen was zu schenken. Findest du nicht auch?«

»Doch«, sagte Martin. »Es ist sogar eine wunderschöne Sitte.« Dann biß er sich auf die Unterlippe. Ein Wort mehr, und er hätte losgeheult. Weinen ist streng verboten, dachte er, nickte Sebastian zu und ging rasch weiter. Er rannte fast. Nur fort! Nur heraus aus dieser Weihnachtsluft! Ecke Nordstraße blieb er stehen und beaugenscheinigte das Schaufenster vom Bäcker Scherf.

Hier würde er also morgen nachmittag Schokolade trinken und Kuchen essen. Es würde fürchterlich werden. Aber seine Mutter wollte es, und er hatte es ja fest versprochen.

›Lieber Gott‹, dachte er. ›Wie soll ich das denn vierzehn Tage aushalten, ohne einmal zu heulen?‹

Dann trabte er der Schule zu. Zwei Zweimarkstücke und ein Markstück klimperten in seiner Tasche.

Die Generalprobe des »Fliegenden Klassenzimmers« fand in Kostümen statt. Die Jungen hatten gefürchtet, der kleine Stöcker werde versagen. Sie wurden angenehm enttäuscht. Der Quartaner spielte wie der Deibel! Na, und aussehen tat er, mit den blonden Hängezöpfen vom Friseur Krüger und in den Kleidern aus Ulis Schrank! Jeder, der von der Verkleidung nichts wußte, mußte ihn für ein Mädchen halten.

»Die Primaner werden sich rettungslos in dich verlieben«, rief Sebastian.

Nur Matthias fand, Uli sei noch ein bißchen besser gewesen. Aber das war ja ganz selbstverständlich. Das war er seinem Freunde schließlich schuldig.

Zweimal probierten sie das Stück. Am schwersten war es für Matz. Ganz besonders die kurze Umkleidepause, die er zwischen dem vierten und fünften Akt hatte, machte ihm Kummer. Denn sich in einer Minute aus einem Eisbären in Sankt Petrus zu verwandeln, das war kein Kinderspiel. Aber es würde schon klappen.

»Genug«, sagte Johnny Trotz. »Hals- und Beinbruch für heute abend. Toi, toi, toi.« Und dann spuckten sie einander dreimal auf die Anzüge. Sebastian hatte erzählt, daß das die Schauspieler immer täten.

Johnny trat zu Martin. »Was ist denn mit dir los?« fragte er. »Du kannst zwar deinen Text, aber du redest ihn herunter, als dächtest du an sonst etwas.«

»Heute abend wird's schon gehen«, meinte der Primus. »Ich habe nachts schlecht geschlafen.«

Als sie sich wieder umgezogen hatten, legten sie die Kostüme und Zöpfe und Bärte in den Schrank, in dem die Sprungbretter standen. Dann gingen sie ins Schulhaus und stiegen zum Krankenzimmer hinauf. Man hatte ihnen erlaubt, Uli zu besuchen.

Nachdem sie sich erkundigt hatten, wie's ihm gehe, erzählten sie ihm, die Aufführung werde bestimmt klappen. Matthias meinte, der Quartaner Stöcker sei soweit ganz brauchbar. Mit Uli natürlich nicht zu vergleichen. Aber immerhin. Die anderen nickten.

»Das freut mich«, sagte Uli. »Und morgen reist ihr alle fort! Außer Johnny und mir. Laßt euch nur recht viel bescheren.« Dann winkte er Matthias ans Bett und drückte ihm verstohlen eine Tafel in die Hand. »Der Grünkern war schon wieder da«, flüsterte er. »Wie steht's denn mit dem Appetit?«

»Es macht sich«, meinte Matz.

»Na, siehst du«, sagte Uli. »Immer tüchtig essen!«

»Zu Hause ist es noch viel schlimmer mit mir«, erklärte Matthias und steckte die Schokolade in die Tasche. »Meine alte Dame staunt Bauklötze. Sie sagt, was ich so zusammenfräße, sei geradezu polizeiwidrig.«

»Mach dir nichts draus«, meinte Sebastian. Er war heute

duldsamer als sonst. »Was der Mensch braucht, muß er haben!« Dann wandte er sich zu Uli und schüttelte onkelhaft das Haupt. »Du bist ja ein Bruder! Ein wahres Glück, daß wir auf dem Turnplatz keinen Kirchturm stehen haben. Von dem wärst du wahrscheinlich auch heruntergehüpft.«

Sie standen um das Krankenbett herum und wußten, obwohl sie eine Menge redeten, nicht recht, was sie sagen sollten. Der Junge im Bett war für sie nicht mehr derselbe kleine Uli, den sie seit Jahren kannten.

»Schade, daß du heute abend nicht dabei bist«, meinte Johnny. »Na, ich erzähl dir morgen ganz ausführlich, wie es war.«

Martin stand am Fenster. Eigentlich wollte er den anderen mitteilen, daß auch er hierbleiben werde. Aber er brachte es nicht übers Herz. Trotz seiner Freunde kam er sich verlassen vor. Völlig verlassen.

Die Weihnachtsfeier übertraf sämtliche Erwartungen. Zu Beginn spielten zwei Primaner Klavier. Variationen über bekannte Weihnachtslieder. Dann hielt Oberstudiendirektor Professor Doktor B. Grünkern eine kleine Ansprache. Sie glich zwar sämtlichen Weihnachtsansprachen, die er zeit seines Lebens gehalten hatte; aber er sagte zum Schluß ein paar Sätze, die neu waren und die Jungen rührten. Er sagte: »Ich komme mir manchmal wie der Weihnachtsmann persönlich vor. Trotz des schwarzen Gehrocks, in dem ich stecke, und obwohl ich keinen weißen Vollbart umhängen habe. Ich bin fast so alt wie er. Ich komme alle Jahre wieder. Ich bin jemand, über den man noch lächelt, wenn er mit der Rute droht. Und schließlich bin ich, wie er, ein Mann, der die Kinder lieb hat. Vergeßt das, bitte, niemals. Denn so etwas entschuldigt vieles.«

Er setzte sich wieder und putzte seine Brille mit dem Taschentuch. Die Sekundaner aber senkten die Köpfe. Sie schämten sich, weil sie den alten Mann reihenweise ausgelacht hatten. Und der große Christbaum schimmerte mit den unzähligen elektrischen Birnen so schön, daß allen Anwesenden sehr feierlich zumute war.

Dann folgte die Uraufführung des »Fliegenden Klassenzimmers«. Um es gleich zu sagen: Die Aufführung klappte großartig. Bei dem Satz: »Der Unterricht wird zum Lokaltermin«, da lachten die Lehrer ganz so, wie Sebastian es erwartet hatte. Martin war freilich nicht auf der Höhe. Um so größeren Eindruck machte der Quartaner Stöcker. Außer den Quartanern und Tertianern erkannte ihn kein Mensch. Sie hielten ihn allen Ernstes für ein kleines reizendes Mädchen und konnten es sich nur nicht erklären, wieso ein weibliches Wesen hierher kam. Stöcker kletterte zwar im letzten Akt zu früh aus seiner Wolke heraus. Aber das Weihnachtslied, das kurz darauf folgte und das alle laut mitsangen, machte den Schaden wieder gut. Man war toll begeistert.

Der Grünkern segelte mit fliegenden Rockschößen auf die Darsteller los und schüttelte jedem einzelnen die Hand. Und zu Johnny Trotz sagte er begeistert: »Du bist ja ein richtiger Dichter, mein Junge! Nein, wie ich mich freue!« Der Junge verbeugte sich. Auch Martins Bühnenbilder wurden sehr gelobt.

»Und wer bist du denn, du kleines Mädchen?« fragte der Direktor die Darstellerin.

Die Zuschauer lauschten gespannt. Vor allem die Primaner sperrten die Ohren auf.

Da nahm das kleine Mädchen die blonde Perücke mit den Zöpfen ab. Und im nächsten Augenblick lachten mehr als zweihundert Schüler, daß die Wände wackelten. »Stöcker!« schrien sie. Sie konnten sich gar nicht beruhigen.

Plötzlich meinte Sebastian zu den Freunden: »Also, was sagt ihr dazu? Wißt ihr, wer bei den Lehrern sitzt? Dort neben dem Justus? Der Nichtraucher!«

Sebastian hatte recht. Der Nichtraucher saß in seinem blauen Anzug zwischen den Lehrern! Nur Martin und Johnny wußten, wie das zusammenhing. Und da rannte Johnny auch schon aus der Turnhalle hinaus.

Doktor Bökh erhob sich und trat in die Saalmitte. Es wurde still. »Auf dem Stuhl, der dort drüben neben meinem Stuhl steht«, sagte der Justus, »da sitzt ein Mann, den die meisten von euch nicht kennen. Dieser Mann ist mein einziger Freund. Vor zwanzig Jahren saßen wir zwei schon in dieser Turnhalle nebeneinander. Natürlich nicht bei den Lehrern, sondern auf den Bänken, auf denen heute ihr sitzt. Vor einer Reihe von Jahren verlor ich meinen Freund aus den Augen. Gestern fand ich ihn endlich wieder! Zwei Jungens aus eurer Mitte führten uns zusammen. In meinem ganzen Leben wurde mir nichts Schöneres zu Weihnachten geschenkt. Mein Freund heißt Robert Uthofft und ist Arzt. Weil ich will, daß er und ich künftig zusammenbleiben, habe ich heute mit unserm alten Sanitätsrat Hartwig gesprochen.«

Der Nichtraucher setzte sich bolzengerade.

Und der Justus fuhr fort: »Ich habe den Sanitätsrat Hartwig gefragt, ob er beim Magistrat von Kirchberg ein gutes Wort dafür einlegen will, daß mein Freund, Doktor Uthofft, in unserem Gymnasium Schularzt wird. In dieser Schule, in der er und ich Freunde wurden, werden wir beide also künftig wieder zusammen sein. Er als euer Arzt, und ich als euer Lehrer. Wir zwei gehören zu dieser Schule wie die Grundpfeiler des Gebäudes und wie die alten Bäume draußen im verschneiten Park. Wir gehören hierher. Wir gehören zu euch. Und wenn ihr uns nur halb so liebt wie wir euch, dann ist es gut. Mehr verlangen wir nicht. Hab ich recht, Robert?«

Der Nichtraucher stand auf, ging zum Justus hinüber und wollte ein paar passende Worte sagen. Er drückte aber seinem Freunde nur die Hand. Mehr brachte er nicht zustande.

Da kam Johnny angefegt. Er hielt ein paar Päckchen in der Hand, lief zum Nichtraucher hin, machte eine tiefe Verbeugung und sagte: »Lieber Herr Nichtraucher, oder wie Sie sonst heißen mögen! Wir ahnten nicht, daß wir Sie heute abend zu unserer Weihnachtsfeier sehen würden. Der Martin und der Uli, der Matthias und der Sebastian hatten mir aufgetragen, Ihnen morgen, am Heiligen Abend, in Ihrem Eisenbahnwaggon zu bescheren. Nun gehören Sie ja wohl auch äußerlich zu uns, und so möchte ich Ihnen unsere Geschenke schon heute geben.«

Johnny drückte dem Doktor Uthofft die Strümpfe, die Zigaretten, den Tabak und den Pullover in die Hand. »Wenn der Pullover nicht paßt«, meinte der Junge, »ist es nicht schlimm.

Wir haben Umtausch ausgemacht, und der Zettel vom Geschäft liegt bei.«

Der Nichtraucher klemmte die Geschenke unter den Arm. »Ich danke dir, Johnny«, sagte er. »Und ich danke deinen vier Freunden, die auch meine Freunde sind. Die anderen, die mich noch nicht kennen, werden sich schon noch an mich gewöhnen. Da ist mir nicht bange.« Er sah sich im Kreise um. Dann meinte er: »Der Johann Bökh, euer Justus, und ich haben manches gelernt. Hier auf der Schulbank und draußen im Leben. Und trotzdem haben wir nichts vergessen. Wir haben unsere Jugend in der Erinnerung wachgehalten, und das ist die Hauptsache. Entschuldigt, daß ich ein bißchen gerührt bin. Ich hoffe, daß ihr das versteht. Ich hoffe sogar, daß auch ihr ein bißchen gerührt seid. So etwas geht vorüber. Und bei gebrochenen Beinen und bei Lungenentzündung bin ich ziemlich ungerührt. Das werdet ihr schon noch merken. Das soll keine Aufforderung sein, sich die Beine zu brechen. Beileibe nicht!«

Der Nichtraucher hakte sich beim Justus ein. »Um die Hauptsache nicht zu vergessen«, erklärte er, »bitte ich euch in dieser hoffentlich unverlierbaren Stunde: Vergeßt eure Jugend nicht! Das klingt jetzt, wo ihr noch Kinder seid, recht überflüssig. Aber es ist nicht überflüssig. Glaubt es uns! Wir sind älter geworden und trotzdem jung geblieben. Wir wissen Bescheid, wir beiden!«

Der Doktor Bökh und der Doktor Uthofft schauten einander an.

Und die Jungen beschlossen in ihrem Herzen, diesen Blick nie zu vergessen.

Es war schon sehr spät, als der Justus die Runde durch die Schlafsäle machte. Er ging auf den Zehenspitzen. Die Dielen knarrten leise. Und die kleinen Wandlämpchen flackerten bei jedem seiner Schritte.

Im Schlafsaal II blieb er an Martins Bett stehen. Was mochte nur mit diesem Jungen los sein? Was war denn da geschehen?

Martin Thaler schlief unruhig. Er warf sich im Bett hin und her und murmelte ununterbrochen ein und denselben Satz.

Doktor Bökh beugte sich vor und lauschte angestrengt.

Was flüsterte der Junge im Schlaf »Weinen ist streng verboten«? Der Justus hielt den Atem an.

»Weinen ist streng verboten! Weinen ist streng verboten!« Immer wieder. Immer wieder.

Das mußte ein seltsamer Traum sein. Ein Traum, in dem Weinen streng verboten war!

Doktor Bökh ging langsam und leise aus dem Saal.

Das elfte Kapitel

enthält einen fidelen Bahnhof · eine Schule ohne Schüler · die Entdeckung an der Kegelbahn · einen Lehrer, der heimlich über Zäune klettert · Besuch bei Uli · Johnnys Behauptung, daß man sich die Eltern nicht aussuchen könne und zum zweitenmal die gleiche Notlüge.

Der 24. Dezember begann im Johann Sigismund-Gymnasium mit einem Höllenspektakel. Die Jungen rasten wie die Wilden die Treppen hinauf und herunter. Der eine hatte seine Zahnbürste aus Versehen im Waschsaal liegen lassen. Der andere suchte den Kofferschlüssel wie eine Stecknadel. Der dritte hatte vergessen, die Schlittschuhe einzupacken. Der vierte holte Verstärkung, weil der Koffer zu voll war und nur schloß, wenn sich mindestens drei Mann daraufsetzten.

Die Primaner taten zwar, als ob sie es bei weitem weniger eilig hätten. Aber wenn sie niemand beobachtete, rasten sie ganz genau wie die Kleineren durch die Korridore.

Gegen zehn Uhr früh war die Schule schon halb leer. Die anderen, die später fuhren, machten zwar noch genügend Radau. Aber der Kenner spürte doch schon, daß die Auswanderung begonnen hatte.

Mittags zog dann der nächste Trupp durchs weitgeöffnete Tor. Die Mützen saßen schief auf den Köpfen. Die schweren Koffer schleppten im Schnee.

Matthias kam ein paar Minuten danach hinterhergestolpert. Er hatte sich bei Uli verspätet. Johnny stand am Tor und gab ihm die Hand.

»Paß gut auf den Kleinen auf!« sagte Matthias. »Ich werde ihm öfters schreiben. Und laß dir's gut gehen!«

»Gleichfalls«, meinte Johnny Trotz. »Ich passe auf. Aber nimm die Beine untern Arm. Sebastian ist bereits vorausgegangen.«

»Man hat's schwer«, stöhnte Matz. »Zum Bäcker Scherf muß ich auch noch. Sonst verhungere ich im Zug. Und das kann ich meinen alten Herrschaften doch nicht antun. Hör mal, Dichterfürst, wo ist denn eigentlich Martin Thaler, auch das Dreimarkstück genannt? Ich wollte mich nämlich von ihm verabschieden. Aber ich finde ihn nirgends. Und ohne ihn ist das unmöglich. Na, grüß ihn bestens. Und er soll mir einen Kartengruß zukommen lassen, damit ich weiß, mit welchem Zug er in unser Bildungsinstitut zurückfährt.«

»Schon gut«, sagte Johnny. »Ich werde es ausrichten. Nun halte aber den Mund und mach, daß du fortkommst!«

Matz hob den Koffer auf die linke Schulter, rief: »Mensch, ich krieg 'nen Punchingball!« und zog wie ein studierter Gepäckträger davon.

Der Bahnhof wimmelte von Gymnasiasten. Die einen wollten nach dem Norden fahren, die anderen nach Osten. Die zwei Züge, auf die man wartete, passierten Kirchberg kurz hintereinander.

Die Primaner spazierten mit ihren Tanzstundendamen die Bahnsteige entlang und plauderten weltmännisch. Man überreichte einander Blumen und Lebkuchen. Der schöne Theodor erhielt von seiner Tangopartnerin, einem gewissen Fräulein Malwine Schneidig, ein Zigarettenetui, das beinahe echt war. Er zeigte es stolz den anderen Primanern. Sie wurden hellgelb vor Neid.

Sebastian, der in der Nähe stand und einen Haufen Unterklassianer um sich versammelt hatte, riß auf Kosten der Primaner Witze und hatte großen Heiterkeitserfolg.

Endlich kam auch Matthias an. Er setzte sich auf seinen Koffer und aß sechs Stück Kuchen. Anschließend lief der erste der beiden Züge ein. Die Gymnasiasten, die nach Norden reisten, erstürmten ihn wie eine feindliche Festung. Dann schauten sie aus den Abteilfenstern und unterhielten sich so laut wie möglich mit denen, die noch warten mußten. Ein Sekundaner streckte eine Tafel aus dem Zug. Auf der Tafel stand: »Parole Heimat!« Ein Sexer kletterte heulend wieder aus dem Zug heraus. Der kleine Trottel hatte seinen Koffer auf dem Bahnsteig stehen lassen. Er fand ihn aber und kam noch zurecht.

Als der Zug abfuhr, schwenkten alle die Mützen. Und die

Tanzstundendamen winkten mit ihren winzigen Taschentüchern. Man rief: »Frohe Weihnachten!« Andere brüllten: »Prost Neujahr!« Und Sebastian schrie: »Fröhliche Ostern!« Dann fuhr der Zug aus der Halle.

Es ging auch weiterhin außerordentlich fidel zu. Und außer dem Stationsvorsteher waren alle guter Laune. Er atmete erst auf, als auch der zweite Zug hinausschnaufte und als weit und breit kein Gymnasiast mehr zu sehen war. Von seinem Standpunkt aus hatte er ja recht.

Das Schulhaus war wie ausgestorben. Das Dutzend Schüler, das erst am Nachmittag fuhr, spürte man überhaupt nicht.

Da zog der Justus seinen Wintermantel an und ging in den stillen weißen Park hinunter. Die Gartenwege waren zugeschneit. Unberührt lagen sie da. Verschwunden waren Lärm und Gelächter. Johann Bökh blieb stehen und lauschte dem raschelnden Schnee, den der Wind von den Zweigen pustete. Na also, die große Ruhe und die große Einsamkeit konnten beginnen!

Als er in einen Seitenweg einbog, bemerkte er Fußtapfen. Es waren die Abdrücke von ein paar Knabenschuhen. Wer lief denn jetzt allein im Park umher?

Er folgte den Spuren. Sie führten zu der Kegelbahn hinunter. Der Justus schlich auf den Zehenspitzen durch den Schnee, an der Schmalseite des Schuppens entlang, und blickte vorsichtig um die Ecke.

Auf der Brüstung saß ein Junge. Er hatte den Kopf an einen der hölzernen Pfeiler gelehnt und starrte zu dem Himmel hinauf, über den die schweren Schneewolken hinzogen.

»Hallo!« rief der Justus.

Der Junge zuckte zusammen und drehte sich erschrocken um. Es war Martin Thaler. Er sprang von der Brüstung herunter. Der Lehrer ging näher. »Was machst du denn hier unten?«

»Ich wollte allein sein«, meinte der Junge.

»Dann entschuldige die Störung«, sagte der Justus. »Aber es trifft sich ganz gut, daß ich dir begegne. Warum hast du denn gestern früh so saumäßig schlecht gelesen, hm?«

»Ich dachte an etwas anderes«, antwortete Martin betreten.

»Hältst du das für eine passende Entschuldigung, wie? Und warum hast du gestern abend so miserabel Theater gespielt? Und warum hast du gestern und heute im Speisesaal fast nichts gegessen?«

»Da hab ich auch an etwas anderes denken müssen, Herr Doktor«, erwiderte Martin und schämte sich in Grund und Boden.

»So. Woran mußtest du denn denken? An Weihnachten?«

»Jawohl, Herr Doktor.«

»Na, besonders drauf zu freuen scheinst du dich ja nicht!«

»Nein, nicht besonders, Herr Doktor.«

»Wann fährst du denn heim? Mit dem Nachmittagszug?«

Da liefen dem Primus der Tertia zwei große Tränen aus den Augen. Und dann noch zwei Tränen. Aber er biß die Zähne zusammen, und da kamen keine Tränen weiter. Schließlich sagte er: »Ich fahre gar nicht nach Hause, Herr Doktor.«

»Nanu«, meinte der Justus. »Du bleibst während der Ferien in der Schule?«

Martin nickte und wischte mit dem Handrücken die vier Tränen fort.

»Wollen denn deine Eltern nicht, daß du kommst?«

»Doch, Herr Doktor, meine Eltern wollen.«

»Und du? Willst du denn nicht?«

»Doch. Ich will auch, Herr Doktor.«

»Na, zum Donnerwetter noch einmal!« rief der Justus. »Was soll das denn heißen? Sie wollen! Du willst! Und trotzdem bleibst du hier? Woran liegt das denn?«

»Das möchte ich lieber nicht sagen, Herr Doktor«, meinte Martin. »Darf ich jetzt gehen?« Er drehte sich um und wollte fortlaufen.

Aber der Lehrer hielt ihn fest. »Moment, mein Sohn!« sagte er. Dann beugte er sich zu dem Jungen hinab und fragte ihn sehr leise, als dürften es nicht einmal die Bäume hören: »Hast du etwa kein Fahrgeld?«

Da war es mit Martins tapferer Haltung endgültig vorbei. Er nickte. Dann legte er den Kopf auf die schneebedeckte Brüstung der Kegelbahn und weinte zum Gotterbarmen. Der Kummer packte den Jungen im Genick und schüttelte und rüttelte ihn hin und her.

Der Justus stand erschrocken daneben. Er wartete eine Weile. Er wußte, daß man mit dem Trösten nicht zu früh beginnen darf. Dann nahm er sein Taschentuch, zog den Jungen zu sich heran und wischte ihm das Gesicht ab. »Na, na«, sagte er. »Na, na.« Er war selber ein bißchen mitgenommen. Er mußte ein paarmal energisch husten. Dann fragte er: »Was kostet denn der Spaß?«

»Acht Mark.«

Der Justus holte seine Brieftasche heraus, nahm einen Geldschein und sagte: »So, da hast du zwanzig Mark. Das reicht für die Heimfahrt und für die Rückreise.«

Martin starrte entgeistert auf die Banknote. Dann schüttelte er den Kopf. »Nein, das geht nicht, Herr Doktor.«

Der Justus steckte ihm den Schein in die Jackettasche und meinte: »Willst du gleich folgen, du Lümmel?«

»Ich habe aber selber noch fünf Mark«, murmelte Martin.

»Ja, willst du denn deinen Eltern nichts schenken?«

»Doch, sehr gern. Aber …«

»Siehst du wohl!« sagte der Hauslehrer.

Martin rang mit sich. »Vielen, vielen Dank, Herr Doktor. Aber ich weiß nicht, wann Ihnen meine Eltern das Geld zurückzahlen können. Mein Vater hat nämlich keine Stellung. Hoffentlich finde ich Ostern einen Sextaner, dem ich Nachhilfe geben kann. Hat es solange Zeit?«

»Willst du gleich den Mund halten?« sagte Doktor Bökh streng. »Wenn ich dir am Heiligen Abend das Reisegeld schenke, dürft ihr mir's gar nicht wiedergeben! Das wäre ja noch schöner!«

Martin Thaler stand neben seinem Lehrer und wußte nicht, was er tun und wie er sich bedanken sollte. Endlich griff er zaghaft nach der Hand des Mannes und drückte sie leise.

»Na, nun pack aber deinen Koffer!« sagte der Justus. »Und grüße deine Eltern schön von mir. Vor allem deine Mutter. Die kenne ich ja schon.«

DAS ELFTE KAPITEL

Der Junge nickte. Dann erwiderte er: »Und grüßen Sie, bitte, auch Ihre Mutter vielmals!«

»Das wird leider nicht möglich sein«, meinte Doktor Bökh. »Meine Mutter ist seit sechs Jahren tot.«

Martin machte eine Bewegung. Es sah fast aus, als wolle er seinem Lehrer um den Hals fallen. Er tat es natürlich nicht, sondern trat respektvoll zurück und blickte den Justus lange und treuherzig an.

»Schon gut«, sagte Doktor Bökh. »Ihr habt mir ja den Nichtraucher beschert. Mit dem werde ich heute abend Weihnachten feiern. Drüben in seiner Eisenbahnvilla. Und um Uli und dessen Eltern und um Johnny Trotz muß ich mich auch ein bißchen kümmern. Du siehst, sehr viel Zeit zum Einsamsein werde ich gar nicht haben.« Dann klopfte er dem Jungen auf die Schulter und nickte freundlich: »Glückliche Reise, Martin!«

»Und nochmals vielen Dank«, sagte der Junge leise. Dann drehte er sich um und rannte davon. Zur Schule hinauf. Ins Schrankzimmer.

Der Justus aber spazierte weiter durch den stillen verschneiten Park. Bis zum Zaun. Dort sah er sich vorsichtig nach allen Seiten um. Und dann kletterte er, genau wie einst als Junge, über den Zaun hinweg. Es ging noch ganz gut. »Gelernt ist gelernt«, sagte er zu einem frierenden Sperling, der ihm neugierig zuschaute.

Und dann besuchte er den Nichtraucher. Der hatte einen kleinen Tannenbaum besorgt. Und den behängten sie nun gemeinsam mit Lametta und vergoldeten Nüssen.

Als Martin den Koffer packte, kam Johnny ins Schrankzimmer. »Da bist du ja!« rief er. »Matz wollte sich von dir verabschieden. Du sollst ihm nach Hause schreiben und mitteilen, mit welchem Zug du wieder zurückfährst.«

»Mach ich«, meinte Martin vergnügt.

»Na, allmählich scheinst du ja wieder normal zu werden«, sagte Johnny erfreut. »Ich dachte schon, du wärst übergeschnappt. Was war denn? Hm?«

»Frag mich nicht«, bat Martin. (Denn er konnte doch nicht gut Johnny, der überhaupt kein Zuhause hatte, von seinem Kummer erzählen!) »Ich kann dir nur sagen, daß der Justus ein Mensch ist, wie es keinen zweiten gibt.«

»Hältst du das etwa für eine Neuigkeit?« fragte Johnny.

Beim Packen fiel Martin »Der Einsiedler« in die Hände. Jenes Bild, das er für den Nichtraucher gemalt hatte. »Herrje«, sagte er. »Viel Sinn hat das Bild ja nun nicht mehr. Denn nun ist er ja kein Einsiedler mehr, sondern unser Schularzt. Aber vielleicht freut's ihn doch?«

»Sicher«, meinte Johnny. »Es ist doch eine Erinnerung für ihn. An das vergangene einsame Jahr. Ich geb's ihm heute abend.«

Und dann stiegen sie zu Uli hinauf. Der Kleine hatte Besuch. Er lag glücklich lächelnd im Bett, und die Eltern saßen neben ihm.

»Das sind ja schöne Geschichten«, meinte Herr von Simmern.

»Er macht es bestimmt nicht wieder«, erklärte Martin.

Ulis Mutter schlug die Hände überm Kopf zusammen. »Das fehlte auch noch!«

»Es gibt schlimme Erlebnisse, die sich nicht umgehen lassen«, sagte Johnny Trotz. »Wenn Uli nicht das Bein gebrochen hätte, wäre er sicher noch viel kränker geworden.«

Die Eltern blickten Johnny verständnislos an.

»Er ist ein Dichter«, erklärte Uli.

»Aha«, meinte der Vater. »Das ist natürlich etwas anderes.«

Die beiden Jungen gingen rasch wieder. Uli versprach Martin, so schnell wie möglich wieder gesund zu werden.

Johnny und Martin trennten sich am Gartentor. Johnny spürte, daß Martin etwas wissen wollte und sich nicht zu fragen traute.

»Es ist alles Gewöhnung«, sagte Johnny. »Und man kann sich seine Eltern nicht aussuchen. Wenn ich mir manchmal vorstelle, daß sie eines Tages hier auftauchen könnten, um mich zu holen, dann merk ich erst, wie froh ich bin, daß ich allein bleiben kann. Der Kapitän trifft übrigens am 3. Januar in

Hamburg ein, will mich besuchen und mit mir zwei Tage nach Berlin fahren. Das wird fein.« Er nickte dem anderen zu. »Mach dir keine Sorgen. Sehr glücklich bin ich nicht. Das wäre gelogen. Aber ich bin auch nicht sehr unglücklich.«

Sie gaben einander die Hand. »Was hast du denn in dem Paket?« fragte Johnny. Denn Martin hatte sein Weihnachtspaket nicht mehr in den Koffer gebracht.

»Wäsche«, erwiderte Martin. Es war dieselbe Antwort, die er gestern Matthias gegeben hatte. Er konnte doch nicht Johnny erzählen, daß er seine eigenen Weihnachtsgeschenke mit nach Hause nahm! Daß er sie aus Kirchberg mitnahm, statt sie in Hermsdorf unterm Christbaum vorzufinden!

Unten in der Stadt kaufte er ein Kistchen Zigarren für seinen Vater. Fünfundzwanzig Stück. Mit Bauchbinde und mit Havannadeckblatt. Und in einem Trikotagengeschäft kaufte er für seine Mutter ein Paar warme, gestrickte Pantoffeln. Denn ihre Kamelhaarschuhe waren seit langem reif zum Wegwerfen. Aber sie sagte immer: »Die halten noch zehn Jahre.« Dann wanderte er schwer beladen zum Bahnhof.

Am Schalter verlangte er: »Einmal dritter Klasse nach Hermsdorf.«

Der Beamte gab ihm die Fahrkarte. Geld gab er ihm auch zurück.

Martin steckte alles sorgfältig in die Tasche. Dann sagte er: »Besten Dank, mein Herr!« und blickte den Mann strahlend an.

»Warum freust du dich denn so?« fragte der Beamte.

»Weil Weihnachten ist«, gab der Junge zur Antwort.

Das zwölfte Kapitel

*enthält viele schöne Christbäume und eine kleine Fichte
Apfelsinen, die pro Stück vier Pfund wiegen
sehr viele Tränen · wiederholtes Klingeln · Weinen und
Lachen zu gleicher Zeit · neue Buntstifte und ihre erste
Verwendung · den Hermsdorfer Nachtbriefkasten
und eine Sternschnuppe.*

Es war am Heiligen Abend gegen 20 Uhr. Die amtliche Landeswetterwarte hatte für ganz Mitteleuropa starken Schneefall vorhergesagt. Und nun bewies der Himmel, wie gut die amtliche Landeswetterwarte informiert war. Es schneite tatsächlich in ganz Mitteleuropa!

Es schneite also auch in Hermsdorf. Herr Hermann Thaler stand in der guten Stube am Fenster. Das Zimmer war dunkel. Denn Licht kostete Geld. Und Thalers mußten sparen.

»Soviel Schnee hat es zu Weihnachten seit Jahren nicht mehr gegeben«, meinte er.

Frau Thaler saß auf dem Sofa. Sie nickte nur. Ihr Mann erwartete auch gar keine Antwort. Er redete nur, damit es nicht zu still wurde.

»Bei Neumanns bescheren sie schon«, sagte er. »Ach, und bei Mildes zünden sie gerade die Kerzen an! Einen schönen großen Baum haben sie. Na ja, er verdient jetzt wieder besser.«

Herr Thaler sah die Straße entlang. Die Zahl der schimmernden Fenster wuchs von Minute zu Minute. Und die Flocken wirbelten wie Schmetterlinge durch die Luft.

Frau Thaler bewegte sich. Das alte Plüschsofa knarrte. »Was mag er jetzt bloß machen?« fragte sie. »In dieser großen, unheimlich leeren Schule?«

Der Mann seufzte heimlich. »Du machst es dir zu schwer«, meinte er. »Erstens ist der Jonathan Trotz da. Den scheint er ja sehr gern zu haben. Und dann hat doch der andere, der kleine Adelige, das Bein gebrochen. Sicher sitzen sie an seinem Bett und sind kreuzfidel.«

»Das glaubst du doch selber nicht«, sagte die Frau. »Du weißt so gut wie ich, daß unser Junge jetzt nicht kreuzfidel ist. Wahrscheinlich hat er sich in irgendeinen Winkel verkrochen und weint sich die Augen aus dem Kopfe.«

»Das tut er ganz bestimmt nicht«, entgegnete der Mann. »Er hat versprochen, daß er nicht weinen wird. Und so'n Junge wie er hält, was er verspricht.« Herr Thaler war seiner Sache allerdings gar nicht so sicher, wie er vorgab. Aber was sollte er denn sonst sagen?

»Versprochen! Versprochen!« meinte Martins Mutter. »Ich hab's ihm ja auch versprochen. Und trotzdem hab ich schon geheult, während ich den Brief an ihn schrieb.«

Herr Thaler kehrte dem Fenster den Rücken. Ihm gingen die schimmernden Christbäume auf die Nerven. Er blickte ins dunkle Zimmer und sagte: »Komm, mach Licht!«

Seine Frau erhob sich und zündete die Lampe an. Ihre Augen sahen rotgeweint aus.

Auf dem runden Tisch stand eine ganz, ganz kleine Fichte. Frau Riedel, eine Witwe, die zu Weihnachten auf dem Obermarkt Christbäume verkaufte, hatte sie ihnen geschenkt. »Für Ihren Martin«, hatte sie gesagt. Nun hatten Thalers also einen richtigen Weihnachtsbaum, – und der Junge war nicht zu Hause!

Herr Thaler ging in die Küche, kramte dort lange herum und kam endlich mit einem kleinen Kasten wieder. »Hier sind die Kerzen vom vorigen Jahr«, meinte er. »Wir haben sie nur halb abbrennen lassen.« Dann klemmte er zwölf halbe Christbaumkerzen in die Zweige der Fichte. Schließlich sah das Bäumchen richtig hübsch aus. Aber Martins Eltern wurden nur noch trauriger.

Sie setzten sich nebeneinander aufs Sofa. Und Frau Thaler las zum fünften Male Martins Brief vor. An einigen Stellen machte sie eine Pause und fuhr sich über die Augen. Als sie mit Lesen fertig war, zog der Mann sein Taschentuch heraus und schneuzte sich heftig die Nase.

»Daß so etwas vom Schicksal überhaupt erlaubt wird«, sagte er. »Da muß so ein kleiner Kerl schon erfahren, wie schlimm es ist, wenn man kein Geld hat. Hoffentlich macht er seinen Eltern nicht noch Vorwürfe, daß sie so untüchtig waren und so arm geblieben sind!«

»Rede doch nicht so dummes Zeug!« meinte die Frau. »Wie du überhaupt auf so einen Gedanken kommen kannst! Martin ist zwar noch ein Kind. Aber er weiß ganz genau, daß Tüchtigkeit und Reichtum nicht dasselbe sind.«

Dann holte sie das Bild mit der blauen Kutsche und den sechs Pferden vom Nähtischchen und stellte es vorsichtig unter den kleinen Christbaum.

»Ich verstehe ja nichts von Kunst«, sagte der Vater, »aber das Bild gefällt mir großartig. Vielleicht wird er später einmal ein berühmter Maler! Dann könnten wir ja wirklich mit ihm nach Italien reisen. Oder soll das etwa Spanien sein?«

»Hauptsache, daß er gesund bleibt«, erklärte die Mutter.

»Guck dir bloß den Schnurrbart an, den er sich unter die Nase gemalt hat!«

Die Eltern lächelten wehmütig.

Die Mutter sagte: »Ich finde es so hübsch, daß er uns nicht in irgendein pompöses Auto hineingemalt hat, sondern in eine blaue Kutsche mit sechs Pferden. Das ist viel poetischer.«

»Und diese Apfelsinen!« meinte der Vater. »So große Dinger gibt's ja gar nicht. Da wiegt doch jedes Stück mindestens vier Pfund!«

»Und wie geschickt er die Peitsche schwingt«, meinte die Mutter.

Dann schwiegen sie wieder, blickten unverwandt das Bild an, das »In zehn Jahren« hieß, und dachten an den kleinen Maler.

Der Vater hustete. »In zehn Jahren! Bis dahin kann viel geschehen.« Er holte Streichhölzer aus der Tasche, zündete die zwölf Kerzen an und löschte die Lampe aus. Thalers gute Stube schimmerte weihnachtlich.

»Du gute, treue Seele!« sagte der Mann zu der Frau. »Schenken können wir uns diesmal nichts. Um so mehr wollen wir uns wünschen.« Er gab ihr einen Kuß auf die Backe. »Fröhliche Weihnachten!«

»Fröhliche Weihnachten!« sagte auch sie. Dann weinte sie. Und das klang, als könne sie nie wieder zu weinen aufhören.

Wer weiß, wie lange sie so auf dem alten Plüschsofa saßen ... Die Stearinkerzen wurden kleiner und kleiner. In der Nachbarwohnung sang man »Stille Nacht, heilige Nacht«. Und noch immer wirbelten die Schneeflocken vorm Fenster.

Plötzlich klingelte es!

Die beiden rührten sich nicht. Sie wollten in ihrem Kummer nicht gestört sein.

Doch da klingelte es noch einmal. Laut und ungeduldig.

Frau Thaler stand auf und ging langsam in den Korridor. Nicht einmal am Heiligen Abend wurde man in Ruhe gelassen!

Sie öffnete die Wohnungstür und blieb sekundenlang erstarrt stehen. Dann schrie sie: »Martin!« Gellend hallte es im Treppenhaus wider.

Martin? Wieso? Der Vater war erschrocken zusammengefahren. Er rannte in den Flur hinaus und traute seinen Augen nicht!

Seine Frau war auf der Türschwelle in die Knie gesunken und hielt Martin mit beiden Armen fest umklammert.

Da riskierten sogar die Augen des Herrn Thaler je eine Träne. Er wischte sie heimlich fort, hob den Koffer auf, der achtlos am Boden lag, und sagte: »Aber Junge, um alles in der Welt, wie kommst du denn hierher?«

Es dauerte ziemlich lange, bis sie sich in die gute Stube hineinfanden. Die Mutter und der Junge lachten und weinten durcheinander, und der Vater stotterte mindestens zehnmal: »Nein, sowas!« Dann stürzte er hinaus. Denn sie hatten natürlich vor lauter Aufregung vergessen, die Tür zu schließen.

Das erste, was Martin herausbrachte, war: »Das Geld für die Rückfahrt hab ich auch.«

Endlich hatten sich die drei soweit beruhigt, daß der Junge berichten konnte, wieso er hier und nicht in Kirchberg war. »Ich habe mich wirklich sehr zusammengenommen«, erzählte er. »Ich habe auch nicht geweint. Das heißt: Geweint hab ich schon; aber da war es sowieso zu spät. Der Doktor Bökh, unser Hauslehrer, merkte trotzdem, daß irgend etwas nicht in Ordnung war. Ja. Und dann gab er mir zwanzig Mark. Unten im Park. An der Kegelbahn. Geschenkt hat er's mir. Und ich soll euch vielmals von ihm grüßen.«

»Danke schön«, sagten die Eltern im Chor.

»Und ich habe sogar noch ein paar Geschenke kaufen können«, berichtete Martin stolz. Und dann gab er dem Vater die Zigarren mit der Bauchbinde und dem Havannadeckblatt. Und der Mutter überreichte er die gestrickten Pantoffeln. Sie freuten sich kolossal.

»Haben dir denn unsere Geschenke gefallen?« fragte die Mutter.

»Ich hab sie mir noch gar nicht angesehn«, gestand Martin. Und nun öffnete er das Paket, das sie ihm nach Kirchberg geschickt hatten. Er fand großartige Sachen darin: Ein neues Nachthemd, das die Mutter ihm selber geschneidert hatte; zwei Paar wollene Strümpfe; ein Paket Lebkuchen mit Schokoladenguß; ein spannendes Buch über die Südsee; einen Zeichenblock und, das war das Schönste, einen Karton bester Buntstifte.

Martin war hell begeistert und verteilte Küsse.

Es war, genau genommen, ein Heiliger Abend, wie er sich schöner gar nicht ausdenken läßt. – Die Kerzen auf dem winzigen Christbaum brannten zwar sehr bald herunter. Aber man zündete die Lampe an. Die Mutter kochte Kaffee. Der Vater rauchte eine Weihnachtszigarre. Dann aßen sie die Lebkuchen und fühlten sich glücklicher als sämtliche lebendigen und toten Milliardäre zusammengenommen. Die Mutter mußte übrigens die neuen Pantoffel probieren und meinte, so wundervolle Pantoffel habe sie nie vorher gehabt.

Später setzte sich Martin hin, holte eine einfache Postkarte, die er am Bahnhof gekauft hatte, aus der Tasche und begann zu malen. Mit den neuen Buntstiften natürlich!

Die Eltern sahen einander lächelnd an, und dann schauten sie ihm zu. Er malte einen jungen Herrn, dem hinten aus dem Jackett zwei große Engelsflügel herauswuchsen. Dieser seltsame Mann schwebte aus den Wolken herab. Und unten stand ein kleiner Junge, dem riesige Tränen aus den Augen tropften. Der Herr mit den Flügeln hielt eine dicke Brieftasche in den Händen und streckte sie dem Knaben entgegen.

Martin lehnte sich zurück, kniff fachmännisch die Augen zusammen, überlegte eine Weile und malte dann noch verschiedenes auf die Karte: Vor allem sehr, sehr viele Schneeflocken und im Hintergrund eine Eisenbahn, auf deren Lokomotive ein geschmückter Christbaum wuchs. Neben dem Zug stand der Stationsvorsteher und hob den Arm, um das Abfahrtssignal zu geben. Darunter zeichnete der Junge in Blockschrift: »Ein Weihnachtsengel namens Bökh.«

Auf die Rückseite der Postkarte schrieben die Eltern ein paar Zeilen.

»Sehr verehrter Herr Doktor«, schrieb Frau Thaler. »Unser Junge hat wahrhaftig recht, wenn er Sie als Engel gezeichnet hat. Ich kann nicht malen. Ich kann Ihnen nur mit Worten danken. Vielen, vielen Dank für das lebendige Weihnachtsgeschenk, daß Sie uns beschert haben. Sie sind ein guter Mensch. Sie verdienen, daß alle Ihre Schüler gute Menschen werden! Dies wünscht Ihnen Ihre ewig dankbare Margarete Thaler.«

Der Vater knurrte: »Du hast mir ja gar keinen Platz gelassen!« Und er brachte wirklich nicht viel mehr als seinen Namen hin. Zum Schluß schrieb Martin die Adresse.

Dann zogen sie ihre Mäntel an und gingen miteinander zum Bahnhof. Dort steckten sie die Karte in den Nachtbriefkasten, damit sie der Justus bestimmt am ersten Feiertag früh bekäme. Und dann spazierten sie wieder nach Hause. Der Junge ging in der Mitte und hatte sich bei seinen Eltern eingehenkelt.

Es war ein wundervoller Spaziergang! Der Himmel glitzerte wie ein unendliches Juweliergeschäft. Es schneite nicht mehr. Und in allen Häusern glänzten Christbäume.

Martin blieb stehen und zeigte zum Himmel hinauf. »Das Sternenlicht, das wir jetzt sehen«, sagte er, »ist viele, viele Jahrtausende alt. So lange brauchen die Lichtstrahlen bis in unsere Augen. Vielleicht sind die meisten dieser Sterne schon vor Christi Geburt erloschen. Aber ihr Licht ist noch auf der Reise. Und so leuchten sie noch für uns, obwohl sie in Wirklichkeit längst kalt und dunkel geworden sind.«

»Aha«, sagte der Vater. Und die Mutter staunte ebenfalls. Und dann gingen sie weiter. Der Schnee machte unter den Schuhsohlen Katzenmusik. Martin drückte den Arm seiner Mutter und den Arm seines Vaters fest an sich. Er war glücklich.

Als sie vorm Hause standen und der Vater die Haustür aufschloß, sah Martin noch einmal zum Himmel empor. Und gerade in diesem Augenblick löste sich eine Sternschnuppe vom Dunkel der Nacht los und glitt schweigend über den Himmel, hinab zum Horizont.

Der Junge dachte: ›Jetzt kann man sich etwas wünschen!‹ Und er dachte, während er dem Flug der Sternschnuppe mit den Augen folgte, rasch weiter: ›So wünsch ich meiner Mutter und meinem Vater, dem Justus und dem Nichtraucher, Johnny und Matz und Uli und auch Sebastian, daß sie recht, recht viel Glück im Leben haben mögen! Und mir wünsch ich's auch!‹

Das war nun zwar ein ziemlich langer Wunsch. Aber er hatte trotzdem berechtigte Aussichten auf Erfüllung. Denn Martin hatte, während die Sternschnuppe fiel, kein Wort gesprochen.

Und das ist ja bekanntlich die Hauptsache dabei.

Das Nachwort

*enthält Autobusse und Straßenbahnen
wehmütige Erinnerungen an Gottfried,
das Pfauenauge, und das Kalb namens Eduard
eine Begegnung mit Johnny Trotz und seinem
Kapitän · viele Grüße an den Justus und an
den Nichtraucher und das Ende des Buchs.*

So. Nun hab ich euch meine Weihnachtsgeschichte erzählt! Entsinnt ihr euch, daß ich auf einer großen Wiese saß, als ich sie zu schreiben begann? Auf einem Holzbänkchen, vor einem kleinen wackligen Tisch? Und wenn es mir zu heiß wurde, blickte ich zu den Riffelwänden hinauf und zu den verschneiten Klüften der Zugspitze. Die Zeit vergeht, ›als flögen wir davon‹.

Während ich das Nachwort schreibe, sitze ich schon wieder in Berlin. Hier habe ich nämlich eine kleine Wohnung. In einem Gartenhaus, vier Treppen hoch. Meine Mutter ist gerade zu Besuch, und zum Mittagessen soll ich pünktlich zu Hause sein. Heute gibt's Makkaroni mit Schinken. Das ist eines meiner Leibgerichte.

Ich sitze gerade vor einem Kaffeehaus am Kurfürstendamm. Es ist Herbst geworden. Wenn der Wind weht, fallen gelbe und braune Blätter auf den Asphalt.

Wo ist er hingeflogen, jener bunte Schmetterling, der Gottfried hieß und der mich, fünf Wochen lang, fast jeden Nachmittag besuchte? Schmetterlinge werden nicht alt. Gottfried wird gestorben sein. Er war so ein freundlicher, anhänglicher Schmetterling. Friede seiner Asche!

Und was mag das hübsche braune Kalb treiben, das mich allabendlich auf der großen Wiese abholte und bis vors Hotel drunten am See begleitete? Ist es schon ein Ochse geworden? Oder hat man es zu Kalbsschnitzeln verarbeitet? Ach, Eduard war mir so sympathisch! Wenn er jetzt quer über den Kurfürstendamm getrottet käme, vor meinem Korbstuhl stehenbliebe, mich treuherzig ansähe und mit seinen kleinen Hörnern stupste, – ich begänne vor Freude zu jodeln. Und ich nähme ihn bestimmt für immer zu mir. Er könnte vielleicht auf meinem Balkon wohnen. Ich würde ihn mit alten Seegrasmatratzen füttern. Und abends ginge ich mit ihm im Grunewald spazieren …

Aber hier, wo ich jetzt sitze, kommen keine Kälber vorüber. Höchstens dann und wann ein paar Schafe oder ein Rhinozeros.

Und die Straßenbahnen klingeln. Die Autobusse rollen knurrend und knarrend vorüber. Die Autos hupen, als steckten sie am Spieße. Alle haben es eilig. Na ja. Ich bin eben wieder in der Großstadt.

Am Fuß der Zugspitze dufteten die Feldblumen. Hier riecht es nach Autoreifen und Benzolgemisch. Trotzdem: Ob Tannenbäume oder Fabrikschlote, Hochhäuser oder Berge mit ewigem Schnee, ob Getreidefelder oder Untergrundbahnhöfe, Altweibersommer oder Telefondrähte, überfüllte Kinopaläste oder grüne Gebirgsseen, ob Stadt oder Land, ich liebe beide. Und beide verdienen's, daß man sie liebt. Was wäre das eine ohne das andere?

Bevor ich schließe, muß ich euch noch von einer Begegnung erzählen, die ich eben hatte. Unter den vielen Menschen, die vorüberkamen, war auch ein Offizier der Handelsmarine. Ein älterer Herr in einer schönen blauen Uniform, mit goldenen Litzen und Sternen. Und neben ihm ging ein Junge mit einer Gymnasiastenmütze. Ein Irrtum war ausgeschlossen: Das waren Jonathan Trotz und der Kapitän.

»Johnny!« rief ich.

Der Junge drehte sich um. Der Kapitän blieb stehen. Ich ging zu den beiden hin und machte vor dem Kapitän eine Verbeugung. »Du bist doch der Johnny Trotz aus dem Kirchberger Johann Sigismund-Gymnasium«, sagte ich zu dem Jungen.

»Jawohl«, erwiderte er.

»Das freut mich«, entgegnete ich. »Und Sie sind der Kapitän, der wie ein Vater für Johnny sorgt?« fragte ich den Herrn in der Marineuniform.

Er nickte höflich, und wir gaben uns die Hand.

»Ich habe nämlich ein Buch über euch geschrieben«, sagte ich zu dem Gymnasiasten. »Und zwar über die merkwürdigen Erlebnisse, die ihr vor zwei Jahren, um Weihnachten herum, hattet. Jetzt bist du allerdings schon Sekundaner, und eigentlich müßte ich Sie zu dir sagen. Aber ich tu's nicht. Du wirst es ja auch nicht verlangen. Erinnerst du dich noch an jene Zeit, als die Realschüler eure Diktathefte in Egerlands Keller verbrannten?«

»Ich entsinne mich noch sehr genau daran«, bemerkte Johnny. »Und das haben Sie aufgeschrieben?«

Ich nickte. »Und den Fallschirmabsprung, bei dem Uli verunglückte.«

»Das wissen Sie auch?« fragte er erstaunt.

»Freilich«, meinte ich. »Das und noch viel mehr. Wie gehts denn allen? Ißt Matthias noch immer so gründlich?«

»Er ißt nicht«, sagte Johnny. »Er frißt! Und zweimal in der Woche hat er Boxunterricht in einer Sportschule.«

»Großartig! Und was macht Sebastian?«

»Gegenwärtig hat er's mit der Chemie. Er liest riesig schwierige Bücher über die Elektronentheorie und über die kinetische Gastheorie und über die Quantentheorie und solche Sachen. Er will Gelehrter werden und herauskriegen, was in den Atomen drin ist.«

»Und was macht dein Freund?«

»Martin ist noch immer der Klassenerste. Und wütend wird er immer noch, wenn wer ungerecht ist. Und in der übrigen Zeit malt er. Das wissen Sie ja wohl auch. Seine Bilder sind sehr schön. Ein Professor von der Kunstakademie hat ihm geschrieben, er solle später Maler werden. Und Martins Vater hat wieder Stellung gefunden.«

»Das freut mich aufrichtig«, sagte ich. »Und Uli?«

»Uli ist ein sonderbarer Kerl«, meinte Johnny. »Er ist noch immer der Kleinste in der Klasse. Aber er ist ganz anders als früher. Matthias steht völlig unter seinem Pantoffel. Und uns anderen geht's fast genau so. Uli bleibt zwar klein, aber in ihm steckt eine Kraft, der sich niemand widersetzen kann. Uli will das gar nicht. Aber wenn er wen anschaut, hat er's schon geschafft.«

»Er hat sich damals selber überwunden«, sagte der Kapitän nachdenklich. »Und da ist dann alles übrige eine Kleinigkeit.«

»So wird's wohl sein.« Ich wandte mich wieder an Johnny. »Und du dichtest nach wie vor?«

Der Kapitän lächelte. »Ja, er schreibt Märchen und Dramen und Gedichte. Vielleicht darf er Ihnen einmal etwas zuschikken, damit Sie die Sachen prüfen? Würden Sie das tun?«

»Eisern«, meinte ich. »Aber ich kann nur die Arbeiten prüfen, nicht das Talent. Ich kann nur nachschauen, ob du schreiben kannst, und nicht, ob du ein Schriftsteller werden wirst. Das entscheidet sich später.«

»Ich werde warten«, erklärte Johnny leise.

Ein patenter Junge, dachte ich. Dann sagte ich: »Und grüße, wenn du wieder in Kirchberg bist, vor allem den Justus und den Nichtraucher!«

»Die kennen Sie auch?« fragte Jonathan Trotz perplex. »Und von wem soll ich sie denn, bitte, grüßen?«

»Von ihrem Berliner Freund«, sagte ich. »Da wissen sie schon Bescheid. Und grüße auch die Jungen!«

»Gerne. Ich richte die Grüße aus. Und Sie schicken uns das Buch, wenn es gedruckt ist, ja?«

»Ich werde es dem Doktor Bökh schicken«, meinte ich. »Und wenn er's für richtig hält, mag er's euch geben. Sonst nur dem Martin Thaler.«

Dann reichten wir einander zum Abschied die Hand. Und der Kapitän und sein Pflegesohn liefen weiter. Johnny drehte sich noch einmal um und winkte.

Doch nun will ich rasch mit dem Autobus 1 nach Hause gondeln. Sonst werden die Makkaroni kalt.

Meine Mutter wird nicht schlecht staunen, wenn ich ihr erzähle, daß ich den Johnny Trotz und seinen Kapitän getroffen habe!

DAS DOPPELTE LOTTCHEN

Ein Roman für Kinder

Erstes Kapitel

Seebühl am Bühlsee · Kinderheime sind wie Bienenstöcke
Ein Autobus mit zwanzig Neuen · Locken und Zöpfe
Darf ein Kind dem andren die Nase abbeißen?
Der englische König und sein astrologischer Zwilling
Über die Schwierigkeit, Lachfältchen zu kriegen.

Kennt ihr eigentlich Seebühl? Das Gebirgsdorf Seebühl? Seebühl am Bühlsee? Nein? Nicht? Merkwürdig, – keiner, den man fragt, kennt Seebühl! Womöglich gehört Seebühl am Bühlsee zu den Ortschaften, die ausgerechnet nur jene Leute kennen, die man *nicht* fragt? Wundern würde mich's nicht. So etwas gibt's.

Nun, wenn ihr Seebühl am Bühlsee nicht kennt, könnt ihr natürlich auch das Kinderheim in Seebühl am Bühlsee nicht kennen, das bekannte Ferienheim für kleine Mädchen. Schade. Aber es macht nichts. Kinderheime ähneln einander wie Vierpfundbrote oder Hundsveilchen; wer eines kennt, kennt sie alle. Und wer an ihnen vorüberspaziert, könnte denken, es seien riesengroße Bienenstöcke. Es summt von Gelächter, Geschrei, Getuschel und Gekicher. Solche Ferienheime sind Bienenstöcke des Kinderglücks und Frohsinns. Und so viele es geben mag, wird es doch nie genug davon geben können.

Freilich abends, da setzt sich zuweilen der graue Zwerg Heimweh an die Betten im Schlafsaal, zieht sein graues Rechenheft und den grauen Bleistift aus der Tasche und zählt ernsten Gesichts die Kindertränen ringsum zusammen, die geweinten und die ungeweinten.

Aber am Morgen ist er, hast du nicht gesehen, verschwunden! Dann klappern die Milchtassen, dann plappern die kleinen Mäuler wieder um die Wette. Dann rennen wieder die Bademätze rudelweise in den kühlen, flaschengrünen See hinein, planschen, kreischen, jauchzen, krähen, schwimmen oder tun doch wenigstens, als schwömmen sie.

So ist's auch in Seebühl am Bühlsee, wo die Geschichte anfängt, die ich euch erzählen will. Eine etwas verzwickte Geschichte. Und ihr werdet manchmal höllisch aufpassen müssen, damit ihr alles haargenau und gründlich versteht. Zu Beginn geht es allerdings noch ganz gemütlich zu. Verwickelt wird's erst in den späteren Kapiteln. Verwickelt und ziemlich spannend.

Vorläufig baden sie alle im See, und am wildesten treibt es, wie immer, ein kleines neunjähriges Mädchen, das den Kopf voller Locken und Einfälle hat und Luise heißt, Luise Palfy. Aus Wien.

Da ertönt vom Hause her ein Gongschlag. Noch einer und ein dritter. Die Kinder und die Helferinnen, die noch baden, klettern ans Ufer.

»Der Gong gilt für alle!« ruft Fräulein Ulrike. »Sogar für Luise!«

»Ich komm ja schon!« schreit Luise. »Ein alter Mann ist doch kein Schnellzug!« Und dann kommt sie tatsächlich.

Fräulein Ulrike treibt ihre schnatternde Herde vollzählig in den Stall, ach nein, ins Haus. Zwölf Uhr, auf den Punkt, wird zu Mittag gegessen. Und dann wird neugierig auf den Nachmittag gelauert. Warum?

Am Nachmittag werden zwanzig »Neue« erwartet. Zwanzig kleine Mädchen aus Süddeutschland. Werden ein paar Zieraffen dabei sein? Ein paar Klatschbasen? Womöglich uralte Damen von dreizehn oder gar vierzehn Jahren? Werden sie interessante Spielsachen mitbringen? Hoffentlich ist ein großer Gummiball drunter! Trudes Ball hat keine Luft mehr. Und Brigitte rückt ihren nicht heraus. Sie hat ihn im Schrank eingeschlossen. Ganz fest. Damit ihm nichts passiert. Das gibt's auch.

Nun, am Nachmittag stehen also Luise, Trude, Brigitte und die anderen Kinder an dem großen, weitgeöffneten eisernen Tor und warten gespannt auf den Autobus, der die Neuen von der nächsten Bahnstation abholen soll. Wenn der Zug pünktlich eingetroffen ist, müßten sie eigentlich …

Da hupt es! »Sie kommen!« Der Omnibus rollt die Straße entlang, biegt vorsichtig in die Einfahrt und hält. Der Chauffeur steigt aus und hebt fleißig ein kleines Mädchen nach dem anderen aus dem Wagen. Doch nicht nur Mädchen, sondern auch Koffer und Taschen und Puppen und Körbe und Tüten und Stoffhunde und Roller und Schirmchen und Thermosflaschen und Regenmäntel und Rucksäcke und gerollte Wolldecken und Bilderbücher und Botanisiertrommeln und Schmetterlingsnetze, eine kunterbunte Fracht.

Zum Schluß taucht, mit seinen Habseligkeiten, im Rahmen der Wagentür das zwanzigste kleine Mädchen auf. Ein ernst dreinschauendes Ding. Der Chauffeur streckt bereitwillig die Arme hoch.

Die Kleine schüttelt den Kopf, daß beide Zöpfe schlenkern. »Danke nein!« sagt sie höflich und bestimmt und klettert, ruhig und sicher, das Trittbrett herab. Unten blickt sie verlegen lächelnd in die Runde. Plötzlich macht sie große, erstaunte Augen. Sie starrt Luise an! Nun reißt auch Luise die Augen auf. Erschrocken blickt sie der Neuen ins Gesicht!

Die anderen Kinder und Fräulein Ulrike schauen perplex von einer zur anderen. Der Chauffeur schiebt die Mütze nach hinten, kratzt sich am Kopf und kriegt den Mund nicht wieder zu. Weswegen denn?

Luise und die Neue sehen einander zum Verwechseln ähnlich! Zwar eine hat lange Locken und die andere streng geflochtene Zöpfe – aber das ist auch wirklich der einzige Unterschied!

Da dreht sich Luise um und rennt, als werde sie von Löwen und Tigern verfolgt, in den Garten.

»Luise!« ruft Fräulein Ulrike. »Luise!« Dann zuckt sie die Achseln und bringt erst einmal die zwanzig Neulinge ins Haus. Als letzte, zögernd und unendlich verwundert, spaziert das kleine Zopfmädchen.

Frau Muthesius, Leiterin des Kinderheims, sitzt im Büro und berät mit der alten, resoluten Köchin den Speisezettel für die nächsten Tage.

Da klopft es. Fräulein Ulrike tritt ein und meldet, daß die Neuen gesund, munter und vollzählig eingetroffen seien.

»Freut mich. Danke schön!«

»Dann wäre noch eins ...«

»Ja?« Die vielbeschäftigte Heimleiterin blickt kurz hoch.

»Es handelt sich um Luise Palfy«, beginnt Fräulein Ulrike nicht ohne Zögern. »Sie wartet draußen vor der Tür ...«

»Herein mit dem Fratz!« Frau Muthesius muß lächeln. »Was hat sie denn wieder ausgefressen?«

»Diesmal nichts«, sagt die Helferin. »Es ist bloß ...« Sie öffnet behutsam die Tür und ruft: »Kommt herein, ihr beiden! Nur keine Angst!«

Nun treten die zwei kleinen Mädchen ins Zimmer. Weit voneinander entfernt bleiben sie stehen.

»Da brat mir einer einen Storch!« murmelt die Köchin.

Während Frau Muthesius erstaunt auf die Kinder schaut, sagt Fräulein Ulrike: »Die Neue heißt Lotte Körner und kommt aus München.«

»Seid ihr miteinander verwandt?«

Die zwei Mädchen schütteln unmerklich, aber überzeugt die Köpfe.

»Sie haben einander bis zum heutigen Tage noch nie gesehen!« meint Fräulein Ulrike. »Seltsam, nicht?«

»Wieso seltsam?« fragt die Köchin. »Wie können's einander denn g'sehn ham? Wo doch die eine aus München stammt, und die andere aus Wien?«

Frau Muthesius sagt freundlich: »Zwei Mädchen, die einander so ähnlich schauen, werden sicher gute Freundinnen werden. Steht nicht so fremd beieinand, Kinder! Kommt, gebt euch die Hand!«

»Nein!« ruft Luise und verschränkt die Arme hinter dem Rücken.

Frau Muthesius zuckt die Achseln, denkt nach und sagt abschließend: »Ihr könnt gehen.«

Luise rennt zur Tür, reißt sie auf und stürmt hinaus. Lotte macht einen Knicks und will langsam das Zimmer verlassen.

»Noch einen Augenblick, Lottchen«, meint die Leiterin. Sie schlägt ein großes Buch auf. »Ich kann gleich deinen Namen eintragen. Und wann und wo du geboren bist. Und wie deine Eltern heißen.«

»Ich hab nur noch eine Mutti«, flüstert Lotte.

Frau Muthesius taucht den Federhalter ins Tintenfaß. »Zuerst also dein Geburtstag!«

Lotte geht den Korridor entlang, steigt die Treppen hinauf, öffnet eine Tür und steht im Schrankzimmer. Ihr Koffer ist noch nicht ausgepackt. Sie fängt an, ihre Kleider, Hemden, Schürzen und Strümpfe in den ihr zugewiesenen Schrank zu tun. Durchs offene Fenster dringt fernes Kinderlachen.

Lotte hält die Fotografie einer jungen Frau in der Hand. Sie schaut das Bild zärtlich an und versteckt es dann sorgfältig unter den Schürzen. Als sie den Schrank schließen will, fällt ihr Blick auf einen Spiegel an der Innenwand der Tür. Ernst und forschend mustert sie sich, als sähe sie sich zum erstenmal. Dann wirft sie, mit plötzlichem Entschluß, die Zöpfe weit nach hinten und streicht das Haar so, daß ihr Schopf dem Luise Palfys ähnlich wird.

Irgendwo schlägt eine Tür. Schnell, wie ertappt, läßt Lotte die Hände sinken.

Luise hockt mit ihren Freundinnen auf der Gartenmauer und hat eine strenge Falte über der Nasenwurzel.

»*Ich* ließe mir das nicht gefallen«, sagt Trude, ihre Wiener Klassenkameradin. »Kommt da frech mit deinem Gesicht daher!«

»Was soll ich denn machen?« fragt Luise böse.

»Zerkratz es ihr!« schlägt Monika vor.

»Das beste wird sein, du beißt ihr die Nase ab!« rät Christine. »Dann bist du den ganzen Ärger mit einem Schlag los!« Dabei baumelt sie gemütlich mit den Beinen.

»Einem so die Ferien zu verhunzen!« murmelt Luise, aufrichtig verbittert.

»Sie kann doch nichts dafür«, erklärt die pausbäckige Steffie. »Wenn nun jemand käme und sähe wie *ich* aus ...«

Trude lacht. »Du glaubst doch selber nicht, daß jemand anderes so blöd wär, mit deinem Kopf herumzulaufen!«

Steffie schmollt. Die anderen lachen. Sogar Luise verzieht das Gesicht.

Da ertönt der Gong.

»Die Fütterung der Raubtiere!« ruft Christine. Und die Mädchen springen von der Mauer herunter.

Frau Muthesius sagt im Speisesaal zu Fräulein Ulrike: »Wir wollen unsere kleinen Doppelgängerinnen nebeneinander setzen. Vielleicht hilft eine Radikalkur!«

Die Kinder strömen lärmend in den Saal. Schemel werden gerückt. Die Mädchen, die Dienst haben, schleppen dampfende Terrinen zu den Tischen. Andere füllen die Teller, die ihnen entgegengestreckt werden.

Fräulein Ulrike tritt hinter Luise und Trude, tippt Trude leicht auf die Schulter und sagt: »Du setzt dich neben Hilde Sturm.«

Trude dreht sich um und will etwas antworten. »Aber …«

»Keine Widerrede, ja?«

Trude zuckt die Achseln, steht auf und zieht maulend um.

Die Löffel klappern. Der Platz neben Luise ist leer. Es ist erstaunlich, wie viele Blicke ein leerer Platz auf sich lenken kann.

Dann schwenken, wie auf Kommando, alle Blicke zur Tür. Lotte ist eingetreten.

»Da bist du ja endlich«, sagt Fräulein Ulrike. »Komm, ich will dir deinen Platz zeigen.« Sie bringt das stille, ernste Zopfmädchen zum Tisch. Luise blickt nicht hoch, sondern ißt wütend ihre Suppe in sich hinein. Lotte setzt sich folgsam neben Luise und greift zum Löffel, obwohl ihr der Hals wie zugeschnürt ist.

Die anderen kleinen Mädchen schielen hingerissen zu dem merkwürdigen Paar hinüber. Ein Kalb mit zwei bis drei Köpfen könnte nicht interessanter sein. Der dicken, pausbäckigen Steffie steht vor lauter Spannung der Mund offen.

Luise kann sich nicht länger bezähmen. Und sie will's auch gar nicht. Mit aller Kraft tritt sie unterm Tisch gegen Lottes Schienbein!

Lotte zuckt vor Schmerz zusammen und preßt die Lippen fest aufeinander.

Am Tisch der Erwachsenen sagt die Helferin Gerda kopfschüttelnd: »Es ist nicht zu fassen! Zwei wildfremde Mädchen und eine solche Ähnlichkeit!«

Fräulein Ulrike meint nachdenklich: »Vielleicht sind es astrologische Zwillinge?«

»Was ist denn das nun wieder?« fragt Fräulein Gerda. »Astrologische Zwillinge?«

»Es soll Menschen geben, die einander völlig gleichen, ohne im entferntesten verwandt zu sein. Sie sind aber im selben Bruchteil der gleichen Sekunde zur Welt gekommen!«

Fräulein Gerda murmelt: »Ah!«

Frau Muthesius nickt. »Ich hab einmal von einem Londoner Herrenschneider gelesen, der genau wie Eduard VII., der englische König, aussah. Zum Verwechseln ähnlich. Um so mehr, als der Schneider denselben Spitzbart trug. Der König ließ den Mann in den Buckingham-Palast kommen und unterhielt sich lange mit ihm.«

»Und die beiden waren tatsächlich in der gleichen Sekunde geboren worden?«

»Ja. Es ließ sich zufälligerweise exakt feststellen.«

»Und wie ging die Geschichte weiter?« fragt Gerda gespannt.

»Der Herrenschneider mußte sich auf Wunsch des Königs den Spitzbart abrasieren lassen!«

Während die anderen lachen, schaut Frau Muthesius nachdenklich zu dem Tisch hinüber, an dem die zwei kleinen Mädchen sitzen. Dann sagt sie: »Lotte Körner bekommt das Bett neben Luise Palfy!

Sie werden sich aneinander gewöhnen müssen.«

Es ist Nacht. Und alle Kinder schlafen. Bis auf zwei. Diese zwei haben einander den Rücken zugekehrt, tun, als schliefen sie fest, liegen aber mit offenen Augen da und starren vor sich hin.

Luise blickt böse auf die silbernen Kringel, die der Mond auf ihr Bett malt. Plötzlich spitzt sie die Ohren. Sie hört leises, krampfhaft unterdrücktes Weinen.

ERSTES KAPITEL

Lotte preßt die Hände auf den Mund. Was hatte ihr die Mutter beim Abschied gesagt: »Ich freu mich so, daß du ein paar Wochen mit vielen fröhlichen Kindern zusammensein wirst! Du bist zu ernst für dein Alter, Lottchen! Viel zu ernst! Ich weiß, es liegt nicht an dir. Es liegt an mir. An meinem Beruf. Ich bin zu wenig zu Hause. Wenn ich heimkomme, bin ich müde. Und du hast inzwischen nicht gespielt wie andere Kinder, sondern aufgewaschen, gekocht, den Tisch gedeckt. Komm bitte mit tausend Lachfalten zurück, mein Hausmütterchen!« Und nun liegt sie hier in der Fremde, neben einem bösen Mädchen, das sie haßt, weil sie ihm ähnlich sieht. Sie seufzt leise. Da soll man nun Lachfältchen kriegen! Lotte schluchzt vor sich hin.

Plötzlich streicht eine kleine fremde Hand unbeholfen über ihr Haar!

Lottchen wird stocksteif vor Schreck. Vor Schreck? Luises Hand streichelt schüchtern weiter.

Der Mond schaut durchs große Schlafsaalfenster und staunt nicht schlecht. Da liegen zwei kleine Mädchen nebeneinander, die sich nicht anzusehen wagen, und die eine, die eben noch weinte, tastet jetzt mit ihrer Hand ganz langsam nach der streichelnden Hand der anderen.

»Na gut«, denkt der alte silberne Mond. »Da kann ich ja beruhigt untergehen!«

Und das tut er denn auch.

Zweites Kapitel

Vom Unterschied zwischen Waffenstillstand und Frieden
Der Waschsaal als Frisiersalon · Das doppelte Lottchen
Trude kriegt eine Ohrfeige · Der Fotograf Eipeldauer
und die Förstersfrau · Meine Mutti, unsere Mutti
Sogar Fräulein Ulrike hat etwas geahnt.

Besaß der Waffenstillstand zwischen den zweien Wert und Dauer? Obwohl er ohne Verhandlungen und Worte geschlossen worden war? Ich möcht's schon glauben. Aber vom Waffenstillstand zum Frieden ist ein weiter Weg. Auch bei Kindern. Oder?

Sie wagten einander nicht anzusehen, als sie am nächsten Morgen aufwachten, als sie dann in ihren weißen, langen Nachthemden in den Waschsaal liefen, als sie sich, Schrank an Schrank, anzogen, als sie, Stuhl an Stuhl, beim Milchfrühstück saßen, und auch nicht, als sie nebeneinander, Lieder singend, am See entlangliefen und später mit den Helferinnen Reigen tanzten und Blumenkränze flochten. Ein einziges Mal kreuzten sich ihre raschen, huschenden Blicke, doch dann waren sie auch schon wieder erschrocken voneinander weggeglitten.

Jetzt sitzt Fräulein Ulrike in der Wiese und liest einen wunderbaren Roman, in dem auf jeder Seite von Liebe die Rede ist. Manchmal läßt sie das Buch sinken und denkt versonnen an Herrn Rademacher, den Diplomingenieur, der bei ihrer Tante zur Untermiete wohnt: Rudolf heißt er. Ach Rudolf!

Luise spielt indessen mit ihren Freundinnen Völkerball. Aber sie ist nicht recht bei der Sache. Oft schaut sie sich um, als suche sie jemanden und könne ihn nicht finden.

Trude fragt: »Wann beißt du denn nun endlich der Neuen die Nase ab, hm?«

»Sei nicht so blöd!« sagt Luise.

Christine blickt sie überrascht an. »Nanu! Ich denk, du hast eine Wut auf sie?«

»Ich kann doch nicht jedem, auf den ich eine Wut habe, die Nase abbeißen«, erklärt Luise kühl. Und sie setzt hinzu: »Außerdem *hab* ich gar keine Wut auf sie.«

»Aber gestern hattest du doch welche!« beharrt Steffie.

»Und was für'ne Wut!« ergänzt Monika. »Beim Abendbrot hast du sie unterm Tisch so gegens Schienbein getreten, daß sie beinahe gebrüllt hätte!«

»Na also«, stellt Trude mit sichtlicher Genugtuung fest.

Luises Gefieder sträubt sich. »Wenn ihr nicht gleich aufhört«, ruft sie zornig, »kriegt *ihr* eins vors Schienbein!« Damit wendet sie sich um und rauscht davon.

»Die weiß nicht, was sie will«, meint Christine und zuckt die Achseln.

Lotte sitzt, ein Blumenkränzchen auf den Zöpfen, allein in der Wiese und ist damit beschäftigt, einen zweiten Kranz zu winden. Da fällt ein Schatten über ihre Schürze. Sie blickt auf.

Luise steht vor ihr und tritt, verlegen und unschlüssig, von einem Bein aufs andere.

Lotte wagt ein schmales Lächeln. Kaum, daß man's sehen kann. Eigentlich nur mit der Lupe.

Luise lächelt erleichtert zurück.

Lotte hält den Kranz, den sie eben gewunden hat, hoch und fragt schüchtern: »Willst du ihn?«

Luise läßt sich auf die Knie nieder und sagt leidenschaftlich: »Ja, aber nur, wenn du ihn mir aufsetzt!«

Lotte drückt ihr den Kranz in die Locken. Dann nickt sie und fügt hinzu: »Schön!«

Nun sitzen also die beiden ähnlichen Mädchen nebeneinander auf der Wiese, sind mutterseelenallein, schweigen und lächeln sich vorsichtig an.

Dann atmet Luise schwer und fragt: »Bist du mir noch böse?«

Lotte schüttelt den Kopf.

Luise blickt zu Boden und stößt hervor: »Es kam so plötzlich! Der Autobus! Und dann du! So ein Schreck!«

Lotte nickt. »So ein Schreck«, wiederholt sie.

Luise beugt sich vor. »Eigentlich ist es furchtbar lustig, nein?«

Lotte blickt ihr erstaunt in die übermütig blitzenden Augen. »Lustig?« Dann fragt sie leise: »Hast du Geschwister?«

»Nein!«

»Ich auch nicht«, sagt Lotte.

Beide haben sich in den Waschsaal geschlichen und stehen vor einem großen Spiegel. Lotte ist voll Feuereifer dabei, Luises Locken mit Kamm und Bürste zu striegeln.

Luise schreit »Au!« und »Oh!«

»Willst du wohl ruhig sein?« schimpft Lotte, gespielt streng. »Wenn dir deine Mutti Zöpfe flicht, wird nicht geschrien!«

»Ich hab doch gar keine Mutti!« murrt Luise. »Deswegen, au! deswegen bin ich ja auch so ein lautes Kind, sagt mein Vater!«

»Zieht er dir denn nie die Hosen straff?« erkundigt sich Lotte angelegentlich, während sie mit dem Zopfflechten beginnt.

»Ach wo! Dazu hat er mich viel zu lieb!«

»Das hat doch damit nichts zu tun!« bemerkt Lotte sehr weise.

»Und außerdem hat er den Kopf voll!«

»Es genügt doch, daß er eine Hand frei hat!« Sie lachen.

Dann sind Luises Zöpfe fertig, und nun schauen die Kinder mit brennenden Augen in den Spiegel. Die Gesichter strahlen wie Christbäume. Zwei völlig gleiche Mädchen blicken in den Spiegel hinein! Zwei völlig gleiche Mädchen blicken aus dem Spiegel heraus!

»Wie zwei Schwestern!« flüstert Lotte begeistert.

Der Mittagsgong ertönt.

»Das wird ein Spaß!« ruft Luise. »Komm!« Sie rennen aus dem Waschsaal. Und halten sich an den Händen.

Die anderen Kinder sitzen längst. Nur Luises und Lottes Schemel sind noch leer.

Da öffnet sich die Tür, und Lotte erscheint. Sie setzt sich, ohne zu zaudern, auf Luises Schemel.

»Du!« warnt Monika. »Das ist Luises Platz! Denk an dein Schienbein!«

Das Mädchen zuckt nur die Achseln und beginnt zu essen.

Die Tür öffnet sich wieder, und – ja, zum Donnerwetter! – Lotte kommt leibhaftig noch einmal herein! Sie geht, ohne eine Miene zu verziehen, auf den letzten leeren Platz zu und setzt sich.

Die anderen Mädchen am Tisch sperren Mund und Nase auf. Jetzt schauen auch die Kinder von den Nebentischen herüber. Sie stehen auf und umdrängen die beiden Lotten.

Die Spannung löst sich erst, als die zwei zu lachen anfangen. Es dauert keine Minute, da hallt der Saal von vielstimmigem Kindergelächter wider.

Frau Muthesius runzelt die Stirn. »Was ist denn das für ein Radau?« Sie steht auf und schreitet, mit königlich strafenden Blicken, in den tollen Jubel hinein. Als sie aber die zwei Zopfmädchen entdeckt, schmilzt ihr Zorn wie Schnee in der Sonne dahin. Belustigt fragt sie: »Also, welche von euch ist nun Luise Palfy und welche Lotte Körner?«

»Das verraten wir nicht!« sagt die eine Lotte zwinkernd, und wieder erklingt helles Gelächter.

»Ja um alles in der Welt!« ruft Frau Muthesius in komischer Verzweiflung. »Was sollen wir denn nun machen?«

»Vielleicht«, schlägt die zweite Lotte vergnügt vor, »vielleicht kriegt es doch jemand heraus?«

Steffie fuchtelt mit der Hand durch die Luft. Wie ein Mädchen, das dringend ein Gedicht aufsagen möchte. »Ich weiß etwas!« ruft sie. »Trude geht doch mit Luise in dieselbe Klasse! Trude muß raten!«

Trude schiebt sich zögernd in den Vordergrund des Geschehens, blickt musternd von der einen Lotte zur anderen und schüttelt ratlos den Kopf. Dann aber huscht ein spitzbübisches Lächeln über ihr Gesicht. Sie zieht die ihr näher stehende Lotte tüchtig am Zopf – und im nächsten Augenblick klatscht eine Ohrfeige!

Sich die Backe haltend, ruft Trude begeistert: »Das war

Luise!« (Womit die allgemeine vorläufige Heiterkeit ihren Höhepunkt erreicht hat.)

Luise und Lotte haben die Erlaubnis erhalten, in den Ort zu gehen. Die »doppelte Lotte« soll unbedingt im Bild festgehalten werden. Um Fotos nach Hause zu schicken! Da wird man sich wundern!

Der Fotograf, ein gewisser Herr Eipeldauer, hat, nach der ersten Verblüffung, ganze Arbeit geleistet. Sechs verschiedene Aufnahmen hat er gemacht. In zehn Tagen sollen die Postkarten fertig sein.

Zu seiner Frau meint er, als die Mädchen fort sind: »Weißt was, am Ende schick ich ein paar Glanzabzüge an eine Illustrierte oder ein Magazin! Zeitschriften interessieren sich manchmal für so was!«

Draußen vor seinem Geschäft dröselt Luise ihre »dummen« Zöpfe wieder auf, denn die brave Haartracht beeinträchtigt ihr Wohlbefinden. Und als sie ihre Locken wieder schütteln kann, kehrt auch ihr Temperament zurück. Sie lädt Lotte zu einem Glas Limonade ein. Lotte sträubt sich. Luise sagt energisch: »Du hast zu folgen! Mein Vater hat vorgestern frisches Taschengeld geschickt. Auf geht's!«

Sie spazieren also zur Försterei hinaus, setzen sich in den Garten, trinken Limonade und plaudern. Es gibt ja so viel zu erzählen, zu fragen und zu beantworten, wenn zwei kleine Mädchen erst einmal Freundinnen geworden sind!

Die Hühner laufen pickend und gackernd zwischen den Gasthaustischen hin und her. Ein alter Jagdhund beschnuppert die beiden Gäste und ist mit ihrer Anwesenheit einverstanden.

»Ist dein Vater schon lange tot?« fragt Luise.

»Ich weiß es nicht«, sagt Lotte. »Mutti spricht niemals von ihm – und fragen möcht ich nicht gern.«

Luise nickt. »Ich kann mich an meine Mutti gar nicht mehr erinnern. Früher stand auf Vaters Flügel ein großes Bild von ihr. Einmal kam er dazu, wie ich es mir ansah. Und am nächsten Tag war es fort. Er hat es wahrscheinlich im Schreibtisch eingeschlossen.«

Die Hühner gackern. Der Jagdhund döst. Ein kleines Mädchen, das keinen Vater, und ein kleines Mädchen, das keine Mutter mehr hat, trinken Limonade.

»Du bist doch auch neun Jahre alt?« fragt Luise.

»Ja.« Lotte nickt. »Am 14. Oktober werde ich zehn.«

Luise setzt sich kerzengrade. »Am 14. Oktober?«

»Am 14. Oktober.«

Luise beugt sich vor und flüstert: »Ich *auch*!«

Lotte wird steif wie eine Puppe.

Hinterm Haus kräht ein Hahn. Der Jagdhund schnappt nach einer Biene, die in seiner Nähe summt. Aus dem offenen Küchenfenster hört man die Förstersfrau singen.

Die beiden Kinder schauen sich wie hypnotisiert in die Augen. Lotte schluckt schwer und fragt, heiser vor Aufregung: »Und – *wo* bist du geboren?«

Luise erwidert leise und zögernd, als fürchte sie sich: »In Linz an der Donau!«

Lotte fährt sich mit der Zunge über die trockenen Lippen. »Ich *auch*!«

Es ist ganz still im Garten. Nur die Baumwipfel bewegen sich. Vielleicht hat das Schicksal, das eben über den Garten hinwegschwebt, sie mit seinen Flügeln gestreift?

Lotte sagt langsam: »Ich hab ein Foto von … von meiner Mutti im Schrank.«

Luise springt auf. »Zeig mir's!« Sie zerrt die andere vom Stuhl herunter und aus dem Garten.

»Nanu!« ruft da jemand empört. »Was sind denn das für neue Moden?« Es ist die Förstersfrau. »Limonade trinken und nicht zahlen?«

Luise erschrickt. Sie kramt mit zitternden Fingern in ihrem kleinen Portemonnaie, drückt der Frau einen mehrfach geknifften Schein in die Hand und läuft zu Lotte zurück.

»Ihr kriegt etwas heraus!« schreit die Frau. Aber die Kinder hören sie nicht. Sie rennen, als gälte es das Leben.

»Was mögen die kleinen Gänse bloß auf dem Kerbholz haben?« brummt die Frau. Dann geht sie ins Haus. Der alte Jagdhund trottet hinterdrein.

Lotte kramt, im Kinderheim, hastig in ihrem Schrank. Unter dem Wäschestapel holt sie eine Fotografie hervor und hält sie der am ganzen Körper fliegenden Luise hin.

Luise schaut scheu und ängstlich auf das Bild. Dann verklärt sich ihr Blick. Ihre Augen saugen sich förmlich an dem Frauenantlitz fest.

Lottes Gesicht ist erwartungsvoll auf die andere gerichtet.

Luise läßt, vor lauter Glück erschöpft, das Bild sinken und nickt selig. Dann preßt sie es wild an sich und flüstert: »Meine Mutti!«

Lotte legt den Arm um Luises Hals. »*Unsere* Mutti!« Zwei kleine Mädchen drängen sich eng aneinander. Hinter dem Geheimnis, das sich ihnen eben entschleiert hat, warten neue Rätsel, andere Geheimnisse.

Der Gong dröhnt durchs Haus. Kinder rennen lachend und lärmend treppab. Luise will das Bild in den Schrank zurücklegen. Lotte sagt: »Ich schenke dir's!«

Fräulein Ulrike steht im Büro vor dem Schreibtisch der Lehrerin und hat vor Aufregung krebsrote, kreisrunde Flecken auf beiden Backen. »Ich *kann* es nicht für mich behalten!« stößt sie hervor. »Ich *muß* mich Ihnen anvertrauen! Wenn ich nur wüßte, was wir tun sollen!«

»Na, na«, sagt Frau Muthesius, »was drückt Ihnen denn das Herz ab, meine Liebe?«

»Es *sind* gar keine astrologischen Zwillinge!«

»Wer denn?« fragt Frau Muthesius lächelnd. »Der englische König und der Schneider?«

»Nein! Luise Palfy und Lotte Körner! Ich habe im Aufnahmebuch nachgeschlagen! Sie sind beide am selben Tag in Linz geboren! Das *kann* kein Zufall sein!«

»Wahrscheinlich ist es kein Zufall, meine Liebe. Ich habe mir auch schon bestimmte Gedanken gemacht.«

»Sie wissen es also?« fragt Fräulein Ulrike und schnappt nach Luft.

»Natürlich! Als ich die kleine Lotte, nachdem sie angekommen war, nach ihren Daten gefragt und diese eingetragen hatte, verglich ich sie mit Luises Geburtstag und Geburtsort. Das lag doch einigermaßen nahe. Nicht wahr?«

»Ja, ja. Und was geschieht nun?«

»Nichts.«

»Nichts?«

»Nichts! Falls Sie den Mund nicht halten sollten, schneide ich Ihnen die Ohren ab, meine Liebe.«

»Aber …«

»Kein Aber! Die Kinder ahnen nichts. Sie haben sich vorhin fotografieren lassen und werden die Bildchen heimschicken. Wenn sich die Fäden hierdurch entwirren, gut! Doch Sie und ich, wir wollen uns hüten, Schicksal zu spielen. Ich danke Ihnen für Ihre Einsicht, meine Liebe. Und jetzt schicken Sie mir, bitte, die Köchin.«

Fräulein Ulrike macht kein sonderlich geistreiches Gesicht, als sie das Büro verläßt. Übrigens wäre das bei ihr auch etwas völlig Neues.

Drittes Kapitel

*Neue Kontinente werden entdeckt · Rätsel über Rätsel
Der entzweigeteilte Vorname · Eine ernste Fotografie
und ein lustiger Brief · Steffies Eltern lassen sich scheiden
Darf man Kinder halbieren?*

Die Zeit vergeht. Sie weiß es nicht besser.

Haben die zwei kleinen Mädchen ihre Fotos beim Herrn Eipeldauer im Dorf abgeholt? Längst! Hat sich Fräulein Ulrike neugierig erkundigt, ob sie die Fotos nach Haus geschickt hätten? Längst! Haben Luise und Lotte mit den Köpfen genickt und ja gesagt? Längst!

Und ebensolange liegen dieselben Fotos, in lauter kleine Fetzen zerpflückt, auf dem Grunde des flaschengrünen Bühlsees bei Seebühl. Die Kinder haben Fräulein Ulrike angelogen! Sie wollen ihr Geheimnis für sich behalten! Wollen es zu zweit verbergen und, vielleicht, zu zweit enthüllen! Und wer ihren Heimlichkeiten zu nahe kommt, wird rücksichtslos beschwindelt. Es geht nicht anders. Nicht einmal Lottchen hat Gewissensbisse. Das will viel heißen.

Die beiden hängen neuerdings wie die Kletten zusammen. Trude, Steffie, Monika, Christine und die anderen sind manchmal böse auf Luise, eifersüchtig auf Lotte. Was hilft's? Gar nichts hilft es! Wo mögen sie jetzt wieder stecken?

Sie stecken im Schrankzimmer. Lotte holt zwei gleiche Schürzen aus ihrem Schrank, gibt der Schwester eine davon und sagt, während sie sich die andere umbindet: »Die Schürzen hat Mutti beim Oberpollinger gekauft.«

»Aha«, meint Luise, »das ist das Kaufhaus auf der Neuhauser Straße, beim ... wie heißt das Tor?«

»Karlstor.«

»Richtig, beim Karlstor!«

Sie wissen wechselweise schon recht gut Bescheid über die Lebensgewohnheiten, über die Schulkameradinnen, die Nachbarn, die Lehrerinnen und Wohnungen der anderen! Für Luise ist ja alles, was mit Mutter zusammenhängt, so ungeheuer wichtig! Und Lotte verzehrt sich, alles, aber auch alles über den Vater zu erfahren, was die Schwester weiß! Tag für Tag sprechen sie von nichts andrem. Und noch abends flüstern sie stundenlang in ihren Betten. Jede entdeckt einen anderen, einen neuen Kontinent. Das, was bis jetzt von ihrem Kinderhimmel umspannt wurde, war ja, wie sich plötzlich herausgestellt hat, nur die eine Hälfte ihrer Welt!

Und wenn sie wirklich einmal nicht damit beschäftigt sind, voller Eifer diese beiden Hälften aneinanderzufügen, um das Ganze zu überschauen, erregt sie ein anderes Thema, plagt sie ein anderes Geheimnis: Warum sind die Eltern nicht mehr zusammen?

»Erst haben sie natürlich geheiratet«, erklärt Luise zum hundertsten Male. »Dann haben sie zwei kleine Mädchen gekriegt. Und weil Mutti Luiselotte heißt, haben sie das eine Kind Luise und das andere Lotte getauft. Das ist doch sehr hübsch! Da müssen sie sich doch noch gemocht haben, nicht?«

»Bestimmt!« sagt Lotte. »Aber dann haben sie sich sicher gezankt. Und sind voneinander fort. Und haben uns selber genau so entzweigeteilt wie vorher Muttis Vornamen!«

»Eigentlich hätten s' uns erst fragen müssen, ob sie uns halbieren dürfen!«

»Damals konnten wir ja noch gar nicht reden!«

Die beiden Schwestern lächeln hilflos. Dann haken sie sich unter und gehen in den Garten.

Es ist Post gekommen. Überall, im Gras und auf der Mauer und auf den Gartenbänken, hocken kleine Mädchen und studieren Briefe.

Lotte hält die Fotografie eines Mannes von etwa fünfunddreißig Jahren in den Händen und blickt mit zärtlichen Augen auf ihren Vater. So sieht er also aus! Und so wird es einem ums Herz, wenn man einen wirklichen, lebendigen Vater hat!

Luise liest vor, was er ihr schreibt: »Mein liebes, einziges Kind!« – »So ein Schwindler!« sagt sie hochblickend. »Wo er doch genau weiß, daß er Zwillinge hat!« Dann liest sie weiter:

»Hast Du denn ganz vergessen, wie Dein Haushaltungsvorstand aussieht, daß Du unbedingt, noch dazu zum Ferienschluß, eine Fotografie von ihm haben willst? Erst wollte ich Dir ja ein Kinderbild von mir schicken. Eines, wo ich als nackiges Baby auf einem Eisbärenfell liege! Aber Du schreibst, daß es unbedingt ein funkelnagelneues Bild sein muß! Na, da bin ich gleich zum Fotografen gerannt, obwohl ich eigentlich gar keine Zeit hatte, und hab ihm genau erklärt, weswegen ich das Bild so eilig brauche. Sonst, habe ich ihm gesagt, erkennt mich meine Luise nicht wieder, wenn ich sie von der Bahn abhole! Das hat er zum Glück eingesehen. Und so kriegst Du das Bild noch rechtzeitig. Hoffentlich tanzt Du den Fräuleins im Heim nicht so auf der Nase herum wie Deinem Vater, der Dich tausendmal grüßt und große Sehnsucht nach Dir hat!«

»Schön!« sagt Lotte. »Und lustig! Dabei sieht er auf dem Bild so ernst aus!«

»Wahrscheinlich hat er sich vor dem Fotografen geniert zu lachen«, vermutet Luise. »Vor anderen Leuten macht er immer ein strenges Gesicht. Aber wenn wir allein sind, kann er sehr komisch sein.«

Lotte hält das Bild ganz fest. »Und ich darf es wirklich behalten?«

»Natürlich«, sagt Luise, »deswegen hab ich's mir doch schicken lassen!«

Die pausbäckige Steffie sitzt auf einer Bank, hält einen Brief in der Hand und weint. Sie gibt dabei keinen Laut von sich.

Die Tränen rollen unaufhörlich über das runde, unbewegliche Kindergesicht.

Trude schlendert vorbei, bleibt neugierig stehen, setzt sich daneben und schaut Steffie abwartend an.

Christine kommt hinzu und setzt sich auf die andere Seite.

Luise und Lotte nähern sich und bleiben stehen. »Fehlt dir was?« fragt Luise.

Steffie weint lautlos weiter. Plötzlich senkt sie die Augen und sagt monoton: »Meine Eltern lassen sich scheiden!«

»So eine Gemeinheit!« ruft Trude. »Da schicken sie dich erst in die Ferien, und dann tun sie so was! Hinter deinem Rücken!«

»Der Papa liebt, glaub ich, eine andere Frau«, schluchzt Steffie.

Luise und Lotte gehen rasch weiter. Was sie eben gehört haben, bewegt ihre Gemüter aufs heftigste.

»*Unser* Vater«, fragt Lotte, »hat doch aber keine neue Frau?«

»Nein«, erwidert Luise. »Das wüßte ich.«

»Vielleicht eine, mit der er nicht verheiratet ist?« fragt Lotte zögernd.

Luise schüttelt den Lockenkopf. »Bekannte hat er natürlich. Auch Frauen. Aber *du* sagt er zu keiner! Aber wie ist das mit Mutti? Hat Mutti einen – einen guten Freund?«

»Nein«, meint Lotte zuversichtlich. »Mutti hat mich und ihre Arbeit, und sonst will sie nichts vom Leben, sagt sie.«

Luise blickt die Schwester ziemlich ratlos an. »Ja, aber warum sind sie denn dann geschieden?«

Lotte denkt nach. »Vielleicht waren sie gar nicht auf dem Gericht? So wie Steffies Eltern das wollen?«

»Warum ist Vater in Wien und Mutti in München?« fragt Luise. »Warum haben sie uns halbiert?«

»Warum«, fährt Lotte grübelnd fort, »haben sie uns nie erzählt, daß wir gar nicht einzeln, sondern eigentlich Zwillinge sind? Und warum hat Vater dir nichts davon erzählt, daß Mutti lebt?«

»Und Mutti hat dir verschwiegen, daß Vati lebt!« Luise stemmt die Arme in die Seiten. »Schöne Eltern haben wir, was? Na warte, wenn wir den beiden einmal die Meinung geigen! Die werden staunen!«

»Das dürfen wir doch gar nicht«, meint Lotte schüchtern. »Wir sind ja nur Kinder!«

»*Nur?*« fragt Luise und wirft den Kopf zurück.

Viertes Kapitel

Gefüllte Palatschinken, wie entsetzlich!
Die geheimnisvollen Oktavhefte
Schulwege und Gutenachtküsse
Es ist eine Verschwörung im Gange
Das Gartenfest als Generalprobe
Abschied von Seebühl am Bühlsee.

Die Ferien gehen dem Ende zu. In den Schränken sind die Stapel frischer Wäsche zusammengeschmolzen. Die Betrübnis, das Kinderheim bald verlassen zu müssen, und die Freude aufs Zuhause wachsen gleichmäßig.

Frau Muthesius plant ein kleines Abschiedsfest. Der Vater eines der Mädchen, dem ein Kaufhaus gehört, hat eine große Kiste Lampions, Girlanden und viele andere Dinge geschickt. Nun sind die Helferinnen und die Kinder eifrig dabei, die Veranda und den Garten gehörig herauszuputzen. Sie schleppen Küchenleitern von Baum zu Baum, hängen bunte Laternen ins Laub, schlingen Girlanden von Zweig zu Zweig und bereiten auf einem langen Tisch eine Tombola vor. Andere schreiben auf kleine Zettel Losnummern. Der erste Hauptgewinn: ein paar Rollschuhe mit Kugellager.

»Wo sind eigentlich die Locken und die Zöpfe?« fragt Fräulein Ulrike. (So nennt man Luise und Lotte neuerdings!)

»Och *die*!« meint Monika abfällig. »Die werden wieder irgendwo im Gras sitzen und sich an den Händen halten, damit der Wind sie nicht auseinanderweht!«

Die Zwillinge sitzen nicht irgendwo im Gras, sondern im Garten der Försterei. Sie halten sich auch nicht an den Händen – dazu haben sie nicht die mindeste Zeit –, sondern sie haben Oktavheftchen vor sich liegen, halten Bleistifte in der Hand, und im Augenblick diktiert Lotte gerade der emsig kritzelnden Luise: »Am liebsten mag Mutti Nudelsuppe mit Rindfleisch. Das Rindfleisch holst du beim Metzger Huber. Ein halbes Pfund Querrippe, schön durchwachsen.«

Luise hebt den Kopf. »Metzger Huber, Max-Emanuel-Straße, Ecke Prinz-Eugen-Straße«, schnurrt sie herunter.

Lotte nickt befriedigt. »Das Kochbuch steht im Küchenschrank, im untersten Fach ganz links. Und in dem Buch liegen alle Rezepte, die ich kann.«

Luise notiert: »Kochbuch ... Küchenschrank ... unterstes Fach ... ganz links ...« Dann stützt sie die Arme auf und meint: »Vor dem Kochen hab ich eine Heidenangst! Aber wenn's in den ersten Tagen schiefgeht, kann ich vielleicht sagen, ich hätt's in den Ferien verlernt, wie?«

Lotte nickt zögernd. »Außerdem kannst du mir ja gleich schreiben, wenn etwas nicht klappt. Ich gehe jeden Tag aufs Postamt und frage, ob etwas angekommen ist!«

»Ich auch«, meint Luise. »Schreib nur recht oft! Und iß tüchtig im ›Imperial‹! Vati freut sich immer, wenn mir's schmeckt!«

»Zu dumm, daß ausgerechnet gefüllte Palatschinken dein Lieblingsgericht ist!« murrt Lottchen. »Na, das kann eben nichts helfen! Aber Kalbsschnitzel und Gulasch wären mir lieber!«

»Wenn du gleich den ersten Tag drei Palatschinken ißt, oder vier oder fünf, kannst du hinterher sagen, du hast dich fürs ganze weitere Leben daran überfressen«, schlägt Luise vor.

»Das geht!« antwortet die Schwester, obwohl sich ihr bereits bei dem bloßen Gedanken an fünf Palatschinken der Magen umdreht. Sie macht sich nun einmal nichts draus!

Dann beugen sich beide wieder über ihre Heftchen und hören einander wechselseitig die Namen der Mitschülerinnen, die Sitzordnung in der Klasse, die Gewohnheiten der Lehrerin und den genauen Schulweg ab.

»Mit dem Schulweg hast du's leichter als ich«, meint Luise. »Du sagst Trude ganz einfach, sie soll dich am ersten Tag abholen! Das macht sie manchmal. Na, und da läufst du dann neben ihr her und merkst dir die Straßenecken und den übrigen Palawatsch!«

Lotte nickt. Plötzlich erschrickt sie. »Das hab ich dir noch gar nicht gesagt, – vergiß ja nicht, Mutti, wenn sie dich zu Bett bringt, einen Gutenachtkuß zu geben!«

Luise blickt vor sich hin. »Das brauch ich mir nicht aufzuschreiben. *Das* vergesse ich bestimmt nicht!«

Merkt ihr, was sich anspinnt? Die Zwillinge wollen den Eltern noch immer nicht erzählen, daß sie Bescheid wissen. Sie wollen Vater und Mutter nicht vor Entscheidungen stellen. Sie ahnen, daß sie kein Recht dazu haben. Und sie fürchten, die Entschlüsse der Eltern könnten das junge Geschwisterglück sofort und endgültig wieder zerstören. Aber das andere brächten sie erst recht nicht übers Herz: als wäre nichts geschehen, zurückzufahren, woher sie gekommen sind! Weiterzuleben in der ihnen von den Eltern ungefragt zugewiesenen Hälfte! Nein! Kurz und gut, es ist eine Verschwörung im Gange! Der von Sehnsucht und Abenteuerlust geweckte, phantastische Plan sieht so aus: Die beiden wollen die Kleider, Frisuren, Koffer, Schürzen und Existenzen tauschen! Luise will, mit braven Zöpfen (und auch sonst ums Bravsein bemüht), als sei sie Lotte, zur Mutter, von der sie nichts als eine Fotografie kennt, »heimkehren«! Und Lotte wird, mit offenem Haar und so lustig und lebhaft, wie sie's nur vermag, zum Vater nach Wien fahren!

Die Vorbereitungen auf die zukünftigen Abenteuer waren gründlich. Die Oktavhefte sind randvoll von Notizen. Man wird einander postlagernd schreiben, wenn Not am Mann ist oder wenn wichtige unvorhergesehene Ereignisse eintreten sollten.

Vielleicht wird es ihrer gemeinsamen Aufmerksamkcit am Ende sogar gelingen zu enträtseln, warum die Eltern getrennt leben? Und vielleicht werden sie dann eines schönen, eines wunderschönen Tages miteinander und mit beiden Eltern – doch soweit wagen sie kaum zu denken, geschweige denn, darüber zu sprechen.

Das Gartenfest am Vorabend der Abreise ist als Generalprobe vorgesehen. Lotte kommt als lockige, quirlige Luise. Luise erscheint als brave, bezopfte Lotte. Und beide spielen ihre Rollen ausgezeichnet. Niemand merkt etwas! Nicht einmal Trude,

Luises Schulkameradin aus Wien! Es macht beiden einen Mordsspaß, einander laut beim eigenen verschenkten Vornamen zu rufen. Lotte schlägt vor Übermut Purzelbäume. Und Luise tut so sanft und still, als könne sie kein Härchen trüben und kein Wässerchen krümmen.

Die Lampions schimmern in den Sommerbäumen. Die Girlanden schaukeln im Abendwind. Das Fest und die Ferien gehen zu Ende. An der Tombola werden die Gewinne verteilt. Steffie, das arme Hascherl, gewinnt den ersten Preis, die Rollschuhe mit Kugellager. (Besser ein schwacher Trost als gar keiner!)

Die Schwestern schlafen schließlich, ihren Rollen getreu, in den vertauschten Betten und träumen vor Aufregung wilde Dinge. Lotte beispielsweise wird in Wien am Bahnsteig von einer überlebensgroßen Fotografie ihres Vaters abgeholt, und daneben steht ein weißbemützter Hotelkoch mit einem Schubkarren voll gefüllter dampfender Palatschinken – brr!

Am nächsten Morgen, in aller Herrgottsfrühe, fahren in der Bahnstation Egern, bei Seebühl am Bühlsee, zwei aus entgegengesetzten Richtungen kommende Züge ein. Dutzende kleiner Mädchen klettern schnatternd in die Abteile.

Lotte beugt sich weit aus dem Fenster. Aus einem Fenster des anderen Zuges winkt Luise. Sie lächeln einander Mut zu. Die Herzen klopfen. Das Lampenfieber wächst. Wenn jetzt nicht die Lokomotiven zischten und spuckten – die kleinen Mädchen würden vielleicht im letzten Moment doch noch –

Aber nein, der Fahrplan hat das Wort. Der Stationsvorsteher hebt sein Szepter. Die Züge setzen sich gleichzeitig in Bewegung. Kinderhände winken.

Lotte fährt als Luise nach Wien.
Und Luise als Lotte nach München.

Fünftes Kapitel

*Ein Kind auf einem Koffer · Die einsamen Onkels im
»Imperial« · Von Peperl und dem untrüglichen Instinkt
der Tiere · »Luise« fragt, ob sie in der Oper
winken darf · Rechenfehler im Haushaltbuch
Shirley Temple durfte sich ihre eigenen Filme
nicht ansehen · Herrn Kapellmeister Palfys
kompliziertes Innenleben.*

München. Hauptbahnhof, Bahnsteig 16. Die Lokomotive steht still und ringt nach Luft. In dem Strom der Reisenden haben sich Inseln des Wiedersehens gebildet. Kleine Mädchen umhalsen ihre strahlenden Eltern. Man vergißt vor lauter selig gerührtem Schwadronieren, daß man ja erst auf dem Bahnhof und noch gar nicht daheim ist!

Allmählich wird der Bahnsteig aber doch leer.

Und zum Schluß steht nur noch ein einziges Kind da, ein Kind mit Zöpfen und Zopfschleifen. Bis gestern trug es Lokken. Bis gestern hieß es Luise Palfy.

Das kleine Mädchen hockt sich schließlich auf den Koffer und beißt die Zähne fest zusammen. Im Bahnhof einer fremden Stadt auf seine Mutter zu warten, die man nur als Fotografie kennt und die nicht kommt, – das ist kein Kinderspiel!

Frau Luiselotte Palfy, geborene Körner, die sich seit sechseinhalb Jahren (seit ihrer Scheidung) wieder Luiselotte Körner nennt, ist im Verlag der »Münchner Illustrierte«, wo sie als Bildredakteurin angestellt ist, durch neu eingetroffenes Material für die aktuellen Seiten aufgehalten worden.

Endlich hat sie ein Taxi ergattert. Endlich hat sie eine Bahnsteigkarte erkämpft. Endlich hat sie im Dauerlauf Bahnsteig 16 erreicht.

Der Bahnsteig ist leer.

Nein! Ganz, ganz hinten sitzt ein Kind auf einem Koffer! Die junge Frau rast wie die Feuerwehr den Bahnsteig entlang!

Einem kleinen Mädchen, das auf einem Koffer hockt, zittern die Knie. Ein ungeahntes Gefühl ergreift das Kinderherz. Diese junge, glückstrahlende, diese wirkliche, wirbelnde, lebendige Frau ist ja die Mutter!

»Mutti!«

Luise stürzt der Frau entgegen und springt ihr, die Arme hochwerfend, an den Hals.

»Mein Hausmütterchen«, flüstert die junge Frau unter Tränen. »Endlich, endlich hab ich dich wieder!«

Der kleine Kindermund küßt leidenschaftlich ihr weiches Gesicht, ihre zärtlichen Augen, ihre Lippen, ihr Haar, ihr schickes Hütchen. Ja, das Hütchen auch!

Sowohl im Restaurant als auch in der Küche des Hotels »Imperial« in Wien herrscht wohlwollende Aufregung. Der Liebling der Stammgäste und der Angestellten, die Tochter des Opernkapellmeisters Palfy, ist wieder da!

Lotte, pardon, Luise sitzt, wie es alle gewohnt sind, auf dem angestammten Stuhl mit den zwei hohen Kissen und ißt mit Todesverachtung gefüllte Palatschinken.

Die Stammgäste kommen, einer nach dem andern, zum Tisch, streichen dem kleinen Mädchen über die Locken, klopfen ihm zärtlich die Schultern, fragen, wie es ihm im Ferienheim gefallen hat, meinen, in Wien beim Papa sei's aber doch wohl am schönsten, legen allerlei Geschenke auf den Tisch: Zuckerln, Schokolade, Pralinen, Buntstifte, ja, einer holt sogar ein kleines altmodisches Nähzeug aus der Tasche und sagt verlegen, es sei noch von seiner Großmutter selig, – dann nicken sie dem Kapellmeister zu und wandern an ihre Tische zurück. Heute wird ihnen das Essen endlich wieder richtig schmecken, den einsamen Onkels!

Am besten schmeckt's freilich dem Herrn Kapellmeister selber. Ihm, der sich immer aufs Einsamseinmüssen aller »wahren Künstlernaturen« soviel zugute getan und der seine verflossene Ehe stets für einen Fehltritt ins Bürgerliche gehalten hat, ihm ist heute höchst »unkünstlerisch« warm und familiär ums Herz. Und als die Tochter schüchtern lächelnd seine Hand ergreift, als habe sie Angst, der Vater könne ihr sonst womöglich davonlaufen, da hat er wahrhaftig, obwohl er Beinfleisch und keineswegs Knödel verspeist, einen Kloß im Hals!

Ach, und da kommt der Kellner Franz schon wieder mit einer neuen Palatschinke angewedelt!

Lotte schüttelt die Locken. »Ich kann nimmer, Herr Franz!«

»Aber Luiserl!« meint der Kellner vorwurfsvoll. »Es ist doch erst die fünfte!«

Nachdem der Herr Franz leicht bekümmert mitsamt der fünften Palatschinke in die Küche zurückgesegelt ist, nimmt sich Lotte ein Herz und sagt: »Weißt du was, Vati, – ab morgen eß ich immer das, was *du* ißt!«

»Nanu!« ruft der Herr Kapellmeister. »Und wenn ich nun Geselchtes eß? Das kannst du doch nicht ausstehen! Da wird dir doch übel!«

»Wenn du Geselchtes ißt«, meint sie zerknirscht, »kann ich ja wieder Palatschinken essen.« (Es ist halt doch nicht ganz so einfach, seine eigene Schwester zu sein!) Und nun?

Und nun erscheint der Hofrat Strobl mit Peperl. Peperl ist ein Hund. »Schau, Peperl«, sagt der Herr Hofrat lächelnd, »wer wieder da ist! Geh hin und sag dem Luiserl Grüß Gott!«

Peperl wedelt mit dem Schwanz und trabt eifrig an Palfys Tisch, um dem Luiserl, seiner alten Freundin, Grüß Gott zu sagen.

Ja, Kuchen, nein, Hundekuchen! Als Peperl am Tisch angekommen ist, beschnuppert er das kleine Mädchen und zieht sich, ohne Grüß Gott, eiligst zum Herrn Hofrat zurück.

»So ein blödes Viech!« bemerkt dieser ungnädig. »Erkennt seine beste Freundin nicht wieder! Bloß weil sie ein paar Wochen am Land war! Und da reden die Leut immer, ganz g'schwolln, vom untrüglichen Instinkt der Tiere!« Lottchen aber denkt bei sich: ›Ein Glück, daß die Hofräte nicht so gescheit wie der Peperl sind!‹

Der Herr Kapellmeister und seine Tochter sind, mit den Geschenken der Stammgäste, dem Koffer, der Puppe und der Badetasche beladen, zu Haus in der Rotenturmstraße eingetroffen. Und Resi, Palfys Haushälterin, hat sich vor Wiedersehensfreude gar nicht zu fassen gewußt.

Aber Lotte weiß von Luise, daß Resi eine falsche Blunzen und ihr Getue Theater ist. Vater merkt natürlich nichts. Männer merken nie etwas!

Er fischt ein Billett aus der Brieftasche, gibt es der Tochter und sagt: »Heute abend dirigier' ich Humperdincks ›Hänsel und Gretel‹! Resi bringt dich ins Theater und holt dich nach Schluß wieder ab.«

»Oh!« Lotte strahlt. »Kann ich dich von meinem Platz aus sehen?«

»Freilich.«

»Und guckst du manchmal zu mir hin?«

»Na selbstverständlich!«

»Und darf ich ein bißchen winken, wenn du guckst?«

»Ich werd sogar zurückwinken, Luiserl!«

Dann klingelt das Telefon. Am anderen Ende redet eine weibliche Stimme. Der Vater antwortet ziemlich einsilbig. Aber wie er den Hörer aufgelegt hat, hat er es dann doch ziemlich eilig. Er muß noch ein paar Stunden allein sein, ja, und komponieren. Denn schließlich ist er nicht nur Kapellmeister, sondern auch Komponist. Und komponieren kann er nun einmal nicht zu Hause. Nein, dafür hat er sein Atelier in der Ringstraße. Also …

»Morgen mittag auf Wiedersehen im Imperial!«

»Und ich darf dir in der Oper zuwinken, Vati?«

»Natürlich, Kind. Warum denn nicht?«

Kuß auf die ernste Kinderstirn! Hut auf den kantigen Künstlerkopf!

Die Tür schlägt zu.

Das kleine Mädchen geht langsam zum Fenster und denkt bekümmert über das Leben nach. Die Mutter *darf* nicht zu Hause arbeiten. Der Vater *kann* nicht zu Hause arbeiten. Man hat's schwer mit den Eltern!

Aber da sie, nicht zuletzt dank der mütterlichen Erziehung, ein resolutes und praktisches Persönchen ist, steckt sie sehr bald das Nachdenken auf, bewaffnet sich mit ihrem Oktavheft und beginnt an Hand von Luises Angaben systematisch, Zimmer für Zimmer, die schöne Altwiener Wohnung für sich zu entdecken.

Nachdem sie die Forschungsreise hinter sich hat, setzt sie sich aus alter Gewohnheit an den Küchentisch und rechnet in dem herumliegenden Haushaltsbuch der Reihe nach die Ausgabenspalten durch.

Dabei fällt ihr zweierlei auf. Erstens hat sich Resi, die Haushälterin, auf fast jeder Seite verrechnet. Und zweitens hat sie das jedesmal zu ihren Gunsten getan!

»Ja, was soll denn das heißen?« Resi steht in der Küchentür.

»Ich hab in deinem Buch nachgerechnet«, sagt Lotte leise, aber bestimmt.

»Was sind denn das für neue Moden?« fragt Resi böse. »Rechne du in der Schule, wo's hingehört!«

»Ich werd jetzt immer bei dir nachrechnen«, erklärt das Kind sanft und hüpft vom Küchenstuhl. »Wir lernen *in* der Schule, aber nicht *für* die Schule, hat die Lehrerin gesagt.« Damit stolziert sie aus der Tür.

Resi starrt verblüfft hinterdrein.

Wertgeschätzte kleinere und größere Leserinnen und Leser! Jetzt wird es, glaube und fürchte ich, allmählich Zeit, daß ich auch ein wenig von Luises und Lottes Eltern berichte, vor allem darüber, wie es seinerzeit zu der Scheidung zwischen ihnen kam. Sollte euch an dieser Stelle des Buchs ein Erwachsener über die Schulter blicken und rufen: »Dieser Mensch! Wie kann er nur, um alles in der Welt, solche Sachen den *Kindern* erzählen!«, dann lest ihm, bitte, das Folgende vor:

»*Als Shirley Temple ein kleines Mädchen von sieben, acht Jahren war, war sie doch schon ein auf der ganzen Erde berühmter Filmstar, und die Firmen verdienten viele Millionen Dollars mit ihr. Wenn Shirley aber mit ihrer Mutter in ein Kino gehen wollte, um sich einen Shirley Temple-Film anzuschauen, ließ man sie nicht hinein. Sie war noch zu jung. Es war verboten. Sie durfte nur Filme drehen. Das war erlaubt. Dafür war sie alt genug.*«

Wenn der Erwachsene, der euch über die Schulter guckt, das Beispiel von Shirley Temple und den Zusammenhang mit Luises und Lottes Eltern und ihrer Scheidung nicht verstanden hat, dann richtet ihm einen schönen Gruß von mir aus, und ich ließe ihm sagen, es gäbe auf der Welt sehr viele geschiedene Eltern, und es gäbe sehr viele Kinder, die darunter litten! Und es gäbe sehr viel andere Kinder, die darunter litten, daß die Eltern sich *nicht* scheiden ließen! Wenn man aber den Kindern zumutete, unter diesen Zuständen zu leiden, dann sei es doch wohl allzu zartfühlend und außerdem verkehrt, nicht mit ihnen darüber in verständiger und verständlicher Form zu sprechen!

Also, der Herr Kapellmeister Ludwig Palfy ist ein Künstler, und Künstler sind bekanntlich seltsame Lebewesen. Er trägt zwar keine Kalabreser und keine flatternden Krawatten, im Gegenteil, er ist ganz manierlich gekleidet, sauber und beinahe elegant.

Aber sein Innenleben! Das ist kompliziert! Oh! Sein Innenleben, das hat es in sich! Wenn er einen musikalischen Einfall hat, muß er, um ihn zu notieren und kompositorisch auszugestalten, auf der Stelle allein sein. Und so einen Einfall hat er womöglich auf einer großen Gesellschaft! »Wo ist denn Palfy hin?« fragt dann der Hausherr. Und irgend jemand antwortet: »Es wird ihm wohl wieder etwas eingefallen sein!« Der Hausherr lächelt sauersüß, bei sich aber denkt er: ›Flegel! Man kann doch nicht bei jedem Einfall weglaufen!‹ Doch der Kapellmeister Palfy, der kann!

Der lief auch aus der eigenen Wohnung fort, als er noch verheiratet war, damals, blutjung, verliebt, ehrgeizig, selig und verrückt in einem! Und als dann gar die kleinen Zwillinge in der Wohnung Tag und Nacht krähten und die Wiener Philharmoniker sein Erstes Klavierkonzert uraufführten, da ließ er einfach den Flügel abholen und in ein Atelier am Ring bringen, das er in seiner künstlerischen Verzweiflung gemietet hatte!

Und da er damals sehr viele Einfälle hatte, kam er nur noch sehr selten zu seiner jungen Frau und den brüllenden Zwillingen.

Luiselotte Palfy, geb. Körner, kaum zwanzig Jahre alt, fand das nicht sehr fidel. Und als ihr zu den kaum zwanzigjährigen Ohren kam, daß der Herr Gemahl in seinem Atelier nicht nur Noten malte, sondern auch mit Opernsängerinnen, die ihn sehr nett fanden, Gesangsrollen studierte, da reichte sie empört die Scheidung ein!

Nun war der um seine schöpferische Einsamkeit so besorgte Kapellmeister fein heraus. Nun konnte er soviel allein sein, wie er wollte. Den ihm nach der Scheidung verbliebenen Zwilling versorgte in der Rotenturmstraße ein tüchtiges Kindermädchen. Um ihn selber, im Atelier am Ring, kümmerte sich, wie er sich's so sehnlich gewünscht hatte, kein Aas!

Das war ihm nun mit einem Male auch nicht recht. O diese Künstler! Sie wissen wirklich nicht, was sie wollen! Immerhin, er komponierte und dirigierte fleißig und wurde von Jahr zu Jahr berühmter. Außerdem konnte er ja, wenn ihn der Katzenjammer packte, in die andere Behausung gehen und mit Luise, dem Töchterchen, spielen.

Sooft in München ein Konzert war, bei dem neue Werke von Ludwig Palfy aufgeführt wurden, kaufte sich Luiselotte Körner ein Billett, saß dann, mit gesenktem Kopf, in einer der letzten, billigen Reihen und entnahm der Musik ihres geschiedenen Mannes, daß er kein glücklicher Mensch geworden war. Trotz seiner Erfolge. Und trotz seiner Einsamkeit.

Sechstes Kapitel

*Wo ist das Geschäft der Frau Wagenthaler?
Aber! Kochen verlernt man doch nicht!
Lotte winkt in der Oper · Es regnet Pralinen
Die erste Nacht in München und die erste
Nacht in Wien · Der merkwürdige
Traum, worin Fräulein Gerlach als
Hexe auftritt · Eltern dürfen alles
Vergißmeinnicht München 18!*

Frau Luiselotte Körner hat ihre Tochter gerade noch in die winzige Wohnung in der Max-Emanuel-Straße bringen können. Dann mußte sie, sehr ungern und sehr schnell, wieder in den Verlag fahren. Arbeit wartet auf sie. Und Arbeit darf nicht warten.

Luise, ach nein! Lotte hat sich studienhalber kurz in der Wohnung umgesehen. Dann hat sie die Schlüssel, das Portemonnaie und ein Netz genommen. Und nun macht sie Einkäufe.

Beim Metzgermeister Huber an der Ecke Prinz Eugen-Straße ersteht sie ein halbes Pfund Rindfleisch, Querrippe, schön durchwachsen, mit etwas Niere und ein paar Knochen. Und jetzt sucht sie krampfhaft das Viktualiengeschäft der Frau Wagenthaler, um Suppengrün, Nudeln und Salz zu besorgen.

Und Anni Habersetzer wundert sich nicht wenig, daß ihre Mitschülerin Lotte Körner mitten auf der Straße steht und angestrengt in einem Oktavheft blättert.

»Machst du auf der Straße Schularbeiten?« fragt sie neugierig. »Heut sind doch Ferien!«

Luise starrt das andere Mädchen verdutzt an. Es ist ja auch zu blöd, wenn einen jemand anspricht, den man, obwohl man ihn noch nie im Leben sah, genau zu kennen hat! Schließlich reißt sie sich zusammen und sagt vergnügt: »Grüß Gott! Kommst mit? Ich muß zur Frau Wagenthaler, Suppengrün kaufen.« Dann hängt sie sich bei der anderen ein – wenn sie wenigstens wüßte, wie das sommersprossige Ding mit dem Vornamen heißt! – und läßt sich von ihr, ohne daß sie es merkt, zum Laden der Frau Wagenthaler lotsen.

Die Frau Wagenthaler freut sich natürlich, daß Lottchen Körner aus den Ferien zurück ist und so rote Backen gekriegt hat! Als der Einkauf erledigt ist, erhalten die Mädchen je ein Bonbon und außerdem den Auftrag, der Frau Körner und der Frau Habersetzer einen schönen Gruß auszurichten.

Da fällt Luise ein Stein vom Herzen. Endlich weiß sie, daß die andere die Anni Habersetzer sein muß! (Im Oktavheft steht: »Anni Habersetzer, ich war dreimal mit ihr böse, sie haut kleinere Kinder, besonders die Ilse Merck, die kleinste in der Klasse.«) Nun, damit kann man schon etwas anfangen!

Beim Abschied vor der Haustür sagt also Luise: »Eh ich es vergesse – Anni –, dreimal war ich mit dir böse, wegen der Ilse Merck und so, du weißt schon. Das nächste Mal bin ich dir nicht bloß bös, sondern ...« Dabei macht sie eine eindeutige Handbewegung und rauscht davon.

›Das werden wir ja sehen‹, denkt Anni wütend. ›Gleich morgen werden wir das sehen! Die ist wohl in den Ferien übergeschnappt?‹

Luise kocht. Sie hat eine Schürze von Mutti umgebunden und rennt zwischen dem Gasherd, wo Töpfe über den Flammen stehen, und dem Tisch, auf dem das Kochbuch aufgeschlagen liegt, wie ein Kreisel hin und her. Dauernd hebt sie die Topfdeckel hoch. Wenn kochendes Wasser zischend überläuft, zuckt sie zusammen. Wieviel Salz sollte ins Nudelwasser? »Ein halber Eßlöffel!« Wieviel Selleriesalz? »Eine Prise!« Wieviel, um alles in der Welt, ist eine Prise? Und dann: »Muskatnuß reiben!« Wo steckt die Muskatnuß? Wo das Reibeisen?

Das kleine Mädchen wühlt in Schubfächern, klettert auf Stühle, schaut in alle Behältnisse, starrte auf die Uhr an der Wand, springt vom Stuhl herunter, ergreift eine Gabel, hebt einen Deckel auf, verbrennt sich die Finger, quiekt, sticht mit der Gabel in dem Rindfleisch herum – nein, es ist noch nicht weich.

Mit der Gabel in der Hand bleibt sie wie angewurzelt stehen. Was wollte sie eben noch suchen? Ach richtig! Die Muskatnuß und das Reibeisen! Nanu, was liegt denn da friedlich neben dem Kochbuch? Das Suppengrün! Herje, das muß doch geputzt und in die Bouillon getan werden! Also, Gabel weg, Messer her! Ob das Fleisch jetzt gar ist? Und wo sind die Reibnuß und das Muskateisen? Quatsch, das Reibeisen und die Muskatnuß? Suppengrün muß man erst unter der Wasserleitung waschen. Und die Möhre muß geschabt werden. Au, man darf sich dabei natürlich nicht in den Finger schneiden! Und wenn das Fleisch weich ist, muß man es aus dem Topf herausnehmen. Und um später die Knochen abzuschöpfen, braucht man ein Sieb! Und in einer halben Stunde kommt Mutti! Und zwanzig Minuten vorher muß man die Nudeln in kochendes Wasser werfen! Und wie es in der Küche aussieht! Und die Muskatnuß! Und das Sieb! Und das Reibeisen! Und ... Und ... Und ...

Luise sinkt auf dem Küchenstuhl zusammen. Ach Lottchen! Es ist nicht leicht, deine Schwester zu sein! Hotel Imperial ... Hofrat Strobl ... Peperl ... Herr Franz ... Und Vati ... Vati ... Vati ...

Und die Uhr tickt.

In neunundzwanzig Minuten kommt Mutti! – In achtundzwanzig und einer halben Minute! – In achtundzwanzig!

Luise ballt vor Entschlossenheit die Fäuste und erhebt sich zu neuen Taten. Dabei knurrt sie: »Das wäre doch gelacht!«

Doch mit dem Kochen ist das eine eigene Sache. Entschlossenheit genügt vielleicht, um von einem hohen Turm zu springen. Aber um Nudeln mit Rindfleisch zu kochen, dazu braucht's mehr als Willenskraft.

Und als Frau Körner, müde von des Tages Unrast, heimkehrt, findet sie kein lächelndes Hausmütterchen vor, bewahre, sondern ein völlig erschöpftes Häufchen Unglück, ein leicht beschädigtes, verwirrtes, zerknittertes Etwas, aus dessen zum Weinen verzogenen Mund es ihr entgegenklingt: »Schimpf nicht, Mutti! Ich glaub, ich kann nicht mehr kochen!«

»Aber Lottchen, Kochen verlernt man doch nicht!« ruft die

Mutter verwundert. Doch zum Wundern ist wenig Zeit. Es gilt, Kindertränen zu trocknen, Bouillon abzuschmecken, zerkochtes Fleisch hineinzuwerfen, Teller aus dem Schrank zu holen und vieles mehr.

Als sie endlich im Wohnzimmer unter der Lampe sitzen und Nudelsuppe löffeln, meint die Mutter tröstend: »Es schmeckt doch eigentlich sehr gut, nicht?«

»Ja?« Ein schüchternes Lächeln stiehlt sich in das Kindergesicht. »Wirklich?«

Die Mutter nickt und lächelt still zurück.

Luise atmet auf, und nun schmeckt es ihr selber mit einem Male so gut wie noch nie im Leben! Trotz Hotel Imperial und Palatschinken.

»Die nächsten Tage werde ich selber kochen«, sagt die Mutter. »Du wirst dabei schön aufpassen. Dann kannst du's bald wieder wie vor den Ferien.«

Die Kleine nickt eifrig. »Vielleicht sogar noch besser!« meint sie etwas vorlaut.

Nach dem Essen waschen sie gemeinsam das Geschirr ab. Und Luise erzählt, wie schön es im Ferienheim war. (Allerdings, von dem Mädchen, das ihr zum Verwechseln ähnlich war, erzählt sie kein Sterbenswort!)

Lottchen sitzt währenddem, in Luises schönstem Kleid, an die samtene Brüstung einer Rangloge der Wiener Staatsoper gepreßt und schaut mit brennenden Augen zum Orchester hinunter, wo Kapellmeister Palfy die Ouvertüre von »Hänsel und Gretel« dirigiert.

Wie wundervoll Vati im Frack aussieht! Und wie die Musiker parieren, obwohl ganz alte Herren darunter sind! Wenn er mächtig mit dem Stock droht, spielen sie, so laut sie können. Und wenn er will, daß sie leiser sein sollen, dann säuseln sie wie der Abendwind. Müssen die vor ihm eine Angst haben! Dabei hat er vorhin so vergnügt zur Loge heraufgewinkt!

Die Logentür geht.

Eine elegante junge Dame rauscht herein, setzt sich an die Brüstung und lächelt dem aufblickenden Kind zu.

Lotte wendet sich schüchtern ab und schaut wieder zu, wie Vati die Musiker dressiert.

Die junge Dame holt ein Opernglas hervor. Und eine Konfektschachtel. Und ein Programm. Und eine Puderdose. Sie hört nicht auf, bis die Samtbrüstung wie ein Schaufenster aussieht.

Als die Ouvertüre zu Ende ist, klatscht das Publikum laut Beifall. Der Herr Kapellmeister Palfy verbeugt sich einige Male. Und dann sieht er, während er erneut den Dirigentenstab hebt, zur Loge empor.

Lotte winkt schüchtern mit der Hand. Vati lächelt noch zärtlicher als vorhin.

Da merkt Lotte, daß nicht nur sie mit der Hand winkt – sondern auch die Dame neben ihr!

Die Dame winkt Vati zu? Vati hat vielleicht ihretwegen so zärtlich gelächelt? Und gar nicht wegen seiner Tochter? Ja, und wieso hat Luise nichts von der fremden Frau erzählt? Kennt Vati sie noch nicht lange? Aber wie darf sie ihm dann so vertraulich zuwinken? Das Kind notiert im Gedächtnis: ›Heute noch an Luise schreiben. Ob sie etwas weiß. Morgen vor der Schule zum Postamt. Postlagernd aufgeben: Vergißmeinnicht München 18.‹

Dann hebt sich der Vorhang, und das Schicksal Hänsels und Gretels fordert die gebührende Anteilnahme. Lottchens Atem geht stockend. Da unten schicken die Eltern ihre zwei Kinder in den Wald, um sie loszuwerden. Dabei haben sie die Kinder doch lieb! Wie können sie dann so böse sein? Oder sind sie gar nicht böse? Ist nur das, was sie *tun*, böse? Sie sind traurig darüber. Warum machen sie es dann?

Lottchen, der halbierte und vertauschte Zwilling, gerät in wachsende Erregung. Ohne sich dessen völlig bewußt zu werden, gilt der Widerstreit ihrer Gefühle immer weniger den beiden Kindern und Eltern dort unten auf der Bühne, immer mehr ihr selber, der Zwillingsschwester und den eigenen Eltern. Durften diese tun, was sie getan haben? Ganz gewiß ist Mutti keine böse Frau, und auch der Vater ist bestimmt nicht bös. Doch was sie *taten*, das *war* böse! Der Holzhauer und seine Frau waren so arm, daß sie kein Brot für die Kinder kaufen konnten. Aber Vati? War der so arm gewesen?

Als später Hänsel und Gretel vor dem knusprigen Pfefferkuchenhaus ankommen, daran herumknabbern und vor der Hexenstimme erschrecken, beugt sich Fräulein Irene Gerlach, so heißt die elegante Dame, zu dem Kind hinüber, schiebt ihm die Konfektschachtel zu und flüstert: »Willst du auch ein bißchen knuspern?«

Lottchen zuckt zusammen, blickt auf, sieht das Frauengesicht vor sich und macht eine wild abwehrende Geste. Dabei fegt sie leider die Konfektschachtel von der Brüstung, und unten im Parkett regnet's vorübergehend, wie aufs Stichwort, Pralinen! Köpfe wenden sich nach oben. Gedämpftes Lachen mischt sich in die Musik. Fräulein Gerlach lächelt halb verlegen, halb ärgerlich.

Das Kind wird ganz steif vor Schreck. Es ist mit einem Schlag aus dem gefährlichen Zauber der Kunst herausgerissen worden. Es befindet sich, mit einem Schlag, im gefährlichen Bereich der Wirklichkeit.

»Entschuldigen Sie vielmals«, wispert Lottchen.

Die Dame lächelt verzeihend. »Oh, das macht nix, Luiserl«, sagt sie.

Ob das auch eine Hexe ist? Eine schönere als die auf der Bühne?

Luise liegt zum erstenmal in München im Bett. Die Mutter sitzt auf der Bettkante und sagt: »So, mein Lottchen, nun schlaf gut! Und träum was Schönes!«

»Wenn ich nicht zu müd dazu bin«, murmelt das Kind. »Kommst du auch bald?«

An der Gegenwand steht ein größeres Bett. Auf der zurückgeschlagenen Decke liegt Muttis Nachthemd, parat zum Hineinschlüpfen.

»Gleich«, sagt die Mutter. »Sobald du eingeschlafen bist.«

Das Kind schlingt die Arme um ihren Hals und gibt ihr einen Kuß. Dann noch einen. Und einen dritten. »Gute Nacht!«

Die junge Frau drückt das kleine Wesen an sich. »Ich bin so

froh, daß du wieder daheim bist«, flüstert sie. »Ich hab ja nur noch dich!«

Der Kopf des Kindes sinkt schlaftrunken zurück. Luiselotte Palfy, geb. Körner, stopft das Deckbett zurecht und lauscht eine Weile auf die Atemzüge ihrer Tochter. Dann steht sie behutsam auf. Und auf Zehenspitzen geht sie ins Wohnzimmer zurück.

Unter der Stehlampe liegt die Aktenmappe. Es gibt noch soviel zu tun.

Lotte ist zum erstenmal von der mürrischen Resi ins Bett gebracht worden. Anschließend ist sie heimlich wieder aufgestanden und hat den Brief geschrieben, den sie morgen früh zum Postamt bringen will. Dann hat sie sich leise in Luisens Bett zurückgeschlichen und, bevor sie das Licht ausknipste, das Kinderzimmer noch einmal in Ruhe betrachtet.

Es ist ein geräumiger, hübscher Raum mit Märchenfriesen an den Wänden, mit einem Spielzeugschrank, mit einem Bücherbord, einem Schreibpult für die Schularbeiten, einem großen Kaufmannsladen, einer zierlichen altmodischen Frisiertoilette, einem Puppenwagen, einem Puppenbett, nichts fehlt, bis auf die Hauptsache!

Hat sie sich nicht manchmal – ganz im stillen, damit Mutti es nur ja nicht merke – so ein schönes Zimmer gewünscht? Nun sie es hat, bohrt sich ihr ein spitzer, von Sehnsucht und Neid scharfgeschliffener Schmerz ins Gemüt. Sie sehnt sich nach dem kleinen, bescheidenen Schlafzimmer, wo jetzt die Schwester liegt, nach Muttis Gutenachtkuß, nach dem Lichtschein, der aus dem Wohnzimmer herüberzwinkert, wo Mutti noch arbeitet, danach, daß dann leise die Tür geht, daß sie hört, wie Mutti am Kinderbett stehen bleibt, auf Zehenspitzen zum eigenen Bett hinüberhuscht, ins Nachthemd schlüpft und sich in ihre Decke kuschelt.

Wenn hier, wenigstens im *Neben*zimmer, Vatis Bett stünde! Vielleicht würde er schnarchen. Das wäre schön! Da wüßte man, daß er ganz in der Nähe ist! Aber er schläft nicht in der Nähe, sondern in einem anderen Haus, am Kärntner Ring.

Vielleicht schläft er überhaupt noch nicht, sondern sitzt mit dem eleganten Pralinenfräulein in einem großen, glitzernden Saal, trinkt Wein, lacht, tanzt mit ihr, nickt ihr zärtlich zu, wie vorhin in der Oper, *ihr*, nicht dem kleinen Mädchen, das glücklich und verstohlen aus der Loge winkte.

Lotte schläft ein. Sie träumt. Das Märchen von den armen Eltern, die, weil sie kein Brot hatten, Hänsel und Gretel in den Wald schickten, mischt sich mit eignen Ängsten und eignem Jammer.

Lotte und Luise sitzen in diesem Traum, mit erschrockenen Augen, in einem gemeinsamen Bett und starren auf eine Tür, durch die viele weißbemützte Bäcker kommen und Brote hereinschleppen. Sie schichten die Brote an den Wänden auf. Immer mehr Bäcker kommen und gehen. Die Brotberge wachsen. Das Zimmer wird immer enger.

Dann steht der Vater da, im Frack, und dirigiert die Bäckerparade mit lebhaften Gesten. Mutti kommt hereingestürzt und fragt bekümmert: »Aber Mann, was soll denn nun werden?«

»Die Kinder müssen fort!« schreit er böse. »Wir haben keinen Platz mehr! Wir haben zuviel Brot im Hause!«

Mutti ringt die Hände. Die Kinder schluchzen erbärmlich.

»Hinaus!« ruft er und hebt drohend den Dirigentenstab. Da rollt das Bett gehorsam zum Fenster. Die Fensterflügel springen auf. Das Bett schwebt zum Fenster hinaus.

Es fliegt über eine große Stadt dahin, über einen Fluß, über Hügel, Felder, Berge und Wälder. Dann senkt es sich wieder zur Erde herab und landet in einem mächtigen, urwaldähnlichen Baumgewirr, in dem es von unheimlichem Vogelgekrächz und vom Gebrüll wilder Tiere schauerlich widerhallt. Die beiden kleinen Mädchen sitzen, von Furcht gelähmt, im Bett.

Da knackt und prasselt es im Dickicht!

Die Kinder werfen sich zurück und ziehen die Decke über die Köpfe. Aus dem Gestrüpp kommt jetzt die Hexe hervor. Es ist aber nicht die Hexe von der Opernbühne, sondern sie ähnelt viel eher der Pralinendame aus der Loge. Sie blickt durch ihr Opernglas zu dem Bettchen hinüber, nickt mit dem Kopf, lächelt sehr hochmütig und klatscht dreimal in die Hände.

Wie auf Kommando verwandelt sich der dunkle Wald in eine sonnige Wiese. Und auf der Wiese steht ein aus Konfektschachteln gebautes Haus, mit einem Zaun aus Schokoladetafeln. Vögel zwitschern lustig, im Gras hüpfen Hasen aus Marzipan, und überall schimmert es von goldenen Nestern, in denen Ostereier liegen. Ein kleiner Vogel setzt sich aufs Bett und singt so hübsch Koloratur, daß sich Lotte und Luise, wenn auch zunächst nur bis zu den Nasenspitzen, unter ihrer Decke hervortrauen. Als sie nun die Wiese mit den Osterhasen, die Schokoladeneier und das Pralinenhaus sehen, klettern sie schnell aus dem Bett und laufen zum Zaun. Dort stehen sie nun in ihren langen Nachthemden und staunen. »Spezialmischung!« liest Luise laut vor. »Und Krokant! Und Nougatfüllung!«

»Und bittere Sonderklasse!« ruft Lotte erfreut. (Denn sie ißt auch im Traum nicht gerne Süßes.)

Luise bricht ein großes Stück Schokolade vom Zaun. »Mit Nuß!« meint sie begehrlich und will hineinbeißen.

Da ertönt Hexenlachen aus dem Haus! Die Kinder erschrecken! Luise wirft die Schokolade weit weg!

Und schon kommt Mutti mit einem großen Handwagen voller Brote über die Wiese gekeucht. »Halt, Kinder!« ruft sie angstvoll. »Es ist alles vergiftet!«

»Wir hatten Hunger, Mutti.«

»Hier habt ihr Brot! Ich konnte nicht früher aus dem Verlag weg!« Sie umarmt ihre Kinder und will sie fortziehen. Doch da öffnet sich die Pralinentür. Der Vater erscheint mit einer großen Säge, wie Holzhauer sie haben, und ruft: »Lassen Sie die Kinder in Ruhe, Frau Körner!«

»Es sind *meine* Kinder, Herr Palfy!«

»Meine *auch*«, schreit er zurück. Und während er sich nähert, erklärt er trocken: »Ich werde die Kinder halbieren! Mit der Säge! Ich kriege eine halbe Lotte und von Luise eine Hälfte, und Sie auch, Frau Körner!«

Die Zwillinge sind zitternd ins Bett gesprungen.

Mutti stellt sich, mit ausgebreiteten Armen, schützend vor das Bett. »Niemals, Herr Palfy!«

Aber der Vater schiebt sie beiseite und beginnt, vom Kopfende her, das Bett durchzusägen. Die Säge kreischt so, daß man friert, und sägt das Bett Zentimeter auf Zentimeter der Länge nach durch.

»Laßt euch los!« befiehlt der Vater.

Die Säge kommt den ineinandergefalteten Geschwisterhänden immer näher, immer näher! Gleich ritzt sie die Haut!

Mutti weint herzzerbrechend.

Man hört die Hexe kichern.

Da endlich geben die Kinderhände nach.

Die Säge schneidet zwischen ihnen das Bett endgültig auseinander, bis zwei Betten, jedes auf vier Füßen, daraus geworden sind.

»Welchen Zwilling wollen Sie haben, Frau Körner?«

»Beide, beide!«

»Bedaure«, sagt der Mann. »Gerechtigkeit muß sein. Na, wenn Sie sich nicht entschließen können, – ich nehm die da! Mir ist es eh gleich. Ich kenn sie ja doch nicht auseinander.« Er greift nach dem einen Bett. »Welche bist du denn?«

»Das Luiserl!« ruft diese. »Aber du darfst das nicht tun!«

»Nein«, schreit nun Lotte. »Ihr dürft uns nicht halbieren!«

»Haltet den Mund!« erklärt der Mann streng. »Eltern dürfen alles!« Damit geht er, das eine Kinderbett an einer Schnur hinter sich herziehend, auf das Pralinenhaus zu. Der Schokoladenzaun springt von selber auf. –

Luise und Lotte winken einander verzweifelt zu.

»Wir schreiben uns!« brüllt Luise.

»Postlagernd!« schreit Lotte. »Vergißmeinnicht München 18!«

Der Vater und Luise verschwinden im Haus. Dann verschwindet auch das Haus, als würde es weggewischt.

Mutti umarmt Lotte und sagt traurig: »Nun sind wir beide vaterseelenallein.« Plötzlich starrt sie das Kind unsicher an. »Welches meiner Kinder bist du denn? Du siehst aus wie Lotte!« »Ich *bin* ja Lotte!«

»Nein, du siehst aus wie Luise!«

»Ich bin doch Luise!«

Die Mutter blickt dem Kind erschrocken ins Gesicht und sagt, seltsamerweise mit Vaters Stimme: »Einmal Locken! Einmal Zöpfe! Dieselben Nasen! Dieselben Köpfe!«

Lotte hat jetzt links einen Zopf, rechts Locken wie Luise. Tränen rollen ihr aus den Augen. Und sie murmelt trostlos: »Nun weiß ich selber nicht mehr, wer von uns beiden ich bin! Ach, die arme Hälfte!«

Siebentes Kapitel

Wochen sind vergangen · Peperl hat sich abgefunden
Palatschinken haben keine Knochen · Alles hat sich
verändert, besonders die Resi · Kapellmeister Palfy
gibt Klavierstunden · Frau Körner macht
sich Vorwürfe · Anni Habersetzer kriegt Watschen
Ein Wochenende, schön wie nichts auf der Welt!

Wochen sind seit jenem ersten Tag und jener ersten Nacht in der fremden Welt und unter fremden Menschen ins Land gegangen. Wochen, in denen jeder Augenblick, jeder Zufall und jede Begegnung Gefahr und Entdeckung mit sich bringen konnten. Wochen mit sehr viel Herzklopfen und manchem postlagernden Brief, der neue dringende Auskünfte heischte.

Es ist alles gut abgelaufen. Ein bißchen Glück war wohl auch dabei. Luise hat das Kochen »wieder« gelernt. Die Lehrerinnen in München haben sich einigermaßen damit abgefunden, daß die kleine Körner aus den Ferien weniger fleißig, ordentlich und aufmerksam, dafür aber um so lebhafter und »schlagfertiger« zurückgekehrt ist.

Und ihre Wiener Kolleginnen haben rein gar nichts dagegen, daß die Tochter des Kapellmeisters Palfy neuerdings besser aufpaßt und besser multiplizieren kann. Erst gestern hat Fräulein Gstettner im Lehrerzimmer zu Fräulein Bruckbaur ziemlich geschwollen gesagt: »Die Entwicklung Luises zu beobachten, liebe Kollegin, ist für jedes pädagogische Auge ein lehrreiches Erlebnis. Wie sich hier aus Überschwang des Temperaments still wirkende, beherrschte Kraft herausgebildet hat, aus Übermut, Heiterkeit und aus naschhaftem Wissensdurst ein stetiger ins Kleinste gehender Bildungswille, – also, liebe Kollegin, das ist einzigartig! Und vergessen Sie eines nicht, diese Verwandlung, diese Metamorphose eines Charakters in eine höhere, gebändigte Form geschah völlig aus sich heraus, ohne jeden erzieherischen Druck von außen!«

Fräulein Bruckbaur hat gewaltig genickt und erwidert:

»Diese Selbstentfaltung des Charakters, dieser Eigenwille zur Form zeigt sich auch im Wandel von Luises Schrift! Ich sag ja immer, daß Schrift und Charakter –« Aber wir wollen es uns schenken anzuhören, was Fräulein Bruckbaur immer sagt!

Vernehmen wir lieber, in rückhaltloser Anerkennung, daß Peperl, der Hund des Hofrats Strobl, seit einiger Zeit den alten Brauch wieder aufgenommen hat, dem kleinen Mädchen am Tisch des Herrn Kapellmeisters Grüß Gott zu sagen. Er hat sich, obwohl es über seinen Hundeverstand geht, damit abgefunden, daß das Luiserl nicht mehr wie das Luiserl riecht. Bei den Menschen ist so vieles möglich, warum nicht auch das? Außerdem, neuerdings ißt die liebe Kleine nicht mehr so oft Palatschinken, statt dessen mit großem Vergnügen Fleischernes. Wenn man nun bedenkt, daß Palatschinken keine Knochen haben, Koteletts hingegen in erfreulicher Häufigkeit, so kann man doppelt verstehen, daß das Tier seine Zurückhaltung überwunden hat.

Wenn Luises Lehrerinnen schon finden, daß sich Luise in erstaunlicher Weise gewandelt hat, – was sollten sie erst zu Resi sagen, wenn sie Resi, die Haushälterin, näher kennten? Denn Resi, das steht außer Frage, ist tatsächlich ein völlig anderer Mensch geworden. Sie war vielleicht gar nicht von Grund auf betrügerisch, schlampert und faul? Sondern nur, weil das scharfe Auge fehlte, das alles überwacht und sieht?

Seit Lotte im Haus ist und sanft, doch unabwendbar alles prüft, alles entdeckt, alles weiß, was man über Küche und Keller wissen kann, hat sich Resi zu einer »ersten« Kraft entwickelt.

Lotte hat den Vater überredet, das Wirtschaftsgeld nicht länger der Resi, sondern ihr auszuhändigen. Und es ist einigermaßen komisch, wenn Resi anklopft und ins Kinderzimmer tritt, um sich von dem neunjährigen Kinde, das ernst am Pulte sitzt und seine Schulaufgaben macht, Geld geben zu lassen. Sie berichtet gehorsam, was sie einkaufen muß, was sie zum Abendbrot auftischen will und was sonst im Haushalt nötig ist.

Lotte überschlägt rasch die Kosten, nimmt Geld aus dem

Pult, zählt es Resi hin, schreibt den Betrag in ein Heft, und abends wird dann am Küchentisch gewissenhaft abgerechnet.

Sogar dem Vater ist es aufgefallen, daß der Haushalt früher mehr gekostet hat, daß jetzt, obwohl er weniger Geld gibt, regelmäßig Blumen auf dem Tisch stehen, auch drüben im Atelier am Ring, und daß es in der Rotenturmstraße richtig heimelig geworden ist. (›So, als wäre eine Frau im Haus‹, hat er neulich gedacht! Und über diesen Gedanken war er nicht schlecht erschrocken!)

Daß er jetzt öfter und länger in der Rotenturmstraße sitzt, ist nun wieder Fräulein Irene Gerlach, der Pralinendame, aufgefallen. Und sie hat den Herrn Kapellmeister deswegen gewissermaßen zur Rede gestellt. Sehr vorsichtig natürlich, denn Künstler sind empfindlich!

»Ja weißt«, hat er gesagt, »neulich komm ich doch dazu, wie das Luiserl am Klavier sitzt und stillvergnügt auf den Tasten klimpert. Und dazu singt sie ein kleines Liedchen, einfach herzig! Wo sie doch früher nicht ans Klavier gegangen wär, und wenn man sie hingeprügelt hätt!«

»Und?« hat Fräulein Gerlach gefragt und die Brauen bis an den Haaransatz hinaufgezogen.

»Und?« Der Herr Palfy hat verlegen gelacht. »Seitdem geb ich ihr Klavierunterricht! Es macht ihr höllischen Spaß. Mir übrigens auch.«

Fräulein Gerlach hat sehr verächtlich geblickt. Denn sie ist eine geistig hochstehende Persönlichkeit. Dann hat sie spitz erklärt: »Ich dachte, du wärst Komponist und nicht Klavierlehrer für kleine Mädchen.«

Früher hätte das dem Künstler Ludwig Palfy niemand mitten ins Gesicht sagen dürfen! Heute hat er wie ein Schulbub gelacht und gerufen: »Aber ich hab ja noch nie im Leben soviel komponiert wie gerade jetzt! Und noch nie so was Gutes!«

»Was wird's denn werden?«

»Eine Kinderoper«, hat er geantwortet.

In den Augen der Lehrerinnen hat sich also Luise verändert. In den Augen des Kindes haben sich Resi und Peperl verändert.

In den Augen des Vaters hat sich die Rotenturmstraße verändert. So etwas von Veränderei!

Und in München hat sich natürlich auch allerhand verändert. – Als die Mutter gemerkt hat, daß Lottchen nicht mehr so häuslich und in der Schule nicht mehr so fleißig ist, dafür aber quirliger und lustiger als früher, da ist sie in sich gegangen und hat zu sich selber also gesprochen: »Luiselotte, du hast aus einem fügsamen kleinen Wesen eine Haushälterin gemacht, aber kein Kind! Kaum war sie ein paar Wochen mit Gleichaltrigen zusammen, im Gebirge, an einem See, – schon ist sie geworden, was sie immer hätte sein sollen: ein lustiges, von deinen Sorgen wenig beschwertes kleines Mädchen! Du bist viel zu egoistisch gewesen, pfui! Freu dich, daß Lottchen heiter und glücklich ist! Mag sie getrost beim Abwaschen einen Teller zerschmettern! Mag sie sogar von der Lehrerin einen Brief heimbringen: ›Lottes Aufmerksamkeit, Ordnungsliebe und Fleiß lassen neuerdings leider bedenklich zu wünschen übrig. Die Mitschülerin Anni Habersetzer hat von ihr gestern schon wieder vier heftige Watschen erhalten.‹ Eine Mutter hat – und hätte sie noch so viele Sorgen – vor allem die Pflicht, ihr Kind davor zu bewahren, daß es zu früh aus dem Paradies der Kindheit vertrieben wird!«

So und ähnlich hat Frau Körner ernst zu sich selber gesprochen, und eines Tages schließlich auch zu Fräulein Linnekogel, Lottes Klassenlehrerin. »Mein Kind«, hat sie gesagt, »soll ein Kind sein, kein zu klein geratener Erwachsener! Es ist mir lieber, sie wird ein fröhlicher, leidenschaftlicher Racker, als daß sie um jeden Preis Ihre beste Schülerin bleibt!«

»Aber früher hat Lotte doch beides recht gut zu vereinbaren gewußt«, hat Fräulein Linnekogel, leicht pikiert, erklärt.

»Warum sie das jetzt nicht mehr kann, weiß ich nicht. Als berufstätige Frau weiß man überhaupt zu wenig von seinem Kind. Irgendwie muß es mit den Sommerferien zusammenhängen. Aber eines weiß und sehe ich: *Daß* sie's nicht mehr kann! Und das ist entscheidend!«

Fräulein Linnekogel hat energisch an ihrer Brille gerückt. »Mir, als der Erzieherin und Lehrerin ihrer Tochter, sind leider andere Ziele gesteckt. Ich muß und werde versuchen, die innere Harmonie des Kindes wieder herzustellen!«

»Finden Sie wirklich, daß ein bißchen Unaufmerksamkeit in der Rechenstunde und ein paar Tintenkleckse im Schreibheft –«

»Ein gutes Beispiel, Frau Körner! Das Schreibheft! Gerade Lottes Schrift zeigt, wie sehr das Kind die, ich möchte sagen, seelische Balance verloren hat. Aber lassen wir die Schrift beiseite! Finden Sie es in Ordnung, daß Lotte neuerdings Mitschülerinnen prügelt?«

»Mitschüler*innen*?« Frau Körner hat die Endung sehr betont gehabt. »Meines Wissens hat sie nur die Anni Habersetzer geschlagen.«

»Nur?«

»Und diese Anni Habersetzer hat die Ohrfeigen redlich verdient! Von irgendwem muß sie sie ja schließlich kriegen!«

»Aber Frau Körner!«

»Ein großes, gefräßiges Ding, das seine Gehässigkeit heimlich an den Kleinsten der Klasse auszulassen pflegt, sollte von der Lehrerin nicht noch in Schutz genommen werden.«

»Wie bitte? Wirklich? Davon weiß ich ja gar nichts!«

»Dann fragen Sie nur die arme kleine Ilse Merck! Vielleicht erzählt die Ihnen einiges!«

»Und warum hat mir Lotte nichts gesagt, als ich sie bestraft habe?«

Da hat sich Frau Körner ein wenig in die Brust geworfen und geantwortet: »Dazu fehlt es ihr wohl an der, um mit Ihnen zu sprechen, seelischen Balance!« Und dann ist sie in den Verlag gesaust. Um zurechtzukommen, hat sie ein Taxi nehmen müssen. Zwei Mark dreißig. Ach, das liebe Geld!

Am Samstagmittag hat Mutti plötzlich den Rucksack gepackt und gesagt: »Zieh die festen Schuhe an! Wir fahren nach Garmisch und kommen erst morgen abend zurück!«

Luise hat ein bißchen ängstlich gefragt: »Mutti, – wird das nicht zu teuer?«

Der Frau Körner hat es einen kleinen Stich gegeben. Dann

hat sie gelacht. »Wenn das Geld nicht reicht, verkauf ich dich unterwegs!«

Das Kind hat vor Wonne getanzt. »Fein! Wenn du dann das Geld hast, lauf ich den Leuten wieder weg! Und wenn du mich drei- bis viermal verkauft hast, haben wir so viel, daß du einen Monat nicht zu arbeiten brauchst!«

»So teuer bist du?«

»Dreitausend Mark und elf Pfennige! Und die Mundharmonika nehm ich auch mit!«

Das wurde ein Wochenende, – wie lauter Himbeeren mit Schlagsahne! Von Garmisch wanderten sie über Grainau an den Baadersee. Dann an den Eibsee. Mit Mundharmonika und lautem Gesang. Dann ging's durch hohe Wälder bergab. Über Stock und Stein. Walderdbeeren fanden sie. Und schöne, geheimnisvolle Blumen. Lilienhaften Türkenbund und vielblütigen lilafarbenen Enzian. Und Moos mit kleinen spitzen Helmen auf dem Kopf. Und winzige Alpenveilchen, die so süß dufteten, daß man's gar nicht fassen konnte!

Abends gerieten sie in ein Dorf namens Gries. Dort nahmen sie ein Zimmer mit *einem* Bett. Und als sie, in der Gaststube aus dem Rucksack futternd, mächtig geabendbrotet hatten, schliefen sie zusammen in dem Bett! Draußen auf den Wiesen geigten die Grillen eine kleine Nachtmusik ...

Am Sonntagmorgen zogen sie weiter. Nach Ehrwald. Und Lermoos. Die Zugspitze glänzte silberweiß. Die Bauern kamen in ihren Trachten aus der Kirche. Kühe standen auf der Dorfstraße, als hielten sie einen Kaffeeklatsch.

Übers Törl ging's dann. Das war ein Gekraxel, sakra, sakra! Neben einer Pferdeweide, inmitten Millionen von Wiesenblumen, gab's gekochte Eier und Käsebrote. Und als Nachtisch einen kleinen Mittagsschlaf im Grase.

Später stiegen sie zwischen Himbeersträuchern und gaukelnden Schmetterlingen zum Eibsee hinunter. Kuhglocken läuteten den Nachmittag ein. Die Zugspitzbahn sahen sie in den Himmel kriechen. Der See lag winzig im Talkessel.

»Als ob der liebe Gott bloß mal so hingespuckt hätte«, sagte Luise versonnen.

Im Eibsee wurde natürlich gebadet. Auf der Hotelterrasse spendierte Mutti Kaffee und Kuchen. Und dann wurde es höchste Zeit, nach Garmisch zurückzumarschieren.

Vergnügt und braungebrannt saßen sie im Zug. Und der nette Herr gegenüber wollte unter gar keinen Umständen glauben, daß das junge Mädchen neben Luise die Mutti und noch dazu eine berufstätige Frau sei!

Zu Hause fielen sie wie die Plumpsäcke in ihre Betten. Das letzte, was das Kind sagte, war: »Mutti, heute war es so schön, – so schön wie nichts auf der Welt!« Die Mutti lag noch eine Weile wach. Soviel leicht erreichbares Glück hatte sie bis jetzt ihrem kleinen Mädchen vorenthalten! Nun, es war noch nicht zu spät. Noch ließ sich alles nachholen!

Dann schlief auch Frau Körner ein. Auf ihrem Gesicht träumte ein Lächeln. Es huschte über ihre Wangen, wie der Wind übern Eibsee.

Das Kind hatte sich verändert. Und nun begann sich also auch die junge Frau zu verändern.

Achtes Kapitel

Herr Gabele hat zu kleine Fenster
Kaffeebesuch am Kärntner Ring
Diplomatische Gespräche · Väter
müssen streng sein können · Ein Lied in
c-moll · Heiratspläne · Cobenzlgasse 43
Fräulein Gerlach ist ganz Ohr
Hofrat Strobl ist recht besorgt
Der Kapellmeister streichelt eine Puppe

Lottchens Klavierkünste liegen brach. Ihre Schuld ist es nicht. Aber der Vater hat neuerdings nicht mehr viel Zeit fürs Stundengeben übrig. Vielleicht hängt es mit der Arbeit an der Kinderoper zusammen? Das ist schon möglich. Oder? Nun, kleine Mädchen spüren, wenn etwas nicht stimmt. Wenn Väter von Kinderopern reden und über Fräulein Gerlach schweigen, – sie wittern wie kleine Tiere, woher Gefahr droht.

Lotte tritt, in der Rotenturmstraße, aus der Wohnung und klingelt an der gegenüberliegenden Tür. Dahinter haust ein Maler namens Gabele, ein netter, freundlicher Herr, der Lotte gern einmal zeichnen möchte, wenn sie Zeit hat.

Herr Gabele öffnet. »Oh, die Luise!«
»Heut hab ich Zeit«, sagt sie.
»Einen Augenblick«, ruft er, rast in sein Arbeitszimmer, nimmt ein großes Tuch vom Sofa und hängt damit ein auf der Staffelei stehendes Bild zu. Er malt gerade an einer klassischen Szene aus der Antike. Dergleichen eignet sich nicht immer für Kinder.

Dann führt er die Kleine herein, setzt sie in einen Sessel, nimmt einen Block zur Hand und beginnt zu skizzieren. »Du spielst ja gar nicht mehr so oft Klavier!« meint er dabei.
»Hat es Sie sehr gestört?«
»Kein Gedanke! Im Gegenteil! Es fehlt mir geradezu!«
»Vati hat nicht mehr so viel Zeit«, sagt sie ernst. »Er komponiert an einer Oper. Es wird eine Kinderoper.«

Das freut Herrn Gabele zu hören. Dann wird er ärgerlich. »Diese Fenster!« schimpft er. »Rein gar nix kann man sehen. Ein Atelier müßte man haben!«

»Warum mieten Sie sich denn dann keines, Herr Gabele?«

»Weil's keine zu mieten gibt! Ateliers sind selten!«

Nach einer Pause sagt das Kind: »Vati hat ein Atelier. Mit großen Fenstern. Und Licht von oben.«

Herr Gabele brummt.

»Am Kärntner Ring«, ergänzt Lotte. Und nach einer neuen Pause: »Zum Komponieren braucht man doch gar nicht so viel Licht wie zum Malen, nicht?«

»Nein«, antwortet Herr Gabele.

Lotte tastet sich nun noch einen Schritt weiter vor. Sie sagt nachdenklich: »Eigentlich könnte doch Vati mit Ihnen tauschen! Dann hätten Sie größere Fenster und mehr Licht zum Malen. Und Vati hätte seine Wohnung zum Komponieren hier, gleich neben der anderen Wohnung!« Der Gedanke scheint sie enorm zu freuen. »Wäre das nicht sehr praktisch?«

Herr Gabele könnte allerlei einwenden. Weil das aber nicht angeht, erklärt er lächelnd: »Das wäre in der Tat sehr praktisch. Es fragt sich nur, ob der Papa der gleichen Meinung ist.«

Lotte nickt. »Ich werd ihn fragen! Gleich nachher!«

Herr Palfy sitzt in seinem Atelier und hat Besuch. Damenbesuch. Fräulein Irene Gerlach hat »zufällig« ganz in der Nähe Besorgungen machen müssen, und da hat sie sich gedacht: ›Springst mal g'schwind zum Ludwig hinauf, gelt?‹

Der Ludwig hat die Partiturseiten, an denen er kritzelt, beiseitegeschoben und plauscht mit der Irene. Erst ärgert er sich ein Weilchen, denn er kann es für den Tod nicht leiden, wenn man ihn unangemeldet überfällt und bei der Arbeit stört. Aber allmählich siegt doch das Wohlbehagen, mit dieser so schönen Dame zusammenzusitzen und halb aus Versehen ihre Hand zu streicheln.

Irene Gerlach weiß, was sie will. Sie will Herrn Palfy heiraten. Er ist berühmt. Er gefällt ihr. Sie gefällt ihm. Allzugroße Schwierigkeiten stehen also nicht im Wege. Zwar weiß er noch nichts von seinem künftigen Glück. Aber sie wird es ihm mit der Zeit und schonend beibringen. Schließlich wird er sich einbilden, daß er selber auf die Idee mit der Heirat verfallen sei.

Ein Hindernis ist allerdings noch da: das narrische Kind! Aber wenn Irene dem Ludwig erst ein, zwei Babys geschenkt hat, dann wird sich alles wunschgemäß einrenken. Irene Gerlach wird doch wohl noch mit diesem ernsten, scheuen Fratz fertigwerden!

Es klingelt. Ludwig öffnet.

Und wer steht in der Tür? Der ernste, scheue Fratz! Hat einen Strauß in der Hand, knickst und sagt: »Grüß Gott, Vati! Ich bring dir frische Blumen!« Dann spaziert sie ins Atelier, knickst kurz vor dem Besuch, nimmt eine Vase und verschwindet in der Küche.

Irene lächelt maliziös. »Wenn man dich und deine Tochter sieht, hat man den Eindruck, daß du unter ihrem Pantoffel stehst.«

Der Herr Kapellmeister lacht verlegen. »Sie hat neuerdings eine so dezidierte Art zu handeln, und außerdem ist das, was sie tut, so goldrichtig, – da kannst nix machen!«

Während Fräulein Gerlach mit den schönen Schultern zuckt, erscheint Lotte wieder auf der Bildfläche. Erst stellt sie die frischen Blumen auf den Tisch. Dann bringt sie Geschirr herbei und sagt, indessen sie die Tassen verteilt, zu Vati: »Ich koch nur rasch einen Kaffee. Wir müssen doch deinem Besuch etwas anbieten.«

Vati und sein Besuch schauen perplex hinter ihr drein. ›Und ich hab dieses Kind für scheu gehalten!‹ denkt Fräulein Gerlach. ›O je, war ich blöd.‹

Nach kurzer Zeit taucht Lotte mit Kaffee, Zucker und Sahne auf, schenkt – ganz Hausfrau – ein, fragt, ob Zucker gefällig sei, schiebt dem Besuch die Sahne hin, setzt sich dann neben ihren Vati und meint freundlich lächelnd: »Ich trinke zur Gesellschaft einen Schluck mit.«

Der Papa schenkt ihr Kaffee ein und fragt chevaleresk: »Wieviel Sahne, meine Dame?«

Das Kind kichert. »Halb und halb, mein Herr.«

»Bitte sehr, meine Dame!«

»Vielen Dank, mein Herr!«

Man trinkt. Man schweigt. Schließlich eröffnet Lotte die Unterhaltung. »Ich war eben bei Herrn Gabele.«

»Hat er dich gezeichnet?« fragt der Vater.

»Nur ein bißchen«, meint das Kind. Noch einen Schluck Kaffee, – dann fügt es harmlos hinzu: »Er hat zu wenig Licht. Vor allem brauchte er welches von oben. So wie hier …«

»Dann soll er sich halt ein Atelier mit Oberlicht mieten«, bemerkt der Herr Kapellmeister sehr treffend und ahnt nicht, daß er genau dahin steuert, wohin Lotte ihn haben will.

»Das hab ich ihm auch schon gesagt«, erklärt sie ruhig. »Aber sie sind alle vermietet, die Ateliers.«

›So ein kleines Biest!‹ denkt Fräulein Gerlach. Denn sie, auch eine Tochter Evas, weiß nun schon, was das Kind im Schilde führt. Und richtig …

»Zum Komponieren braucht man eigentlich kein Oberlicht, Vati. Nicht?«

»Nein, eigentlich nicht.«

Das Kind holt tief Atem, blickt angestrengt auf seine Schürze und fragt, als fiele ihm diese Frage eben erst ein: »Wenn du nun mit Herrn Gabele tauschtest, Vati?« Gott sei Dank, jetzt ist es heraus! Lotte blickt den Papa von schräg unten an. Ihre Augen bitten furchtsam.

Der Vater schaut halb ärgerlich, halb belustigt von dem kleinen Mädchen zu der eleganten Dame, die gerade noch Zeit hat, ein sanft ironisches Lächeln in ihr Gesicht zu zaubern.

»Dann hätte der Herr Gabele ein Atelier«, sagt das Kind, und die Stimme zittert ein wenig. »Mit soviel Licht, wie er braucht. Und du wohntest direkt neben uns. Neben Resi und mir.« Lottes Augen liegen, wenn man sich so ausdrücken darf, vor des Vaters Blick auf den Knien. »Dann bist du allein, genau wie hier. Und wenn du nicht allein sein willst, kommst du bloß über den Flur und bist da. Du brauchst nicht einmal einen Hut aufzusetzen. – Und mittags können wir daheim essen. – Wenn das Essen fertig ist, klingeln wir dreimal an deiner Tür. – Wir kochen immer, was du willst. – Auch Geselchtes. –

Und wenn du Klavier spielst, hören wir's durch die Wand ...«
Die Kinderstimme klingt immer zögernder. Sie erstirbt.

Fräulein Gerlach steht abrupt auf. Sie muß schnellstens heim. Wie die Zeit vergeht! Es waren ja aber auch sooo interessante Gespräche!

Herr Kapellmeister Palfy bringt seinen Gast hinaus. Er küßt die duftende Frauenhand. »Auf heut abend also«, sagt er.

»Vielleicht hast du keine Zeit?«

»Wieso, Liebling?«

Sie lächelt. »Vielleicht ziehst du gerade um!«

Er lacht.

»Lache nicht zu früh! Wie ich deine Tochter kenne, hat sie bereits die Möbelpacker bestellt!« Wütend rauscht die Dame treppab.

Als der Kapellmeister ins Atelier zurückkommt, ist Lotte schon dabei, das Kaffeegeschirr abzuwaschen. Er schlägt ein paar Takte auf dem Flügel an. Er geht mit großen Schritten in dem Raum auf und ab. Er starrt auf die bekritzelten Partiturseiten.

Lotte gibt sich große Mühe, nicht mit den Tellern und Tassen zu klappern. – Als sie alles abgetrocknet und in den Schrank zurückgestellt hat, setzt sie ihr Hütchen auf und geht leise ins Atelier hinüber.

»Grüß Gott, Vati ...«

»Grüß Gott.«

»Kommst du zum Abendessen?«

»Nein, heute nicht.«

Das Kind nickt langsam und hält ihm zum Abschied schüchtern die Hand hin.

»Hör, Luise, – ich hab's nicht gern, wenn sich andere Leute für mich den Kopf zerbrechen, auch meine Tochter nicht! Ich weiß selber, was für mich am besten ist.«

»Natürlich, Vati«, sagt sie ruhig und leise. Noch immer hält sie die Hand zum Abschied ausgestreckt.

Er drückt sie schließlich doch und sieht dabei, daß dem Kind Tränen an den Wimpern hängen.

Ein Vater muß streng sein können. Also tut er, als sähe er

nichts Auffälliges, sondern nickt kurz und setzt sich an den Flügel.

Lotte geht schnell zur Tür, öffnet sie behutsam – und ist verschwunden.

Der Herr Kapellmeister fährt sich durchs Haar. Kindertränen, auch das noch! Dabei soll man nun eine Kinderoper komponieren! Es ist zum Teufelhaschen! Es ist nicht zum Ansehen, wenn so einem kleinen Geschöpf Tränen in den Augen stehen! Sie hingen in den langen Wimpern wie Tautropfen an dünnen Grashalmen ...

Seine Hände schlagen einige Töne an. Er neigt lauschend den Kopf. Er spielt die Tonfolge noch einmal. Er wiederholt sie in der Sequenz. Es ist die Mollvariation eines fröhlichen Kinderlieds aus seiner Oper. Er ändert den Rhythmus. Er arbeitet.

Wozu doch Kindertränen gut sind! Ja, so ein Künstler ist fein heraus! Gleich wird er Notenpapier nehmen und Noten malen. Und zum Schluß wird er sich hochbefriedigt zurücklehnen und die Hände reiben, weil ihm ein so wunderbar trauriges Lied in c-moll gelungen ist. (Ist denn weit und breit kein Riese oder sonst jemand da, der ihm ab und zu die Hosen straffzieht?)

Wieder sind Wochen vergangen. Fräulein Irene Gerlach hat den Auftritt im Atelier nicht vergessen. Sie hat den Vorschlag des Kindes, der Vater möge die Wohnung am Ring mit der des Malers Gabele tauschen, als das aufgefaßt, was es war: als Kampfansage! Eine richtige Frau – und Irene Gerlach ist, auch wenn Lotte sie nicht leiden mag, eine richtige Frau –, die läßt sich nicht lange bitten. Sie kennt ihre Waffen. Sie weiß, sie zu gebrauchen. Sie ist sich ihrer Wirkung bewußt. Alle ihre Pfeile hat sie auf die zuckende Zielscheibe, das Künstlerherz des Kapellmeisters, abgeschossen. Alle Pfeile haben ins Schwarze getroffen. Allesamt sitzen sie nun mit ihren Widerhaken im Herzen des Mannes, des geliebten Feindes, fest. Er weiß sich keinen Rat mehr.

»Ich will, daß du meine Frau wirst«, sagt er. Es klingt wie ein zorniger Befehl.

Sie streichelt sein Haar, lächelt und meint spöttisch: »Dann werde ich morgen mein bestes Kleid anziehen, Liebling, und bei deiner Tochter um deine Hand anhalten.«

Wieder sitzt ein Pfeil in seinem Herzen. Und diesmal ist der Pfeil vergiftet.

Herr Gabele zeichnet Lotte. Plötzlich läßt er Block und Bleistift sinken und sagt: »Was hast denn heut, Luiserl? Du schaust ja aus wie sechs Tag Regenwetter!«

Das Kind atmet schwer, als läge ihm ein Fuder Steine auf der Brust. »Ach, es ist nichts weiter.«

»Hängt's mit der Schule zusammen?«

Sie schüttelt den Kopf. »Das wär nicht so schlimm.«

Herr Gabele legt den Block weg. »Weißt was, du kleine Trauerweide? Wir wollen für heute Schluß machen!« Er steht auf. »Geh ein Stück spazieren. Das bringt einen auf andere Gedanken!«

»Oder vielleicht spiel ich ein bißchen auf dem Klavier?«

»Noch besser!« sagt er. »Das hör ich durch die Wand. Da hab ich auch was davon.«

Sie gibt ihm die Hand, knickst und geht.

Er schaut gedankenvoll hinter der kleinen Person her. Er weiß, wie schwer Kummer auf ein Kinderherz drücken kann. Er war selber einmal ein Kind und hat es, im Gegensatz zu den meisten Erwachsenen, nicht vergessen.

Als Klaviergeklimper aus der Nachbarwohnung herüberklingt, nickt er zustimmend und beginnt, die Melodie mitzupfeifen. Dann zieht er mit einem Ruck die Decke von der Staffelei, nimmt Palette und Pinsel zur Hand, betrachtet seine Arbeit mit zusammengekniffenen Augen und geht ans Werk.

Herr Ludwig Palfy kommt in die Rotenturmstraße. Die Stufen tun, als wären sie doppelt so hoch wie sonst. Er hängt den Mantel und den Hut an einen Garderobehaken. Das Luiserl spielt Klavier? Nun, sie wird abbrechen und ihm eine Weile zuhören müssen. Er zieht das Jackett straff, als ob er beim Intendanten einen Besuch machte. Dann öffnet er die Zimmertür.

Das Kind schaut von den Tasten hoch und lächelt ihn an.

»Vati? Wie schön!« Sie springt vom Klavierschemel. »Soll ich dir einen Kaffee machen?« Sie will geschäftig in die Küche.

Er hält sie fest. »Danke, nein!« sagt er. »Ich muß mit dir sprechen. Setz dich!«

Sie setzt sich in den großen Ohrensessel, in dem sie klein wie eine Puppe aussieht, streicht sich den karierten Rock glatt und blickt erwartungsvoll zu ihm hoch.

Er räuspert sich nervös, geht ein paar Schritte auf und ab und bleibt schließlich vor dem Ohrensessel stehen. »Also, Luiserl«, fängt er an, »es handelt sich um eine wichtige und ernste Angelegenheit. Seit deine Mutter nicht mehr – nicht mehr da ist, bin ich allein gewesen. Sieben Jahre lang. Natürlich nicht völlig allein, ich hab ja dich gehabt. Und ich hab dich ja noch!«

Das Kind schaut ihn mit großen Augen an.

›Wie blöd ich red!‹ denkt der Mann. Er hat eine ausgewachsne Wut auf sich. »Kurz und gut«, sagt er. »Ich will nicht länger allein sein. Es wird sich etwas ändern. In meinem und dadurch auch in deinem Leben.«

Ganz still ist's im Zimmer.

Eine Fliege versucht mit Gesumm, durch die geschlossene Fensterscheibe ins Freie zu fliegen. (Jeder Mensch könnte ihr erzählen, daß das völlig aussichtslos ist und daß sie sich bloß ihren Insektenschädel einrennen wird! Die Fliegen sind eben dumm, aber die Menschen, die sind gescheit, was?)

»Ich habe mich entschlossen, wieder zu heiraten!«

»Nein!« sagt das Kind laut. Es klingt wie ein Schrei. Dann wiederholt es leise: »Bitte, nein, Vati, bitte nein, bitte, bitte nein!«

»Du kennst Fräulein Gerlach bereits. Sie hat dich sehr gern. Und sie wird dir eine gute Mutter sein. Auf die Dauer wäre es sowieso schwierig und verfehlt, dich in einem frauenlosen Haushalt aufwachsen zu lassen.« (Ist er nicht rührend? Es fehlte nur noch, daß er behauptet, er wolle lediglich heiraten, damit das Kind endlich wieder eine Mutter hat!)

Lotte schüttelt in einem fort den Kopf und bewegt dazu lautlos die Lippen. Wie ein Automat, der keine Ruhe findet. Es sieht beängstigend aus.

Deshalb blickt der Vater rasch wieder weg und sagt: »Du wirst dich schneller, als du glaubst, in den neuen, ungewohnten Zustand finden. Böse Stiefmütter kommen nur noch in Märchen vor. Also, Luiserl, ich weiß, daß ich mich auf dich verlassen kann. Du bist der vernünftigste kleine Kerl, den es gibt!« Er schaut auf die Uhr. »So. Jetzt muß ich gehen. Mit dem Luser den Rigoletto korrepetieren.« Und schon ist er aus der Tür.

Das Kind sitzt wie betäubt.

Herr Palfy drückt sich an der Garderobe den Hut aufs Künstlerhaupt. Da schreit es drin im Zimmer: »Vati!« Es klingt, als ob jemand ertränke.

›In einem Wohnzimmer ertrinkt man nicht‹, denkt Herr Palfy und entweicht. Er hat es sehr eilig. Denn er muß ja mit dem Kammersänger Luser arbeiten!

Lotte ist aus ihrer Betäubung erwacht. Auch in der Verzweiflung bewahrt und bewährt sich ihr praktischer Sinn. Was ist zu tun? Denn daß etwas getan werden muß, steht fest. Niemals darf Vati eine andere Frau heiraten, niemals! Er *hat* ja eine Frau! Auch wenn sie nicht mehr bei ihm ist. Niemals wird das Kind eine neue Mutter dulden, niemals! Sie hat ja ihre Mutter, ihre über alles geliebte Mutti!

Mutti könnte vielleicht helfen. Aber sie darf es nicht wissen. Sie darf das ganze große Geheimnis der beiden Kinder nicht wissen, und erst recht nicht, daß der Vater dieses Fräulein Gerlach zur Frau nehmen will!

So bleibt nur noch ein Weg. Und diesen Weg muß Lottchen selber gehen.

Sie holt das Telefonbuch. Sie blättert mit zittrigen Fingern. »Gerlach.« Es gibt nicht sehr viele Gerlachs. »Gerlach, Stefan. Gen.-Dir. der Wiener Gaststätten G.m.b.H., Cobenzlgasse 43.« Vati hat neulich erzählt, daß Fräulein Gerlachs Vater Restaurants und Hotels gehören, auch das Imperial, wo sie täglich mittagessen. »Cobenzlgasse 43.«

Nachdem Resi erklärt hat, wie man zur Cobenzlgasse fahren muß, setzt sich das Kind den Hut auf, zieht den Mantel an und sagt: »Ich gehe jetzt weg.«
»Was willst du denn in der Cobenzlgasse?« fragt Resi neugierig.
»Ich muß wen sprechen.«
»Komm aber bald wieder!«
Das Kind nickt und macht sich auf den Weg.

Ein Stubenmädchen tritt in Irene Gerlachs elegantes Zimmer und lächelt. »Ein Kind möcht Sie sprechen, gnädiges Fräulein. Ein kleines Mäderl.«
Das gnädige Fräulein hat sich gerade die Fingernägel frisch gelackt und schwenkt die Hände, damit der Lack rasch trockne, durch die Luft. »Ein kleines Mädchen?«
»Luise Palfy heißt's.«
»Ah!« sagt das gnädige Fräulein gedehnt. »Führ sie herauf!« Das Stubenmädchen verschwindet. Die junge Dame erhebt sich, wirft einen Blick in den Spiegel und muß über ihr angespannt ernstes Gesicht lächeln. ›Luise Millerin kommt zu Lady Milford‹, denkt sie amüsiert, denn sie ist ziemlich gebildet.
Als das Kind ins Zimmer tritt, befiehlt Fräulein Gerlach dem Stubenmädchen: »Mach uns eine Schokolade! Und bring von den gefüllten Waffeln!« Dann wendet sie sich liebreich ihrem Gast zu. »Wie nett, daß du mich besuchen kommst! Da sieht man's, wie unaufmerksam ich bin. Ich hätte dich längst schon einmal einladen sollen! Willst du nicht ablegen?«
»Danke«, sagt das Kind. »Ich will nicht lange bleiben.«
»So?« Irene Gerlach verliert ihre freundlich gönnerhafte Miene keineswegs. »Aber zum Hinsetzen wirst du hoffentlich Zeit haben?«
Das Kind schiebt sich auf eine Stuhlkante und wendet kein Auge von der Dame.
Diese fängt an, die Situation unhaltbar albern zu finden. Doch sie beherrscht sich. Es steht immerhin einiges auf dem Spiele. Auf dem Spiele, das sie gewinnen will und gewinnen wird. »Bist du hier zufällig vorbeigekommen?«

»Nein, ich muß Ihnen etwas sagen!«

Irene Gerlach lächelt bezaubernd. »Ich bin ganz Ohr. Worum handelt sich's denn?«

Das Kind rutscht vom Stuhl, steht nun mitten im Zimmer und erklärt: »Vati hat gesagt, daß Sie ihn heiraten wollen.«

»Hat er das wirklich gesagt?« Fräulein Gerlach lacht glockenhell. »Hat er nicht eher gesagt, daß er mich heiraten will? Aber das ist wohl Nebensache. Also: Ja, Luiserl, dein Papa und ich, wir wollen uns heiraten. Und du und ich werden gewiß sehr gut miteinander zurechtkommen. Davon bin ich fest überzeugt. Du nicht? Paß auf – wenn wir erst einige Zeit zusammen gewohnt und gelebt haben, werden wir die besten Freundinnen geworden sein! Wir wollen uns beide rechte Mühe geben. Meine Hand darauf!«

Das Kind weicht zurück und sagt ernst: »Sie dürfen Vati nicht heiraten!«

Die Kleine geht entschieden ziemlich weit. »Und warum nicht?«

»Weil Sie es nicht dürfen!«

»Keine sehr befriedigende Erklärung«, meint das Fräulein scharf. Mit Güte kommt man hier ja doch nicht weiter. »Du willst mir verbieten, die Frau deines Vaters zu werden?«

»Ja!«

»Das ist wirklich allerhand!« Die junge Dame ist aufgebracht. »Ich muß dich bitten, jetzt nach Hause zu gehen. Ob ich deinem Vater von diesem merkwürdigen Besuch erzähle, werde ich mir noch überlegen. Wenn ich nichts erzählen sollte, dann nur, um unserer späteren Freundschaft, an die ich noch immer glauben möchte, nichts Ernstliches in den Weg zu legen. Auf Wiedersehen!«

An der Tür wendet sich das Kind noch einmal um und sagt: »Lassen Sie uns so, wie wir sind! Bitte, bitte …« Dann ist Fräulein Gerlach allein.

Hier gibt es nur eins. Die Heirat muß beschleunigt werden. Und dann ist dafür zu sorgen, daß das Kind in ein Internat gesteckt wird. Umgehend! Hier kann nur strengste Erziehung durch fremde Hand noch helfen.

»Was wollen Sie denn?«

Das Stubenmädchen steht mit einem Tablett da. »Ich bring die Schokolade und die gefüllten Waffeln. Wo ist denn das kleine Mädchen?«

»Scheren Sie sich zum Teufel!«

Der Herr Kapellmeister kommt, da er in der Oper dirigieren muß, nicht zum Abendbrot. Resi leistet dem Kind, wie in solchen Fällen immer, beim Essen Gesellschaft.

»Du ißt ja heut gar nix«, bemerkt die Resi vorwurfsvoll. »Und ausschauen tust wie ein Geist, reinweg zum Fürchten. Was hast denn?«

Lotte schüttelt den Kopf und schweigt.

Die Haushälterin ergreift die Kinderhand und läßt sie erschrocken fallen. »Du hast ja Fieber! Gleich gehst ins Bett!« Dann trägt sie, ächzend und schnaufend, das völlig apathische Geschöpf ins Kinderzimmer, zieht ihm die Kleider vom Leib und legt es ins Bett.

»Nichts dem Vati erzählen!« murmelt die Kleine. Ihre Zähne klappern. Resi türmt Kissen und Betten übereinander. Dann rennt sie zum Telefon und ruft den Herrn Hofrat Strobl an.

Der alte Herr verspricht, sofort zu kommen. Er ist genau so aufgeregt wie die Resi.

Sie ruft in der Staatsoper an. »Gut is!« antwortet man ihr. »In der Pause werden wir's dem Herrn Kapellmeister ausrichten.«

Resi rast wieder ins Schlafzimmer. Das Kind schlägt um sich und stammelt wirres, unverständliches Zeug. Die Decken, Kissen und Betten liegen am Boden.

Wenn bloß der Herr Hofrat käme! Was soll man machen? Umschläge? Aber was für welche? Kalte? Heiße? Nasse? Trockene?

In der Pause sitzt der befrackte Kapellmeister Palfy in der Garderobe der Sopranistin. Sie trinken einen Schluck Wein und fachsimpeln. Die Leute vom Theater reden immer vom Theater. Das ist nun einmal so.

Da klopft es. »Herein!«

Der Inspizient tritt ein. »Endlich find ich Sie, Herr Professor!« ruft der alte zapplige Mann. »Man hat aus der Rotenturmstraße angeläutet. Das Fräulein Tochter ist urplötzlich krank geworden. Der Herr Hofrat Strobl wurde sofort benachrichtigt und dürfte bereits am Krankenlager eingetroffen sein.«

Der Herr Kapellmeister sieht blaß aus. »Dank dir schön, Herlitschka«, sagt er leise. Der Inspizient geht.

»Hoffentlich ist es nichts Schlimmes«, meint die Sängerin. »Hat die Kleine schon die Masern gehabt?«

»Nein«, sagt er und steht auf. »Entschuldige, Mizzi!« Als die Tür hinter ihm zugefallen ist, kommt er ins Rennen.

Er telefoniert. »Hallo, Irene!«

»Ja, Liebling? Ist denn schon Schluß? Ich bin noch lange nicht ausgehfertig!«

Er berichtet hastig, was er eben gehört hat. Dann sagt er: »Ich fürchte, wir können uns heute nicht sehen!«

»Natürlich nicht. Hoffentlich ist es nichts Schlimmes. Hat die Kleine schon die Masern gehabt?«

»Nein«, antwortet er ungeduldig. »Ich rufe dich morgen früh wieder an.« Dann hängt er ein.

Ein Signal ertönt. Die Pause ist zu Ende. Die Oper und das Leben gehen weiter.

Endlich ist die Oper aus! Der Kapellmeister rast in der Rotenturmstraße die Stufen hoch. Resi öffnet ihm. Sie hat noch den Hut auf, weil sie in der Nachtapotheke war.

Der Hofrat sitzt am Bett.

»Wie geht's ihr denn?« fragt der Vater flüsternd.

»Nicht gut«, antwortet der Hofrat. »Aber Sie können ruhig laut sprechen. Ich hab ihr eine Spritze gegeben.«

Lottchen liegt hochrot und schwer atmend in den Kissen. Sie hat das Gesicht schmerzlich verzogen, als tue ihr der künstliche Schlaf, zu dem sie der alte Arzt gezwungen hat, sehr weh.

»Masern?«

»Keine Spur«, brummt der Hofrat.

Die Resi kommt ins Zimmer und schnüffelt Tränen hinunter.

»Nun nehmen Sie schon endlich den Hut ab!« sagt der Kapellmeister nervös.

»Ach ja, gewiß! Entschuldigen S'!« Sie setzt den Hut ab und behält ihn in der Hand.

Der Hofrat schaut die beiden fragend an. »Das Kind macht offenbar eine schwere seelische Krise durch«, meint er. »Wissen Sie davon? Nein? Haben Sie wenigstens eine Vermutung?«

Resi sagt: »Ich weiß freilich nicht, ob's damit etwas zu schaffen hat, aber … Heut nachmittag ist sie ausgegangen. Weil sie wen sprechen müßt! Und eh sie ging, hat sie g'fragt, wie sie am besten zur Cobenzlgasse käme.«

»Zur Cobenzlgasse?« fragt der Hofrat und schaut zu dem Kapellmeister hin.

Palfy geht rasch nach nebenan und telefoniert. »War Luise heute nachmittag bei dir?«

»Ja«, sagt eine weibliche Stimme. »Aber wieso erzählt sie dir das?«

Er gibt darauf keine Antwort, sondern fragt weiter: »Und was wollte sie?«

Fräulein Gerlach lacht ärgerlich. »Das laß dir nur auch von ihr erzählen!«

»Antworte bitte!«

Ein Glück, daß sie sein Gesicht nicht sehen kann!

»Wenn man's genau nimmt, kam sie, um mir zu verbieten, deine Frau zu werden!« erwidert sie gereizt.

Er murmelt etwas und legt den Hörer auf.

»Was fehlt ihr denn?« fragt Fräulein Gerlach. Dann merkt sie, daß das Gespräch getrennt ist. »So ein kleines Biest!« sagt sie halblaut. »Kämpft mit allen Mitteln! Legt sich hin und spielt krank!«

Der Hofrat verabschiedet sich und gibt noch einige Anweisungen. Der Kapellmeister hält ihn an der Tür zurück. »Was fehlt dem Kind?«

»Nervenfieber. – Ich komme morgen in der Früh wieder vorbei. Gute Nacht wünsch ich.«

Der Kapellmeister geht ins Kinderzimmer, setzt sich neben das Bett und sagt zu Resi: »Ich brauche Sie nicht mehr. Schlafen Sie gut!«

»Aber es ist doch besser …«

Er schaut sie an.

Sie geht. Sie hat den Hut noch immer in der Hand.

Er streichelt das kleine heiße Gesicht. Das Kind erschrickt im Fieberschlaf und wirft sich wild zur Seite.

Der Vater sieht sich im Zimmer um. Der Schulranzen liegt fertig gepackt auf dem Pultsitz. Daneben hockt Christl, die Puppe.

Er steht leise auf, holt die Puppe, löscht das Licht aus und setzt sich wieder ans Bett.

Nun sitzt er im Dunkeln und streichelt die Puppe, als wäre sie das Kind. Ein Kind, das vor seiner Hand nicht erschrickt.

Neuntes Kapitel

*Herrn Eipeldauers Fotos stiften Verwirrung
Ja, ist es denn überhaupt Lotte?
Fräulein Linnekogel wird ins Vertrauen gezogen
Verbrannte Schweinsripperl und zerbrochenes
Geschirr · Luise beichtet fast alles
Warum antwortet Lotte nicht mehr?*

Der Chefredakteur der Münchner Illustrierten, Doktor Bernau, stöhnt auf. »Sauregurkenzeit, meine Liebe! Wo sollen wir ein aktuelles Titelbild hernehmen und nicht stehlen?«

Frau Körner, die an seinem Schreibtisch steht, sagt: »Neopreß hat Fotos von der neuen Meisterin im Brustschwimmen geschickt.«

»Ist sie hübsch?«

Die junge Frau lächelt. »Fürs Schwimmen reicht es.«

Doktor Bernau winkt entmutigt ab. Dann kramt er auf dem Tisch. »Ich hab doch da neulich von irgend so 'nem ulkigen Dorflichtbildkünstler Fotos geschickt gekriegt! Zwillinge waren darauf!« Er wühlt zwischen Aktendeckeln und Zeitungen. »Paar reizende kleine Mädels! Zum Schießen ähnlich! He, wo seid ihr denn, ihr kleinen Frauenzimmer? So etwas gefällt dem Publikum immer. Eine gefällige Unterschrift dazu. Wenn schon nichts Aktuelles, dann eben ein Paar hübsche Zwillinge! Na endlich!« Er hat das Kuvert mit den Fotos entdeckt, schaut die Bilder an und nickt beifällig. »Wird gemacht, Frau Körner!« Er reicht ihr die Fotos.

Nach einiger Zeit blickt er schließlich hoch, weil seine Mitarbeiterin nichts sagt. »Nanu!« ruft er. »Körner! Sie stehen ja da wie Lots Weib als Salzsäule! Aufwachen! Oder ist Ihnen schlecht geworden?«

»Ein bißchen, Herr Doktor!« Ihre Stimme schwankt. »Es geht schon wieder.« Sie starrt auf die Fotos. Sie liest den Absender. »*Josef Eipeldauer, Fotograf, Seebühl am Bühlsee.*«

In ihrem Kopf dreht sich alles.

»Suchen Sie das geeignetste Bild aus, und dichten Sie eine

Unterschrift, daß unseren Lesern das Herz im Leibe lacht! Sie können das ja erstklassig!«

»Vielleicht sollten wir sie doch nicht bringen«, hört sie sich sagen.

»Und warum nicht, hochgeschätzte Kollegin?«

»Ich halte die Aufnahmen nicht für echt.«

»Zusammenkopiert, was?« Doktor Bernau lacht. »Da tun Sie dem Herrn Eipeldauer entschieden zu viel Ehre an. So raffiniert ist der nicht! Also, rasch ans Werk, liebwerte Dame! Die Unterschrift hat bis morgen Zeit. Ich kriege den Text noch zu Gesicht, bevor Sie ihn in Satz geben.« Er nickt und beugt sich über neue Arbeit.

Sie tastet sich hinüber in ihr Zimmer, sinkt in ihren Sessel, legt die Fotos vor sich hin und preßt die Hände an die Schläfen.

Die Gedanken fahren in ihrem Kopfe Karussell. Ihre beiden Kinder! Das Kinderheim! Die Ferien! Natürlich! Aber, warum hat Lottchen nichts davon erzählt? Warum hat Lottchen die Bilder nicht mitgebracht? Denn als sich die zwei fotografieren ließen, taten sie's doch nicht ohne Absicht. Sie werden entdeckt haben, daß sie Geschwister sind! Und dann haben sie sich vorgenommen, nichts darüber zu sagen. Es läßt sich verstehen, ja, freilich. Mein Gott, wie sie einander gleichen! Nicht einmal das vielgepriesene Mutterauge ... Oh, ihr meine beiden, beiden, beiden Lieblinge!

Wenn jetzt Doktor Bernau den Kopf durch die Tür steckte, sähe er in ein von Glück und Schmerz überwältigtes Gesicht, über das Tränen strömen, Tränen, die das Herz ermatten, als flösse das Leben selber aus den Augen.

Glücklicherweise steckt Doktor Bernau den Kopf nicht durch die Tür.

Frau Körner ist bemüht, sich zusammenzureißen. Gerade jetzt heißt es, den Kopf oben zu behalten! Was soll geschehen? Was wird, was muß geschehen? Ich werde mit Lottchen reden!

Eiskalt durchfährt es die Mutter! Ein Gedanke schüttelt wie eine unsichtbare Hand ihren Körper hin und her!

Ist es denn Lotte, mit der sie sprechen will?

Frau Körner hat Fräulein Linnekogel, die Lehrerin, in der Wohnung aufgesucht.

»Das ist eine mehr als merkwürdige Frage, die Sie an mich richten«, sagt Fräulein Linnekogel. »Ob ich für möglich halte, daß Ihre Tochter nicht Ihre Tochter, sondern ein anderes Mädchen ist? Erlauben Sie, aber …«

»Nein, ich bin nicht verrückt«, versichert Frau Körner und legt eine Fotografie auf den Tisch.

Fräulein Linnekogel schaut das Bild an. Dann die Besucherin. Dann wieder das Bild.

»Ich habe zwei Töchter«, sagt die Besucherin leise. »Die zweite lebt bei meinem geschiedenen Mann in Wien. Das Bild kam mir vor etlichen Stunden durch Zufall in die Hände. Ich wußte nicht, daß sich die Kinder in den Ferien begegnet sind.«

Fräulein Linnekogel macht den Mund auf und zu wie ein Karpfen auf dem Ladentisch. Kopfschüttelnd schiebt sie die Fotografie von sich weg, als hätte sie Angst, gebissen zu werden. Endlich fragt sie: »Und die beiden haben bis dahin nichts voneinander gewußt?«

Die junge Frau schüttelt den Kopf. »Nein. Mein Mann und ich haben's damals so vereinbart, weil wir es für das Beste hielten.«

»Und auch Sie haben von dem Mann und Ihrem anderen Kind nie wieder gehörte?«

»Nie.«

»Ob er wieder geheiratet hat?«

»Ich weiß es nicht. Ich glaube kaum. Er meinte, er eigne sich nicht fürs Familienleben.«

»Eine höchst abenteuerliche Geschichte«, sagt die Lehrerin. »Sollten die Kinder wirklich auf die absurde Idee verfallen sein, einander auszutauschen? Wenn ich mir Lottchens charakterliche Wandlung vor Augen halte, und dann die Schrift, Frau Körner, die Schrift! Ich kann es kaum fassen! – Aber es würde manches erklären.«

Die Mutter nickt und schaut starr vor sich hin.

»Nehmen Sie mir meine Offenheit nicht übel«, meint Fräulein Linnekogel, »ich war nie verheiratet, ich bin Erzieherin und habe keine Kinder – aber ich meine immer: Die Frauen, die wirklichen, verheirateten, nehmen ihre Männer zu wichtig! Dabei ist nur eines wesentlich: das Glück der Kinder!«

Frau Körner lächelt schmerzlich. »Glauben Sie, daß meine Kinder in einer langen, unglücklichen Ehe glücklicher geworden wären?«

Fräulein Linnekogel sagt nachdenklich: »Ich mache Ihnen keinen Vorwurf. Sie sind noch heute sehr jung. Sie waren, als Sie heirateten, ein halbes Kind. Sie werden Ihr Leben lang jünger sein, als ich jemals gewesen bin. Was für den einen richtig wäre, kann für den anderen falsch sein.«

Der Besuch steht auf.

»Und was werden Sie tun?«

»Wenn ich das wüßte!« sagt die junge Frau.

Luise steht vor einem Münchner Postschalter. »Nein«, sagt der Beamte für die postlagernden Sendungen bedauernd. »Nein, Fräulein Vergißmeinnicht, heut hätten wir wieder nix.«

Luise blickt ihn unschlüssig an. »Was kann das nur bedeuten?« murmelt sie bedrückt.

Der Beamte versucht zu scherzen. »Vielleicht ist aus dem Vergißmeinnicht ein ›Vergißmich‹ geworden?«

»Das ganz gewiß nicht«, sagt sie in sich gekehrt. »Ich frag morgen wieder nach.«

»Wenn ich darum bitten darf«, erwidert er lächelnd.

Frau Körner kommt heim. Brennende Neugier und kalte Angst streiten in ihrem Herzen, daß es ihr fast den Atem nimmt.

Das Kind hantiert eifrig in der Küche. Topfdeckel klappern. Im Tiegel schmort es.

»Heute riecht's aber gut!« sagt die Mutter. »Was gibt's denn, hm?«

»Schweinsripperl mit Sauerkraut und Salzkartoffeln«, ruft die Tochter stolz.

»Wie schnell du das Kochen gelernt hast!« sagt die Mutter, scheinbar ganz harmlos.

»Nicht wahr?« antwortet die Kleine fröhlich. »Ich hätt nie gedacht daß ich …« Sie bricht entsetzt ab und beißt sich auf die Lippen. Jetzt nur die Mutter nicht ansehen!

Diese lehnt an der Tür und ist bleich. Bleich wie die Wand.

Das Kind steht am offenen Küchenspind und hebt Geschirr heraus. Die Teller klappern wie bei einem Erdbeben.

Da öffnet die Mutter mühsam den Mund und sagt: »Luise!«

Krach!

Die Teller liegen in Scherben auf dem Boden. Luise hat's herumgerissen. Ihre Augen sind vor Schreck geweitet.

»Luise!« wiederholt die Frau sanft und öffnet die Arme weit.

»Mutti!«

Das Kind hängt der Mutter wie eine Ertrinkende am Hals und schluchzt leidenschaftlich.

Die Mutter sinkt in die Knie und streichelt Luise mit zitternden Händen. »Mein Kind, mein liebes Kind!«

Sie knien zwischen zerbrochenen Tellern. Auf dem Herd verschmoren die Schweinsripperln. Es riecht nach angebranntem Fleisch. Wasser zischt aus den Töpfen in die Gasflammen.

Die Frau und das kleine Mädchen merken von alledem nichts. Sie sind, wie es manchmal heißt und ganz selten vorkommt, nicht »von dieser Welt«.

Stunden sind vergangen. Luise hat gebeichtet. Und die Mutter hat die Absolution erteilt. Es war eine lange, wortreiche Beichte, und es war eine kurze, wortlose Freisprechung von allen begangenen Sünden – ein Blick, ein Kuß, mehr war nicht nötig.

Jetzt sitzen sie auf dem Sofa. Das Kind hat sich eng, ganz eng an die Mutter gekuschelt. Ach, ist das schön, endlich die Wahrheit gesagt zu haben! So leicht ist einem zumute, so federleicht! Man muß sich an der Mutter festklammern, damit man nicht plötzlich davonfliegt!

»Ihr seid mir schon zwei raffinierte Frauenzimmer!« meint die Mutter.

Luise kichert vor lauter Stolz. (*Ein* Geheimnis hat sie allerdings immer noch nicht preisgegeben: daß es da in Wien, wie

Lotte ängstlich geschrieben hat, neuerdings ein gewisses Fräulein Gerlach gibt!)

Die Mutter seufzt.

Luise schaut sie besorgt an.

»Nun ja«, sagt die Mutter. »Ich denke darüber nach, was jetzt werden soll! Können wir tun, als sei nichts geschehen?«

Luise schüttelt entschieden den Kopf. »Lottchen hat sicher großes Heimweh nach dir. Und du doch auch nach ihr, nicht wahr, Mutti?« Die Mutter nickt.

»Und ich ja auch«, gesteht das Kind. »Nach Lottchen und …«

»Und deinem Vater, gelt?«

Luise nickt. Eifrig und schüchtern zugleich. »Und wenn ich bloß wüßte, warum Lottchen nicht mehr schreibt?«

»Ja«, murmelt die Mutter. »Ich bin recht in Sorge.«

Zehntes Kapitel

Ein Ferngespräch aus München
Das erlösende Wort · Nun kennt sich
auch die Resi nicht mehr aus
Zwei Flugzeugplätze nach Wien
Peperl ist wie vom Donner gerührt
Wer an den Türen horcht, kriegt Beulen
Der Herr Kapellmeister schläft
außer Haus und bekommt
unerwünschten Besuch.

Lottchen liegt apathisch im Bett. Sie schläft. Sie schläft viel. »Schwäche«, hat Hofrat Strobl heute mittag gesagt. Der Herr Kapellmeister sitzt am Kinderbett und blickt ernst auf das kleine, schmale Gesicht hinunter. Er kommt seit Tagen nicht mehr aus dem Zimmer. Beim Dirigieren läßt er sich vertreten. Eine Bettstatt ist für ihn vom Boden heruntergeholt worden.

Nebenan läutet das Telefon.

Resi kommt auf Zehenspitzen ins Zimmer. »Ein Ferngespräch aus München!« flüstert sie. »Ob Sie sprechbereit sind!«

Er steht leise auf und bedeutet ihr, beim Kind zu bleiben, bis er zurück ist. Dann schleicht er ins Nebenzimmer. München? Wer kann das sein? Wahrscheinlich die Konzertdirektion Keller & Co. Ach, sie sollen ihn gefälligst in Ruhe lassen!

Er nimmt den Hörer und meldet sich. Die Verbindung wird hergestellt.

»Hier Palfy!«

»Hier Körner!« ruft eine weibliche Stimme aus München herüber.

»Was?« fragt er verblüfft. »Wer? Luiselotte?«

»Ja!« sagt die ferne Stimme. »Entschuldige, daß ich dich anrufe. Doch ich bin wegen des Kinds in Sorge. Es ist hoffentlich nicht krank?«

»Doch.« Er spricht leise. »Es *ist* krank!«

»Oh!« Die ferne Stimme klingt sehr erschrocken.

Herr Palfy fragt stirnrunzelnd: »Aber ich verstehe nicht, wieso du …«

»Wir hatten so eine Ahnung, ich und – Luise!«

»Luise?« Er lacht nervös. Dann lauscht er verwirrt. Lauscht immer verwirrter. Schüttelt den Kopf. Fährt sich aufgeregt durchs Haar.

Die ferne Frauenstimme berichtet hastig, was sich nun eben in solch fliegender Hast berichten läßt.

»Sprechen Sie noch?« erkundigt sich das Fräulein vom Amt.

»Ja, zum Donnerwetter!« Der Kapellmeister schreit es. Man kann sich ja das Durcheinander, das in ihm herrscht, einigermaßen vorstellen.

»Was fehlt denn dem Kind?« fragt die besorgte Stimme seiner geschiedenen Frau.

»Nervenfieber«, antwortet er. »Die Krisis sei überstanden, sagt der Arzt. Aber die körperliche und seelische Erschöpfung sind sehr groß.«

»Ein tüchtiger Arzt?«

»Aber gewiß! Hofrat Strobl. Er kennt Luise schon von klein auf.« Der Mann lacht irritiert. »Entschuldige, es ist ja Lotte! Er kennt sie also nicht!« Er seufzt.

Drüben in München seufzt eine Frau. – Zwei Erwachsene sind ratlos. Ihre Herzen und Zungen sind gelähmt. Und ihre Gehirne, scheint es, ihre Gehirne auch.

In dieses beklemmende, gefährliche Schweigen hinein klingt eine wilde Kinderstimme. »Vati! Lieber, lieber Vati!« hallt es aus der Ferne. »Hier ist Luise! Grüß dich Gott, Vati! Sollen wir nach Wien kommen? Ganz geschwind?«

Das erlösende Wort ist gesprochen. Die eisige Beklemmung der beiden Großen schmilzt wie unter einem Tauwind. »Grüß Gott, Luiserl!« ruft der Vater sehnsüchtig. »Das ist ein guter Gedanke!«

»Nicht wahr?« Das Kind lacht selig.

»Wann könnt ihr denn hier sein?« ruft er.

Nun ertönt wieder die Stimme der jungen Frau. »Ich werde mich gleich erkundigen, wann morgens der erste Zug fährt.«

»Nehmt doch ein Flugzeug!« schreit er. »Dann seid ihr

schneller hier!« – ›Wie kann ich nur so schreien!‹ denkt er. ›Das Kind soll doch schlafen!‹

Als er ins Kinderzimmer zurückkommt, räumt ihm die Resi seinen Platz am Bett wieder ein und will auf Zehenspitzen davon.

»Resi!« flüstert er.

Sie bleiben beide stehen.

»Morgen kommt meine Frau.«

»Ihre Frau?«

»Pst! Nicht so laut! Meine geschiedene Frau! Lottchens Mutter!«

»*Lottchens?*«

Er winkt lächelnd ab. Woher soll sie's denn wissen? »Das Luiserl kommt auch mit!«

»Das – wieso? Da liegt's doch, das Luiserl!«

Er schüttelt den Kopf. »Nein, das ist der Zwilling.«

»Zwilling?« Die Familienverhältnisse des Herrn Kapellmeisters wachsen der armen Person über den Kopf.

»Sorgen Sie dafür, daß wir zu essen haben! Über die Schlafgelegenheiten sprechen wir noch.«

»O du mei!« murmelt sie, während sie aus der Tür schleicht.

Der Vater betrachtet das erschöpft schlummernde Kind, dessen Stirn feucht glänzt. Mit einem Tuch tupft er sie behutsam trocken.

Das ist nun also die andere kleine Tochter! Sein Lottchen! Welche Tapferkeit und welche Willenskraft erfüllten dieses Kind, bevor es von Krankheit und Verzweiflung überwältigt wurde! Vom Vater hat es diesen Heldenmut wohl nicht. Von wem? Von der Mutter?

Wieder läutet das Telefon.

Resi steckt den Kopf ins Zimmer. »Fräulein Gerlach!«

Herr Palfy schüttelt, ohne sich umzuwenden, ablehnend den Kopf.

Frau Körner läßt sich von Doktor Bernau wegen »dringender Familienangelegenheiten« Urlaub geben. Sie telefoniert mit dem Flugplatz und bekommt für morgen früh auch richtig zwei Flugplätze. Dann wird ein Koffer mit dem Notwendigsten gepackt.

Die Nacht scheint endlos, so kurz sie ist. Aber auch endlos scheinende Nächte vergehen.

Als am nächsten Morgen der Herr Hofrat Strobl, von Peperl begleitet, vor dem Haus in der Rotenturmstraße ankommt, fährt gerade ein Taxi vor.

Ein kleines Mädchen steigt aus dem Auto – und schon springt Peperl wie besessen an dem Kind hoch! Er bellt, er dreht sich wie ein Kreisel, er wimmert vor Wonne, er springt wieder hoch!

»Grüß Gott, Peperl! Grüß Gott, Herr Hofrat!«

Der Herr Hofrat vergißt vor Verblüffung, den Gruß zu erwidern. Plötzlich springt er, wenn auch nicht ganz so graziös wie sein Peperl, auf das Kind zu und schreit: »Bist du denn völlig überg'schnappt? Scher dich ins Bett!«

Luise und der Hund sausen ins Haustor.

Eine Dame entsteigt dem Auto.

»Den Tod wird sich's holen, das Kind!« schreit der Herr Hofrat empört.

»Es ist nicht das Kind, das Sie meinen«, sagt die junge Dame freundlich. »Es ist die Schwester.«

Resi öffnet die Korridortür. Draußen steht der japsende Peperl mit einem Kind.

»Grüß Gott, Resi!« ruft das Kind und stürzt mit dem Hund ins Kinderzimmer.

Die Haushälterin schaut entgeistert hinterdrein und schlägt ein Kreuz.

Dann ächzt der alte Hofrat die Stufen empor. Er kommt mit einer bildhübschen Frau, die einen Reisekoffer trägt.

»Wie geht's Lottchen?« fragt die junge Frau hastig.

»Etwas besser, glaub ich«, meint die Resi. »Darf ich Ihnen den Weg zeigen?«

»Danke, ich weiß Bescheid!« Und schon ist die Fremde im Kinderzimmer verschwunden.

»Wenn S' wieder einigermaßen zu sich gekommen sein werden«, sagt der Hofrat amüsiert, »helfen S' mir vielleicht aus dem Mantel. Aber lassen S' sich nur Zeit!«

Resi zuckt zusammen. »Bitte tausendmal um Vergebung«, stammelt sie.

»'S hat ja heute keine solche Eile mit meiner Visite«, erklärt er geduldig.

»Mutti!« flüstert Lotte. Ihre Augen hängen groß und glänzend an der Mutter, wie an einem Bild aus Traum und Zauber. Die junge Frau streichelt wortlos die heiße Kinderhand. Sie kniet am Bett nieder und nimmt das zitternde Geschöpf sanft in die Arme.

Luise schaut blitzschnell zum Vater hinüber, der am Fenster steht. Dann macht sie sich an Lottchens Kissen zu schaffen, klopft sie, wendet sie um, zupft ordnend am Bettuch. Jetzt ist *sie* das Hausmütterchen. Sie hat's ja inzwischen gelernt!

Der Herr Kapellmeister mustert die drei mit einem verstohlenen Seitenblick. Die Mutter mit ihren Kindern. *Seine* Kinder sind es ja natürlich auch! Und die junge Mutter war vor Jahren sogar einmal seine junge Frau! Versunkene Tage, vergessene Stunden tauchen vor ihm auf. Lang, lang ist's her …

Peperl liegt wie vom Donner gerührt am Fußende des Bettes und blickt immer wieder von dem einen kleinen Mädchen zum anderen. Sogar die kleine schwarze gelackte Nasenspitze ruckt unschlüssig zwischen den beiden hin und her, als schwanke sie zweifelnd, was zu tun sei. Einen netten, kinderlieben Hund in solche Verlegenheit zu bringen!

Da klopft es.

Die vier Menschen im Zimmer erwachen wie aus einem seltsamen Wachschlaf.

Der Herr Hofrat tritt ein. Jovial und ein bißchen laut wie immer. Am Bett macht er halt. »Wie geht's dem Patienten?«

»Gut«, sagt Lottchen und lächelt ermattet.

»Haben wir heute endlich Appetit?« brummt er.

»Wenn Mutti kocht!« flüstert Lottchen.

Mutti nickt und geht ans Fenster. »Entschuldige, Ludwig, daß ich dir erst jetzt Guten Tag sage!«

Der Kapellmeister drückt ihr die Hand. »Ich dank dir vielmals, daß du gekommen bist.«

»Aber ich bitte dich! Das war doch selbstverständlich! Das Kind …«

»Freilich, das Kind«, erwidert er. »Trotzdem!«

»Du siehst aus, als hättest du seit Tagen nicht geschlafen«, meint sie zögernd.

»Ich werd's nachholen. Ich hatte Angst um … um das Kind!«

»Es wird bald wieder gesund sein«, sagt die junge Frau zuversichtlich. »Ich fühl's.«

Am Bett wird gewispert. Luise beugt sich dicht an Lottchens Ohr. »Mutti weiß nichts von Fräulein Gerlach. Wir dürfen's ihr auch nie sagen!«

Lottchen nickt ängstlich.

Der Herr Hofrat kann es nicht gehört haben, weil er das Fieberthermometer prüft. Obwohl er natürlich das Thermometer nicht gerade mit den Ohren inspiziert! Sollte er aber doch etwas gehört haben, so versteht er es jedenfalls vorbildlich, sich nicht das mindeste anmerken zu lassen. »Die Temperatur ist fast normal«, sagt er. »Du bist übern Berg! Herzlichen Glückwunsch, Luiserl!«

»Dank schön, Herr Hofrat«, antwortet die richtige Luise kichernd.

»Oder meinen Sie mich?« fragt Lottchen, vorsichtig lachend. Der Kopf tut dabei noch weh.

»Ihr seids mir ein paar Intriganten«, knurrt er, »ein paar ganz gefährliche! Sogar meinen Peperl habt ihr an der Nase herumgeführt!« Er streckt beide Hände aus und mit jeder seiner Pranken fährt er zärtlich über einen Mädchenkopf.

Dann hustet er energisch, steht auf und sagt:

»Komm, Peperl, reiß dich von den zwei trügerischen Weibsbildern los!«

Peperl wedelt abschiednehmend mit dem Schwanz. Dann schmiegt er sich an die gewaltigen Hosenröhren des Hofrats, der soeben dem Herrn Kapellmeister Palfy erklärt: »Eine Mutter, das ist eine Medizin, die kann man nicht in der Apotheke holen!« Er wendet sich an die junge Frau. »Werden S' solang bleiben können, bis das Luiserl – ein Schmarrn – bis das Lottchen, mein ich, wieder beisamm ist?«

»Ich werd wohl können, Herr Hofrat, und ich möcht schon!«

»Na also«, meint der alte Herr. »Der Herr Exgemahl wird sich halt drein fügen müssen.«

Palfy öffnet den Mund.

»Lassen S' nur«, sagt der Hofrat spöttisch. »Das Künstlerherz wird Ihnen natürlich bluten. Soviel Leut in der Wohnung! Aber nur Geduld, – bald werden S' wieder hübsch allein sein.«

Er hat's heute in sich, der Hofrat! Die Tür drückt er so rasch auf, daß die Resi, die draußen horcht, am Kopf eine Beule kriegt. Sie hält sich den brummenden Schädel.

»Mit einem sauberen Messer drücken!« empfiehlt er, jeder Zoll ein Arzt. »Ist schon gut. Der wertvolle Ratschlag kostet nix!«

Der Abend hat sich auf die Erde herabgesenkt. In Wien wie anderswo auch. Im Kinderzimmer ist es still. Luise schläft. Lotte schläft. Sie schlummert der Gesundung entgegen.

Frau Körner und der Kapellmeister haben bis vor wenigen Minuten im Nebenzimmer gesessen. Sie haben manches besprochen, und sie haben noch mehr beschwiegen. Dann ist er aufgestanden und hat gesagt: »So! Nun muß ich gehen!« Dabei ist er sich – übrigens mit Recht – etwas komisch erschienen. Wenn man bedenkt, daß im Nebenzimmer zwei neunjährige Mädchen schlafen, die man von der hübschen Frau hat, die vor einem steht, – und man selber muß wie ein abgeblitzter Tanzstundenherr davonschleichen! Aus der eigenen Wohnung! Wenn es noch, wie in den guten alten Zeiten, unsichtbare Hausgeister gäbe, – wie müßten die jetzt kichern!

Sie bringt ihn bis zur Korridortür.

Er zögert. »Falls es wieder schlimmer werden sollte, – ich bin drüben im Atelier.«

»Mach dir keine Sorgen!« sagt sie zuversichtlich. »Vergiß lieber nicht, daß du viel Schlaf nachzuholen hast.«

Er nickt. »Gute Nacht.«

»Gute Nacht.«

Während er langsam die Treppe hinabsteigt, ruft sie leise: »Ludwig!« Er dreht sich fragend um.

»Kommst du morgen zum Frühstück?«

»Ich komme!«

Als sie die Tür verschlossen und die Kette vorgehängt hat, bleibt sie noch eine Weile sinnend stehen. Er ist wirklich älter geworden. Fast sieht er schon wie ein richtiger Mann aus, ihr ehemaliger Mann!

Dann wirft sie den Kopf zurück und geht, den Schlaf ihrer und seiner Kinder mütterlich zu bewachen.

Eine Stunde später steigt, vor einem Haus am Kärntner Ring, eine junge, elegante Dame aus einem Auto und verhandelt mit dem mürrischen Portier.

»Der Herr Kapellmeister?« brummt er. »I woaß net, ob er droben ist!«

»Im Atelier ist Licht«, sagt sie. »Also ist er da!« Sie drückt ihm Geld in die Hand und eilt an ihm vorbei.

Er betrachtet den Geldschein und schlurft in seine Wohnung zurück.

»Du?« fragt Ludwig Palfy oben an der Tür.

»Erraten!« bemerkt Irene Gerlach bissig und tritt ins Atelier. Sie setzt sich, zündet sich eine Zigarette an und mustert den Mann abwartend. Er sagt nichts.

»Warum läßt du dich am Telefon verleugnen?« fragt sie. »Findest du das sehr geschmackvoll?«

»Ich hab mich nicht verleugnen lassen.«

»Sondern?«

»Ich war nicht fähig, mit dir zu sprechen. Mir war nicht danach zumute. Das Kind war schwer krank.«

»Aber jetzt geht es ihm wohl besser. Sonst wärst du doch in der Rotenturmstraße.«

Er nickt. »Ja, es geht ihm besser. Außerdem ist meine Frau drüben.«

»Wer?«

»Meine Frau. Meine geschiedene Frau. Sie kam heute morgen mit dem anderen Kind.«

»Mit dem *anderen* Kind?« echot die junge, elegante Frau.

»Ja, es sind Zwillinge. Erst war das Luiserl bei mir. Seit Ferienschluß dann das andere. Doch das hab ich gar nicht gemerkt. Ich weiß es erst seit gestern.«

Die Dame lacht böse. »Raffiniert eingefädelt von deiner Geschiedenen!«

»Sie weiß es auch erst seit gestern«, meint er ungeduldig.

Irene Gerlach verzieht ironisch die schön gemalten Lippen. »Die Situation ist nicht unpikant, gelt? In der einen Wohnung sitzt eine Frau, mit der du nicht mehr, und in der anderen eine, mit der du noch nicht verheiratet bist!«

Ihn packt der Ärger. »Es gibt noch viel mehr Wohnungen, wo Frauen sitzen, mit denen ich noch nicht verheiratet bin!«

»Oh!« Sie erhebt sich. »Witzig kannst du auch sein?«

»Entschuldige, Irene, ich bin nervös!«

»Entschuldige, Ludwig, ich auch!«

Bums! Die Tür ist zu, und Fräulein Gerlach ist gegangen!

Nachdem Herr Palfy einige Zeit auf die Tür gestarrt hat, wandert er zum Bösendorfer Flügel hinüber, blättert in den Noten zu seiner Kinderoper und setzt sich, ein Notenblatt herausgreifend, vor die Tasten.

Eine Zeitlang spielt er vom Blatt. Einen strengen, schlichten Kanon, in einer der alten Kirchentonarten. Dann moduliert er. Von Dorisch nach c-moll. Von c-moll nach Es-dur. Und langsam, ganz langsam schält sich aus der Paraphrase eine neue Melodie heraus. Eine Melodie, so einfach und herzgewinnend, als ob zwei kleine Mädchen mit ihren hellen, reinen Kinderstimmen sie sängen. Auf einer Sommerwiese. An einem kühlen Gebirgssee, in dem sich der blaue Himmel spiegelt. Jener Himmel, der höher ist als aller Verstand, und dessen Sonne die Kreaturen wärmt und bescheint, ohne zwischen den Guten, den Bösen und den Lauen einen Unterschied zu machen.

Elftes Kapitel

Ein doppelter Geburtstag und
ein einziger Geburtstagswunsch
Die Eltern ziehen sich zur
Beratung zurück · Daumen halten!
Gedränge am Schlüsselloch
Mißverständnisse und Einverständnis

Die Zeit, die, wie man weiß, Wunden heilt, heilt auch Krankheiten. Lottchen ist wieder gesund. Sie trägt auch wieder ihre Zöpfe und Zopfschleifen. Und Luise hat wie einst ihre Locken und schüttelt sie nach Herzenslust.

Sie helfen der Mutti und der Resi beim Einkaufen und in der Küche. Sie spielen gemeinsam im Kinderzimmer. Sie singen zusammen, während Lottchen oder gar Vati am Klavier sitzt. Sie besuchen Herrn Gabele in der Nachbarwohnung. Oder sie führen Peperl aus, wenn der Herr Hofrat Sprechstunde hat. Der Hund hat sich mit dem zwiefachen Luiserl abgefunden, indem er seine Fähigkeit, kleine Mädchen gernzuhaben, zunächst verdoppelt und dann diese Zuneigung halbiert hat. Man muß sich zu helfen wissen.

Und manchmal, ja, da schauen sich die Schwestern ängstlich in die Augen. Was wird werden?

Am 14. Oktober haben die beiden Mädchen Geburtstag. Sie sitzen mit den Eltern im Kinderzimmer. Zwei Kerzenkränze brennen, jeder mit zehn Lichtern. Selbstgebackenes und dampfende Schokolade hat's gegeben. Vati hat einen wunderschönen »Geburtstagsmarsch für Zwillinge« gespielt. Nun dreht er sich auf dem Klavierschemel herum und fragt: »Warum haben wir euch eigentlich nichts schenken dürfen?«

Lottchen holt tief Atem und sagt: »Weil wir uns etwas wünschen wollen, was man nicht kaufen kann!«

»Was wünscht ihr euch denn?« fragt die Mutti.

Nun ist Luise an der Reihe, tief Luft zu holen. Dann erklärt sie, zapplig vor Aufregung: »Lotte und ich wünschen uns von euch zum Geburtstag, daß wir von jetzt ab immer zusammenbleiben dürfen!« Endlich ist es heraus!

Die Eltern schweigen.

Lotte sagt ganz leise: »Dann braucht ihr uns auch nie im Leben wieder etwas zu schenken! Zu keinem Geburtstag mehr. Und zu keinem Weihnachtsfest auf der ganzen Welt!«

Die Eltern schweigen noch immer.

»Ihr könnt es doch wenigstens versuchen!« Luise hat Tränen in den Augen. »Wir werden bestimmt gut folgen. Noch viel mehr als jetzt. Und es wird überhaupt alles viel, viel schöner werden!«

Lotte nickt. »Das versprechen wir euch!«

»Mit großem Ehrenwort und allem«, fügt Luise hastig hinzu.

Der Vater steht vom Klaviersessel auf. »Ist es dir recht, Luiselotte, wenn wir nebenan ein paar Worte miteinander sprechen?«

»Ja, Ludwig«, erwidert seine geschiedene Frau. Und nun gehen die zwei ins Nebenzimmer. Die Tür schließt sich hinter ihnen.

»Daumen halten!« flüstert Luise aufgeregt. Vier kleine Daumen werden von vier kleinen Händen umklammert und gedrückt.

Lotte bewegt tonlos die Lippen.

»Betest du?« fragt Luise.

Lotte nickt.

Da fängt auch Luise an, die Lippen zu bewegen. »Komm Herr Jesus, sei unser Gast, und segne, was du uns bescheret hast!« murmelt sie, halblaut.

Lotte schüttelt unwillig die Zöpfe.

»Es paßt nicht«, flüstert Luise entmutigt. »Aber mir fällt nichts anderes ein. – Komm, Herr Jesus, sei unser Gast, und segne …«

»Wenn wir einmal von uns beiden gänzlich absehen«, sagt gerade Herr Palfy nebenan und schaut unentwegt auf den Fußboden, »so wäre es zweifellos das beste, die Kinder würden nicht wieder getrennt.«

»Bestimmt«, meint die junge Frau. »Wir hätten sie nie auseinanderreißen sollen.«

Er schaut noch immer auf den Fußboden. »Wir haben vieles gutzumachen.« Er räuspert sich. »Ich bin also damit einverstanden, daß du – daß du beide Kinder zu dir nach München nimmst.«

Sie greift sich ans Herz.

»Vielleicht«, fährt er fort, »erlaubst du, daß sie mich im Jahr vier Wochen besuchen?« Als sie nichts erwidert, meint er: »Oder drei Wochen? Oder vierzehn Tage wenigstens? Denn, obwohl du es am Ende nicht glauben wirst, ich hab die beiden sehr lieb.«

»Warum soll ich dir das denn nicht glauben?« hört er sie erwidern.

Er zuckt die Achseln. »Ich hab es zu wenig bewiesen!«

»Doch! An Lottchens Krankenbett!« sagt sie. »Und woher willst du wissen, daß die beiden so glücklich würden, wie wir's ihnen wünschen, wenn sie ohne Vater aufwachsen?«

»Ohne dich ginge es doch erst recht nicht!«

»Ach, Ludwig, hast du wirklich nicht gemerkt, wonach sich die Kinder sehnen, und was sie nur nicht auszusprechen gewagt haben?«

»Natürlich hab ich's gemerkt!« Er tritt ans Fenster. »Natürlich weiß ich, was sie wollen!« Ungeduldig zerrt er an dem Fensterwirbel. »Sie wollen, daß auch du und ich zusammenbleiben!«

»Vater *und* Mutter wollen sie haben, unsere Kinder! Ist das unbescheiden?« fragt die junge Frau forschend.

»Nein! Aber es gibt auch bescheidene Wünsche, die nicht erfüllbar sind!« Er steht am Fenster wie ein Junge, der in die Ecke gestellt wurde und der aus Trotz nicht wieder hervorkommen will.

»Warum nicht erfüllbar?«

Überrascht wendet er sich um. »Das fragst du *mich*? Nach allem, was war?«

Sie schaut ihn ernst an und nickt, kaum merklich. Dann sagt sie: »Ja! Nach allem, was gewesen ist!«

Luise steht an der Tür und preßt ein Auge ans Schlüsselloch. Lotte steht daneben und hält beide kleinen Fäuste, die Daumen kneifend, weit von sich.

»Oh, oh, oh!« murmelt Luise. »Vati gibt Mutti einen Kuß!«

Lottchen schiebt, ganz gegen ihre Gewohnheit, die Schwester unsanft beiseite und starrt nun ihrerseits durchs Schlüsselloch.

»Nun?« fragt Luise. »Noch immer?«

»Nein«, flüstert Lottchen und richtet sich strahlend hoch. »Jetzt gibt Mutti Vati einen Kuß!«

Da fallen sich die Zwillinge jauchzend in die Arme!

Zwölftes Kapitel

*Herr Grawunder wundert sich · Direktor Kilians
komische Erzählung · Luises und Lottchens Heiratspläne
Die Titelseite der ›Münchner Illustrierten‹
Ein neues Schild an einer alten Tür
»Auf gute Nachbarschaft, Herr Kapellmeister!«
Man kann verlorenes Glück nachholen · Kinderlachen
und ein Kinderlied · »Und lauter Zwillinge!«*

Herr Benno Grawunder, ein alter erfahrener Beamter im Standesamt des Ersten Wiener Bezirks, nimmt eine Trauung vor, die ihn, bei aller Routine, ab und zu ein bißchen aus der Fassung bringt. Die Braut ist die geschiedene Frau des Bräutigams. Die beiden einander entsetzlich ähnlichen zehnjährigen Mädchen sind die Kinder des Brautpaars. Der eine Trauzeuge, ein Kunstmaler namens Anton Gabele, hat keinen Schlips um. Dafür hat der andere Zeuge, ein Hofrat Professor Doktor Strobl, einen Hund! Und der Hund hat im Vorzimmer, wo er eigentlich bleiben sollte, einen solchen Lärm gemacht, daß man ihn hereinholen und an der standesamtlichen Trauung teilnehmen lassen mußte! Ein Hund als Trauzeuge!

Nein, so was. Lottchen und Luise sitzen andächtig auf ihren Stühlen und sind glücklich wie die Schneekönige. Und sie sind nicht nur glücklich, sondern auch stolz, mächtig stolz! Denn sie selber sind ja an dem herrlichen, unfaßbaren Glück schuld! Was wäre denn aus den armen Eltern geworden, wenn die Kinder nicht gewesen wären, wie? Na also! Und leicht war's auch nicht gerade gewesen, in aller Heimlichkeit Schicksal zu spielen! Abenteuer, Tränen, Angst, Lügen, Verzweiflung, Krankheit, nichts war ihnen erspart geblieben, rein gar nichts!

Nach der Zeremonie flüstert Herr Gabele mit Herrn Palfy. Dabei zwinkern die beiden Künstlernaturen einander geheimnisvoll zu. Aber *warum* sie flüstern und zwinkern, weiß außer ihnen niemand.

Frau Körner, geschiedene Palfy, verehelichte Palfy, hat ihren alten und neuen Herrn und Gebieter nur murmeln hören:

»Noch zu früh?« Dann fährt er, zu ihr gewandt, leichthin fort: »Ich hab eine gute Idee! Weißt du was? Wir fahren zunächst in die Schule und melden Lotte an!«

»Lotte? Aber Lotte war doch seit Wochen ... Entschuldige, du hast natürlich recht!«

Der Herr Kapellmeister schaut die Frau Kapellmeister zärtlich an. »Das will ich meinen!«

Herr Kilian, der Direktor der Mädchenschule, ist ehrlich verblüfft, als Kapellmeister Palfy und Frau eine zweite Tochter anmelden, die der ersten aufs Haar gleicht. Aber er hat als alter Schulmann manches erlebt, was nicht weniger merkwürdig war, und so gewinnt er schließlich die Fassung wieder.

Nachdem die neue Schülerin ordnungsgemäß in ein großes Buch eingetragen worden ist, lehnt er sich gemütlich im Schreibtischsessel zurück und sagt: »Als junger Hilfslehrer ist mir einmal etwas passiert, das muß ich Ihnen und den beiden Mäderln erzählen! Da kam zu Ostern ein neuer Bub in meine Klasse. Ein Bub aus ärmlichen Verhältnissen, aber blitzsauber und, wie ich bald merkte, sehr ums Lernen bemüht. Er kam gut voran. Im Rechnen war er sogar in kurzer Zeit der Beste von allen. Das heißt nicht immer! Erst dachte ich bei mir: ›Wer weiß, woran's liegen mag!‹ Dann dachte ich: ›Das ist doch seltsam! Manchmal rechnet er wie am Schnürchen und macht keinen einzigen Fehler, andere Male geht es viel langsamer bei ihm, und Schnitzer macht er außerdem!‹«

Der Herr Schuldirektor macht eine Kunstpause und zwinkert Luise und Lotte wohlwollend zu. »Endlich verfiel ich auf eine seltsame Methode. Ich merkte mir in einem Notizbücherl an, wann der Bub gut und wann er miserabel gerechnet hatte. Und da stellte sich ja nun etwas ganz Verrücktes heraus. Montags, mittwochs und freitags rechnete er gut, – dienstags, donnerstags und samstags rechnete er schlecht.«

»Nein so was!« sagt Herr Palfy. Und die zwei kleinen Mädchen rutschen neugierig auf den Stühlen.

»Sechs Wochen sah ich mir das an«, fährt der alte Herr fort. »Es änderte sich nie! Montags, mittwochs, freitags – gut!

Dienstags, donnerstags, samstags – schlecht! Eines schönen Abends begab ich mich in die Wohnung der Eltern und teilte ihnen meine rätselhafte Beobachtung mit. Sie schauten einander halb verlegen, halb belustigt an, und dann meinte der Mann: ›Mit dem, was der Herr Lehrer bemerkt hat, hat's schon seine Richtigkeit!‹ Dann pfiff er auf zwei Fingern. Und schon kamen aus dem Nebenzimmer zwei Jungen herübergesprungen. *Zwei*, gleich groß und auch sonst vollkommen ähnlich! ›Es sind Zwillinge‹, meinte die Frau. ›Der Sepp ist der gute Rechner, der Toni ist – der andere!‹ Nachdem ich mich einigermaßen erholt hatte, fragte ich: ›Ja, liebe Leute, warum schickt ihr denn nicht alle beide in die Schule?‹ Und der Vater gab mir zur Antwort: ›Wir sind arm, Herr, Lehrer. Die zwei Buben haben zusammen nur *einen* guten Anzug!‹«

Das Ehepaar Palfy lacht. Herr Kilian schmunzelt. Das Luiserl ruft: »Das ist eine Idee! Das machen wir auch!«

Herr Kilian droht mit dem Finger. »Untersteht euch! Fräulein Gstettner und Fräulein Bruckbaur werden ohnedies Mühe genug haben, euch immer richtig auseinanderzuhalten!«

»Vor allem«, meint Luise begeistert, »wenn wir uns ganz gleich frisieren und die Sitzplätze tauschen!«

Der Herr Direktor schlägt die Hände überm Kopf zusammen und tut überhaupt, als sei er der Verzweiflung nahe. »Entsetzlich!« sagt er. »Und wie soll das erst einmal später werden, wenn ihr junge Damen seid und euch jemand heiraten will?«

»Weil wir gleich aussehen«, meint Lottchen nachdenklich, »gefallen wir sicher einem und demselben Mann!«

»Und uns gefällt bestimmt auch nur derselbe!« ruft Luise; »Dann heiraten wir ihn ganz einfach beide! Das ist das beste. Montags, mittwochs und freitags bin *ich* seine Frau! Und dienstags, donnerstags und samstags ist Lottchen an der Reihe!«

»Und wenn er euch nicht zufällig einmal rechnen läßt, wird er überhaupt nicht merken, daß er zwei Frauen hat«, sagt der Herr Kapellmeister lachend.

Der Herr Direktor Kilian erhebt sich. »Der Ärmste!« meint er mitleidig.

Frau Palfy lächelt. »Ein Gutes hat die Einteilung aber doch! Sonntags hat er frei!«

Als das neugebackene, genauer, das wieder aufgebackene Ehepaar mit den Zwillingen über den Schulhof geht, ist gerade Frühstückspause. Hunderte kleiner Mädchen drängen sich und werden gedrängt. Luise und Lotte werden ungläubig bestaunt.

Endlich gelingt es Trude, sich bis zu den Zwillingen durchzuboxen. Schwer atmend blickt sie von einer zur anderen. »Nanu!« sagt sie erst einmal. Dann wendet sie sich gekränkt an Luise: »Erst verbietest du mir, hier in der Schule drüber zu reden, und nun kommt ihr so einfach daher?«

»*Ich* hab's dir verboten«, berichtigt Lotte.

»Jetzt kannst du's ruhig allen erzählen«, erklärt Luise huldvoll. »Von morgen an kommen wir nämlich beide!«

Dann schiebt sich Herr Palfy wie ein Eisbrecher durch die Menge und lotst seine Familie durchs Schultor. Trude wird inzwischen das Opfer der allgemeinen Neugierde. Man bugsiert sie auf den Ast einer Eberesche. Von hier oben aus teilt sie der lauschenden Mädchenmenge alles mit, was sie weiß.

Es läutet. Die Pause ist zu Ende. So sollte man wenigstens denken.

Die Lehrerinnen betreten die Klassenzimmer. Die Klassenzimmer sind leer. Die Lehrerinnen treten an die Fenster und starren empört auf den Schulhof hinunter. Der Schulhof ist überfüllt. Die Lehrerinnen dringen ins Zimmer des Direktors, um im Chor Beschwerde zu führen.

»Nehmen Sie Platz, meine Damen!« sagt er. »Der Schuldiener hat mir soeben die neue Nummer der Münchner Illustrierten gebracht. Die Titelseite ist für unsere Schule recht interessant. Darf ich bitten, Fräulein Bruckbaur?« Er reicht ihr die Zeitschrift.

Und nun vergessen auch die Lehrerinnen, genau wie im Schulhof die kleinen Mädchen, daß die Pause längst vorüber ist.

Fräulein Irene Gerlach steht, elegant wie immer, in der Nähe der Oper und starrt betroffen auf das Titelblatt der Münchner Illustrierten, wo zwei kleine bezopfte Mädchen abgebildet sind. Als sie hochblickt, starrt sie noch mehr. Denn an der Verkehrskreuzung hält ein Taxi, und in dem Taxi sitzen zwei kleine Mädchen mit einem Herrn, den sie gut gekannt hat, und einer Dame, die sie nie kennenlernen möchte!

Lotte zwickt die Schwester. »Du, dort drüben!«

»Aua! Was denn?«

Lotte flüstert, daß es kaum zu hören ist: »Fräulein Gerlach!«

»Wo?«

»Rechts! Die mit dem großen Hut! Und mit der Zeitung in der Hand!« Luise schielt zu der eleganten Dame hinüber. Am liebsten möchte sie ihr triumphierend die Zunge herausstrecken.

»Was habt ihr denn, ihr zwei?«

Verflixt, nun hat die Mutti wohl doch etwas gemerkt?

Da beugt sich, zum Glück, aus dem Auto, das neben dem Taxi wartet, eine vornehme alte Dame herüber. Sie hält der Mutti eine illustrierte Zeitung hin und sagt lächelnd: »Darf ich Ihnen ein passendes Präsent machen?«

Frau Palfy nimmt die Illustrierte, sieht das Titelbild, dankt lächelnd und gibt die Zeitung ihrem Mann.

Die Autos setzen sich in Bewegung. Die alte Dame nickt zum Abschied.

Die Kinder klettern neben Vati und bestaunen das Titelbild.

»Dieser Herr Eipeldauer!« sagt Luise. »Uns so hineinzulegen!«

»Wir dachten doch, wir hätten *alle* Fotos zerrissen!« meint Lotte.

»Er hat ja die Platten!« erklärt die Mutti. »Da kann er noch Hunderte von Bildern abziehen!«

»Wie gut, daß er euch angeschmiert hat«, stellt der Vater fest. »Ohne ihn wäre Mutti nicht hinter euer Geheimnis gekommen. Und ohne ihn wäre heute keine Hochzeit gewesen.«

Luise dreht sich plötzlich um und schaut zur Oper zurück. Aber von Fräulein Gerlach ist weit und breit nichts mehr zu sehen.

Lotte sagt zur Mutti: »Wir werden dem Herrn Eipeldauer einen Brief schreiben und uns bei ihm bedanken!«

Das »aufgebackene« Ehepaar klettert in der Rotenturmstraße mit den Zwillingen die Stiegen hinauf. In der offenen Tür wartet schon die Resi in ihrem sonntäglichen Trachtenstaat, grinst über das ganze breite Bäuerinnengesicht und überreicht der jungen Frau einen großmächtigen Blumenstrauß.

»Ich dank Ihnen schön, Resi«, sagt die junge Frau. »Und ich freu mich, daß Sie bei uns bleiben wollen!«

Resi nickt wie eine Puppe aus dem Kasperltheater, so energisch und so ruckartig. Dann stottert sie: »Ich hätte ja auf den Hof z'rucksollen. Zum Herrn Vater. Aber ich hab doch das Fräul'n Lottchen so arg gern!«

Der Herr Kapellmeister lacht: »Zu uns drei anderen sind S' nicht eben höflich, Resi!«

Resi zuckt ratlos mit den Schultern.

Frau Palfy greift rettend ein. »Wir können doch nicht ewig auf dem Treppenflur stehenbleiben!«

»Bitt schön!« Resi reißt die Tür auf.

»Momenterl!« sagt der Herr Kapellmeister gemächlich. »Ich muß erst einmal in die andere Wohnung!«

Alle außer ihm erstarren. Schon am Hochzeitstag will er wieder ins Atelier am Ring? (Nein, die Resi erstarrt ganz und gar nicht! Sie lacht vielmehr lautlos in sich hinein!)

Herr Palfy geht zu Herrn Gabeles Wohnungstür, zückt einen Schlüssel und schließt in aller Seelenruhe auf!

Lottchen rennt zu ihm. An der Tür ist ein neues Schild angebracht, und auf dem neuen Schild steht deutlich zu lesen: »Palfy«!

»O Vati!« ruft sie überglücklich.

Da steht auch schon Luise neben ihr, liest das Schild, kriegt die Schwester am Kragen und beginnt, mit ihr eine Art Veitstanz aufzuführen. Das alte Stiegenhaus wackelt in allen Fugen.

»Nun ist's genug!« ruft schließlich der Herr Kapellmeister. »Ihr schert euch jetzt mit der Resi in die Küche und helft ihr!« Er schaut auf die Uhr. »Ich zeig der Mutti inzwischen meine Wohnung. Und in einer halben Stunde wird gegessen. Wenn's soweit ist, klingelt ihr!« Er nimmt die junge Frau an der Hand.

An der gegenüberliegenden Tür macht Luise einen Knicks und sagt: »Auf gute Nachbarschaft, Herr Kapellmeister!«

Die junge Frau legt Hut und Mantel ab. »Was für eine Überraschung!« meint sie leise.

»Eine angenehme Überraschung?« fragt er.

Sie nickt.

»Es war schon lange Lottchens Wunsch, bevor's auch der meinige wurde«, erzählt er zögernd. »Gabele hat den Feldzugsplan bis ins kleinste ausgearbeitet und die Schlacht der Möbelwagen eingeleitet.«

»Deswegen also mußten wir erst noch in die Schule?«

»Ja. Der Transport des Flügels hielt den Kampf der Möbeltitanen etwas auf.«

Sie treten ins Arbeitszimmer. Auf dem Flügel steht die aus dem Schreibtischschubfach auferstandene Fotografie einer jungen Frau aus einer vergangenen, unvergessenen Zeit. Er legt den Arm um sie. »Im dritten Stock links werden wir zu viert glücklich sein, und im dritten Stockwerk rechts ich allein, aber mit euch Wand an Wand.«

»Soviel Glück!« Sie schmiegt sich an ihn.

»Jedenfalls mehr, als wir verdienen«, sagt er ernst. »Aber nicht mehr, als wir ertragen können.«

»Ich hätte nie geglaubt, daß es das gibt!«

»Was?«

»Daß man verlorenes Glück nachholen kann wie eine versäumte Schulstunde.«

Er deutet auf ein Bild an der Wand. Aus dem Rahmen schaut, von Gabele gezeichnet, ein kleines, ernstes Kindergesicht auf die Eltern herab. »Jede Sekunde unseres neuen Glücks«, sagt er, »verdanken wir unseren Kindern.«

Luise steht, mit einer Küchenschürze geschmückt, auf einem Stuhl und heftet mit Reißzwecken die Titelseite der Münchner Illustrierten an die Wand.

»Schön«, sagt Resi andächtig.

Lottchen, gleichfalls in einer Küchenschürze, werkelt eifrig am Herd.

Resi tupft sich eine Träne aus dem Augenwinkel, schnüffelt leise und fragt dann, noch immer vor der Fotografie stehend: »Welche von euch beiden ist denn nun eigentlich welche?«

Die kleinen Mädchen schauen einander betroffen an. Dann starren sie auf die angezweckte Fotografie. Dann blicken sie erneut einander an.

»Also …« sagt Lottchen unschlüssig.

»Ich saß, als uns der Herr Eipeldauer knipste, glaub ich, links«, meint Luise nachdenklich.

Lotte schüttelt zaudernd den Kopf. »Nein, ich saß links. Oder?«

Die zwei recken die Hälse zu ihrem Konterfei empor.

»Ja, wenn ihr's selber nicht wißt, welche welche ist!« schreit die Resi außer sich und beginnt zu lachen.

»Nein, wir wissen's wirklich selber nicht!« ruft Luise begeistert. Und nun lachen alle drei, daß ihr Gelächter bis in die Nebenwohnung hinüberdringt.

Dort drüben fragt die Frau, fast erschrocken: »Wirst du denn bei solchem Lärm arbeiten können?«

Er geht zum Flügel und sagt, während er den Deckel öffnet: »Nur bei solchem Lärm!« Und indes nebenan das Gelächter einschläft, spielt er seiner Frau aus der Kinderoper das Duett in Es-dur vor, das bis in die Küche der Nachbarwohnung dringt. Die drei hantieren so leise wie möglich, um sich auch ja keinen Ton entgehen zu lassen.

Als das Lied verklungen ist, fragt Lottchen verlegen: »Wie ist das eigentlich, Resi? Wo nun Vati und Mutti wieder mit uns zusammen sind, können Luise und ich doch noch Geschwister bekommen?«

»Ja freilich!« erklärt Resi zuversichtlich. »Wollt ihr denn welche haben?«

»Natürlich«, meint Luise energisch.
»Buben oder Mädels?« erkundigt sich Resi angelegentlich.
»Buben *und* Mädels!« sagt Lotte.
Luise aber ruft aus Herzensgrund: »Und lauter Zwillinge!«

DIE KONFERENZ DER TIERE

Ein Buch für Kinder und Kenner
nach einer Idee von Jella Lepman

telegramm an alle welt: -..- konferenz in london beendet -..-
verhandlungen ergebnislos -..- bildung von vier internationalen kommissionen -..- nächste konferenz beschlossen -..-
wegen tagungsort noch meinungsverschiedenheiten -..-

Eines schönen Tages wurde es den Tieren zu dumm. Der Löwe Alois, der sich mit Oskar, dem Elefanten, und dem Giraffenmännchen Leopold wie immer freitags zum Abendschoppen am Tsadsee in Nordafrika traf, sagte, seine Künstlermähne schüttelnd: »O diese Menschen! Wenn ich nicht so blond wäre, könnte ich mich auf der Stelle schwarzärgern!«

Oskar, der Elefant, drehte sich unter dem eignen hocherhobenen Rüssel, woraus er, wie unter einer lauen Badezimmerdusche, den staubigen Rücken besprengte, räkelte sich faul und brummte etwas im tiefsten Baß vor sich hin, was die beiden anderen nicht verstanden.

Die Giraffe Leopold stand mit gegrätschten Beinen am Wasser und trank in kleinen hastigen Schlucken. Dann meinte sie, ach nein, er: »Schreckliche Leute! Und sie könnten's so hübsch haben! Sie tauchen wie die Fische, sie laufen wie wir, sie segeln wie die Enten, sie klettern wie die Gemsen und fliegen wie die Adler, und was bringen sie mit ihrer Tüchtigkeit zustande?«

»Kriege!« knurrte der Löwe Alois. »Kriege bringen sie zustande. Und Revolutionen. Und Streiks. Und Hungersnöte. Und neue Krankheiten. Wenn ich nicht so blond wäre, könnte ich mich auf der Stelle ...«

»Schwarzärgern«, vollendete die Giraffe den Satz. Denn den kannten die Tiere der Wüste längst auswendig.

»Mir tun bloß die Kinder leid, die sie haben«, meinte der Elefant Oskar und ließ die Ohren hängen. »So nette Kinder! Und immer müssen sie die Kriege und die Revolutionen und Streiks mitmachen, und dann sagen die Großen noch: sie hätten alles nur getan, damit es den Kindern später einmal besser ginge. So eine Frechheit, was?«

»Ein Vetter meiner Frau«, erzählte Alois, »war während des letzten Weltkriegs an einem großen Zirkus in Deutschland engagiert. Als Balanceakt und Reifenspringer. Hasdrubal, der Wüstenschreck, ist sein Künstlername. Bei einem schweren Luftangriff brannte das Zelt ab, und die Tiere rissen sich los ...«

»Die armen Kinder«, brummte der große Elefant.

»… und die ganze Stadt stand in Flammen, und die Tiere und die Menschen schrien«, fuhr der Löwe fort, »und Hasdrubal, dem Vetter meiner Frau, sengte der glühende Wind die Mähne ab, und er trägt seitdem ein Toupet.« Wütend schlug Alois den Sand der Sahara mit seinem Schweif. »Diese Dummköpfe!« brüllte er. »Immer wieder müssen sie Kriege machen, und kaum haben sie alles entzwei gemacht, raufen sie sich die Haare! Wenn ich nicht so blond wäre …«

»Schon gut«, unterbrach ihn die Giraffe. »Aber Schimpfen hilft nichts. Es müßte etwas geschehen!«

»Jawohl!« trompetete Oskar, der Elefant. »Vor allem wegen der Kinder, die sie haben – aber was?«

Da ihnen nichts einfiel, trotteten sie betrübt heim.

Als Oskar nach Hause kam, wollten die Elefantenkinder nicht ins Bett, und das Kleinste rief: »Lies uns, bitte, noch was vor!« Da griff der Vater zur »Neuen Sahara-Illustrierten« und las mit lauter Stimme: »Vier Jahre nach dem Krieg gibt es in Europa immer noch viele Tausende von Kindern, die nicht wissen, wo ihre Eltern sind, und unzählige Eltern, die …«

»Hör auf, Oskar!« sagte da seine Frau. »Das ist nichts für kleine Elefanten!«

Als Leopold heimkam, wollten die kleinen Giraffen noch nicht schlafen, und das Jüngste rief: »Bitte, Papa, lies uns was vor!« Da griff der Vater zum »Täglichen Sahara-Boten« und las: »Vier Jahre nach dem Kriege hat sich die Zahl der Flüchtlinge in Westdeutschland auf vierzehn Millionen, vorwiegend Greise und Kinder, erhöht, und ihre Zahl nimmt von Monat zu Monat zu. Niemand will sie ...« »Hör auf, Leopold!« sagte da seine Frau. »Das ist nichts für kleine Giraffen!«

Als Alois ins Schlafzimmer trat, riefen alle seine Kinder: »Bitte, bitte, lies uns noch was vor!« Da griff der Vater zum »Allgemeinen Sahara-Anzeiger«, sagte: »Seid schon still!« und las: »Vier Jahre nach dem Krieg, der die halbe Welt zerstört hat und dessen Folgen auch heute noch nicht abzusehen sind, kursieren bereits Gerüchte von einem neuen Kriege, der sich heimlich vorbereite und nächstens ...« »Höre sofort auf, Alois!« rief da seine Frau. »Still! Das ist nichts für kleine Löwen!«

Als die Elefäntchen und alle anderen Tierkinder schliefen, mußte Oskar, der große Elefant, in der Küche, wo seine Frau abwusch, das Geschirr abtrocknen. »Es ist zum Ausderhautfahren«, brummte er. »Das bißchen Geschirr!« maulte sie, »du

wirst täglich fauler!« »Ich meine
doch nicht deine Teller und Tassen«, sagte er, »ich denk an die
Menschen! An die Flüchtlinge, an
die Atombombe, an die Streiks, an
den Hunger in China, an den
Überfluß in Südamerika, an den
Krieg in Vietnam, an die verlorenen Kinder und Eltern, an die Unruhen in Palästina, an die Gefängnisse in Spanien, an den Schwarzen Markt, an die Emigranten ...« Er sank erschöpft auf einen Küchenstuhl. Seine
Frau spülte gerade die Milchtöpfe der Kinder mit ihrem Rüssel. »Da!« rief er plötzlich. Sie ließ vor Schreck eins der Töpfchen fallen. »Da!« brüllte er dumpf und schlug mit der Faust
auf den Küchentisch, wo das »Sahara-Abendblatt« lag. »Da!
Lies! Wieder eine Konferenz zum Teufel! O diese Menschen!
Sie können nur zerstören! Sooft sie aufbauen wollen, wird's ein
Turm zu Babel! Mir tun bloß ihre Kinder leid!

telegramm an alle welt: -..- konferenz der außenminister in paris
abgebrochen -..- keine resultate -..- verstimmung in den hauptstädten -..- wiederaufnahme der konferenz donnerstag in vier
wochen -..- überall geheime kabinettssitzungen anberaumt -..-

Oskar zerknüllte die Zeitung und warf sie unter den Tisch.
Dabei fiel ihm der Schulranzen seines Ältesten ins Auge. Er

packte ihn, nahm Malkasten und Zeichenpapier heraus und sagte: »Schau her, Frau! Jetzt zeig ich dir, wie's auf der Erde aussieht!« Dann zeichnete er zwei Kreise. Das waren die Erdhälften ...

»Das ist die eine Erdhälfte«, sagte der Elefant zu seiner Frau. »Und überall herrschen unter den Menschen Not und Unvernunft. Das sieht jedes Tier ...«

»Nur ein Tier«, sagte der Elefant, »will das Elend und Durcheinander nicht sehen – das ist der Vogel Strauß. Er steckt den Kopf in den Sand.«

»Das ist die andere Erdhälfte«, sagte der Elefant zu seiner Frau. »Und überall herrschen seit Jahrhunderten Krieg, Not und Unvernunft. Das sieht jeder Mensch ...«

»Nur manche Menschen«, meinte der Elefant, »wollen daraus nichts lernen. Sie regieren und reden und machen Konferenzen ...« »Ich weiß«, sagte seine Frau, »und stecken den Kopf in den Sand.«

Nach einer Nacht voller merkwürdiger Träume rannte der Elefant, noch verschlafen und in Pantoffeln, in aller Herrgottsfrühe zum Telefon und meldete sechs Ferngespräche an: eines mit seinem kleinen Neffen, dem Tapir Theodor, in Südamerika; eins mit dem Känguruh Gustav in Australien; eines mit dem alten Eisbären Paul am Nordpol; eins mit der Eule Ulrich in Mitteleuropa; das fünfte mit der Maus Max in Asien, und das sechste mit Reinhold, dem Stier, in Nordamerika. Da hatten die Störche und Flamingos, die im ägyptischen Hauptpostamt als Telefonfräuleins angestellt waren, mächtig zu tun. Erst gab es ein paar Fehlverbindungen, aber schließlich klappte es.

»Hört bitte genau zu!« rief Oskar, der Elefant, »mit den Menschen geht das so nicht weiter! Versteht ihr mich?« »Ja, Oskar!« antworteten die Sechs, so laut sie konnten. »Ich habe eine Idee gehabt!« brüllte der Elefant. »Es ist ihrer Kinder wegen, bloß deshalb! Eine ausgezeichnete Idee! Das heißt, mir und meiner Frau gefällt sie sehr gut ... Sie ist bestimmt nicht übel ... Nein, schlecht ist sie nicht ... Es gibt dümmere Einfälle ... Warum sagt ihr denn gar nichts?« »Wir warten auf deine Idee!« rief der Stier Reinhold in Nordamerika.

»Ach so!« sagte der Elefant, und alle Sieben mußten lachen.

»Nun, verrate sie uns schon!« kicherte die Maus Max in Asien.

»Also, hört zu!« rief der Elefant. »Die Menschen machen in einem fort Konferenzen, ohne etwas zu erreichen, und so ist meine Idee, daß wir auch – eine Konferenz abhalten!«

Nach diesen Worten blieb es in den sechs Telefonleitungen ziemlich lange still. Schließlich schnatterten und klapperten die

Flamingos und Störche ungeduldig mit den Schnäbeln und fragten spitz: »Sprechen Sie noch?« »Unterstehen Sie sich, mich zu trennen!« trompetete der Elefant. Dann brüllte er: »Paul! Theodor! Max! Reinhold! Ulrich! Gustav! Seid ihr plötzlich taubstumm geworden?« »Das nun nicht gerade«, meinte der Eisbär und wiegte nachdenklich den weißen Kopf, »es ist nur ein bißchen merkwürdig ... Erst schimpfst du auf die Konferenzen, und dann ...« »Paul hat ganz recht«, schnarrte die Eule, »erst schimpfst du, und nun sollen wir selber so ein Ding abhalten!« »Hui!« pfiff Max, die Maus, »wir werden uns blamieren, paßt auf!« »Den Teufel werden wir tun!« donnerte Oskar. »Es liegt doch nicht an den Konferenzen, sondern an den Menschen! Habt ihr denn gar keine Selbstachtung, wie? Das wäre ja gelacht! Hört zu, ihr Angstmeier: Heute in vier Wochen versammeln sich sämtliche Abordnungen im Hochhaus der Tiere! Verständigt umgehend alle Gattungen und Arten! Termin – heute in vier Wochen! Treffpunkt – Hochhaus der Tiere! Da werden wir ja sehen, ob ...«

»Die fünf Minuten sind um«, schnatterten die Telefonfräuleins im ägyptischen Hauptpostamt, »wir müssen trennen.« »Dumme Gänse«, brummte Oskar verärgert. »Gänse?« riefen die Telefonfräuleins empört. »Erlauben Sie mal! Hier werden nur Störche und Flamingos beschäftigt!« »Dann also: Dumme Stelzfüßler!« meinte der Elefant achselzuckend und hängte ein. Er war völlig erschöpft und mußte sich die Stirn abtrocknen. (Sein Taschentuch war übrigens vier Meter lang und vier Meter breit).

DIE KONFERENZ DER TIERE

Der Nachrichtendienst klappte wie am Schnürchen. Die Hunde jagten wie der Wirbelwind durch die Städte und Dörfer. Die Wiesel raschelten durch die Gärten. Die Hirsche und Reh-

böcke galoppierten durch die Wälder, daß es dürre Zweige regnete. »Heute in vier Wochen Konferenz im Hochhaus der Tiere!«

Die Zebras donnerten wie ein Gewitter durch die Wüsten. Die Gazellen und Antilopen schossen wie Pfeile über die Steppen. Der Vogel Strauß und der Emu griffen aus, daß der Staub

wie Wolken von der Erde aufstieg. »Heute in vier Wochen Konferenz im Hochhaus der Tiere!«

Die Rentiere trabten dampfend über die Tundra. Die Polarhunde sprangen bellend durch die Mittsommernacht. Die

Möwen gellten es den Pinguinen ins Ohr: »Heute in vier Wochen Konferenz im Hochhaus der Tiere!«

Die Affen schwangen sich schreiend in den Urwäldern von Baum zu Baum. Die schillernden Käfer summten es. Die kleinen bunten Kolibris zirpten es. »Heute in vier Wochen Konferenz im Hochhaus der Tiere!«

Die Papageien und Kakadus plapperten es wie schnarrende Automaten, während sie sich in den Lianen wiegten. Die Spechte klopften es wie Morsezeichen gegen die hohlen, dröhnenden Baumstämme. »Heute in vier Wochen Konferenz im Hochhaus der Tiere!«

Die Frösche hockten aufgeplustert in den Sümpfen und Teichen und quakten die Nachricht unermüdlich in die Lüfte. »Heute in vier Wochen Konferenz im Hochhaus der Tiere!«

Die Schwalben saßen, wohin man blickte, auf den Telefondrähten der Überlandpost und meldeten die Neuigkeit in alle Länder der Erde. »Heute in vier Wochen Konferenz im Hochhaus der Tiere!«

Die Brieftauben schossen zu Tausenden über die Gebirge und Meere, und in den winzigen Kapseln, die sie am Halse trugen, stand es deutlich zu lesen: »Heute in vier Wochen Konferenz im Hochhaus der Tiere!«

Die Känguruhs hüpften mit Riesensprüngen quer durch das Innere Australiens. Sie hatten, als wären sie Briefträger, die wichtige Post in ihren Beuteln. Und die Post lautete: »Heute in vier Wochen Konferenz im Hochhaus der Tiere!«

Und noch in die dämmrige Tiefe der Ozeane drang die Kunde zu den absonderlichen, fremdartigen Wesen, die dort unten hausen. Hier schrieben es die Tintenfische mit Riesenbuchstaben ins Wasser. »Heute in vier Wochen Konferenz im Hochhaus der Tiere!«

Ja, sogar die Schnecke Minna kroch aufgeregt aus ihrem Einfamilienhaus heraus und schleppte sich, das Haus auf dem Rücken, vor lauter Atembeschwerden prustend und schnaufend, durch die Weinberge. Manchmal hielt sie inne, schnappte gierig nach Luft und rief heiser: »Heute in vier Wochen Konferenz im Hochhaus der Tiere!«

»Was erzählst du da?« fragte der Regenwurm Fridolin, neben dem Minna zufällig verschnaufte. »Das ist ja hochinteressant!« erklärte er ganz aufgeregt und begann sich auch schon in der Erde einzubuddeln. »Wo willst du denn so eilig hin?« fragte die Schnecke. Fridolins Kopf war nur noch halb zu sehen. »Dumme Frage!« brabbelte er. »Die Tiere auf der anderen Seite der Erde müssen es ja schließlich auch erfahren! Heute in vier Wochen Konferenz im Hoch…« Und schon war er verschwunden.

Ehe man sich's versah, wußten alle Tiere Bescheid, ob sie nun in der Wüste lebten oder im ewigen Eis, ob hoch in den

Lüften oder auf dem Grunde des Ozeans. Sie hielten Versammlungen ab und wählten für jede Art und Gattung einen Delegierten. Es war fast wie damals vor der großen Sintflut, als Noah zu ihnen geschickt und sie gebeten hatte, paarweise in seine Arche zu kommen. Die Delegierten trafen auf der Stelle die notwendigsten Reisevorbereitungen. Reinhold, der Stier, lief zum Schuster und ließ sich die Hufe frisch besohlen.

Der Vogel Strauß ließ sich beim Friseur die Pleureusen schwungvoll ondulieren.

Der Büffel ließ sich die Stirnlocken mit der Brennschere rollen. Und in der Nachbarkabine saß der Löwe Alois schwitzend unter der Haube, weil er für die Konferenz neue Dauerwellen haben wollte. »Diese Hitze!« sagte er stöhnend zu dem Fräulein, das ihm währenddem die Krallen schnitt und feilte, »die Hitze könnte mich rasend machen! Wenn ich nicht so blond wäre ...« »Ich schwärme für blonde Mähnen«, meinte die Maniküre und lächelte ihn an. Daraufhin sagte Alois seinen berühmten Satz nicht zu Ende.

Der Pfau stolzierte zu einem berühmten Kunstmaler und ließ sich von ihm die Radfedern auffrischen.

Paul, der Eisbär, nahm ein heißes Bad in einem dampfenden Geysir. Er fand das fast kochende Wasser scheußlich. Aber hinterher sah er aus wie frisch gefallener Schnee, und seine Familie bewunderte ihn außerordentlich.

Oskars Frau bügelte den Sonntagsanzug ihres Mannes. Sie konnte sowieso seine zerknitterten Hosenbeine nicht leiden, und auf der Konferenz sollte er endlich einmal elegant wirken.

Oskar selber saß inzwischen beim Zahnarzt und ließ sich den linken Stoßzahn plombieren. Der Zahnarzt war ein Neger, schwarz wie Ebenholz, und hatte einen kleinen Sohn mit großen, runden Augen. »Dich nehm ich mit auf die Reise«, sagte Oskar zu dem Jungen. »Denn im Grunde halten wir ja die Konferenz nur wegen der Kinder …« »Wollen Sie bitte mal nachspülen«, meinte der Zahnarzt und hielt ihm einen Eimer voll Wasser hin.

Zu Hause packten die Tierfrauen die Koffer mit Reiseproviant voll. Und mit Wäsche und Thermosflaschen und Moos und Mais und gedörrtem Fleisch und Fisch und mit Hafer, Wabenhonig, Brathühnern und gekochten Eiern. Und dann zogen die Delegierten die Mäntel an, denn es war Zeit, zum Bahnhof zu gehen.

Es war sogar allerhöchste Zeit. Auf den Bahnhöfen in Afrika, Asien, Amerika, Europa und Australien standen schon die Schnellzüge unter Dampf. Die Lautsprecher brüllten: »Höchste Eisenbahn – alles Platz nehmen! Abfahrt zum Hochhaus der Tiere – Türen schließen!« Dann ruckten die Lokomotiven an. Oskar und Alois und Leopold und viele andere Delegierte hatten die Wagenfenster heruntergelassen und winkten mit ihren Taschentüchern. Und die Mütter mit den Elefäntchen und den anderen Tierkindern winkten zurück. »Blamiert euch nicht!« rief Oskars Frau mit erhobenem Rüssel. »Keine Bange!« schrie Oskar zurück. »Wir werden die Welt schon in Ordnung bringen! Wir sind ja schließlich keine Menschen!«

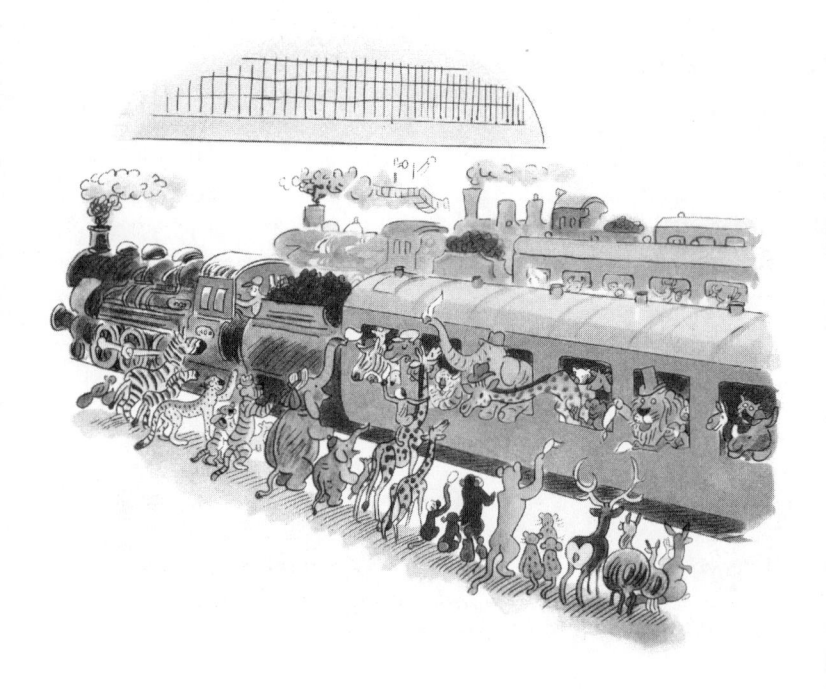

In den Häfen am Meer ging es nicht weniger lebhaft zu. Die Tiere, die nicht schwimmen konnten, gingen an Bord moderner Schnelldampfer. Es lagen aber auch große Walfische am Pier und sperrten ihre riesigen Mäuler auf. Sie hatten sich freiwillig für den Transport der Konferenzteilnehmer zur Verfügung gestellt, und wer den Schiffsmotoren nicht traute, brauchte nur über die Laufplanke in einen der Walfische hineinzuspazieren. »Schiffe gehen zuweilen unter«, sagte der Hase zum Fuchs. »Aber daß ein Walfisch untergegangen ist, habe ich noch nie gehört.« – Damit hoppelte er über die Planke in den aufgesperrten Rachen des Ungeheuers. Schließlich war alles an Bord. Die Schiffssirenen heulten auf. Die Walfische klappten ihre Mäuler zu. Wasserfontänen spritzten hoch, und die Flottille setzte sich in Bewegung. Die Verwandten am Ufer winkten. Die Delegierten an der Schiffsreling winkten zurück. Nur die Abgeordneten im Bauch der Walfische – die winkten nicht. Weil Walfische keine Fenster haben.

Auch auf den Flugplätzen sämtlicher Erdteile war Hochbetrieb. Die meisten Delegierten – soweit es nicht Vögel waren – flogen zum allererstenmal in ihrem Leben und benahmen sich ein bißchen nervös und zimperlich. Aber als der Adler, der Geier, der Bussard und der Reiher sie auslachten, nahmen sie sich zusammen und setzten sich ergeben auf ihre Kabinenplätze. Man konnte übrigens auch, gegen einen entsprechenden Preiszuschlag, einen fliegenden Teppich mieten. Das tat beispielsweise der Skunks. Als wohlhabendes Pelztier konnte er sich das leisten. Außerdem blieb ihm gar nichts andres übrig. Weil er stank, hatte man ihm an der Kasse kein Flugbillett verkauft. Nun ja, schließlich waren alle untergebracht. Die Luftflottille erhob sich. Die Propeller sausten und blitzten in der Sonne. Die fliegenden Teppiche schimmerten bunt wie große Schmetterlinge. Raben und Reiher, Falken, Marabus und Wildenten flogen im Gefolge. Und die Erde unter ihnen wurde immer kleiner und kleiner.

Die Polartiere hätten um ein Haar Pech gehabt. Denn als sie am Hafen ankamen, waren die Dampfer allesamt eingefroren.

Aber Eisbär Paul wußte Rat. Erst fuhren sie samt ihrem Gepäck auf Rentierschlitten südwärts, und dann stiegen sie auf einen Eisberg um: Paul und das schnauzbärtige Walroß und der Pinguin und das Schneehuhn und der Silberfuchs. Ja, und ein kleines pausbäckiges Eskimomädchen, das mit Paul schon lange befreundet war. – Der Eisberg hatte einen großen Nachteil: Er war schrecklich langsam, und sie fürchteten schon, sie kämen womöglich zu spät.

Da hatte zum Glück das Walroß einen ausgezeichneten Einfall.

Es bat alle Robben, denen sie begegneten, ihnen vorwärtszuhelfen, und die Seelöwen und Seehunde ließen sich nicht zweimal bitten. Mit der einen Flosse hielten sie sich am Eisberg fest, mit der anderen ruderten sie im Takt wie tausend gelernte Matrosen, daß der schneeglitzernde, kristallblaue Eisberg förmlich dahinflog! Die Überseedampfer, die ihnen begegneten, bekamen es mit der Angst und nahmen schleunigst Reißaus.

Die Tiere, die mit der Eisenbahn fuhren, hatten es am schwersten. Denn die Erde und die Kontinente sind ja bekanntlich in viele, viele Reiche und Länder eingeteilt, und überall waren Schranken heruntergelassen, und überall standen uniformierte Beamte und machten böse Gesichter.

»Was haben Sie zu verzollen?« fragten die uniformierten Beamten. »Zeigen Sie sofort Ihre Pässe!« sagten sie. »Haben Sie ein Ausreisevisum?« »Haben Sie ein Einreisevisum?« »Was ist los?« knurrte der Löwe Alois. »Wir können ja einmal nachsehen«, meinte Oskar, der Elefant. Und nun stiegen die beiden

mit dem Tiger und dem Krokodil aus dem Zug und näherten sich neugierig den Beamten.

Da kriegten die uniformierten Beamten einen großen Schreck und rannten davon, so schnell sie konnten. »Haben Sie denn ein Ausreißevisum?« rief Oskar hinter ihnen her. Darüber mußten alle Tiere im Zug so lachen, daß sie sich fast verschluckten. Und dann fuhren sie ungestört weiter.

Obwohl nun doch zu Wasser, zu Lande und in der Luft so viele Tiere auf dem Wege zur Konferenz waren, merkten die wenigsten Menschen etwas davon. Nur die Leute, die an der Eisenbahn wohnten, wunderten sich ein bißchen. Aber wenn dann einer sagte: »Es wird wohl ein Wanderzirkus sein«, gaben sie sich wieder zufrieden. Am erstauntesten waren die kleinen Kinder, die in diesen Tagen in ihren Bilderbüchern blätterten. Die Bilderbuchtiere waren nämlich aus den Büchern verschwunden! Es sah aus, als hätte sie jemand fein säuberlich mit der Schere herausgeschnitten! Aber es hatte sie natürlich gar niemand herausgeschnitten, sondern sie waren mitten in der Nacht aus den Büchern gesprungen und hatten
sich auf die Socken gemacht,
um ja rechtzeitig
im Hochhaus
der Tiere
zu sein ...

DIE KONFERENZ DER TIERE

Das Hochhaus der Tiere ist bestimmt das merkwürdigste und vielleicht das größte Gebäude der Welt. Es hat einen eignen Hafen, einen eignen Flugplatz. Es enthält das Hauptpostamt für die Brieftauben, ein Hotel für die Zugvögel, eine Stellenvermittlung für Tiere, die in den Zoo wollen, eine Tanzschule für Bären, eine Akademie für Dressurlöwen, eine Reit- und Springschule für Pferde, ein Institut zur Förderung begabter Affen, ein Konservatorium für Singvögel, eine Technische Hochschule für Spinnen, Biber und Ameisen, ein Raritätenmuseum, eine zahnärztliche Klinik, ein Sanatorium, einen Kindergarten für Tierbabys, deren Eltern tagsüber arbeiten müssen, ein Waisenhaus, einen Optikerladen für Brillenschlangen, ein Gefängnis für Tierquäler, eine Krebsscherenschleiferei, eine Leuchtfarbenfabrik für Glühwürmchen, Konzertsäle, Schwimmbassins, Speisesäle für Fleischfresser, Speisesäle für Pflanzenfresser, Aufenthaltsräume für Wiederkäuer und vieles, vieles mehr.

Weil nun jeden Tag neue Flugzeuge, Dampfer, Walfische, Züge und fliegende Teppiche mit seltsamen Tieren eintrafen, wurden die Menschen immer neugieriger. Schließlich kamen Zeitungsleute, Rundfunkreporter und Männer von der Wochenschau angerückt, knipsten, kurbelten, fragten, was das Zeug hielt, und machten sich Notizen. »Was ist eigentlich die Absicht Ihrer Zusammenkunft, meine Herren Tiere?« fragten sie gespannt. »Ganz einfach«, meinte die Giraffe von oben herab, »es handelt sich um die Menschen.« »Wenn ich nicht so blond wäre«, rief der Löwe Alois aufgebracht, »könnte ich mich ihretwegen auf der Stelle schwarzärgern!«

Da lachten die Reporter und notierten sich, daß der Löwe ein ausgesprochen witziger Kopf sei. Oskar rümpfte hierüber seinen Rüssel, dann sagte er ruhig: »Es ist wegen der Kinder, verstehen Sie?« Nein, sie verstünden ihn nicht, erwiderten sie. Da brummte er nur: »Das wäre ja auch ein wahres Wunder!«

»Also, hören Sie gut zu«, sagte Reinhold, der Stier, zu einem jungen Mann, der ihm ein Mikrophon vor die Nase hielt. »Ich höre«, meinte der junge Mann, »und die übrige Menschheit hört mit!« »Wissen Sie was?« fuhr der Stier fort. »Es wird besser sein, wenn Sie zuvor ihre rote Krawatte abbinden. Rot macht mich nervös, und wenn ich nervös werde ...« Der junge Mann band sich, so schnell er konnte, die Krawatte ab, und Reinhold, der Stier, sagte nun: »Unsere Konferenz im Hochhaus der Tiere beginnt am gleichen Tage wie die Konferenz der Staatspräsidenten in Kapstadt, es ist, glaube ich, ihre siebenundachtzigste.« »Ganz recht«, erklärte der junge Mann, »und bei Ihnen, soviel ich weiß, die erste, nicht wahr?« »Stimmt«, sagte der Stier, »und die letzte!«

Die Photographen machten gerade ein hübsches Gruppenbild. Mit Oskar, Alois, Leopold, dem Känguruh Gustav, dem Tapir Theodor und Julius, dem größten Kamel des 20. Jahrhunderts – da brüllte der Elefant plötzlich so laut, daß alle miteinander erschraken: »Moment! Wo ist denn Paul? Hoffentlich ist ihm nichts passiert!« Und schon rannte er, so schnell ihn seine Plattfüße trugen, zum Fahrstuhl.

Die Angst hatte Oskar nicht getrogen. Der Eisbär und die anderen Delegierten des Polarkreises befanden sich in Seenot. Sie waren unversehens in den warmen Golfstrom geraten, und der schneeglitzernde, kristallblaue Eisberg, auf dem sie dahinfuhren, wurde von Stunde zu Stunde kleiner und kleiner. So sehr Paul und das Walroß die rudernden Seelöwen und Seehunde antrieben und so sehr diese sich mühten und quälten, aus dem Eisberg, dem gewaltigen, war längst ein unbedeutender, harmloser Eishügel geworden …

Die Tiere mußten immer mehr zusammenrücken. Das Schneehuhn wurde noch blasser, als es schon war. Der Silberfuchs klapperte leise mit den Zähnen. Das Walroß ließ den Schnauzbart hängen.

Und Paul, der Eisbär, brummte: »Wenn das noch lange so weitergeht, müssen wir den Rest zu Fuß zurücklegen!« Schließlich zogen sie gar dem kleinen Eskimomädchen das Hemd aus und schwenkten es in der Luft. Ihr Eisberg war jetzt nur noch so groß wie eine ganz gewöhnliche Eisscholle.

Während die Ärmsten auf ihrer schrumpfenden Eisscholle dahintrieben, ging es im Hochhaus, wie sich leicht denken läßt, äußerst lebhaft zu. Viele der Gäste hatten merkwürdige, zuweilen schwer erfüllbare Sonderwünsche. Aus dem Bassinzimmer des Delphins mußten beispielsweise vierzig Kubikmeter Wasser abgelassen werden, damit er für seine Luftsprünge genügend Platz hatte.

Für das Krokodil mußten mehrere Sperlinge besorgt werden, die ihm, wie's das nun einmal gewohnt war, in dem weit aufgesperrten Rachen umherspazieren sollten. Leopold, die Giraffe, verlangte zum Wohnen nicht nur zwei übereinander gelegene Zimmer, man mußte auch noch in die Decke des unteren ein großes Loch schlagen, damit das Tier den Kopf hindurchstecken konnte!

Ulrich, die Eule, bestand auf einer Dunkelkammer. Die exotischen Schmetterlinge bestellten unbekannte Blumen, und frisch sollten sie überdies sein! Max, die Maus, wollte kein Zimmer, sondern ein Mauseloch. Wo sollte man das in einem so modernen Bau hernehmen? Reinhold, der Stier, trieb's am ärgsten. Er klingelte und sagte, man möge ihm, weil er sich so allein fühle, eine hübsche, bunte Kuh heraufschicken. Dem Hoteldirektor, dem Marabu, sträubte sich das Gefieder.

Aber schließlich kam alles in die Reihe. Auf der ersten Seite der neuesten Zeitungen erschienen die Photographien der im Hochhaus der Tiere eingetroffenen Delegierten. Daneben waren die Interviews mit ihnen abgedruckt. Der Rundfunk brachte die Unterhaltung zwischen ihnen und den Reportern, und der Kommentator äußerte seine Vermutungen über die Absicht und Ziele der Konferenz. Da gab's für die Gäste natürlich viel zu sehen und zu hören.

Außerdem rückte ja auch der Beginn der Konferenz immer näher, und man hatte mit den Vorbereitungen alle Hände voll zu tun! Die Singvögel übten im Konservatorium die feierliche Eröffnungshymne. Der Specht schlug den Takt. Weil der Pfau – des Glaubens, er habe eine schöne Stimme – mitkrächzen wollte, hatte man eine kurze Auseinandersetzung. Dann rauschte er, ein prächtiges Rad schlagend, aus dem Saale.

Die Spinnen und die Webervögel woben zwei wundervolle große Spruchbänder. Eines fürs Portal, mit dem Wortlaute: »Herzlich willkommen!« Und auf dem anderen, noch schöneren, das für den Konferenzsaal bestimmt war, stand zu lesen: »Es geht um die Kinder!«

Im oberen Zimmer der Giraffe, die mit ihrem Kopf aus dem Loch im Fußboden hereinragte, saßen indessen der Elefant, der Löwe, der Adler, der Fuchs und die Eule, die eine dunkle Brille trug. Sie debattierten darüber, was man während der

Konferenz sagen wolle. Wie man die Menschen davon überzeugen könne, daß sie sich, mindestens ihren Kindern zuliebe, vertragen müßten. Ob man sie notfalls zur Vernunft zwingen solle, und wie das wohl zu machen sei. Manchmal schaute der Marabu ins Zimmer. »Noch keine Nachricht?« fragte dann jedesmal Oskar, der Elefant. Und jedesmal schüttelte der Marabu den Kopf.

Wir wissen, auf welche Nachricht die Tiere warteten. Paul, der Eisbär, war noch immer nicht eingetroffen. Und die Wasserflugzeuge, die das Meer nach ihm absuchten, hatten noch immer keine Spur von ihm und den übrigen Polardelegierten entdecken können, obwohl sie flach über den Wellen dahinflogen wie über den grünwogenden Wipfeln eines unendlichen Waldes.

Nun sahen zwar die Flugzeuge den Eisbären nicht, aber der Eisbär sah die Flugzeuge. Die Eisscholle war schon so winzig, daß Paul und das Walroß nebenherschwimmen mußten. »Zustände sind das!« rief das Walroß prustend. »Wenn wir wenigstens einen Vogel an Bord hätten!« »Wir sind doch zwei Vögel!« piepsten das Schneehuhn und der Pinguin. »Wirklich?« fragte das Walroß ärgerlich. »Na, dann fliegt gefälligst, ehe wir hier absaufen, zu den Flugzeugen hinauf und zeigt ihnen, wo wir stecken!« Da tat das Schneehuhn den Kopf zwischen die Flügel, und der Pinguin begann leise zu weinen …

Das Leitflugzeug hatte einen Turmfalken als Beobachter mitgenommen. Der stieß plötzlich einen pfeifenden Schrei aus, schwang sich aus dem Kabinenfenster und fiel, senkrecht wie ein Stein, in die Tiefe. Die Flugzeuge folgten ihm im Sturzflug, und ehe sich's die Schiffbrüchigen versahen, waren sie von Falken, Bussarden, Seeadlern und wassernden Hydroplanen umgeben. »Höchste Zeit!« sagte Paul, der Eisbär, als man ihn aus dem Ozean herauszog. »Steward, bitte, einen Grog von Rum!«

Als der Eisbär – weil er sich erkältet hatte, mit einem dicken Wollschal um den Hals – im Hochhaus eintraf, umarmte ihn Oskar und umschlang ihn gerührt mit dem Rüssel. »Vorsicht!« rief Paul. »Hast du Angst, daß ich dir die Rippen breche?« brummte Oskar. »Nein«, sagte der Bär, »ich hab Angst, daß du meinen Schnupfen kriegst.« Da lachten sie beide, bis der Elefant plötzlich große Augen machte. »Nanu!« »Ja, da staunst du, was?« sagte Paul. »Das ist eine kleine Freundin von mir, ein Eskimomädchen, gefällt sie dir?« »Reizend«, meinte Oskar, »ich werde nie begreifen, wie aus so netten Kindern später Erwachsene werden!« Damit trabte er zu der Giraffe und flüsterte dieser etwas ins Ohr.

Nun machte die Giraffe einen ganz, ganz langen Hals, bis sie den Kopf in ein offenes Fenster der sechzehnten Etage des Hochhauses stecken konnte. Nach einer Weile kam ein kleiner kohlrabenschwarzer Negerjunge aus dem Fenster geklettert. »Nanu!« rief der Eisbär. »Da staunst du, was?« meinte Oskar stolz. »Das ist ein kleiner Freund von mir, der Sohn meines Zahnarztes.« Und als die Giraffe den kleinen Jungen vor Paul niedergesetzt hatte, brummte dieser: »Ich werde nie begreifen, wie aus so netten Kindern später Zahnärzte werden!«

Während sich die beiden Kinder noch ein bißchen neugierig und von der Seite ansahen, kam der Königstiger lautlos des Wegs, und auf seinem Rücken saß ein zierliches, braunhäutiges Kind. »Da!« knurrte der Tiger. »Das ist meine Überraschung! Meine kleine Freundin aus dem bengalischen Dschungel!« Er ließ sie sanft nieder. Sie stieg von ihm herunter und kam, schwebenden Gangs, auf den Negerjungen und das Eskimomädchen zu. »Reizend!« meinte Oskar. »Entzückend!« flüsterte Leopold. »Wie eine Eisheilige!« sagte der Eisbär hingerissen. »Hoffentlich wird sie später nicht Zahnärztin!«

»Kleine Tiere haben auch Einfälle!« piepste es auf einmal hinter ihnen, und als sie sich alle umdrehten, erblickten sie Max, die Maus, die übermütig um einen kleinen Jungen herumsprang. »Ein Chinese!« riefen die andern und bestaunten einen gelben Knaben, der sie aus seinen schiefgestellten Augen verschmitzt anlächelte. »Da staunt ihr, was?« quiekte die Maus. »Gefällt er euch? Er ist mein Freund, und sein Vater ist der Tanzmäusedresseur, bei dem ich mein Diplom als Solotänzer erworben habe!« »Kinder in allen Farben!« meinte Paul. »Jetzt fehlt nur noch ein weißes!«

Kaum hatte der Eisbär das gesagt, kam das Shetlandpony angetrabt; und auf dem vergnügt wiehernden Pony ritt ein blonder Bengel, rotbackig, mit blauen Augen!

Mitten im Trab sprang er zur Erde und lief lachend auf die anderen vier Kinder zu. »Wunderbar!« sagte Oskar, der Elefant. »Nun wissen wir also auch, wer während unserer Konferenz auf der Tribüne der Ehrengäste sitzen wird!« »Da kann ich mich ja beruhigt ins Bett legen und schwitzen«, meinte der Eisbär. »Wegen des kleinen Schnupfens?« fragte der Tiger. »Ja«, erwiderte Paul, »der kleine Schnupfen muß weg. Denn wenn ich niese, sprenge ich die Konferenz!«

An einem schönen, sonnigen Donnerstag war es schließlich soweit. Da wurde in Kapstadt, Südafrika, die siebenundachtzigste Konferenz der Staatshäupter, Staatspräsidenten, Ministerpräsidenten und ihrer Ratgeber eröffnet. Im Frack, in Uniform, je nachdem, stiegen sie, dicke Aktenmappen tragend, die Stufen zum Konferenzgebäude empor.

telegramm an alle welt: -..- konferenz in kapstadt eröffnet -..- alle staatshäupter und staatsoberhäupter gesund eingetroffen -..- sehen verständigung aufs zukunftsfroheste entgegen -..- unbedeutende meinungsverschiedenheiten hinsichtlich tagesordnung -..- änderungsantrag betreffs geschäftsordnung -..- erregte debatte wegen sitzordnung -..- wetter ausgezeichnet -..-

Am gleichen schönen, sonnigen Donnerstag stiegen die Tierdelegierten, vom Zweibeiner bis zum Tausendfüßler, die Stufen ihres Hochhauses hinan, um ihren Kongreß zu eröffnen. Der von den Spinnen und Webervögeln angefertigte Begrüßungsspruch »Herzlich willkommen!« wehte luftig und duftig im lauen Winde. Aktenmappen trug niemand.

telegramm an alle welt: -..- konferenz im hochhaus der tiere eröffnet -..- alle delegierten pünktlich eingetroffen -..- mit kapstadter konferenz in rundfunk- und fernsehverbindung -..- es geht um die kinder! -..- nicht siebenundachtzigster, sondern erster und letzter versuch der tiere aller zonen -..- vernünftige einigung jetzt oder nie -..- später zu spät -..- wetter ausgezeichnet -..-

Die Versammlung der Tiere im Großen Verhandlungssaal des Hochhauses bot einen denkwürdigen Anblick. Die Raubvögel hockten auf Stangen. Die Affen saßen auf Schaukelstühlen, und der Orang-Utan paffte eine Zigarre. Die Fledermaus und der Fliegende Hund hingen kopfunter am Kronleuchter. Die Singvögel wiegten sich auf dem Geweih des Hirschs und den spitzen Hörnern der Antilope. Die Schlangen und Lurche lagen auf Teppichen. Der Skunks hatte aus den auf Seite 276 mitgeteilten Gründen am offenen Fenster Platz genommen. Die Fische drängten sich, großäugig und offnen Munds, hinter der hohen Glaswand des Bassins, das linker Hand den Saal abschloß. Das Marienkäferchen kauerte, weil es kurzsichtig war, zwischen Oskars Rüssel und der Präsidentenglocke auf dem

langen grünbelegten Verhandlungstisch. Die Stille war so feierlich, daß das Kaninchen, weil der Floh auf dem Mandrill umherhüpfte, ärgerlich »Pst!« machte. Hoch in der Luft wehte das Spruchband »Es geht um die Kinder!« und drunter saßen, frisch gewaschen und gekämmt, die fünf kleinen Ehrengäste. Auf den Lehnen ihrer Stühle schillerten bunte Schmetterlinge und Kolibris, und zu ihren Füßen spielten Micky Maus, Babar, Ferdinand, Reineke Fuchs, der Gestiefelte Kater und die anderen Bilderbuchtiere. Die Rednertribüne war von Mikrophonen und Fernsehkameras dicht umstellt, und als Oskar mit dem Rüssel die Glocke schwang und rief: »Als erstem erteile ich dem Eisbären Paul das Wort!« ging es wie ein Seufzen der Erleichterung durch den Saal. »Liebe Freunde!« rief Paul. »Ich will nicht viele Worte machen. Ich halte nichts davon. Außerdem bin ich erkältet. Also – wir sind hier zusammengekommen, um den Kindern der Menschen zu helfen. Warum? Weil die Menschen selber diese ihre wichtigste Pflicht vernachlässigen! Wir verlangen einstimmig, daß es nie wieder Krieg, Not und Revolution geben darf! Sie *müssen* aufhören! Denn sie *können* aufhören! Und deshalb *sollen* sie aufhören!« An dieser Stelle brach im Saal ungeheurer Jubel los. Man stampfte mit den Hufen, schlug mit den Flügeln, klatschte mit den Flossen, klapperte mit den Schnäbeln, wieherte, krähte, zwitscherte, bellte, pfiff, röhrte, trompetete – es war toll!

Während Pauls Eröffnungsrede saßen die Staatspräsidenten, in ihren Fräcken und Uniformen, im Konferenzsaal zu Kapstadt, Südafrika, und starrten schweigend auf die große, straffgespannte Leinwand des Fernsehsenders, von der aus, als stünde er leibhaftig vor ihnen, der Eisbär mit seiner dröhnenden, freilich recht verschnupften Stimme auf sie heruntersprach. »Wenn sich Hindernisse in den Weg stellen«, sagte er, »so kommt man nicht mit kleinen Schritten weiter. Nein, dann muß man springen! Das wissen wir Tiere; und die Menschen, die so gescheit tun, sollten es auch wissen. Heute fordern wir nun in aller Form die Vertreter der siebenundachtzigsten Konferenz der Menschen auf, das wichtigste Hindernis, das es gibt, zu überspringen: nämlich die Grenzen zwischen ihren Ländern. Die Schranken müssen fallen. Sie sind ... sie ... sie ... sind ... Vorsicht ... ich muß nie ... nie ... nie ...« und nun mußte Paul, der Eisbär, so gewaltig niesen, daß die Leinwand zerplatzte! Brillen, Orden, Staub, Stenogrammblöcke, Aschenbecher – alles wirbelte wie bei einem Taifun wild durch die Luft!

An diesem Tage saßen alle Schulkinder in ihren Klassenzimmern am Radio. Durch die offenen Fenster steckten die Ziegen, Kühe, Pferde und Truthähne ihre Köpfe und hörten zu. Und auf den Fensterbrettern hockten Hunde, Hühner und Katzen; denn auch sie wollten, wie sich denken läßt, kein Wort versäumen.

telegramm an alle welt: –..– konferenz der tiere fordert von kapstadt ende der staatsidee –..– seltsamer sprengstoffanschlag auf präsidentenversammlung glimpflich verlaufen –..– sondergesandter general zornmüller mit flugzeug und protestnote unterwegs –..– sonst erster konferenztag ohne zwischenfälle –..–

Am Abend landete das Kapstadter Kurierflugzeug auf dem Hochhaus, und der Herr in Uniform, der aus dem Aeroplan kletterte, wurde sofort zu Oskar und seinen Freunden gebracht. Sie saßen auf dem Dachgarten. Eine Tierkapelle musizierte. Der Eisbär trank Lindenblütentee. »Mein Name ist General Zornmüller«, erklärte der Herr. Der Elefant sagte gemütlich: »Machen Sie sich nichts draus! Schließlich ist es nicht Ihre Schuld!« »Wenn Sie Admiral Wutmaier hießen«, meinte der Löwe Alois, »wär's auch nicht besser.« Weil die Tiere lachten, bekam Herr Zornmüller einen puterroten Kopf. »Hier ist die Protestnote der Kapstadter Konferenz!« Er legte ein gesiegeltes Schreiben auf den Tisch. »Ich bin ermächtigt, Ihre schriftliche Antwort entgegenzunehmen.« Die Tiere lasen die Protestnote. »Wenn ich nicht so blond wäre«, knurrte der Löwe, »könnte ich mich …« »Hör auf!« warnte der Eisbär, »sonst niese ich dich samt dem zornigen Herrn Müller vom Dach herunter!« Oskar legte das Schreiben auf den Tisch, blickte den General ernst an und sagte ruhig: »So so. Wir sollen uns nicht einmischen. Die Herren sind sich darüber einig.« Wütend hieb er auf die Tischplatte. »Zum erstenmal sind sie sich einig! Und warum? Weil wir wollen, daß sie einig sind!« »Scheren Sie sich nach Kapstadt zurück!« rief Leopold, die Giraffe. »Mit dem größten Vergnügen«, meinte Herr Zornmüller, »ich warte nur auf eine schriftliche Erklärung Ihrerseits!« »Verschwinden Sie!« brüllte Oskar. »Wir sind nicht zusammengekommen, um Papier vollzuklecksen, sondern um den Kindern zu helfen, verstanden?« »Gewiß«, antwortete der General, »ich bin ja nicht schwerhörig!« Da erhob sich der Löwe Alois ganz langsam und fragte: »Soll ich Sie zu Ihrem Flugzeug bringen?« »Nicht nötig!« versicherte der General. Und dann hatte er es ziemlich eilig.

Bevor sie sich an diesem Abend Gutenacht sagten, schauten Paul, Alois und Oskar noch einmal ins Kinderzimmer. Sie schlichen auf Zehenspitzen, aber das war gar nicht notwendig. Die fünf Ehrengäste schliefen in ihren fünf Betten wie die Murmeltiere. »Es ist schade um die Kinder«, murmelte der Löwe. Er war ganz gerührt. »Verzweifle nicht, du Häuflein klein«, sagte der Eisbär leise zu Alois, »wir werden den Herren in Kapstadt unseren Standpunkt schon noch klarmachen.« »Diese Aktenfabrikanten!« schnaufte Oskar. »Diese Tintenkleckser! Diese Leitzordner! Diese zweibeinigen Büroschemel! Diese ... Nanu, Mäxchen, was machst du denn hier?« »Ich?« piepste die Maus, »erst hab ich nachgeschaut, ob mein kleiner Chinese schön zugedeckt ist, und dann hab ich mich ein bißchen mit der Micky Maus unterhalten. Wenn sie auch nur aus Pappe ist, – schließlich sind wir ja verwandt miteinander!«

Plötzlich lief Max, die Maus, wie der Blitz an dem Elefanten empor und wisperte ihm etwas ins Ohr. »Donnerwetter!« sagte der. »Das ist deiner Pappkusine eingefallen?« Dann beugte er sich zu Alois und flüsterte diesem etwas ins Ohr. Dann beugte sich der Löwe zum Eisbären und sprach leise auf ihn ein. Und dann lächelten allesamt verschmitzt. Endlich meinte Oskar: »Wird gemacht! Ich telefoniere sofort mit Südafrika! Die Herren werden morgen früh die Augen nicht schlecht aufreißen!«

Am nächsten Morgen bot sich in Kapstadt ein erstaunliches Schauspiel. Aus allen Himmelsrichtungen strömten Mäuse und Ratten in die Stadt. Die Autos und Straßenbahnen blieben stecken. Die Menschen flohen in die Häuser und auf die Dächer. Es war wie eine Springflut! Die Tiere blickten nicht rechts, noch links. Ihr Ziel war das gewaltige Gebäude, in dem gerade die Konferenzmitglieder Platz genommen hatten. Millionenweise strömten die Nagetiere die Stufen hinauf durch Türen und Fenster und über Balkone, endlos und unaufhaltsam, einem unbekannten Befehle gehorchend. Den Menschen, die es sahen, blieb fast das Herz stehen …

Schon nach wenigen Minuten waren die Zimmer, Korridore und Säle nicht wiederzuerkennen. Sämtliche Akten der Konferenzteilnehmer, der Kommissionen, Unterkommissionen, Referenten und Sekretäre lagen in Fetzen am Boden. Kein Stück Papier blieb verschont. Im Großen Verhandlungssaal sah es aus, als sei eine Papierlawine niedergegangen. Einige der Anwesenden blickten gerade noch mit der Nasenspitze aus den Aktenschnitzeln heraus. So schnell sie gekommen waren, verschwanden die Mäuse und Ratten wieder. Und nun erschien auf der Fernsehleinwand Alois, der Löwe, und seine Stimme sprach: »Es mußte sein. Eure Akten waren eurer Vernunft im Wege. Jetzt ist der Weg frei. Wir verlangen, daß ihr euch einigt. Es geht um die Kinder!«

telegramm an alle welt: –..– gesamtes aktenmaterial der kapstadter konferenz durch mäuseplage vernichtet –..– fortführung der verhandlungen dadurch ernstlich in frage gestellt –..– konferenz der tiere stellt ultimative forderung –..– geheime beratungen im gange –..– ablehnung des ultimatums selbstverständlich –..–

Nachdem die Mäuse in den Kapstadter Palast eingedrungen waren und sämtliche Akten vernichtet hatten, war es ein paar Photographen auf der Pressetribüne gelungen, mehrere Aufnahmen von dem merkwürdigen Durcheinander zu machen. Die Photos erschienen noch in allen Abendblättern, und in sämtlichen Hauptstädten der Erde sah man vergnügte Gesichter.

Mittlerweile saßen die Staatsmänner in Kapstadt zusammen, kauten vor Wut an den Fingernägeln und schämten sich. Da trat General Zornmüller, aufrecht wie immer, in den Saal und sagte: »Alles in Ordnung, meine Herren Staatshäupter! Die Flugzeuge mit den Kopien und Abschriften aller vernichteten Akten sind unterwegs. Die morgige Sitzung kann ungehindert stattfinden.« »Wir danken Ihnen, Feldmarschall Zornmüller!« antworteten die Präsidenten.

Während General Zornmüller auf diese Weise zum Feldmarschall ernannt wurde, flogen Hunderte von großen Flugzeugen aus allen Richtungen der Erde nach Kapstadt in Südafrika. Und die letzte Radiomeldung des Abends lautete: »Die Kopien der vernichteten Akten sind aus den Staatsarchiven eingetroffen. Militär wird die Aktenschränke bewachen und im Notfalle von den Waffen Gebrauch machen.«

»Das war ein kurzes Vergnügen«, brummte Paul, der Eisbär, der mit den anderen im Hochhaus der Tiere am Radio saß. »Sie sind uns über«, klagte der Tapir Theodor. »Kunststück!« trompetete Oskar. »Mit ihren Fliegenden Festungen, mit ihrer Infanterie und Artillerie! Fällt euch nichts ein? Gar nichts? Max, dir auch nicht? Freunde, laßt uns nachdenken!« Und so zogen sie ernste Gesichter und dachten nach ...

Darüber verging eine Stunde. Dann erklärte die Giraffe Leopold mit hoher, leiser Stimme: »Die meisten Menschen sind, glaub ich, viel netter und vernünftiger, als wir denken. Er liegt im Grunde an den Akten und am Militär.« »Dazu hättest

du nicht so lange nachzudenken brauchen«, sagte Julius, das Kamel, »das wußten wir schon vor einer Stunde!« »Ist den anderen auch nichts eingefallen?« fragte Oskar. »Freunde, denkt weiter nach!« »Na schön«, murmelten alle. Und dachten weiter nach ...

Darüber verging wieder eine Stunde. Sie waren schon ganz müde vor lauter Nachdenken. »Die Akten und die Uniformen«, rief plötzlich Reinhold, der Stier, »nur daran liegt's!« »Du merkst aber auch alles!« knurrte der Eisbär. Und das Kamel sagte: »Das wußten wir schon vor zwei Stunden.« »Freunde«, bat Oskar, »denkt weiter nach! Wenn keinem von uns etwas einfällt, sind wir ...« Plötzlich zeigte Gustav, das Känguruh, auf die Motte, die gegen die Lampe flog, und flüsterte: »Ich hab's!«

Am Morgen des dritten Konferenztags war in Kapstadt alles wieder auf seinem Platz: die Staatshäupter, die Akten, die Schränke, die Mikrophone, die Fernsehleinwand, die Notizblöcke, die Schreibmaschinen, das Durchschlagpapier und die harten und weichen Radiergummis. An den Aktenschränken, ja sogar an jeder Aktenmappe stand ein Soldat mit geladenem Gewehr. An der Tür, auf den Gängen, an den Treppen und vor dem Portal hatten Artilleristen ihre Kanonen postiert. Und Feldmarschall Zornmüller hatte so viel echtes Gold an der Uniform, daß er sich auf seinen Säbel stützen mußte, um nicht zusammenzubrechen. Weil es plötzlich so dunkel im Saale wurde, als ob ein schweres Gewitter heraufzöge, steckte der Feldmarschall den Kopf aus dem Fenster. »Was ist denn das schon wieder?« fragte er ärgerlich. Der Himmel war voller Wolken, die mit rasender Geschwindigkeit näher kamen …

Um es gleich zu sagen: Es waren Motten! Diese sausenden Mottenwolken schwirrten, alles verdunkelnd, durch die Fenster und Türen und sanken, sich teilend, wie dichte graue Schleier auf jeden herab, der eine Uniform trug. Denen, doch auch den Zivilisten, die verschont blieben, stockte der Atem. In diesem Augenblick wurde auf der Fernsehleinwand Reinhold, der Stier, sichtbar. »Eure Uniformen«, rief er, »stehen der Einigkeit und der Vernunft im Wege! Nicht nur in diesem Saal, sondern auf der ganzen Welt! Sie müssen verschwinden! Nicht nur in diesem Saal, sondern auf der ganzen Welt! Wir verlangen, daß ihr euch einigt! Es geht um die Kinder!« So schnell, wie sie gekommen waren, schwebten die Wolken wieder hoch, fort durch Fenster und Türen, empor zum Himmel, immer weiter weg, bis die Sonne wieder schien und man denken konnte, das Ganze sei nur ein Traum gewesen! Wenn man sich aber im Saal umsah und die Soldaten betrachtete, die neben den Kanonen und die mit den Schießgewehren, merkte man, daß es beileibe kein Traum gewesen war ... Sie sahen toll aus ... Von Feldmarschall Zornmüller wollen wir gar nicht erst reden. Er hatte nur noch seinen Säbel an ...

Nicht nur im Konferenzsaal zu Kapstadt, Südafrika, sondern auf dem gesamten Planeten müßten die Uniformen verschwinden, hatte Reinhold, der Stier, gesagt. Und die Motten hielten, was er versprochen hatte! Kein Land, keine Kaserne, kein Uniformrock blieb verschont. Überall sanken die wollefressenden Wolken silbergrauer Motten aus dem Himmel auf die Erde herab. Und weil die Motten die Uniformen nicht zu unterscheiden wußten, mußten nicht nur die Soldaten, sondern auch die Briefträger, Stationsvorsteher, Hotelportiers und Straßenbahnschaffner dran glauben!

telegramm an alle welt: –..– kapstadter konferenz zum zweiten mal unterbrochen –..– mottenplage vernichtet alle uniformen –..– zweites ultimatum der tiere –..– geheime beratungen im gange –..– achtung, achtung! zwanzig uhr erklärung der konferenz über alle sender –..– es spricht sonderbeauftragter zornmüller –..–

Am Abend, Punkt 20 Uhr, stand Herr Zornmüller in einer funkelnagelneuen Uniform vor einem Wald von Mikrophonen und erklärte: »Namens aller in Kapstadt versammelten Staatsmänner lehnt die Konferenz das Ansinnen der Tiere ab. Schon morgen werden alle Soldaten der Erde neue Uniformen tragen! Und was die Hauptsache ist: In Kanonen und Granaten können weder Motten noch Heuschrecken noch Krokodile Löcher fressen! Das soll man sich im Hochhaus der Tiere gesagt sein lassen! Und wenn die Welt voll Motten wär – uns schreckt das nicht! Wenn wir keine Uniformen mehr besitzen, werden wir uns die Regimentsnummern und Rangabzeichen auf die Haut malen! Verstanden? Die Tiere wollen uns Menschen zur Einigkeit zwingen. Das wird ihnen nicht gelingen! Darin sind sich alle Staatsmänner in Kapstadt einig! Und der Wille der Staatsmänner, darüber sollte keinerlei Zweifel herrschen, ist der Wille der Menschheit!«

Als die Tiere in ihrem Hochhaus diese Erklärung angehört hatten, waren sie sehr niedergeschlagen. Und Julius, das Kamel, sagte: »Es hat keinen Sinn. Wir sollten wieder nach Hause fahren. Ich reise morgen. Was gehen uns die Menschen an! Sollen sie sich doch zugrunde richten, wenn's ihnen Spaß macht!« Da bekam Oskar, der Elefant, einen Wutanfall. »Die Menschen«, brüllte er, »die Menschen können uns gestohlen bleiben, du Schaf! Es geht doch nur um ihre Kinder!« »Erlaube mal«, sagte Julius gekränkt, »ich bin kein Schaf.« »Nein, du Kamel!« antwortete Oskar und knallte die Tür ins Schloß ... Er ging ins Kinderzimmer, riegelte sich ein und ging stundenlang auf Zehenspitzen zwischen den fünf kleinen Betten hin und her. Dann setzte er sich auf einen Stuhl, seufzte und dachte die halbe Nacht nach.

Der Tag, der dieser Nacht folgte – der vierte Tag der siebenundachtzigsten Konferenz der Staatsmänner und zugleich der ersten und letzten Konferenz der Tiere – dieser Tag wird für immer in den Geschichtsbüchern als »der größte Schreckenstag der Menschheit« verzeichnet bleiben und von niemandem, der ihn miterlebt hat, jemals vergessen werden. Was war geschehen? Man wagt es kaum zu sagen: Die Kinder waren verschwunden! Sämtliche Kinder sämtlicher Menschen waren fort! Die Babys lagen nicht mehr in der Wiege. Die Kinderbetten waren leer. Die Schulen blieben ausgestorben. Nirgends hörte man ein Kinderlachen, nirgends ein Weinen. Die Eltern und Lehrer und alle Erwachsenen waren allein auf der Erde. Ganz kinderseelenallein. Da begannen sie zu schreien, zu rufen, auf die Straßen zu rennen, zum Rathaus, einander zu fragen, zu weinen, zu wüten und zu beten. Aber es nützte ihnen nichts. Gar nichts ... Herr Wagenthaler, der Nachtwächter in der Fahrradfabrik, sagte, er habe im Morgengrauen gesehen, wie von Grubers Dach ein großer Vogel aufgestiegen sei, mit einem Bündel in den Fängen. Und – ja, auch daran erinnere er sich jetzt – etwas später habe er aus dem Birkenwäldchen Kinderstimmen herüberklingen gehört, die sich allmählich entfernt hätten! Ob es nun stimmte oder nicht, das war alles, was man wußte. Es nützte so und so nichts. Die Kinder, alle Kinder auf der ganzen Welt, waren wie vom Erdboden verschwunden ...

Vor dem Konferenzgebäude in Kapstadt, Südafrika, stauten sich Zehntausende verzweifelter Menschen. Sie standen stumm. Sie waren viel zu traurig, um zu schreien und zu schimpfen. Doch gerade die unheimliche Stille auf dem überfüllten Platze tat ihre besondere Wirkung. Die Artilleristen bewachten zwar noch das Portal. Aber sie hatten ihre Kanonen umgedreht. Die Mündungen waren jetzt auf das Gebäude gerichtet. Denn auch Artilleristen haben Kinder ...

Im großen Verhandlungssaal saßen die Staatsmänner auf ihren Plätzen und blickten ratlos auf ihre Notizblöcke. Auch hier fiel kein Wort. Auch ihre Kinder und Enkel waren ja verschwunden! Feldmarschall Zornmüller biß sich auf den Schnurrbart. Wo mochte jetzt der kleine Philipp sein, sein jüngster Enkel, der später einmal sein Nachfolger und mindestens Generaladmiral oder Admiralgeneral hätte werden sollen? Plötzlich knackte es im Lautsprecher, und eine etwas heisere Stimme rief: »Achtung, Achtung! In einer Minute wird aus dem Hochhaus der Tiere eine wichtige Erklärung abgegeben. Oskar, der Elefant, spricht über alle Sender zur Menschheit!«

Die Rede, die Oskar, der Elefant, im Kreise der Tierdelegation hielt und in der er sich an alle Menschen wandte, war kurz und lautete folgendermaßen: »Seit heute früh sind alle eure Kinder spurlos verschwunden. Diese Maßnahme ist uns nicht leicht gefallen. Denn auch wir sind Eltern, fühlen mit euch und hätten euch den Schmerz gern erspart. Aber wir wußten uns keinen anderen Rat mehr. Nicht wir sind schuld, daß es dazu kam, sondern eure Staatsmänner. Bedankt euch bei ihnen. Unsere Geduld ist erschöpft. Wir wollen und werden nicht länger tatenlos zusehen, wie eure Regierungen eure Kinder, die wir lieben, und deren Zukunft, die uns am Herzen liegt, immer von neuem durch Zank, Krieg, Hinterlist und Geiz aufs Spiel setzen und ruinieren. In euren Gesetzbüchern gibt es eine Bestimmung, daß man Eltern, die nichts taugen, entmündigen kann, das heißt: daß man ihnen ihre Kinder fortnehmen und geeigneteren Erziehern übergeben darf. Wir haben von diesem Gesetz Gebrauch gemacht und eure Regierungen entmündigt. Sie sind ihrer Aufgabe seit Jahrhunderten nicht mehr würdig, und nun ist es genug. Wir haben seit heute früh die Verantwortung für eure Kinder übernommen, und ihr werdet sie nicht eher zurückbekommen, als bis sich eure Regierungen untereinander vertraglich verpflichtet haben, die Welt vernünftig und anständig zu verwalten. Sollten sich die Staatsmänner weigern, so werdet ihr wissen, warum ihr eure Kinder nie mehr wiederseht. Mehr habe ich euch nicht zu sagen. Die erste und letzte Konferenz der Tiere hat, so gut sie es vermochte, ihre Pflicht getan. Heute abend sechs Uhr ist sie zu Ende. Vorschläge aus Kapstadt werden nur bis zu diesem Zeitpunkt entgegengenommen, geprüft und beantwortet. Tut, was ihr wollt. Wir tun, was wir müssen.« Nach diesen Worten verließ Oskar die Rednertribüne. Die übrigen Delegierten nickten ihm ernst und anerkennend zu.

telegramm an alle welt: -..- sämtliche Kinder spurlos verschwunden -..- drittes und letztes ultimatum der tiere -..- konferenz in kapstadt mit sofortverhandlungen einverstanden -..- sonderflugzeuge bereits unterwegs, um tierdelegation abzuholen -..- spätestens dreizehn uhr mit eintreffen der delegation in kapstadt zu rechnen -..- bitte an alle eltern, ruhe zu bewahren -..-

Der Flug nach Kapstadt verging schneller als hinterdrein die Autofahrt durch die von Menschen bis zum Bersten angefüllten Straßen. Alle wollten Oskar, Paul, Leopold, Alois und Max sehen. Max, die Maus, saß ganz allein im letzten Wagen, hoch auf vier Kissen, und verbeugte sich nach allen Seiten. Im Großen Verhandlungssaal wurden die fünf feierlich empfangen. Feldmarschall Zornmüller war ihnen zu Ehren in Zivil erschienen und führte sie zum Verhandlungstisch. »Meine Herren Menschen«, sagte Oskar, » – nicht so viel Umstände, wenn wir bitten dürfen. Unsere Zeit ist kostbar. Und Ihre Zeit leider auch.« Er nahm Platz. »Wo sind unsere Kinder?« fragte ein Staatspräsident schüchtern. Paul, der Eisbär, gab nur zur Antwort: »Es geht ihnen gut.« Dann begannen die Verhandlungen.

Paul, der Eisbär, hatte nicht gelogen: Es ging den Kindern rechtschaffen gut. Vom Erdboden waren sie natürlich nicht verschwunden. So etwas bringen auch die klügsten Tiere nicht fertig. Man hatte sie ganz einfach versteckt. In Höhlen und Grotten, die kein Mensch kennt. Auf Inseln und Atollen, die auf keiner Land- oder Seekarte eingezeichnet sind. In halbverwehten Oasen. In versunkenen Städten. Auf gestrandeten Schiffen. In zerfallenen Palästen und Ritterburgen. Auf einsamen Bergwiesen. In Wäldern und Dschungeln. In Walfischen.

In zerborstenen Tempeln. In verlassenen Pfahlbauten, Bergwerken und Weinkellereien. In Adlerhorsten, Taubenschlägen, Dachsbauten und in den Beuteln der Känguruhs. Manche Kinder, vor allem die ganz kleinen, hatten zunächst etwas Angst und ein bißchen Heimweh. Aber die Tiere waren allesamt so nett zu ihnen, daß sogar die Babys ihren Kummer vergaßen. Die Kühe und Ziegen kamen angetrabt und brachten frische, noch warme Milch. Die Bären brachten Bienenhonig. Die Affen und Makis schüttelten Kokosnüsse und Datteln aus den

Palmwipfeln, Weintrauben gab's, Bananen, Apfelsinen, Himbeeren, Zuckerrohr, Ananas, Erdbeeren, Brombeeren, wilde Kirschen, Pfirsiche, Sauerampfersalat, Sonnenblumenkerne, Maiskolben, Rettiche, Feigen, Spargelspitzen, Reis, Tomaten, Frikassee aus Jasminblüten, Thymian und Waldmeister – die Mahlzeiten waren wirklich sehr abwechslungsreich. Und Spiele gab's auch im Überfluß. Man spielte mit den Tierjungen, ritt huckepack auf den Eseln, Rehen und Wildschweinen, schwamm mit den Schwänen und Delphinen, kletterte mit den Affen und Eichhörnchen schwindelhoch, spielte mit den Büffeln und Zebus Blinde Kuh und mit den Libellen und Zwergnilpferden Schnelle Post. Ehe man sich's versah, war der Tag herum! Und als sie sich im Wald, in den Höhlen, auf den Schiffen und in den Tempelhöfen schlafen legten, dachten fast alle Kinder: ›Hoffentlich dauert der Streit zwischen den Tieren und unseren Eltern noch recht lange!‹

Die Eltern dachten anders. In dieser stummen, kinderlosen Nacht konnte auf der ganzen Erde kein Erwachsener schlafen. Die Väter lehnten an den Fenstern und blickten ratlos zum Monde empor, der vom Leid der Menschen unberührt übers Firmament hinzog. Die Mütter saßen an den leeren Kinderbetten und Wiegen, und ihre Tränen tropften die Kissen naß. Und die alten Großeltern hockten kopfschüttelnd im Ohrensessel. Es war für alle die schlimmste Nacht ihres Lebens.

Die Verhandlung zwischen den Staatshäuptern und den Tieren ging auch während der Nacht weiter. Die Minister und Präsidenten sahen blaß, verstört und unrasiert aus.

Aber Oskar hatte kein Mitleid mit ihnen und blieb unerbittlich. Plötzlich zersplitterte ein Fenster. Ein Stein fiel auf den Verhandlungstisch. An dem Stein war ein Zettel festgebunden. Auf dem Zettel stand: »Es geht um die Kinder, nicht um die Staatshäupter!« »Sehr richtig!« piepste die Maus.

Währenddem wachten vieltausend Tiere über den Schlaf der Kinder. Der Löwe Hasdrubal, der Vetter von Alois' Frau, saß im Mondschein über einem Rechenbuch für die erste Schulklasse und büffelte, obwohl er ein Löwe war. Wenn die Kinder länger bleiben sollten, mußte sie doch jemand unterrichten! »Daß ich, Hasdrubal, der Wüstenschreck, noch einmal Volksschullehrer werden würde, hätte ich bis gestern nicht für möglich gehalten«, sagte er zum Gnu. »Wieviel ist drei mal vier?« »Weiß ich nicht«, antwortete das Gnu, »frag doch die Kinder! Wo ist eigentlich dein Toupet hingeraten?« »Weiß ich nicht«, sagte der Löwe und grinste. »Frag doch die Kinder!«

Am nächsten Morgen, als die Sonne heraufkam, saßen die Tiere mit den Staatshäuptern noch immer am Tisch. Alois gähnte und riß dabei das Maul so weit auf, daß Herr Zornmüller erschrocken wegrückte. Oskar sagte: »Wir geben Ihnen noch zwei Minuten Zeit. Wenn Sie dann nicht unterschreiben, gehe ich auf den Balkon und halte eine kurze Ansprache an die vorm Palast versammelten Menschen. Ich vermute, daß Sie nach meiner kleinen Rede nicht mehr lange regieren werden.« Da endlich zogen die Herren die Füllfederhalter heraus und unterzeichneten den Vertrag. Die Tiere hatten gesiegt!

Der Vertrag, den die Staatshäupter unterschrieben, lautete: »Wir, die verantwortlichen Vertreter aller Länder der Erde, verpflichten uns mit Leben und Vermögen zur Durchführung folgender Punkte: 1. Alle Grenzpfähle und Grenzwachen werden beseitigt. Es gibt keine Grenzen mehr. 2. Das Militär und alle Schuß- und Sprengwaffen werden abgeschafft. Es gibt keine Kriege mehr. 3. Die zur Aufrechterhaltung der Ordnung erforderliche Polizei wird mit Pfeil und Bogen ausgerüstet. Sie hat vornehmlich darüber zu wachen, daß Wissenschaft und Technik ausschließlich im Dienst des Friedens stehen. Es gibt keine Mordwissenschaften mehr. 4. Die Zahl der Büros, Beamten und Aktenschränke wird auf das unerläßliche Mindestmaß herabgeschraubt. Die Büros sind für die Menschen da, nicht umgekehrt. 5. Die bestbezahlten Beamten werden in Zukunft die Lehrer sein. Die Aufgabe, die Kinder zu wahren Menschen zu erziehen, ist die höchste und schwerste Aufgabe. Das Ziel der echten Erziehung soll heißen: Es gibt keine Trägheit des Herzens mehr!« Wie gesagt, das unterschrieben alle Staatshäupter ...

Als die Menschen durch den Rundfunk erfuhren, daß ihre Staatshäupter den Tieren nachgegeben und den ewigen Friedensvertrag feierlich unterzeichnet hätten, brach ein solcher Jubel auf der Erde aus, daß sich die Erdachse um einen halben

Zentimeter verbog. Und als die Eltern hörten, die Kinder kämen zurück, sobald alle Grenzpfähle beseitigt wären, liefen sie im Dauerlauf an die Grenzen und sägten sämtliche Pfähle und Barrieren kurz und klein. Wo früher die Sperren gewesen waren, errichteten sie Blumenpforten und zogen Girlanden. Sogar die Polizei half tüchtig mit. Und nun gab es kein Hüben und Drüben mehr, und alle schüttelten einander die Hände. Und da kamen auch schon alle ihre Kinder wieder! Es war ein Umarmen und Lachen und Weinen, natürlich vor lauter Freude, wie noch nie auf der Welt. Und als gleich nach den Kindern die Staatshäupter einzogen, wurden auch sie umarmt und geherzt. Es war ein Aufwaschen. Sogar Herr Zornmüller kriegte einen Kuß auf die Backe. Er tat, als ob ihm das gar nicht recht sei, und gab deshalb dem jungen Mädchen den Kuß rasch wieder zurück. Das junge Mädchen nahm es ihm aber nicht etwa übel, sondern sagte lachend: »Sie sollten nicht Zornmüller, sondern Schlaumeier heißen!«

Am Freitag darauf trafen sich Oskar, Alois und Leopold wieder, wie freitags immer, zum Abendschoppen am Tsadsee in Nordafrika. »So eine Konferenz ist eine anstrengende Sache«, brummte Oskar, der Elefant, »alle Wetter! Ich habe mich heute früh beim Baden gewogen. Wißt ihr, wieviel ich abgenommen habe? Vierhundert Pfund!« »Macht nichts«, meinte die Giraffe, »die schlanke Linie ist modern.« Dabei blickte sie neugierig in die Luft. Denn hoch über ihnen kehrten gerade die letzten Vögel, Flugzeuge und fliegenden Teppiche von der Tierkonferenz nach Hause zurück. »Daß ich mich nicht schwarzgeärgert habe«, knurrte der Löwe, »ist ein wahres Wunder!« »Daß wir die Menschen zur Vernunft gebracht haben, ist ein noch viel größeres Wunder«, sagte Oskar. »Habt ihr auch gehört, daß sie uns zu Ehren-Erdenbürgern ernennen wollen?« fragte Leopold. »Das wird sich auch so gehören!« erklärte Alois stolz. »Mir zu Ehren wollen sie eine Straße Leopoldstraße nennen«, erklärte die Giraffe und reckte ihren Hals noch höher als sonst. »Werdet bloß nicht albern!« trompetete der Elefant. »Wir taten's ihrer Kinder wegen. Deren Glück ist mir Ehre und Ruhm genug!« Dann hustete er verlegen, verabschiedete sich und rannte nach Hause, weil er seine Elefäntchen ins Bett bringen mußte.

Damit ist unsere Geschichte zu Ende. Oder fehlt noch etwas? Natürlich fehlt noch etwas! Stellt euch vor: Tags darauf, am Sonnabend, kam in Südaustralien der Regenwurm Fridolin aus der Erde gekrochen, schleppte sich müde durch den Sand und rief in einem fort: »Heute in vier Wochen Konferenz im Hochhaus der Tiere! Heute in vier Wochen Konferenz im Hochhaus der Tiere!« Das hörte eine Heuschrecke im Vorübersurren, landete und fragte: »Was faselst du da?« »Heute in vier Wochen Konferenz im Hochhaus der Tiere!« keuchte Fridolin. Die Heuschrecke betrachtete den Regenwurm ironisch. Dann sagte sie: »Das nächste Mal mußt du früher aufstehen, mein Lieber. Die Konferenz ist ja längst gewesen!« »So ein Pech!« meinte Fridolin. »Und ich habe mich so beeilt!« Damit begann er sich auch schon wieder in die Erde einzubuddeln. »Wo willst du denn hin?« fragte die Heuschrecke. Fridolins Kopf war nur noch hab zu sehen. »Dumme Frage!« brabbelte er. »Nach Hause! Ich wohne doch auf der anderen Hälfte der ...« Und schon war er verschwunden.

DAS SCHWEIN BEIM FRISEUR

und andere Geschichten

Liebe Kinder,

für erwachsene Leute regnet es jährlich Millionen billiger Taschenbücher vom Himmel. Es grenzt an Platzregen und Hagelwetter. Und wenn die Leute für jedes Taschenbuch, das sie kaufen, eine besondere Tasche brauchten, bestünden ihre Anzüge nur noch aus lauter Taschen. Dann sagten sie zum Schneider nicht mehr wie früher: »Ich möchte einen neuen Anzug«, sondern sie bestellten bei ihm: »Neunzig bis hundert Taschen mit ein bißchen Jackett drumherum.«

Ihr hättet solche Sorgen nicht. Denn für die Kinder gibt es fast noch keine Taschenbücher, wenigstens bei uns in Deutschland. Und warum nicht? Lest ihr weniger als die Erwachsenen? Nein, ihr lest mehr. Oder habt ihr mehr Geld als die Großen? Nein, ihr habt weniger. Gerade ihr hättet also Taschenbücher nötig. Taschenbücher, die ihr aus der eigenen Tasche bezahlen könntet. Taschenbücher fürs Taschengeld. Keine Schundhefte, sondern richtige kleine Bücher, die man, ohne rot zu werden, liest, dann ins Regal stellt und bei Gelegenheit wieder liest.

Taschenbücher für Kinder wollten sie drucken, schrieben da neulich meine Verleger. Und gleichzeitig erkundigten sie sich, ob mein Schreibtisch Schubladen hätte. Ich depeschierte: ›Jawohl. Hat er. Warum?‹ Daraufhin fragten sie, ob die eine oder andere Schublade vielleicht Kindergeschichten enthielte, die in Buchform noch nicht erschienen seien. ›Wäre möglich‹, telegrafierte ich, ›werde suchen. Melde mich wieder, wenn aus Schublade zurück.‹

Nun steckte ich also meinen Kopf bis an die Schultern in den Schreibtisch, stöberte wie beim Großreinemachen, drehte jedes Staubkörnchen zwei- bis dreimal um und fand – außer einem linken Handschuh, einem Kalender des Jahres 1871, einer vertrockneten Knopflochnelke, zwei Buntstiften und einer leeren Streichholzschachtel – etwa ein Dutzend alter Zeitungsausschnitte. Ich begann zu blättern. Was hatte ich denn da gefunden? Genau, was ich gesucht hatte: Kindergeschichten! Geschichten für Kinder. Geschichten über Kinder. ›Felix holt Senf‹ hieß die eine. ›Der neugierige Friedrich‹ und ›Die Sache mit dem Löwen und dem Marktnetz‹ hießen zwei andere. Etwa ein Dutzend Geschichten, die ich vor vielen, vielen Jahren für Kinderzeitschriften und fürs ›Berliner Tageblatt‹ geschrieben hatte und die in keinem meiner Jugendbücher stehen. Auch einige Gedichte entdeckte ich, die sich eignen konnten.

Deshalb depeschierte ich nach Berlin: ›Wohlbehalten aus Schublade zurück. Wer sucht, der findet. Paket mit Geschichten folgt morgen. Hier seit einer Woche immerzu Sonnenschein. Außer nachts. Beste Grüße Kästners Erich.‹

So war's. Wenigstens ungefähr. So kam das kleine Buch zustande. Ein Taschenbuch fürs Taschengeld. Wenn es euch gefiele, wäre ich ziemlich vergnügt.

Herbst 1961
Euer *EK*

Das Schwein beim Friseur

Schon seit Wochen hingen dem kleinen Berthold die Haare über den Kragen, und seine Mutter überlegte sich, wie sie ihn zum Friseur kriegen könnte. Sie sagte, er sähe wie ein Mädchen aus, und lauter ähnlich kränkende Dinge. Aber Berthold, obwohl er sonst ziemlich brav war, schüttelte den Kopf und antwortete immer: »Wenn ich doch nicht mag!« Das machte: ihm fehlte der Vater, denn der war früh gestorben. Und außerdem ließ sich der Junge lieber drei Backenzähne ziehen als einmal die Haare schneiden. Na ja, so war er eben.

Da kam der Mutter eine Idee. Sie versprach dem Jungen, sie wolle mit ihm zum ›Friseur am Zoo‹ gehen. Damit war Berthold sofort einverstanden. Der ›Friseur am Zoo‹ war nämlich etwas besonders Feines. Erst mußten sie durch den Herrensalon. Hier wurde mit Schlagsahne eingeseift und rasiert, und Berthold schimpfte innerlich, weil er noch keinen Bart hatte. Dann war ein Herr da, der ärgerte sich über seine abstehenden Ohren. Und da ließ er sich mit Brennscheren, mit denen man sonst die Haare umlegt, seine Ohren so lange biegen, bis sie ordentlich und glatt am Kopf anlagen. Einem alten Herrn, der eine große Glatze hatte, wurde Haarsamen auf die kahle Billardkugel gesät; dann kam ein Gehilfe mit einer Gießkanne, begoß den Kopf, und schon krochen die ersten Haarspitzen aus dem Schädel. Berthold lachte und fragte, ob auch noch Blumen herauswüchsen. Da wurde der Herr böse. Und die Mutter zog den Jungen schnell fort.

Im Kinderzimmer vom ›Friseur am Zoo‹ war es noch viel großartiger. Vor jedem Spiegel stand ein Tier, ein lebendiges, versteht sich, und da stiegen die Kinder in den Sattel und klopften den Tieren auf den Rücken, fütterten sie, kraulten sie hinter den Ohren und merkten so kaum, daß ihnen inzwischen ein Friseurgehilfe das Haar schnitt. Es gab da ein Pony, einen Esel, ein Schwein, einen Hirsch, einen jungen Elefanten, einen Bernhardinerhund und ein zahmes Einhorn.

Als Berthold kam, waren schon mehrere Kinder da, und nur

das Schwein lag noch auf dem Teppich und grunzte. Es war auf Kinder nicht gut zu sprechen, weil die überallhin lieber wollten als auf ein Schwein. Berthold wollte auch nicht darauf, und das Schwein dachte bei sich: Dafür werde ich dich ärgern!

Kurz und gut, das Schwein wurde gesattelt, und Berthold mußte hinaufklettern. Als er oben saß, kam auch schon der Friseur mit einer Schere und einem Kamm und fing an, die Haare auf der linken Seite wegzuschneiden. Plötzlich trat das Schwein von einem Bein aufs andere und verlangte: »Streichle mich!« Aber der Junge schüttelte den Kopf. Dabei tat ihm die Schere des Friseurs weh. Er stieß versehentlich dem Schwein in die Flanken, und das begann sofort, wütend im Salon hin und her zu rennen.

Der Friseur setzte sich hinter dem Jungen auf den Schweinerücken und versuchte, im Haarschneiden fortzufahren. Das Schwein lief wie angestochen umher und machte alle übrigen Tiere furchtbar nervös. Die schimpften sehr, und das Einhorn drehte sich um und kitzelte das Schwein mit dem Horn. Da quiekte das Schwein, rannte zur Tür hinaus, durch den Herrensalon, die Treppe hinunter und auf die Straße.

Könnt ihr euch vorstellen, wie das aussah? Ein Schwein mit einem Jungen auf dem Rücken, dem die linke Hälfte der Haare weggeschnitten war?

Es sah zum Schreien aus.

Die Straßenbahnen standen auf der Stelle still. Ein Autobus machte Männchen. Aber das Schwein rannte weiter. Schließlich fiel der Friseur herunter und blieb zwischen den Straßenbahnschienen sitzen. Berthold begann das Galoppieren Spaß zu machen. Doch plötzlich sauste das Schwein in eine Villa, die Treppen hoch, einen Gang entlang und, weil eine Tür offenstand, in ein Zimmer hinein. Dort blieb es stehen.

In dem Zimmer war ein Bett. Und in dem Bett lag ein kleines Mädchen, das Bella hieß und sehr krank war. Es lag seit acht Tagen gleichgültig im Bett, mochte nichts essen und nichts reden, und Bellas Vater – die Mutter war tot – wußte, obwohl er selbst Arzt war, absolut nicht, was der Kleinen fehlte.

Sie sah das Schwein im Zimmer stehen, einen Jungen obendrauf, dem man zur Hälfte die Haare geschnitten hatte und der aussah, wie Gänse aussehen, wenn's gedonnert hat, und da fing sie an zu lachen. Berthold lachte mit, und nun lachten die zwei Kinder, daß man es im ganzen Hause hörte! Verblüfft kam Bellas Vater aus dem Sprechzimmer gelaufen, sah seine Tochter vergnügt und mit roten Backen und erkannte sofort: Jetzt ist sie wieder gesund. Dann klingelte Bertholds Mutter an der Haustür und fragte aufgeregt, ob hier ein Schwein und ein kleiner Junge eingetroffen seien. Nun war die Freude groß. Und später wurde Bertholds Mutter sogar die Frau von Bellas Vater, zog mit ihrem Jungen in die Villa, und Bella und Berthold wurden Geschwister, die einander sehr liebhatten. Das Schwein kauften sie dem ›Friseur am Zoo‹ ab, und es blieb bei ihnen, hatte es gut und wurde niemals geschlachtet.

Ob es wahr ist, daß auf diese Weise die Redensart entstanden ist: Na, die haben aber Schwein gehabt?

Kicherfritzen

Habt ihr das schon mal gemacht:
ohne jeden Grund gelacht?
Na, wie steht's? Ich glaube sicher,
daß ihr dieses Lachen kennt,
das man allgemein Gekicher
nennt.

Wie entsteht so etwas bloß?
Es entsteht nicht. Es geht los!
Eben noch tat keiner mucksen.
Fritz beginnt herumzudrucksen.
Paul hat sich parterre gesetzt,
denkt nichts Böses, hört sie juxen
und bekichert sich zuletzt.

Schließlich platzen sie vor Lachen.
Und sie meckern wie die Ziegen,
bis sie fast am Boden liegen.
Und sie finden es zu dumm!
Doch da läßt sich gar nichts machen,
und sie meckern und sie lachen,
und sie wissen nicht, warum.

Keiner sieht den andern an,
denn sonst würde es noch schlimmer.
Und das Kichern wird Gewimmer.
Mutter sitzt im Nebenzimmer
und bleibt ernst, so gut sie kann.
Kichern strengt genauso an
wie ein Tausend-Meter-Lauf.

Und so leise, wie's begann,
hört es auf.

Der neugierige Friedrich

Es ist ganz bestimmt so: Die Neugierde ist eine recht gewöhnliche und üble Eigenschaft. Schon neugierige kleine Mädchen können sehr auf die Nerven fallen; denn ihnen erscheint erst dann etwas wissenswert, wenn es sie nichts angeht oder wenn sie es nicht erfahren sollen. Neugierige Jungen aber sind das Unausstehlichste, was es weit und breit gibt. Eltern und Lehrer sollen brave Männer aus ihnen machen, und dabei schnüffeln diese Burschen wie die kleinen Ferkel überall herum!

Seid ihr auch manchmal neugierig? Doch ich will lieber nicht fragen, sonst sähe das aus, als sei ich selber neugierig … Ich will besser eine kleine Geschichte erzählen, und zwar die Geschichte vom neugierigen Friedrich.

Friedrich wäre ein netter und gescheiter Junge gewesen, aber er war entsetzlich neugierig. Es war nicht zum Aushalten. Er war auf seine Neugier auch noch stolz und sagte immer, er wolle, wenn er größer wäre, Detektiv werden.

Er spionierte, lange vor Weihnachten, in den Kommodenfächern herum. Er horchte an den Türen, wenn sich die Eltern unterhielten. Er lief hinter der Mutter her, wenn sie Besorgungen machte. Einmal versteckte er sich sogar unter dem Sofa, um zu lauschen. Da mußte er aber plötzlich niesen, wurde vom Vater hervorgeholt und ausgiebig verprügelt. Es hieß, er solle nichts zu Weihnachten bekommen. Da heulte er und versprach, nie im Leben wieder neugierig zu sein. Und so kriegte er seine Geschenke. Doch schon zu Silvester horchte er wieder an den Türen.

Der neugierige Friedrich spionierte nicht nur zu Hause herum, sondern er schlich auch in fremden Häusern leise über die Treppen, besuchte seine Klassenkameraden, trat in Geschäfte, ohne etwas kaufen zu wollen – alles nur, um seine verflixte Neugier zu füttern. Doch die blieb ewig mager und hatte ständig Appetit. Auf seinen geheimnisvollen Ausflügen geriet er auch einmal in ein altes buckliges Häuschen. Als er die Stiegen hinaufschlich, spielten plötzlich die Stufen, als wären sie ein

Akkordeon, laute Musik. Da rutschte Friedrich am Geländer hoch. Oben drang aus der ersten Tür, die er erblickte, helles Licht. Neugierig beugte er sich an das Schlüsselloch. Plötzlich sprang die Tür auf. Friedrich wurde von einem Haken, der aus der Öffnung herausfuhr, gepackt und in die Wohnung gezogen. Dann fing die Tür zu pendeln an, als ob Wind wäre, gab ihm einen Riesenklaps hinten drauf und schlug zu.

Der neugierige Friedrich stand nun in einem hellen Zimmer, klapperte mit den Zähnen und kniff beide Augen fest zu. Schließlich blinzelte er dann doch, weil es ihm im Gesicht juckte, und da sah er einen alten Mann in einem großen Kochtopf auf dem Herd sitzen. Er hielt eine bunte Pfauenfeder in der Hand. Mit der hatte er den Jungen gekitzelt.

»Ich bin Sherlock Holmes, der bekannte Detektiv«, sagte der alte Mann, der im Topf saß, »und du bist der neugierige Friedrich. Was willst du wissen?«

Aber der Junge hatte keine Lust zum Fragen.

»Also«, sagte Sherlock Holmes, »du weißt schon alles? Auch gut! Damit du aber nicht umsonst bei mir warst, will ich dich mit der Fähigkeit beschenken, durch die Wände zu gucken.« Er betupfte Friedrichs Augen mit der Pfauenfeder und murmelte: »Hulle Wulle Spionier! Fort sind Wände, Dach und Tür.« Dann schickte er den Jungen fort. Doch er dürfe wiederkommen.

Nun konnte also der neugierige Friedrich durch Türen und Wände schauen, und das machte ihm großen Spaß. Er trat vor irgendein Haus hin, sagte: »Hulle Wulle Spionier! Fort sind Wände, Dach und Tür«, und schon blickte er in die Häuser, als seien sie aus Fensterglas gebaut. Das war natürlich riesig spannend. Er sah, wie die Nachbarskinder spielten. Er sah Herrn Sekretär Deichmüller in der Badewanne hocken. Er sah, von der Straße aus, seine Eltern in der Wohnung sitzen und miteinander sprechen. Wenn er in der Schule war, sah er gleichzeitig viele Klassenzimmer auf einmal. Und es kam vor, daß er, wenn ihn der Lehrer aufrief, eine Frage beantwortete, die der Lehrer in der Nachbarklasse gestellt hatte.

Wie das so geht: Wenn man alles sieht, ist man nicht länger neugierig. Genauso erging es dem Friedrich. Seit er überall zuschauen konnte, fand er das gar nicht mehr lustig. Es kam auch oft vor, daß er, wenn er durch die Wände blickte, andere neugierige Kinder horchen und spionieren sah. Und da merkte er erst, wie häßlich das war. Schließlich entschloß er sich, zu Sherlock Holmes zu laufen und ihm zu sagen, er könne die Wundergabe getrost zurückhaben.

Er ging also wieder in das alte Häuschen, stieg die musikalische Treppe empor, ließ sich von dem Widerhaken in die Wohnung befördern, von der Tür den Klaps hinten drauf geben und sagte zu Sherlock Holmes: »Geehrter Herr! Ich mag nicht länger durch die Wände schauen, und ich bin überhaupt nicht mehr neugierig.«

Der Detektiv saß, wie beim ersten Mal, in seinem Topf auf dem Herd und wedelte mit der Pfauenfeder. Er hörte dem neugierigen Friedrich, der nicht mehr neugierig war, zu und fragte: »Da willst du also auch gar nicht mehr Detektiv werden?«

»Doch, doch«, sagte Friedrich, »aber das ist doch keine Neugierde, wenn man Detektiv ist, sondern da will man jemanden schützen oder jemandem helfen.«

Sherlock Holmes klopfte dem neugierigen Friedrich wohlwollend mit der Pfauenfeder auf die Schulter und sagte: »Freut mich, daß du vernünftig geworden bist. Ich habe das schon damals gewußt.«

Wieso haben Sie das schon damals gewußt?« fragte Friedrich.

»Wozu ist man Detektiv?« antwortete Sherlock Holmes.

Dagegen war nichts einzuwenden, und Friedrich verbeugte sich höflich. An der Tür drehte er sich noch einmal um und meinte: »Entschuldigen Sie, Mister Holmes, nun seh' ich also nicht mehr durch die Wände?«

»Nein«, sagte der Detektiv, »das hat sich erledigt.«

»Und«, fragte Friedrich, »warum sitzen Sie eigentlich immer in einem Kochtopf?«

Da drohte Sherlock Holmes mit der Pfauenfeder und rief: »Damit dumme Jungen was zu fragen haben!«

Und dann kriegte Friedrich von der Tür einen Schwingerling und landete erschrocken auf der Straße. Ob ein Detektiv aus ihm wird, muß man abwarten.

Fauler Zauber

Der Zauberkünstler Mamelock
hebt seinen goldnen Zauberstock.
»Ich brauche«, spricht er dumpf, »zwei Knaben,
die ziemlich viel Courage haben.«

Da steigen aus dem Publikum
schnell Fritz und Franz aufs Podium.
Er hüllt sie in ein schwarzes Tuch
und liest aus seinem Zauberbuch.
Er schwingt den Stock ein paar Sekunden.
Er hebt das Tuch – sie sind verschwunden!

Des Publikums Verblüffung wächst.
Wo hat er sie nur hingehext?
Sie sind nicht fort, wie mancher denkt.
Er hat die beiden bloß – versenkt!

Fritz sagt zu Franz: »Siehst du die Leiter?«
Sie klettern abwärts und gehn weiter.
Der Zauberkünstler läßt sich Zeit,
nimmt dann sein Tuch und wirft es breit.
Er schwingt sein Zepter auf und nieder,

doch kommen Fritz und Franz nicht wieder
Der Zauberer fällt vor Schrecken um.
Ganz ähnlich geht's dem Publikum.

Nur Fritz und Franz sind voller Freude.
Sie schleichen sich aus dem Gebäude.
Und Mamelock sucht sie noch heute.

Mama ist nicht zu Hause

Es war höchste Zeit, Mittag zu essen, und Peter kam aus der Schule heim. Er klopfte dreimal und wartete, daß die Mama öffne. Er klingelte zweimal. Er klopfte sechsmal und klingelte wieder. Er legte das Ohr an die Tür. Drinnen schlug ein Fenster. Peter wurde ungeduldig und rief durchs Schlüsselloch: »Mama, Mama! Mama!« Sie antwortete aber nicht. Er trommelte mit der Faust an den Briefkasten und klingelte wie ein Telefon. Dann wurde er unruhig, bekam es mit der Angst und trat mit den Stiefeln gegen die Tür. Wo sie bloß stecken mochte, seine Mama? Wenn sie nun beim Fensterputzen auf die Straße gefallen war? Und es roch so gut nach Eierkuchen! Peter klingelte noch einmal. Aber ganz behutsam. Dann setzte er sich auf die Treppe, holte tief Atem, stopfte die Hände unters Kinn und guckte zum Schlüsselloch hinüber, als wäre es ein verzaubertes Auge.

Ja, und mit einem Male stand ein Polizist da. Oje! Der zwirbelte den Schnurrbart, zog ein Notizbuch und fragte: »Welche Hausnummer ist das hier?«

»72«, sagte Peter.

»So, so«, murmelte der Polizist, »9 mal 8 ist 72.« Er blätterte in seinem Buch und zuckte die Schultern: »Meldungen liegen nicht vor.«

Peter kamen Tränen in die Augen.

»Heul bloß nicht!« sagte der Polizist, griff in die Tasche und holte ein kleines Automobil heraus. Das hielt er an den Mund und blies die Backen auf. Wie ein Posaunenbläser sah er aus, und das Auto wurde immer größer und immer größer, bis es kaum noch auf der Treppe Platz hatte.

Der Polizist setzte sich ans Steuer und sagte: »Hopp! Jetzt wollen wir die Mama suchen.«

Peter kletterte in den Wagen, und dann rumpelten sie die Treppe hinunter. Das war eine Partie, verflixt noch einmal!

Unten kam gerade Frau Huber aus dem Keller. Die machte Augen! Nun fuhren sie viele Straßen entlang. Peter musterte alle Leute, und manchmal dachte er schon, die Mama wär's!

Sie war's aber nie.

Wenn der Polizist hupte, nahmen alle Frauen ihre Hüte ab, damit Peter sie besser anschauen konnte, und ein paarmal fuhren sie sogar mitten in die Läden hinein, in denen Peters Mutter für gewöhnlich einkaufte. Aber niemand hatte sie gesehen. Der Polizist borgte Peter sein Taschentuch, ließ den Schnurrbart traurig hängen und sagte: »Da müssen wir zur Hauptwache fahren. Vielleicht ist sie dort abgegeben worden.«

Und dann sausten sie zur Polizeihauptwache. Treppen hinauf und Gänge entlang und in ein Zimmer hinein, an dessen Tür ›Fundbüro‹ stand. Dort saß ein Beamter vor einem Schreibtisch, klapperte mit einem großen Schlüsselbund und fragte, was sie wollten. Als sie es ihm gesagt hatten, ging er zu einem Schrank in der Ecke und schloß ihn auf.

Das war ja nun wirklich ein komischer Schrank!

In seinen Fächern standen Männer und Frauen und Jungen und Mädchen und warteten darauf, daß sie von ihren Angehörigen abgeholt würden. Ein kleiner Junge war schon fünf Tage da und hatte verweinte Augen. Er hatte vergessen, wie er hieß. Ja, seinen Namen muß man sich eben merken!

Peters Mama stand nicht im Schrank. Da meinte der Polizist betrübt, weiter könne er nun auch nichts tun. Und so brachte er Peter auf die Treppe zurück. Nun saß er wieder auf seiner kalten Stufe und war recht unglücklich. Die Eierkuchen dufteten durchs Schlüsselloch, daß es eine Art hatte. Aber vom Riechen wird man nicht satt. Und Peter wurde immer trauriger.

Ihm war, als warte er schon viele, viele Stunden. Da schlug unten die Haustür, und er dachte: Hoppla, jetzt kommt sie! Es war aber ein schwerer, schwerer Schritt, als brächte jemand ein Klavier herauf. Und dann war's der Briefträger.

Er stellte einen Riesenkarton neben Peter und fragte: »Ist deine Mutter zu Hause?«

»Nein«, sagte Peter, »was bringen Sie denn da?«

Der Briefträger wußte es nicht.

Auf dem Karton stand: Vorsicht! Lebendig! Peter nahm sein

Taschenmesser und schnitt die Stricke durch. Der Briefträger hätte gern gesehen, was in dem Karton war. Aber er hatte noch viel zu tun und ging.

Peter hob den Deckel ab und warf mit beiden Händen die Holzwolle auf die Treppe. Als er wieder in den Karton griff, kriegte er eine Nase zu packen und erschrak mordsmäßig. Und nun bewegte sich die Holzwolle – irgend etwas krabbelte daraus hervor – ja, und das war Peters Mama! Er stand starr vor Staunen. Sie aber lachte herzlich, weil sie ihn so überrascht hatte, kletterte vollends aus dem Karton und stupste ihn an die Nase.

Es war tatsächlich so! Die Mama gab ihm einen Nasenstüber und rief munter: »Wer wird denn auf der Treppe einschlafen!«

»Donnerwetter«, sagte Peter, »wo ich dich überall gesucht hab'! In den Geschäften, auf dem Fundbüro und ...«, aber da merkte er, daß der Karton und die Holzwolle gar nicht mehr auf der Treppe lagen.

»Wo warst du nur so lange?« fragte er.

»Einkaufen!« rief sie. »Und jetzt gibt's Eierkuchen.«

»Das hab' ich längst gerochen«, meinte er. »Mit Heidelbeeren oder mit Pflaumen?«

»Mit Quittengelee«, sagte die Mama und schloß die Tür auf.

Die Sache mit dem Löwen
und dem Marktnetz

Es war Pause, und die Jungen blieben, weil es regnete, in den Gängen des Schulgebäudes. Gustav Mühlbach, einer aus den oberen Klassen, spazierte stolz hinter den Achtjährigen. Er war bei ihnen eine Art von Aufsichtsrat und liebte diesen Beruf. Plötzlich sagte er: »Hab' ich euch das eigentlich schon erzählt?«

Die Kleinen fuhren herum und fragten: »Was denn, Gustav?«

»Na, die Sache mit dem Löwen und dem Marktnetz!« antwortete er.

Ohne weitere Redensarten drängten sich die Jungen um ihn, und einer, es war so ziemlich der frechste, rief: »Mensch, fang an!«

»Na ja«, meinte Gustav Mühlbach, »ich war doch diesen Sommer in Regiswalde. Erst wollten wir nach Italien, aber Regiswalde wurde meinem Vater mächtig empfohlen, und da fuhren wie eben dorthin. Regiswalde ist ein Dorf. Wißt ihr, was ein Dorf ist? Wenn man einen großen Schritt macht, ist man draußen, jawoll. Und da gab mir meine Mutter mal unser Marktnetz und sagte, ich solle in Prenzlau drei Pfund Quark holen. Prenzlau liegt schräg gegenüber. Sie gab mir zehn Pfennig mit und ...«

»Quark kostet mehr«, warf ein kleiner Junge ein.

»Quark nicht!« sagte Gustav. »Deswegen ging ich ja nach Prenzlau, weil dort alles so billig ist. Dort kriegte man ein Fahrrad für drei Mark sechzig. Ob das jetzt noch so ist, weiß ich nicht. Zwischen Prenzlau und Regiswalde liegt ein Wald, so ein richtiger Urwald mit Brombeeren, Fliegenpilzen, Schlangen, Mistkäfern, Farnkraut ...«

»Und mit Bäumen«, bemerkte ein kleiner Junge.

»Ich werde gleich nicht weitererzählen«, sagte Gustav und fuhr fort: »Durch den Wald mußte ich nun durch. Es wurde viel von ihm gemunkelt. Der zehnte Baum von rechts könne reden, und ein Schatz sei irgendwo vergraben mit blödsinnig viel Geld aus der Zeit des Kolumbus, jawoll, und andere, noch tollere Geschichten. – Zu Anfang ging es auch ganz gut«, berichtete Gustav weiter. »Nur beim Brombeerenpflücken kam ich ein bißchen vom Weg ab, bis an den Bauch und immer tiefer. Da mußte ein Sumpf sein. Ich rutschte und rutschte. Das war ein Dreck, sag' ich euch! Unser Marktnetz hielt ich mit den Armen hoch, denn wenn es schmutzig geworden wäre, hätte ich den Quark in der Hand tragen müssen, und das wollte ich nicht. Als ich gerade noch mit meinem Kopf aus dem Kakao herausguckte, kam eine wilde Ente vorbei, eine sehr wilde Ente. Die packte ich an den Füßen. Da begann sie zu fliegen, zog mich hoch und beförderte mich aufs Trockene und ...«

»Das liest meine große Schwester jetzt in einem Buch«, sagte ein Junge.

»Halt doch den Rand!« rief ein anderer ärgerlich.

»Lesen ist natürlich keine Kunst«, bemerkte Gustav Mühlbach verächtlich und erzählte weiter: »Wir sprachen noch ein bißchen miteinander, die Ente und ich. Ich bedankte mich bei ihr, dann flog sie weiter. Und während ich an meinem Anzug herumkratzte – er sah geradezu gemein aus –, brüllte es ganz in meiner Nähe. Es brüllte fürchterlich, kann ich euch sagen! Und wie ich die Zweige vor mir auseinanderbiege, steht doch da ein Löwe! Jawoll, ein Löwe, groß wie zwei übereinandergestellte Bernhardinerhunde. Donnerkiel noch mal, da hätte ich fast Angst gekriegt! Mein Luftgewehr hatte ich dummerweise zu Hause gelassen.«

»Das hätte dir auch nichts genützt«, rief jemand.

»Immerhin besser als gar nichts«, antwortete Gustav. »Was sollte ich machen? Er hatte mich auch schon gesehen, wischte sich den Schnurrbart und kam langsam auf mich zu.«

»Hör auf!« bat ein kleiner Junge.

»Immer näher kam er«, beschrieb Gustav, »er schien noch nicht gefrühstückt zu haben, denn er guckte starr zu Boden, als suche er was Freßbares. Mir wurde mulmig. Da besann ich mich in der höchsten Not auf ein paar Briefmarkenränder, die ich in der Tasche hatte. Ich nahm sie heraus, leckte sie an, warf sie vor mich hin und ging langsam rückwärts, ganz langsam. Der Löwe knurrte und schnüffelte an dem Briefmarkenpapier herum, bis es klebte. Er kriegte es nicht mehr los, wühlte und wühlte und verkleisterte sich das ganze Maul. Ich schlich von der Seite dicht an ihn ran und stupste ihn ein paarmal kräftig mit dem Kopf auf die Erde. Also, ich kann euch sagen: Sein Maul war zugepappt wie ein Brief ins Ausland!«

»Er konnte doch aber das Papier zerreißen«, gab einer zu bedenken.

»Wenn er's getan hätte, stünde ich jetzt nicht hier«, sagte Gustav, »und außerdem: ehe er's versuchte, zog ich ihm unser Marktnetz über den Kopf. Das war wie ein Beißkorb mit Henkeln. Ich kletterte auf ihn rauf, hielt mich an den Griffen des Marktnetzes fest, spuckte dem Biest zwischen die Ohren, und los ging's, quer durch den Wald. Drei Minuten später waren wir in Prenzlau, genau drei Minuten. Ich habe auf die Uhr gesehen.«

»Und dann?« wollte ein Junge wissen.

»Wieso und dann?« erkundigte sich Gustav.

»Ich meine bloß, wie kam denn der Löwe überhaupt in den Wald?« fragte der Junge.

»Ach sooo!« sagte Gustav »Vielleicht wohnte er dort!«

»In Prenzlau gastierte damals ein Wanderzirkus«, verkündete eine tiefe Stimme.

Alle drehten sich um.

Es war der Lehrer Eberlein, Gustav Mühlbachs Klassenlehrer. Der machte ein ernsthaftes Gesicht und sagte zu Gustav: »Komm doch mal mit ins Lehrerzimmer!« Und dann gingen beide zusammen fort.

»Hat er nun eigentlich seinen Quark gekriegt?« fragte einer der kleinen Jungen.

»Keine Ahnung«, gab ein anderer zur Antwort. »Aber etwas steht fest.«

»Was denn?«

»Jetzt kriegt er sein Fett!«

Frau Hebestreit spioniert

»Es muß mal wieder jemand in die Stadt«, sagte Frau Friseuse Hebestreit, denn sie wohnten am anderen Ufer. »Es muß mal wieder jemand in die Stadt«, sagte sie, »es fehlt an allen Ecken. Brillantine brauch' ich. Ein neues Onduliereisen brauch' ich. Teerseife muß auch bestellt werden. Wo die Zeit hernehmen und nicht stehlen?«

Daraufhin trabte Georg in den Korridor, holte seine Mütze, kam zurück und fragte: »Also, was soll ich bringen?«

»Du bist viel zu klein. Jeden Tag wird jemand überfahren. Ich stürbe vor Angst. Da gehe ich schon lieber selber.«

»Wo du doch keine Zeit hast«, trumpfte der siebenjährige Sohn auf, holte Mutters Handtasche vom Tisch und sagte: »Na, komm, gib mir Geld!«

Frau Hebestreit schüttelte den Kopf. »Es geht nicht. Über die Brücke, ja. Aber Schloßstraße, Altmarkt, Johannstraße, da darfst du nicht allein hin.«

»Naumanns Richard geht auch allein, und gar nichts ist passiert«, fing der Junge wieder an.

»Versprichst du mir, daß du ganz vorsichtig sein wirst?«
»Natürlich.«
»Und daß du immer erst warten wirst, bis der Schutzmann winkt?«
»Versprech' ich.«

Dann bekam er Geld. Dann wiederholte er dreimal fließend, was er besorgen und was er bestellen sollte. Und dann sprang er pfeifend die Treppe hinunter.

Zwei Minuten später setzte sich Frau Hebestreit, obwohl sie doch eigentlich gar keine Zeit hatte, den Hut auf und begann mit der Verfolgung. Sie verließ das Haus und rannte, bis sie ihren Jungen, zwanzig Meter vor sich, wieder sah. Nun verlangsamte sie den Schritt und behielt ihn im Auge.

»Tag, Frau Hebestreit«, sagte plötzlich jemand. Es war Frau Postinspektor Pfeffer. »Ich bin gerade auf dem Weg zu Ihnen. Mein Kopf ist reif. Muß gewaschen werden. Und bißchen durchondulieren. Mein Mann hat Theaterkarten. Paßt Ihnen wohl nicht?«

»Ach, Frau Postinspektor, hat's eine Stunde Zeit? Ich muß noch rasch eine Besorgung machen.«

»Na gut, da gehe ich vorher einen Sprung zu meiner Schwester. Und in einer Stunde ...«

»In einer Stunde!« rief Frau Hebestreit und war schon weiter. Wenn er sich nur nicht umdrehte! Wenn er sie nur nicht sah! Kleine Jungen sind in Vertrauenssachen äußerst empfindlich. Sobald sie entdecken, daß man sie nicht ernst nimmt, werden sie entweder sehr traurig oder tückisch wie die Baumaffen. Frau Hebestreit kannte sich aus, und sie ging, als schliche sie auf Zehen.

Aber Georg sah sich nicht um. Er marschierte seines Weges, als verrichte er eine Aufgabe von großer Tragweite. Bevor er die Fahrbahnen und die Plätze überquerte, blickte er nach links und nach rechts. Wenn die Situation bedenklich war, wartete er mit onkelhafter Geduld, bis die Passage frei wurde. Dann aber sauste er zum gegenüberliegenden Fußsteig wie ein Flitzbogen. Auf diese Weise gelangte er ungefährdet durch die Hauptstraße und über die Brücke. Und die Mutter lächelte gerührt, zwanzig Schritte hinter ihm, über soviel Sorgfalt. Am Ende der Schloßstraße, dort, wo sie in den Altmarkt mündet, wartete Georg wieder und betrat die Straße erst, als sie leer war. Plötzlich schoß – ganz unvorhergesehen und im Widerspruch zu den Verkehrsregeln – ein Auto aus der Wilsdruffer Straße und bremste im letzten Augenblick, dicht vor dem Jungen.

Frau Hebestreit schrie und schlug, über sich selber erschrocken, beide Hände vor den Mund. Sie trat rasch hinter einige Leute, die um den Wagen einen Kreis zu bilden begannen, und hörte, wie ihr Sohn schimpfte: »Sie wissen wohl nicht, was sich gehört, Sie? Wenn jetzt meine Mutter hier wäre, gäb's Ohrfeigen, verstanden?« Die Leute lachten.

Frau Hebestreit schluckte.

Dann setzte Georg seinen Weg weiter fort. Noch vorsichtiger als vorher. So kam er wohlbehalten in der Zirkusstraße an und verschwand im Hause der Firma Eck & Co.

Frau Hebestreit versteckte sich. Sie versteckte sich im Hausflur hinter der Treppe. Zehn Minuten später klangen Kinderschritte auf den Stufen. Die Mutter beugte sich vor und sah ihren Jungen herunterkommen. In der Tür blieb er stehen, prüfte die Quittung, zählte das Geld nach, klemmte sein Paket nachdrücklich unter den rechten Arm und zog ab.

Der Rückweg verlief gefahrlos. Frau Hebestreit folgte Georg bis zur Ritterstraße. Dann eilte sie – durch die Albert- und Luisenstraße – heim, und zwar so geschwind, daß sie, trotz des Umweges, fast fünf Minuten früher zu Hause war als der Junge. Sie setzte rasch den Hut ab, schlüpfte in den weißen Frisiermantel und legte ein großes Stück Kirschkuchen zurecht.

»Da bin ich«, erklärte Georg, als sie ihm die Tür öffnete.

Er packte die Brillantine aus und die neue Ondulierschere. »Die Teerseife bringt morgen ein Bote, und das Geld stimmt.« Er zählte es auf den Tisch.

»Das hast du gut gemacht, Georg«, meinte die Mutter. »Hier hast du ein Stück Kirschkuchen zur Belohnung.«

Er biß hinein und kaute in dem schönen Bewußtsein, sich den Kuchen ehrlich verdient zu haben. Eigentlich hatte er große Lust, das Erlebnis vom Altmarkt zu erzählen. Aber er behielt es für sich, um die Mutter nicht zu ängstigen.

Später kam Frau Postinspektor Pfeffer, und Georg ging in die Küche. Frau Hebestreit erzählte der Kundin, während sie ihr den Kopf wusch, die ganze Geschichte.

»Mir stand das Herz still«, sagte sie. »Denken Sie nur, wenn der Kerl meinen Jungen überfahren hätte! Ich darf es mir gar nicht vorstellen, gleich wackeln mir die Knie.«

»Da ist man machtlos«, erklärte Frau Pfeffer unter einem Berg von Seifenschaum. »Mehr als aufpassen kann kein Mensch. Hätte Ihnen genausogut passieren können.«

»Das wäre mir dann schon lieber gewesen, Frau Postinspektor.«

»Aber Ihrem Jungen nicht. Au, nicht so heiß spülen!«

Frau Hebestreit ließ kaltes Wasser zu, schrubbte den Kopf

und meinte: »Erst dachte ich, ich hätte keine Zeit. Und kaum war er aus dem Haus, da rannte ich wie der Teufel!«

»So ist das Leben«, sagte Frau Postinspektor Pfeffer und mußte niesen.

Inzwischen saß Georg in der Küche auf den Fliesen und spielte Großstadtverkehr. Der Platz vor dem Herd war der Altmarkt. Der Kohlenkasten war das Automobil und bog gerade aus der Wilsdruffer Straße um die Ecke.

»Sie ekliger Lümmel«, schrie der Junge und meinte damit den scheckigen Stoffhund, der bescheiden auf dem Kohlenkasten hockte. »Sehen Sie denn nicht, daß die Durchfahrt verboten ist? Anzeigen werde ich Sie, dann gibt's ein paar Jahre Gefängnis! Haben Sie überhaupt einen Führerschein?«

Die Mutter steckte den Kopf durch die Tür. »Warum schreist du denn so?«

»Es ist bloß Spaß«, sagte Georg. »Der Hund hat nicht gefolgt.«

Weltreise durchs Zimmer

Ihr bindet einen Schleier vors Gesicht
und sagt, ihr müßtet unbedingt verreisen
nach Madagaskar, Schottland oder Meißen.
Wohin, ist Wurst. Nur bleiben dürft ihr nicht.
In eine Tüte stopft ihr dann den Paß,
den Kragenschoner und die Kleiderbürste,
ein Bügeleisen und zwei Leberwürste,
und in die Zwischenräume irgendwas.
Dann seid ihr reisefertig, und ihr müßt
den Tisch behutsam auf den Rücken legen.
Und ihr besteigt das Schiff der Abfahrt wegen,
wobei ihr Herta, die nicht mitfährt, küßt.
Dann schifft ihr fort. Das Tischtuch weht im Wind.
Der Teppich schlägt mit Hertas Hilfe Wellen.
Ihr stoßt auf Rom und kreuzt die Dardanellen,
wo wilde Völkerstämme üblich sind.
Das Seekrankwerden laßt ihr besser sein.
Es ist nicht leicht und ruiniert die Sachen.
Ihr braucht die Reise nicht so echt zu machen
und lauft dann schnell in Madagaskar ein.
Das Sofa stellt den Felsenrücken dar.
Dort könnt ihr (wenn die Eltern fort sind) stranden,
sonst ist es klüger, ungestört zu landen.
Am Ufer schreit ihr laut: Wie wunderbar!
Wenn ihr dann eine Zeitlang fröhlich wart,
vom Schrank herab auf Löwen zieltet
und Mutters Zopf für eine Schlange hieltet,
geht ihr zum Tisch, auf dem ihr heimwärts fahrt.
Zu Haus erzählt ihr, wie es euch gefiel:
Erzählt von Sonnenstich und Menschenfressern,
von Nasenringen, Gift und krummen Messern –
Doch das ist eigentlich ein neues Spiel!

Zwei Mütter und ein Kind

Gerade als die achtjährige Marlene im Hof des Merckschen Grundstücks ihre Puppe Oswald hoch auf die Teppichklopfstange gesetzt hatte, weil man modernen Puppen beizeiten das Schwindelgefühl abgewöhnen soll, denn es kann ja leicht sein, daß sie einmal im Flugzeug verreisen müssen, da erschien Pony, die kleine Schwester, auf der Bildfläche und sagte: »Du sollst sofort nach Hause kommen. Unsre neue Mutter ist da.«

Marlene nickte und schüttelte die Betten im Puppenwagen zurecht. Pony machte kehrt, stieg langsam über das holprige Pflaster zurück und verschwand im Torbogen.

Die Merckschen Kinder standen staunend neben Marlene. Und einer der Jungen fragte: »Wie heißt sie denn?«

»Fräulein Stampfer, glaub' ich«, gab sie zur Antwort.

»Das ist ja nun Unsinn«, meinte Herta Merck. »Wenn sie eure neue Mutter ist, heißt sie natürlich Frau Nieritz, genau wie dein Vater.«

»Gott, bist du blöd!« sagte der Junge, »der Vater heißt doch nicht Frau Nieritz!« Er streckte die Hand vor und wollte der Schwester, um den Grad ihrer Dummheit auszudrücken, ein unsichtbares Kreuz auf die Stirn zeichnen. Da kriegte er aber eins auf die Finger. Er schlug zurück. Und es entstand einer der üblichen Merckschen Familienzwiste. Die anderen Geschwister ergriffen, damit die Erbitterung der Duellanten nicht zu rasch nachlasse, Partei, und schließlich stand Marlene allein auf dem Hof. Das Gefecht tobte abseits, auf den Barrikaden des Lagerschuppens, weiter. Marlene nahm ihren Wagen und verschwand straßenwärts.

Die Puppe Oswald hockte noch immer oben auf der Klopfstange, wurde plötzlich nervös, kippte hintenüber und schlug aufs Pflaster. Mit zum Himmel erhobenen Armen, ängstlich zurückgelehnt, saß sie da. Unverletzt. Denn sie war aus Stoff.

Auf der Straße draußen blickte Marlene sich vorsichtig um. Dann schob sie ihren Puppenwagen dicht an der Häuserfront entlang und bog rasch in eine der Gassen ein, die auf die Oppelstraße führen. Hier verlangsamte sie den Schritt, spazierte unter den großen Ulmen vor der ehemaligen Feldartilleriekaserne wie ein Kindermädchen nach dem Mittagessen, mit gutmütiger Würde. Und dort, wo links das freie Feld beginnt, mit den Landschaftsgärtnereien und den Kranzbuden, blieb sie eine Weile stehen. Sie spielte mit den Ästen, die sich über die Zäune bogen, brach kleine Birkenzweige ab, legte sie in den Wagen, pflückte drei Gänseblümchen, die nahe an der Straße standen, tat die Blumen zu den Zweigen und setzte dann ihren Weg fort. Bis zum St. Pauli-Friedhof.

Oben im vierten Revier, wo die Gräber der letzten Jahre liegen, auf einem Hügel hoch über den unzähligen Grabkreuzen vergangener Jahrzehnte, öffnete sie ein quietschendes Gruftgitter, zog den Puppenwagen mühsam über drei Stufen, stellte ihn an die Taxuszeile, setzte sich auf die kleine grüne Bank neben dem Grab und blickte über die Gräser und Kreuze und Urnen und Engel hinweg zur Stadt hinunter, deren Türme und Gasometer in violettem Dunst lagen.

Eine der alten Frauen ging vorüber, die dazu bestellt sind, die Gräber sauberzuhalten und die Topfblumen zu begießen. Sie nickte dem Kinde freundlich zu. Marlene merkte es gar nicht. Sie kniete sich hin, entfernte verdorrte Zweige und Blumen, legte an ihrer Statt die drei Gänseblümchen und das frische Birkengrün sorgfältig verteilt aufs Grab, holte die Puppe Florfina aus dem Wagen, setzte sie neben eins der Gänseblümchen, kauerte sich auf den Granitrand und sagte nach einer Zeit: »Oswald sitzt noch auf der Teppichstange. Erinnere mich nachher dran, daß wir ihn abholen. Sonst bleibt er die ganze Nacht über dort und weint. Vielleicht würde er auch vor Angst herzkrank. Sitz ruhig!«

Ein Herr und eine Dame kamen vorbei, in schwarzen Kleidern, und er trug einen glänzenden Zylinder. Der Kies knirschte.

Marlene strich Florfina übers Filzhaar, schüttelte den Kopf, als antworte sie auf irgend etwas, und meinte: »Fräulein Stampfer heißt nun Frau Nieritz und denkt, deswegen wäre sie unsre

Mutter. So ein Einfall, was? Das ist genauso, als wenn ich zu Mercks ginge und sagte: Guten Tag, ich bin ab heute Ihre Tochter und heiße Marlene Merck. Verstehst du? Na also. Sogar du verstehst es und bist bloß eine Puppe. Vater versteht es nicht. Weil wir keine Mutter mehr hätten, müßten wir eine neue bekommen, hat er gesagt. Wenn man aber keine Mutter mehr hat, da hat man eben keine Mutter mehr.«

Marlene holte sich die Puppe Florfina auf den Schoß, fragte: »Bist du müde?« und betrachtete das Panorama der Stadt. Dann fuhr sie halblaut fort: »Soll ich dir eine Geschichte erzählen? Vielleicht das Märchen von der kleinen Martha, die stets allein war? Der kleinen Martha war nämlich die Mutter gestorben. Und da dachte sie eines Tages, ich will sie doch mal besuchen. Und kaufte sich ein Flugzeug von ihrem gesparten Geld. Und das Flugzeug wurde in eine große Kanone gesteckt. Und Martha saß drin. In einem Rucksack hatte sie Milch und Zwieback. Und eine Bonbonniere für ihre Mutter. Dann wurde die große Kanone abgefeuert. Und das Flugzeug sauste direkt bis zum Himmel. Und am Himmel hieß es: Wer nicht tot ist, darf nicht hinein! Aber Martha gab dem Schupo die Bonbonniere, und da durfte sie. Sie suchte lange, und die Straßen hatten blaue Nummern, und auf der Straße Nummer hunderttausendelf saß Marthas Mutter und hatte ein schönes goldenes Kostüm an.

Und Marthas Mutter merkte nichts, sondern saß auf einem Klappsessel, wie im Kino, und sah sich die Fotografien an, wo ihre sechs Kinder drauf waren. Da setzte sich Martha heimlich mit auf den Sessel und nahm ihre Mutter bei der Hand und sagte fröhlich: »Endlich hab' ich dich gefunden. Ich mag nicht allein auf der Erde bleiben und tue hier so, als ob ich tot wäre, und der Schupo hat deine Pralinés, aber das ist nicht schlimm, ich kaufe dir neue. Gar nichts ist jetzt schlimm, denn jetzt hab' ich dich wieder, meine gute Mutti, und ...«

»Meine gute Mutti«, sagte die kleine Marlene noch einmal und konnte die Türme der Stadt nicht mehr sehen, weil sie weinen mußte. Sie legte den Kopf neben die drei Gänseblümchen und hielt die Hände vors Gesicht.

Pferdehändler Nieritz saß mit den Hochzeitsgästen – es waren nur Verwandte von ihm da und ein alter Geschäftsfreund – in der guten Stube. Lisbeth, seine neue Frau, schnitt Napfkuchen in Stücke, goß Kaffee ein und nötigte die Gesellschaft zuzulangen. Mitunter stand sie von ihrem Platz auf und trat ins Nebenzimmer, in dem die Kinder saßen und frohen Lärm machten.

»Robert hat eben Mutter zu mir gesagt, und Gertrud hat mir die Hand gestreichelt«, erzählte sie halblaut am Tisch und freute sich.

»Ja, ja, aber wo bleibt Marlene?« fragte Herr Nieritz. »Sie hat so an meiner ersten Frau gehangen, und seit Lisbeth zu uns kommt, ist das Kind fast nie zu Hause.«

»Bei uns auf dem Turnerweg, zwei Häuser weiter«, wußte eine der Schwägerinnen, »wohnt eine Witwe und will seit zwei Jahren einen gewissen Lippold heiraten, einen hübschen, ordentlichen Menschen. Er ist bei der Post. Aber das Kind läßt es einfach nicht zu. Wenn Lippold zu Besuch ist, heult und schreit es so lange, bis der Mann wieder geht. Die beiden Leute sind verzweifelt und wissen nicht, was sie anfangen sollen.«

»Pony!« rief Herr Nieritz. Und die Kleine kam, mit einem großen Stück Napfkuchen in der Hand, aus dem Nebenzimmer.

»Hast du Marlene nicht geholt?«

»Doch. Sie hat genickt. Und da bin ich wieder gegangen.«

»Ob sie noch immer bei Mercks ist?« fragte die neue Mutter.

»Nein.«

»Wo denn? Im Keller? In den Ställen oder auf dem Heuboden?«

»Nein, auch nicht.«

»Wo denn sonst?«

»Ich möchte es nicht sagen.«

»Komm mal her!« befahl der Vater. »Wo ist Marlene? Ich will es wissen.«

»Marlene ist ... Nein, ich sag' es nicht.«

»Wo?«

»Auf dem Friedhof wird sie sein. Da ist sie meistens. Mich hat sie auch schon mitgenommen.«

Die Gesellschaft saß etwas betroffen da. Der Vater senkte den Kopf und spielte an der Uhrkette.

»Es ist gut. Geh wieder hinüber«, sagte er dann, und das kleine Mädchen ging. Man hörte, wie die Kinder nebenan lachten und mit den Tassen klapperten.

Plötzlich stand die neue Frau Nieritz auf, holte ihren Hut, hob einen Nelkenstrauß aus einer Vase und wickelte die Blumen in weißes Papier.

»Du willst sie holen gehen?« fragte der Mann.

»Ja, ich hole sie. Seid mir nicht böse. Aber ich muß fort.«

»Das ist sehr schön von dir, Lisbeth«, sagte eine Schwägerin. Dann ging die Frau. Und der Freund des Hauses meinte zu Herrn Nieritz, zu so einer Gattin könne er sich gratulieren.

Sie bemerkten einander schon von weitem. Und das Kind stellte sich wie zur Verteidigung dicht hinter die Gittertür. Die Frau war sehr blaß, blieb unten vor den Stufen stehen und mußte das Gesicht heben, um der kleinen Stieftochter in die Augen zu sehen.

»Willst du nicht nach Hause kommen?« fragte sie.

Marlene schüttelte, kaum spürbar, den Kopf und schwieg.

»Warum bist du mir so böse? Ist es denn so schlimm von mir, daß ich sechs Kindern, die keine Mutter mehr haben, ein bißchen helfen will? Ich weiß, daß man nur eine Mutter haben kann, und wenn die stirbt, ist man für immer mutterlos. Aber man braucht doch jemanden, Marlene!«

Die Frau setzte sich müde auf eine der Stufen, zu Füßen des Kindes, blickte auf ihren Hochzeitsstrauß und sagte: »Glaub mir, es ist noch immer besser, ich bin bei dir als gar keiner ... Siehst du, ich war doch auch einmal ein kleines Mädchen wie du. Hast du nie daran gedacht? Und mein Vater hat sich nicht wieder verheiratet, als meine Mutter starb. Ich glaube, das war noch trauriger, und ich war noch unglücklicher als du heute.«

Marlene stand ganz still hinter der sitzenden Frau und hörte zu.

»Als Kind war ich immer allein. Denn mein Vater fuhr zwar nicht nach Holstein, Belgien und Dänemark wie deiner. Weil er kein Pferdehändler war. Aber zu Hause war er trotzdem nicht. Und dann ging ich selber fort nach Hamburg und war Verkäuferin in einem Handschuhgeschäft. Sonntags ging ich mit Freundinnen spazieren, doch ich paßte nicht zu ihnen. Sie waren hübscher als ich, und sie lachten immer. Geheiratet hat mich auch niemand. Dabei wollte ich so gerne Kinder haben.«

Die Frau nahm die Nelken aus dem weißen Papier und hielt den Strauß im Schoß. »Und ich wurde immer älter«, sagte sie, »und als mich dein Vater fragte, ob ich eure Mutter werden wollte, kam ich nicht deshalb, weil ihr eine Mutter braucht. Denn die ist tot. Sondern weil ich Kinder liebhaben möchte ... Du denkst, du bist allein, Marlene. Aber ich bin viel mehr allein als du.«

Die Frau saß gebückt und faltete mit großer Sorgfalt das Seidenpapier zusammen. Da stahl sich eine kleine Hand an ihr vorbei und nahm den Nelkenstrauß fort. Und als die Frau sich umdrehte, sah sie, wie Marlene die Blumen auf das Grab legte. Dann setzte das Kind ihre Puppe in den Wagen, schob das kleine Fahrzeug durch die offene Gittertür, die Stufen hinab, auf den Kies und sagte leise: »Komm, steh auf, du machst sonst dein Kleid schmutzig!«

Sie gingen nebeneinander durch die leeren Grabreihen und sprachen kein Wort. Erst auf der Straße, bei den Gärtnereien, deutete die Frau beinahe schüchtern auf den Wagen und fragte: »Wie heißt sie denn?«

»Florfina«, sagte das kleine Mädchen, »und Oswald sitzt noch auf der Stange.«

Ein kleiner Junge unterwegs

Bahnsteig 8 hatte sich geleert. Der Stationsvorsteher musterte gewohnheitsmäßig die Waggons und blieb überrascht bei der Lokomotive stehen. Die Lokomotive war nicht allein. Ein kleiner Junge marschierte langsam an ihr entlang, drehte sich um, marschierte ebenso langsam zurück, stellte sich dann mit durchgedrückten Knien vor dem Beamten auf und sagte: »Ich messe.«

»Kannst du denn schon zählen?«

»Na längst. Wer sie malen will, braucht hundert Meter Papier.«

»Aber man kann doch die Lokomotive auch kleiner zeichnen.«

Der kleine Junge schüttelte den Kopf, sah sich um und fragte: »Wohnst du hier? Nein? Bei uns in Breitenbach wohnt er im Bahnhof. Und zwölf blaue Kaninchen hat er! Hast du auch zwölf?«

»Nein«, sagte der Stationsvorsteher. »Aber wo willst du eigentlich hin?«

»Meine Mutter besuchen. Es weiß keiner. Vater denkt, ich bringe das Geld nur zur Post.« Er schob seine Hand zwischen die Finger des Mannes, zog ihn durch die Sperre, die Treppe hinab und zum Portal des Bahnhofs hinaus.

Hier besann sich der Stationsvorsteher auf seinen Dienst, blieb stehen und fragte: »Warum holt dich deine Mutter nicht ab?«

»Sie ist krank und wohnt bei einem Doktor.«

»Was fehlt ihr denn?«

»Ein Gewächs hat sie. Das hat er abgeschnitten. Ob er's mir zeigt?«

Der Stationsvorsteher zuckte die Achseln. Er schien dergleichen nicht zu wissen.

Der kleine Junge holte einen Zettel aus der Tasche, hielt ihn in die Höhe und sagte: »Du darfst es lesen. Gürtlers, das sind wir.«

Geehrter Herr Gürtler!

Es wurde höchste Zeit, daß die Operation bei Ihrer Frau vorgenommen wurde. Sie befindet sich, den Umständen angemessen, wohl und wird, falls keine Komplikationen eintreten, in 14 Tagen nach Breitenbach zurückkehren können. Ich darf Sie bitten, umgehend die Kosten der Operation, die 250 Mark betragen, begleichen zu wollen. Mit diesem Preis hoffe ich Ihren Einkommensverhältnissen weitgehend entgegengekommen zu sein.

> *Mit vorzüglicher Hochachtung*
> *Ihr ergebener*
> *Dr. Brausewetter, Pasewalker Allee 18a*

Der Stationsvorsteher faltete den Brief zusammen und wollte ihn zurückgeben. Aber der kleine Junge war nicht da. Er stand bei einer Blumenfrau. Die wickelte gerade einen Strauß ein und gab Geld zurück. Der Stationsvorsteher trat hinzu und sagte: »Komm, jetzt setz' ich dich auf die Straßenbahn.«

Der Junge nickte und fragte: »Hast du auch kleine Kinder?«

»Freilich! Genauso einen kleinen Jungen.«

»Genauso einen? Wie heißt er denn?«

»Arno.«

»Arno? Grünwalds Arno heißt auch so. Ich heiße Fritz, Rudi auch noch. Aber nur selten. Da kommt die Straßenbahn.«

»Das ist nicht die richtige.«

»Die fährt nicht zu meiner Mutter?«

»Nein, wir müssen auf die andere Seite.«

Der Stationsvorsteher ging mit Fritz über die Straße. Und dann kam auch die richtige Straßenbahn. Er hob den Jungen hinauf und sagte zum Schaffner: »Das ist der Fritz aus Breitenbach. Er will in die Klinik von Dr. Brausewetter in der Pasewalker Allee. Dort liegt seine Mama.«

»Mutter«, korrigierte der kleine Junge.

»Wird besorgt«, meinte der Schaffner und nahm ihn bei der Hand.

»Paß gut auf dein Geld auf«, mahnte der Stationsvorsteher, »und grüß deine Mutter schön – und gute Besserung!«

Fritz rief, während die Bahn losfuhr: »Vielen Dank noch! Und grüß deinen Arno!«

Die Fahrt war lang. Der kleine Junge putzte sich erst einmal die Nase. Dann zählte er sein Geld. Er legte Schein für Schein aufs linke Knie und fragte, als er damit fertig war, seinen Nachbarn, einen jungen Mann, der angelegentlich zusah: »Wieviel ist das?«

»245 Mark.«

»Hast du dich nicht verrechnet?«

»Nein.«

»Die kriegt der Doktor. Soviel Geld, was? Mein Vater war gestern abend gleich bei allen Bekannten und hat es geborgt. Börner hat nichts gegeben. Börner ist geizig.« Fritz stand auf, steckte das Geld tief in die Hosentasche, behielt die Hand drin und erläuterte: »Da muß man mächtig aufpassen. Manchmal ist ein Loch in der Tasche, und man weiß es nicht, und schwupp! ist das Geld weg.«

Er seufzte und ging im Wagen spazieren. Eine dicke Dame hielt ihm ein Stück Schokolade entgegen. Er schüttelte den Kopf und sagte: »Nein, danke. Da kriegt der Anzug Flecken. Und wenn meine Mutter das sieht, ärgert sie sich. Seh' ich überhaupt ordentlich aus?« Er drehte sich ein paarmal um sich selber.

Die Leute nickten und lachten.

Der Schaffner rief von draußen herein: »Fritz, setz dich anständig hin!«

Der kleine Junge kletterte also wieder auf seinen Sitz, schaute zum Fenster hinaus und meinte nach einer Weile: »So ein Rummel bei euch!«

»Wie wahr doch ein Kindermund spricht!« bemerkte eine nervös zwinkernde Frau. »Immer steht man mit einem Bein im Grabe.«

Fritz musterte eingehend ihre Füße und wandte sich schließlich, durchaus enttäuscht, wieder der Straße zu.

»Breitenbach ist viel kleiner«, erzählte er zum Fenster hinaus. »Tausendmal kleiner.« Er zog den jungen Mann am Ohr und sagte: »Du mußt mich mal besuchen. Da machen wir Spaß. Vielleicht ist in Liebenwerda gerade Jahrmarkt. Du lachst dich schief! Und dann essen wir bei uns zu Mittag. – Was ißt du denn am liebsten?«

»Hammelfleisch mit grünen Bohnen«, sagte der junge Mann und wurde rot.

»Ich Makkaroni mit Schinken. Aber das macht nichts. Meine Mutter kocht ...« Der kleine Junge schwieg und baumelte mit den Füßen.

»Pasewalker Allee!« rief der Schaffner und klingelte. »Fritz, aussteigen!«

Der Junge rutschte vom Sitz, machte eine Verbeugung und sagte: »Gute Besserung!« Da lachten sie alle, und die dicke Schokoladendame patschte sich vor Wonne auf die Knie. Der Schaffner hob den Jungen aus dem Wagen und zeigte ihm das Haus des Doktors Brausewetter. Dann fuhr die Straßenbahn weiter.

Der kleine Junge klingelte, putzte sich die Schuhe sauber und holte das Geld aus der Tasche. Als die Tür geöffnet wurde, hielt er das Bündel weit von sich und sagte: »Hier bringe ich das Geld für Frau Gürtler.«

»Komm nur herein«, sagte ein Fräulein und nahm ihn bei der Hand.

Sie gingen auf weichen Läufern und traten in ein helles, stilles Zimmer.

»Es stimmt nicht ganz«, erklärte der kleine Junge, »ich hab' die Fahrt davon bezahlt und auch die Blumen. Hier ist der Zettel.«

Er legte das Geld und den Brief auf den Tisch. Das Fräulein zählte, schrieb etwas auf und gab ihm den Brief wieder. »Es stimmt schon, kleiner Gürtler. Heb den Zettel gut auf!«

Er steckte ihn in die Tasche und fragte: »Wer bist du denn?«

»Ich bin die Schwester.«

»Die Schwester vom Doktor?«

»Nein. Von den Kranken.«
»Auch von meiner Mutter?«
»Freilich!«
»Da bist du ja eine Tante von mir!«
»Gewiß, das bin ich.«
Dann wickelte er die Blumen aus dem Papier. Die Schwester strich ihm den Kragen glatt und fragte: »Willst du deine Mama sehen?«
Der kleine Junge nickte.
Sie gingen den Korridor entlang und durch eine Tür, auf der eine 5 stand.

Er blieb im Zimmer stehen und hielt den Strauß auf dem Rükken. Zwei Betten sah er, und in jedem lag eine Frau. Sie schliefen und hatten gelbe, schmale Gesichter. Langsam blickte der kleine Junge von einer zur anderen. Dann drehte er sich zur Schwester und zeigte auf das Bett, das am Fenster stand. Sie nickte.
Er hob sich auf die Zehenspitzen, ging vorsichtig hinüber, setzte sich auf die Stuhlkante und sah seiner schlafenden Mutter ins Gesicht. Die Augenhöhlen schimmerten schwarzbraun, als wäre es gar keine Haut. Die Schläfen lagen tief eingesunken, und viele violette Äderchen zogen sich durch die blasse Stirn. Der Mund stand offen, der Atem ging schnell und doch mühsam, und obwohl die Augen geschlossen waren, meinte man, ihren müden und ängstlichen Blick zu spüren.
Der kleine Junge lächelte hilflos zu dem schlafenden Gesicht hinüber, legte die Blumen behutsam auf die Bettdecke und fuhr streichelnd mit den Händen durch die Luft. Dann lief er, an der Schwester vorbei, schnell aus dem Zimmer. Sie folgte ihm.
»Erst hab' ich sie gar nicht erkannt«, sagte er draußen flüsternd. »Bleibt ihr Gesicht immer so?«
»Aber nein! In vierzehn Tagen sieht sie wieder wie früher aus. Und wenn du gut folgst, wird sie ganz gesund.«
»Wenn ich bei ihr bleiben könnte, bis sie gesund wird! Sie dürfte es nicht wissen. Und bloß, wenn sie schläft, guck' ich ins Zimmer … Es geht nicht. Ich weiß schon.«

Die Schwester brachte ihn ins Wartezimmer zurück und ging in die Küche. Als sie zurückkam, war die Tür verriegelt, und sie hörte den kleinen Jungen weinen. Es klang ganz leise und verzweifelt. Sie blieb unschlüssig stehen und bekam feuchte Augen.

Ein Herr im weißen Mantel kam vorbei und fragte: »Was ist denn hier los?«

»Der kleine Gürtler aus Breitenbach ist heimlich gekommen, Herr Doktor.«

»Hat er sie gesehen?«

»Ja, sie schlief.«

»Er soll noch hierbleiben. Die Frau hat ein verteufelt schwaches Herz. Vielleicht …«

Der Arzt schwieg. Und beide hörten das unablässige Weinen. Dann gab sich Doktor Brausewetter einen Ruck, nickte der Schwester zu und ging weiter.

Ein Kind hat Kummer

»Mahlzeit, Mama!« sagte Jochen, als ihm seine Mutter die Tür öffnete, und er hüpfte an ihr vorbei auf dem rechten Bein durch den Korridor. Im Wohnzimmer schlug er einen Purzelbaum, blieb platt auf dem Rücken liegen, lachte laut und hielt sich den kleinen Bauch. Die Mutter setzte sich still aufs Sofa und blätterte in einer Zeitung. »Naumanns Richard hat heute in der Erdkunde gesagt, in Indien wohnten die Indianer! Herrschaften, ist der blöd. Und der Schmiedel hat den Berger hinten reingezwickt, daß der wie verrückt aufsprang und Herr Jäschke fragte, was los sei. Und da hat Berger gesagt, er müßte ganz bestimmt einen Floh haben. Da ist der Schmiedel aus der Bank raus, hat sich überall gejuckt und hat geschrien: Neben Jungens, die Flöhe hätten, könne er nicht sitzen. Das verböten ihm auch seine Eltern. Wir haben uns totgelacht!«

Jochen lachte noch einmal, in Erinnerung an den Vormittag, setzte sich dann hoch, hakte den Ranzen ab und musterte das Gesicht der Mutter.

»Magst du heute keinen Spaß?« fragte er bekümmert wie ein Hausarzt.

Sie stand auf und sagte: »Wir wollen essen.«

»Was gibt es denn?«

»Makkaroni mit Schinken.«

»Und mit geriebenem Käse?«

»Ja, das auch.«

»Oh, wie herrlich!« Jochen stand auf und tanzte eine Art Schuhplattler. Diese Springerei schickte sich nicht recht zu dem ernsten Blick, mit dem er seine Mutter heimlich beobachtete.

Dann trug sie das Essen auf, und der Junge war damit beschäftigt, die Makkaroni aufzuspießen und in den offenen Mund zu balancieren. Als er den Teller kahlgegessen hatte, gab ihm die Mutter mehr. Er nickte ihr begeistert zu und sah dabei, daß ihre Portion noch unberührt war. Er wagte nicht zu fragen, was denn sei, und stocherte melancholisch im Essen herum. Schließlich vertrug er die Schweigsamkeit nicht länger.

»Mama ... Habe ich nicht gefolgt? Man weiß das manchmal selber nicht ... Oder haben wir kein Geld? Der Schinken war gar nicht nötig, weißt du!« Er legte zärtlich seine Hand auf ihre.

Doch die Mutter trug rasch das Geschirr ab, setzte den kleinen Hut auf und sagte, sie käme gleich wieder. Er möge mit den Schularbeiten anfangen. Dann schlug die Wohnungstür.

Jochen öffnete das Fenster und beugte sich weit hinaus. Er sah die Mutter aus dem Hause treten, langsam die Straße hinunterlaufen und in die Scheunenhofgasse einbiegen. Er setzte sich trübselig an den Tisch, holte den Ranzen und die Tinte und begann, am Federhalter zu kauen.

Die Mutter kam bald zurück. Sie hatte Blumen besorgt, holte in der blaugetupften Vase Wasser, stellte den Strauß hinein, zupfte an den Stengeln, schloß das Fenster, blieb schweigend davor stehen, wandte dem Jungen den Rücken und schwieg.

»Schöne Blumen«, sagte Jochen, hielt dabei die Hände fest gefaltet und konnte kaum atmen. Seine Mutter stand wie ein fremder Gast im Zimmer, hatte vergessen, den Hut abzusetzen, und zuckte mit den Schultern. Am liebsten wäre er zu ihr hingelaufen. Aber er stand nur halb vom Stuhle auf und bat: »Sag doch ein Wort, Mama!«

Seine Stimme klang klein und heiser, und wahrscheinlich hatte sie ihn gar nicht gehört.

Und dann fragte sie, ohne sich umzuwenden: »Den wievielten haben wir heute?«

Er wunderte sich zwar über diese Frage, lief aber eilig zum Wandkalender hinüber und las laut: »Den 9. April!«

»Den 9. April«, wiederholte sie leise und preßte das Taschentuch vor den Mund.

Und plötzlich wußte er, was geschehen war. Die Mutter hatte heute Geburtstag, und er hatte es vergessen! Er fiel auf seinen Stuhl zurück und zitterte. Er schloß die Augen und wünschte nur eins: auf der Stelle zu sterben. So lieb hatte er sie, und sie waren ohne Freunde und Verwandte in dieser Stadt. Sie kannte keinen anderen Gedanken als den an ihr Kind, und er war ein verspotteter Musterknabe geworden, um ihr jeden

Kummer zu ersparen. Und nun hatte er ihren Geburtstag vergessen!

Selber hatte sie sich einen Blumenstrauß kaufen müssen, stand am Fenster und war von aller Welt verlassen! Und er durfte nicht einmal hingehen und sie streicheln. Denn sie konnte ihm nicht verzeihen ... Wenn er doch wenigstens gewußt hätte, wie man geschwind sehr krank würde. Denn dann wäre sie ja an sein Bett gekommen und wieder gut zu ihm gewesen.

Er stand auf und ging leise zur Tür. Dort drehte er sich noch einmal um und fragte bittend: »Hast du gerufen, Mama?« Aber sie lehnte still und unbewegt am Fenster. Da ging er hinaus, hinüber ins Schlafzimmer, setzte sich auf sein Bett und wartete, daß er weinte. Aber es kamen keine Tränen. Nur manchmal schüttelte es ihn, als halte ihn jemand am Kragen.

Dann suchte er sein gespartes Geld. Es klapperte in einem Blechbüchschen, und es waren fast zwei Mark. Das hatte ja nun alles keinen Zweck mehr ... Aber er nahm es und tat's in die Tasche. Ob er vielleicht doch hinunterlief und etwas holte? Er konnte es nachher durch den Briefkasten werfen und fortlaufen. Und nie mehr wiederkommen! Schokolade war leicht durch den Briefkastenspalt zu schieben und eine Gratulationskarte dazu: Von deinem tiefunglücklichen Sohn Jochen! So würde ihm die Mutter wenigstens ein gutes Andenken bewahren können.

Auf den Zehenspitzen schlich er aus der Kammer, den Korridor entlang, klinkte die Außentür auf, trat ins Treppenhaus und schloß die Tür wie ein Dieb.

Die Mutter hatte noch lange am Fenster gestanden und durch die Scheiben geblickt, als läge dort draußen ihr armes, trübes Leben ausgebreitet. Daß ihr Junge den Geburtstag vergessen hatte, schien ihr von heimlicher Bedeutung. Auch er ging ihr allmählich verloren, wie alles vorher, und nun verlor ihr Leben den letzten Sinn. Endlich regte sich in ihr ein wenig Mitleid mit dem kleinen Kerl ...

Wo mochte er stecken? Er hatte seine Vergeßlichkeit längst

bereut. Sie durfte nicht hart sein. So erschrocken war er gewesen, und ›Hast du gerufen, Mama?‹ hatte er gefragt, bevor er mutlos das Zimmer verließ.

Sie begann ihn zu suchen. Sie trat ins Schlafzimmer. Sie ging in die Küche. Sie lief ins Bad. Sie suchte hastig den Korridor ab und schaute hinter die Schränke. Sie rief ihn bald laut und bald zärtlich. »Jochen!« Er war nicht in der Wohnung. Er war fortgelaufen! Sie wurde sehr unruhig und rief bittend seinen Namen. Er war fort! Da riß sie die Wohnungstür auf und rannte die Treppe hinunter, ihren Jungen zu suchen.

Inzwischen kaufte Jochen Schokolade. Die Verkäuferin – eine alte Dame mit einem Kropf – sah ihn mißtrauisch an, als er mit todtrauriger Miene zwei Tafeln von der besten Milchschokolade verlangte. »Es ist für einen Geburtstag«, sagte er. Da wurde sie freundlicher, wickelte die Tafeln geschenkmäßig in Seidenpapier und band ein blaßblaues Seidenband herum. Er bedankte sich, zahlte und ging dann in ein Schreibwarengeschäft. Er suchte eine Gratulationskarte aus. Sie war wundervoll: Einen fidel schmunzelnden Dienstmann sah man darauf, der in jedem Arm einen großen Blumentopf hielt. Zu seinen Füßen stand in goldener Schnörkelschrift: Die herzlichsten Glück- und Segenswünsche zum Wiegenfeste. Der Junge betrachtete das schöne Bild recht wehmütig, stellte sich hinter das Schreibpult und malte mit mühevoller Schönschrift auf die Rückseite: Von deinem tiefunglücklichen Sohn Jochen. Und sei mir nicht mehr böse, liebe gute Mama. Viele Küsse und lebe wohl!

Als er gezahlt hatte, besaß er noch fünfzehn Pfennige. Er nahm seine Karte, klemmte sie unter die Seidenschleife des Schokoladenpäckchens und lief schnell hinaus. Und nun, auf der Straße, fanden sich die Tränen ein. Sie rannen ihm über die Backen, und er schluckte tapfer und ging mit gesenktem Kopf heim.

Im Hause überfiel ihn große Angst. Wie ein Indianer auf dem Kriegspfad schlich er sich die Stufen hinauf. Er öffnete die Klappe des Briefkastens und warf sein Geschenk hinein. Das machte Lärm, und er bekam Herzklopfen. Doch in der Wohnung rührte sich nichts. Eigentlich hätte er ja nun schnell fortlaufen und irgendwo sehr rasch sterben müssen! Aber er brachte das nicht ohne weiteres fertig, sondern drückte zaghaft auf die Klingel und rannte dann ein Stück die Treppe abwärts.

Er wartete. Es rührte sich nichts ...

Da wagte er sich noch einmal bis an die Tür. Und er klingelte wieder. Und wieder versteckte er sich im Treppenhaus. Und wieder war nichts zu hören! War sie denn gar nicht in der Wohnung? Wenn ihr etwas passiert wäre! Vielleicht hatte sie den Gashahn aufgedreht, um sich vor Kummer zu vergiften?

Er stürzte zur Wohnung zurück, klingelte, klopfte, schlug an den Briefkasten, hieb mit den Fäusten gegen die Türfüllung. Er rief durch das Schlüsselloch: »Mama, Mama! Ich bin's! Mach mir doch auf!« Dann sank er schluchzend in die Knie. Nun war alles aus!

Die Mutter war vergeblich in den benachbarten Straßen herumgelaufen. Sie hatte in allen Geschäften, wo man sie kannte, gefragt, ob man ihren Jungen gesehen habe. Niemand wußte etwas zu sagen. Sie fragte den Schutzmann, der an der Verkehrskreuzung stand. Der schüttelte bloß den Kopf und fuhr fort, mit beiden Armen den Fahrzeugen zu winken. Lange stand sie neben ihm, mutlos und mit eilig irrenden Augen. Endlich ging sie nach Hause. Vielleicht war er im Keller? Sie rannte über die Straße durch den Hof ins Haus.

Da hörte sie im Treppenflur, daß jemand weinte. Das war er! Sie lachte froh und nervös und rief: »Jochen!« Und von oben klang es: »Mama, Mama!« Und dann begann von unten und oben her ein Rennen über die Treppen.

Auf halbem Wege trafen sie sich und fielen sich in die Arme. Sie streichelten sich unermüdlich, ob es auch wahr sei, daß sie sich wiederhatten. Sie saßen auf den Treppenstufen, flüsterten sich dummes und verliebtes Zeug zu, lächelten und baten sich jeden Kummer ab. Dann hockten sie ganz still und müde nebeneinander, wußten nichts, als daß sie glücklich waren, und hielten sich bei den Händen.

Endlich sagte sie: »Komm, mein Junge! Wir können doch nicht immer hier sitzen bleiben. Wenn uns jemand sähe!«

»Ja, das geht nicht. Die würden das nicht verstehen«, gab er zu. Nun kletterten sie mühsam treppauf, als seien sie lange krank gewesen und versuchten wieder die ersten Schritte.

Als die Mutter aufgeschlossen hatte und mit ihm in der Küche war, flüsterte er ihr ins Ohr: »Mutti, guck mal in den Briefkasten!« Sie tat es, klatschte in die Hände und rief: »Oh, es war ein kleiner Geburtstagsmann da!«

»Ja, ja! Nicht wahr?« sagte er, heimlich auf sich stolz, und lachte. Und es klang ein versteckter Schluchzer mit.

»Ein guter kleiner Geburtstagsmann. Wo mag er denn aber nun stecken?«

»Na hier«, rief er, »hier steckt er doch!« Er sprang ihr an den Hals und wünschte furchtbar viel Glück und alles, alles Gute.

Die Rückseite der Gratulationskarte las sie ganz verstohlen beim Kaffeekochen und noch viele Male am Abend, als Jochen längst im Bett lag. Da weinte sie sogar noch ein bißchen. Aber jetzt machte ihr das Weinen geradezu Freude.

Als der Nikolaus kam

In der Nacht vor dem Christfest, da regte im Haus
sich niemand und nichts, nicht mal eine Maus.
Die Strümpfe, die hingen paarweis am Kamin
und warteten drauf, daß Sankt Niklas erschien.
Die Kinder lagen gekuschelt im Bett
und träumten vom Äpfel- und Nüsseballett.

Die Mutter schlief tief, und auch ich schlief brav,
wie die Murmeltiere im Winterschlaf,
als draußen vorm Hause ein Lärm losbrach,
daß ich aufsprang und dachte: Siehst rasch einmal nach!
Ich rannte zum Fenster, und fast noch im Lauf
stieß ich die knarrenden Läden auf.

Es hatte geschneit, und der Mondschein lag
so silbern auf allem, als sei's heller Tag.
Acht winzige Rentierchen kamen gerannt,
vor einen ganz, ganz kleinen Schlitten gespannt!
Auf dem Bock saß ein Kutscher, so alt und so klein,
daß ich wußte, das kann nur der Nikolaus sein!

Die Rentiere kamen daher wie der Wind,
und der Alte, der pfiff, und er rief: »Geschwind!
Renn, Renner! Tanz, Tänzer! Flieg, fliegende Hitz'!
Hui, Sternschnupp'! Hui, Liebling! Hui, Donner und Blitz!
Die Veranda hinauf, und die Hauswand hinan!
Immer fort mit euch! Fort mit euch! Hui, mein Gespann!«

Wie das Laub, das der Herbststurm die Straßen lang fegt
und, steht was im Weg, in den Himmel hoch trägt,
so trug es den Schlitten auf unser Haus
samt dem Spielzeug und samt dem Sankt Nikolaus!
Kaum war das geschehen, vernahm ich schon schwach
das Stampfen der zierlichen Hufe vom Dach.

Dann wollt' ich die Fensterläden zuzieh'n,
da plumpste der Nikolaus in den Kamin!
Sein Rock war aus Pelzwerk, vom Kopf bis zum Fuß.
Jetzt klebte er freilich voll Asche und Ruß.
Sein Bündel trug Nikolaus huckepack,
so wie die Hausierer bei uns ihren Sack.

Zwei Grübchen, wie lustig! Wie blitzte sein Blick!
Die Bäckchen zartrosa, die Nas' rot und dick!
Der Bart war schneeweiß, und der drollige Mund
sah aus wie gemalt, so klein und halbrund.
Im Munde, da qualmte ein Pfeifenkopf,
und der Rauch, der umwand wie ein Kranz seinen Schopf.

Ich lachte hell, wie er so vor mir stand,
ein rundlicher Zwerg aus dem Elfenland.
Er schaute mich an und schnitt ein Gesicht,
als wollte er sagen: »Nun, fürchte dich nicht!«

Das Spielzeug stopfte er, eifrig und stumm,
in die Strümpfe, war fertig, drehte sich um,
hob den Finger zur Nase, nickte mir zu,
kroch in den Kamin und war fort im Nu!

In den Schlitten sprang er und pfiff dem Gespann,
da flogen sie schon über Tal und Tann.
Doch ich hört' ihn noch rufen, von fern klang es sacht:
»Frohe Weihnachten allen,
und allen gut' Nacht!«

In den Vorweihnachtstagen des Jahres 1822 schrieb Clement Clarke Moore, Professor an der Columbia Universität von New York, zum Entzücken seiner sechs Kinder *A Visit from St. Nicholas*. Das Gedicht eroberte sich in Windeseile die Herzen aller amerikanischen Kinder. Sein Verfasser blieb lange unbekannt, wollte wohl auch nicht genannt werden. – 1947 veröffentlichte Erich Kästner die deutsche Übersetzung.

Felix holt Senf

Es war am Weihnachtsabend im Jahre 1927, gegen sechs Uhr, und Preissers hatten eben beschert. Der Vater balancierte auf einem Stuhl dicht vorm Weihnachtsbaum und zerdrückte die Stearinflämmchen zwischen den angefeuchteten Fingern. Die Mutter hantierte draußen in der Küche, brachte das Eßgeschirr und den Kartoffelsalat in die Stube und meinte: »Die Würstchen sind gleich heiß!« Ihr Mann kletterte vom Stuhl, klatschte fidel in die Hände und rief ihr nach: »Vergiß den Senf nicht!«

Sie kam, statt zu antworten, mit dem leeren Senfglas zurück und sagte: »Felix, hol Senf! Die Würstchen sind sofort fertig.«

Felix saß unter der Lampe und drehte an einem kleinen billigen Photoapparat herum. Der Vater versetzte dem Fünfzehnjährigen einen Klaps und polterte: »Nachher ist auch noch Zeit. Hier hast du Geld. Los, hol Senf! Nimm den Schlüssel mit, damit du nicht zu klingeln brauchst. Soll ich dir Beine machen?«

Felix hielt das Senfglas, als wollte er damit photographieren, nahm Geld und Schlüssel und lief auf die Straße. Hinter den Ladentüren standen die Geschäftsleute ungeduldig und fanden sich vom Schicksal ungerecht behandelt. Aus den Fenstern aller Stockwerke schimmerten die Christbäume. Felix spazierte an hundert Läden vorbei und starrte hinein, ohne etwas zu sehen. Er war in einem Schwebezustand, der mit Senf und Würstchen nichts zu tun hatte. Er war glücklich, bis ihm vor lauter Glück das Senfglas aus der Hand aufs Pflaster fiel. Die Rolläden prasselten an den Schaufenstern herunter, und Felix merkte, daß er sich seit einer Stunde in der Stadt herumtrieb. Die Würstchen waren inzwischen längst geplatzt. Er brachte es nicht über sich, nach Hause zu gehen. So ganz ohne Senf! Gerade heute hätte er Ohrfeigen nicht gut vertragen.

Herr und Frau Preisser aßen die Würstchen mit Ärger und ohne Senf. Um acht wurden sie ängstlich. Um neun liefen sie aus dem Haus und klingelten bei Felix' Freunden. Am ersten

Weihnachtsfeiertag verständigten sie die Polizei. Sie warteten drei Tage vergebens. Sie warteten drei Jahre vergebens. Langsam ging ihre Hoffnung zugrunde, schließlich warteten sie nicht mehr und versanken in hoffnungslose Traurigkeit.

Die Weihnachtsabende wurden von nun an das Schlimmste im Leben der Eltern. Da saßen sie schweigend vorm Christbaum, betrachteten den kleinen billigen Photoapparat und ein Bild ihres Sohnes, das ihn als Konfirmanden zeigte, im blauen Anzug, den schwarzen Filzhut keck auf dem Ohr. Sie hatten den Jungen so liebgehabt, und daß der Vater manchmal eine lockere Hand bewiesen hatte, war doch nicht böse gemeint gewesen, nicht wahr? Jedes Jahr lagen die zehn alten Zigarren unterm Baum, die Felix dem Vater damals geschenkt hatte, und die warmen Handschuhe für die Mutter. Jedes Jahr aßen sie Kartoffelsalat mit Würstchen, aber aus Pietät ohne Senf. Das war ja auch gleichgültig, es konnte ihnen doch niemals wieder schmecken.

Sie saßen nebeneinander, und vor ihren weinenden Augen verschwammen die brennenden Kerzen zu großen glitzernden Lichtkugeln. Sie saßen nebeneinander, und er sagte jedes Jahr: »Diesmal sind die Würstchen aber ganz besonders gut.« Und sie antwortete jedesmal: »Ich hol' dir die von Felix noch aus der Küche. Wir können jetzt nicht mehr warten.«

Doch um es rasch zu sagen: Felix kam wieder. Das war am Weihnachtsabend im Jahre 1932, kurz nach sechs Uhr … Die Mutter hatte die heißen Würstchen hereingebracht, da meinte der Vater: »Hörst du nichts? Ging nicht eben die Tür?« Sie lauschten und aßen dann weiter. Als jemand ins Zimmer trat, wagten sie nicht, sich umzudrehen. Eine zitternde Stimme sagte: »So, da ist der Senf, Vater.« Und eine Hand schob sich zwischen den beiden alten Leuten hindurch und stellte wahrhaftig ein gefülltes Senfglas auf den Tisch.

Die Mutter senkte den Kopf ganz tief und faltete die Hände. Der Vater zog sich am Tisch hoch, drehte sich trotz der Tränen lächelnd um, hob den Arm, gab dem jungen Mann eine schallende Ohrfeige und sagte: »Das hat aber ziemlich lange gedauert, du Bengel. Setz dich hin!«

Was nützt der beste Senf der Welt, wenn die Würstchen kalt werden? Daß sie kalt wurden, ist erwiesen. Felix saß zwischen den Eltern und erzählte von seinen Erlebnissen in der Fremde, von fünf langen Jahren und vielen wunderbaren Sachen. Die Eltern hielten ihn bei den Händen und hörten vor Freude nicht zu ...

Unterm Christbaum lagen Vaters Zigarren, Mutters Handschuhe und der billige Photoapparat. Und es schien, als hätten fünf Jahre nur zehn Minuten gedauert. Schließlich stand die Mutter auf und sagte: »So, Felix, jetzt hol' ich dir deine Würstchen.«

Arno schwimmt Weltrekord

Das Trockenschwimmen ist ein toller Sport!
Ganz ohne Pferd kann keiner reiten.
Ganz ohne Grund kann keiner streiten.
Doch ohne Wasser schwimmt der Mensch sofort.

Wenn sich Großhennigs Arno mit dem Magen
auf einen Stuhl (als ob er schwömme) legt
und Gustav mit dem Teppich Wellen schlägt,
ist Arno nicht zu schlagen!

Die andern wetten hoch und geben acht.
Sie hoffen, daß dies Arno kräftigt.
Er ist von Kopf bis Fuß beschäftigt
und bricht Rekorde, daß es kracht.

Zum Schluß durchquert er rasch noch den Kanal
und unterbietet gar den Weltrekord!
Das Trockenschwimmen ist ein toller Sport.
Versucht es mal!

Zwei Schüler sind verschwunden

I. Im Klassenzimmer erscheint ein Briefträger

Es war im Kirchberger Gymnasium. Und zwar am 11. Februar, nachmittags zwischen drei und vier Uhr. In der Tertia.

Draußen schneite es. Der Park wurde langsam weiß und weißer. Aber die Schüler blickten nicht zum Fenster hinaus. Denn Doktor Bökh, der Hauslehrer, hatte Kummer. Und die Jungen waren eisern entschlossen, auf diesen Kummer Rücksicht zu nehmen.

Was war geschehen?

Zwei Tertianer waren verschwunden!

Mittags hatten sie noch im Speisesaal des Internats mit den anderen gegessen. Und der eine von beiden, Matz mit Vornamen, hatte wie immer zwei Portionen verdrückt. Unter dem tat er's nie.

Nun waren sie fort. Niemand hatte sie seitdem gesehen. Martin Thaler, der Primus, erhob sich verlegen und meinte: »Vielleicht kommen sie noch, Herr Doktor. Wenn sie etwas Bestimmtes vorgehabt hätten, dann hätten sie doch Ihnen oder mir ein Wort davon gesagt!«

Der Lehrer rieb sich nachdenklich das Kinn und sah seine Jungen forschend an. »Weiß denn keiner etwas von den zwei Halunken?«

»Aber Herr Doktor!« rief einer. »Wenn wir was wüßten, hätten wir's ihnen doch längst erzählt!« Die übrigen Schüler nickten im Chor.

In diesem Augenblick klopfte es. Einmal. Zweimal. Dreimal. Johnny Trotz stand auf und öffnete. Im Flur stand ein Briefträger. Ein älterer Mann mit einem grauen Schnurrbart. Er lächelte und fragte: »Wohnt hier ein Herr Doktor Bökh?«

»Jawohl.«

Der Postbeamte trat ein und nickte der Klasse und dem Lehrer wohlwollend zu. Dann marschierte er zum Katheder vor.

»Es handelt sich um einen Einschreibebrief, Herr Doktor. Bitte zu quittieren!« Bökh gab seine Unterschrift. Der Briefträger legte den Brief aufs Katheder, hob die Hand grüßend zum Mützenschirm und ging.

Johnny Trotz stand noch an der Tür. Der Briefträger fragte gedämpft: »Was habt ihr denn grade?«

»Mathematik«, flüsterte der Junge.

Der Briefträger verzog das Gesicht, sagte: »Pfui Teufel!« und entfernte sich hastig, als habe er Angst, zur Zinsrechnung herangezogen zu werden. Johnny schloß die Tür und setzte sich leise.

Der Lehrer hatte den Umschlag geöffnet, entfaltete den Briefbogen und las, während seine Tertianer unbeweglich wie lauter kleine Buddhas in ihren Bänken saßen, folgenden Brief:

Lieber Herr Doktor! Es gibt Dinge, die sich nicht ändern lassen, obwohl sie verkehrt sind. Seien Sie uns bitte nicht allzu böse! Wir müssen für ein paar Tage verreisen. Spätestens am Montag sind wir wieder da. Vielleicht auch früher. Aber hoffentlich nicht. Nun haben wir uns den Kopf zerbrochen, wie wir unsern Fehler gutmachen können. Es ist natürlich nur ein Vorschlag. Aber wenn er Ihnen paßt, wären wir damit einverstanden. Wir wollen nämlich zur Strafe während der Osterferien nicht nach Hause fahren, sondern im Internat bleiben und alles nachholen, was wir jetzt versäumen. Wenn Sie oder der Herr Direktor mit unserm Vorschlag nicht einverstanden sein sollten, verpflichten wir uns ehrenwörtlich, nicht nur während der Osterferien, sondern auch noch während der Pfingstferien nachzusitzen. Das wäre zusammen dreimal soviel Zeit, wie wir wegbleiben wollen. Es ist wirklich keine Frechheit, lieber Herr Doktor, sondern eine solche Gelegenheit kommt niemals wieder. Und wir haben es uns reiflich überlegt. Viele herzliche Grüße von Ihren wenn auch unfolgsamen Schülern

Ulrich von Simmern und Matthias Selbmann

P. S. Schlimmstenfalls sitzen wir auch noch während der Sommerferien nach! Das wäre allerdings ein bißchen sehr viel Strafe. Doch wir richten uns ganz nach Ihnen, Herr Doktor. Was Sie tun, ist immer richtig.

Die Obigen

Der Lehrer legte den Brief beiseite und hielt lange den Kopf gesenkt. Endlich hob er ihn wieder, blickte die Jungen nachdenklich an und sagte: »Ich fürchte, ich habe euch falsch erzogen.« Er lächelte. Aber man merkte, daß es eigentlich gar kein Lächeln war. Die Tertianer schauten erschrocken zu ihm auf. Und einer von ihnen rief: »Ausgeschlossen, Herr Doktor!«

II. Zehn Grad unter Null

Es war nur wenige Stunden später. Allerdings nicht in Kirchberg, sondern in Garmisch-Partenkirchen. In einer Seitengasse, fern vom ärgsten Menschengewühl, standen zwei Jungen mitten im tiefsten Schnee. Sie betrachteten die nahrhaften Auslagen einer Metzgerei. Der Größere hielt eine Tüte mit Semmeln in der Hand und kaute still vor sich hin. Der andere, ein kleiner blonder Kerl, schien zu frieren. Er trat von einem Bein aufs andere, hatte die Hände in den Hosentaschen und sagte: »Das kann ja heiter werden, Matz!« Es klang ziemlich verzweifelt.

»Daß mir immer alles zu spät einfällt!« sagte Matz. »Wir hätten Doktor Bökh natürlich vorschlagen sollen, mit der ganzen Penne zur Olympiade zu fahren. Hier lernt man alles gleichzeitig. Sport und Sprachen und Geographie und vor allem weltmännisches Benehmen.«

Im gleichen Augenblick stolperte er über ein fremdes Bein. Die Semmeltüte fiel in einen Schneehaufen, und Matthias rief: »Sie Trottel!«

Der junge Mann, den er meinte, zeigte alle zweiunddreißig Zähne, packte den Jungen am Kragen, hob den rechten Arm und tat, als wolle er ernstlich zuschlagen. Matthias Selbmann ging in Verteidigungsstellung, hielt eine Faust vors Kinn und die andere vor den Magen. Seine Augen blitzten. Der junge Mann, dem das Manöver galt, war zunächst erstaunt, dann lachte er von neuem, nickte dem Jungen anerkennend zu und zog ihm, mit einer blitzschnellen Handbewegung, die Mütze über beide Augen. Matz fluchte wie ein Rollkutscher, schob die Mütze mühselig aus dem Gesicht und holte zu einem Faustschlag aus. Der Fremde war verschwunden.

Uli lächelte dezent. »Vor allem«, meinte er, »lernt man weltmännisches Benehmen.«

Matz starrte benommen in die wogende Menschenmenge. »Das war ein Engländer«, erklärte er schließlich. »Einer von der englischen Olympiamannschaft! Ein toller Bursche, was? Hat der Junge ein Glück gehabt, daß ich 'ne Mütze aufhabe.« Er bückte sich und hob die Tüte auf. »So, und jetzt stiefeln wir zum Eisstadion.«

»Nein!« Uli schüttelte energisch den Kopf. »Jetzt muß ich mich aufwärmen. Sonst erfriere ich schon am ersten Tag.«

Der Große sah den Kleinen bekümmert von der Seite an. »Tatsache?«

»Tatsache!«

»Dann sause ich solo zum Stadion«, sagte Matthias. »Sonst kriegen wir keine Eintrittskarten. Und den Eishockeykampf Kanada gegen England müssen wir sehen! Sonst hat die ganze Reise keinen Zweck gehabt.«

»Findet der Kampf im Freien statt?« Uli klapperte mit den Zähnen.

»Du dachtest wohl im Rathaus? So eine idiotische Frage! Jetzt hör mal gut zu. Du setzt dich in den Bahnhof. In den Wartesaal. Dort hol' ich dich ab. Und nun gib mir Geld! Her damit!«

»Genügt eine Mark?« Uli kramte im Portemonnaie.

»Nein!«

»Mehr als zwei Mark kriegst du aber nicht!« Uli wurde streng. »Wenn wir bloß schon wüßten, wo wir übernachten.«

»Eins nach dem andern. Geschlafen wird später. Auf Wiedersehen im Wartesaal!« Matthias lachte dem Freund vergnügt zu und stürzte sich ins Gedränge. Die Leute schimpften. Macht nichts, dachte er, Hauptsache, daß man vorwärtskommt.

Uli blickte ihm eine Weile nach. Auf seiner Stirn zeigten sich Sorgenfalten ... Plötzlich hellten sich seine Züge ein wenig auf. Er hatte einen Jungen entdeckt, der einen Packen Zeitungen austrug. Er stolperte hinter ihm in ein Haus und rief leise: »He du!« Der andere drehte sich um. »Weißt du, wo man billig übernachten kann?«

»Nirgends«, erwiderte der Zeitungsjunge. »Alles ausverkauft. Alle Betten besetzt. In den Hotels vermietet man schon die Badewannen.«

»Scheußlich«, meinte Uli. »Wir können doch nicht in der Dachrinne schlafen.«

»Am Bahnhof sind Schlafwagenzüge aufgestellt. Dort sollen noch Betten frei sein.«

»Kostenpunkt?«

»Sechs Mark pro Puppe.«

»Sechs Mark?« fragte Uli. »Ich werde verrückt.«

»Meinetwegen«, sagte der Zeitungsjunge, »'n Abend.« Er verschwand hinter der Treppenbrüstung. Uli trat auf die eiskalte Straße hinaus. Ihm war schon wesentlich wohler gewesen als ausgerechnet heute.

III. England gegen Kanada

Matthias hatte für seine zwei Mark natürlich keine Eintrittskarten bekommen. Und während abends die kanadische und die englische Mannschaft auf Schlittschuhen über die strahlend beleuchtete Eisfläche jagten, während das Publikum vor Begeisterung tobte und schrie, standen draußen vorm Stadion zwei Jungen, froren bis auf die Knochen, kauten trockene Semmeln und lauschten auf den Lärm, der zu ihnen herausdrang.

Matthias war wütend.

»Junge Hunde könnte man kriegen«, knurrte er verbiestert. »Ich werde mal fragen, wie der Kampf steht.« Er stapfte zu dem Pförtner hinüber und erkundigte sich. Dieser Portier war leider ein wortkarger Mann. Das einzige, was er sagte, war: »Kleine Kinder gehören um diese Zeit ins Bett.«

Matz schaute sich suchend um. »Wo sind denn hier kleine Kinder?« Er warf sich stolz in die Brust und blickte den Mann herausfordernd an. Eigentlich wollte der Portier etwas ziemlich Herzhaftes antworten. Doch er hatte anderes zu tun. Er hob die Hand grüßend zur Mütze und sagte: »Gute Nacht, meine Herrschaften.«

Es kamen nämlich eine alte Dame und ein alter, vornübergeneigter Herr langsam die Treppe herunter. Der Herr trug zwei dicke Kamelhaardecken. Dann stürzte ein Chauffeur herbei, nahm die Decken und bot der alten Dame hilfreich seinen Arm.

»Es wurde mir zu kalt, Friedrich«, meinte sie.

»Es ist ein besonders strenger Winter, Frau Gräfin«, erwiderte der Chauffeur zuvorkommend.

Matthias zog seine Mütze. »Verzeihung, Frau Gräfin. Können Sie mir sagen, wie das Spiel steht?«

Die alte Dame blickte ihn neugierig an. Dann lächelte sie. »Ich verstehe nicht viel von Sport, mein Junge. Aber ich glaube, jede Mannschaft hat ein Tor geschossen.«

»Donnerwetter noch mal!« Matthias' Augen blitzten. »Diese Engländer! Das ist ja kolossal, Frau Gräfin!«

Mittlerweile war der alte Herr herangekommen. Sie standen vor einem großen, grauen Wagen. Der Chauffeur öffnete den Schlag. Die Gräfin stieg ein, und ihr Mann setzte schon einen Fuß aufs Trittbrett. Da holte Matz sehr tief Atem, und dann sagte er zögernd: »Herr Graf, haben Sie Ihre Eintrittskarten schon weggeworfen?«

Der alte Herr vergaß einzusteigen. »Warum denn?«

»Mein Freund dort drüben und ich, wir haben keinen Platz bekommen. Und wenn Sie Ihre Karten noch nicht fortgeworfen haben, könnten wir uns doch eigentlich auf Ihre Plätze setzen. Nicht? Wir stehen nun schon so lange vorm Stadion!«

Der alte Herr sagte: »Aha!« Dann winkte er dem Portier.

Der kam im Galopp durch den dicken Schnee gefegt. »Bringen Sie die beiden Jungen auf unsere Plätze«, befahl der Graf. »Verstanden?« Dann stieg er ins Auto.

Die Plätze waren Ehrenplätze. In der allerersten Reihe. Direkt hinter dem einen Tor.

Matthias und Uli saßen anfangs völlig verzaubert in den beiden Sesseln und konnten während der ersten Minuten vor lauter Glück überhaupt nichts erkennen. Uli vergaß sogar, daß ihn fror. Vor ihnen auf der von schwarzen Menschenmassen umgebenen Eisfläche jagten die Hockeyspieler auf Schlittschuhen hin und her und schwangen die gebogenen Schlaghölzer. Zwei Spieler prallten gegeneinander. Der eine fiel um und blieb regungslos liegen. Man trug ihn weg. Ein Ersatzmann sprang ein. Der Kampf tobte weiter. Die kleine schwarze Hartgummischeibe sauste übers Eis. Manchmal flog sie hoch durch die Luft. Die Spieler rasten gebückt hinterdrein. Es war ein herrlicher Tumult. Man versäumte beinahe das Atemholen.

Matthias ächzte vor Begeisterung. Plötzlich packte er Uli am Arm und rief: »Das ist er!«

»Wer ist was?«

»Der Engländer, der mit mir boxen wollte!«

Tatsächlich, jener junge Mann, der Matz am Nachmittag die Mütze über die Augen gezogen hatte, war einer der englischen Stürmer. Er ging drauf wie Blücher.

Matz schlug sich begeistert auf die Schenkel. »Mensch, diese Vorlage! Der hat den Bogen 'raus!«

Auch Uli war hingerissen. Das Klirren und Knirschen der Schlittschuhe, das Gegeneinanderprallen der Stöcke, das wirbelnde Auf und Ab des Kampfes, die spannenden Momente vor den Toren, die stürzenden und sich wieder erhebenden Spieler, das alles war so wunderbar, daß die zwei Jungen auf ihren vornehmen Plätzen nicht wußten, wo ihnen vor lauter Wonne der Kopf stand. Manchmal, wenn der Puck, die kleine schwarze Scheibe, gegen eins der Tore schnellte, warf sich der Tormann darüber. Die Verteidiger und die heranbrausenden Gegner prallten zusammen und stürzten. Der Torhüter schleuderte den Puck in die Mitte der Eisfläche zurück. Die Spieler erhoben sich hastig und flitzten hinter ihm her wie die wilde Jagd. Das Publikum fieberte. Der Lärm drang bis in die fernen Berge und kam als Echo wieder. Trotz aller Aufregungen und Mühen verlief das zweite Drittel torlos. Noch immer stand das Spiel 1:1. Und auch das dritte und letzte Drittel schien ohne entscheidenden Erfolg verlaufen zu wollen.

»Dann kommt eine Verlängerung«, erklärte Matthias. »Unentschieden gibt's nicht!«

»Fein!« rief Uli. Er hatte knallrote Backen und rutschte in seinem Sessel hin und her, als säße er auf einer glühenden Herdplatte. Die Zeiger der Stadionuhr bewegten sich unaufhaltsam. Und der erbitterte Kampf tobte immer weiter.

»Wie in der Ilias«, behauptete Matthias. »Uli, mein Engländer macht einen Durchbruch!« Er sprang vor Erregung auf.

Doch der Durchbruch mißlang. Ein Kanadier schob Matthias' Engländer gegen die Bande, daß es nur so krachte. Beide schlugen lang hin. Beide sprangen wieder auf, schwangen ihre Hölzer und rasten davon.

»In einer Minute ist das dritte Drittel zu Ende«, sagte Matz heiser.

»Dann kommt die Verlängerung?«

»Ja.«

»Und wenn's auch dann unentschieden bleibt?«

»Dann gibt's noch eine Verlängerung.«

»Oje«, meinte Uli. »Das kann ja lange dauern!«

In diesem Augenblick schoß einer der Engländer die Scheibe mit voller Wucht gegen das kanadische Tor. Der Torwächter hielt den Schuß. Die Scheibe sprang ins Feld zurück. Matzens Engländer erwischte sie, holte mit dem Schläger aus und knallte die Scheibe ins gegnerische Tor. Drin war sie: 2:1 für England! »Hurra!« brüllte Matz. Doch er hörte seine eigene Stimme nicht mehr. Der Lärm, der jetzt ausbrach, war unbeschreiblich. Er glich am ehesten einer Dynamitexplosion. Die Kanadier, die unschlagbaren Weltmeister im Eishockey, waren besiegt worden. England hatte sie geschlagen. Das heißt: Matzens Engländer hatte sie geschlagen. Er allein. Jimmy hieß er.

Und »Jimmy!« schrie das ganze Stadion. Man hob Jimmy auf die Schultern.

Matthias sah Uli an, als habe er selber das Tor geschossen. Und Uli fand das völlig in Ordnung.

IV. Schlafen, schlafen, nichts als schlafen
(Shakespeare)

In der Nacht vom 11. zum 12. Februar 1936 ging man in Garmisch-Partenkirchen sehr spät schlafen. In den Hotels und Pensionen, in den Wohnungen, in den Kneipen, Bars und Cafés, überall hockte man dicht beisammen und unterhielt sich immer wieder über den Eishockeykampf zwischen Kanada und England. Zum Schluß wußten diejenigen, die nicht dabeigewesen waren, besser Bescheid als die Augenzeugen. Na, und Jimmy, der Engländer, der das entscheidende Tor geschossen hatte, war selbstverständlich der Held des Tages.

Leute, die ein Bett besitzen, haben es verhältnismäßig leicht, nachts aufzubleiben. Schwerer ist es für jene, die nicht wissen, wo sie ihr müdes Haupt hinlegen sollen. Matz und Uli hatten sich ursprünglich im Wartesaal des Bahnhofes eingemietet gehabt. Doch dann war leider der Stationsvorsteher neugierig geworden. Er war sogar soweit gegangen, Fragen zu stellen. Ein unmöglicher Mensch! Kurz und gut, die beiden Jungen gaben schließlich nach und trabten in die Schneelandschaft hinaus. Die Hotels waren noch immer erleuchtet. Tanzmusik drang gedämpft auf die Straßen. Manchmal kamen lustige Leute vorüber und sangen laut und falsch. Der Sternhimmel war blankgeputzt wie ein Juwelier-Schaufenster. Es war hundekalt. Der Schnee knirschte mit den Zähnen.

»Ich weiß nicht recht«, sagte Matthias nach einer guten halben Stunde, »aber in Büchern wirkt das Herumstiefeln im Schnee wesentlich schöner, als wenn die Stiefel einem selber gehören!«

Der Kleine widersprach nicht. »Wir können natürlich versuchen, in einem der Schlafwagenzüge zu übernachten«, meinte er endlich.

Matthias war starr. »Warum hast du das nicht schon längst gesagt?«

»Weil das Bett sechs Mark kostet.«

»Sechs Mark?« fragte der Große. »Dafür kriegt man ja 'ne Villa! Weißt du nichts Gescheiteres?«

»Doch«, erklärte Uli. »Komm mit!« Er lief voraus. Er bog in eine Seitenstraße. Wenige Minuten später standen sie vor einem hell erleuchteten Haus, das in einem tief verschneiten Garten lag.

»Darf man fragen, was das darstellt?« Matz blickte skeptisch zu dem Haus hinüber.

»Das ist eine Schule.«

»Eine Schule? Was soll ich denn in einer Schule? Noch dazu mitten in der Nacht? Grauenhaft!«

Uli lachte. »Während der Winterspiele befindet sich hier das Olympische Komitee. Wir gehen einfach hinein, klopfen höflich an und sagen, wir wüßten nicht, wo wir schlafen sollen.«

»Bist du übergeschnappt?« Sie standen unter einer brennenden Laterne. »Wenn wir jetzt hier hineingehen, sitzen wir in einer Stunde im Zug nach Kirchberg. Darauf kannst du Gift nehmen.«

»Weißt du was Besseres? Wollen wir uns eine Schneehöhle bauen?«

»Nein. Aber ich muß auf alle Fälle bis zum Sonntag hierbleiben! Ich will das Skispringen sehen, das Bobrennen, die Kür im Eislauf und überhaupt alles! Sonst beiße ich mir die Nase ab.«

»Du bist ein Dickschädel«, stellte Uli fest. »Also schön, wir können ja auch im Stehen schlafen!«

Hui! machte der Wind. Sie froren wie die Schneider. »Und Hunger hab' ich außerdem«, konstatierte Matthias zerknirscht.

Uli kramte in der Manteltasche und holte eine Semmel hervor. »Da hast du! Ich habe sie extra für dich aufgehoben.«

Matz griff danach und biß hinein, daß es krachte.

Dann wurde er verlegen. »Hast du denn gar keinen Hunger?«

»Du bist der größere«, erklärte Uli. »Guten Appetit!« Er hüpfte auf einem Bein rund um die Laterne. Erst auf dem rechten Bein. Dann auf dem linken. Es half alles nichts. Die Füße waren und blieben kalt wie Eiszapfen. Während Uli hüpfte und Matthias kaute, trat jemand aus dem erleuchteten Gebäude, schritt durch den verschneiten Garten, blieb vor den zwei Jungen stehen und sagte schließlich: »Hallo! Was treibt ihr denn hier?«

»Nichts Besonderes«, antwortete Matthias. »Wir frieren. Dann zuckte er zusammen. Der junge Mann, der mit ihnen sprach, war Jimmy, der englische Eishockeystürmer!

»Kennen wir uns nicht schon?« fragte der junge Mann.

»Freilich«, erklärte Uli. »Sie haben meinem Freund heute nachmittag die Mütze über die Ohren gezogen.«

»Richtig.«

Der junge Mann lachte.

Matthias nahm die Mütze vom Kopf. »Wir waren im Stadion. Sie haben fabelhaft gespielt. Ich gratuliere Ihnen.«

»Vielen herzlichen Dank!« sagte der junge Mann. »Man tut, was man kann. Aber warum liegt ihr nicht längst im Bett?«

Uli faßte sich ein Herz. »Weil wir kein Bett haben! Das heißt: Wir haben natürlich Betten. Aber unsere Betten stehen leider nicht in Garmisch, sondern in einer Stadt namens Kirchberg.«

»Oha!« rief der Engländer. »Ihr seid getürmt?«

Matthias nickte. »Erraten! Wir wollten zur Olympiade. Eigentlich wollte nur ich. Uli kam bloß mit, damit ich nicht allein bestraft werde.«

»Quatsch keine Opern!« sagte Ulrich von Simmern.

»Wir sind nämlich Freunde«, erklärte Matz.

Der Engländer schwieg eine Weile. Dann fragte er: »Und was wollt ihr jetzt tun?«

Die zwei Jungen sagten: »Keine Ahnung.«

Jimmy schob die blaue Norwegermütze ins Genick. »Wißt ihr was? In unserm Quartier, draußen am Gudiberg, werden schon noch ein paar Decken und Kissen übrig sein. Ihr kommt einfach mit. Und echt englisches Corned beef gibt's außerdem. Seid ihr einverstanden?«

»Einverstanden ist gar kein Ausdruck«, sagte Matthias. Man hörte förmlich, wie ihm ein Stein vom Herzen fiel.

Uli zögerte. »Werden wir auch ganz bestimmt nicht stören?«
Der junge Mann winkte ab. »Wenn ihr stört, fliegt ihr 'raus!« Er lachte. Dann kommandierte er: »Ganze Abteilung, marsch!«

Matthias und Uli sträubten sich nicht lange. Jimmy Brenchley, der Engländer, nahm sie bei der Hand. Und sie folgten ihm, brav wie zwei Lämmer. Uli stolperte vor Müdigkeit.

Jimmy wußte Rat. Er sang. Er sang: »It's a long way to Tipperary!«

Plötzlich sagte Matthias: »Eins ist mir noch unklar.«

»Was denn, junger Freund?«

»Wieso Sie so gut deutsch sprechen!«

»Meine Mutter stammt aus Deutschland«, gab Jimmy Brenchley zur Antwort. »Englisch ist meine Vatersprache. Und Deutsch ist meine Muttersprache.«

»Drum«, sagte Matz.

V. Vom Nutzen des Kinobesuches

Professor Hirsekorn, der Direktor des Kirchberger Gymnasiums, sagte: »Wenn mich nicht alles täuscht, ist heute Freitag. Am Dienstag verschwanden die beiden Tertianer. Ich kann dieses Abenteuer nicht länger verantworten, Herr Doktor. Ich habe mich entschlossen, die Eltern zu benachrichtigen.«

»Haben Sie noch einen Tag Geduld«, bat Doktor Bökh. »Es hat keinen Sinn, die Eltern in Aufregung zu versetzen.« Er ging pausenlos im Arbeitszimmer des Direktors auf und ab. »Wenn ich nur eine Ahnung hätte, wohin dieser Rüpel, der Matthias, ausgekniffen ist! Uli ist selbstverständlich bloß mitgegangen, weil er seinen Freund nicht alleinlassen wollte. Außerdem hat ihm Matthias bestimmt vorgeworfen, daß er keine Courage hat. Und in diesem Punkt ist Uli empfindlich.«

»Was nützt uns das? Man kann doch Kinder, nur weil man sie versteht, nicht dauernd entschuldigen! Wir müssen die Angehörigen ins Bild setzen. Wenn den Jungen nun etwas Ernstliches zugestoßen ist?«

»Matthias kann überhaupt nichts Ernstliches zustoßen«, behauptete der Hauslehrer. »Überdies paßt Uli ja auf ihn auf. Ich warne davor, einen Dummejungenstreich an die große Glocke zu hängen. Je mehr Leute davon erfahren, um so strenger müssen wir die Jungen nachher nur bestrafen.«

Der Direktor schob beide Daumen in die Weste. »Wollen Sie den Bengels, wenn wir sie jemals wiedersehen sollten, vielleicht noch einen Orden verleihen?«

»Nein, das will ich nicht! Haben Sie den Eindruck, daß ich mich nicht zum Lehrer an Ihrer Anstalt eigne?«

»Wie kommen Sie denn auf so etwas?« Der Direktor rang die Hände. »Sie sind der tüchtigste und beliebteste Lehrer, der jemals an diesem Institut gewesen ist! Wollen Sie Komplimente hören, Herr Doktor?«

»Keineswegs. Aber ich möchte die zwei Tertianer auf meine eigene Weise bestrafen. Ich will vermeiden, daß die Eltern, die Behörden und weiß der Teufel wer noch in meine pädagogischen Maßnahmen hineinreden!«

Der Direktor war ein hartnäckiger Mensch. »Das hilft nun alles nichts«, bemerkte er abschließend. »Ich muß die Eltern benachrichtigen. Und ich werde es noch heute tun. Ich danke Ihnen, Herr Doktor.«

Der Hauslehrer verbeugte sich und wollte gehen. Da klopfte es. Der Direktor rief: »Herein!« Im Türrahmen erschien der Schuldiener. Das war ein müder, von Rheumatismus und Plattfüßen übermäßig geplagter Mann. Er hielt sich die Hüfte und sagte: »Der Martin Thaler steht draußen. Er will Doktor Bökh sprechen. Es sei dringend.«

»Soll eintreten«, befahl der Direktor. Der Schuldiener entfernte sich schlurfend.

Martin Thaler, der Primus der Tertia, trat ein. Er war vollkommen außer Atem.

»Was gibt's?« fragte Bökh.

»Ich komme aus dem Kino«, erzählte Martin. »Aus den Gloria-Lichtspielen. Wir wollten uns den neuen Garbo-Film anschauen.«

»Ein schöner Film?« fragte der Lehrer.

»Wir haben ihn überhaupt nicht gesehen. Das heißt, Johnny

und ich haben ihn nicht gesehen. Die anderen sitzen noch im Kino. Aber Johnny und ich sind gleich nach der Wochenschau weggelaufen, weil wir Sie dringend sprechen müssen.«

»Nanu«, brummte der Direktor. »Was hat denn die Wochenschau mit uns zu tun?«

»Viel«, erwiderte der Junge. »Sehr viel. Es wurden nämlich die neuesten Berichte von der Winterolympiade in Garmisch gezeigt.«

»Und?« fragte Doktor Bökh.

»Und als der Eishockeykampf zwischen England und Kanada vom letzten Dienstag vorgeführt wurde, da haben wir auf der Leinwand, gleich in der ersten Reihe, Matz und Uli erkannt. Ganz genau wissen wir's allerdings nicht. Das Bild war gleich wieder weg.«

»Natürlich!« rief der Hauslehrer. »Natürlich waren sie's! Es gibt keinen Zweifel. Sie sind in Garmisch-Partenkirchen.«

»Jawohl«, sagte Martin Thaler. »Matthias stand auf und sprang wie ein Indianer herum. Die Engländer hatten nämlich gerade das Siegestor geschossen. Uli war übrigens auch ziemlich aufgeregt. Und dann war der Sportbericht zu Ende. Und es kam ein Fest der japanischen Feuerwehr in Tokio. Mit hohen Leitern und vielen Feuerspritzen. Und Johnny und ich sind sofort losgesaust, um es Ihnen zu erzählen, Herr Doktor. Weil wir doch nun endlich wissen, wo die beiden stecken.«

»Vielen Dank, mein Junge«, sagte Bökh. »Und nun verschwinde wieder. Vielleicht kommt ihr, wenn ihr euch beeilt, noch zum Garbo-Film zurecht.«

»Sicher«, meinte Martin. »Zuvor läuft ja ein Kurzfilm. Und unsere Eintrittskarten sind noch gültig. Wir haben mit der Kassiererin gesprochen. Guten Tag!«

Er verbeugte sich hastig und war wie ein Blitz verschwunden.

Doktor Bökh wandte sich an Direktor Hirsekorn. »Es ist also überflüssig geworden, die Eltern der zwei Schüler zu benachrichtigen. Ich fahre mit dem nächsten Zug nach Garmisch und hole die verlorenen Söhne heim. Sobald ich sie erwischt habe, depeschiere ich. Ich bitte Sie nur, den Unterricht, den ich morgen zu erteilen habe, von einem Stellvertreter geben zu lassen.«

»Selbstverständlich«, erklärte der Direktor. Er gab dem Lehrer die Hand. »Glückliche Reise, Herr Doktor! Und bringen Sie uns die zwei Ausreißer möglichst unbeschädigt zurück!«

Doktor Bökh lächelte. »Ich reiße ihnen höchstens die Ohren ab«, meinte er.

VI. Die Überraschung in der Morgenstunde

Uli und Matthias fühlten sich seit Tagen wie die Schneekönige. Sie hatten in einem der Häuser, die den Engländern eingeräumt waren, ihr eigenes Zimmerchen. Sie aßen täglich mit den Gastgebern, und was Matthias pro Mahlzeit verschlang, überstieg alle Begriffe. Anfangs wetteten die Engländer untereinander, ob der Junge immer noch und immer noch eine Scheibe Corned beef hinunterkriegen werde. Später ließ das Wetten nach. Es hatte keinen Sinn. Man verlor nur Geld. Matzens Appetit übertraf jede Vermutung und jeden Rekord. Jimmy Brenchley behauptete, Matz sei in Garmisch-Partenkirchen drei Zentimeter gewachsen. Er konnte recht haben.

Manchmal borgten sich die beiden Jungen Schneeschuhe und machten kleine Ski-Ausflüge in die Berge. Aber meistens wurden sie von ihren Engländern zu den olympischen Wettkämpfen mitgenommen. Man brauchte die zwei Kirchberger Gymnasiasten als Talisman. Man glaubte, ihre Anwesenheit bringe den englischen Mannschaften Glück.

Himmel, was hatten sie in diesen Tagen alles gesehen: Die Eishockey-Zwischenrunden, das Eis-Paarlaufen, das Eis-Schnellaufen über fünftausend und zehntausend Meter, den Militär-Patrouillenlauf, die ersten Läufe des Zweierbobrennens, das Kürlaufen der Männer – und was stand ihnen noch alles bevor!

Matz ging völlig in der Rolle des künftigen Sportsmannes auf. Er ließ sich sogar von dem Trainer der Engländer massieren. Und mit einem Back des Eishockeyteams übte er sich im

Boxen. Er war überglücklich. Nur Ulis ernstes Gesicht irritierte ihn mitunter. »Was hast du denn?« fragte er dann unwillig.

»Ach, ich muß an die Penne denken – und an Doktor Bökh.«
»Schließlich sitzen wir doch zur Strafe während der Ferien nach!« sagte Matthias dann. »Man tut, was man kann. Komm, leg dich hin! Ich will dich massieren.«

»Nein«, erklärte Uli in solchen Fällen. »Was du Massage nennst, ist Körperverletzung.«

Am Sonnabend, dem 15. Februar, waren sie schon um sechs Uhr morgens aufgestanden. Denn oben am Rießersee fand der Endlauf im Zweierbobrennen statt. Sie hatten, hoch über Garmisch, an der Bayernkurve prächtige Tribünenplätze, hockten zwischen ihren englischen Freunden und fieberten, wenn einer der Bobs an den Tribünen vorüberschoß und steil die aus Eisplatten gemauerte haushohe Kurve hinanfegte. Vom Beobachtungsturm wurde durch den Lautsprecher der letzte Lauf angekündigt. Matz rechnete die bisher erzielten Zeiten zusammen und sagte zu Uli: »Wenn nichts dazwischenkommt, holen sich die Amerikaner die Goldene Medaille.«

»Oder die Schweizer!«
»Wetten?«
»Nein.«

Hoch über den verschneiten Tannenwipfeln meldete sich erneut der Lautsprecher: »Achtung, Achtung! Bahn frei! Als erster startet Bob USA I! Alles fertig! Bob – los!«

Die Zuschauer starrten gebannt bergauf.

»Der Bob hat schnelle Fahrt«, berichtete der Beobachter von der Strecke. »Er liegt allerdings nicht ruhig. Jetzt passiert er das Looping! Er nähert sich dem Kilianseck! Er schleudert! Halt – nein, er fängt sich wieder! Gleich kommt er in die Bayernkurve!«

Matz sprang auf und beugte sich weit vor. Uli kaute an einem Fingernagel. (Er konnte und konnte sich das, wenn er aufgeregt war, nicht abgewöhnen.) Da! Der amerikanische Bob schoß um die Ecke, schlingerte ein wenig, aber der Bremser wollte das Tempo nicht verringern. Man ging aufs Ganze. Das Eis knirschte. Der Schlitten raste die vertikale Kurve empor, fast bis an die äußerste Kante. Dann zwang der Lenker den Bob wieder in die Bahn. Der Schlitten und die Sturzhelme verschwanden hinter der Biegung.

»Paß auf!« schrie Matthias. »Die Amerikaner machen das Rennen!«

In diesem Augenblick legte sich eine Hand bleischwer auf seine Schulter. »Mensch, laß mich doch in Ruhe!« knurrte der Junge. »Gleich meldet der Lautsprecher die Zeit.«

»Wieso soll ich dich denn in Ruhe lassen?« fragte Uli verwundert.

»Du sollst die Pfote von meinem Jackett 'runternehmen!«

»Ich fasse dich doch gar nicht an, du blöder Kerl!«

Da meinte jemand hinter ihnen: »Guten Morgen, die Herren!« Oh, diese Stimme!

Die Köpfe der beiden Jungen fuhren herum. Allmächtiger, der Doktor Bökh! Er war's tatsächlich. Er stemmte Uli hoch, setzte sich auf dessen Platz und ließ den Jungen langsam auf sein Knie nieder. Matz zog ein Gesicht, als fixiere ihn eine Brillenschlange.

»Laß dich nur nicht stören«, meinte Bökh gelassen. »Und vergiß nicht, auf die Zeit der Amerikaner zu achten!« Dann nahm er einen Notizblock aus der Tasche, schrieb einige Zeilen auf einen Zettel und reichte Matthias das Papier. »Hast du die Zeit notiert?«

Matz schüttelte den Kopf. »Nein.«

»Nimm diesen Zettel, mein Sohn! Und renne damit in Weltrekordzeit zur Post in Garmisch und gib das Telegramm an Professor Hirsekorn auf! Wann kannst du unten sein?«

»In zwanzig Minuten.«

»Gut so. Wenn die Depesche bis zum Mittagessen nicht in Kirchberg ist, benachrichtigt der Direktor eure Eltern. Hier hast du Geld. Kehrt, marsch!«

Matthias kletterte wie eine Gemse über die Tribünenreihen und verschwand in der Zuschauermenge. Uli faßte sich ein Herz und fragte: »Herr Doktor, sind Sie uns sehr böse?«

»Davon reden wir später«, meinte Bökh.

Jimmy Brenchley musterte Uli von der Seite. »Wem gehört eigentlich das Knie, auf dem du sitzt?«

Ulrich von Simmern, der ziemlich blaß ausschaute, sagte mit zitternder Stimme: »Das Knie gehört unserem Klassenlehrer.«

»Hallo!« rief Jimmy. »Sehr erfreut!« Er schüttelte Doktor Bökh die Hand und lachte übers ganze Gesicht. »Was die Bengels für'n Glück haben! So einen Lehrer hätten wir haben müssen! Dann wäre ich heute Lordsiegelbewahrer!«

VII. Die Heimkehr der verlorenen Söhne

Am Nachmittag errang die englische Eisläuferin Cecilia Colledge eine Silberne Medaille, und abends schlug die englische Eishockeymannschaft in der Endrunde die Mannschaft der USA. Die Weltmeisterschaft war ihnen nicht mehr zu nehmen. Matz und Uli drückten während beider Wettbewerbe die Daumen und schrieben die englischen Erfolge mehr oder weniger ihren Daumen zu.

Doktor Bökh saß im Eisstadion hinter seinen Tertianern und musterte sie heimlich und belustigt. Nach der Hockeyschlacht erhob er sich und sagte streng: »So, jetzt verabschiedet euch von euren Freunden. Und zwar etwas plötzlich. Ich erwarte euch am Bahnhof. Hier sind die Fahrkarten. In zwanzig Minuten geht der Zug. Wenn ihr zu spät kommt, fahrt ihr am besten gleich zu euren Eltern. In Kirchberg möchte ich euch dann nämlich nicht wiedersehen.«

»Morgen ist Sonntag, Herr Doktor«, meinte Matthias nachdenklich. »Früh findet auf der Olympiaschanze der Sprunglauf statt. Das würde Sie sicher sehr interessieren. Birger Ruud springt auch mit. Und die Preisverteilung am Nachmittag, die …« Er unterbrach seine Rede, weil der Lehrer überhaupt nicht zuzuhören schien.

»Aber ganz wie Sie wollen«, fuhr Matz treuherzig fort. »In einer Viertelstunde sind wir am Bahnhof. Wir verabschieden uns rasch in den Umkleidekabinen. Los, Uli! Bis nachher, Herr Doktor.« Die Jungen stürmten davon.

»Bis nachher, ihr Lausejungen«, murmelte Bökh hinterdrein.

Der Zug stand wartend am Bahnsteig. Als Matz und Uli erschienen, wurden sie von einer Eskorte von Engländern begleitet. Jimmy Brenchley, der während des Matchs einen Schlag vors Schienbein abgekriegt hatte, humpelte auf Doktor Bökh los und nahm ihn beiseite. »Entschuldigen Sie«, sagte er, »daß ich mich einmische. Uli ist, glaube ich, kolossal niedergeschlagen, daß Sie seinetwegen Ärger und Sorge gehabt haben. Seien Sie großmütig! Sie sind das Ideal der kleinen Kerle. Wenn alle Ihre Schüler so begeistert von Ihnen sind, dann sind Sie der beliebteste Lehrer Europas!«

»Daß mir meine Schüler einfach durchbrennen«, sagte Bökh, »spricht dafür, daß man sogar *zu* beliebt sein kann.«

»Na ja«, meinte Jimmy »Hoffentlich haben Sie unrecht. Und es täte mir leid, wenn Sie die Bengel schwer bestrafen würden! Es sind ein paar Prachtexemplare. Ich habe sie übrigens nach England eingeladen. Auch meine Eltern und jüngeren Geschwister würden sich darüber freuen. Es ist gut, wenn die männlichen Vertreter verschiedener Völker einander kennenlernen, bevor sie sich das erste Mal rasieren. Hätten Sie Lust mitzukommen?«

»Nur wenn Sie und Ihre Geschwister den Besuch später bei uns in Kirchberg erwidern wollen.«

»Großartig!« rief Jimmy. »Im nächsten Winter tanzen wir an.«

Sie schüttelten einander die Hand. Der Lehrer stieg ein. Matz und Uli beugten sich aus dem Wagenfenster und unterhielten sich mit den Engländern. Der Stationsvorsteher gab das Abfahrtszeichen. Der Zug rollte aus dem Bahnhof. Es wurde fleißig gewinkt.

Garmisch-Partenkirchen war verschwunden. Doktor Bökh saß den Jungen gegenüber und las Zeitung. Die zwei kleinen

Verbrecher wagten nicht zu sprechen. Matthias baumelte mit den Beinen und hatte Hunger. Er hatte zwar belegte Brote eingesteckt, aber er traute sich nicht, sie auszupacken.

Uli hielt das Schweigen nicht mehr aus. Er hüstelte, und dann sagte er leise: »Seien Sie doch wieder gut, Herr Doktor!«

Bökh legte die Zeitung beiseite und sah die Jungen streng an. »Daß ihr Strafe verdient, seht ihr ein.« Die beiden nickten. »Euch während der Osterferien in die Schule zu sperren, erscheint mir als Methode ziemlich fragwürdig. Wer soll auf euch aufpassen? Ich selber werde nicht dasein. Ich will eine Fußwanderung durchs Maintal unternehmen. Und ohne Lehrer würdet ihr nichts als Dummheiten machen.«

»Nein!« rief Uli entsetzt.

»Doch«, sagte Matthias verlegen. »Ich kenne mich.«

Doktor Bökh hätte beinahe gelacht. Er blickte zu Boden und runzelte die Stirn. Dann fuhr er fort. »Da ihr in den Ferien nicht nach Hause fahren sollt, und da man euch andererseits nicht ohne Aufsicht lassen kann, habe ich beschlossen, daß ihr mich zur Strafe auf meiner Mainwanderung begleiten werdet.« Er erhob sich. »Keine Widerrede! So, und jetzt gehe ich in den Speisewagen. Ich habe Durst.« Er verließ das Abteil.

Die zwei Jungen blieben sitzen. Uli schluckte schwer. Am liebsten hätte er vor Freude geheult. Matthias packte die belegten Brote aus, biß in eines hinein, gab Uli ein anderes und sagte, während er kaute, begeistert: »Für diesen Mann könnte ich mich schlachten lassen.«

»Ich mich auch«, meinte Uli ergriffen.

»Ach, Mensch«, knurrte Matthias, »dafür bist du viel zu mager!«

Paula vorm Haus

Eigentlich heißt sie Paula Schmidt. Weil sie aber zwischen den Mandelbäumchen, Fliederbüschen und Silbertannen im elterlichen Vorgarten steht, nennt man sie seit siebzehn Jahren, so alt wurde sie im März, gemeinhin Paula vorm Haus. Sie ist bildhübsch, hat frische Farben, lacht gern und war nie ernstlich krank. Das will bei einem Menschen, der, so lange schon, Tag und Nacht und bei jedem Wetter im Freien lebt und nicht vom Flecke kann, einiges bedeuten.

Professor Schwerdtfeger, der bekannte Gelehrte, der das Kind – es wuchs damals schon im Garten – als erster eingehend untersuchte und einwandfrei feststellte, daß es statt der Füße Wurzeln besitze, bezeichnete Paula anschließend, in den Medizinischen Vierteljahresheften, als die »reizendste Aberration der Natur«. Kirchliche Kreise hingegen empfanden das Ereignis, für das noch die Bezeichnung »negatives Wunder« zu nachsichtig klinge, als einen Skandal. Gleichviel, die Kleine wuchs, zur Freude und Sorge der Eltern, unverdrossen heran.

Sie wurde, begreiflicherweise, zu einer Sensation. Fotos von ihr und Artikel über sie erschienen in allen Zeitungen und Zeitschriften. Das Bild des Kindes, das, erwiesenermaßen festgewurzelt, zwischen den blühenden Büschen stand und mit ihnen um die Wette zu lachen schien, rührte und beschäftigte monatelang die ganze Welt. Einige der Fremden, die damals den Ort überschwemmten, machten dem Ehepaar Schmidt nahezu unwiderstehliche Angebote. Eine Zeitschrift stellte ihnen eine ansehnliche Lebensrente in Aussicht, falls sie sich bereit fänden, Tatsachen oder wenigstens Vermutungen niederzuschreiben und notariell beglaubigen zu lassen, die geeignet wären, die Neugierde der Leser wenn schon nicht zu befriedigen, so doch erträglich zu gestalten. Ein Impresario bot eine horrende Summe, wenn er das Kind ausgraben, eintopfen und in den Weltstädten gegen Eintritt ausstellen dürfe. Zur Ehre der Eltern sei gesagt, daß sie diesen goldnen Verlockungen, ohne lange zu zögern, einträchtig widerstanden.

Geringfügigeren Versuchungen gaben sie, wenigstens in den ersten Jahren, gelegentlich nach. Da stand dann etwa die Kleine lächelnd vorm Haus, und auf einem Plakat, das sie in den Händen hielt, lasen die sich drängenden Zaungäste: »Auch ich trage Steiners Kinderkleider.« Oder man zog ihr, bei schlechtem Wetter, einen Regenmantel an, und sie rief alle fünf Minuten vergnügt: »Immerdicht hält immer dicht!« Oder sie aß fleißig Marmeladebrote, und ein Schild neben ihr behauptete, Kruses Konfitüren seien die besten. Auch solche vergleichsweise unschuldigen Geschäfte brachten Geld. Und die Eltern verwendeten es, im großen ganzen, für die Beschaffung erstklassiger Gartenerde.

Mit der Zeit rissen andere Sensationen die öffentliche Aufmerksamkeit an sich, und Paula verlebte eine einigermaßen normale Kindheit. Vom Schulbesuch hatte man sie allerdings befreien müssen. Doch Herr Korbgiebel, der grauhaarige Hauptlehrer, kam, wenn es nicht gerade regnete oder schneite, samt der singenden Klasse, den aufgerollten Landkarten, der schwarzen Wandtafel, dem munter klappernden menschlichen Skelett und anderen Lehrmitteln in Schmidts Garten marschiert und erteilte seinen milde trocknen Unterricht zwischen Flieder, Tannen und Jasmin. Der Bezirksschulrat, der gelegentlich nach dem Rechten sah, war zufrieden. Paula lernte leicht und las viel. Reisebeschreibungen hatten es ihr besonders angetan. Bei einem Kinde, dem bereits der Blick um die nächste Straßenecke verwehrt blieb, war das verständlich genug. An den schulfreien Nachmittagen saß die Mutter neben ihr und strickte. Meist wurden es fußlose, mit Reißverschlüssen statt mit Rücknähten versehene Wollstrümpfe. Man plauderte miteinander und mit Nachbarn und Bekannten, oder Paula malte. Ihr Vater, ein tüchtiger Schreiner, hatte ihr eine Staffelei gezimmert, und das Kind brachte, mit Wasserfarben und Buntstiften, allerlei zustande. Das Bild »Unser Marktplatz, den ich nie sehen werde«, hängt seit vier Jahren im Büro des Bürgermeisters, und er zeigt es seinen Besuchern nicht ohne Stolz und Rührung.

Heute malt Paula nicht mehr. Sie lächelt den Freundinnen zu, die von der Arbeit kommen oder zum Tanz gehen. Ob sie noch lächelt, wenn es dunkel geworden ist und die Mädchen von ihren Verehrern heimgebracht werden, weiß man nicht. Freilich, des Nachts, in die Erde gebannt, zwischen den schwarzen Sträuchern zu stehen, atmend und atemlos, ein verwunschener Fliederbusch, der die Arme ausbreiten und die Augen mit den Händen bedecken kann, ist doch wohl kein leichtes Los. Wenn die Eulen funkeln, die Hunde schimpfen und der betrunkene Autoschlosser am Zaune rüttelt, dann lächelt sich's schlecht. Und es hilft wenig, daß die Eltern, zum Garten hin, bei offnem Fenster schlafen. Aber wer, außer dem Mädchen selber, weiß es genau?

Am vergangenen Freitag, gegen Mitternacht, glaubte Frau Schmidt, im Halbschlaf, vorm Haus eine zärtliche Stimme zu hören. »O meine Daphne!« flüsterte jemand. Und Paula seufzte. Oder hatte Frau Schmidt geträumt? Als sie, am nächsten Morgen, ihrem Mann davon erzählte, schüttelte er den Kopf. Doch bevor er in die Werkstatt ging, griff er zu dem einbändigen Lexikon, das die Tochter seinerzeit als Schulprämie bekommen hatte, und blätterte darin. Dann winkte er seiner Frau und las, leise und zögernd: »Daphne, griechische Nymphe, zum Schutz vor Apolls Liebe in einen Lorbeerstrauch verwandelt.«

Als sie ans Fenster traten, ging gerade Dr. Meier vorüber, der neue Assessor beim Amtsgericht. Er zog vor dem Mädchen den Hut und lächelte melancholisch. Paula warf die Hände hoch. Einen Augenblick lang schien es, als wolle sie ihm nacheilen. Sie bewegte sich wie ein Blatt im Winde, das der Zweig nicht losläßt. Dann sanken die Arme herab. Reglos stand sie zwischen den Tannen und Büschen. Und versuchte zu lächeln. Und die Eltern traten ins Zimmer zurück.

DER KLEINE MANN

Das erste Kapitel

Meine erste Begegnung mit dem Kleinen Mann
Pichelstein und die Pichelsteiner · Mäxchens Eltern
wandern aus · Wu Fu und Tschin Tschin
Geburtsort: Stockholm · Vom Eiffelturm geweht
Zwei Chinesenzöpfe werden begraben
Professor Jokus von Pokus hält eine schöne Rede.

Er wurde der Kleine Mann genannt und schlief in einer Streichholzschachtel. Eigentlich hieß er ja Mäxchen Pichelsteiner. Doch das wußten die allerwenigsten. Und auch ich wüßte es nicht, wenn er mir's nicht selber erzählt hätte. Das war, wenn ich mich nicht irre, in London. In Garlands Hotel. Und zwar im Frühstückszimmer mit den vielen bunten Vogelbauern an der Decke. So ein Gezwitscher! Man konnte kaum sein eignes Wort verstehen.

Oder war es in Rom? Im Hotel Ambassadore an der Via Veneto? Oder im Speisesaal des Hotels Excelsior in Amsterdam? Ich glaube, mein Gedächtnis läßt nach. Schade. Manchmal sieht es in meinem Kopf aus wie in einer unaufgeräumten Spielzeugkommode.

Eines steht jedenfalls fest: Mäxchens Eltern und Großeltern und Urgroßeltern und sogar die Urururgroßeltern stammten, alle miteinander, aus dem Böhmerwald, wo er am waldigsten ist. Dort gibt es einen hohen Berg und ein kleines Dorf, und beide heißen Pichelstein. Ich habe vorsichtshalber in meinem alten Lexikon nachgeschlagen. Dort steht klar und deutlich:

Pichelstein. Böhmisches Dorf. 412 Einwohner. Winziger Menschenschlag. Größte Körperlänge 51 Zentimeter. Ursachen unbekannt. Berühmt durch Turnverein (T. V. Pichelstein, gegründet 1872) und das sogenannte ›Pichelsteiner Fleisch‹ (Näheres siehe Band IV unter ›Eintopfgerichte‹). Alle Einwohner heißen seit Jahrhunderten Pichelsteiner. (Empfehlenswerte Literatur: ›Pichelstein und die Pichelsteiner‹ von Pfarrer Remigius Dallmayr, 1908, im Selbstverlag. Vergriffen.)

Ein seltsames Dorf, werdet ihr sagen. Aber ich kann's nicht ändern. Was in meinem alten Lexikon steht, stimmt fast immer.

Als Mäxchens Eltern ein Jahr verheiratet waren, beschlossen sie, ihr Glück zu machen. Sie hatten, so klein sie waren, große Rosinen im Kopf. Und weil das Dorf Pichelstein im Böhmerwald für ihre Pläne und Wünsche nicht ausreichte, fuhr das Ehepärchen mit Sack und Pack, nein, mit Säckchen und Päckchen, in die weite Welt hinaus.

Sie wurden, wohin sie auch kamen, gewaltig angestaunt. Die Leute sperrten den Mund auf und brachten ihn kaum wieder zu. Denn Mäxchens Mutter war zwar eine bildhübsche junge Frau und sein Vater hatte einen prächtigen schwarzen Schnurrbart, aber sie waren nicht größer als zwei fünfjährige Kinder. Kein Wunder, daß man sich wunderte!

Was hatten sie vor? Sie wollten, weil sie so vorzüglich turnen konnten, Akrobaten werden. Und tatsächlich, nachdem sie dem Herrn Direktor Brausewetter vom ›Zirkus Stilke‹ am Reck und an den Schweberingen ihre Kunststücke vorgeführt hatten, klatschte er begeistert in die weißen Glacéhandschuhe und rief: »Bravo, ihr Knirpse! Ihr seid engagiert!« Das war in Kopenhagen. Im Tivoli. An einem Vormittag. In einem auf vier riesigen Masten errichteten Zirkuszelt. Und Mäxchen lebte damals noch gar nicht.

Obwohl seine Eltern in Pichelstein Vorturner gewesen waren, mußten sie noch viel lernen und hart trainieren. Erst ein Vierteljahr später wurden sie der chinesischen Akrobatentruppe ›Familie Bambus‹ zugeteilt. Eigentlich war das ja keine richtige Familie. Und richtige Chinesen waren's schon gar nicht. Die zwölf geflochtenen Zöpfe, die ihnen an den zwölf Hinterköpfen baumelten, waren so echt wie falsches Geld. Doch als Artisten waren sie erstklassig und gehörten zu den geschicktesten Jongleuren und Akrobaten, die jemals in einem Zirkus aufgetreten sind.

Sie jonglierten mit zerbrechlichen Tellern und Tassen auf dünnen, wippenden Stäben aus gelbem Bambus so rasch, daß den Zuschauern Hören und Sehen verging. Die Kleineren kletterten wie die Wiesel an glatten armdicken Bambusstangen empor, die von den größten und kräftigsten Chinesen hochgestemmt wurden, und machten hoch oben Handstand und, bei gedämpftem Trommelwirbel, Kopfstand. Ja, sie drehten sogar, zehn Meter über der Manege, Saltos! Sie überschlugen sich in der Luft, als sei's ein Kinderspiel, und schon standen sie wieder mit beiden Füßen auf den schwankenden Bambusspitzen und winkten lächelnd ins Publikum hinunter. Die Kapelle spielte einen dreifachen Tusch, und die Leute klatschten, bis sie dicke rote Hände kriegten!

Mäxchens Eltern hießen jetzt, auf den Plakaten und in den Programmheften, Wu Fu und Tschin Tschin und trugen falsche Zöpfe und buntbestickte Kimonos aus knisternder Seide. Sie reisten mit dem zusammengerollten Zirkuszelt, den Elefanten und Raubtieren, den Feuerschluckern, Clowns und Trapezkünstlern, mit den Araberhengsten, Stallburschen, Dompteuren, Balletteusen, Mechanikern, Musikanten und Herrn Direktor Brausewetter aus einer Großstadt in die andere, hatten Erfolg, verdienten Geld und freuten sich mindestens zwanzigmal am Tag, daß sie nicht mehr in Pichelstein waren.

In Stockholm kam dann Mäxchen zur Welt. Er war so winzig klein, daß ihn die Krankenschwester um ein Haar mit dem Waschwasser in den Ausguß geschüttet hätte. Glücklicherweise brüllte er wie am Spieß, und so ging noch einmal alles gut. Der Stationsarzt betrachtete ihn lange durch ein Vergrößerungsglas, lächelte und sagte schließlich: »So ein hübscher und gesunder Junge! Ich gratuliere!«

Als Mäxchen sechs Jahre alt war, verlor er seine Eltern. Das war in Paris, und es geschah ganz plötzlich und unerwartet. Die beiden fuhren mit dem Lift auf den Eiffelturm, um die schöne Aussicht zu bewundern. Doch kaum daß sie auf der obersten Plattform standen, erhob sich ein Sturm, der sie in die Luft zerrte und im Nu fortwehte!

Die anderen Besucher konnten sich, da sie größer waren, an den Gittern der Brüstung festklammern.

Aber um Wu Fu und Tschin Tschin war es geschehen. Man

sah noch, daß sie sich fest an der Hand hielten. Dann waren sie auch schon am Horizont verschwunden.

Tags darauf schrieben die Zeitungen: ›Zwei kleine Chinesen vom Eiffelturm geweht! Trotz Einsatz von Hubschraubern unauffindbar! Schwerer Verlust für Zirkus Stilke!‹

Am schwersten war der Verlust freilich für Mäxchen, der seine Eltern sehr, sehr lieb gehabt hatte. Er weinte viele winzige Tränen in seine winzigen Taschentücher. Und zwei Wochen später, als man auf dem Friedhof, in einem Elfenbeinkästchen, die zwei schwarzen Chinesenzöpfchen begrub, die ein portugiesischer Dampfer hinter den Kanarischen Inseln aus dem Ozean gefischt hatte, da wäre Mäxchen vor lauter Kummer am liebsten mitgestorben.

Es war ein seltsames Begräbnis. Alle Zirkusleute nahmen daran teil: die Familie Bambus in ihren Kimonos, der Dompteur der Löwen und Tiger mit einem Trauerflor an der Peitsche, der Kunstreiter Galoppinski auf seinem Rapphengst Nero, die Feuerschlucker mit brennenden Fackeln, der Herr Direktor Brausewetter mit Zylinder und schwarzen Glacéhandschuhen, die Clowns mit ernstgeschminkten Gesichtern und vor allem, als Redner, der berühmte Zauberkünstler Professor Jokus von Pokus.

Zum Schluß seiner feierlichen Ansprache sagte der Professor: »Die zwei kleinen Kollegen, um die wir trauern, haben uns ihr Mäxchen als Vermächtnis hinterlassen. Kurz vor ihrem verhängnisvollen Ausflug auf den Eiffelturm brachten sie den Jungen in mein Hotelzimmer und baten mich, auf ihn gut aufzupassen, bis sie wiederkämen. Heute wissen wir nun, daß sie nicht wiederkommen können. Deshalb werde ich auf ihn achtgeben müssen, solange ich lebe, und ich will es von Herzen gerne tun. Ist dir das recht, mein Kind?«

Mäxchen, der aus der Brusttasche des Zaubererfracks herausschaute, rief schluchzend: »Jawohl, lieber Jokus! Es ist mir recht!«

Da weinten alle anderen vor Schmerz und Freude. Und den Clowns verschmierten die Tränen die Schminke in den Gesichtern. Dann zauberte der Professor fünf große Blumensträuße aus der Luft und legte sie auf das kleine Elterngrab. Die Feuerschlucker steckten die brennenden Fackeln in den Mund, so daß die Flammen auslöschten. Die Zirkuskapelle spielte den Gladiatorenmarsch. Und schon liefen alle, vom Kunstreiter Galoppinski auf dem Rappen Nero angeführt, schnell ins Zirkuszelt zurück. Denn es war Mittwoch.

Und mittwochs, samstags und sonntags sind, wie jedermann weiß, auch am Nachmittag Vorstellungen. Für Kinder. Zu verbilligten Preisen.

Das zweite Kapitel

Die Streichholzschachtel auf dem Nachttisch
Minna, Emma und Alba · Sechzig Gramm
Lebendgewicht und trotzdem kerngesund
Der Kleine Mann will in die Schule gehen
Ärger in Athen und Brüssel · Unterricht auf
der Bockleiter · Bücher, klein wie Briefmarken.

Daß Mäxchen nachts in einer Streichholzschachtel schlief, habe ich wohl schon erzählt. Anstelle der sechzig Streichhölzer, die üblicherweise drinliegen, enthielt sie ein Maträtzchen aus Watte, ein kleines Stück Kamelhaardecke und ein Kopfkissen, nicht größer als der Nagel meines Mittelfingers. Und die Schachtel blieb halb geöffnet, weil ja der Junge sonst keine Luft gekriegt hätte.

Die Streichholzschachtel stand auf dem Nachttisch neben dem Bett des Zauberkünstlers. Und jeden Abend, wenn sich Professor Jokus zur Wand gedreht hatte und leise zu schnarchen begann, knipste Mäxchen das Lämpchen auf dem Nachttisch aus, und es dauerte nicht lange, dann schlief auch er.

Außer den beiden schliefen im Hotelzimmer noch die zwei Tauben Minna und Emma und, in seinem Spankorb, das weiße Kaninchen Alba. Die Tauben hockten oben auf dem Schrank. Sie hatten die Köpfe in die Brustfedern gesteckt, und wenn sie träumten, gurrten sie.

Die drei Tiere gehörten dem Professor und halfen ihm, wenn er im Zirkus auftrat. Dann flatterten die Tauben plötzlich aus seinen Frackärmeln, und das Kaninchen zauberte er aus dem leeren Zylinder. Minna, Emma und Alba konnten den Zauberkünstler gut leiden, und in den kleinen Jungen waren sie geradezu vernarrt. Wenn sie morgens zu fünft gefrühstückt hatten, durfte sich Mäxchen sogar manchmal auf Emmas Rücken setzen, und dann machte sie mit ihm einen Rundflug durchs Zimmer.

Eine Streichholzschachtel ist sechs Zentimeter lang, vier Zentimeter breit und zwei Zentimeter hoch. Das war für Mäxchen gerade das richtige. Denn er maß, auch mit zehn und zwölf Jahren noch, knapp fünf Zentimeter und paßte genau hinein. Er wog, auf der Briefwaage des Hotelportiers, sechzig Gramm, hatte immer Appetit und war nie krank gewesen. Die Masern hatte er allerdings gehabt. Aber die Masern zählen eigentlich nicht. Die hat ja jedes zweite Kind.

Mit sieben Jahren hatte er natürlich in die Schule gehen wollen. Aber die Schwierigkeiten waren allzu groß gewesen. Erstens hätte er jedesmal, wenn der Zirkus weiterzog, die Schule wechseln müssen. Und oft sogar die Sprache! Denn in Deutschland wurde ja deutsch unterrichtet, in England englisch, in Frankreich französisch, in Italien italienisch und in Norwegen norwegisch. Das hätte der Kleine Mann vielleicht noch geschafft. Weil er gescheiter war als die meisten Kinder in seinem Alter. Dazu kam nun aber noch, daß seine Mitschüler allesamt viel, viel größer waren als er und daß sie sich einbildeten, Größersein sei etwas Besonderes. Deswegen hatte er mancherlei ausstehen müssen, der Ärmste.

In Athen zum Beispiel war er einmal von drei kleinen Griechenmädchen während der großen Pause in ein Tintenfaß gesteckt worden. Und in Brüssel hatten ihn ein paar belgische Lümmel auf die Gardinenstange gesetzt. Er war zwar gleich wieder hinuntergeklettert. Denn klettern konnte er damals schon wie kein zweiter. Aber gefallen hatten ihm solche Dummheiten gar nicht. Und so erklärte der Zauberkünstler eines Tages: »Weißt du was? Das beste wird sein, wenn ich dir Privatstunden gebe.«

»O fein!« rief Mäxchen. »Das ist eine gute Idee! Wann geht's los?«

»Übermorgen um neun«, sagte Professor Jokus von Pokus. »Aber freu dich nicht zu früh!«

Es brauchte einige Zeit, bis die beiden herausfanden, wie sie es am geschicktesten anstellen mußten. Aber allmählich kamen sie dahinter, und nun machte ihnen der Unterricht von Tag zu

Tag immer mehr Spaß. Das wichtigste außer dem Lesebuch und dem Schreibheft waren eine Bockleiter mit fünf Stufen und eine scharfe Lupe.

Beim Lesenlernen kraxelte Mäxchen auf die höchste Sprosse der Leiter, weil ja die Buchstaben, wenn er mit der Nase vorm Buch saß, für ihn viel zu groß waren. Erst wenn er auf der Leiter hockte, konnte er das Gedruckte bequem überblicken.

Beim Schreiben war es ganz anders. Dann setzte er sich an ein winziges Pult. Das winzige Pult stand oben auf dem großen Tisch. Und der Professor saß neben dem Tisch und betrachtete Mäxchens Krikelkrakel durch die Lupe. Sie vergrößerte das Geschriebene um das Siebenfache, und nur so konnte er die Buchstaben und Wörter überhaupt erkennen. Ohne die Lupe hätten er und der Zimmerkellner und das Stubenmädchen das Geschreibsel für Tintenspritzer oder Fliegendreck gehalten. Dabei waren es, wie man durch die Lupe ganz deutlich sehen konnte, hübsche und zierliche Schriftzeichen.

Beim Unterricht im Rechnen war es nicht anders. Auch bei den Zahlen brauchten sie die Leiter und die Lupe. Und so war Mäxchen, was er auch lernte, immer unterwegs. Bald saß er auf der Leiter, bald an seinem Pult auf dem Tisch.

Eines schönen Vormittags sagte der Zimmerkellner, der das Frühstücksgeschirr wegtragen wollte: »Wenn ich nicht genau wüßte, daß der Junge lesen und schreiben lernt, dächte ich bestimmt, er hätte Turnstunde.« Da mußten sie alle lachen. Auch Minna und Emma, die auf dem Schrank saßen, lachten mit. Denn es waren Lachtauben.

Mit dem Buchstabieren hielt sich Mäxchen nicht lange auf. Schon nach kurzer Zeit las er so flink, als hätte er's schon immer gekonnt. Und nun wurde er im Handumdrehen zur Leseratte. Das erste Buch, das ihm Jokus von Pokus schenkte, waren Grimms Märchen. Und womöglich hätte er sie in einer knappen Woche ausgelesen gehabt, wenn nicht die verflixte Bockleiter gewesen wäre!

Jedesmal, wenn er umblättern mußte, blieb ihm gar nichts weiter übrig, als die Leiter hinunterzuklettern, auf den Tisch zu hopsen, die Seite umzuwenden und die Leiter wieder hochzukrabbeln. Erst dann erfuhr er, wie das Märchen weiterging. Und zwei Seiten später mußte er schon wieder zum Buch hinunter! So ging das in einem fort: umblättern, die Leiter hoch, zwei Seiten lesen, die Leiter hinunter, auf den Tisch, schnell umblättern, die Leiter hinauf, die nächsten zwei Seiten lesen, die Leiter hinunter, umblättern, hinauf, – es war zum Auswachsen!

Eines Nachmittags kam der Professor gerade dazu, wie der Junge zum dreiundzwanzigsten Mal die Leiter hochkraxelte, sich wütend die Haare raufte und schrie: »Das ist ja fürchterlich! Warum gibt es denn, um alles in der Welt, keine kleineren Bücher? Mit klitzekleinen Buchstaben?«

Erst mußte der Professor über Mäxchens Zorn lachen. Dann wurde er nachdenklich und meinte: »Eigentlich hast du ganz recht. Und wenn es solche Bücher noch nicht gibt, werden wir sie für dich drucken lassen.«

»Gibt es denn jemanden, der das kann?« fragte der Junge.

»Ich habe keine Ahnung«, sagte der Zauberkünstler. »Aber im März gastiert der Zirkus in München. Dort lebt der Uhrmacher Unruh. Bei dem werden wir uns erkundigen.«

»Und wieso weiß es der Uhrmacher Unruh?«

»Ich weiß nicht, ob er es weiß. Aber er könnte es wissen, weil er sich mit solchen Dingen beschäftigt. So hat er vor zehn Jahren Schillers ›Lied von der Glocke‹ auf die Rückseite einer Briefmarke geschrieben. Und das Gedicht ist immerhin 425 Zeilen lang.«

»Donnerwetter!« rief Mäxchen begeistert. »Bücher, nicht größer als Briefmarken, das wäre für mich genau das richtige!«

Um es kurz zu machen: Der Uhrmacher Unruh kannte tatsächlich eine Druckerei, die so kleine Bücher drucken konnte! Das war allerdings ein teurer Spaß. Doch der Professor verdiente als Zauberkünstler eine ganze Menge Geld, und Mäxchens Eltern hatten Ersparnisse hinterlassen. So dauerte es gar nicht lange, und der Junge hatte eine hübsche winzige Bibliothek beisammen.

Nun brauchte er nicht mehr auf der Leiter herumzuturnen,

sondern konnte sich's beim Lesen bequem machen. Am liebsten las er abends, wenn er in der Streichholzschachtel lag und der Professor eingeschlafen war und leise vor sich hinschnarchte. Ach, war das gemütlich! Oben auf dem Schrank gurrten die beiden Tauben. Und Mäxchen schmökerte in einem seiner Lieblingsbücher, im ›Zwerg Nase‹, im ›Kleinen Däumling‹, im ›Nils Holgersson‹ oder, am allerliebsten, im ›Gulliver‹.

Manchmal knurrte der Professor im Halbschlaf: »Lösche das Licht aus, du Bengel!«

Dann flüsterte Mäxchen: »Sofort, Jokus!« Mitunter dauerte das Sofort eine halbe Stunde. Aber schließlich knipste er die Lampe dann doch aus, schlief ein und träumte von Gulliver im Lande Liliput, wo ihn die Bewohner für einen Riesen hielten.

Und dieser Riese, der über die Stadtmauern stieg und die feindliche Kriegsflotte kaperte, war natürlich kein anderer als Mäxchen Pichelsteiner.

Das dritte Kapitel

*Er will Artist werden · Lange Menschen
und große Menschen sind nicht ein und
dasselbe · Ein Gespräch in Straßburg
Über den Beruf des Dolmetschers
Der Plan des Professors scheitert
an Mäxchens Starrsinn.*

Je älter der Kleine Mann wurde, um so öfter unterhielten sie sich darüber, was er einmal werden wolle. Jedesmal erklärte er: »Ich will zum Zirkus. Ich werde Artist.« Und jedesmal schüttelte der Professor den Kopf und sagte: »Aber Junge, das geht doch nicht! Dafür bist du ja viel zu klein!«

»Du redest manchmal so und manchmal anders«, murrte Mäxchen. »Immer wieder erzählst du mir, wieviele berühmte Männer klein gewesen sind. Napoleon und Julius Cäsar und Goethe und Einstein und ein Dutzend andere. Du hast auch gesagt, lange Menschen seien nur ganz selten große Menschen! Ihre Kraft schießt ins Kraut, hast du gesagt, und wenn sie zwei Meter lang sind, bleibt für ihr Gehirn nicht mehr viel übrig.«

Der Professor kratzte sich am Kopf. Schließlich erklärte er: »Trotzdem wären Cäsar und Napoleon und Goethe und Einstein keine guten Artisten geworden. Cäsar hatte so kurze Beine, daß er kaum auf dem Pferd sitzen konnte!«

»Ich will ja gar nicht auf einem Pferd sitzen«, antwortete der Junge ärgerlich. »Waren meine Eltern schlechte Artisten?«

»Behüte! Sie waren erstklassig!«

»Und waren sie groß?«

»Nein. Sie waren sogar sehr klein.«

»Also, lieber Jokus?«

»Da gibt's kein Also«, sagte der Zauberkünstler. »Sie waren klein, aber du bist zehnmal kleiner. Du bist zu klein! Das Publikum würde dich, wenn du in der Manege stündest, überhaupt nicht sehen!«

»Dann sollen sie Operngläser mitbringen«, erklärte der Kleine Mann.

»Weißt du, was du bist?« fragte der Jokus grimmig. »Du bist ein großer Dickschädel.«

»Nein. Ich bin ein kleiner Dickschädel, und ...«

»Und?« fragte der Professor gespannt.

»Und ich werde Artist!« rief Mäxchen so laut, daß Alba, dem weißen Kaninchen, das grüne Salatblatt, an dem es knabberte, vor Schreck aus dem Maul fiel.

Eines Abends saßen sie, nach der Zirkusvorstellung, im Restaurant ihres Hotels in Straßburg, und der Herr Professor Jokus von Pokus ließ sich die getrüffelte Gänseleberpastete gut schmecken. Er aß meist erst nach der Vorstellung, weil ihm, wenn er vorher aß, der Frack zu eng wurde. Und das störte ihn beim Zaubern.

Denn in seinem Frack steckten ja vielerlei Dinge. Zum Beispiel vier Päckchen Spielkarten, fünf Blumensträuße, zwanzig Rasierklingen und acht brennende Zigaretten. Außerdem die Tauben Minna und Emma, das weiße Kaninchen Alba und alles, was er sonst noch für seine Kunststücke brauchte. Da ist es besser, wenn man mit dem Abendbrot wartet.

Jetzt saß er also am Tisch, aß Straßburger Gänseleberpastete und geröstetes Brot, und Mäxchen saß, dicht neben dem Teller, oben auf dem Tisch und ließ sich kleine Brocken abgeben. Dann gab es ein Wiener Schnitzel, Fruchtsalat und schwarzen Kaffee. Sogar vom Kaffee bekam der Kleine Mann ein Viertelschlückchen. Schließlich waren sie satt und zufrieden und streckten die Beine von sich, der Professor unterm Tisch und der Kleine Mann auf dem Tisch.

»Ich weiß jetzt, was du wirst«, sagte der Jokus, nachdem er einen bildschönen weißen Ring aus Zigarrenrauch in die Luft geblasen hatte.

Mäxchen blickte bewundernd hinter dem Rauchkringel her, der immer größer und dünner wurde, bis er am Kronleuchter zerflatterte. Dann meinte er: »Du weißt es erst jetzt? Ich weiß es schon immer. Ich werde Artist.«

»Nein«, knurrte der Professor. »Du wirst Dolmetscher!«

»Dolmetscher?«

»Das ist ein sehr interessanter Beruf. Du kannst jetzt bereits Deutsch und ziemlich viel Englisch und Französisch und ein bißchen Italienisch und Spanisch und ...«

»Holländisch und Schwedisch und Dänisch«, fuhr der Kleine Mann fort.

»Eben, eben«, sagte der Professor eifrig. »Wenn wir noch ein paar Jahre mit dem Zirkus in Europa herumkutschiert sind, wirst du alle diese Sprachen noch viel besser sprechen. Dann machst du in Genf, in der berühmten Dolmetscherschule, deine Prüfung. Und sobald du sie bestanden hast, fahren wir zusammen nach Bonn. Dort lebt ein guter Freund von mir.«

»Ist der auch Zauberkünstler?«

»Nein, der ist etwas viel Besseres. Er ist Beamter. Er ist Pressechef in der Bundeskanzlei. Dem zeige ich dein Genfer Diplom, und dann wirst du, wenn alles klappt, Dolmetscher beim Auswärtigen Amt oder sogar beim Bundeskanzler selber. Das ist der wichtigste und mächtigste Mann. Und weil er oft im Ausland ist und mit anderen Kanzlern sprechen muß, braucht er einen tüchtigen Dolmetscher.«

»Aber keinen Däumling!«

»Doch, doch!« entgegnete der Professor. »Je kleiner, um so besser! Er nimmt dich zum Beispiel nach Paris mit, weil er mit dem französischen Präsidenten etwas bereden muß. Etwas ganz Geheimes. Etwas furchtbar Wichtiges. Weil der deutsche Kanzler aber die französische Sprache nicht gut versteht, braucht er einen Übersetzer, der ihm erklärt, was der französische Präsident sagt.«

»Und das soll ausgerechnet ich sein?«

»Jawohl, mein Kleiner!« erklärte der Professor. Er war von seinem Einfall sehr angetan. »Du setzt dich in das Ohr des Kanzlers und flüsterst ihm jedesmal auf deutsch zu, was der Präsident auf französisch gesagt hat.«

»Da fall ich ja 'runter«, sagte Mäxchen.

»Nein. Erstens hat er vielleicht so große Ohren, daß du in seiner Ohrmuschel sitzen kannst.«

»Und zweitens? Wenn er nun niedliche Öhrchen hat?«

»Dann hängt er sich eine feine, dünne Goldkette ums Ohrläppchen, du setzt dich in die Kette, wirst Ministerialrat Max Pichelsteiner, und die Leute nennen dich ehrfürchtig ›den Beamten, der dem Ohr des Kanzlers am nächsten ist‹. Wäre das nicht schön?«

»Nein!« sagte Mäxchen energisch. »Das fände ich gräßlich! Ich werde kein kleiner Mann im Ohr. Nicht in Deutschland, nicht in Frankreich und nicht am Nordpol. Du vergißt die Hauptsache.«

»Und was ist die Hauptsache?«

»Ich werde Artist.«

Das vierte Kapitel

Der Kleine Mann will Dompteur werden
Sind Löwen denn keine Katzen? · Abenteuer
mit Hackfleisch und Peitsche · Mäxchen im
Zahnputzglas · Bericht von einem außer-
gewöhnlichen Fußballspiel · Der Jokus
springt durch einen brennenden Reifen.

Als der Zirkus Stilke wieder einmal in Mailand gastierte, sagte Mäxchen am dritten Tag ganz aufgeregt: »Jokus, hör zu, die Hotelkatze hat Junge. Vier Stück. Sie sind acht Wochen alt und hüpfen im Zimmer 228 von den Sesseln auf den Tisch, und wenn sie oben sind, hüpfen sie wieder herunter.«

»Na ja«, meinte der Professor, »ich halte das für ganz vernünftig. Sie können doch nicht dauernd auf dem Tisch bleiben!«

Doch der Kleine Mann hatte heute keinen Sinn für Späße. »Das Stubenmädchen hat sie mir gezeigt«, erzählte er eifrig. »Sie sind gestreift und sehen aus wie viel zu kleine Tiger.«

»Haben sie dich gekratzt?«

»Überhaupt nicht!« versicherte der Junge. »Wir waren sogar sehr nett zueinander. Sie haben geschnurrt, und ich hab sie mit ein bißchen Hackfleisch gefüttert.«

Der Professor musterte ihn von der Seite. Dann fragte er: »Was hast du vor? Hm? Was führst du im Schilde? Heraus mit der Sprache!«

Mäxchen holte tief Luft und erklärte nach einer Pause: »Ich werde sie dressieren und im Zirkus vorführen.«

»Wen? Das Stubenmädchen?«

»Nein!« rief der Junge erbost. »Die Kätzchen!«

Jokus von Pokus setzte sich verblüfft auf den Stuhl und schwieg zwei bis drei Minuten. Schließlich schüttelte er den Kopf, seufzte und sagte: »Katzen kann man nicht dressieren. Ich dachte, du wüßtest das.«

Mäxchen lächelte siegesgewiß. Dann fragte er: »Sind die Löwen keine Katzen?«

»Doch, doch. Sie gehören zu den Raubkatzen. Da hast du recht.«

»Und die Tiger? Und die Leoparden?«

»Das sind auch Raub- und Großkatzen. Da hast du schon wieder recht.«

»Setzen sie sich, wenn der Dompteur es will, auf hohe Podeste? Springen sie durch Reifen?«

»Sogar durch brennende Reifen«, ergänzte der Professor.

Der Junge rieb sich vergnügt die Hände. »Da hast du's!« rief er triumphierend. »Wenn man so riesige Katzen dressieren kann, dann kann man doch Kätzchen erst recht dressieren!«

»Nein«, sagte der Professor energisch, »das kann man eben nicht!«

»Und warum nicht?«

»Ich habe keine Ahnung.«

»Aber ich weiß den Grund«, erklärte Mäxchen stolz.

»Nun?«

»Weil es noch kein Mensch versucht hat!«

»Und du willst es versuchen?«

»Jawohl! Ich habe schon einen Namen für die Nummer! Auf den Plakaten wird stehen ›Mäxchen und seine vier Kätzchen, der atemraubende erstmalige Dressurakt‹! Vielleicht erscheine ich mit einer schwarzen Maske! Und eine Peitsche zum Knallen brauche ich außerdem. Aber die hab ich schon. Ich nehme die Peitsche von meiner alten Spielzeugkutsche.«

»Na, dann viel Spaß, junger Freund!« sagte der Herr von Pokus und schlug die Zeitung auf.

Schon am nächsten Morgen stellte das Stubenmädchen vier niedrige Fußbänke ins Zimmer 228. Die vier kleinen Katzen schnupperten neugierig an den Bänkchen herum, trollten sich aber bald wieder in ihren Korb zurück und rollten sich faul zusammen.

Dann erschien der Etagenkellner. In der linken Hand trug er einen Teller mit Schabefleisch, in der rechten Hand hielt er Mäxchen. Und dieser hielt in der rechten Hand die lackierte Spielzeugpeitsche und in der linken einen spitzen Zahnstocher.

»Zum Abwehren der Raubtiere«, erklärte er. »Falls sie den Dompteur angreifen sollten. Und fürs Aufspießen vom Futter.«

»Soll ich hierbleiben?« fragte der Kellner freundlich.

»Nein, bitte nicht«, sagte der Kleine Mann. »Das erschwert die Dressur. Es lenkt die Tiere ab.«

Der Kellner ging also wieder. Der Dompteur war mit seinen vier Opfern allein. Sie blinzelten zu ihm hin, gähnten lautlos, streckten sich und begannen einander zu putzen, als wären sie seit einer Woche nicht mehr gewaschen worden.

»Jetzt hört einmal gut zu«, rief der Junge schneidig. »Mit dem faulen Leben ist es vorbei. Ab heute wird gearbeitet. Habt ihr mich verstanden?«

Sie putzten sich weiter und taten, als seien sie schwerhörig. Er pfiff. Er schnalzte mit der Zunge. Er klemmte die Lackpeitsche unter den Arm und schnippte mit den Fingern. Er klemmte den Zahnstocher unter den anderen Arm und klatschte in die Hände. Er knallte mit der Peitsche. Er stampfte mit dem Fuß auf. Die Katzen stellten nicht einmal die Ohren hoch.

Erst als Mäxchen mit Hilfe des Zahnstochers einige Brocken Fleisch auf die Fußschemel bugsiert hatte, wurden die vier lebendig. Sie hüpften aus dem Korb heraus, sprangen auf die Schemel, verschlangen die Bröckchen, leckten sich die Lippen und blickten ihren Dompteur erwartungsvoll an.

»So ist's recht!« rief er begeistert. »Bravo! Nun müßt ihr Männchen machen! Allez hopp! Die Vorderpfoten hoch!« Er stieß die Peitsche in die Luft.

Aber die Kätzchen hatten ihn wohl mißverstanden. Oder sie hatten gerochen, daß es im Zimmer 228 noch mehr Hackfleisch gab. Jedenfalls sprangen sie in hohem Bogen von den Schemeln hinunter, liefen schnurstracks zum Teller und machten sich darüber her, als seien sie kurz vorm Verhungern.

»Nein!« schrie der Kleine Mann empört. »Laßt das sein! Auf der Stelle! Könnt ihr denn nicht hören?«

Sie konnten nicht hören. Sogar wenn sie gewollt hätten. Doch sie wollten ja gar nicht. Sie schmatzten, daß der Teller zitterte.

DAS VIERTE KAPITEL

Mäxchen zitterte noch viel mehr. Aber er zitterte vor Zorn. »Das Schabefleisch kriegt ihr erst später! Vorher müßt ihr Männchen machen! Und im Gänsemarsch laufen! Und von einem Schemel auf den nächsten springen! Habt ihr mich verstanden?« Er schlug mit der Peitsche auf den Teller.

Da nahm ihm eine der Katzen die hübsche Lackpeitsche weg und biß sie mittendurch.

Als Professor Jokus von Pokus, in Gedanken versunken, den Hotelkorridor entlangkam, hörte er aus dem Zimmer 228 kleine spitze Hilferufe. Er riß die Tür auf, schaute sich suchend um und begann zu lachen.

Die vier Katzen saßen unten vor dem Waschbecken und blickten gespannt in die Luft. Ihre Schnurrbärtchen waren gesträubt. Die Schwänzchen klopften den Fußboden. Und oben, auf dem Beckenrand, hockte Mäxchen in einem Zahnputzglas und weinte. »Hilf mir, lieber Jokus!« rief er. »Sie wollen mich fressen!«

»Ach Unsinn!« sagte der Professor. »Du bist doch nicht aus Hackfleisch! Und eine Maus bist du auch nicht!« Dann holte er den Jungen aus dem Zahnputzglas heraus und betrachtete ihn gründlich und von allen Seiten. »Dein Anzug ist ein bißchen zerrissen, und auf der linken Backe hast du einen Kratzer. Das ist alles.«

»So ein Gesindel!« schimpfte Mäxchen. »Erst haben sie meine Peitsche zerbrochen und den Zahnstocher zerkaut, und dann haben sie Fußball gespielt!«

»Wer war denn der Fußball?«

»Ich! Ach, lieber Jokus! Sie haben mich in die Luft geworfen und aufgefangen und unters Bett geschossen und wieder vorgeholt und übers Parkett getrieben und wieder hoch in die Luft geschleudert und wieder unters Bett geschossen und vorgeholt und unterm Teppich verbuddelt und wieder herausgeangelt, es war furchtbar! Wenn ich nicht das Handtuch erwischt hätte und aufs Waschbecken und ins Zahnputzglas geklettert wäre, wer weiß, ob ich noch lebte!«

»Armer Kerl«, meinte der Professor. »Doch nun ist es ja vorbei. Jetzt wasch ich dich und bring dich ins Bett.«

Die vier Kätzchen blickten verdrossen hinter dem Professor drein. Es kränkte sie, daß ihnen der große Mann den kleinen Fußball weggenommen hatte, der so hübsch brüllte, wenn man mit ihm spielte. Dann dehnten sie die Hinterbeine, spazierten zu dem Teller hinüber und steckten die Nasen hinein. Aber der Teller war und blieb ratzeputzeleer.

Die gescheiteste der vier dachte: ›Pech gehabt!‹ und rollte sich auf dem Bettvorleger wie eine Brezel zusammen. Kurz bevor sie einnickte, dachte sie noch: ›Fressen kann man nur, wenn einem jemand was bringt. Schlafen ist einfacher. Das kann man ohne wen.‹

Mäxchen saß inzwischen vergrämt in seiner Streichholzschachtel, hatte ein Pflaster auf der Backe und trank aus seiner winzig kleinen Meißner Porzellantasse heiße Schokolade.

Der Professor hatte eine Lupe ins Auge geklemmt und stopfte die Löcher in Mäxchens Anzug.

»Und du weißt ganz bestimmt und genau, daß man Katzen nicht dressieren kann?« fragte der Kleine Mann.

»Ganz bestimmt und genau.«

»Ob sie dümmer sind als die Löwen und die Tiger?«

»Kein Gedanke!« sagte der Professor überzeugt. »Es macht ihnen ganz einfach keinen Spaß. Ich kann das gut verstehen. Mir machte es auch keinen Spaß, durch brennende Reifen zu springen.«

Mäxchen mußte lachen. »Das ist eigentlich schade! Stell dir einmal vor: Lauter Tiere als Zuschauer! Kängurus und Bären und Seelöwen und Pferde und Pelikane! Stell dir das mal vor! Alle Plätze ausverkauft!« Er zog sich vor Vergnügen an den Haaren und rief: »So! Und nun lüge du weiter!«

»Also gut«, sagte der Professor. »Im Orchester trompeten die Elefanten einen Tusch. Dann betritt der Löwe die Manege. Er hat eine Peitsche in der Pfote und einen Zylinder auf der gelben Mähne. Es wird mucksmäuschenstill. Vier ernste Tiger rollen einen Käfig in die Manege. In dem Käfig sitzt ein Herr im Frack und knurrt.«

»Schön!« Mäxchen rieb sich die Hände. »Der Herr bist du!«

»Jawohl. Der Löwe zieht schwungvoll den Zylinder, verbeugt sich und ruft: ›Jetzt, verehrtes Tierpublikum, sehen Sie die Attraktion unsres Programms! Es ist mir gelungen, einen Menschen zu dressieren. Es ist ein sehr gebildeter Mensch. Sein Name ist Professor Jokus von Pokus. Er springt vor Ihren Augen durch einen brennenden und mit Papier bespannten Reifen! Ich bitte die Spechte der Kapelle um einen gedämpften Trommelwirbel!‹ Die Spechte trommeln. Der Käfig öffnet sich. Zwei Tiger halten einen Reifen in die Luft. Der Löwe knallt mit der Peitsche. Ich komme langsam aus dem Käfig heraus und schimpfe. Der Löwe knallt noch einmal mit der Peitsche. Ich klettre auf einen Podest und schimpfe noch mehr. Ein Glühwürmchen zündet den Reifen an. Er beginnt zu brennen. Der Löwe haut mir mit dem Peitschenstiel eins über den Hosenboden. Ich brülle vor Wut. Er haut mich wieder. Und jetzt springe ich mit einem einzigen Satz durch den brennenden Reifen. Das Papier zerplatzt. Die Flammen zucken. Es ist gelungen! Die Elefanten trompeten. Die Spechte trommeln. Ich erhebe mich aus dem Sand, klopfe mir die Hosen sauber und mache einen tiefen Diener.«

»Und alle Tiere im Zirkus klatschen wie wild«, rief der Kleine Mann begeistert, »und der Löwe gibt dir zur Belohnung ein Kalbskotelett!«

»Und du schläfst jetzt, junger Freund!« befahl der Professor. Er sah auf die Armbanduhr. »Es ist Mittwoch, und ich muß zur Nachmittagsvorstellung.«

»Zaubre schön!« sagte Mäxchen. »Und noch eins!«

»Was denn?«

»Mit den vier Katzen war es leider nichts.«

»Nein.«

»Aber eins steht trotzdem fest. Ich werde Artist!«

Das fünfte Kapitel

*Ein Schaufensterbummel und eine
Schaufensterpuppe · Der Verkäufer fällt in
Ohnmacht · Ein Herrengeschäft ist schließlich
kein Krankenhaus · Der Unterschied
zwischen Staatsmann und Milchmann.*

An einem heißen Tag im Juli schlenderten die beiden gemächlich durch den Berliner Westen und betrachteten die Schaufenster. Eigentlich schlenderte ja der Professor ganz allein. Mäxchen schlenderte nicht, sondern stand in des Professors äußerer Brusttasche. Er hatte die Arme auf den Taschenrand gelehnt, als sei die Tasche ein Balkon, und interessierte sich besonders für die Spielzeugläden, Delikateßgeschäfte und Buchhandlungen. Aber es ging nicht immer nach seinem Kopf. Dem Professor gefielen auch Auslagen mit Schuhen, Hemden, Krawatten, Zigarren, Schirmen, Weinflaschen und allem möglichen.

»Bleib doch nicht so lange vor der Drogerie stehen«, bat der Junge. »Wir wollen weitergehen!«

»Wir?« fragte der Jokus. »Wieso wir? Meines Wissens geht nur einer von uns beiden, und das bin ich. Du gehst? Keine Spur, mein Goldkind. Du gehst nicht. Du wirst gegangen. Ich habe dich völlig in der Hand.«

»Nein«, sagte der Kleine. »Aber du hast mich in der Tasche!«

Darüber mußten sie lachen. Und die Leute drehten sich um. Ein dicker Berliner stieß seine Frau an und murmelte: »Das ist ja komisch, Rieke! Der Mann lacht zweistimmig!«

»Nun laß ihm schon seinen Spaß!« gab Rieke zur Antwort. »Vielleicht ist er Bauchredner.«

Vor einem Schaufenster mit Herrenbekleidung blieb der Professor wieder ziemlich lange stehen. Er betrachtete die Schaufensterpuppen mit den hübschen Anzügen, ging ein paar Schritte weiter, kehrte um, musterte die Dekoration von neuem, versank in Nachdenken, nickte dreimal sehr heftig und sagte laut zu sich selber: »Das ist gar keine dumme Idee!«

»Was ist gar keine dumme Idee?« fragte Mäxchen neugierig.

Doch der Professor antwortete nicht, sondern betrat spornstreichs das Geschäft und erklärte dem geschniegelten Verkäufer, ehe der den Mund aufmachen konnte: »Ich möchte den marineblauen Anzug aus dem Fenster haben. Den Einreiher für 295 Mark.«

»Gern, mein Herr. Aber ich glaube nicht, daß er Ihnen passen wird.«

»Das verlange ich auch gar nicht von dem Anzug«, knurrte der Professor.

»Vielleicht sind einige Änderungen nötig«, meinte der Verkäufer höflich. »Ich werde den Schneider aus dem Atelier herunterkommen lassen.«

»Er soll ruhig obenbleiben.«

»Es geht ganz geschwind, mein Herr.«

»Wenn er nicht kommt, geht es noch geschwinder.«

»Aber unsere Firma legt größten Wert darauf, daß die Kunden zufriedengestellt werden«, bemerkte der Verkäufer leicht verstimmt.

»Das ist lobenswert«, sagte der Professor. »Doch ich will Ihren marineblauen Einreiher ja gar nicht anziehen! Ich will ihn doch nur kaufen!«

»In diesem Falle wäre zu empfehlen, daß sich der betreffende Herr zu uns bemühte, für den der Anzug gedacht ist«, schlug der Angestellte vor. »Oder Sie geben uns die Adresse an, und wir schicken einen unsrer Schneider hin. Das kann noch heute nachmittag geschehen.« Er zückte den Notizblock, um die Adresse aufzuschreiben.

Der Professor schüttelte energisch den Kopf. »Ihr blauer einreihiger Anzug draußen in der Auslage ist weder für mich noch für irgendeinen anderen lebendigen Menschen bestimmt.«

Der Verkäufer wurde blaß und trat einen Schritt zurück. Dann stöhnte er: »Für keinen Lebendigen, mein Herr? Also für einen – Toten? Oh!« Er holte tief Luft und fuhr fort: »Welche Größe hat, bitte, der werte Verstorbene? Auch ihm müßte ja der Anzug einigermaßen passen! Sonst könnten wir einen unserer Schneider ...«

»Unsinn!« sagte der Professor grob. Dann besänftigte er sich wieder. »Sie wissen natürlich nicht, worum sich's handelt.«

»Es scheint so«, gestand der völlig verängstigte Verkäufer. Er hielt sich am Ladentisch fest, weil ihm die Knie zitterten. Der arme Kerl wackelte wie Pudding.

»Die Hauptsache ist, daß der Anzug Ihrer Schaufensterpuppe paßt. Das tut er doch?«

»Selbstverständlich, mein Herr.«

»Ich will nämlich den Anzug samt der Puppe kaufen«, erklärte der Professor. »Ohne die Puppe, die den Einreiher anhat, interessiert mich auch der Anzug nicht.«

Ehe sich der Angestellte ein wenig erholen konnte, fragte eine Stimme, die er vorher noch gar nicht gehört hatte: »Wozu brauchst du denn die große Puppe mit dem blonden Schnurrbart?«

Der Verkäufer starrte entgeistert auf die Brusttasche des seltsamen Kunden. Mäxchen nickte dem Manne freundlich zu und sagte: »Erschrecken Sie bitte nicht!«

»Doch!« wimmerte der Verkäufer. »Erst ein Anzug für einen Toten samt der Puppe im Fenster und nun noch ein Heinzelmännchen im Jackett, – das ist zuviel!« Er verdrehte die Augen und sank auf den Teppich.

»Ist er tot?« fragte der Junge.

»Nein, er ist nur ohnmächtig«, antwortete der Jokus und winkte dem Geschäftsführer.

»Und wozu brauchen wir die Schaufensterpuppe wirklich?« fragte der Kleine.

»Das erzähle ich dir später«, sagte der Jokus.

Nachdem der Geschäftsführer herbeigeeilt war und seinen Verkäufer auf einen Stuhl gehoben hatte, damit er dort wieder zu sich käme, trug der Professor erneut seine Wünsche vor. »Ich möchte den marineblauen Einreiher samt der Puppe kaufen, die ihn trägt. Außerdem auch das Hemd, das sie anhat, die

Krawatte, die Hosenträger, die Schuhe und die Socken. Was kostet das, bitte?«

Der Geschäftsführer antwortete unsicher: »Das weiß ich nicht genau, mein Herr.«

Der Verkäufer bewegte die blassen Lippen und stammelte: »512 Mark. Bei Barzahlung ein Prozent Skonto. Verbleiben 506 Mark 88 Pfennige.« Man sieht, es war ein tüchtiger Verkäufer. Dann rutschte er vom Stuhl.

»Er ist wieder in die Ohnmacht gefallen«, stellte Mäxchen sachlich fest.

Als der Geschäftsführer die neue Stimme hörte und den kleinen Jungen in dem großen Jackett sah, kriegte er Stielaugen und klammerte sich verzweifelt an der Stuhllehne fest.

»Fällt dieser Herr jetzt auch in Ohnmacht?« fragte Mäxchen erwartungsvoll.

»Hoffentlich nicht!« meinte der Professor. »Ein Herrenbekleidungsgeschäft ist ja schließlich kein Krankenhaus!

Nun, der Geschäftsführer und der Verkäufer erholten sich wieder. Der Kauf kam zustande. Man bestellte ein Taxi. Das Autodach wurde eingerollt, und die Schaufensterpuppe stand, vom Professor festgehalten, aufrecht im Wagen.

»Der Bursche sieht aus wie ein ausländischer Staatsmann zu Besuch!« rief ein Berliner, als das Taxi vorüberfuhr.

»Das kann kein Staatsmann sein«, meinte ein andrer.

»Wieso eigentlich nicht?« fragte der erste. »Wer steht denn sonst in Autos 'rum, als ob's keine Sitzplätze gäbe?«

»Das ist bestimmt kein Staatsmann«, wiederholte der andere hartnäckig. »Er lächelt nicht, und er winkt uns nicht einmal zu. Das müßte er aber tun, wenn er ein Staatsmann wäre. Man muß deutlich merken, wie kolossal er sich freut, daß er in Berlin ist und sich nicht setzen darf. Sonst ist es kein Staatsmann.«

Das Auto hielt an der Kreuzung, und die zwei Berliner fielen in Trab. Aber bevor sie hinkamen, wurde die Ampel grün, und sie hatten das Nachsehen.

»Außerdem fährt kein Staatsmann in einem gewöhnlichen

Taxi«, meinte der eine Mann. »Weder im Sitzen noch im Stehen.«

»Ich bin auch noch nie im Taxi gefahren«, sagte der andere.

»Nanu, Herr Nachbar! Sie sind doch nicht etwa ein Staatsmann?«

»Nein. Ich bin Milchmann.«

Das sechste Kapitel

Aufregung im Hotel Kempinski · Herr Hinkeldey vermißt plötzlich allerlei, kriegt es wieder und nimmt Reißaus · Was war der Jokus, bevor er Zauberkünstler wurde? · Und wozu hat er die Schaufensterpuppe gekauft?

Auch im Hotel Kempinski, wo Professor Jokus von Pokus wohnte, staunten sie nicht schlecht. An den Kleinen Mann, der auf dem Nachttisch in einer Streichholzschachtel schlief, hatte man sich allmählich gewöhnt. Daß nun aber auch noch eine Schaufensterpuppe von zwei Hausdienern durch die Hotelhalle in den Lift geschleppt wurde, machte den Hoteldirektor und den Portier sichtlich nervös.

Kaum daß die Puppe mitten im Zimmer stand, kam der Direktor hereingestürzt, blickte vorwurfsvoll durch seine Hornbrille und erkundigte sich, was das zu bedeuten habe.

»Was hat was zu bedeuten?« fragte der Professor freundlich, als begriffe er die Aufregung nicht recht.

»Die Schaufensterpuppe!«

»Ich brauche sie beruflich«, erklärte der Jokus. »Konzertpianisten und Sänger bringen ins Hotel sogar einen Flügel mit, wenn sie auf Gastspielreise sind, und machen stundenlang Musik und anderen Lärm. Sie sind Künstler und müssen üben. Ich bin Zauberkünstler. Ich muß auch üben! Und ich mache bei weitem nicht so viel schönen Radau wie meine musikalischen Kollegen.« Er faßte den Hoteldirektor am Jackett und klopfte ihm jovial auf die Schulter. »Was bedrückt Sie denn so, lieber Freund?«

»Es wächst uns über den Kopf«, jammerte der Direktor. »Ihr Mäxchen und die beiden Tauben und das weiße Kaninchen und nun noch eine Holzpuppe in blauem Anzug ...«

Der Professor drückte den völlig geknickten Herrn väterlich an die Brust und fuhr ihm tröstend übers Haar. »Nehmen Sie's doch nicht so tragisch! Meine Schaufensterpuppe braucht kein Bett. Sie braucht keine Handtücher. Sie brennt mit der Zigarette keine Löcher in die Tischdecke. Sie zankt das Stubenmädchen nicht aus …«

»Das ist ja alles schön und gut, Herr Professor«, gab der Direktor zu. »Aber Sie haben ja schließlich nur ein Einbettzimmer gemietet! Und jetzt wohnen Sie und der Kleine Mann und drei Tiere und die Puppe drin! Das sind, sage und schreibe, fünf Personen!«

»Aha, daher weht der Wind«, meinte der Zauberkünstler lächelnd. »Wären Sie mit der Übervölkerung Ihres anmutigen Südzimmers einverstanden, wenn ich täglich fünf Mark mehr bezahlte als bisher?«

»Darüber ließe sich reden«, gab der Direktor zögernd zur Antwort. »Ich darf Ihren werten Vorschlag unserer Buchhaltung mitteilen?«

»Sie dürfen!« erwiderte der Professor, schüttelte dem Direktor lange die Hand und sagte: »Das beste wird sein, Sie machen sich gleich eine Notiz. Hier ist mein Füllfederhalter.«

»Danke schön, ich habe Kugelschreiber und Notizblock stets bei mir. Sie gehören ja zu meinem Beruf. Es ist gewissermaßen mein Handwerkszeug.« Der Direktor griff schwungvoll ins Jackett. Er suchte und suchte und fand nichts. »Merkwürdig«, murmelte er. »Kein Block! Kein Kugelschreiber! Ich kann sie doch nicht im Büro gelassen haben. Das wäre das erste Mal im Leben.« Und er suchte immer weiter. Plötzlich wurde er kreidebleich und flüsterte: »Meine Brieftasche hab ich auch nicht bei mir! Es ist eine Menge Geld drin.«

»Nur ruhig Blut«, meinte der Jokus. »Rauchen Sie am besten erst einmal eine Zigarette! Mir dürfen Sie auch eine anbieten. Ich habe Appetit drauf.«

»Mit Vergnügen«, sagte der Direktor und griff bereitwillig in die rechte Tasche. Dann in die linke. Dann in die Hosentaschen. Sein Gesicht wurde lang und immer länger. »Auch vergessen«, stammelte er. »Das Zigarettenetui und das goldene Feuerzeug, beides fehlt …«

»Ich kann aushelfen«, erklärte der Professor und holte ein Zigarettenetui und ein goldenes Feuerzeug hervor.

Der Hoteldirektor starrte den Professor betroffen an.

»Was ist denn? Fehlt Ihnen etwas?«

»Ich bitte um Entschuldigung«, sagte der Direktor zaghaft, »aber wäre es möglich, daß das Zigarettenetui und das Feuerzeug in Ihrer Hand gar nicht Ihnen gehören, Herr Professor? Sondern mir?«

Der Jokus betrachtete die zwei Gegenstände genau und fragte verblüfft: »Tatsächlich?«

»Auf dem Etui muß mein Monogramm eingraviert sein. Ein G und ein H. Gustav Hinkeldey. So heiße ich nämlich.«

»Ein G und ein H?« meinte der Professor und blickte prüfend auf das Etui. »Stimmt, Herr Hinkeldey!« Geschwind gab er die Gegenstände zurück.

»Entschuldigen Sie tausendmal, daß ich so offen war, Sie darauf hinzuweisen …«, begann der Direktor verlegen.

»Nicht doch, nicht doch, Herr Hinkeldey! Wenn sich einer von uns beiden zu entschuldigen hat, dann doch ich! Entschuldigen Sie also, – aber ich bin manchmal so zerstreut, daß ich Dinge einstecke, die mir überhaupt nicht gehören.« Der Professor klopfte sich sorgfältig auf die Taschen. »Nanu, da steckt ja noch mehr!« rief er verwundert und brachte einen Notizblock und einen Kugelschreiber zum Vorschein. »Womöglich ist auch dies Ihr Eigentum?«

»Ja natürlich!« erklärte Herr Hinkeldey eifrig und nahm beides blitzartig an sich. »Ich konnte gar nicht begreifen, daß ich den Block nicht bei mir hatte.« Dann wurde er still und nachdenklich, bis er endlich mißtrauisch fragte: »Haben Sie in Ihrer Zerstreutheit vielleicht auch meine Brieftasche eingesteckt?«

»Das wollen wir doch nicht hoffen!« antwortete der Professor und tastete sich ab. »Oder ist sie das hier?« Er schwenkte eine schwarze Tasche aus Saffianleder in der Linken.

»Jawohl!« rief der Direktor, riß sie an sich und lief eilends zur Tür, als habe er Angst, die Tasche könne noch einmal verschwinden.

»Ist das Geld noch drin?« fragte der Jokus belustigt.

»Ja!«

»Zählen Sie die Scheine lieber nach! Ich möchte nicht, daß

Sie später behaupten, es hätte Geld gefehlt. Setzen Sie Ihre Hornbrille auf, und zählen Sie genau nach!«

»Meine Brille? Die hab ich doch schon auf!« sagte Herr Hinkeldey.

Erst als der Kleine Mann zu lachen begann und immer lauter und immer herzlicher lachte, wurde Hinkeldey stutzig, griff sich an die Nasenwurzel und ließ die Hand verdutzt sinken. »Wo ist sie denn plötzlich?«

»Tja, wo steckt man denn seine Brille hin, wenn man sie in Gedanken absetzt?« fragte der Professor hilfreich. »Ich weiß so etwas leider nicht. Denn ich selber habe noch nie im Leben eine Brille getragen. Haben Sie sie im Futteral?«

Der Kleine Mann verschluckte sich fast vor Gelächter. »Hör auf, lieber Jokus!« schrie er vor Wonne. »Ich kann nicht mehr! Ich kippe gleich vor Lachen aus deiner Brusttasche!«

Der Direktor schaute finster drein. »Was ist denn daran so komisch?« knurrte er. Plötzlich ging ihm ein Licht auf: Seine Brille saß auf der Nase des Professors! Mit einem Satz stand er mitten im Zimmer, ergriff die Brille, sprang zur Tür zurück und stieß hervor: »Sie sind ja ein Teufelskerl!«

»Nein, ein Zauberkünstler, Herr Hinkeldey.«

Doch der Hoteldirektor ließ sich auf nichts mehr ein. Nicht einmal auf eine Unterhaltung. Er riß die Tür auf und machte sich aus dem Staube. (Obwohl in so gepflegten Hotels wie diesem gar kein Staub herumliegt.)

Nachdem sich Mäxchen von dem Spaß einigermaßen erholt hatte, sagte er bewundernd: »Der Herr Hinkeldey hat ganz recht. Du bist ein Teufelskerl! Dabei hab ich dir doch schon so oft im Zirkus zugeschaut, wenn du zwei oder sogar drei Leute aus dem Publikum zu dir holst und ihnen, ohne daß sie es merken, die Taschen ausräumst!«

»Man muß sich mit ihnen nur nett unterhalten«, meinte der Jokus. »Man muß ihnen gemütlich auf die Schulter klopfen. Man muß sie am Knopf fassen. Man muß tun, als ob man ihnen ein bißchen Tabak oder ein Fädchen vom Anzug bürstet. Alles andere ist gar nicht so schwierig, wenn man's gelernt hat.«

»Und wie hast du's gelernt? Und wo? Halte mich doch bitte mal an dein Ohr, ja? Ich muß dich ganz, ganz leise etwas fragen.«

Der Professor nahm den Kleinen Mann vorsichtig aus der Tasche und hielt ihn ans Ohr.

»Lieber Jokus«, flüsterte Mäxchen. »Du kannst es mir ruhig erzählen. Ich sage es bestimmt nicht weiter. Warst du vielleicht früher einmal ein – Taschendieb?«

»Nein«, antwortete der Professor leise. »Nein, mein Mäxchen.« Er lächelte und gab dem Kleinen einen Kuß auf die Nasenspitze, und das war gar nicht so einfach. »Ich war kein Taschendieb. Aber ich habe viele Taschendiebe – erwischt.«

»Oh!«

»Und deshalb mußte ich mindestens soviel lernen und können wie sie selber.«

»Ja, ja. Sicher. Aber für wen hast du sie erwischt?«

»Für die Polizei!«

»Donnerwetter!«

»Da staunst du, was? Ich wollte als junger Mann Detektiv werden oder Kriminalinspektor. Und später schrecklich berühmt.«

»Erzähl weiter!« bettelte Mäxchen.

»Heute nicht. Vielleicht ein andermal. Heute erzähle ich dir etwas über die Schaufensterpuppe, die wir gekauft haben.«

»Die hätte ich beinahe vergessen!«

»Du wirst dich noch oft genug an sie erinnern«, meinte der Professor. »Denn wir haben sie ja deinetwegen gekauft.«

»Meinetwegen? Wieso?«

»Weil du doch unbedingt Artist werden willst.«

Der Kleine Mann staunte. »Dazu brauchen wir die große Puppe? Was für ein Artist soll ich denn werden, lieber Jokus?«

»Du wirst mein Zauberlehrling«, sagte der Zauberkünstler.

Das siebente Kapitel

Über Bäckerlehrlinge, Metzgerlehrlinge, Ananastörtchen und Zauberlehrlinge · Die Puppe heißt Waldemar Holzkopf · Der Jokus entwirft den Lehrplan, und der Kleine Mann erschrickt · Das Lied vom ›Leutnant Unsichtbar‹.

Der Kleine Mann war nun also Zauberlehrling, und das freute ihn natürlich sehr. Aber noch mehr hätte es ihn gefreut, wenn er gewußt hätte, was ein Zauberlehrling eigentlich ist. »Was ein Bäckerlehrling ist, weiß ich«, sagte er. »Ein Bäckerlehrling muß lernen, was der Bäckermeister schon kann. Er muß lernen, wie man Brot bäckt und Semmeln und Apfelstrudel und Ananastörtchen.«

»Richtig«, meinte der Professor.

»Und ein Metzgerlehrling muß lernen, wie man Schweine schlachtet und Bratwurst und Sülze macht.«

»Stimmt.«

»Und wenn man ein tüchtiger Lehrling gewesen ist, wird man Geselle. Also werde ich vielleicht eines Tages Zaubergeselle?«

»Das ist gar nicht ausgeschlossen.«

»Und wenn ich ...«, fing Mäxchen an.

»Halt!« rief der Professor. »Meister willst du auch werden?«

Der Kleine Mann schüttelte den Kopf. »Und wenn ich jetzt ein Ananastörtchen bekäme, lieber Jokus, wäre die Welt noch viel schöner.«

»Du bist ein verfressenes Kerlchen«, sagte der Professor, ging zum Telefon, bestellte ein Ananastörtchen und für sich selber einen Kognak. Dann setzte er sich in einen geblümten Sessel und erklärte: »Der Fall ist verzwickt. Ein Bäckerlehrling lernt, was der Bäckermeister kann. Ein Klempnerlehrling lernt, was der Klempnermeister kann.«

»Und der Metzgerlehrling ...«

»Von dem sprechen wir nicht.«

»Warum denn nicht?« fragte Mäxchen.

»Weil du sonst Appetit auf eine Bratwurst kriegst!« meinte der Jokus. »Bleiben wir lieber bei den Klempnern!«

»Gut. Ich soll also von dir lernen, was du kannst«, meinte der Kleine Mann. »Doch das geht ja gar nicht! Wie kann ich denn lernen, zwanzig große Rasierklingen zu verschlucken und sie, aneinander aufgefädelt, wieder aus dem Mund herauszuziehen? Und ich kann doch kein Kaninchen aus dem Zylinder zaubern! So kleine Kaninchen gibt es nur in Liliput, und Liliput gibt es überhaupt nicht! Und deine Spielkarten und der Zauberstab und die Blumensträuße und die brennenden Zigaretten, das alles ist doch für mich zwanzigmal zu groß!«

Der Professor nickte. »Ich sagte schon, daß der Fall verzwickt ist. Alle Lehrlinge lernen, was ihr Meister kann: der Bäckerlehrling, der Klempnerlehrling, der Schneiderlehrling, der Schusterlehrling ...«

»... der Metzgerlehrling«, fügte Mäxchen hinzu und kicherte.

»Ja, der auch!« meinte der Jokus. »Du aber bist der einzige Lehrling auf der Welt, der lernen soll, was sein Meister nicht kann!«

»Wieso? Du kannst doch alles!«

»Kann ich in einer Streichholzschachtel schlafen? Kann ich auf der Taube Minna im Zimmer herumfliegen?«

»Nein, da hast du recht! Das kannst du nicht.«

»Oder kann ich«, fragte der Professor, »aus meiner Brusttasche herausschauen? Kann ich auf die Gardinenstange klettern? Kann ich durchs Schlüsselloch kriechen?«

»Nein, das kannst du auch nicht. Herrje, was du alles nicht kannst, lieber Jokus! Das ist aber fein!«

»Ob nun fein oder nicht fein«, erklärte der Professor, »es ist, wie es ist. Du bist der Zauberlehrling, ich bin der Meister, und du sollst durch mich ein paar Sachen lernen, die ich selber nicht kann.«

An dieser Stelle wurden sie unterbrochen. Denn der Kellner kam ins Zimmer. Er brachte den Kognak und das Ananastörtchen. Dabei hätte er fast die Schaufensterpuppe über den Haufen geworfen. »Nanu!« rief er. »Wer ist denn das?«

»Das ist der schöne Waldemar«, erklärte der Jokus. »Ein entfernter Verwandter von uns.«

»Ein sehr hübscher Mensch«, stellte der Kellner fest und zwinkerte den beiden vergnügt zu. »Hat er auch einen Familiennamen?«

»Holzkopf heißt er«, sagte der Kleine Mann mit todernstem Gesicht. »Waldemar Holzkopf.«

»In großen Hotels erlebt man allerlei«, meinte der Kellner. Dann verbeugte er sich vor der Schaufensterpuppe, wünschte: »Angenehmen Aufenthalt in Berlin, Herr Holzkopf!« und ging wieder.

Nachdem der Professor den Kognak getrunken und Mäxchen mit seiner winzigen silbernen Kuchengabel den zehnten Teil des Ananastörtchens vertilgt hatte, begann des Zauberlehrlings Lehrzeit.

»Du hast vorhin zugeschaut, wie ich dem Direktor Hinkeldey heimlich ein paar Gegenstände weggenommen habe«, sagte der Professor.

»Zugeschaut habe ich schon«, erwiderte der Kleine Mann, »aber gesehen hab ich nichts. Nicht einmal das Kunststück mit der Brille. Das merkte ich erst, als du selber sie schon auf der Nase hattest.«

»Willst du wissen, wie ich es gelernt habe? Ich war ja auch einmal Lehrling und mußte lange, lange üben.«

»Wie denn?«

»An einer Puppe in einem blauen Anzug.«

»Wirklich? Und sah sie so schön aus wie Waldemar?«

»Waldemar ist schöner und blonder«, mußte der Professor zugeben. »Doch wir werden uns von seiner umwerfenden Schönheit nicht ablenken lassen. Außerdem wirst du ihn, wenn du täglich stundenlang auf ihm herumkletterst, vielleicht gar nicht mehr so schön finden.«

»Was soll ich?« fragte Mäxchen erschrocken. »Täglich stundenlang auf ihm herumklettern?«

»Jawohl, mein Sohn. Vom Hemdkragen bis zu den Schuhsohlen und von den Sohlen bis zur Krawatte. Von oben nach unten und von unten nach oben und in alle Taschen hinein und aus allen Taschen heraus, flink wie ein Eichhörnchen und leise wie eine Ameise in Pantoffeln, – nun, du wirst es schon lernen. Ihr Pichelsteiner seid ja berühmte Turner.«

»Und wozu, lieber Jokus, soll ich das alles lernen?«

»Damit du mir im Zirkus tüchtig hilfst. Ich werde den verehrten Herrschaften, die ich in die Manege bitte, noch viel mehr Dinge fortzaubern können als bisher!«

»Dann bist du und ich, nein, dann bin ich und du, nein, dann sind wir also eine Räuberbande!«

»Jawohl.«

»Du bist der Räuberhauptmann. Und was bin ich?«

»Du bist der Leutnant Unsichtbar.«

Der Kleine Mann rieb sich die Hände. Das tat er oft, wenn er sich freute. Er rief: »So könnte ein Lied anfangen!«

Und schon begann er zu singen: »Ich bin der Leutnant Unsichtbar … und klettre auf den Waldemar.«

»Weiter?«

»Jetzt bist du an der Reihe!«

»Na schön«, sagte der Professor und sang: »Dann mach ich mit dem Jokus … im Zirkus …«

»Hokuspokus!« schmetterte Mäxchen. »Nun noch einmal im ganzen! Aber furchtbar laut, und wir alle beide.«

Der Professor hob die Hände wie ein Dirigent beim Männerchor, gab das Zeichen zum Einsatz, und sie sangen aus voller Kehle:

»Ich bin der Leutnant Unsichtbar
und klettre auf den Waldemar.
Dann mach ich mit dem Jokus
im Zirkus Hokuspokus!«

Der Kleine Mann klatschte begeistert. »Bitte, mindestens noch drei- bis viermal! Es ist ein wunderbares Lied.«

Sie sangen, bis der Kellner klopfte, ins Zimmer trat und sich besorgt erkundigte, ob einer von ihnen krank geworden sei oder womöglich alle beide.

»Wir sind kerngesund«, rief der Kleine Mann.

»Wir sind nur albern«, meinte der Professor.

Sie sangen ihm das Lied langsam vor, und dann sang der Kellner mit.

Später kam das Stubenmädchen. Sie war noch besorgter als der Etagenkellner. Doch das ging vorbei. Zum Schluß sangen sie vierstimmig. Es klang wie ein Liederabend. Nur nicht so schön.

Abends, als er in seiner Streichholzschachtel lag, gähnte Mäxchen, dehnte sich und sagte: »Das war also der erste Tag meiner Lehrzeit.«

»Und der faulste«, fügte der Professor hinzu. »Ab morgen wird gearbeitet. Löschen Sie das Licht aus, Leutnant Unsichtbar!«

»Zu Befehl, Räuberhauptmann!« Mäxchen knipste das Licht aus. Durchs Fenster schien der Mond. Der schöne Waldemar stand mitten im Zimmer und schlief im Stehen. Minna und Emma, die zwei Tauben, hockten einträchtig auf seinem Holzkopf. Es war nicht so bequem wie auf dem Schrank, aber es war mal was andres.

Der Professor tat seinen ersten Schnarcher. Der Kleine Mann summte leise vor sich hin: »Dann mach ich mit dem Jokus im Zirkus Hokuspokus.« Hierüber fielen ihm die Augen zu.

Das achte Kapitel

Der Jokus ist ein Einzelgänger · Mäxchen als Klettermäxchen · Die vertauschten Fräcke Die drei Schwestern Marzipan · Was ist ein Trampolin? · Galoppinski zaubert zu Pferde Jokus von Pokus will nicht auftreten.

Sie trainierten jeden Vormittag mehrere Stunden. Hinterher badete der Kleine Mann in der Seifenschale. Sie trainierten in jeder Stadt, wo der Zirkus Stilke gastierte. Wenn sie reisten, lag die Schaufensterpuppe im Gepäcknetz ihres Zugabteils, und sie gaben acht, daß Waldemar nicht herunterfiel.

Sie fuhren nicht mit den unzähligen Zirkuswagen, die an einen oder mehrere Güterzüge angehängt werden mußten: den Wohnwagen, den Wagen mit den Pferden und den Raubtierkäfigen, den Wagen mit dem Zelt, den Kabeln für die tausend Glühlampen, den Musikinstrumenten, den Heizmaschinen, den Trapezen und Drahtseilen, den Plakaten und Schildern, den Kostümen und Teppichen und Stühlen und Treppenstufen und Bambusstangen und Kassenschaltern und Tierpflegern und Buchhalterinnen und Handwerkern und dem Handwerkszeug und dem Heu und dem Stroh, und auch nicht mit dem Direktor Brausewetter, seinem Zylinder und seiner Frau, seinen vier Töchtern und zwei Söhnen und den Schwiegersöhnen und Schwiegertöchtern und den sieben Enkeln und den – jetzt hab ich tatsächlich den Faden verloren ... Was wollte ich eigentlich erzählen?

Ich weiß es schon wieder. Sie reisten nicht mit dem Zirkus, sondern in Schnellzügen. Und sie hausten nicht im Wohnwagen, sondern in Hotelzimmern. Der Professor war, wie er sagte, ein geborener Einzelgänger. »Ich liebe den Zirkus sehr«, meinte er. »Aber nur, wenn er voll ist. Davon abgesehen liebe ich das Leben und das schöne Wetter.«

»Und mich!« rief Mäxchen, so laut er konnte.

»Dich«, sagte der Jokus zärtlich, »dich liebe ich noch einen Zentimeter mehr als das schöne Wetter.«

Schon nach einem halben Jahr kletterte der Kleine Mann auf dem schönen Waldemar herum wie ein Bergsteiger in den Dolomiten oder in der Sächsischen Schweiz, nur daß er nicht angeseilt war. Das war gefährlich. Denn die Schaufensterpuppe war ja für ihn so groß wie für unsereinen ein Hochhaus.

Zum Glück war der Junge völlig schwindelfrei. Er kletterte beispielsweise die Hose hoch, schlüpfte unters Jackett, lief quer über den Hosenbund, hangelte die Hosenträger empor, sprang zur Krawatte hinüber, stieg in deren Innenfutter hoch wie in einem Felskamin, rastete kurz am Krawattenknoten, schwang sich dann auf den Rockaufschlag und rutschte, vom Knopfloch aus, mitten in die Brusttasche hinein.

Das war nur eine seiner erstaunlichen Bergtouren. Die anderen will ich nicht lang und breit beschreiben. Ihr wißt ja: Was ich erzähle, das stimmt sowieso. Ich will euch auch nicht näher erklären, wozu und warum Mäxchen täglich klettern mußte. Vorläufig müßt ihr euch damit zufriedengeben, daß er selber es wußte. Doch er sprach mit niemandem darüber. Und der schöne Waldemar wußte es natürlich auch. Aber Puppen, auch Schaufensterpuppen, können schweigen wie das Grab.

Jedenfalls, der Professor war mit Mäxchens Fortschritten sehr zufrieden. Manchmal nannte er ihn sogar ›mein Klettermäxchen‹. Das war ein großes Lob, und der Kleine Mann bekam vor Stolz Glitzeraugen.

Trotz solcher Fortschritte hätte die Zauberlehrlingszeit mindestens noch ein Vierteljahr gedauert, vielleicht sogar vier Monate, wenn nicht eines Abends die zwei Fräcke verwechselt worden wären. Welche zwei Fräcke? Der Frack des Professors und der Frack des Kunstreiters Galoppinski! Das war eine tolle Geschichte!

Der Herr Direktor Brausewetter glaubt noch heute, das Ganze sei ein Zufall gewesen. Außer ihm glaubte das im Zirkus Stilke aber niemand. Kein Feuerschlucker, kein falscher Chinese, kein Eisverkäufer und keiner vom Drahtseilakt. Und die ›3 Schwestern Marzipan‹ glaubten es schon gar nicht. Rosa Marzipan, das hübscheste der drei Fräuleins, behauptete, es habe sich um einen niederträchtigen Racheakt gehandelt. Ich vermute, sie hatte recht. Wahrscheinlich war Eifersucht im Spiel. Denn Fräulein Rosa Marzipan verdrehte allen Männern den Kopf. Obwohl sie das gar nicht wollte.

Schon wenn die Schwestern knicksend in die Manege hüpften, in ihren kurzen Gazeröckchen und den hautfarbenen Trikots, trampelten und klatschten die Zuschauer begeistert. Einen appetitlicheren Anblick konnte man sich aber auch nicht vorstellen. Sie sahen zum Anbeißen aus. Kein Wunder, daß sie Marzipan hießen!

Und wenn sie sich dann auf das straffgespannte Trampolin geschwungen hatten, hoch, immer höher und noch viel höher sprangen, Kobolz schlugen, waagerecht in die Luft schwebten oder Saltos drehten, dann nahm der Jubel kein Ende. Man konnte denken, die drei jungen Damen seien nicht schwerer als drei Straußenfedern. Wo sie doch, in Wirklichkeit, zusammen drei Zentner wogen, und das sind immerhin dreihundert Pfund!

Rosa Marzipan, die schönste, wog einhundertundfünf (105) Pfund und vierundachtzig (84) Gramm. Das ist nicht sonderlich viel. Ich selber wiege zum Beispiel einhundertundzweiundvierzig (142) Pfund, und das sind nur siebenunddreißig (37) Pfund mehr. Trotzdem käme kein Mensch auf den Gedanken, mich mit einer schwebenden Straußenfeder zu vergleichen oder vor mir niederzuknien und zu behaupten, er finde mich zum Anbeißen. Mir passiert so etwas nie. Im Leben geht es nicht immer gerecht zu.

Für die unter euch, die nicht wissen, was ein Trampolin ist, möchte ich anmerken, daß es sich um so etwas Ähnliches wie eine Matratze handelt. Auch ihr seid sicher schon oft im Bett herumgesprungen und habt euch gefreut, wie schön die Matratze federt, wie leicht man plötzlich wird und was für Sprünge man machen kann. Ein Trampolin ist nur länger und breiter als eine Matratze und so straff gespannt wie das Fell einer Trommel oder Pauke.

Wer es gelernt hat, darauf zu wippen und sich hochzuschnellen, der fliegt wie ein Pfeil in die Luft, bleibt fünf oder gar sechs Sekunden oben und kann sich dort kugeln und überschlagen, als wöge er nicht viel mehr als ein Luftballon. Das kann er. Aber nur, wenn er's kann.

Und aufs Trampolin geschickt zurückfallen, das muß er natürlich auch können. Denn wenn er nicht aufs Trampolin fiele, sondern daneben, dann bräche er sich sämtliche Knochen. Nun, die drei Schwestern Marzipan, die konnten es. Sie hatten es als Kinder von ihren Eltern gelernt, die auch schon Luftspringer gewesen waren.

Doch nun zurück zu den verwechselten Fräcken. Man konnte es ihm zwar nicht nachweisen, aber wahrscheinlich hatte es Fernando getan, einer der Musikclowns. Er blies im Zirkus eine Mundharmonika, die so groß war wie eine Zaunlatte, und eine andre, die so klein war, daß er sie jeden Abend verschluckte, und dann spielte sie in seinem Magen weiter. Die Zuschauer fanden das sehr lustig. Er selber war freilich seit langem melancholisch und gallenleidend. Weil er das Fräulein Rosa Marzipan liebte und sie nichts von ihm wissen wollte. Denn sie liebte den Professor Jokus von Pokus.

Das ärgerte den Clown bis aufs Blut. Und deshalb vertauschte er eines Tages eine Viertelstunde vor der Vorstellung in der Garderobe die zwei Fräcke! Den Frack des Kunstreiters hängte er mit dessen Zylinder an den Haken des Professors. Und den Zauberfrack samt dem Zauberzylinder hängte er an den Garderobenhaken des Kunstreiters. Dann schlich er auf den Zehenspitzen davon.

Als nun Meister Galoppinski auf Nero, seinem pechschwarzen Hengst, in die Manege sprengte, ihn scharf durchparierte und zum Gruße den Zylinder schwenkte, hüpfte Alba, das schlohweiße Kaninchen, aus dem Hutfutter, sprang in den Sand und hoppelte erschrocken im Kreise herum! Davon wurde das Pferd scheu und bäumte sich auf. Herr Galoppinski klopfte ihm beruhigend den Hals. Bei dieser Gelegenheit flog die Taube Minna aus dem linken Frackärmel, flatterte nach allen Seiten und suchte den kleinen Tisch mit ihrem Käfig und der offenen Käfigtür zum Hineinschlüpfen.

Doch der Tisch und der Käfig standen ja noch gar nicht in der Manege!

Der Hengst begann zu bocken und nach hinten und vorn auszuschlagen. Die Kapelle spielte den Walzer aus der Operette ›Die Fledermaus‹ und hoffte, das Pferd werde nun seine berühmten Tanzschritte machen. Es tänzelte aber ganz und gar nicht, sondern jagte, als sei es von einem Bienenschwarm überfallen worden, durch die Arena. Der Kunstreiter konnte es kaum noch zügeln.

Das Publikum in den ersten Sitzreihen riß es von den Plätzen hoch. Viele Leute schrien vor Angst. Eine Dame fiel in Ohnmacht. Die Taube Emma flatterte aus Galoppinskis rechtem Ärmel. Er packte die Zügel noch kürzer. Da sprang der Hengst mit allen vieren gleichzeitig in die Luft und wieherte wild. Der Reiter griff zur Peitsche und wollte das ungebärdige Tier schlagen. Doch es war gar nicht die Peitsche, sondern der Zauberstab, der sich sofort in einen riesigen Blumenstrauß verwandelte! Das Pferd riß ihm ärgerlich die Blumen aus der Hand und wollte sie fressen. Aber sie waren aus buntem Papier, und es spuckte sie angewidert aus.

Jetzt wollte sich das Publikum totlachen. Das Kaninchen machte Männchen. Die Tauben flatterten ratlos um Galoppinskis Zylinder. Die Kapelle intonierte den Hohenfriedberger Marsch. Der Kunstreiter gab dem Hengst die Sporen, damit er sich endlich zusammennehme und im Takte der Musik marschiere. Aber der Rappe war es nicht gewohnt, daß man ihm vor allen Leuten die Sporen in die Flanken stieß. Er keilte aus und hörte nicht auf, sich zu schütteln und um sich zu schlagen, bis Galoppinski, einer der besten Schulreiter der Welt, im hohen Bogen aus dem Sattel flog und in den Sand fiel!

Dann jagte der Hengst mit donnernden Hufen aus der Manege hinaus und zurück in seinen Stall. Der Reiter erhob sich und humpelte ächzend hinterdrein. Das Publikum war außer Rand und Band, und das waren immerhin zweitausend Menschen. Das Zirkuszelt zitterte vor lauter Gelächter. Einen Zauberkünstler zu Pferde, der schließlich abgeworfen wurde, hatte man noch nicht gesehen!

Herr Direktor Brausewetter stand in der Zeltgasse und rief außer sich: »Das ist eine Katastrophe! Das ist eine Katastrophe!«

Galoppinski, der ihn im Vorbeihinken hörte, sagte zähneknirschend: »Eine Katastrophe nennen Sie das? Ich nenne so etwas eine Schweinerei! Eine Riesenschweinerei! Wer hat mir das eingebrockt? Her mit ihm! Ich verfüttere den Kerl an die Löwen! Aua!« Er hielt sich das Kreuz und schnitt vor Schmerzen Grimassen.

Der Professor stürzte in die Manege hinaus, packte das Kaninchen an den Löffeln, lockte die beiden Tauben, bis sie sich auf seine ausgestreckte Hand gesetzt hatten, rannte mit den dreien in die Zeltgasse zurück und war außer sich und außer Atem. »Ich bin bis auf die Knochen blamiert!« schimpfte er. »Wenn der Präsident des Magischen Zirkels davon erfährt, komme ich vors Ehrengericht! Weil ich das Ansehen der Zauberkünstler geschädigt habe!«

»Aber doch nicht durch Ihre eigene Schuld!« besänftigte ihn Direktor Brausewetter.

»Ich verlange Schmerzensgeld!« brüllte Galoppinski. »Erst haben mich zweitausend Leute ausgelacht, und dann bin ich auch noch vom Pferd gefallen!«

»In zehn Minuten müßte ich auftreten«, rief der Professor. »Ich denke nicht im Traum daran! Nachdem der Herr Kunstreiter meinen Zauberfrack lächerlich gemacht hat? Niemals! Und einen der teuren Blumensträuße hat sein Gaul gefressen!«

»Ausgespuckt hat er das blöde Zeug!« kreischte Galoppinski, machte vor Zorn einen Luftsprung und sagte wieder: »Aua!«

»Ruhe, meine Herren!« bettelte Direktor Brausewetter. »Das Programm muß weitergehen! Was soll jetzt werden?«

»Ich trete unter keinen Umständen auf, und wenn Sie vor mir auf die Knie fallen«, erklärte der Professor. »Ich nehme meine Tiere, fahre ins Hotel und trinke eine Flasche Kognak leer!«

»Nein, lieber Jokus«, rief da der Kleine Mann laut aus der Brusttasche. »Ich habe eine gute Idee! Halte mich doch einmal an dein Ohr! Es ist sehr wichtig!« Und als ihn der Jokus hochhielt, begann Mäxchen geheimnisvoll zu wispern und zu flüstern.

Der Professor hörte erstaunt zu, schüttelte den Kopf und sagte: »Nein. Du mußt mindestens noch drei Monate trainieren. Es wäre verfrüht.«

Mäxchen gab aber keine Ruhe. »Sie haben dich geärgert«, flüsterte er, »und das lassen wir uns nicht gefallen.«

»Nein, Mäxchen, heute noch nicht!«

»Gerade heute!«

»Es ist zu früh!«

»Bitte bitte! Sag ja! Ich wünsche mir's zum Geburtstag, und außerdem gar nichts anderes! Nicht einmal die Puppenwohnstube!«

»Du hast doch erst in einem halben Jahr Geburtstag.«

»Trotzdem, lieber Jokus!«

In diesem Augenblick spürte der Professor ein paar ganz, ganz kleine Tränen an seinem großen Ohrläppchen. Da holte er tief Luft und sagte: »Herr Direktor Brausewetter, ich habe es mir überlegt. Ich werde den Kognak später trinken. Ich trete auf! Kündigen Sie mich am Mikrophon an! Tun Sie es persönlich!«

»Mit dem größten Vergnügen!« rief der Herr Direktor erleichtert. »Und was soll ich dem Publikum sagen?«

»Sagen Sie den Leuten, ich zauberte heute zum allerersten Male mit meinem Zauberlehrling zusammen! Und die Nummer heiße ›Der große Dieb und der Kleine Mann‹!«

Das neunte Kapitel

Direktor Brausewetter besänftigt das
Publikum · ›Der große Dieb und der
Kleine Mann‹, eine verfrühte Premiere
Der dicke Herr Mager und Doktor
Hornbostel werden ausgeraubt
Braune und schwarze Schnürsenkel
Mäxchen winkt zweitausend Menschen zu.

Herr Direktor Brausewetter hielt sein Wort. Kaum daß die ›Wirbelwinds‹, zwei berühmte Rollschuhläufer, unter großem Applaus in der Zeltgasse verschwunden waren, zog er seine weißen Glacéhandschuhe an und gab dem Kapellmeister ein Zeichen. Das Orchester spielte einen Tusch.

Der Direktor schritt würdig zum Mikrophon. Im Zirkus wurde es still. »Verehrtes Publikum«, sagte Herr Brausewetter. »Wie Sie aus Ihrem Programmheft ersehen haben, tritt jetzt Professor Jokus von Pokus auf. Er ist, wenn ich mich so ausdrücken darf, der Großmeister unter den lebenden Zauberkünstlern. Wenn ich ihn loben wollte, müßte ich Eulen nach Athen tragen. Und soviel Zeit hat kein Zirkusdirektor.«

»Das ist aber schade!« rief ein Flegel aus den oberen Reihen. Doch die anderen zischten ihn nieder, und es wurde wieder still. Nur in den Ställen, ganz in der Ferne, wieherte ein Pferd. Wahrscheinlich war es Nero, den Galoppinski beim Absatteln auszankte.

»Infolge eines rätselhaften Mißgeschicks«, fuhr Herr Brausewetter in seiner Ansprache fort, »griff Maestro Galoppinski vorhin zum Zauberstab statt zur Reitpeitsche. Dabei mußte er feststellen, daß Zaubern und Reiten so wenig zusammenpassen wie ... wie Rollmops und Schokoladensoße oder wie der Kölner Dom und der Hauptbahnhof.«

Ein Teil des Publikums lachte.

»Das Resultat«, erklärte der Direktor, »ist doppelt betrüblich. Denn unser Großmagier weigert sich aufs entschiedenste, nunmehr zum Zauberstab zu greifen. Ich bin vor ihm niedergekniet. Ich wollte ihm mein Briefmarkenalbum schenken. Es war alles vergeblich. Er will nicht.«

Die Menge wurde unruhig. Man pfiff und schrie »Buh«. Einer rief: »Dann verlang ich mein Eintrittsgeld zurück!«

Direktor Brausewetter winkte ab. »Er wird nicht zaubern, liebe Freunde, – aber er wird auftreten!«

Die Leute klatschten.

»Was er heute zeigen wird, hat er noch nie vorher gezeigt. Sogar ich selber, der Chef des Hauses, kenne die Darbietung noch nicht! Was Sie und mich und uns alle erwartet, ist eine Weltpremiere!«

Die Leute klatschten noch länger.

»Ich kenne nur den Titel der Nummer!« Direktor Brausewetter warf die Arme samt den weißen Glacéhandschuhen hoch und rief, so laut er konnte: »Die Darbietung heißt: ›Der große Dieb und der Kleine Mann‹!«

Dann verbeugte er sich schwungvoll und ging. Die Kapelle spielte wieder einen Tusch. Alles wartete. Und es wurde mäuschenstill.

»Es ist soweit«, sagte der Professor.

»Jawohl«, flüsterte Mäxchen in der Brusttasche. »Hals- und Beinbruch, lieber Jokus!«

»Toi, toi, toi und dreimal schwarzer Kater!« murmelte der Zauberkünstler und betrat langsam die Manege. In der Mitte blieb er stehen, verneigte sich und sagte lächelnd: »Heute wird nicht gezaubert, meine Herrschaften. Heute wird nur gestohlen. Halten Sie Ihre Taschen zu! Vor mir und meinem jugendlichen Mitarbeiter ist nichts und niemand sicher.«

»Wo bleibt er denn, Ihr Mitarbeiter?« rief ein dicker Mann in der zweiten Reihe.

»Er ist schon hier«, erwiderte der Professor.

»Ich sehe ihn aber nicht«, rief der Dicke.

»Kommen Sie doch, bitte, etwas näher!« sagte der Jokus freundlich. »Vielleicht sehen Sie ihn dann!«

Der dicke Mann erhob sich ächzend, kam in die Manege gestapft, gab dem Professor die Hand und sagte: »Mein Name ist Mager.«

Das freute das Publikum.

Der dicke Herr Mager schaute sich gründlich um. »Ich sehe ihn noch immer nicht!«

Der Professor trat dicht an den Dicken heran, blickte ihm gründlich in die Pupillen, klopfte ihm auf die Schulter und meinte: »An Ihren Augen kann's nicht liegen, Herr Mager. Die sind in Ordnung. Trotzdem ist mein Gehilfe hier. Ich gebe Ihnen mein großes Ehrenwort.«

Ein Herr in der ersten Reihe rief: »Ist ja völlig ausgeschlossen! Wette mit Ihnen um zwanzig Mark, daß Sie allein sind!«

»Nur zwanzig Mark?«

»Fünfzig Mark!«

»Einverstanden«, sagte der Jokus vergnügt. »Treten auch Sie ruhig näher! Hier ist noch eine Menge Platz. Und vergessen Sie nicht, das Geld mitzubringen!« Er hakte sich bei Herrn Mager unter und wartete lächelnd auf den Herrn aus der ersten Reihe, der fünfzig Mark gewettet hatte. Auch Herr Mager lächelte, obwohl er gar nicht wußte, warum.

Der Herr marschierte auf sie zu und stellte sich vor. »Doktor Hornbostel«, schnarrte er zackig. »Das Geld habe ich bei mir.« Sie schüttelten einander die Hände.

»Nun, wie steht's?« fragte der Professor. »Wo steckt mein Gehilfe?«

»Ist ja Unsinn«, erklärte Doktor Hornbostel. »Gibt's gar nicht, den Kerl. Bin schließlich nicht blind. Hätte Lust, die Wette zu verdoppeln. Hundert Mark?«

Der Professor nickte. »Hundert Mark. Ganz wie Sie wünschen.« Er klopfte ihm auf die Brust. »Die Brieftasche ist ja dick genug. Ich spüre sie durchs Jackett hindurch.« Dann prüfte er den Stoff zwischen den Fingern, öffnete Doktor Hornbostels mittleren Jackettknopf und sagte: »Prima Kammgarn, kein Gramm Zellwolle, keine Knitterfalten, erstklassiger Sitz, teurer Schneider.«

»Stimmt«, bemerkte der Doktor stolz und drehte sich um die eigne Achse.

»Fabelhaft!« meinte der Jokus. »Moment, bitte! Hier hängt ein weißes Fädchen.« Er zupfte den Faden fort und strich das Jackett sorgfältig glatt.

Da hüstelte der dicke Herr Mager und sagte ein bißchen ungehalten: »Das ist ja alles schön und gut, Professor. Prima Kammgarn, teurer Schneider und so. Aber wann wird nun eigentlich gestohlen?«

»In zwei Minuten fangen wir an, verehrter Herr Mager. Keine Sekunde später. Schauen Sie bitte zur Kontrolle auf Ihre Armbanduhr!«

Der dicke Herr Mager blickte auf die Uhr und machte ein verblüfftes Gesicht. »Sie ist weg«, erklärte er.

Der Jokus half ihm beim Suchen. Aber die Uhr fand sich in keiner Tasche und nicht am anderen Handgelenk. Sie lag auch nicht am Boden. »Das ist ja sehr, sehr merkwürdig«, meinte der Zauberkünstler gedehnt. »Wir zwei wollten Sie zwei erst in zwei Minuten ausrauben, und schon ist eine Uhr verschwunden!«

Jetzt faßte er den anderen Herrn ins Auge: »Herr Doktor Hornbostel«, sagte er mißtrauisch, »ich möchte Sie nicht verdächtigen, das ist ja selbstverständlich, aber – haben vielleicht Sie, aus Versehen, Herrn Magers Armbanduhr an sich genommen?«

»Dummes Zeug!« rief Doktor Hornbostel empört. »Stehle weder aus Versehen noch zum Spaß! Angesehener Rechtsanwalt wie ich kann sich das gar nicht leisten!«

Die Zuschauer lachten herzlich.

Der Jokus blieb ernst. »Darf ich einmal nachsehen?« fragte er höflich. »Es ist eine reine Formsache.«

»Meinetwegen!« schnarrte Rechtsanwalt Doktor Hornbostel und streckte beide Arme in die Luft.

Er sah aus wie bei einem Gangsterüberfall.

Der Jokus durchsuchte geschwind sämtliche Taschen. Plötzlich stutzte er. Dann zog er etwas heraus und hielt es hoch: eine Armbanduhr!

»Das ist sie!« rief der dicke Herr Mager, sprang danach wie ein Mops nach der Wurst, band sie sich wieder ums Gelenk und sagte mit einem schiefen Blick zu Hornbostel: »Na, hören Sie mal, Doktor! Das ist ja allerhand!«

»Schwöre Ihnen, daß ich's nicht war!« erklärte der Rechtsanwalt gekränkt. »Habe eigne Uhr!« Er streckte das Handgelenk weit aus der Manschette, machte ein dummes Gesicht und rief: »Sie ist weg!«

Das Publikum lachte und klatschte heftig.

»Goldne Uhr! Läuft auf acht Rubinen! Echt Schweizer Fabrikat!«

Der Jokus drohte Herrn Mager lächelnd mit dem Finger und durchsuchte nun dessen sämtliche Taschen. Schließlich holte er ihm eine goldne Uhr aus der rechten Innentasche.

»Das ist sie!« rief Hornbostel. »Das ist sie! Her damit!«

Der Jokus half ihm beim Umbinden der goldnen Uhr, die auf acht Steinen lief, und sagte zwinkernd zum Publikum: »Da habe ich mir ja zwei feine Herren angelacht.«

Dann wendete er sich an die zwei feinen Herren selber.

»Ärgern Sie sich nicht über einander! Vertragen Sie sich wieder! Reichen Sie sich die Hand zur Versöhnung! So ist's recht. Danke sehr.« Er blickte auf die eigne Uhr. »In einer Minute gehe ich mit meinem Lehrling an die Arbeit. Wir werden Sie ausräubern, daß Ihnen angst und bange wird. Aber vielleicht geben wir Ihnen später einige der Wertsachen zurück. Unrecht Gut gedeiht bekanntlich nicht.«

»Sie mit Ihrem Zauberlehrling, den's nicht gibt!« rief Doktor Hornbostel. »Freue mich schon auf Ihre hundert Mark!«

»Immer hübsch eins nach dem andern, Herr Doktor«, erklärte der Jokus. »In einer Minute beginnt die Plünderung. Schauen Sie bitte beide auf die Uhr! Es ist sieben Minuten nach neun. Vergleichen Sie die Uhrzeit!«

Hornbostel und der dicke Herr Mager wollten also auf ihre Uhren blicken und riefen gleichzeitig: »Wieder weg! Beide Uhren!« Tatsächlich, alle zwei Uhren waren verschwunden!

Die Zuschauer waren begeistert.

Da hob der Jokus einen Arm hoch und wollte um Ruhe bitten. Doch in diesem Moment rief ein kleines Mädchen: »Guck mal, Mutti! Der Zauberer hat drei Uhren umgebunden!«

Alle starrten den Professor an. Sogar er selber betrachtete sein Handgelenk und tat verwundert. Drei Armbanduhren glänzten an seinem linken Handgelenk! Die Leute lachten und johlten und klatschten und trampelten vor Wonne mit den Füßen.

Nachdem sich der Jubel gelegt hatte, gab der Jokus höflich die zwei Uhren zurück und sagte: »So, meine Damen und Herren, jetzt wollte ich eigentlich noch einen dritten Zuschauer aus Ihrer Mitte zu mir bitten. Sozusagen als Aufpasser. Doch das Aufpassen hätte außerdem nicht viel genützt. Wissen Sie warum?«

»Weil Sie trotzdem wie eine Elster geklaut hätten!« rief eine spindeldürre Frau lachend.

»Irrtum!« erwiderte der Jokus. »Er hätte deshalb nicht aufpassen können, weil es nichts mehr zu stehlen gibt. Ich habe nämlich schon alles.«

Er klopfte sich auf die Taschen und winkte zwei livrierten Angestellten.

Sie brachten einen Tisch herbei und setzten ihn vor dem Professor nieder.

»So«, sagte er zu den Herren Hornbostel und Mager. »Jetzt spielen wir Weihnachten. Sie drehen sich um, damit Sie mir nicht zusehen können. Und ich lege die Geschenke auf den Gabentisch. Es wird eine schöne Bescherung werden, das verspreche ich Ihnen. Neue Geschenke kriegen Sie allerdings nicht. Es gibt nur ein paar praktische Dinge, die Ihnen längst gehören. Ich beschere Ihnen nicht, was Sie sich wünschen, sondern was Sie sich zurückwünschen.«

»Schade«, meinte der dicke Herr Mager. »Ich hätte gern eine neue Schreibmaschine gehabt.«

Der Professor schüttelte den Kopf. »Tut mir leid«, sagte er. »Damit wollen wir gar nicht erst anfangen. Sonst wünscht sich Doktor Hornbostel womöglich einen Bechsteinflügel oder eine Wurlitzer Orgel. Nein, Sie drehen sich jetzt brav um und machen die Augen fest zu!«

Die beiden Männer wollten keine Spielverderber sein. Sie

kehrten dem Tisch den Rücken und kniffen die Augen zu. Der Professor überzeugte sich persönlich, daß keiner von ihnen zu blinzeln versuchte.

Dann ging er zum Tisch zurück und fing an, seine Taschen umzuwenden und auszuleeren. Es nahm kein Ende, und dem Publikum blieb minutenlang die Luft weg. Das Orchester spielte währenddem ein altes, halbvergessenes Konzertstück. Es hatte den Titel ›Heinzelmännchens Wachtparade‹ und eignete sich schon deshalb vorzüglich.

Nun, ihr erinnert euch ja, wie der Jokus, seinerzeit in Berlin, den Hoteldirektor Hinkeldey ausgeraubt hatte, und so werdet ihr euch bei weitem nicht so wundern wie die zweitausend Menschen im Zirkus. Sie machten »Ah« und »Oh« und riefen »Das ist ja toll!« und »Nun schlägt's dreizehn!«, und einer schrie sogar: »Ich werde verrückt!«

Das einfachste wird sein, ich zähle die Gegenstände, die er auspackte, in einer Liste auf. Also, er holte aus seinen Taschen:

1 Notizbuch, rotes Leder
1 Kalender, blaues Leinen
1 Drehbleistift, Silber
1 Kugelschreiber, schwarz
1 Füllfederhalter, schwarz
1 Brieftasche, Schlangenleder
1 Scheckbuch, Commerzbank, blau
1 Portemonnaie, braun, Juchtenleder
1 Schlüsselbund
1 Autoschlüssel
1 Tüte Hustenbonbons
1 Krawattennadel, Gold mit Perle
1 Hornbrille mit Futteral, Wildleder, grau
1 Reisepaß, deutsch
1 Taschentuch, sauber, weiß
1 Zigarettenetui, Silber oder Nickel
1 Zigarettenpackung, Filter
1 Kohlenrechnung, noch nicht bezahlt
1 Feuerzeug, emailliert

1 Schachtel Streichhölzer, halbvoll
1 Paar Manschettenknöpfe, Mondsteine
1 Trauring, mattgold
1 Ring, Platinfassung, Lapislazuli
7 Münzen, Gesamtwert 8 Mark zehn

Das Publikum jubilierte, und die zwei Herren mit den zugekniffenen Augen zuckten bei jedem Jubelschrei und jeder Lachsalve zusammen, als erhielten sie elektrische Schläge. Sie fingerten immer aufgeregter an und in sämtlichen Taschen herum und konnten es kaum noch aushalten. Denn alle ihre Taschen waren so leer wie die Wüste Gobi.

Endlich trat der Herr Professor zwischen sie, legte seine Hände auf ihre Schultern und sagte onkelhaft: »Liebe Kinder, es ist beschert!«

Da drehten sie sich auch schon um, stürzten auf den Tisch los, fielen über ihr Eigentum her und stopften es, unterm Gelächter und Applaus der zweitausend, hastig in ihre Hosen und Jacketts.

Weil das Publikum mit Lachen nicht aufhören wollte, hob der Jokus schließlich die Hand, und nun wurde es still. Auch die Kapelle brach er ab. »Ich freue mich, daß Sie lachen«, sagte er. »Doch hoffentlich handelt sich's nicht um Schadenfreude. Bedenken Sie bitte, daß mein kleiner Gehilfe und ich jeden von Ihnen ganz genauso bestehlen könnten wie die zwei netten Herren an meiner Seite.«

»Kleiner Gehilfe!« meinte Herr Hornbostel spöttisch. »Wenn ich das schon höre! Vergessen Sie nicht, daß wir gewettet haben!«

»Darüber sprechen wir noch«, antwortete der Professor. »Jedenfalls danke ich Ihnen beiden für Ihre tatkräftige Unterstützung.« Er schüttelte ihnen die Hand, klopfte ihnen auf die Schultern und sagte: »Auf Wiedersehen, und alles Gute auf Ihrem ferneren Lebensweg!«

Die zwei wendeten sich zum Gehen. Doch schon nach dem zweiten Schritt stolperte Doktor Hornbostel und blickte erstaunt auf seine Füße. Er hatte einen Halbschuh verloren und bückte sich, um ihn aufzuheben. Der Jokus kam ihm zu Hilfe und fragte freundlich: »Haben Sie sich wehgetan?«

»Nein«, knurrte der Doktor und musterte den Schuh in seiner Hand, »aber der Schnürsenkel ist nicht mehr da.« Er beugte sich über den Schuh, den er noch am Fuß hatte. »Der andre Schnürsenkel auch nicht!«

»Passiert Ihnen das häufig?« fragte der Jokus teilnahmsvoll. »Gehen Sie oft ohne Schnürsenkel aus?«

Die Leute begannen wieder zu kichern.

»Ist ja Unsinn«, schnarrte Hornbostel. »Bin doch nicht plem-plem!«

»Glücklicherweise kann ich Ihnen aushelfen«, sagte der Jokus. »Ich habe immer Reserveschnürsenkel bei mir.« Er fischte ein Paar Schnürsenkel aus der Tasche. »Bitte sehr.«

»Nützen mir leider nichts. Brauche keine braunen, sondern schwarze.«

»Hab ich auch«, meinte der Jokus und griff in eine andre Tasche. »Hier bitte. Was ist los? Sind sie Ihnen nicht schwarz genug? Schwärzere hab ich nicht.«

»Sie Obergauner!« rief Doktor Hornbostel. »Sind ja meine eignen!«

»Immer noch besser als gar keine«, erklärte der Professor. »Und was mach ich mit den braunen? Vielleicht hat der Herr Mager dafür Verwendung?«

»Ich?« fragte dieser. »Wozu? Ich trage zwar braune Schuhe, aber ...« Er schielte vorsichtshalber an seinem Bauch vorbei zu seinen braunen Schuhen, Größe 48, hinunter und zuckte zusammen. »Hallo, hallo!« rief er amüsiert. »Meine Schnürsenkel sind auch weg! Nun geben Sie die Dinger schon her! Sonst kippe ich auf dem Nachhauseweg aus den Pantinen! Danke vielmals, Meister Langfinger! Warum werden Sie nicht Taschendieb? In einem Monat wären Sie Millionär.«

»Aber ich könnte nachts nicht ruhig schlafen«, erwiderte der Professor. »Schlaf ist sehr wichtig.«

»Da bin ich anders«, erklärte der Dicke gemütlich. »Ich könnte überhaupt erst ruhig schlafen, wenn ich die Million hätte!«

DAS NEUNTE KAPITEL

Bevor er in der Beschreibung seiner schwarzen Seele fortfahren konnte, wurde er von dem kleinen fixen Mädchen unterbrochen, das wir schon kennen. »Guck mal, Mutti«, rief das Kind zapplig, »der andre Mann hat plötzlich keinen Schlips um!«

Zweitausend Menschen starrten Herrn Rechtsanwalt Doktor Hornbostel an, der mit der Hand ruckartig an seinen Hemdkragen griff. Tatsächlich, die schöne Krawatte aus Foulardseide war verschwunden! Und weil der ganze Zirkus lachte, wurde Hornbostel unwirsch. »Genug geschertzt!« sagte er düster. »Ersuche dringend um Rückgabe meiner Krawatte!«

»Sie steckt in Ihrer linken Brusttasche, sehr geehrter Herr Doktor«, meinte der Jokus. Dann gab er beiden die Hand und bedankte sich herzlich für ihre Mitwirkung.

»Gern geschehen«, antwortete der dicke Herr Mager. »Aber lassen Sie meine Hand los, ja? Sonst klauen Sie mir die auch noch!« Er stapfte seinem Platz zu und machte behutsame Schritte, damit er die Schuhe nicht verlöre. Auf halbem Wege blieb er unvermittelt stehen und sagte: »Wieso rutschen eigentlich meine Hosen?« Er schlug das Jackett zurück und rief entsetzt: »Meine Hosenträger! Wo sind meine Hosenträger?«

»Nanu!« sagte der Jokus. »Sollte ich versehentlich ...?« Er befühlte seine Taschen und stutzte. »Hier scheint etwas ... Einen Moment, lieber Herr Mager, ich kann mir zwar nicht vorstellen, daß ich ... Andrerseits ... bei meiner Zerstreutheit ...« Und schon hielt er ein Paar Hosenträger hoch. »Da sind sie ja!«

Das Publikum bog sich. Und als der Doktor Hornbostel, der sich seine Seidenkrawatte umband, nervös das Jackett aufschlug und seine Hosenträger suchte, lachten die Leute noch viel mehr. Aber er hatte sie noch, atmete auf und wischte sich die Stirn. Er schwitzte vor Angst. Dann hob er den Schuh auf, aus dem er herausgekippt war, und humpelte zu seinem Platz in der ersten Reihe.

Die Kapelle spielte einen Tusch. Die Trompeter bliesen vor Lachen falsch. Der dicke Herr Mager nahm seine Hosenträger in Empfang. Und der Professor Jokus von Pokus verneigte sich elegant. »Der Kleine Mann und meine eigne Wenigkeit«, sagte er lächelnd, »bedanken sich beim Publikum für die geradezu vorbildliche Aufmerksamkeit.«

Da klatschten alle und schrien »Bravo!« und »Wundervoll!« und »Großartig!«

Doktor Hornbostel aber sprang, kaum daß er saß, wieder in die Höhe, gestikulierte wild und rief: »Was wird aus der Wette? Sie schulden mir hundert Mark!«

Der Professor gab dem Herrn Direktor Brausewetter, der strahlend am Manegenrand stand, ein Zeichen. Der Direktor gab das Zeichen weiter. Und langsam stieg das Rundgitter aus der Versenkung empor, das sonst nur während der Raubtierdressur die Manege vom Publikum trennte.

»Ich zeige Ihnen jetzt meinen Zauberlehrling, den Kleinen Mann! Sie können sich überzeugen, daß es ihn gibt! Das Gitter soll nur verhüten, daß Sie ihn und mich vor lauter Verwunderung zerquetschen.«

Dann wandte sich der Professor an Herrn Hornbostel: »Damit haben Sie die Wette verloren! Den Hundertmarkschein brauchen Sie mir nicht zu überreichen. Ich habe ihn mir schon aus Ihrer Brieftasche herausgenommen! Zählen Sie bitte nach!«

Doktor Hornbostel zählte sein Geld, flüsterte: »Tatsächlich!« und sank auf seinen Stuhl.

Der Jokus holte Mäxchen aus der Brusttasche, hielt ihn hoch und rief: »Darf ich Sie mit dem Kleinen Mann bekanntmachen? Hier ist er!«

Die Zuschauer sprangen auf, polterten die Stufen hinunter, stießen sich, quetschten einander und preßten die Gesichter ans Gitter. »Da ist er ja!« riefen sie. »Ich seh ihn nicht!« »Doch, doch!« »Wo denn bloß?« »Auf dem Handteller des Professors!« »Oje, ist der klein! Wie ein Streichholz!« »Man hält's doch nicht für möglich!«

Der Kleine Mann lachte und winkte ihnen zu.

Das zehnte Kapitel

Die Funkstreife greift ein
Der Kleine Mann wird zum Zaubergesellen
befördert · Zum Applaus gehört zweierlei
Galoppinski braucht eine neue Peitsche
Rosa Marzipan fällt dem Professor um
den Hals · Mäxchen läßt grüßen.

Der Erfolg war ungeheuer. Der Zirkus beruhigte sich erst, nachdem mit Sirene und blauem Licht eine Funkstreife gekommen war. Sie hatte dann auch den Professor, den Kleinen Mann, die beiden Tauben und Alba, das Kaninchen, in die Mitte genommen und auf Zickzackwegen ins Hotel gebracht. Autos, die ihnen folgen wollten, wurden abgeschüttelt.

Wenig später saßen der Jokus und Mäxchen im Roten Salon des Hotels, bestellten einen Mokka mit Sahne und zwei Löffeln, holten tief Luft, schauten sich an und lächelten.

Der Oberkellner hängte ein Schild mit der Inschrift ›Bitte nicht stören!‹ an die Türklinke, bevor er den Mokka bestellte. Auch er hatte schon von dem sensationellen Erfolg gehört.

»Nun?« fragte der Kleine Mann schüchtern, »warst du mit mir zufrieden?«

Der Professor nickte. »Du hast sehr sauber gearbeitet. Du weißt ja, daß ich eigentlich noch ein paar Monate warten wollte.«

»Aber es mußte doch irgend etwas geschehen«, rief der Kleine Mann. »Wir konnten doch die Blamage mit deinem Zauberfrack nicht auf uns sitzen lassen.«

»So eine Schweinerei!« knurrte der Professor und hieb mit der Faust auf den Tisch. »Galoppinski war wie vor den Kopf geschlagen. Und das arme Pferd!«

»Und unser armes Kaninchen!« sagte Mäxchen. »Ich dachte schon, es fällt vor Schreck tot um.«

»Hast du sehr geschwitzt?« fragte der Professor lächelnd.

»Die Hosenträger waren das schlimmste. Die Metallklemme vorn links wollte und wollte sich nicht öffnen. Zwei Fingernägel hab ich mir abgebrochen. Beim schönen Waldemar geht's viel leichter.«

»Dafür klappte es mit den Schnürsenkeln um so besser«, meinte der Professor. »Das war Maßarbeit. Auch der Trick mit der Krawatte funktionierte.«

»Es ging wie geschmiert«, erzählte Mäxchen. »Der Knoten saß ganz locker. Schwupp, und schon war ich drin.«

»Ja, Foulardseide ist geschmeidig. Damit hatten wir Glück. Glück gehört zum Geschäft.«

Der Kleine Mann runzelte die Stirn. »Ich muß dich etwas fragen, und du darfst nicht mogeln.«

»Einverstanden. Schieß los!«

»Ich wüßte es für mein Leben gern.«

»Was denn?«

»Ob du jetzt glaubst, ich könnte eines Tages ein richtiger Artist werden.«

»Eines Tages?« fragte der Professor. »Du bist es doch schon! Du hast heute abend deine Gesellenprüfung bestanden!«

»Oh«, flüsterte Mäxchen. Das war alles. Mehr brachte er nicht heraus.

»Du bist jetzt mein Zaubergeselle. Punktum.«

»Die Leute haben bestimmt nicht nur geklatscht, weil ich so klein bin?«

»Nein, Söhnchen. Aber solche Dinge spielen natürlich eine Rolle. Wenn sich der Elefant Jumbo auf einen Podest setzt und die Vorderbeine hochhebt, klatschen die Leute. Warum? Weil er etwas kann und weil er so groß ist. Wenn er nur groß wäre und nichts gelernt hätte, lägen sie lieber daheim auf dem Sofa. Ist das klar?«

»Ziemlich.«

»Zum Applaus gehört zweierlei«, dozierte der Professor. »Nehmen wir ein anderes Beispiel: Wenn die drei Schwestern Marzipan von ihrem Trampolin fünf Meter hoch in die Luft springen und Saltos drehen, klatscht das Publikum begeistert. Warum? Weil sie etwas können und weil sie so hübsch aussehen.«

»Vor allem Fräulein Rosa«, meinte Mäxchen vorlaut.

»Wären die drei Mädchen häßlich, dann gefielen sie dem Publikum nur halb so gut, sogar wenn sie noch zwei Meter höher hüpften.«

»Bei den Clowns gehört auch zweierlei dazu?«

»Freilich! Wenn sie keine dicken roten Nasen hätten und keine viel zu weiten Hosen und keine Schuhe wie Entenschnäbel, wären ihre Späße nicht halb so komisch. So ist es immer.«

»Auch bei dir?« fragte der Kleine Mann neugierig. »Du bist nicht so groß wie Jumbo und nicht so klein wie ich. Du hast keine rote Nase und bist nicht so schön wie die Marzipanfräuleins. Was ist denn nun dein Zweierlei?«

Der Professor lachte. »Ich weiß es nicht«, sagte er schließlich.

»Aber ich weiß es!« rief der Kleine Mann triumphierend. »Erstens bist du ein gewaltiger Zauberkünstler ...«

»Und zweitens?«

»Heb mich hoch, und ich sage dir's ins Ohr!«

Der Professor hob den Kleinen Mann hoch.

»Zweitens«, flüsterte Mäxchen, »zweitens bist du der beste Mensch, den es gibt.«

Erst war es ein Weilchen still. Dann hustete der Professor verlegen und sagte: »So, so. Na ja, irgendeiner muß es schließlich sein.«

Mäxchen lachte leise. Doch gleich darauf seufzte er. »Weißt du, manchmal möchte ich genau so groß sein wie normale Leute. Zum Beispiel in dieser Minute.«

»Warum denn gerade jetzt? Hm?«

»Dann hätte ich richtig lange Arme und könnte sie um deinen Hals legen.«

»Mein lieber Junge«, sagte der Professor.

Und Mäxchen flüsterte: »Mein lieber, lieber Jokus.«

Dann brachte der Oberkellner endlich den Mokka mit zwei Löffeln. »Einen schönen Gruß von der Kaffeeköchin, und den kleinen Löffel schenkt sie dem Kleinen Mann. Es war der kleinste Löffel, den sie in der Küche auftreiben konnte.«

»Und warum kriege ich ihn geschenkt?« fragte Mäxchen verwundert.

Der Oberkellner machte eine tiefe Verbeugung. »Zur bleibenden Erinnerung an den Tag, an dem du berühmt geworden bist. Die Kaffeeköchin hat das heutige Datum mit einer Spicknadel im Löffel eingeritzt.«

»Mit der Spicknadel?« fragte der Kleine Mann.

»Ganz recht«, erwiderte der Oberkellner. »Sie dient sonst zum Spicken von Hasen- und Rehrücken. Die Köchin fand nichts Spitzeres.«

»Vielen, vielen Dank«, sagte Mäxchen. »Und die Kaffeeköchin glaubt, ich bin jetzt berühmt?«

»Das denkt nicht nur die Kaffeeköchin!« rief da eine Frauenstimme. Die übermütige Stimme gehörte dem Fräulein Rosa Marzipan. »Da bin ich!« erklärte das Marzipanmädchen. »Draußen vorm Hotel lauern schon die ersten Journalisten und Fotografen und Onkels vom Rundfunk. Aber der Portier läßt sie nicht herein.«

»Sein Glück!« knurrte der Professor. »Und wieso hat er dich hereingelassen?«

»Ich weiß es ganz genau!« rief der Kleine Mann und rieb sich die Hände. »Sie hat ihn angesehen und mit den Augen geklimpert!«

»Erraten!« sagte Fräulein Rosa. »Er schmolz wie Schokoladeneis auf der Zentralheizung. Die Putzfrau mußte kommen und den Rest wegwischen.« Dann gab sie Mäxchen einen kleinen Kuß, weil er so klein war, und dem Jokus einen noch kleineren, weil er so groß war. »Und jetzt habe ich Appetit«, erklärte sie energisch.

»Auf einen Kuß von uns?« fragte der Professor.

»Nein, auf Rehrücken«, antwortete sie. »Auf gespickten Rehrücken mit Kartoffelkroketten und Preiselbeeren. Und ihr dürft kosten.«

Da nahm der Oberkellner die Beine unter den Arm.

Nach dem Essen sagte sie: »So ist das Leben, meine Herren Freunde. Mir hat es geschmeckt, ihr seid berühmt, und Meister Galoppinski braucht eine neue Reitpeitsche.«

»Warum denn?« fragte Mäxchen wißbegierig.

»Weil die alte in Stücke ging«, berichtete das Fräulein. »Sie kam einige Minuten mit dem Clown Fernando in Tuchfühlung. Das war für die arme Peitsche zuviel. Für Fernando übrigens auch.«

»Wegen der vertauschten Fräcke?«

Rosa nickte. »Ganz recht. Dabei wollte der Clown ja gar nicht den Reiter und das Pferd blamieren, sondern einen gewissen Jokus.«

»Den Jokus?« Der Kleine Mann war perplex.

»Fernando ist eifersüchtig. Weil er glaubt, der Jokus sei in mich verliebt.«

»Das stimmt doch auch!« rief Mäxchen.

Da wurde der Zauberkünstler rot wie eine Blutapfelsine und hätte sich, wenn er's gekonnt hätte, auf der Stelle fortgehext. Oder in eine Zahnbürste verwandelt. Doch das können nur ganz echte Zauberer.

Fräulein Rosa Marzipan blickte ihn mit funkelnden Augen an. »Ist das wahr?« fragte sie und stand langsam auf. »Ist das wahr?« wiederholte sie drohend.

»Jawohl«, bemerkte der Jokus finster und betrachtete seine Schuhspitzen, als habe er sie noch nie gesehen.

»Ich könnte dir die Ohren abreißen«, schimpfte sie. »Warum hast du mir das nicht gesagt, du Schurke? Warum bist du nicht längst vor mir in die Knie gesunken, du Elender? Warum hast du mich nicht angefleht, dir mein Marzipanherz zu schenken, du Faultier?«

Der Professor sagte: »Ich werde dir gleich die Hosen straffziehen!«

Da warf sie die Arme hoch und rief begeistert: »Endlich! Das erste liebe Wort!« Dann fiel sie ihm um den Hals, daß die Teller klirrten.

Mäxchen rieb sich wieder einmal die Hände.

Nach fünf Minuten flüsterte Rosa Marzipan: »Schade, um jeden Tag, den ich's nicht wußte! Wir haben viel Zeit verloren.«

»Mach dir nichts draus«, sagte der Jokus. »Du bist ja noch jung.«

»Freilich«, meinte sie. »Und Marzipan hält sich lange frisch.«

Nach weiteren fünf Minuten hüstelte jemand neben ihnen. Es war der Oberkellner. »Einen schönen Gruß von Mäxchen.«

»Wo ist er denn?« riefen beide wie aus einem Munde. Sie wurden vor Schreck weiß wie das Tischtuch.

»Oben im Zimmer. Ich mußte ihn im Lift hinaufbringen. Er sitzt im Blumentopf auf dem Balkon und sei sehr vergnügt, läßt er ausrichten.«

»Schrecklich«, murmelte der Professor, als der Oberkellner gegangen war. »Wir haben überhaupt nichts gemerkt. Ich bin ein Rabenvater.«

»Höchste Zeit, daß jemand auf euch beide aufpaßt!« erklärte sie. »Ist der Posten noch frei? Ich wüßte wen.«

»Hoffentlich ist es niemand, der auf dem Trampolin herumhüpft«, sagte er.

Sie lächelte. »Ich habe nicht die Absicht, mein Leben lang in der Luft Purzelbäume zu schlagen. Ich bewerbe mich um den Posten, Herr Professor.«

»Sie sind engagiert«, gab er zur Antwort.

Das elfte Kapitel

Mäxchen im Maiglöckchentopf · Frau Holzer muß ein paarmal niesen · Beim Facharzt für Unzufriedene · Der Kleine Mann wächst und wird ein Riese · Er sieht sich im Spiegel · Der zweite Zaubertrank · Ein völlig normaler Knabe.

Inzwischen saß also der Kleine Mann auf dem Balkon in einem Blumentopf. Es war ein Topf aus weißem Steingut. Der Hotelgärtner hatte am Morgen zwanzig Maiglöckchen eingepflanzt, weil er wußte, daß sie Mäxchens Lieblingsblumen waren.

»Gibt es ein Gedicht über den Maiglöckchenduft?« hatte der Junge früher einmal gefragt. Aber weder der Jokus noch der Gärtner kannten eines.

»Wahrscheinlich wäre es so schwierig wie der vierfache Salto«, hatte der Jokus vermutet.

»Den vierfachen Salto gibt's doch gar nicht!« hatte der Kleine Mann gerufen.

»Eben«, hatte der Jokus geantwortet. »Das ist es ja.«

Nun saß der Kleine Mann, wie gesagt, im Blumentopf, lehnte an einem der zartgrünen Stengel, blickte in die weißen Maiglöckchenwipfel empor, schnupperte den sogar für Dichter unbeschreiblichen Duft und dachte über das Leben nach. Man tut das manchmal. Auch als gesunder Junge. Auch als Kleiner Mann.

Er dachte an seine Eltern und den Eiffelturm, an den Jokus und Fräulein Marzipan, an die vertauschten Fräcke und den Clown Fernando, an Galoppinskis zerbrochene Peitsche und Herrn Magers Hosenträger, an den lauten Zirkus und die leisen Maiglöckchen und ... und ... und ... Und dann schlief er ein und träumte.

Er lief, klein wie er war, im Traum durch eine endlos lange Geschäftsstraße und wußte sich vor lauter Schuhen und Stiefeln nicht zu retten. Es war lebensgefährlich. Die Passanten hatten es eilig, sahen ihn nicht, trabten mit großen Schritten an ihm vorbei und über ihn weg, und er sprang, aus Angst vor ihren Sohlen und Absätzen, in wildem Zickzack übers Pflaster. Manchmal preßte er sich dicht an die Hauswand, um ein bißchen zu verschnaufen. Dann lief er weiter. Das Herz schlug ihm bis zum Hals.

Wenn man ihn zertreten hätte, wäre es keinem Menschen aufgefallen. Und der Jokus hätte sein Mäxchen vergeblich gesucht. Vielleicht wäre ein Straßenkehrer mit dem Besen gekommen und hätte ihn mit Zeitungspapier und Zigarettenstummeln auf die Schaufel gefegt und in die Müllkarre geworfen. Welch klägliches und frühes Ende für einen jungen und strebsamen Artisten!

Da! Schon wieder kamen ein Paar schwere Stiefel des Wegs. Im letzten Moment konnte der Kleine Mann beiseite springen! Doch dadurch wäre er fast unter den spitzen Absatz eines Damenschuhs geraten. In seiner Verzweiflung machte er einen Luftsprung und kriegte den Saum eines Mantels zu packen. Er kletterte den Mantel hoch, bis zur Schulter hinauf und setzte sich auf einen breiten Kragen.

Der Kragen gehörte zu einem Flauschmantel. Und der Flauschmantel gehörte einer Frau. Sie bemerkte nicht, daß sie nicht mehr allein war, und so konnte Mäxchen sie in Ruhe betrachten. Es war eine ältere Frau. Ihr Gesicht sah gemütlich aus. Sie schien ein Marktnetz zu tragen und allerlei eingekauft zu haben. Manchmal blieb sie vor einem der Schaufenster stehen und musterte die Auslagen. Einmal mußte sie niesen und sagte laut zu sich selber: »Gesundheit, Frau Holzer!« Mäxchen hätte beinahe gelacht.

Als sie vor einem Wäschegeschäft stehenblieb, um die Preise der Tischtücher, Handtücher, Taschentücher, Frottiertücher und Servietten zu begutachten, hatte der Kleine Mann Langeweile und las deshalb die Schilder an der Haustür neben dem Schaufenster. Da gab es eine Waschanstalt für schmutzige Kinderhände, ein Erholungsheim für halbtote Lebkuchen und das Schild eines Arztes, das der Junge atemlos anstarrte. War denn das zu glauben? Auf dem Schild stand:

> Medizinalrat
> ## Dr. med Konrad Wachsmuth
> *Facharzt für Unzufriedene*
>
> Behandlung von Riesen und Zwergen kostenlos
> Sprechstunden: Jederzeit 1. Stock links

In diesem Augenblick nieste die Frau noch einmal. »Es wird schönes Wetter«, meinte sie, »die Schöpse niesen!« Und schon wieder hielt sie seufzend die Luft an, und wieder machte sie: »Hatschi!«

Da sagte der Kleine Mann: »Gesundheit, Frau Holzer!«

»Danke vielmals«, antwortete sie fröhlich. Dann stutzte sie, drehte sich nach allen Seiten um und fragte: »Wer hat mir denn da eben Gesundheit gewünscht?«

»Ich!« rief Mäxchen fidel. »Aber Sie können mich nicht sehen, weil ich nur fünf Zentimeter groß bin und auf Ihrem Mantelkragen sitze.«

»Falle bloß nicht runter!« sagte sie besorgt und trat dicht an das spiegelnde Schaufenster heran. »Ich glaube, jetzt seh ich dich. Junge, Junge, bist du aber winzig! So etwas gibt's nicht alle Tage! Willst du mit mir nach Hause kommen? Hast du Hunger? Bist du müde? Tut dir der Bauch weh? Soll ich dir bei mir vielleicht eine Wärmflasche machen?«

»Nein«, erklärte Mäxchen. »Sie sind furchtbar nett, aber mir fehlt nichts. Ich möchte nur, daß Sie mich nebenan in die erste Etage tragen und links bei dem Doktor Wachsmuth klingeln. Klingelknöpfe sind für mich zu hoch.«

»Wenn's weiter nichts ist!« meinte Frau Holzer resolut, marschierte in den Hausflur, stapfte treppauf und drückte im ersten Stock auf die Klingel. Dabei las sie das Schild. »Was es so alles gibt«, sagte sie. »Ein Facharzt für Unzufriedene?« Sie lachte. »Der würde an mir nicht reich! Von mir aus könnte der Mann …«

Doch bevor sie mitteilen konnte, was der Medizinalrat von ihr aus könne, öffnete sich die Tür, und sie erblickten einen alten Herrn im weißen Arztkittel und mit ungeheuer viel Bart im Gesicht. Er musterte Frau Holzer kurz vom Scheitel bis zur Sohle und schüttelte den Kopf. »Sie haben sich wohl in der Tür geirrt?« fragte er finster. »Sie sehen so zufrieden aus, daß mir sämtliche Hühneraugen wehtun.«

Sie lachte ihm mitten ins Gesicht. »Herrje, sind Sie ein Giftpilz!« rief sie. »Sie sollten mal zum Arzt gehen! Beispielsweise zum Doktor Wachsmuth!«

»Wäre zwecklos«, brummte er. »Ich kann allen Leuten helfen, nur mir selber nicht.«

»So sind die Ärzte«, meinte Frau Holzer und wollte weiterreden. Doch sie mußte wieder niesen.

»Gesundheit, Frau Holzer!« sagte der Kleine Mann.

Da machte der Medizinalrat Stielaugen. »Teufel, Teufel«, knurrte er, »das ist ein Patient nach meinem Geschmack!« Und schon hatte er Mäxchen gepackt und Frau Holzer die Tür vor der Nase zugeschlagen.

»Warum bist du unzufrieden?« fragte der Arzt, als sie im Ordinationszimmer waren.

»Ich möchte größer sein«, gab Mäxchen zur Antwort.

»Wie groß?«

»Das weiß ich nicht.«

»Es ist immer dasselbe Theater«, knurrte der Medizinalrat. »Jeder weiß, was er nicht will. Aber was er statt dessen will, das weiß keiner.« Er holte mehrere bunte Arzneifläschchen aus dem Glasschrank und ergriff einen Löffel. »Wie wär's mit zwei Meter fünfzig?« fragte er trocken. »Noch größer kann ich dich nicht machen, sonst stößt du an die Zimmerdecke. Nun? Heraus mit der Sprache!«

»Zwei Meter fünfzig?« Der Kleine Mann blickte ängstlich zum Kronleuchter hinauf. »Und wenn es ... wenn es mir ... wenn es uns nachher nicht gefällt?«

»Dann geb ich dir ein Gegenmittel, und du wirst wieder kleiner.«

»Also gut«, sagte Mäxchen mit zitternder Stimme. »Probieren wir's bitte mit zwei Meter fünfzig!«

Der Medizinalrat brummte allerlei in seinen struppigen Bart, schwenkte aus einer grünen Flasche ein paar Tropfen auf den Löffel und befahl: »Mund auf!«

Der Kleine Mann sperrte den Mund weit auf und spürte eine brennende Flüssigkeit auf der Zunge.

»Hinunterschlucken!«

Der Kleine Mann schluckte den grünen Saft hinunter. Er brannte in der Kehle und rann wie Feuer bis in den Magen.

Der Struwwelbart blickte den Jungen mit funkelnden Augen an und murmelte: »Gleich geht's los!« Und er hatte recht.

Plötzlich donnerte es in Mäxchens Ohren. Es zerrte an seinen Armen und Beinen. Die Rippen schmerzten. Die Haare und die Kopfhaut taten weh. Es knackte in den Kniescheiben. Vor den Augen drehten sich Kreise, so bunt wie der Regenbogen, und hundert silberne und goldene Kugeln und Sterne tanzten mittendrin. Er konnte mit knapper Not seine Hände erkennen. Sie wuchsen und wurden immer länger und breiter. Das sollten seine Hände sein?

Schon sah er verschwommen, daß der Glasschrank kleiner wurde, und der Wandkalender senkte sich tiefer und tiefer. Dann klirrte es ein bißchen, weil er mit der Nasenspitze an den Kronleuchter gestoßen war. Und schließlich gab es einen Ruck wie in einem Fahrstuhl, der zu rasch gestoppt wird!

Die bunten Räder vor den Augen drehten sich langsamer. Die Kugeln und Sterne hörten mit ihrem Tanz auf. In den Ohren verebbte der Donner. Die Haare taten nicht länger weh. Die Glieder schmerzten nicht mehr.

Und die Stimme des Medizinalrats sagte befriedigt: »Zwei Meter fünfzig.«

Aber wo war er denn, der Doktor Struwwelbart mit dem griesgrämigen Gesicht? Mäxchen blickte sich suchend um. Er hatte die Gardinenstange dicht vor der Nase. Der Kronleuchter, der noch ein wenig klirrte und schwankte, hing in Mäxchens Brusthöhe. Oben auf dem Schrank lag fingerdicker Staub. Und Staub lag auch auf der weißlackierten Holzleiste, die, einen halben Meter unter der Zimmerdecke, die gelbe Tapete abschloß. In der Ecke hoch über der Tür krabbelte eine schwarze Spinne in ihrem Netz. Mäxchen wich entsetzt zurück. Dabei stieß er mit der Hand gegen ein hohes Bücherregal, und aus der obersten Reihe fiel ein Buch zur Erde.

Der Doktor Struwwelbart lachte. Es klang, als meckere ein alter Ziegenbock. Dann rief er spöttisch: »Ist es denn die Möglichkeit? Ich verwandle ihn in einen Riesen, und der Riese erschrickt vor einer Spinne!«

Mäxchen blickte wütend zu dem Schreibtisch hinunter. Der Medizinalrat meckerte noch immer. »Warum lachen Sie mich aus?« fragte der Kleine Mann, der plötzlich so groß war. »Schließlich bin ich kein gelernter Riese, sondern war bis vor kurzem nur fünf Zentimeter lang! Haben Sie noch nie gezittert?«

»Nein«, sagte der Struwwelbart. »Niemals. Ich habe Angst nicht nötig. Wenn mich ein Löwe anspränge, verhexe ich ihn, noch im Sprunge, in einen Buchfinken oder in einen Zitronenfalter.«

»Dann sind Sie gar kein Medizinalrat?«

»Nein. Ich bin auch kein Zauberkünstler wie dein Jokus.«

»Sondern?«

»Ich bin ein richtiger und ganz echter Zauberer.«

»Oha«, flüsterte Mäxchen. Er hielt sich vor Schreck am Schrank fest. Und weil der Schrank wacklig war, zitterten beide, der Schrank und der Riese Max.

»Setz dich auf den Stuhl, damit du in den Spiegel schauen kannst!« befahl der Zauberer. »Du weißt ja noch gar nicht, wie du jetzt aussiehst.«

Mäxchen nahm Platz, blinzelte in den Spiegel, zuckte zusammen und rief außer sich: »Um alles in der Welt! Das bin ich? Das soll ich sein?« Er hielt entsetzt die Hände vor die Augen.

»Ich finde dich recht passabel«, bemerkte der Zauberer. »Aber deinen eignen Geschmack, den scheinen wir nicht getroffen zu haben.«

Mäxchen schüttelte den Kopf wie wild und murmelte verzweifelt: »Ich finde mich abscheulich. Eine Giraffe ist nichts dagegen!«

»Wie groß möchtest du denn statt dessen sein?« fragte der Zauberer. »Aber überleg dir's diesmal gründlicher!«

»Ich wußte es von Anfang an«, sagte Mäxchen zerknirscht. »Doch dann packte mich die Neugierde, und jetzt könnte ich mich links und rechts ohrfeigen.«

»Wie groß willst du sein?« fragte der Struwwelbart energisch. »Rede nicht um den heißen Brei herum!«

»Ach«, seufzte Mäxchen, »ach, Herr Zauberer, – ich möchte so groß sein wie jeder normale Junge in meinem Alter! Nicht größer und nicht kleiner und nicht dicker und nicht dünner und keine Sehenswürdigkeit wie eine seltene Briefmarke oder ein Kamel mit drei Höckern und nicht frecher und nicht ängstlicher und nicht dümmer oder gescheiter und …«

»Na schön«, knurrte der Zauberer und griff nach einer roten Flasche und dem Löffel. »Ein ganz normaler Bengel willst du werden? Nichts ist leichter. Sperr den Mund auf!«

Mäxchen, der zweiundeinenhalben Meter große Riese, sperrte brav den Mund auf und schluckte den dicken roten Saft. Er leckte sogar den Löffel ab.

Und schon sauste und donnerte es in seinen Ohren. Der Kopf tat weh. Die Rippen und die Gelenke zwickten und krachten. Das Herz klopfte. Die bunten Kreise wirbelten vor seinen Augen wie ein Feuerwerk.

Und dann wurde es still.

»Schau in den Spiegel!« befahl der Zauberer.

Mäxchen traute sich kaum. Er hob die Lider nur ein paar Millimeter. Doch dann riß er die Augen weit auf, sprang vom Stuhl hoch und warf mit einem Jubelschrei die Arme in die Luft. »Ja!« schrie er aus Leibeskräften. »Ja! Ja! Ja!«

Und im Spiegel hatte ein Junge die Arme in die Luft geworfen. Ein hübscher Junge von zwölf oder dreizehn Jahren. Mäxchen lief zum Spiegel hin und schlug mit beiden Händen gegen das Glas, als wolle er das Spiegelbild umarmen. »Das bin ich?« rief Mäxchen.

»Das bist du«, sagte der Zauberer krächzend und lachte.

»Das ist Max Pichelsteiner, ein völlig normaler Knabe von fast dreizehn Jahren.«

»Ich bin ja so glücklich!« sagte Mäxchen leise.

»Hoffentlich bleibt's dabei«, meinte der Medizinalrat. »Und nun schau, daß du weiterkommst!«

»Wie soll ich Ihnen danken?«

Der Zauberer stand auf und zeigte zur Tür. »Geh weiter, und danke mir nicht!«

Das zwölfte Kapitel

*»So ein blöder Spiegelaffe!« · Merkwürdige Plakate
in der Stadt · Der Direktor Brausewetter heißt plötzlich
Brausepulver · Galoppinski nennt sich Traberewski
Sie lachen ihn aus · Nicht einmal der Jokus erkennt ihn
Max und Mäxchen · Es war nur ein Traum.*

Jetzt war er endlich so groß, wie sich das für einen richtigen Jungen gehört. Andere Kinder halten so etwas für selbstverständlich. Für ihn aber war es völlig neu. Es machte ihn so stolz, daß er auf der Straße am liebsten jeden Passanten angehalten und gefragt hätte: »Was sagen Sie dazu? Ist das nicht toll?«

Natürlich tat er's nicht. Die guten Leute hätten sich ja auch sehr gewundert und höchstens geantwortet: »Was ist denn daran so toll? Bürschchen in deiner Größe gibt's wie Sand am Meer.« Vielleicht wären sie sogar böse geworden.

Manche wunderten sich, auch ohne daß er sie ansprach. Denn er strahlte, als habe er im Toto gewonnen. Außerdem benahm er sich merkwürdig. Er zuckte mitunter zusammen oder sprang sogar zur Seite, als hätte er Angst, zertreten zu werden. Dann hatte er wohl für einen Augenblick vergessen, daß er nicht mehr der Kleine Mann war. Dabei sah er doch jetzt die Gesichter und Hüte und Mützen und nicht mehr, wie vorher, die Schuhe und Absätze. Aber mit alten Gewohnheiten ist das so eine Sache. Man wird sie schwerer los als den Stockschnupfen.

Etwas anderes war noch seltsamer: Er blieb in einem fort vor Schaufenstern stehen. Keineswegs der hübschen, interessanten Auslagen wegen. Sondern wegen des, wie er fand, hübschen und interessanten Knaben, der sich in den Scheiben spiegelte. Er konnte sich an sich selber kaum sattsehen.

Dabei geschah es auch, daß plötzlich jemand hinter ihm sagte: »So ein blöder Spiegelaffe!«

Dieser Jemand war ein Junge in seiner Größe, strohblond und mit einer beachtlichen Zahnlücke. »Das ist nun das zehnte Schaufenster, in dem du dich angaffst«, stellte der Junge fest. »So etwas Dämliches hab ich in meinem ganzen Leben noch nicht gesehen. Nächstens gibst du dir noch einen Kuß! Oder machst dir selber einen Heiratsantrag!«

Mäxchen ärgerte sich zwar. Aber der Kerl konnte ja nicht wissen, wie alles zusammenhing. Deshalb erklärte er ruhig: »Laß mich in Frieden!«

Doch der Strohblonde dachte gar nicht an Ruhe und Frieden, sondern hechelte weiter. »Schritte machst du wie 'n Baby, das laufen lernt! Komm, gib mir dein Patschhändchen, damit du nicht aufs Köpfchen fällst!«

In Mäxchen begann es zu kochen. »Ich werde dir gleich mein Patschhändchen geben!« rief er. »Aber auf deine Himmelfahrtsnase!«

»Oh, wie ich mich fürchte!« witzelte der andre. Dann begann er, Mäxchen auszulachen. »Läuft wie'n Anfänger und will mich hauen! Hahaha!«

Da wurde es Mäxchen zu bunt. Sein Zorn lief über wie die Suppe im Kochtopf. Er holte aus, schlug zu, und der blonde Knabe saß auf dem Pflaster und hielt sich den Unterkiefer links. Auch Mäxchen war verblüfft. »Tut mir leid«, sagte er. »Es ist das erste Mal, daß ich wen haue.« Dann ging er seiner Wege.

Außer den spiegelnden Schaufensterscheiben interessierten ihn von Minute zu Minute immer mehr die Plakatsäulen. Wohin er blickte, erblickte er sich selber. Das heißt: Die Plakate galten nicht dem normalgroßen Jungen, der er jetzt war, sondern dem Kleinen Mann, dem Zauberlehrling, dem winzigen Gehilfen des bedeutenden Professors Jokus von Pokus, die miteinander im Zirkus Stilke auftraten und das Publikum zu Beifallsstürmen hinrissen. Überall war Mäxchen Pichelsteiner zu sehen, und die Texte schlugen Purzelbaum. Die Litfaßsäulen waren völlig aus dem Häuschen.

Auf einem der Plakate lehnte er an einer Streichholzschachtel, gleich groß wie sie, und die Schachtel und Mäxchen waren mindestens zwei Meter groß. Der Reklametext lautete:

> **DER KLEINE MANN**
>
> DER NEU ENTDECKTE STERN AM ZIRKUSHIMMEL
>
> SCHLÄFT NUR IN DEN STREICHHOLZSCHACHTELN DER
>
> **SIRIUS-HÖLZER** GmbH

Auf einem anderen Plakat hielt er einen silbern glänzenden und überlebensgroßen elektrischen Rasierapparat in beiden Händen, und die Buchstaben behaupteten unverfroren:

> Der kleine Mann
>
> RASIERT SICH NUR MIT **Bartfort** SUPER 63

Mäxchen dachte: ›So eine Frechheit! Wo ich doch mindestens noch vier Jahre warten muß, bis mir die ersten Barthaare wachsen! Na, der Jokus wird sich wundern, wenn er den Unsinn liest!‹

Doch die übrigen Plakate waren auch nicht besser. Auf einem dritten, worauf er eine Zigarre rauchte, stand groß und breit:

> DER KLEINE MANN
> RAUCHT AM LIEBSTEN
> DIE BEKÖMMLICHEN
> MANILA I. SORTE
>
> ... und was rauchen Sie?
> ab morgen nur noch MANILA I. SORTE

Komische Leute! Was die sich so ausdachten, um ihr Zeug loszuwerden! Da versuchten sie nun, den Vorübergehenden weiszumachen, der Kleine Mann benähme sich wie ein Erwachsener. Wo man doch wußte, daß er noch ein Junge war! Dort oben links klebte noch ein Plakat mit seinem Bild! Er balancierte ein Glas in der Hand, aus dem Perlen hochsprühten, und der Text hieß:

> Der kleine Mann
> trinkt wie jeder feine Mann
> an festlichen Abenden
> im Kreise von Freunden und schönen
> Frauen den internationalen Spitzensekt
> Femina EXTRA HERB

›So ein Quatsch!‹ dachte Mäxchen. Der Jokus hatte ganz recht, wenn er manchmal sagte: »Die Reklamefritzen haben Nerven wie Stricke.« Ob die Leute, die das lasen, nun wirklich in die Läden stürzten und die Rasierapparate, Zigarren und Sektflaschen kauften, die ihnen so heftig empfohlen wurden?

Der Junge wollte schon weiterlaufen. Doch da fiel sein Blick auf ein kleineres und etwas bescheideneres Plakat, das er fast übersehen hätte. Es war keine bunte Zeichnung darauf. Auch kein Foto. Aber der Text, den er las, fuhr ihm durch Mark und Bein.

> IM ZIRKUS **STILKE**
>
> sehen Sie neben dem erstklassigen Programm
> jeden Abend und an drei Nachmittagen
>
> *Der grosse Dieb und der kleine Mann*
>
> Die Sensation der Sensationen!!!
> Sie lachen und staunen wie nie vorher!
>
> Karten im Vorverkauf und an der Abendkasse

Um alles in der Welt! dachte Mäxchen. Vielleicht ist heute Mittwoch oder Samstag oder Sonntag? Ich muß zur Nachmittagsvorstellung! Der Jokus weiß ja gar nicht, wo ich bin! Und schon sauste er auf und davon.

Mitten in der Manege saß Herr Direktor Brausewetter mit weißen Handschuhen und schwarzem Zylinder und las die Zeitung. Er blickte hoch, weil Mäxchen so stürmisch ins Zelt gejagt kam. »Wo brennt's?« fragte er.

»Entschuldigen Sie vielmals«, stieß der Junge außer Atem hervor. »Aber ich weiß nicht, ob heute Mittwoch ist!«

Der Direktor zog die Augenbrauen hoch.

»Oder Sonnabend!« sagte der Junge. »Oder Sonntag!«

»Dir graust wohl vor gar nichts?« fragte der Direktor ungehalten. »Kommst in den Zirkus gerannt und fragst, ob Mittwoch ist! Das grenzt ja an Hausfriedensbruch!« Dann beugte er sich wieder über seine Zeitung.

»Aber Herr Direktor Brausewetter ...« Mäxchen war wie vom Donner gerührt. Warum war der Mann so unfreundlich zu ihm, dem neuen Publikumsliebling?

»Nicht einmal, wie ich heiße, weißt du richtig!«

»Brausewetter ...«

»Ich heiße seit meiner Geburt Brausepulver«, erklärte der Direktor ärgerlich. »Nicht Brausewasser und nicht Brausewetter, sondern Brausepulver! Auch nicht Juckpulver und nicht Schlafpulver, sondern, – na?«

»Brausepulver«, sagte Mäxchen leise. Am liebsten wäre er in die Erde gesunken. Doch da kam der Kunstreiter Galoppinski aus der Zeltgasse und fragte: »Worüber ärgern Sie sich denn so, Herr Direktor Brausepulver?«

»Der Bengel hier macht mich nervös«, schimpfte der Direktor. »Rennt in die Manege, fragt mich, ob Mittwoch ist, und nennt mich Brausewetter!«

»Scher dich fort!« zischte der Reiter. »Auf der Stelle!«

»Aber Herr Galoppinski ...«, sagte Mäxchen erschrocken.

»Da haben Sie's!« rief der Direktor und schlug die weißen Handschuhe über dem Zylinder zusammen.

»Ich heiße Traberewski und nicht Galoppinski«, rief der Reiter zornig.

»Und heute ist Donnerstag, du Nervtöter!« knurrte der Direktor. »Geh nach Hause und mache deine Schularbeiten!«

»Ich bin doch Artist«, sagte Mäxchen schüchtern.

»Auch das noch!« meinte der Direktor. »Uns bleibt auch nichts erspart! Was kannst du denn? Hm? Beispielsweise!«

»Schnürsenkel aufziehen«, flüsterte Mäxchen.

Da schrien die beiden Männer auf. Halb lachend und halb vor Wut. Sie machten Gesichter, als werde sie gleich der Schlag treffen. »Das geht zu weit!« brüllte der Direktor.

Und der Reiter ballte die Fäuste. »Schnürsenkel kann er aufziehen! Das konnten wir schon als Dreijährige!«

Der Direktor schnaufte wie ein Walroß. »Ich werde verrückt«, ächzte er. »Schnürsenkel kann er aufziehen! Der Knabe ist ein Genie!«

»Und Hosenträger kann ich aufzwicken«, flüsterte Mäxchen mit Tränen in der Stimme.

»Nun ist aber Schluß!« donnerte der Direktor. »Das ist der Gipfel der Unverschämtheit!«

»Und Krawattenknoten kann ich aufknüpfen«, fuhr Mäxchen leise und kläglich fort.

Da sprang der Kunstreiter auf ihn los, packte ihn am Kragen und schüttelte ihn hin und her.

Der Direktor erhob sich stöhnend. »Versohlen Sie ihm den Hintern!« meinte er. »Und werfen Sie ihn vors Portal!«

»Mit dem größten Vergnügen«, antwortete der Reitersmann und legte den Jungen kunstgerecht übers Knie. »Schade, daß ich meine neue Peitsche nicht bei mir habe«, bemerkte er noch. Dann schlug er zu.

»Hilfe!« schrie Mäxchen, und der Schrei gellte bis zur Kuppel hinauf. »Hilfeeeee!«

In diesem Moment kam der Professor Jokus von Pokus aus der Stallgasse ins Zelt und fragte: »Wer brüllt denn so erbärmlich?«

»Ich bin's, lieber Jokus!« rief der Junge. »Bitte, bitte, hilf mir! Die zwei erkennen mich nicht!« Er riß sich los, lief auf den Professor zu und wiederholte außer sich: »Sie erkennen mich nicht!«

»Nur ruhig Blut«, mahnte der Professor. Dann betrachtete er den Jungen und fragte: »Sie erkennen dich nicht?«

»Nein, lieber Jokus!«

»Wer bist du denn?« fragte der Professor behutsam. »Ich erkenne dich nämlich auch nicht.«

Dem Jungen wurde zumute, als öffne sich die Erde unter seinen Füßen. Ihm wurde schwindlig. Alles drehte sich im Kreise. »Der Jokus erkennt mich nicht«, flüsterte er. »Nicht einmal der Jokus erkennt mich.« Tränen rannen ihm über die Backen.

Es war ganz still geworden. Sogar der Direktor und der Traberewski hielten den Mund.

»Woher sollten wir uns denn kennen?« fragte der Professor ratlos.

»Aber ich bin doch dein Mäxchen«, schluchzte der Junge. Er schlug verzweifelt beide Hände vors Gesicht. »Ich bin doch Mäxchen Pichelsteiner!«

»Nein! Du lügst!« rief da eine helle Knabenstimme. »Mäxchen Pichelsteiner, das bin ich!«

Der große Junge ließ die Hände sinken und starrte entgeistert auf die Brusttasche des Professors. Aus der Tasche lugte der Kleine Mann hervor und fuchtelte wütend mit den Armen. »Bring mich bitte fort von ihm! Ich mag Lügner nicht!«

»Lieber Jokus!« rief der große Junge. »Bleib hier! Bleib bei mir! Ich hab doch nur dich auf der Welt!«

»Aber Mäxchen«, sagte der Professor. »Warum weinst du denn so schrecklich? Ich bin ja bei dir, und ich bleibe ja bei dir! Hast du schlecht geträumt?«

Mäxchen schlug die Augen auf. Noch hingen ihm Tränen zwischen den Wimpern. Doch er sah das besorgte Gesicht des Jokus über sich. Er roch den Duft der Maiglöckchen und wußte, daß er im Blumentopf saß. Auf dem Balkon des Hotelzimmers. Er hatte nur geträumt, und alles war wieder gut.

Das dreizehnte Kapitel

*Es war nur ein Traum · Ein Gespräch vorm
Einschlafen · Vom Erfinder des Reißverschlusses
Was ist ›viel‹? · Mäxchen ist noch gar nicht müde
Tolle Burschen und dicke Freunde.*

»Es war wirklich nur ein Traum?« Der Kleine Mann seufzte erleichtert. Ihm fiel ein Kieselstein vom Herzen. »Oh, lieber Jokus, ein Glück, daß du mich endlich wiedererkennst!«

»Ich habe dich nicht wiedererkannt? Na hör mal!«

»Weil ich zu groß war«, berichtete Mäxchen. »So groß wie die anderen Jungen in meinem Alter. Und außerdem steckte ich, so klein wie jetzt und sonst, noch einmal in deiner Brusttasche!«

»Ein Mäxchen und ein Max gleichzeitig? Donnerwetter! Womöglich auch noch ein Moritz und ein Moritzchen?«

Der Kleine Mann mußte lachen. Es tat zwar noch ein bißchen weh in der Kehle. Aber er würde schon wieder fröhlich werden, das fühlte er. »Nimm mich, bitte, in die Hand«, sagte er. »Da spür ich besser, daß du mich beschützt.«

»Außerdem wird es auf dem Balkon zu kalt«, meinte der Jokus und hob ihn aus dem Blumentopf. »Jetzt badest du in der Seifenschale. Hinterher legst du dich in die Streichholzschachtel. Und dann erzählst du mir vorm Einschlafen, was du geträumt hast.«

»Alles? Ganz ausführlich?«

»Jawohl. Lang und breit und kurz und klein. Träume haben es hinter den Ohren.« Plötzlich erschrak der Jokus. »Hast du Hunger? Oder hast du im Traum Kalbskeulen und heiße Würstchen gegessen?«

»Nein«, sagte Mäxchen, »es war ein Traum ganz ohne Essen. Aber ich bin trotzdem satt.«

Als die Nachttischlampe brannte, erzählte Mäxchen seinen Traum. Lang und breit und kurz und klein. Von der gemütlichen Frau Holzer und ihrem Niesen. Vom Professor Wachsmuth, der ein echter Zauberer gewesen war und ihn erst in einen Riesen und dann in einen Schuljungen verwandelt hatte. Von dem Ärger mit dem strohblonden Flegel erzählte er auch. Und von den Litfaßsäulen mit den vielen dummen Plakaten. Dann vom Zirkus mit dem Direktor Brausepulver und dem Kunstreiter Traberewski. Und endlich von dem mörderischen Schreck, wie der Jokus dazugekommen war, mit dem Kleinen Mann im Jackett, und ihn, das eigentliche Mäxchen, nicht wiedererkannt hatte.

Der Jokus schwieg ziemlich lange. Dann räusperte er sich und sagte: »Da haben wir's. Der Traum hat es verraten. Du wolltest lieber ein normaler Junge sein statt des Kleinen Mannes, der du bist.«

Mäxchen nickte bekümmert. »Immer schon. Ja. Ich habe es nur niemandem erzählt. Nicht einmal dir. Obwohl ich dir sonst alles sage.«

»Und plötzlich wurde dir, als du groß warst, angst und bange.«

»Genau so war's«, meinte Mäxchen kleinlaut. »Du hast ja einmal gesagt, man muß etwas sein und etwas können. Und nun war ich nichts und konnte nichts. Als ich dem Direktor und dem Traberewski erzählte, ich könne Schnürsenkel aufziehen, wollten sie sich totlachen.«

»Weil du groß warst! Da kann es jeder. Und es sieht auch jeder. Nur wenn es der Kleine Mann macht, sieht es keiner. Das kannst bloß du und sonst niemand.«

»Viel ist das nicht«, sagte Mäxchen.

»Nein«, meinte der Jokus. »Viel ist es nicht. Das stimmt. Doch es ist besser als gar nichts. Denn wer auf der Welt kann viel? Da sitzt, wie es tatsächlich passiert ist, ein Mann jahrelang im Gefängnis und erfindet den Reißverschluß. Heute gibt es so ein Ding an jedem Koffer und an jedem zweiten Kleid. Der Mann hat den Reißverschluß erfunden. Ist das – viel?«

Mäxchen hörte aufmerksam zu.

»Oder es läuft jemand hundert Meter um eine Zehntelsekunde schneller als alle anderen Sprinter sämtlicher Erdteile«, sagte der Jokus, »und die Menschheit wirft vor Begeisterung die Hüte ins Stadion. Also, ich behalte meinen Hut auf dem Kopf. Ein neuer Rekord wurde aufgestellt? Schön und gut. Auch ich freue mich und klatsche in die Hände. Aber ist es – viel?«

»Es ist vielleicht nicht viel«, meinte der Kleine Mann. »Aber was ist denn mehr? Was ist denn überhaupt – viel?«

»Einen Krieg verhindern«, erwiderte der Jokus. »Eine Hungersnot beseitigen. Eine Krankheit heilen, die für unheilbar gehalten wurde.«

»Das können wir beide nicht«, sagte Mäxchen.

Der Jokus nickte. »Das können wir beide nicht. Schade. Mit unseren Künsten ist es nicht weit her. Wir können nur zweierlei. Wir bringen die Leute zum Staunen und zum Lachen. Wir haben keine Ursache, größenwahnsinnig zu werden. Trotzdem werden sich morgen die Zeitungen unsertwegen vor Begeisterung überkugeln.«

»Ganz bestimmt?«

»Es wird wild zugehen, Jungchen. So. Und nun wird geschlafen. Morgen früh ist die Nacht weg.« Der Jokus legte den Kopf aufs Kissen.

»Ich glaube, ich bin noch gar nicht müde«, erklärte der Kleine Mann.

»Sehr geehrter Herr Pichelsteiner«, sagte der Professor, »hätten Sie wohl die unendliche Güte, die Kerze auszupusten?«

Mäxchen kicherte und knipste das Licht aus. »Nun bin ich also wieder klein«, murmelte er im Dunkeln. »Doch wenn du in der Nähe bist, ist mir's recht.«

»Du sollst schlafen!«

»Eigentlich sind wir ja zwei ziemlich tolle Burschen«, meinte Mäxchen. »Oder etwa nicht?«

»Doch, doch«, brummte der Jokus. »Tolle Burschen und dicke Freunde. Und du sollst schlafen.«

»Wieso dick?« fragte der Kleine Mann. »Du bist nicht einmal dick, wenn du den Zauberfrack anhast.«

»Du sollst schlafen!« knurrte der Professor und gähnte, daß es sogar die Maiglöckchen auf dem Balkon hörten.

»Und wie ist das mit dir und dem Marzipanmädchen?« fragte Mäxchen leise.

»Du sollst schla ...«

»Ich schlafe ja schon«, sagte der Kleine Mann hastig und schloß den Mund und die Augen. Ob er freilich sofort einschlief, das weiß ich nicht. Denn erstens war es im Zimmer stockfinster. Und zweitens war ich ja gar nicht im Zimmer.

Das vierzehnte Kapitel

*Ruhm am Vormittag · Telefonanrufe · Der erste
Besucher ist Direktor Brausewetter · Geld ist nicht
nicht die Hauptsache, aber die wichtigste
Nebensache · Das Kaninchen im falschen
Zylinder · Schlagzeilen und Gerüchte.*

Der nächste Tag wurde ein denkwürdiger Tag. Mäxchen wachte auf und war berühmt.

Der Chefportier des Hotels, der sich in seiner vierzigjährigen Laufbahn nicht nur beträchtliche Plattfüße, sondern auch beträchtliche Erfahrungen erworben hatte, sagte schon morgens um neun Uhr zu den Telefonfräuleins: »Das wird kein Ruhm mit dem Wurm drin, meine Damen. Das Kerlchen wird berühmt wie der Schiefe Turm von Pisa. Denken Sie an meine Worte!«

»Tag und Nacht«, versicherte Fräulein Arabella treuherzig, und die anderen Mädchen kicherten und hielten die Hand vor die Telefonmuschel.

Doch viel Zeit zum Lachen blieb ihnen heute nicht. Die Anrufe in der Zentrale rissen nicht ab. Alle Welt wollte den Kleinen Mann sprechen. Darunter war auch eine aufgeregte Frauensperson. Sie erkundigte sich, ob der Kleine Mann schon verheiratet sei.

»Ich habe ihn gestern abend im Zirkus gesehen«, sagte die Frau, »und bin von ihm völlig fasziniert. Ist er noch zu haben?«

»Leider nein«, antwortete Fräulein Arabella. »Er ist seit sechs Jahren mit der Kronprinzessin von Australien verlobt. Und die wird ihn nicht hergeben.«

»Was will er denn bei den Känguruhs?« fragte die Frauenstimme ärgerlich. »Ich habe einen Laden für Baby- und Kinderkleidung. Das wäre für ihn viel gescheiter. Verbinden Sie mich bitte mit seinem Zimmer!«

Fräulein Arabella schüttelte den Lockenkopf. »Völlig ausgeschlossen, gnädige Frau! Er darf nicht gestört werden. Reichen Sie doch Ihr Gesuch schriftlich ein! Und vergessen Sie nicht, Ihre werte Fotografie beizufügen. Der junge Herr ist sehr schönheitsdurstig.«

Natürlich waren nicht alle Anrufe so albern wie dieser. Doch auch vernünftigere Telefonate zu Hunderten kosten Zeit und Nerven. Den Fräuleins am Klappenschrank und dem Portier in seiner Loge rauchten die Köpfe.

Indessen saßen der Jokus und Mäxchen auf dem Balkon und frühstückten in aller Gemütsruhe.

»Du sollst den Marmeladenlöffel nicht ablecken«, mahnte der Professor.

»Das gilt ab heute nicht mehr«, behauptete Mäxchen. »Wenn man so berühmt ist wie ich, darf man das.«

»Du hast eine etwas merkwürdige Auffassung vom Berühmtsein«, sagte der Jokus.

Die zwei Tauben saßen im Blumenkasten. Das Kaninchen steckte den Kopf zum Balkongitter hinaus. Für die drei Tiere war der ruhmreiche Tag ein Tag wie jeder andere.

Der Kleine Mann zwinkerte vergnügt. »Minna, Emma und Alba«, zählte er auf. »Nun fehlt nur noch Rosa.«

Dann klopfte es dreimal, und der erste Besucher erschien. Es war aber nicht Rosa Marzipan, sondern der Herr Direktor Brausewetter. Mit der einen Hand schwenkte er den Zylinder, und mit der anderen Hand überreichte er die Morgenzeitungen. »Der Erfolg ist sensationell«, ächzte er und sank in einen Stuhl. »Die Presse ist, ohne dabeigewesen zu sein, außer Rand und Band. Vor dem Hotel türmen sich die Neugierigen. Der Liftboy ist um Jahre gealtert. Und der Portier hat den Kopf verloren und kann ihn nicht wiederfinden.«

Mäxchen lachte, und der Jokus überflog die Zeitungen mit den ersten kurzen Nachrichten über seinen und Mäxchens Riesenerfolg. »Die Lawine rollt«, sagte er befriedigt.

»Noch dazu aufwärts, Herr Professor«, meinte Brausewetter. »Schade, daß wir uns trennen müssen.« Er blickte traurig zu Boden.

»Waaas?« fragte der Kleine Mann. »Das verstehe ich nicht.«

Brausewetter fuhr mit dem Handschuh rund um den Zylinder. »Der Herr Professor dürfte mich schon verstehen.«

»Jawohl«, brummte der Jokus und nickte.

»Ich habe heute nacht kein Auge zugetan«, sagte Brausewetter und stellte den Zylinder unter den Stuhl. »Ich habe gerechnet und gerechnet. Es geht nicht. Der Zirkus Stilke ist wahrhaftig kein Flohzirkus, sondern genießt in der Zunft und beim Publikum erfreuliches Ansehen. Aber Sie beide sind seit gestern abend eine Weltnummer, und das kann ich nicht bezahlen.«

Der Jokus entgegnete: »Sie kennen unsren Preis ja noch gar nicht.«

»Nein. Aber ich bin kein heuriger Hase. Ich weiß, welche Summen man Ihnen von andrer Seite bieten wird. Damit kann ich nicht konkurrieren. Denn ich bin ein solider Unternehmer. Ein anderer Direktor würde vielleicht denken: Mit dieser Weltnummer bin ich jeden Abend ausverkauft, auch wenn ich die Familie Bambus auf die Straße setze …«

»Nein!« rief Mäxchen.

»Oder wenn ich die Elefanten an einen Zoo verkaufe …«

»Nein!« rief Mäxchen.

»Oder wenn ich den Feuerschluckern und den drei Schwestern Marzipan kündige …«

»Nein!« schrie Mäxchen aufgebracht. »Das dürfen Sie nicht tun!«

»Ich tu's ja auch nicht«, erklärte Direktor Brausewetter würdig, »und deswegen müssen wir uns eben trennen.«

Der Jokus sagte: »Legen Sie die Karten auf den Tisch! Wieviel können Sie uns zahlen?«

»Das Vierfache Ihrer jetzigen Gage. Doch die anderen werden Ihnen das Zehnfache bieten.«

»Nein«, meinte der Jokus. »Das Zwanzigfache. Ich habe nämlich heute nacht auch ein bißchen gerechnet. Und Sie, verehrter Herr Direktor, können uns mehr als das Vierfache bezahlen, ohne Ihren Zylinder oder zwei Elefanten ins Leihhaus zu tragen.«

»Wieviel?«

»Das Fünffache.«

Direktor Brausewetter lächelte gequält. »Aber nur, wenn ich mir das Zigarrenrauchen abgewöhne.«

»Das glaubt Ihnen nicht einmal Ihr Zigarrenhändler«, meinte der Jokus.

»Der zu allerletzt«, sagte Brausewetter und lachte müde.

»Hast du alles verstanden, Mäxchen?« fragte der Jokus. »Aber lege den Marmeladenlöffel fort, bevor du antwortest!«

Mäxchen legte den Löffel beiseite. Dann sagte er: »Ich habe alles verstanden. Wir könnten anderswo fünfmal so viel verdienen wie bei Direktor Brausepulver, nein, Brausewetter. Und auch nur dann, wenn er sich das Rauchen abgewöhnt.«

»Ein aufgewecktes Kind«, bemerkte der Direktor.

»Aber«, fuhr der Kleine Mann fort, »wie wäre es, wenn der Zirkus Stilke, weil wir jetzt berühmt sind, die Eintrittspreise erhöht? Nur ein kleines bißchen! Und wenn er uns das Bißchen extra auszahlte?«

»Ein gefährliches Kind«, stellte der Direktor fest und begann zu schwitzen.

»Jedenfalls keine üble Idee«, sagte der Jokus. »Doch nun zur Hauptsache, Jungchen! Du und ich, wir sind jetzt Kompagnons, und deine Meinung ist ab heute so wichtig wie meine eigene.«

»Fein!« rief der Kleine Mann und rieb sich vor Wonne die Hände.

»Was wollen wir tun? Wollen wir bei Direktor Brausewetter bleiben? Oder wollen wir für die fünffache Summe zu einem anderen Zirkus oder in ein so berühmtes Varieté wie das ›Lido‹ in Paris gehen? Überlege dir's gründlich, bevor du antwortest! An unserer Entscheidung hängt sehr, sehr viel Geld.«

Mäxchen furchte die Stirn. »Weißt du schon, was du selber möchtest?«

»Ich weiß es.«

»Ich glaube, ich weiß es auch«, erklärte der Kleine Mann. »Ich möchte, daß wir bei Herrn Brausewetter bleiben. Er hat damals meine Eltern engagiert und war immer gut zu mir. Wie ein Onkel.«

»Bravo«, sagte der Jokus. »Wir sind uns also einig.« Er wandte sich an den Zirkusdirektor. »Unser Beschluß ist einstimmig. Wir bleiben Ihnen erhalten.«

»Oh«, murmelte Brausewetter. »Das nenne ich nobel.« Er fuhr sich gerührt über die Augen.

»Die Einzelheiten besprechen wir am Nachmittag«, meinte der Jokus lächelnd. »Das Geschäftliche ist für meinen Partner und mich zwar nicht die Hauptsache, wie Sie gemerkt haben ...«

»Aber?« fragte Mäxchen neugierig.

»... aber die wichtigste Nebensache«, fuhr der Seniorpartner fort.

Der Direktor verbeugte sich knapp. »Selbstverständlich, Herr Professor! Selbstverständlich! Immerhin darf ich jetzt der Presse und dem Rundfunk mitteilen, daß Sie bei mir bleiben?«

Der Jokus nickte. »Tun Sie das, mein Bester.«

Und schon sprang Brausewetter hoch. »Dann will ich mich beeilen!« Er angelte den Zylinder unterm Stuhl hervor und setzte ihn vor lauter Übermut schief auf den Kopf. Doch der Zylinder wackelte wie verrückt hin und her. »Was soll das denn heißen?« fragte er verdutzt und nahm den Zylinder schnell wieder ab.

Da hüpfte mit einem Riesensatz das weiße Kaninchen heraus! Es war zu Tode erschrocken und hoppelte eiligst ins Zimmer und ins Körbchen.

»Sie!« Der Jokus drohte Herrn Brausewetter mit dem Finger. »Das ist unlauterer Wettbewerb! Alba hat in fremden Zylindern nichts zu suchen!«

Der Direktor lachte und drohte gleichfalls. »Erzählen Sie das nicht mir, sondern Ihrem Kaninchen!« Und schon lief er, so schnell er seinen Bauch tragen konnte, aus dem Zimmer und aus dem Hotel, um den Redaktionen, dem Funk und den Agenturen brühwarm zu berichten, welches Glück dem Zirkus Stilke widerfahren sei.

Schon wenige Stunden später erfuhren die Leser in der Stadt die große Neuigkeit. Die Boulevardblätter brachten die Meldung sogar auf ihrer ersten Seite. Die großen Überschriften lauteten:

> Der kleine Mann bleibt bei Stilke
>
> *Artistentreue trotz Welterfolg*
>
> Brausewetter schlägt die Konkurrenz aus dem Felde
>
> *Zauberprofessor und Zauberlehrling verlängern Vertrag*

Der Text der Nachrichten, auch im Funk, war allerdings noch recht mager. Denn wer unter den Reportern war schon am Abend vorher zufällig im Zirkus gewesen? Noch gab es keine Fotos in den Zeitungen. Und auch die Ansagerin im Fernsehen vertröstete das Publikum auf die nächste Abendschau.

Der Erfolg war zunächst nicht viel mehr als ein Gerücht. Wer hatte denn ahnen können, daß der Clown Fernando zwei Fräcke vertauschen würde? Und daß sich Professor Jokus von Pokus daraufhin entschlösse, den Kleinen Mann der Öffentlichkeit vorzeitig zu präsentieren?

Immerhin, zweitausend Zuschauer hatten die Sensation miterlebt und den winzigen Zauberlehrling mit eignen Augen gesehen.

Das Gerücht, das die Stadt durchlief, hatte also viertausend Beine. Und daß es nur ein Gerücht war, machte das Ganze fast noch spannender, noch aufregender, noch interessanter.

An diesem Abend vorm zweiten Auftreten des Kleinen Mannes drängten und drängelten sich über hunderttausend Menschen vorm Zirkuszelt.

Das fünfzehnte Kapitel

*Die zweite Vorstellung und die zweite Sensation:
Mäxchen als Flieger · Das Stilke-Archiv
Ein Filmangebot aus Hollywood · Briefwechsel
mit dem Dorfe Pichelstein · Ein königliches
Geschenk aus dem Königreich Breganzona.*

Hunderttausend Menschen! Das waren achtundneunzigtausend zuviel! Sie belagerten sofort die Kassenschalter für den Vorverkauf, und nach ein paar Stunden gab es für die gesamte Dauer des Gastspiels keinen einzigen Platz mehr, obwohl der Zirkus Stilke noch vierzig Tage in der Stadt bleiben würde und obwohl ein Zuschlag von einer Mark für den Sitz erhoben wurde!

Drei Lieferwagen fuhren das Geld noch in der Nacht zu den Panzerschränken der Wach- und Schließgesellschaft. Sicher ist sicher, dachte Direktor Brausewetter.

Die Vorstellung selber, also die zweite Vorstellung, wurde für ›den großen Dieb und den Kleinen Mann‹ wieder zu einem Triumph. Die Leute vom Fernsehen waren mit ihren Apparaten erschienen. Überall hockten Fotografen mit ihren Kameras und Blitzlichtern. Die Reporter und die in- und ausländischen Korrespondenten hielten die Augen offen und die Notizblöcke auf den Knien.

Für die übrigen Artisten war der Abend, trotz des ausverkauften Hauses, keine reine Freude. Denn sie alle wußten ja, daß die ungeduldigen Zuschauer samt der Presse und den Ehrengästen nur auf den Jokus und auf Mäxchen warteten.

Ganz recht, Ehrengäste waren auch erschienen. Der Oberbürgermeister mit der goldnen Kette um den Hals, seine zwei Bürgermeister, der Stadtkämmerer, die Stadträte, der amerikanische Generalkonsul, drei Bankdirektoren, ein Schwarm Filmproduzenten, Intendanten und Chefredakteure und sogar der Rektor der Universität, der vor vierzig Jahren zum letztenmal in einem Zirkus war.

Zwei dieser Ehrengäste holte sich Professor Jokus von Pokus prompt in die Manege und bestahl sie mit Hilfe des Kleinen Mannes nach Noten: den Oberbürgermeister und den amerikanischen Generalkonsul!

Dem Oberbürgermeister stibitzte er zum Schluß die goldne Amtskette, und die Hosenträger knöpfte Mäxchen dem Herrn Generalkonsul ab. Da wurden die zweitausend Besucher schrecklich vergnügt. Und wie der Amerikaner die Hosen verlor, – wer, glaubt ihr wohl, lachte am lautesten und längsten? Der Amerikaner selber! Das machte das Publikum noch viel vergnügter.

Als das Rundgitter hochgestiegen war und der Jokus der staunenden Menge seinen kleinen Mitarbeiter gezeigt hatte, kündigte er eine weitere Sensation an. »Jetzt«, rief er, »wird der Kleine Mann auf dem Rücken seiner Freundin, der Taube Emma, in die Zirkuskuppel emporfliegen und nach einem Rundflug hoch über unseren Köpfen sicher und wohlbehalten auf meiner ausgestreckten Hand landen!«

Und so geschah's. Die Kapelle schwieg. Nicht nur, weil es ihr befohlen worden war. Sie hätte ohnedies keinen Ton herausgebracht.

Die einzigen Lebewesen, die während des abenteuerlichen Fluges keinen Funken Angst zeigten, waren Emma und Mäxchen. Er hielt sich mit der Rechten lässig an der blauseidnen Schleife fest, die der Jokus der Taube vorher mit äußerster Sorgfalt um den Hals gebunden hatte.

Emma startete seelenruhig, schraubte sich in Spiralen bis zur Kuppel hinauf, flog dort dreimal die Runde und glitt schließlich, wie ein kleines weißes Segelflugzeug, in eleganten Kurven tief und tiefer, bis sie auf der ausgestreckten Hand des Professors aufsetzte. So hatte diese Hand noch nie im Leben gezittert. Und der Zirkus seufzte erleichtert auf wie ein aus einem Alptraum erwachender Riese.

In der Garderobe sagte der Jokus leise: »Nie hätte ich diesen Flug erlauben dürfen. Niemals.«

»Es war herrlich!« rief Mäxchen. »Und ich danke dir tausendmal, daß du es mir schließlich erlaubt hast.«

DAS FÜNFZEHNTE KAPITEL

Die beiden Tauben saßen oben auf dem Garderobenspiegel, hatten sich aneinandergekuschelt und gurrten.

Der Kleine Mann rieb sich die Hände. »Weißt du, worüber sie reden? Emma hat von dem Rundflug erzählt, und nun ist Minna eifersüchtig. Dabei hat sie das gar nicht nötig.«

»Warum denn nicht?«

»Morgen ist Minna an der Reihe«, sagte Mäxchen.

Über den Welterfolg an dieser Stelle ausführlich zu berichten, ist natürlich ganz unmöglich. Aber der Pressechef des Zirkus Stilke hat alle Fotos, Berichte, Interviews und Briefschaften gewissenhaft gesammelt und geordnet.

Wer sich für solche Einzelheiten interessiert, muß sich an das Stilke-Archiv wenden. Der Pressechef, ein eifriger und gefälliger Mensch, heißt Kunibert Kleinschmidt und gibt auf höfliche Anfragen ziemlich gern Auskunft. (Rückporto beilegen!)

Den Kleinkram lasse ich also beiseite. Daß in den Illustrierten große Fotoserien erschienen, zum Teil schön bunt, das versteht sich ja von selber. Die französische Wochenzeitschrift ›Paris Match‹ brachte Mäxchen auf dem Handteller des Jokus als farbiges Umschlagbild. Im Fernsehen konnten Millionen Leute zuschauen, wie Mäxchen die Schnürsenkel des Oberbürgermeisters heimlich aus den Ösen herauszog. Die amerikanische Illustrierte ›Life‹ bot dem Kleinen Mann hunderttausend Dollar, wenn er seine Memoiren schriebe und ihr den Vorabdruck überließe. Eine internationale Ärztekommission kündigte ihren Besuch an, weil sie aus wissenschaftlichen Gründen die körperliche und geistige Verfassung des Kleinen Mannes testen und darüber berichten wolle. Die Filmfirma Metro-Goldwyn-Mayer verhandelte wegen eines Breitwandfilms mit Mäxchen und dem Professor in den Hauptrollen. Ein Zündholzkonzern bat um die Lizenz, seine Streichholzschachteln künftig mit einem Schildchen bekleben zu dürfen, worauf ›Der Kleine Mann gibt Ihnen Feuer‹ stehen sollte.

Manches erlaubte der Jokus. Manches lehnte er rundweg oder wenigstens vorläufig ab. »Aber den Film in Hollywood, den könnten wir doch machen«, sagte Mäxchen.

Der Professor schüttelte den Kopf. »Das hat Zeit. Später einmal. Immer hübsch eins nach dem andern.«

Einiges muß ich aber doch etwas ausführlicher erzählen. Zum Beispiel die Sache mit dem Brief aus dem Dorf Pichelstein, der eines Tages eintraf. Er lautete folgendermaßen:

Lieber und verehrter Max Pichelsteiner!

Wir haben Dich neulich im Fernsehen bewundern können, indem ja der Gastwirt zur Blauen Gans und weitere achtunddreissig Familien einen solchen Apparat ihr Eigentum nennen. Es war höchst grossartig und wir sind mächtig stolz auf Dich sowie Dein Können. Wir haben alle Deine Eltern gut gekannt, bevor sie das Dorf verliessen, und Du bist ihnen wie aus den Gesichtern geschnitten. Nur noch viel kleiner und fast noch viel ähnlicher als sie selber. Ein echter Pichelsteiner, haben wir gleich gerufen und auf Dich angestossen. Es war sehr feierlich und unvergesslich.

Von den Schnürsenkeln bis in die Zirkuskuppel konnten wir Dir folgen, bis uns schwindlig wurde, so dass wir beschlossen, Dich einstimmig zum Ehrenmitglied unseres Turnvereins zu küren, was Du nunmehr bist. Wir hoffen, dass Dich das so freut wie es uns ehrt.

Unserm kleinsten Mann und grössten Turner ein dreifaches „Frisch, fromm, fröhlich, frei!"

Dein
Ferdinand Pichelsteiner
1. Vorstand und 1. Vorturner des
Turnvereins Pichelstein (T.V. 1872)

Mäxchen freute sich über den etwas unbeholfenen Brief so sehr, daß er zu Rosa Marzipan sagte: »Weißt du was? Ich möchte diesem Ferdinand gleich antworten. Darf ich dir den

Brief diktieren und mich dabei auf die Schreibmaschine setzen?«

Das Marzipanmädchen, das neuerdings oft im Hotelzimmer war und dem Jokus bei der Korrespondenz half, erklärte: »O. K., junger Freund«, spannte einen Briefbogen ein, setzte den Kleinen Mann auf den Wagen der Reiseschreibmaschine und meinte: »Ich bin ganz Ohr!«

Mäxchen diktierte ihr also den Dankeschön-Brief an Ferdinand Pichelsteiner und fuhr, während Rosa tippte, auf dem Wagen nach links, bis das Klingelzeichen ertönte. Dann schob sie die Walze samt dem Kleinen Mann nach rechts, und die Fahrt begann von neuem.

Als er gerade diktierte: »Ihr dankbares Mäxchen Pichelsteiner, Artist«, trat der Jokus ins Zimmer. Er hatte unten in der Hotelhalle mit dem Anwalt einer Nürnberger Spielzeugfabrik verhandelt und sagte: »Büroschluß, meine Herrschaften! Gleich gibt's Kaffee mit Apfelkuchen!«

Rosa wollte schon den Briefbogen ausspannen, da rief Mäxchen aufgeregt: »Bitte, noch nicht! Ich habe was Wichtiges vergessen!« Und nun diktierte er noch einige Sätze, die mit der Ehrenmitgliedschaft im Turnverein nicht das mindeste zu tun hatten:

> Weil alle Pichelsteiner sehr klein sind, könnte es vielleicht sein, dass es in Pichelstein ein Mädchen in meinem Alter gibt, das auch in der Größe zu mir passt. Wenn es das gäbe, wäre ich überglücklich. Der Jokus, mein bester Freund, hätte ganz bestimmt nichts dagegen, wenn sie mich bald einmal besuchte und möglichst lange bei uns bliebe.

»Sie dürfte natürlich auch ihre Eltern mitbringen«, sagte der Jokus. Und Mäxchen diktierte:

> Sie dürfte natürlich auch ihre Eltern mitbringen. Wir würden gleich das Reisegeld schicken. Und wenn sie in Pichelstein kein so kleines Mädchen haben, sondern einen Jungen, dann wäre es fast genauso schön. Ein Mädchen

wäre mir im Grunde lieber, denn ein Junge bin ich ja selber. Was mir manchmal fehlt, ist ein Freund in meiner Größe ...

Der Kleine Mann hielt den Kopf gesenkt, während er diese Sätze diktierte und auf dem Wagen der Schreibmaschine hin- und herfuhr.

Das Marzipanfräulein und der Jokus wechselten einen verständnisvollen Blick. »Weißt du was?« sagte Rosa zu dem kleinen Kerl. »Den Briefschluß mit dem üblichen Drum und Dran und Winkewinke brauchst du mir nicht zu diktieren. So was kann ich freihändig aus dem Stand.«

Mäxchen nickte und murmelte: »Danke schön.«

Bei dieser Gelegenheit muß ich einen anderen wichtigen Brief erwähnen. Der Absender war König Bileam von Breganzona. In seinem Königreich, aber auch im Ausland, heißt er seit langem Bileam der Nette. Und jeder, der ihn kennt, behauptet, das sei noch viel zu wenig. Eigentlich müsse er Bileam der Beste heißen.

Er trägt eine goldne Krone und einen schwarzen Hut, und zwar beides gleichzeitig. Die juwelengeschmückte Krone ist nämlich auf der Hutkrempe festgenäht, und das sieht gar nicht so übel aus. Doch genug über Hutmoden.

Jedenfalls, auch dieser König Bileam schickte einen Brief. Auch er und die Königin und der Kronprinz und die Prinzessin seien von der Übertragung im Fernsehprogramm begeistert gewesen. Hoffentlich mache der Zirkus Stilke recht bald Ferien. Dann müßten der Kleine Mann und sein Professor sofort und unbedingt als Gäste nach Breganzona ins Residenzschloß kommen. Prinzessin Judith und Osram, der zehnjährige Kronprinz, könnten es kaum erwarten.

Zunächst einmal hätten die beiden Kinder ihre Sparbüchsen ausgeleert und für den Kleinen Mann ein Geschenk besorgt und abgeschickt, das ihm vielleicht Freude machen würde.

Schon zwei Tage später trafen zwei stabile Kisten ein. ›Königliches Geschenk‹ stand auf den Kisten, und das war nicht übertrieben. Die eine Kiste enthielt eine komplette Wohnung in Spielzeuggröße: ein Wohnzimmer, ein Schlafzimmer, eine Küche mit Elektroherd und ein Badezimmer mit kaltem und heißem Wasser. Kleine Lampen, Wasserspeicher, auswechselbare Batterien, – alles war vorhanden, nichts hatte man vergessen, es war ein kleines Wunderwerk!

In der zweiten Kiste befand sich ein großer niedriger Tisch, worauf die vier Zimmer nebeneinander bequem Platz hatten. Eine Cellophantüte hätten Rosa und der Jokus beim Auspacken ums Haar übersehen und mit der Holzwolle fortgeworfen. Das wäre schade gewesen. Denn in der Tüte steckte eine schmale seidene Strickleiter, die man an der Tischplatte festhaken und auf deren Sprossen Mäxchen zu seiner komfortablen Eigentumswohnung emporklettern konnte.

Das tat er auch, kaum daß die Wohnung auf dem Tisch stand. Er war selig, als er so durch die Räume spazierte, das Licht einschaltete und auf dem Küchenherd in einer der winzigen Pfannen ein Häppchen Rindsfilet briet, das der Kellner, mit einem Klecks Butter und kleingehackter Zwiebel, angebracht hatte. Sie kosteten alle, auch der Kellner, und fanden die Kostprobe vorzüglich.

Mäxchen selber konnte nicht mitreden. Denn für ihn war nichts übriggeblieben.

Nach der Zirkusvorstellung badete er in der eignen Badewanne und sagte zum Jokus, der amüsiert zuschaute: »Das ist natürlich ganz etwas andres als die blöde Seifenschale.«

Dann legte er sich in das himmlisch weiche Bett im eignen Schlafzimmer, dehnte sich behaglich und murmelte: »Das ist natürlich ganz etwas andres als die alte Streichholzschachtel.«

Aber am nächsten Morgen, da lag er in der alten Streichholzschachtel auf dem alten Nachttisch.

»Nanu«, sagte der Jokus. »Was ist denn passiert?«

Der Kleine Mann lächelte verlegen. »Ich bin mitten in der Nacht umgezogen.«

»Und warum?«

»Die alte Streichholzschachtel ist natürlich ganz etwas andres«, erklärte Mäxchen.

Das sechzehnte Kapitel

Der Kleine Mann am eignen Herd · Ruhm strengt an · Und Ruhm macht müde · Der zweite Brief aus Pichelstein · Nürnberger Spielzeug · Ein Lied wird populär · Der Jokus macht eine schreckliche Entdeckung: Mäxchen ist spurlos verschwunden!

Das Geschenk des Königs Bileam und seiner zwei Sprößlinge war für die Fotoreporter wieder einmal, wie es so treffend heißt, ein gefundenes Fressen. Sie drängten sich mit ihren Apparaten ins Hotelzimmer, knipsten, was das Zeug hielt, und bescherten der Welt neue Bildserien mit prächtigen Unterschriften: ›Der Kleine Mann mit Schürze und Kochmütze am eignen Herd‹, ›Der Kleine Mann hält im neuen Schaukelstuhl Siesta‹, ›Der Kleine Mann vor dem Regal mit seiner Miniaturbücherei‹, ›Der Kleine Mann im Himmelbett aus Breganzona‹, ›Der Kleine Mann zum ersten Mal in einer Badewanne‹, ›Der Kleine Mann zeigt den Tauben Minna und Emma seine Gemächer‹, – es wollte kein Ende nehmen.

Als die nervenlosen Burschen mit ihren Kameras und Blitzlichtern schließlich verschwunden waren, zog sich Mäxchen ärgerlich an den Haaren und rief dreimal hintereinander: »Warum bin ich nicht der Leutnant Unsichtbar?«

»Ruhm strengt an«, bemerkte der Jokus. »Das gehört sich so. Außerdem werden wir die Fotos in ein Album kleben und nach Breganzona schicken. Da werden sich der König und die Königskinder sicher freuen.«

»Das machen wir«, sagte der Kleine Mann. »Aber die Einladung müssen wir vorläufig ablehnen. Ruhm strengt an.« Dann schlüpfte er in seinen Trainingsanzug und kletterte eine Stunde auf dem schönen Waldemar herum. Danach legte er sich in die Streichholzschachtel, gähnte gewaltig und murmelte vorm Einschlafen: »Ruhm macht müde.«

Wenige Tage später kam ein zweiter Brief aus Pichelstein. Ferdinand Pichelsteiner, der Erste Vorsitzende des Turnvereins, schrieb dem hochverehrten Ehrenmitglied, daß das Dorf weder mit einem Mädchen noch einem Knaben in Mäxchens Größe dienen könne. Allerdings seien immer wieder einmal junge Ehepaare in die weite Welt gezogen. Was aus den meisten geworden ist, hieß es weiter,

> haben wir leider nicht erfahren. Sie haben uns nicht einmal mitgeteilt, ob sie noch leben oder schon gestorben sind. Geschweige ob aus ihnen was geworden ist oder nichts.
>
> Sollten wir etwas Passendes hören, hörst Du gleichzeitig. Das verspreche ich Dir fest in die Turnerhand. Ich bin fünfzig Jahre alt und immer noch aktiv. Besonders am Hochreck.
>
> Dein getreuer Namensvetter
> Ferdinand Pichelsteiner

Der Jokus faltete langsam den Brief zusammen und sagte: »Nimm's nicht zu schwer, Kleiner!«

»Ach wo!« meinte Mäxchen. Er saß in seinem niedlichen Wohnzimmer auf dem grünen Sofa und baumelte mit den Beinen. »Es wäre natürlich schön gewesen. Noch dazu jetzt, wo ich die Wohnung habe. Das Mädchen hätte in meinem Bett schlafen können. Denn in der Streichholzschachtel gefällt's mir sowieso besser.«

»Das neue Bett ist doch viel bequemer.«

»Schon, schon«, sagte Mäxchen. »Aber es ist von deinem Bett zu weit weg.«

Habe ich eigentlich schon den Rechtsanwalt erwähnt, mit dem sich der Jokus in der Hotelhalle unterhalten hatte? Er war im Auftrag einer Nürnberger Spielzeugfabrik dagewesen. Sie hatten miteinander verhandelt. Sie hatten sich geeinigt und

Verträge unterschrieben. Und eines Tages war es dann soweit. Die Nürnberger Fabrik schickte ein Päckchen mit zehn Streichholzschachteln.

Mit zehn Streichholzschachteln? Ja. Voller Streichhölzer? Nein. Sondern in jeder Schachtel lag, auf weißer Watte, ein Kleiner Mann! Zehn Kleine Männer, unserem Mäxchen zum Verwechseln ähnlich! In zehn Pyjamas, grau und blau gestreift, genau wie der Schlafanzug, den Mäxchen besonders gern hatte. Die zehn Mäxchen waren in den Gelenken beweglich. Man konnte sie aus den Schachteln herausnehmen und aufstellen. Man konnte sie wieder hineinsetzen. Man konnte sie langlegen, als ob sie schliefen.

Kurz und gut, es handelte sich um ein neues Spielzeug, das bald danach in allen Ländern und Geschäften, aber auch an der Zirkuskasse verkauft wurde und der Spielzeugfabrik viel Geld einbrachte. Aber nicht nur ihr, sondern auch dem ›großen Dieb und dem Kleinen Mann‹. Sie waren mit acht Prozent am Umsatz beteiligt. Deswegen hatte ja der Jokus mit dem Nürnberger Rechtsanwalt in der Hotelhalle verhandelt. Denn der Professor Jokus von Pokus war nicht nur ein berühmter Zauberkünstler, sondern auch ein tüchtiger Geschäftsmann.

Das glaubt ihr nicht? Ihr denkt, ein tüchtiger Geschäftsmann wäre nicht beim Direktor Brausewetter geblieben, sondern – hast du was kannst du – zu einem reicheren Zirkus abgewandert? Nun, auch ein tüchtiger Geschäftsmann darf zuweilen freundlich handeln. Sonst ist er eine zweibeinige Rechenmaschine und wird nicht nur den anderen, sondern auch sich selber eines Tages meterweit zum Halse heraushängen.

Von dem neuen Spielzeug hätte ich übrigens nicht so ausführlich erzählt, wenn nicht eine dieser verflixten Nürnberger Streichholzschachteln im nächsten Kapitel eine wichtige Rolle spielen würde. Aber habt noch ein bißchen Geduld. Denn …

Denn zuvor möchte ich euch noch von einem Lied berichten, das um die gleiche Zeit entstand und sehr schnell populär wurde. Man konnte es auch als Schallplatte kaufen. Es wurde im Rundfunk gesungen, und in den Lokalen tanzte man danach. Die Musik hatte Romano Korngiebel, der Kapellmeister des Zirkusorchesters, komponiert. Wer am Text schuld war, weiß ich nicht. Der Titel hieß

Das Lied vom kleinen Mann

Ich habe sogar ein paar Strophen im Kopf behalten. Es begann folgendermaßen:

> Was ist denn bloß geschehn?
> Die Menschen stehn und reden,
> und jeder Mensch fragt jeden:
> Haben Sie den Kleinen Mann gesehn?
> Man fragt zehn Polizisten,
> die's schließlich wissen müßten.
> Drauf rufen alle zehn:
> »Wen?«

So wurden alle möglichen Leute gefragt, ob sie den Kleinen Mann gesehen hätten. Bis es hieß:

> Da ruft 'ne dicke Frau:
> »Ich kenn ihn ganz genau!
> Er schläft bis früh halbachtel
> in einer Streichholzschachtel.
> Dann frühstückt er Kakao.
> Er wiegt fünf Zentimeter,
> mißt achtundfünfzig Gramm
> und wechselt manchmal Briefe
> mit König Bileam.
> Am Abend stiehlt der Knabe
> im Zirkus wie ein Rabe.
> Doch gibt er Stück für Stück,
> wie sich's gehört …«

Hier reißt mein Gedächtnisfaden wieder ab. Nur an den Schluß kann ich mich noch erinnern. Da hieß es, wer den Kleinen Mann sehen wolle, müsse sich außerordentlich beeilen, da er neuerdings und zusehends noch viel kleiner werde:

Ab Dienstag sieht ihn keiner mehr.
Er wird tagtäglich kleinerer.
Am Montag hat's noch Zweck.
Doch am Dienstag, am Dienstag,
am Dienstag ist er weg!

›Am Dienstag ist er weg!‹ Diese letzte Zeile des Liedes sollte sehr bedeutungsvoll werden. Und zwar auf so schlimme Weise bedeutungsvoll, daß ich mich kaum getraue, es niederzuschreiben.

Bitte erschreckt nicht zu sehr! Ich kann's nicht ändern, und ich darf's nicht verschweigen. Es hilft alles nichts. Wie fange ich's nur an? Haltet euch am Stuhl oder an der Tischkante oder am Kopfkissen fest! Und zittert nicht zu sehr! Das müßt ihr mir versprechen. Sonst erzähle ich's lieber nicht. Einverstanden? Nicht zu sehr zittern! Also:

Am Dienstag war er weg!
Wer?
Mäxchen war weg!
Er war wie vom Erdboden verschwunden.

Als der Jokus ins Hotelzimmer trat, hüpften Emma und Minna nervös auf dem Schrank hin und her. Der Jokus fragte Mäxchen, der friedlich in seiner Streichholzschachtel lag: »Was ist denn mit den beiden Tauben los? Hast du eine Ahnung?«

Da der Kleine Mann nicht antwortete, sagte der Professor: »He, junger Freund, hast du die Sprache verloren?«

Es blieb still.

»Mäxchen Pichelsteiner!« rief der Jokus. »Ich rede mit dir! Wenn du nicht auf der Stelle antwortest, krieg ich Magenschmerzen!«

Kein Wort. Kein Lachen. Nichts.

Da durchfuhr den Jokus ein Schreck, so schnell und grell wie ein Blitz. Er beugte sich über die Streichholzschachtel, riß die Zimmertür auf, stürzte in den Korridor hinaus und schrie: »Mäxchen, wo bist du? Mäxchen!«

Nichts. Totenstille.

Der Jokus rannte ins Zimmer zurück, riß den Telefonhörer von der Gabel und mußte sich setzen, so schwach war ihm zumute. »Zentrale? Verständigen Sie sofort die Kriminalpolizei! Mäxchen ist verschwunden! Der Hoteldirektor ist dafür verantwortlich, daß niemand das Haus verläßt! Kein Gast und kein Angestellter! Fragen Sie nichts! Tun Sie, was ich Ihnen gesagt habe!«

Er knallte den Hörer auf die Gabel, sprang auf, trat zum Nachttisch und feuerte die Streichholzschachtel samt Mäxchen mit aller Gewalt gegen die Wand!

Denn es war ja gar nicht Mäxchen. Sondern eine der verdammten Nürnberger Spielzeugschachteln mit der kleinen Puppe im graublau gestreiften Schlafanzug.

Das siebzehnte Kapitel

Aufregung im Hotel · Der falsche Etagenkellner
Es riecht nach Krankenhaus · Kriminalkommissar
Steinbeiß erscheint · Mäxchens Erwachen
Eine wichtige Durchsage im Rundfunk · Otto
und Bernhard · Der Kleine Mann wünscht
ein Taxi, und Otto kriegt einen Lachanfall.

Es konnte sich nur um Menschenraub handeln. Doch wer hatte Mäxchen geraubt? Und warum hatte er's getan? Noch dazu mit allem Vorbedacht? Denn er hatte ja den Kleinen Mann mit der Puppe ausgetauscht, damit man die Entführung nicht sofort entdecken solle!

Eines der Stubenmädchen hatte einen Kellner aus dem Zimmer herauskommen sehen. Nein, sie habe ihn nicht gekannt, aber gedacht, er sei zur Aushilfe aus einem anderen Stockwerk gerufen worden. Doch weder die Etagenchefs noch das Restaurant hatten dergleichen angeordnet.

»Vermutlich war es also überhaupt kein Kellner«, sagte der Hoteldirektor, »sondern ein Verbrecher, der sich eine weiße Jacke übergezogen hatte.«

Das Stubenmädchen fragte: »Warum hat denn der Junge dann nicht um Hilfe geschrien? Ich hätte es todsicher gehört.«

»Man hat ihn betäubt«, erklärte der Jokus. »Riechen Sie nichts?«

Die beiden anderen steckten die Nasen in die Luft und schnupperten. Der Hoteldirektor nickte. »Stimmt, Herr Professor. Es riecht nach Krankenhaus. Chloroform?«

»Äther«, antwortete der Jokus. Er war am Verzweifeln.

Auch Kriminalkommissar Steinbeiß, der die Untersuchung leitete, konnte nichts Tröstliches berichten. Er hielt, als er ins Zimmer trat, eine weiße Kellnerjacke in der Hand. »Wir fanden sie in einer der Mülltonnen, die im Hofe stehen. Der Mann ist wahrscheinlich durch den Lieferanteneingang entwischt, noch ehe abgesperrt wurde.«

»Sonst?« fragte der Hoteldirektor. »Irgendein Fingerzeig?«
»Nichts«, sagte Kommissar Steinbeiß. »Ich habe meine Beamten wieder fortgeschickt. Sie haben eine Stunde lang jeden Menschen, der das Hotel verlassen wollte, nach Streichholzschachteln abgesucht. Es war zwecklos. In keiner Schachtel befand sich der Kleine Mann. In allen Schachteln steckten Streichhölzer.«

»Der Flugplatz, die Bahnhöfe, die großen Ausfallstraßen?« fragte der Jokus.

»Wir tun, was wir können«, antwortete Steinbeiß. »Viel Hoffnung habe ich nicht. Eher findet man die sprichwörtliche Stecknadel im Heuschober.«

»Der Rundfunk?«

»Gibt jede halbe Stunde unsere Suchmeldung durch. Auch die von Ihnen ausgesetzte Belohnung von Zwanzigtausend Mark wird regelmäßig bekanntgegeben.«

Der Jokus trat auf den Balkon und blickte zum Himmel hinauf. Doch auch dort oben konnte er sein Mäxchen nicht entdecken. Nach einer Weile drehte er sich um und sagte: »Ich möchte die Belohnung erhöhen. Wer uns den entscheidenden Hinweis gibt, erhält von mir 50 000 Mark.«

»Der Rundfunk wird umgehend verständigt«, meinte der Kommissar. »Vielleicht nützt es. Wenn es sich um eine mehrköpfige Bande handelt, könnte einer der Kidnapper singen. 50 000 Mark sind kein Pappenstiel.«

»Warum denn singen?« fragte das Stubenmädchen. »Für 50 000 Mark singen? Und was hätten wir davon?«

Der Kommissar winkte ungeduldig ab. »Singen ist ein Fachausdruck und bedeutet so viel wie verraten.«

»Ich verstehe das Ganze nicht«, sagte der Hoteldirektor. »Was, um alles in der Welt, will man mit einem geraubten Jungen anfangen, der fünf Zentimeter groß ist und so bekannt wie Chaplin und Churchill? Man kann ihn an keinen anderen Zirkus verkaufen. Man kann ihn nicht einmal privat herumzeigen. Nicht eine Minute lang! Im Handumdrehen wäre die Polizei da.«

Das Stubenmädchen machte ein geheimnisvolles Gesicht.

»Vielleicht will man den Herrn Professor erpressen?« flüsterte sie. »Vielleicht gibt man ihm Mäxchen erst zurück, wenn er nachts ein Paket mit furchtbar viel Geld in einen hohlen Baum gesteckt hat? So was soll vorkommen.«

Der Hoteldirektor zuckte die Achseln. »Dann müßte die Bande aber doch anrufen oder einen Eilbrief schicken!«

»Oder es sind ganz einfach ein paar Verrückte«, fuhr das Stubenmädchen eifrig fort. »Das gibt es nämlich auch. Dann ist man völlig machtlos.«

Wer weiß, was sie noch alles aufs Tapet gebracht hätte, wenn nicht plötzlich Rosa Marzipan ins Zimmer gestürzt und dem Professor aufschluchzend und mit den Worten »Mein armer Jokus!« um den Hals gefallen wäre.

Hinter ihr erschien, gemessenen Schrittes, Herr Direktor Brausewetter. Er trug den Zylinder in der Hand und an den Händen, wie immer außer im Bett, Glacéhandschuhe. Ihre Farbe war heute mittelgrau. Schwarze Handschuhe zog er nur bei Begräbnissen an und weiße nur bei fröhlichen und festlichen Anlässen. In Handschuhfarben war er äußerst wählerisch.

»Lieber Herr Professor«, erklärte er, »wir sind tief bestürzt, und ich soll Ihnen die Anteilnahme aller Kollegen übermitteln. In der Betriebsversammlung wurde vor zehn Minuten der einstimmige Beschluß gefaßt, nicht aufzutreten, ehe der Kleine Mann wieder in unserer Mitte weilt. Bis dahin bleibt der Zirkus Stilke geschlossen.«

»Soll das helfen?« fragte das Stubenmädchen.

Direktor Brausewetter blickte sie schief an. »Zunächst einmal ist es ein sichtbares Zeichen der Freundschaft und der Solidarität, meine Liebe!«

»Und vielleicht hilft es sogar«, meinte Kommissar Steinbeiß. »Es erhöht die allgemeine Aufmerksamkeit.«

Rosa Marzipan schüttelte die Locken. »Hier kann nur einer helfen.«

Der Hoteldirektor machte große Augen. »Wer denn?«

»Du hast ganz recht«, sagte der Jokus zu Rosa. »Er ist unsre einzige Hoffnung.«

»Wer denn?« wiederholte der Hoteldirektor.
Das Marzipanfräulein sagte nur: »Mäxchen selber!«

Als der Kleine Mann zu sich kam, brummte ihm der Kopf. Er lag zwar in seiner Streichholzschachtel. Aber die Lampe an der Decke kannte er nicht. Wo war er eigentlich?

Aus einem Radioapparat tönte Tanzmusik. Blauer Tabakrauch kräuselte sich in der Luft. Und plötzlich sagte eine mürrische Männerstimme: »Otto, sieh doch mal nach, ob der Zwerg endlich aufgewacht ist.« Weil sich nichts rührte, fuhr die Stimme ärgerlich fort: »Ist es dir lieber, wenn ich dir 'ne schriftliche Einladung schicke?«

»Du bist ein viel zu hastiger Typ«, antwortete eine andere Stimme gemütlich. »Das kann nicht gesund sein, Bernhard. Denk an dein Herz!« Doch dann wurde ein Stuhl gerückt. Es stand jemand schwerfällig auf und kam langsam näher. Wahrscheinlich war es der Mann, der Otto hieß.

Mäxchen schloß die Augen, atmete ruhig und spürte, wie sich jemand über ihn beugte. Otto schnaufte, und er roch wie ein Zigarrengeschäft, das sich neben einer Schnapsfabrik befindet. »Der Knirps schläft immer noch«, sagte Ottos Stimme. »Hoffentlich hast du ihm nicht zu viel Äther auf die Nase getupft, mein lieber Bernhard. Sonst läßt dir Señor Lopez von einem seiner Neger den Schädel maniküren!«

»Halte die Klappe!« knurrte Bernhards Stimme. »Ich habe den Auftrag vorschriftsmäßig …«

In diesem Moment brach im Radio die Tanzmusik ab, und eine dritte Stimme erklärte: »Achtung, Achtung! Wir wiederholen eine wichtige Durchsage!«

»Ich fresse einen Besen, wenn das nicht die Polizei …«, begann Otto.

»Ruhe!« zischte Bernhard.

Mäxchen hielt die Luft an und spitzte die Ohren.

»Wie wir bereits gemeldet haben«, sagte die Rundfunkstimme, »wurde in den Vormittagsstunden der Ihnen allen bekannte Kleine Mann aus seinem Hotelzimmer entführt. Der Täter hatte sich als Etagenkellner verkleidet. Die von ihm hierfür benützte weiße Jacke konnte sichergestellt werden. Die Kriminalpolizei bittet das Publikum um tatkräftige Unterstützung. Professor Jokus von Pokus hat die von ihm ausgesetzte Belohnung auf 50 000 Mark erhöht. Zweckdienliche Beobachtungen wollen Sie bitte an den Rundfunk oder direkt an Kriminalkommissar Steinbeiß weiterleiten. Der Zirkus Stilke läßt mitteilen, daß sämtliche Vorstellungen bis auf weiteres ausfallen. Ende der Durchsage!« Dann erklang wieder Musik.

Nach einer Weile ließ sich Ottos Stimme ehrfürchtig vernehmen. »Donnerwetter! Dieser Jokuspokus legt sich aber mächtig ins Zeug! 50 000? Das nenn ich leichtverdientes Geld! Du nicht auch, Bernhard? Wie wär's?«

»Du bist und bleibst ein ausgemachter Hornochse«, knurrte Bernhards Stimme. »50 000? Deswegen gibt man doch nicht eine Lebensstellung auf.«

»Schon gut«, murmelte Otto. »Es war nur so ein Einfall.«

»Du bist kein Mann für Einfälle«, antwortete Bernhard ungnädig. »Überlaß das mir, verstanden? So, und jetzt geh ich telefonieren.« Ein Stuhl wurde energisch zurückgeschoben. »Und paß inzwischen gut auf den Zwerg auf!«

Als die Zimmertür zugefallen war, wagte es Mäxchen, die Augen einen Spalt zu öffnen. An einem unordentlichen Tisch hockte ein großer glatzköpfiger Mensch und hielt eine leere Flasche gegen das Licht. Das war also Otto!

»Durst ist schlimmer als Heimweh«, sagte Otto zu sich selber und setzte die Flasche auf den Tisch zurück, daß es nur so klirrte.

Jetzt oder nie! dachte Mäxchen und spielte Erwachen. Er gab sich einen solchen Ruck, daß die Streichholzschachtel fast umgekippt wäre. Dazu schrie er: »Hilfe! Wo bin ich?« Dann blickte er verzweifelt um sich, wimmerte und preßte beide Hände vor den Mund. Es war eine schauspielerische Glanzleistung.

Der völlig überraschte Otto war außerordentlich beeindruckt. Er sprang vom Stuhl hoch und zischte wütend: »Willst du gleich die Klappe halten, du kleines Mistvieh?«

Mäxchen brüllte: »Ich will wissen, wo ich bin! Wie reden Sie denn mit mir? Und wer sind Sie eigentlich? Hilfe! Jokus! Hilfeee!« Er schrie so laut, weil er dachte, irgendwer in der Nähe könne ihn hören. Aber es rührte sich nichts. Niemand hatte ihn gehört. Außer diesem versoffenen Glatzkopf namens Otto.

»Wenn du noch einmal schreist, kleb ich dir 'n Meter Leukoplast übers Maul«, sagte Otto grimmig.

»Dieser Ton gefällt mir nicht«, entgegnete Mäxchen. »Bestellen Sie mir bitte ein Taxi.«

Daraufhin bekam Otto einen Lachanfall. Es war, genauer, ein Gemisch aus Lachen, Husten, Niesen und Asthma. Es stand zu befürchten, daß er explodieren würde. Aber er explodierte dann doch nicht. Als er sich endlich wieder beruhigt hatte, wischte er sich die Tränen aus den Augen und japste: »Ein Taxi? Wenn's weiter nichts ist, mein Herr! Bernhard erkundigt sich gerade nach 'nem Flugzeug!«

Das achtzehnte Kapitel

*Wer hat die weiße Kellnerjacke gekauft? · Große
Aufregung im ›Goldenen Schinken‹ · Ein Bericht im
Abendblatt · Der kahle Otto brüllt · Das leere Haus
Bernhard ist der gefährlichere · Mäxchen untersucht
nachts das verteufelte Zimmer.*

Die weiße Kellnerjacke war zwei Tage, bevor der Kleine Mann entführt wurde, in der Innenstadt gekauft worden. In einem Fachgeschäft für Berufskleidung. Das hatte die Polizei schließlich festgestellt. Dort gab es Fleischerschürzen, Konditormützen, Ärztekittel, Häubchen für Krankenschwestern, Overalls für Kanalarbeiter, Taucherhelme, Ärmelschoner für Buchhalter, Knieschützer für Parkettleger und Pflasterer, kurz, es war ein großer und bunter Laden. Und die Verkäufer waren zu den Kriminalbeamten äußerst zuvorkommend gewesen. Aber wer die weiße Kellnerjacke gekauft und wie er ausgesehen hatte, das wußte niemand mehr.

Rosa Marzipan hatte den Jokus gezwungen, mit ihr in ein Restaurant zu gehen. »Du mußt endlich wieder etwas essen«, hatte sie erklärt. »Du kannst nicht immer im Hotelzimmer sitzen und die Wand anstarren. Das hilft uns auch nicht weiter. Und du selber wirst am Ende krank.«

Nun saßen sie also im ›Goldenen Schinken‹, so hieß das Lokal, und der Jokus starrte nicht an die Wand, sondern auf den Teller. Er brachte keinen Bissen hinunter und kein Wort heraus. So ging das nun schon anderthalb Tage, und das Marzipanfräulein machte sich ernste Sorgen. Eine Tasse Fleischbrühe hatte er getrunken. Das war alles.

Um ihn zu trösten, sagte sie: »Morgen, spätestens übermorgen, ist Mäxchen wieder da. Er ist viel zu schlau und zu flink, als daß er sich länger einsperren ließe. Keine zehn Pferde könnten ihn zurückhalten!«

»Es sind leider keine Pferde«, erwiderte der Jokus. »Es sind Verbrecher. Wer weiß, was sie dem kleinen Kerl angetan haben.« Er seufzte. Dann schüttelte er den Kopf. »Nicht einmal die hohe Belohnung scheint sie zu locken! Dabei hatte ich so gehofft, daß sie mich gerade deswegen anrufen würden.«

»Sie haben Angst vor der Polizei.«

»Ich hätte sie, Mäxchen zuliebe, nicht verraten«, murmelte der Jokus und starrte auf seinen Teller. Auch Rosa Marzipan hatte keinen Appetit. Aber sie ließ sich's nicht allzu sehr anmerken, sondern aß ein paar Happen, weil sie dachte, er werde, halb aus Versehen, mitessen. Es war vergebliche Liebesmühe.

Während sie mit der Gabel in ihrem Kalbsgulasch herumstocherte, sprang plötzlich an einem der anderen Tische ein Gast auf und gab dem Zeitungsverkäufer, der rundum das neueste Abendblatt anbot, eine saftige Ohrfeige. »Was fällt Ihnen ein?« brüllte der Herr. »Legen Sie sofort meine Streichholzschachtel wieder hin!«

»Bravo!« rief jemand am Nebentisch. »Von mir kriegt er auch gleich eine Backpfeife!«

»Bei mir hat er dasselbe versucht!« schrie ein Dritter. »Herr Ober, holen Sie sofort den Geschäftsführer!«

Es war ein richtiger Aufruhr. Der Zeitungsverkäufer hielt sich die Backe. Die Gäste hielten den Zeitungsverkäufer. Der Oberkellner holte den Geschäftsführer. Der Geschäftsführer winkte einem Pikkolo. Der Pikkolo holte den Polizisten von der nächsten Straßenecke. Der Polizist holte sein Notizbuch aus der Tasche.

»Ich weiß überhaupt nicht, was Sie wollen«, schimpfte der Zeitungsverkäufer. »Dauernd heißt es im Rundfunk, die Bevölkerung soll wachsam sein, weil der Kleine Mann gekidnappt wurde! Und wenn man dann wachsam ist und beispielsweise in fremde Streichholzschachteln guckt, ob der Kleine Mann vielleicht drinsteckt, kriegt man Ohrfeigen. Das gefällt mir aber gar nicht, Herr Wachtmeister!«

Kaum hatten das die Gäste und der Polizist gehört, waren alle miteinander ein Herz und eine Seele. Jeder entschuldigte sich bei jedem. Und auch der Zeitungsmann ärgerte sich nicht länger. Er verkaufte im Handumdrehen sämtliche Abendblätter aus seiner Umhängetasche und ging befriedigt von dannen.

Der Wachtmeister durfte auf Geschäftskosten am Ausschank ein Bier trinken.

Wo man auch hinschaute, überall wurde das Abendblatt studiert. Es war zwar neu, aber Neues über Mäxchen stand nicht darin. Trotzdem hatte der Gerichtsreporter einen kurzen Artikel über den ungeklärten Kriminalfall verfaßt. Alle Gäste im ›Goldenen Schinken‹ lasen ihn, und ihr Essen wurde kalt. Auch Rosa Marzipan und der Jokus blickten, dicht aneinandergelehnt, in die Zeitung. Dort stand, auf der ersten Seite rechts oben:

Rätsel um den Kleinen Mann

Wo ist er? Wo hat man ihn verborgen? In welcher Straße? In welchem Hause? In welchem Zimmer? Eine ganze Stadt hält den Atem an. Eine ganze Stadt ist ratlos. Kriminalkommissar Steinbeiß zuckt die Achseln. Er und seine Beamten sehen übernächtig aus. Was haben sie bis jetzt entdeckt? Eine weiße Kellnerjacke in einem Mülleimer. Und das Geschäft, wo die weiße Jacke gekauft wurde.

Sonst? Nichts. Wie sah der Käufer aus? War es der ›falsche Kellner‹? Oder war es ein Komplice? Stieg der Verbrecher, der den Kleinen Mann entführte, in ein Auto, das auf ihn wartete? Verlor er sich zu Fuß in der Menge?

Pausenlos prüft die Kriminalpolizei Hunderte von telefonischen und brieflichen Hinweisen aus den Kreisen der Bevölkerung. Die Arbeit ist ungeheuer. Das Ergebnis ist niederschmetternd. Das Resultat ist null. Trotzdem darf unsere Wachsamkeit nicht nachlassen.

Mögen auch tausend Fingerzeige in die Irre führen, so wäre die Mühe reichlich belohnt, wenn der tausendunderste Hinweis dazu verhülfe, den Kleinen Mann, diesen Liebling der Bevölkerung, gesund an Leib und Leben in unsere Mitte zurückzubringen.

Ja, es war schlimm. Sehr schlimm. Niemand kannte die Straße, das Haus und das Zimmer, wo Mäxchen gefangengehalten wurde. Und wie viele Straßen, Häuser und Zimmer gibt es in einer Großstadt mit mehr als einer Million Einwohnern!

Nicht einmal Mäxchen selber wußte, wo er war. Er kannte nur das Zimmer, wo Bernhard und der kahle versoffene Otto ihn bewachten. Und das war eines jener billig möblierten Zimmer, die einander so ähnlich sind wie Konfektionsanzüge. Doch auch wenn es ein Salon mit venezianischen Spiegeln und mit einem Selbstporträt von Goya an der Wand gewesen wäre, was hätte es dem kleinen Gefangenen genützt? Die Hausnummer und den Straßennamen hätte er dadurch auch nicht erfahren.

Etwas hatte er allerdings dem Jokus, dem Marzipanmädchen, der Polizei, dem Zirkus und der übrigen Welt voraus: Er wußte zuverlässig, daß er noch immer gesund und am Leben war! Das wußte die übrige Welt nicht. Und Mäxchen machte sich große Sorgen, daß sich der Jokus deshalb große Sorgen machte. Ja, es war schon schlimm. Sehr schlimm.

Die beiden Gauner paßten auf wie die Heftelmacher. Meist zu zweit. Allein ließen sie ihn keine halbe Sekunde. Auch nachts nicht. Einer saß immer neben der Streichholzschachtel und bewachte ihn. Zum Essen verschwanden sie abwechselnd. Und sie aßen, um niemandem aufzufallen, jeden Tag in anderen Restaurants.

Mäxchens kleine Mahlzeiten briet und kochte Otto auf einem Propangaskocher. Er tat es mehr schlecht als recht, obwohl er sich ziemlich viel Mühe gab. »Iß mal tüchtig«, sagte er immer. »Denn wenn du krank wirst oder abkratzt, läßt uns Lopez verkehrt aufhängen.«

»Wer ist denn eigentlich dieser Señor Lopez?« fragte Mäxchen.

»Das geht dich einen feuchten Dreck an!« antwortete Otto gereizt und funkelte böse mit seinen rotgeränderten Schlitzaugen.

Mäxchen lächelte und schwieg. Dann sagte er plötzlich: »Mach bitte das Fenster auf. Ich brauche frische Luft.«

Otto stand ächzend auf, öffnete das Fenster und setzte sich wieder.

Nach einer Weile tat Mäxchen, als ob ihn fröre. »Mich friert. Mach bitte das Fenster zu!«

Otto stand ächzend auf, schloß das Fenster und setzte sich wieder.

Fünf Minuten später fragte Mäxchen: »Ist noch etwas von dem Ananastörtchen übrig?«

Otto stand ächzend auf, blickte in den Schrank, setzte sich wieder und knurrte: »Nein, du hast es aufgefressen.«

»Geh doch bitte in die Konditorei und hole mir ein neues!«

»Nein!« brüllte Otto, daß die Wände zitterten. »Nein, du kleine Kanaille!« Dann besann er sich, daß er für Mäxchens Wohlbefinden verantwortlich war, gab sich einen Ruck und erklärte so sanft, wie er konnte: »Ich hole dir eines, wenn Bernhard vom Mittagessen zurück ist.«

»Besten Dank im voraus«, sagte Mäxchen freundlich und wartete gespannt, daß irgend etwas geschähe. Daß jemand an die Wohnungstür klopfe oder daß es klingle und daß jemand aus dem Hause sich wütend erkundige, warum mittags so abscheulich gebrüllt werde. Denn nur deswegen schikanierte er ja den kahlen Otto bis zum Weißglühen! Der Kerl sollte ja brüllen! Wie am Spieße!

Merkwürdig, dachte der Kleine Mann. Zu zwei Zimmern gehört schließlich ein ganzes Haus ... Und in einem Haus wohnen schließlich Leute ... Aber es klopft keiner, und es klingelt niemand ... Wo bin ich bloß? Er ließ sich's nicht anmerken, wie ihm zumute war. Aber insgeheim hatte er schreckliche Angst. Könnt ihr das verstehen? Er benahm sich frech wie Oskar. Und dabei zitterte er wie Sülze.

Am meisten fürchtete er sich vor Bernhard, weil der niemals brüllte. Die Stimme klang so kalt, als komme sie geradewegs aus dem Eisschrank. Wenn er sprach, fror man. Und Mäxchen hütete sich, ihn zu schikanieren. Zum Glück war Bernhard häufig außer Haus. Wenn er zurückkehrte, fragte Otto jedesmal: »Was Neues?« und Bernhard erwiderte meistens nur: »Nein.« Oder: »Wenn's was Neues gibt, werde ich dir's schon erzählen.« Oder: »Halte die Klappe!« Oder: »Los! Geh essen! Hau ab!«

Ein einziges Mal platzte Otto Bernhard gegenüber der Kragen. Er brüllte: »Ich hab es satt, in dieser Bruchbude zu hocken und bei einem Zwerg das Kindermädchen zu spielen! Wann fliegen wir endlich?«

Bernhard musterte den andern wie einen alten angeketteten Hofhund. Dann sagte er: »Wir sollen warten, bis die Polente weniger scharf kontrolliert. Das kann noch ein paar Tage dauern.«

»So ein Scheibenkleister!« schimpfte Otto. »Wenn es nach mir ginge, säßen wir längst nicht mehr hier.«

Bernhard nickte. »Stimmt! Wenn es nach dir ginge, säßen wir längst im Zuchthaus.«

Otto süffelte sein Schnapsglas leer, stand ächzend auf und schob brummend zum Essen ab. Nun ließ sich Bernhard in dem leergewordenen Sessel nieder und las gelangweilt Zeitung.

Nach einer Weile fragte Mäxchen und machte dazu ein unschuldiges Gesicht wie ein Gänseblümchen: »Wo soll denn unsere Reise hingehen?«

»Ich bin manchmal schwerhörig«, antwortete Bernhard, ohne die Zeitung sinken zu lassen.

»Wenn's weiter nichts ist«, meinte der Junge. »Ich kann auch lauter!« Und schon schrie er gellend: »Wo soll denn unsere Reise hingehen?«

Da legte Bernhard die Zeitung langsam aus der Hand. »Jetzt habe ich dich verstanden«, sagte er leise. Er war grün vor Wut. »Aber gib dir keine Mühe, du halber Zwerg. Hier hört dich keiner.« Er griff wieder nach der Zeitung. »Trotzdem rate ich dir, dich anständig aufzuführen. Denn ich habe den Auftrag, dich lebendig abzuliefern. Lebendig und so gesund wie möglich. Dafür kriege ich sehr viel Geld. Folglich liegt mir daran, daß du nicht krank wirst oder unter meinen Absatz gerätst. Verstehst du mich?«

»Ziemlich gut«, sagte Mäxchen und gab sich Mühe, nicht mit den Zähnen zu klappern.

»Wenn du mir allerdings Scherereien machst, pfeife ich auf das Geld. Es sind schon größere Zwerge als du ganz plötzlich gestorben.«

Mäxchen bekam eine Gänsehaut.

»Drum sei ein braves Kind«, fuhr Bernhard fort, »und denke an deine kostbare Gesundheit.« Dann schlug er die Zeitung von neuem auf und las die Sportnachrichten.

Mäxchens Sorgen und Ängste wurden größer und größer. Die Polizei und der Jokus fanden ihn nicht. Die hohe Belohnung führte zu nichts. Und er selber wußte auch nicht weiter.

Natürlich hatte er nachts, während der kahle Otto auf der Couch lag und schlief, das Zimmer untersucht. Er war, an der Tischdecke herunter und an der Gardine hoch, aufs Fenster geklettert. Was hatte er gesehen? Auf der anderen Straßenseite eine Reihe Häuser. In der Ferne einen Kirchturm. Und das Fenster war verriegelt.

Er war auf dem Fußboden herumgekrochen und hatte die Wände und vor allem die Türleisten gründlich untersucht. Aber nirgends war auch nur die kleinste Ritze, durch die er sich hätte hindurchzwängen können. Und was wäre denn gewesen, wenn er schließlich im Korridor gestanden hätte? Dort gab es wieder Türen! Die Wohnungstür. Die Haustür. Mindestens diese zwei.

Doch über Ritzen nachzudenken, die es nicht gab, war ja sowieso unnütz. Er saß in dem verteufelten Zimmer fest wie ein Nagel in der Wand. Und die Zeit verging und war nicht zu bremsen. Bald würden die beiden Halunken, von denen er nur die Vornamen kannte, in irgendeinem Flugzeug sitzen. Mit einer unscheinbaren Streichholzschachtel in Bernhards Jackettasche.

Und in der Streichholzschachtel wären keine Streichhölzer. Statt dessen läge, für viele Stunden hübsch chloroformiert, ein gewisses Mäxchen Pichelsteiner in der Schachtel, der berühmte Kleine Mann, von dem die Welt nie wieder etwas hören und sehen würde. Die Welt nicht und, was tausendmal schlimmer war, auch nicht der berühmte Zauberkünstler und Zirkusprofessor Jokus von Pokus.

Mäxchen biß die Zähne zusammen. Ich darf nicht schlappmachen, dachte er. Ich muß aus diesem Zimmer fort. So schnell wie möglich. Es geht nicht? Mir fällt nichts ein? Ich bin dafür zu dumm? Das wäre ja gelacht!

Das neunzehnte Kapitel

*Ausführlicher Bericht über Señor Lopez · Die Burg
in Südamerika · Bilder von Remscheid und Inkasso
Flugkarten für Freitag · Magenkrämpfe, nicht ganz
echt · Der kahle Otto rennt in die Apotheke
Mäxchen sitzt auf dem Gartentor.*

Der Mittwoch wurde ein ereignisreicher Tag. Otto hatte schon morgens einen respektablen Schwips und erzählte aus freien Stücken allerlei über den geheimnisvollen Señor Lopez. Später kam Bernhard aus der Stadt zurück, zeigte Otto die Flugkarten für Freitag, die er besorgt hatte, ging aber bald wieder fort, weil er hungrig war.

»Ich werde im ›Krummen Würfel‹ essen«, sagte er, »und in einer Stunde löse ich dich ab.«

»Ist gut«, meinte Otto. »Wenn sie Eisbein mit Sauerkraut haben, sollen sie mir zwei Portionen aufheben. Das wird genügen. Ich habe heute keinen rechten Appetit.«

Als Bernhard gegangen war, bekam Mäxchen plötzlich gräßliche Magenkrämpfe und wimmerte und jammerte, daß sich Otto die Ohren zuhielt. Aber ich glaube, es ist gescheiter, wenn ich zunächst ausführlicher berichte, was der kahle Otto ein paar Stunden früher über den geheimnisvollen Señor Lopez erzählt hatte.

Also, Otto war schon zum Frühstück betrunken gewesen. Voll wie eine Strandhaubitze. Vielleicht hatte er die Kaffeekanne mit der Schnapsflasche verwechselt gehabt. Oder er hatte versehentlich mit Himbeergeist gegurgelt. Jedenfalls begann er ungefragt:

»Dieser Lopez, das ist ein toller Hecht. Señor heißt Herr, dieser Hecht. Reicher als die Bank von England. An jedem Finger zwei bis drei Ringe. Einen so'n Ring, und ich kauf die Schweiz! Aber was mach ich mit der Schweiz? Na ja, wie dem auch wolle: Lopez gehört mindestens das vierte Drittel von ganz Südamerika! Kupfer und Zinn und Kaffeebohnen und

Silberminen und Hazi ... Hazi ... Haziendas mit lauter Ochsen, von der Weide bis zum Corned beef, marsch marsch, rin in die Konservenbüchsen! Hat 'ne Art Burg drüben. Zwischen Santiago und Valparaiso. Mit eignem Flugplatz und hundert Scharfschützen, die 'ner Stubenfliege die Zigarre glatt aus der Hand schießen.«

Das war zuviel für Mäxchen. Er kicherte.

»Laß das!« sagte Otto. »Der Lopez, der ist nicht komisch. Das scheint nur so. Wenn irgendwo 'n Gemälde geklaut wird, das wenigstens 'ne Million kostet, hängt's 'ne Woche später in seiner unterirdischen Galerie. Ob das nun 'n echter Adolf Dürer oder 'n Remscheid oder so 'n moderner Maler ist wie der berühmte Inkasso ...«

»Picasso«, korrigierte Mäxchen. »Und Rembrandt und Albrecht Dürer.«

»Ist doch ganz wurscht«, meinte Otto und kippte den nächsten Schnaps hinter die Binde. »Hauptsache, daß die Bilder in dem Lopez seinem Keller hängen. Es weiß bloß niemand. Nicht mal die Interpol. Und sogar wenn die's wüßte, könnte sie nischt machen. Die Scharfschützen ließen sie gar nicht erst in die Festung rein.«

»Wer ist denn die Interpol?« fragte Mäxchen.

»'ne Abkürzung und hei ... hei ... heißt Internationale Polizei. Den Bernhard und mich hätte sie beinahe mal geschnappt! Als wir die Zigeunerin geklaut hatten und mit ihr auf 'm Flugplatz von Lissabon in dem Lopez sein Privatflugzeug reinwollten! Ging aber noch mal gut. Na, jetzt is sie schon zwei Jahre drüben in seiner Burg und muß ihm täglich die Karten legen. Ob er an der Börse Aktien kaufen soll oder im Moment nich. Oder ob er was mit der Leber hat, weil er leider säuft und viel zuviel verträgt. Oder ob eins seiner Rennpferde gewinnen wird ...«

»Und was ist das nun mit mir?« fragte Mäxchen gespannt. »Warum wollte er, daß ihr diesmal mich raubt und hinüberbringt?«

Otto schenkte sein Glas voll. Die Flasche war fast leer. Er spülte sich den Mund mit Schnaps, hustete, schnaufte und sagte: »Der Mann langweilt sich, und deshalb sammelt er eben. Bilder und Leute. Als wären's Briefmarken. Kann gar nich genug kosten. Hat 'n ganzes Ballett rauben lassen. Lauter hübsche Käfer. Die müssen ihm jeden Abend was vortanzen. Denkst du, Lopez läßt die wieder frei? Keine Bohne. Nich mal als Großmütter. Geht nich. Die würden ihn auf der Stelle verpfeifen. Hab ich recht oder stimmt's? Und 'nen berühmten Professor hält er auch gefangen. Weil der weiß, ob 'n teures Bild echt oder falsch ist.«

»Und wenn ihn der Professor nun anschwindelt?«

»Einmal hat er's versucht.« Otto grinste. »Das ist ihm gesundheitlich nich gut bekommen. Für Faxen hat der Lopez kein' Sinn.«

»Und was will er denn von mir?« fragte Mäxchen mit zittriger Stimme.

»Keine Ahnung. Haben will er dich, also kriegt er dich, punktum! Vielleicht weil du 'ne Rarität bist. So wie'n Kalb mit zwei bis drei Köppen.«

Mäxchen starrte Ottos abstehende Ohren an. Wie ein Gesicht mit Henkeln, dachte er. Und dann dachte er vor allem: Ich muß hier fort! Es wird höchste Zeit!

Daß dann Bernhard aufkreuzte, hab ich auch schon erwähnt. »Am Freitag fliegen wir«, sagte er und zeigte die Flugkarten. Er blieb nicht lange, weil er im ›Krummen Würfel‹ zu Mittag essen und Otto in einer Stunde ablösen wollte, obwohl der Glatzkopf keinen rechten Appetit hatte. Zwei Portionen Eisbein mit Sauerkraut, hatte er gemeint, würden heute genügen.

In einer Stunde kommt Bernhard wieder, dachte Mäxchen. Da heißt es handeln. Die Flugkarten hat er schon. Jetzt oder nie. Deshalb bekam der Kleine Mann plötzlich gräßliche Magenkrämpfe und wimmerte und jammerte, daß Otto sich die Henkel, nein, die Ohren zuhielt.

Wenn ihr es dem betrunkenen Otto nicht weitersagt, verrate ich euch ein Geheimnis. Hört auch bestimmt niemand zu? Nein? Also, ganz im Vertrauen: Mäxchen hatte in Wirklichkeit gar keine Magenkrämpfe! Er hatte auch keine Herzkrämpfe und keine Wadenkrämpfe und keine Schreikrämpfe und keine Schreibkrämpfe. Ihm tat überhaupt nichts weh: Er tat nur so, als ob es täte. Es gehörte zu seinem Plan.

»Auauau!« stöhnte er. »Ohohoh!« jaulte er. »Huhuhu!« heulte er und krümmte sich in seiner Streichholzschachtel wie ein Wurm. »Einen Arzt!« schrie er. »Sofort! Auauau! Schnell, schnell!«

»Wo soll ich denn 'nen Doktor hernehmen?« fragte Otto nervös.

»Holen!« brüllte der Junge. »Einen holen! Sofort!«

»Du bist wohl total übergeschnappt?« rief Otto. »Die ganze Stadt sucht dich, und da soll ich 'nen Doktor ins Haus schleppen, damit er uns verhaften läßt?«

»Auauau!« jammerte Mäxchen und warf sich hin und her. »Hilfe, ich sterbe!«

»Untersteh dich!« schrie Otto. »Das fehlte gerade noch! Mach uns keine Scherereien! Hier wird nicht gestorben! Der Lopez läßt uns den Kragen umdrehen, wenn wir ohne dich ankommen!« Der Glatzkopf schwitzte Blut und Wasser. »Wo tut's dir denn weh?«

Mäxchen hielt sich den Bauch. »Hier!« wimmerte er. »Ohohoh! Es sind, aua, Krämpfe! Hab ich manchmal, huhuhu! Schnell den Arzt! Oder ooooh, wenigstens Baldriantropfen!«

Er heulte wie acht Hyänen bei Nacht.

»Baldriantropfen?« ächzte Otto und wischte sich mit dem Taschentuch übers Gesicht. »Wo soll ich denn Baldriantropfen hernehmen?«

»Apotheke!« brüllte Mäxchen. »Rasch, rasch! Auauau!«

»Ich kann doch jetzt nich aus 'm Zimmer!« schrie Otto. »Trink 'n Schnaps! Is auch Medizin!« Er hob die Flasche hoch. Sie war leer. »Verflucht noch eins!«

»Apotheke!« stöhnte Mäxchen. »Sonst …« Er sank jammernd in sich zusammen, japste nach Luft und lag still wie ein Bauklötzchen.

Otto stierte erschrocken in die Streichholzschachtel. Er war völlig von den Socken. »Bist du ohnmächtig?«

DAS NEUNZEHNTE KAPITEL

»Noch nicht ganz«, flüsterte Mäxchen. Er klapperte mit den Augendeckeln und auch ein bißchen mit den Zähnen.

»Ich schließ die Zimmertür zu, renn in 'ne Apotheke und bin gleich wieder da! Kapiert?«

»Ja.«

Otto setzte den Hut auf, rannte aus dem Zimmer, drehte den Schlüssel zweimal im Schloß um, steckte den Schlüssel in die Hosentasche, stolperte durch den Korridor, riß die Wohnungstür auf, schlug sie hinter sich zu, schloß sie ab, steckte auch diesen zweiten Schlüssel in die Hosentasche und polterte treppab.

Aus dem Haus. Durch den Vorgarten und durchs eiserne Gartentor. Er suchte eine Apotheke. Oder wenigstens eine Drogerie.

»Baldriantropfen für den Zwerg«, ächzte er. »Und 'ne Pulle Schnaps für den armen Otto.«

Das Zimmer war abgeschlossen. Bis Otto wiederkäme, konnte keiner herein, und niemand konnte hinaus. Auch Mäxchen nicht. Doch das war ja auch nicht mehr nötig.

Nanu! Warum war das denn nicht mehr nötig? Wißt ihr, warum? Sicher habt ihr es schon erraten. Nein? Na hört mal! Es war ganz einfach deshalb nicht mehr nötig, weil Mäxchen gar nicht mehr im Zimmer war. Er hatte es mit Otto gemeinsam verlassen! Aber wie? Natürlich auf Ottos Rücken! Das war ja der Plan gewesen, den er sich zurechtgelegt hatte!

Daß Otto einen Arzt holen werde, hatte der Kleine Mann niemals geglaubt. Keine Sekunde lang. Doch es gehörte zum Plan. Der Kahlkopf würde tausendmal lieber in eine Apotheke rennen, hatte Mäxchen vermutet. Und genauso war es gekommen.

Otto hatte, als er den Hut vom Haken nahm, der Streichholzschachtel den Rücken gedreht, – und schon war Mäxchen, mit einem lautlosen Hechtsprung, auf Ottos Jackett gelandet und daran hochgeklettert. Für einen berühmten Artisten war das ein Kinderspiel.

Und während Otto die Zimmertür und die Wohnungstür

abgeschlossen hatte und die Treppe hinunter und aus dem Haus und durch den Vorgarten gelaufen war, immer hatte Mäxchen auf Ottos Schulter gehockt.

Am Gartentor war er dann zu einem der eisernen Gitterstäbe hinübergesprungen. Und auch das hatte geklappt. Gelernt ist gelernt.

Die Stirn tat ein bißchen weh. Gußeisen ist nicht aus Gummi. Wahrscheinlich würde es eine Schramme oder eine Beule geben oder auch beides. Und wenn schon!

Mäxchen saß jetzt auf einem der zwei hohen Steinsockel, die das Gartentor einrahmten und von je einer Kugel aus Sandstein gekrönt wurden. Er saß dort oben und atmete tief. Es duftete nach Jasmin. Und es roch nach Freiheit!

Mäxchen war selig. Aber für Jasmin und Seligkeit war jetzt nicht die rechte Zeit. Er mußte hier fort. Er mußte weiter. Otto würde nicht lange fortbleiben! In weniger als einer Stunde kam Bernhard aus dem ›Krummen Würfel‹ zurück! Jede Minute war kostbarer als in ruhigeren Zeiten ein ganzes Jahr.

Die Straße war leer, als gäbe es keine Menschen auf der Welt. Die Häuser auf der anderen Seite lagen still und wie ausgestorben.

Mäxchen drehte sich um und blickte auf die Haustür, durch die kurz zuvor Otto mit ihm herausgestolpert war. Neben der Tür hing ein blaues Schild mit einer weißen Hausnummer. Und unter der Nummer stand, klein und weiß, der Namen der Straße.

»Kickelhahnstraße 12«, murmelte Mäxchen. »Kickelhahnstraße 12.« Als er es zum dritten Mal vor sich hinsagte, öffnete sich im Hause gegenüber, im Erdgeschoß, ein Fenster. Dann lümmelte sich ein Junge aufs Fensterbrett, holte aus einer braunen Tüte Kirschen heraus, steckte eine Kirsche nach der anderen in den Mund und spuckte die Kirschkerne auf die Straße. Er zielte nach einem kleinen grünen Kinderball, der dort herumlag, und machte seine Sache gar nicht schlecht.

Das zwanzigste Kapitel

*Der Kirschenspucker ärgert sich und heißt Jakob
Mäxchen telefoniert und wartet auf die Zukunft
Die Wagen 1 und 2 und 3 · Der kahle Otto
fährt im Auto · Mäxchen fährt im Auto · Jakob
fährt im Auto · Die stille Straße liegt wieder still.*

»Hallo!« rief Mäxchen.

Aber der Junge am Fenster ließ sich nicht stören, sondern fuhr in seinen Zielübungen fort. Es war gar nicht so einfach, den grünen Ball mit einem Kirschkern zu treffen. Matrosen hätten es vielleicht geschafft. (Die Kerle sollen ja, wie jedes Kind weiß, wahre Meisterspucker sein. Als Steuermann und Kapitän lassen sie etwas nach. Wahrscheinlich ist es eine Altersfrage.)

»Hallo!« rief Mäxchen noch lauter.

Der Junge blickte über die Straße, spuckte dann aber, weil er niemanden sah, sorgfältig weiter.

Mäxchen wurde unruhig. Die Zeit verging. Was konnte er tun? Wie konnte er den Jungen in Trab bringen? Glücklicherweise hatte er einen erfolgversprechenden Einfall. Ich werde ihn solange beschimpfen, dachte er, bis ihn die kalte Wut packt.

Er rief also wieder »Halloooh!« und dann, weil der Junge nicht reagierte, sondern die nächste Kirsche in den Mund steckte: »Bist du denn taub, du alter Hornochse?«

Der Junge zuckte zusammen, verschluckte hierbei den Kirschkern und starrte grimmig in Mäxchens Richtung. Welcher Elende gehörte zu dieser unverschämten Stimme?

»Mach kein so dämliches Gesicht!« brüllte Mäxchen. »Sonst tauschen dich deine Eltern beim nächsten Ausverkauf um!«

Da schwang der Junge drüben die Beine übers Fensterbrett. »Nun wird mir's zu bunt!« stieß er hervor. »Was zuviel ist, ist zuviel!« Er sprang aufs Pflaster, kam über die Straße gesaust, blieb vor dem Gartentor stehen, ballte empört die Fäuste und sah weit und breit keine Menschenseele. »Zeig dich, du Feigling!« rief er außer sich. »Tritt aus dem Gebüsch, du Abschaum! Ich werde dich zwischen meinen Handflächen zerreiben!«

Darüber mußte Mäxchen laut lachen.

Der Junge hob den Kopf, entdeckte Mäxchen, der, oben auf dem Sockel, an der Sandsteinkugel lehnte, und sperrte entgeistert den Mund auf. Er wollte etwas sagen, aber es hatte ihm die Sprache verschlagen. Keinen Ton brachte er heraus.

»Weißt du, wer ich bin?« fragte Mäxchen.

Der Junge nickte eifrig.

»Willst du mir helfen?«

Der Junge nickte noch viel eifriger. Seine Augen leuchteten.

»Ich mußte dich so ärgern«, erklärte Mäxchen, »sonst wärst du nicht herübergekommen. 'tschuldigung.«

Der Junge nickte schon wieder. Oder noch immer. Dann brachte er endlich den ersten Ton heraus. »Nicht der Rede wert, Kleiner Mann«, sagte er. »Ist schon vergessen. Ich heiße Jakob.«

»Ich heiße Mäxchen. Habt ihr Telefon?«

Jakob nickte.

»Halte deine Hand auf!« sagte Mäxchen. »Aber zerreibe mich nicht zwischen den Handflächen!«

Jakob wurde puterrot und hielt die Hand so hoch, wie er konnte. Mäxchen sprang vom Sockel herunter. Mitten in die geöffnete Hand.

Jakob rannte über die Straße, setzte den Kleinen Mann aufs Fensterbrett, kletterte an der Mauer hoch und schwang sich ins Zimmer. Dann ergriff er Mäxchen wieder und lief zum Schreibtisch. Dort stand das Telefon.

»Wen willst du anrufen?« fragte Jakob.

»Die Kriminalpolizei«, sagte Mäxchen. »Denn wenn ich den Jokus im Hotel anrufe, – aber den Jokus kennst du nicht.«

»Erlaube mal!« meinte Jakob. »Natürlich kenne ich den Professor Jokus von Pokus! Ich kenn euch alle beide. Aus dem Zirkus und vom Fernsehen und aus der Zeitung und überhaupt!«

»Denn wenn ich den Jokus anrufe, kommt er sofort und dreht dem kahlen Otto den Hals um. Und anschließend erst recht dem Bernhard. Das würde nur stören.«

»Schon kapiert«, sagte Jakob. »Otto und Bernhard, die Kidnapper.« Er blickte auf einen Zeitungsausschnitt, der in der Schreibunterlage steckte. »Das ist der Aufruf von der Polizei. Mit der Telefonnummer und so weiter.«

»Tüchtig, tüchtig, Freund Jakob«, meinte Mäxchen und rieb sich endlich wieder einmal vor Wonne die Hände. »Wenn du wen an der Strippe hast, legst du den Hörer auf den Schreibtisch, ja? Dann red ich selber.«

Jakob wählte die Telefonnummer und sagte nach einer Weile: »Verbinden Sie mich bitte mit Herrn Kriminalkommissar Steinbeiß! Der hat keine Zeit? Das ist aber schade. Na, dann richten Sie ihm einen schönen Gruß vom Kleinen Mann aus!« Jakob grinste Mäxchen an und murmelte: »Das saß! Den Wachtmeister hat fast der Schlag getroffen!«

Drei Sekunden später dröhnte aus dem Telefon eine Stimme, als ob der Kommissar mitten im Zimmer stünde: »Hier Steinbeiß! Waaas ist los?«

Mäxchen kniete sich vor die Sprechmuschel und rief: »Hier spricht der Kleine Mann! Mäxchen Pichelsteiner! Ich bin entwischt! Aus dem Hause Kickelhahnstraße 12! Otto wird gleich wiederkommen! Jetzt bin ich im Hause gegenüber ...« »Hausnummer 17«, flüsterte Jakob hastig. »Bei Hurtig. Erdgeschoß links.«

»Hausnummer 17, bei Hurtig, Erdgeschoß links! Haben Sie mich verstanden? Moment, ich muß erst zur Hörmuschel sausen!«

Mäxchen rannte also zur Hörmuschel.

»Wir sind sofort bei dir!« rief der Kriminalkommissar. »Sei inzwischen vorsichtig! Sonst noch was?«

Mäxchen sprang an die Sprechmuschel zurück und steckte vor lauter Aufregung beinahe den Kopf hinein. »Kommen Sie bitte nicht mit Sirene und Blaulicht. Otto ist noch in der Apotheke und riecht sonst Lunte! Und die hauptsächlichste Hauptsache, Herr Krimissar, nein, Herr Missionar, oje, bin ich durchgedreht. Sagen Sie dem Jokus nichts! Noch nicht, noch nicht! Bitte bitte und dreimal bitte! Er regt sich so leicht auf! Geht's ihm denn gut? Und der Rosa Marzipan auch? Und ...«

Jakob hielt das Ohr fest an die Hörmuschel gepreßt und winkte ab. »Schweigen im Walde. Wahrscheinlich springt der wackre Beamte soeben aus dem dritten Stock direkt ins Auto. Mit zwanzig Pistolen im Halfter.«

»Eilig währt am längsten«, meinte Mäxchen. »Trag mich bitte ans Fenster!«

Jakob legte den Telefonhörer auf die Gabel. »Es wird mir eine besondere Ehre sein, Herr von Pichelsteiner.«

Sie saßen am offnen Fenster und warteten ungeduldig auf die Zukunft. Wer würde zuerst durchs Ziel gehen? Kriminalkommissar Steinbeiß mit seinen Leuten? Oder der kahle Otto mit den Baldriantropfen?

Jakob spuckte wieder Kirschkerne nach dem grünen Ball und traf noch immer nicht. »Zielspucken ist schwer«, stellte er fest. »Fast so schwer wie das Leben.«

»Wieso ist das Leben noch schwerer?« fragte Mäxchen.

»Mein lieber Mann!« seufzte der andre Junge. »Es sieht trübe aus. Vater fort. Mutter fort. Sohn nährt sich von Obst. Ist das etwa nichts?«

»Wann haben sie dich denn verlassen?« fragte Mäxchen erschrocken.

»Heute früh.«

»Für immer?«

»Nicht ganz. Morgen abend kommen sie zurück.«

Da mußten beide lachen.

»Tante Anna«, berichtete Jakob, »ist vom Storch ins Bein gebissen worden. Ich konnte das meinen Eltern nicht ausreden. Sie wollten sich unbedingt den Storch ansehen oder den Biß ins Bein oder das Baby.«

»Und sie haben dir nur eine Tüte Kirschen hiergelassen?«

»Bewahre!« sagte Jakob gekränkt. »Ich war reich wie drei Sparbüchsen. Sollte im ›Spaten‹ essen. Heute mittag und heute abend und morgen mittag. Aber …«

»Aber was?«

»Wie ich in die Schule will, steht Fritz Griebitz davor und

weint. Und hält seinen kleinen Dackel im Arm, der ihn immer hinbringt und abholt. Ein Auto hatte ihn totgefahren. Puffi hieß er.«

»Oh«, murmelte Mäxchen.

»Da haben wir Geld gesammelt. Fürs Begräbnis und den nächsten Puffi. Und wie wir ins Klassenzimmer kommen, guckt der Lehrer auf die Uhr. Mann, war der sauer! Und der verheulte Fritz ... Und der tote Dackel beim Pförtner ... Und nur noch achtzig Pfennige bis morgen abend ... Und dauernd Kirschen ... Ist nun das Leben schwer oder nicht?«

Mäxchen nickte verständnisvoll. Er knabberte und nagte an einer Kirsche, die er mit beiden Händen festhielt. Es sah aus, als wolle er einen Riesenkürbis stemmen, der auf der Weltausstellung die Goldene Medaille erhalten hat. Dabei sagte er: »Noch ein Weilchen, Jakob, und wir essen miteinander Ananastörtchen.«

»Schon wieder Obst!« meinte Jakob niedergeschlagen.

Kriminalkommissar Steinbeiß und Inspektor Müller Zwo kamen zu Fuß schnell die Kickelhahnstraße entlang. Drei Autos mit den übrigen Beamten warteten gleich um die Ecke in der Dreisterngasse.

»Drüben ist die Hausnummer 12«, murmelte der Inspektor. »Dort war er eingesperrt.«

»Sehr stille Straße«, sagte der Kommissar. Dann griff er sich an seine Backe. »Wer schießt denn hier mit Kirschkernen?«

»Entschuldigen Sie«, rief ein Junge, »ich wollte den grünen Ball treffen!«

»Seit wann seh ich wie ein grüner Ball aus?« schimpfte der Kommissar.

»Nummer 17, Erdgeschoß links«, murmelte Inspektor Müller Zwo. »Wir sind am Ziel.«

Der Kommissar trat zu dem offenen Fenster. »Heißt du zufällig Hurtig?«

»Hurtig heiße ich schon«, gab Jakob zur Antwort. »Aber von Zufall kann gar keine Rede sein.«

Inspektor Müller Zwo grinste.

»Kriminalpolizei!« knurrte der Kommissar. »Wir wollen den Kleinen Mann abholen.«

Jakob meinte: »Das wollen manche. Darf ich mal Ihren Ausweis besichtigen?«

Zunächst juckte es Herrn Steinbeiß gewaltig in den Fingern. Doch dann rückte er mit seinem Ausweis heraus und zeigte ihn dem vorlauten Bengel.

Jakob studierte das Papier gründlich. »Es sind die Richtigen, Mäxchen«, sagte er.

Jetzt erst steckte Mäxchen den Kopf über die Brüstung. »Willkommen, meine Herren! Wie geht's ihm?«

»Wem?«

»Dem Jokus!«

»Er bildet sich zum Hungerkünstler aus«, sagte der Kommissar trocken.

Mäxchens Gesicht verdunkelte sich. Aber nur eine Sekunde lang. Dann strahlte er wieder und rieb sich die Hände. »Heute abend ißt er mindestens vier Schnitzel! Ich freue mich schon aufs Zusehen!«

Plötzlich hörten sie eilige und tapsige Schritte!

Mäxchen stieg auf die Fensterleiste. »Das ist der kahle Otto«, flüsterte er.

Otto kam drüben, ein bißchen im Zickzackschwips, die Straße entlang und hielt eine große, dicke Flasche umklammert.

»Sind das lauter Baldriantropfen?« fragte Jakob verblüfft.

Mäxchen kicherte. »Das ist Schnaps. Seine Flasche war leer. Deshalb lief er ja so schnell zur Apotheke.«

»Na, da wollen wir mal«, sagte Herr Steinbeiß zu Herrn Müller Zwo.

»Moment!« flüsterte Mäxchen. Dann sprang er auf den Ärmel des Kriminalkommissars und hockte, ehe man bis drei zählen konnte, in dessen Brusttasche.

Otto wollte, als sie ihm den Weg verstellten, eben ins Gartentor von Nummer 12 einbiegen. »Was is 'n los?« fragte er giftig und blickte die beiden Männer schief an.

»Kriminalpolizei«, sagte der Kommissar. »Sie sind verhaftet.«

»Ach nee, was Sie nich sagen!« spöttelte Otto, machte kehrt und wollte auf und davon.

Doch Herr Müller Zwo war fixer. Er packte kräftig zu. »Aua!« erklärte Otto und ließ die große Flasche fallen. Sie zerbrach. Herr Steinbeiß pfiff auf einer Trillerpfeife. Drei Autos kamen aus der Dreisterngasse und bremsten. Sechs Beamte in Zivil sprangen aufs Pflaster.

»Streifenwagen 1 bringt den Verhafteten sofort ins Präsidium«, befahl der Kriminalkommissar. »Der Inspektor durchsucht mit der Mannschaft von Wagen 2 das Haus und die Wohnung.«

»Erster Stock links«, sagte Mäxchen. »Otto hat die Schlüssel in der rechten Hosentasche.« Und schon holte ein Beamter die Schlüssel ans Licht.

Der kahle Otto blickte, wie vom Donner gerührt, auf die Brusttasche des Kommissars. Dann brüllte er: »Du kleiner Mistfliegenpilz! Wie kommst denn du …« Doch ehe er den Satz zu Ende brüllen konnte, saß er schon, gut bewacht, im Wagen 1, und fort ging's!

Ein Beamter vom Wagen 2 meldete: »Herr Kommissar! Der Polizeifunk hat uns vor zwei Minuten durchgegeben, daß das Haus Kickelhahnstraße 12 einer südamerikanischen Handelsfirma gehört.«

»Das wundert mich gar nicht«, bemerkte Mäxchen. »Es hängt eben alles mit dem Señor Lopez zusammen.«

Inspektor Müller Zwo fragte verblüfft: »Was weißt denn du von Lopez?«

»Viel nicht«, sagte der Kleine, »aber für jetzt wär's zuviel.«

Herr Steinbeiß nickte energisch. »Recht hat er. Wir haben's eilig. Wagen 2 übernimmt das Haus. Wagen 3 fährt mit mir und Mäxchen zum Professor ins Hotel.«

»Nein«, sagte Mäxchen. »Wir müssen erst in den ›Krummen Würfel‹ und Bernhard beim Mittagessen verhaften. Der ist zehnmal schlimmer als der kahle Otto. Er war auch der falsche Kellner mit der weißen Jacke!«

Der Kommissar mußte lachen. »Mäxchen macht alles, Mäxchen weiß alles! Also los, Wagen 3! In den ›Krummen Würfel‹!« Er schob sich neben den Fahrer und tastete nach seinem Revolver.

»Moment!« rief Mäxchen hastig und beugte sich weit aus der Brusttasche. »Wagen 2 soll doch bitte meine Streichholzschachtel mitbringen! Sonst muß ich heute abend im Himmelbett schlafen.«

»Das wäre ja entsetzlich«, sagte Inspektor Müller Zwo und stürmte mit seinen Leuten ins Haus.

»Worauf warten Sie noch?« fragte der Kommissar den Fahrer vom Wagen 3. »Marsch marsch!«

»Marsch marsch geht nicht«, teilte der Fahrer mit. »Es steht ein Junge auf dem Trittbrett!«

Jakob guckte durchs Wagenfenster. »Bin ich nun zu Ananastörtchen eingeladen worden oder nicht?«

Mäxchen tat einen Seufzer, als sei es sein letzter oder mindestens der vorletzte. »Es ist eine Affenschande«, stammelte er. »Kaum bin ich aus dem Gröbsten heraus, und schon vergesse ich meine besten Freunde!«

Jakob Hurtig stieg flink ein. »Quatsch nicht, Krause!«

Der Wagen 1 war, mit dem kahlen Otto, auf dem Weg zum Polizeipräsidium. Der Wagen 3 jagte zum ›Krummen Würfel‹. Der Wagen 2 stand vorm Hause Nummer 12. Die Kickelhahnstraße und der grüne Kinderball lagen wieder genau so still wie vor einer halben Stunde.

Auf dem Pflaster glänzten die Scherben einer Schnapsflasche. Sonst hatte sich, wie es schien, nichts verändert.

Das einundzwanzigste Kapitel

*Aufregung im ›Krummen Würfel‹ · Jakob wäre ein
Kalbshaxenhotel lieber · Tränen und Training
Marzipan mit Gänsehaut · Scharfer Senf · Wer kriegt
die Belohnung? · Mäxchen mimt den kahlen Otto
Wie heißt die kleinste fünfstellige Zahl?*

Der ›Krumme Würfel‹ war kein feines Lokal, aber man aß gut. Dagegen ist nichts einzuwenden. Wenn die Suppe aus echter Fleischbrühe besteht, muß der Teller nicht aus echtem Porzellan sein. Meist ist es umgekehrt.

Die Gäste saßen und aßen an sauber gescheuerten Tischen, und es schmeckte ihnen. Nur Bernhard zog auch heute ein Gesicht. Die stramme Wirtin, die ihm den Nachtisch hinstellte, wunderte sich nicht weiter. »Es schmeckt wohl wieder nicht?« fragte sie grimmig.

»Höchste Zeit, daß ich in Länder komme, wo man kochen kann«, antwortete er.

»Höchste Zeit, daß Sie nicht mehr in mein Lokal kommen!« sagte sie und nahm ihm den Nachtisch vor der Nase weg. (Es war übrigens Karamelpudding mit Himbeersaft.)

»Stellen Sie sofort die blöde Zittersülze wieder hin!« befahl er kalt. Ihr kennt ja seine Kühlschrankstimme!

»Machen Sie sofort, daß Sie 'rauskommen!« erwiderte sie ruhig. »Die zwei Portionen Eisbein für Ihren Kahlkopf sind reserviert. Dabei bleibt's. Aber Sie selber? Hinaus! Geld will ich nicht! Betrachten Sie sich als von mir eingeladen und hinausgefeuert! Hauen Sie ab, Sie widerlicher Galgenvogel!«

Bernhard griff wütend nach dem Teller.

Die Wirtin trat einen Schritt zurück und warf ihm den Teller mitten ins Gesicht.

Ob man Karamelpudding mit Himbeersaft mag, ist Geschmackssache. Ich selber, beispielsweise, mag ihn nicht. Aber mitten im Gesicht? Auf diese direkte Art schmeckt er keinem. Trotzdem streckte Bernhard die Zunge weit heraus und leckte eifrig den Himbeersaft auf, der ihm übers Gesicht rann. Er hatte Angst um sein weißes Hemd und den hellgrauen Anzug und die schicke Krawatte.

Der Pudding selber, ein wirklich vorzüglicher Pudding, klebte ihm im Haar und verkleisterte ihm die eisblauen Augen. Er fuhrwerkte mit allen zehn Fingern in der Luft und im Gesicht herum, tastete nach der Serviette, suchte in der Hose nach dem Taschentuch, und das alles machte die Sache natürlich nicht besser.

Die Gäste lachten. Die Wirtin lachte. Und als ein kleines Mädchen am Nebentisch rief: »Mutti, der Herr sieht aus wie ein Schwein!«, da kannte der allgemeine Jubel keine Grenzen mehr.

Doch mit einem Male wurden sie alle mucksmäuschenstill. Was war denn plötzlich geschehen?

Bernhard schielte durch die verklebten Karamelwimpern, erschrak und hatte allen Grund dazu. Denn drei Männer standen um ihn versammelt und schienen ihn ganz und gar nicht komisch zu finden.

Das schlimmste war, daß sich aus der Brusttasche des einen Mannes ein kleiner Bekannter beugte, mit der Hand auf Bernhard zeigte und laut und vernehmlich erklärte: »Herr Kommissar, das ist er!«

Nachdem sie den bekleckerten Bernhard im Polizeipräsidium abgegeben hatte, sollte Mäxchen ins Hotel gefahren werden. Jakob Hurtig blieb am Wagen stehen und behauptete: »Ich möchte nicht länger stören.«

»Du kommst mit!« sagte Mäxchen. »Wegen des Ananastörtchens und überhaupt.«

»Natürlich kommst du mit!« sagte der Kommissar. »Ich muß mir doch deine Personalien aufschreiben und überhaupt!«

»Geht in Ordnung«, sagte Jakob. »Meine Eltern sind ja sowieso noch bei Tante Anna und dem Storch und überhaupt!«

Da lachten sie zu dritt und fuhren rasch ins Hotel.

DAS EINUNDZWANZIGSTE KAPITEL

Dort war, weil Inspektor Müller Zwo telefonisch Bescheid gegeben hatte, das gesamte Personal vom Hoteldirektor bis zu den Pikkolos und Liftboys bereits in der Halle angetreten und rief: »Hoch soll er leben! Hoch soll er leben! Dreimal hoch!« Die Telefonfräuleins stemmten große Blumensträuße in die Luft. Und der Chefkonditor streckte Mäxchen eine Ananastorte entgegen. Sie war so groß wie ein Ersatzreifen für ein Lastauto.

»Na, was hab ich dir gesagt?« meinte der Kleine Mann zu Jakob. »Ananastorte!«

Jakob verzog das Gesicht. »Gibt's denn hier nichts andres? Ist das etwa ein Ananashotel? Ein Kalbshaxenhotel wäre mir entschieden lieber.«

Mäxchen winkte dem Hoteldirektor. »Gibt es heute Kalbshaxen?«

»Mindestens drei Dutzend«, meinte der Direktor. »Zart wie Butter.«

»Wieviele willst du essen?« fragte Mäxchen.

»Eine genügt«, erklärte Jakob. »Wenn's geht, mit Kartoffelsalat.«

»Sehr wohl. Eine Kalbshaxe mit Kartoffelsalat für den jungen Herrn«, wiederholte der Hoteldirektor.

»Nicht doch«, sagte Jakob. »Für mich!«

Rosa Marzipan fuhr mit Mäxchen im Lift hoch. Sie hielt den Kleinen Mann mit beiden Händen fest und legte sein Gesicht zärtlich an ihre Marzipanwange.

»Weiß er's schon?« fragte Mäxchen.

Sie nickte. »Seit fünf Minuten. Er wollte aber nicht in die Halle kommen.«

Der Lift bremste. Rosa ging den Korridor entlang und klopfte. »Wir sind's!«

Die Tür öffnete sich. Der Professor breitete beide Arme aus und sagte: »Herein mit euch!« Seine Stimme klang, als sei er erkältet.

Rosa schüttelte lächelnd den Kopf. »Ich kann Männer nicht weinen sehen. In einer Stunde hole ich euch wieder ab.« Dann drückte sie dem Jokus den Kleinen Mann in die Hand, machte einen tiefen Knicks und lief zum Lift zurück. Fort war sie.

Als sie eine Stunde später ihr Ohr an die Tür legte, staunte das Ohr nicht schlecht. Von Schluchzen war wohl schon lange keine Rede mehr. Was Rosa hörte, waren Kommandorufe! Und wie sie behutsam die Tür öffnete, sah sie Mäxchen auf dem schönen Waldemar herumturnen. Er trainierte, was das Zeug hielt.

»Noch schneller, Söhnchen!« befahl der Jokus. »Noch geschmeidiger! Du bist ja dick geworden! Der Kummerspeck muß weg! Was muß weg?«

»Der Kummerspeck!«

»Was muß weg?«

»Der Kummerspeck!« juchzte Mäxchen und verschwand in Waldemars Krawatte. Schon löste sich der Knoten, und Mäxchen rutschte mit der Krawatte, von der Hand des Jokus unauffällig gelenkt, in dessen linke Tasche.

Der schöne Waldemar blickte stur geradeaus und hatte nichts gespürt. Rosa blickte durch die offene Tür und hatte nichts bemerkt. »Bravo, die Artisten!« rief sie und klatschte in die Hände. Emma und Minna, die zwei Tauben, hüpften auf dem Schrank hin und her und schlugen begeistert mit den Flügeln.

»Noch zwei Trainingsstunden, und er ist fit«, sagte der Jokus befriedigt. »Am Freitag können wir wieder auftreten.«

Mäxchen fuhr mit dem Kopf aus der Tasche des Professors wie der Teufel aus der Schachtel. »Das ist unmöglich, Euer Gnaden! Am Freitag fliege ich mit dem kahlen Otto und dem Puddingbernhard zum Señor Lopez nach Südamerika!«

»Das sind aber verwegene Namen«, meinte Rosa. »Da kriegt man ja überall Gänsehaut.«

Mäxchen rieb sich die Hände. »Zeig her! Marzipan mit Gänsehaut überall wollte ich schon immer mal sehen!«

Rosa zwinkerte dem Jokus zu. »Das Leben in Verbrecherkreisen scheint leider auf Herrn Pichelsteiner abgefärbt zu haben. Er ist frivol geworden.«

Jokus angelte Mäxchen aus der Tasche. »Ich stecke ihn in König Bileams Badewanne. Seife säubert Leib und Seele.«

Das Essen fand im Blauen Salon statt und verlief sogar zu Jakobs Zufriedenheit. Bei der Kalbshaxe traten ihm allerdings die Tränen in die Augen. Doch das lag nur an dem scharfen englischen Senf, den er noch nicht kannte. »Man lernt nicht aus«, sagte er und wedelte sich mit der Serviette kühle Luft in den aufgesperrten Mund.

Der Jokus verzehrte nicht vier Schnitzel, sondern nur zwei. Und auch das brauchte seine Zeit. Denn es gab mancherlei zu bereden. Mit Direktor Brausewetter wegen der Zirkusvorstellung am Freitag. Zwischendurch mit den Reportern draußen vorm Salon und am Telefon. Und nicht zuletzt mit Kommissar Steinbeiß, der, wenn auch spät, aus dem Polizeipräsidium herüberkam.

Die anderen saßen schon beim Nachtisch. »Oh, Ananastorte!« rief er begeistert. »Mein Leibgericht!« Und dann verputzte er drei immens große Stücke.

Mäxchen und Jakob fanden das sehr komisch. Doch sie wurden bald wieder ernst. Denn der Jokus fragte den Kommissar beim zweiten Stück Ananastorte: »Wer erhält nun eigentlich die von mir ausgesetzte Belohnung?«

»Der Jakob!« meinte Mäxchen. »Das ist doch wohl klar wie dicke Tinte!«

»Ich? Wieso ich? Das wäre ja noch schöner«, widersprach Jakob. »Wenn mich Mäxchen nicht so gemein beschimpft hätte, säße ich nach wie vor am Fenster und wüßte von nichts. Genausogut könnten Sie Ihr Geld dem kahlen Otto ins Gefängnis schicken. Denn schließlich war's ja er, der Mäxchen befreit hat!«

»Aber doch, ohne daß er's wußte«, stellte Direktor Brausewetter fest. »Er wollte Baldriantropfen holen, weiter nichts.«

»Und was wollte ich?« fragte Jakob Hurtig. »Ich wollte weiter nichts als einen Schreihals verhauen.«

»Zwischen deinen Handflächen zerreiben!« rief Mäxchen vergnügt. Er saß auf dem Tisch und ließ sich von Rosa mit Ananastorte füttern.

»Noch ein Häppchen?« fragte sie.

Er schüttelte den Kopf. »Danke nein. Jetzt nur noch etwas Marzipan mit Gänsehaut!«

Sie drohte ihm mit der Kuchengabel. »Das ist nichts für kleine Jungen.«

»Ich weiß schon«, stichelte er. »Du hast die ganze Riesenportion für den Jokus reserviert.«

Da wurde Rosa rot. Aber außer Mäxchen sah es niemand.

Denn der Kommissar schob gerade den Teller zurück und erklärte energisch: »Daß der Kleine Mann nicht verschleppt werden konnte, verdankt er sich selber. Er war der Gesuchte und der Finder in ein und derselben Person. Wenn mir jemand das Gegenteil beweist, werde ich noch heute Schornsteinfeger.«

Na, an einem so einschneidenden Berufswechsel wollten die anderen natürlich nicht schuld sein. Schon deshalb widersprach keiner, und es wurde noch ziemlich fidel. Mäxchen schoß den Vogel ab. Er imitierte den kahlen Otto, schwankte auf dem Tisch zwischen den Tellern und Tassen hin und her und gab dabei all das zum besten, was der alte Trunkenbold Otto über den Señor Lopez, die Burg in Südamerika, die unterirdische Gemäldegalerie, die Zigeunerin, die Leibgarde und die niedlichen Ballettratten ausgepackt hatte.

Der einzige, der über Mäxchens Meisterleistung nicht in einem fort lachte, sondern nur gelegentlich schmunzelte, war der Kriminalkommissar Steinbeiß. Er stenografierte alles mit, was der Kleine Mann vortrug. Dann klappte er hörbar sein Notizbuch zu und verabschiedete sich rasch. »Ich muß die beiden Strolche noch ein paar Stunden ins Gebet nehmen«, sagte er.

»Bei Lopez ist sogar die Interpol machtlos«, rief ihm Mäxchen nach. »Der Mann ist viel zu reich!«

Der Kommissar, der schon in der Tür stand, stutzte und drehte sich noch einmal um. »Klein, aber oho!« meinte er anerkennend. »Wie wär's? Willst du mein Assistent werden?«

Mäxchen machte eine elegante Verbeugung. »Nein, Herr Kommissar, ich bin und bleibe Artist.«

Als Jakob Hurtig hurtig ins Bett gehen wollte und seine

Jacke über den Stuhl hängte, hörte er, wie in deren Innentasche Papier knisterte. Er entdeckte einen auf seinen Namen ausgestellten Verrechnungsscheck, las die Summe, flüsterte »Mensch, Meier!« und setzte sich auf die Bettkante.

Auch ein Zettel war dabei. Darauf stand: ›Lieber Jakob, herzlichen Dank für Deine Hilfe. Deine neuen Freunde Mäxchen und Jokus.‹ Die Zahl bestand aus fünf Ziffern. Und wenn es sich auch nur um die kleinste fünfstellige Zahl handelte, die es gibt, so war es ja doch eine Menge Geld für einen Jungen, dessen Vater Bezirksvertreter für Anbaumöbel ist.

(Nur so ganz nebenbei: Wie heißt die kleinste fünfstellige Zahl, die es gibt?)

Als der Jokus mit Mäxchen ins Hotelzimmer kam, lag die alte, gute Streichholzschachtel mitten auf dem Nachttisch. Und unter der Schachtel lag ein Zettel. Darauf stand: ›Lieber Kleiner Mann, anbei und wunschgemäß Dein Himmelbett aus der Kickelhahnstraße. Müller II, Kriminalinspektor.‹

Mäxchen rieb sich die Hände und sagte: »Nun fehlt mir gar nichts mehr.«

Das zweiundzwanzigste Kapitel

*Warum die Galavorstellung siebenund-
zwanzig Minuten länger dauerte
Direktor Brausewetter verliest drei Depeschen
Jakob ärgert sich kurz · Die Polizei
verbeugt sich lange · Auftritt der Haupt-
personen · Jubel ohne Ende · ENDE.*

Am Freitag war Direktor Brausewetter so richtig in seinem Element. Das war wieder einmal ein Abend nach seinem Herzen! Am liebsten hätte er drei Paar schneeweiße Handschuhe übereinandergezogen und zwei Zylinder aufgesetzt! Es wurde allerdings auch eine Galavorstellung, die sich sehen lassen konnte. Auf so etwas verstand er sich, der Herr Brausewetter, Donnerbrausewetter noch einmal! (Oder gefällt euch ›Brausedonnerwetter noch einmal‹ besser?)

Das Programm dauerte siebenundzwanzig Minuten länger als üblich, und daran waren weder die Löwen noch die Elefanten schuld, und auch nicht die Artisten. Sie alle arbeiteten so präzis wie immer. Es lag an zweierlei.

Erstens verlas Herr Brausewetter einige der wichtigsten Glückwunschdepeschen, die Mäxchen erhalten hatte. An drei davon erinnere ich mich noch sehr gut. Der Turnverein Pichelstein hatte telegrafiert:

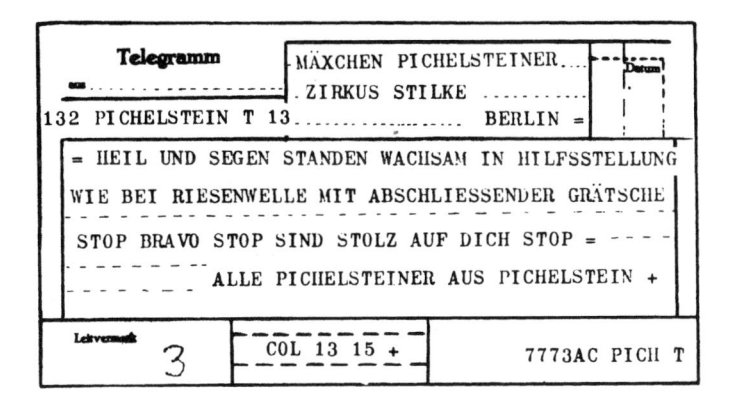

```
   Telegramm         MÄXCHEN PICHELSTEINER....
   ───────────────── ZIRKUS STILKE ...........
132 PICHELSTEIN T 13..................  BERLIN =

= HEIL UND SEGEN STANDEN WACHSAM IN HILFSSTELLUNG
WIE BEI RIESENWELLE MIT ABSCHLIESSENDER GRÄTSCHE
STOP BRAVO STOP SIND STOLZ AUF DICH STOP = ─ ─ ─
─ ─ ─ ─ ─ ─ ALLE PICHELSTEINER AUS PICHELSTEIN +

  Lehrvermerk   3    COL 13 15 +       7773AC PICH T
```

Aus dem Königreich Breganzona stammte die zweite Depesche. Sie imponierte dem Publikum ganz besonders. Denn sehr viele Könige gibt es ja nicht mehr. Da muß man sich ranhalten und für jedes Lebenszeichen dankbar sein. Das Telegramm lautete:

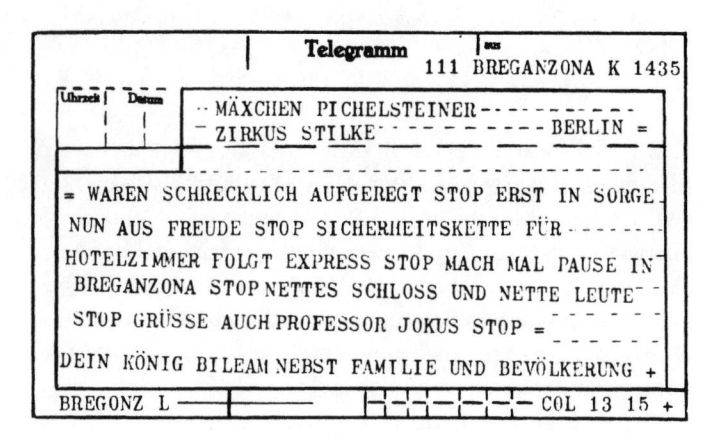

```
                          Telegramm        aus
                                        111 BREGANZONA K 1435
 Uhrzeit   Datum    --MÄXCHEN PICHELSTEINER----------
                    -ZIRKUS STILKE-----------BERLIN =

 = WAREN SCHRECKLICH AUFGEREGT STOP ERST IN SORGE
 NUN AUS FREUDE STOP SICHERHEITSKETTE FÜR--------
 HOTELZIMMER FOLGT EXPRESS STOP MACH MAL PAUSE IN
 BREGANZONA STOP NETTES SCHLOSS UND NETTE LEUTE
 STOP GRÜSSE AUCH PROFESSOR JOKUS STOP =
 DEIN KÖNIG BILEAM NEBST FAMILIE UND BEVÖLKERUNG +
 BREGONZ L----------        -------COL 13 15 +
```

Die dritte Depesche, an die ich mich erinnern kann, kam aus Hollywood. Die Filmgesellschaft, die sich schon einmal gemeldet hatte, kabelte:

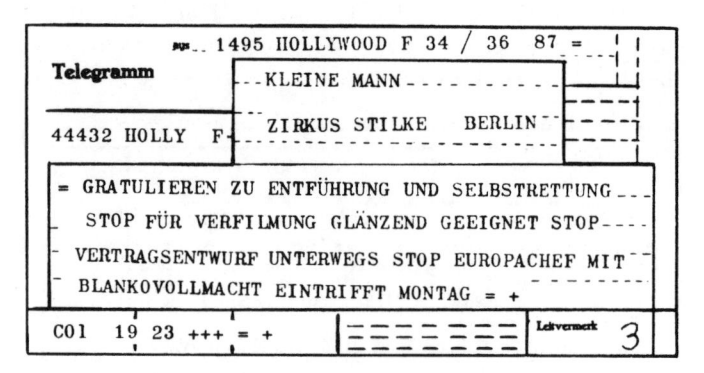

```
                 aus  1495 HOLLYWOOD F 34 / 36  87 =
    Telegramm         --KLEINE MANN---------
    _____      
    44432 HOLLY  F    -ZIRKUS STILKE   BERLIN

 = GRATULIEREN ZU ENTFÜHRUNG UND SELBSTRETTUNG
   STOP FÜR VERFILMUNG GLÄNZEND GEEIGNET STOP
   VERTRAGSENTWURF UNTERWEGS STOP EUROPACHEF MIT
   BLANKOVOLLMACHT EINTRIFFT MONTAG = +
  CO1   19 23  +++ = +         =======  Leitvermerk  3
```

Zweitens stellte Direktor Brausewetter, bevor der Jokus und Mäxchen auftraten, die Ehrengäste des Abends vor, die in drei Logen saßen und von den Scheinwerfern angestrahlt wurden.

Zunächst einmal den Schüler Jakob Hurtig, der beim Applaus die Arme hochhob, die Hände verschränkte und sich nach allen Seiten, aus den Hüften heraus, verbeugte. Wie ein Ringkämpfer, der soeben den gefürchteten Baumfäller aus Minnesota auf die Schultern gelegt hat.

Dann setzte sich Jakob wieder hübsch brav zwischen seine lieben Eltern. »Sitz nicht so krumm!« zischte die Mutter und knuffte ihn zwischen die Schulterblätter. (Na, das kennt man ja!)

Jakobs Gesicht umwölkte sich. Er rückte von ihr ab und flüsterte dem Vater zu: »Deine Gattin vergiftet leider den Ruhmestag eures seit kurzem wohlhabenden Sohns. Findest du dies gehörig oder ungehörig?«

Hurtig der Ältere biß sich auf die Lippen. Er hatte viel Sinn für Jakobs blumigen Stil. Zum Antworten kam er freilich nicht. Denn es gab schon wieder Beifall, weil Direktor Brausewetter die Mannschaften der drei Polizeiwagen vorstellte, dann den Inspektor Müller Zwo und schließlich den Kriminalkommissar Steinbeiß persönlich.

Kaum ließ der Applaus nach, gab es das nächste Tremolo. Eine Gruppe junger Leute brüllte aus Leibeskräften: »Nun woll'n wir noch den kahlen Otto sehn! Und den Puddingbernhard, die Kanaille!« Und weil alle Zuschauer Zeitung gelesen und Rundfunk gehört hatten, wackelte das Riesenzelt vor Gelächter. Es war ein Heidenspaß. Denn es wußte ja jeder, daß Otto und Bernhard, weil sie hinter Schloß und Riegel saßen, im Zirkus nicht herumgezeigt werden konnten.

Plötzlich machte Direktor Brausewetter eine beschwörende Geste. Und es wurde so still wie in der mittelsten Mitte eines Taifuns. Alle wußten, was jetzt käme und wer jetzt käme. Man hätte eine Fliege stolpern gehört, wenn eine gestolpert wäre. Aber es stolperte keine.

»Jetzt, meine Damen und Herren«, rief Direktor Brausewetter, »jetzt endlich werden Sie ihn selber wiedersehen, begrüßen und bewundern können, Ihren und unseren und aller Liebling, ihn, den kleinsten großen Helden der Kriminalgeschichte, ihn, den größten kleinen Artisten der Zirkuswelt, ihn und seinen väterlichen Mentor Jokus von Pokus, den Professor und Geheimrat für angewandte Magie! Der Beifall, das weiß ich im voraus, wird ohne Beispiel sein. Haben Sie keine Sorge! Wer sich dabei die Hände bricht, erhält nach Schluß der Vorstellung an der Hauptkasse ein Paar neue!«

Brausewetter stieß den rechten Arm senkrecht in die Luft. Wie ein Reitergeneral, der das Signal zum Kavallerieangriff gibt. Dann galoppierte er, wenn auch völlig ohne Pferd, aus der Manege.

Das Orchester spielte mit Donner und Blech einen unüberhörbaren Tusch.

Und in der Zeltgasse erschien, elastisch und elegant wie immer, Professor Jokus von Pokus. Auf der ausgestreckten Hand stand Mäxchen und grüßte lächelnd nach allen Seiten. Aber was soll ich noch lange erzählen? Der Jubel nahm jedenfalls, im Gegensatz zu diesem Buch, kein

ENDE

DER KLEINE MANN UND DIE KLEINE MISS

Liebe Kinder,

gestern hatte ich überraschenden Besuch. Es klingelte. Ich öffnete. Und wer stand draußen? Der Schüler Jakob Hurtig aus der Kickelhahnstraße 17, Erdgeschoß links. »Unverhofft kommt oft«, erklärte er vergnügt.

»Treten Sie näher, Herr Unverhofft«, sagte ich, und dann marschierten wir erst einmal in die Küche. Denn dort steht der Eisschrank. »Du bist ja schon wieder gewachsen«, stellte ich fest.

»Was bleibt einem jungen Menschen weiter übrig?« fragte er. »Das bißchen Schule, die paar Hausaufgaben, die kleinen Besorgungen für die liebe Mutter, die englische Privatstunde, der Turnverein, das Zähneputzen, das Schuheputzen, das Naseputzen, das Füßewaschen, das Nägelschneiden, das Haarekämmen, was ist das schon? Was, um alles in der Welt, soll man in der übrigen Zeit tun? Da ist Wachsen noch das Gescheiteste.«

»Freilich.« Ich nickte. »Außerdem hat man's dann hinter sich. Aber Wachsen macht hungrig. Wie wär's mit einem Sülzkotelett? Oder bist du satt?«

Jakob schielte kurz zum Eisschrank hinüber. Anschließend blickte er mir fest in die Augen und sagte: »Man soll nicht lügen.«

Nachdem er das Sülzkotelett vertilgt hatte, meinte er seufzend: »Ungewöhnlich schmackhaft«, wischte sich den Mund, wickelte den Kotelettknochen in die Papierserviette und fügte erläuternd hinzu: »Falls ich auf dem Nachhauseweg einen Hund treffe.«

»Noch ein Sülzkotelett?« lockte ich. »Es ist noch eines im Eisschrank.«

»Danke nein«, sagte er. »Mein Magen ist vorübergehend wegen Überfüllung geschlossen. Außerdem bin ich ja nicht zu meinem Vergnügen hier. Ich habe den dienstlichen Auftrag, Ihnen tausend Grüße zu überbringen und einen Kuß auf die Nasenspitze zu geben.« Er stopfte den Kotelettknochen in die

Hosentasche, rutschte verlegen auf dem Küchenstuhl hin und her und fragte nach einer Weile: »Ist es Ihnen recht, wenn wir die Sache mit der Nasenspitze weglassen? So was liegt mir nicht besonders.«

»Mir auch nicht«, gab ich zu. »Aber wer läßt mich denn, ob nun mit oder ohne Nasenspitze, tausendmal grüßen?«

»Natürlich Mäxchen«, sagte Jakob. »Er hat mir einen langen Brief geschickt. Zehn Seiten in Briefmarkengröße! Mir tun jetzt noch die Pupillen weh.«

»Er konnte den Brief doch der Rosa Marzipan in die Maschine diktieren!«

»Nein. Das konnte er nicht!«

»Und warum nicht, wenn ich fragen darf?«

»Weil sie im Bett liegt und ein Baby gekriegt hat. Einen Jungen.«

»Das ist eine gute Idee!« rief ich. »Und wie heißt der Knabe?«

»Er heißt überhaupt noch nicht. Rosa will ihn Daniel nennen, aber der Jokus ist für Ferdinand.« Jakob kicherte. »Dabei hat ihnen Mäxchen einen bildschönen Vorschlag gemacht! Doch sie waren beide dagegen.«

»Das klingt verdächtig.«

»Weil der Vater Jokus von Pokus heißt, sollten sie den Sohn Joküßchen von Poküßchen nennen!«

»Ich habe es schon immer vermutet«, sagte ich, »und nun weiß ich's endgültig: Mäxchen ist ein Ferkel.«

Jakob kicherte unverdrossen weiter. Er hörte erst auf, als ich ihn schräg ansah und kaltblütig erklärte: »Wer jetzt weiterlacht, kriegt keine Limonade.«

Die Limonade trank er drüben im Arbeitszimmer, während er an den Regalen entlangschob und die Buchtitel studierte. Plötzlich blieb er stehen, schlug sich mit der Hand vor die Stirn, daß es nur so klatschte, und sagte verbittert: »Da haben wir's – ich werde alt.«

»Man soll nichts übereilen«, gab ich zu bedenken. »Warte damit wenigstens bis zur Konfirmation.«

»Ich werde alt und vergeßlich«, fuhr er fort. »Und was vergesse ich jedesmal? Ausgerechnet die Hauptsache!«

»Es muß auch alte Knaben geben«, sagte ich, um ihn zu trösten. »Trotzdem wüßte ich ganz gern, welche Hauptsache du diesmal fast vergessen hättest.«

Jakob trank sein Glas leer, stellte es aufs Fensterbrett, holte tief Luft, als wolle er Schillers ›Lied von der Glocke‹ aufsagen, und begann: »Mäxchen schreibt, Sie hätten ihm im vorigen Jahr versprochen, die Geschichte vom Kleinen Mann fortzusetzen und …«

»Stimmt«, meinte ich. »In Lugano. Auf der Terrasse. Rosa Marzipan und der Jokus saßen dabei. Und Mrs. und Miss Simpson auch. Es gab Pfirsichbowle. Der Vollmond schien. Unten auf dem See wurde das Große Feuerwerk abgebrannt, daß es nur so zischte und krachte. Der Himmel und das Wasser schillerten in allen Farben. Es war wunderbar. Und als der Jokus, nach dem Feuerwerk, die Lampen auf der Terrasse wieder anknipste, stellten wir fest, daß Mäxchen fehlte. Er war im Dunkeln an meinem Glas hochgeklettert und versehentlich hineingefallen. Wir fischten ihn heraus. Er war klitschnaß, hatte einen Schwips und roch drei Tage lang nach Pfirsichbowle.«

Jakob Hurtig starrte mich an, sagte ehrfürchtig: »Mann, haben Sie ein Gedächtnis!« und setzte hinzu: »Das soll sonst nur noch bei Elefanten vorkommen!«

»Du bist der geborene Schmeichler«, antwortete ich. »Doch davon abgesehen: An jenem Abend habe ich ihm tatsächlich versprochen, den zweiten Band zu schreiben. Glaubt er, ich hätte mir's anders überlegt? Hm?«

»Ich … ich weiß nicht recht.« Jakob druckste herum und bekam vor Verlegenheit rote Ohren. »Er scheint sich einzubilden, Sie säßen lieber am Fenster oder in Cafés oder …, oder Sie gingen lieber bummeln und blieben lieber vor Schaufenstern stehen oder an Gartenzäunen und …«

»Ich ahne Fürchterliches«, sagte ich. »Der Bursche hält mich für ein ausgemachtes Faultier.«

»Also, das Wort ›Faultier‹ kommt in seinem Brief kein einziges Mal vor. Nicht einmal ›Faulpelz‹. Das schwöre ich bei meinem Schulranzen!«

»Aber vielleicht das Eigenschaftswörtchen ›faul‹, ja?«

»Das wäre möglich«, gab Jakob zögernd zu. »Er hat sich allerdings sehr hübsch ausgedrückt. ›Ich glaube‹, hat er geschrieben, ›unser edler Dichterfürst ist ziemlich faul geworden.‹«

Als ich das hörte, mußte ich lachen. Jakob stimmte erleichtert ein. Dann fragte er: »Wann werden Sie denn nun mit dem Schreiben loslegen?«

»Ich habe bereits losgelegt«, erklärte ich triumphierend und warf mich so stolz in die Brust, daß die Rippen knackten. »Dort auf dem Schreibtisch liegt das erste Kapitel. Die Schreibmaschine qualmt noch.«

Jakobs Augen glitzerten vor Neugierde. »Darf ich's rasch mal lesen?«

»Nein. Unfertige Sachen zeig ich nicht her.«

Er blickte gebannt zum Schreibtisch hinüber. »Schade. Kolossal schade. Denn nun wird Mäxchen denken, Sie hätten es mir bloß nicht gezeigt, weil es gar nicht das erste Kapitel ist, sondern ganz was anderes!«

»Jakob Hurtig«, sagte ich hoheitsvoll, »du bist kein vornehmer Charakter. Ich habe eine Schlange an meinem Busen genährt. Noch dazu mit einem Sülzkotelett und kühler Limonade.«

Der Junge fragte geknickt: »Soll ich mich fortscheren?«

Ich schüttelte mein graues Haupt. »Nein. Du sollst, zur Strafe, auf der Stelle das erste Kapitel des zweiten Bandes vom ›Kleinen Mann‹ lesen.«

Und schwupp, schon saß er drüben, nahm das Manuskript in beide Hände und begann laut und vernehmlich: »Das erste Kapitel. Kriminalkommissar Steinbeiß beißt auf Granit. Bernhard hat einen Komplex, und …«

»Lies leise, Jakob!« sagte ich nervös. »Ich kann den Text schon singen.« Dann zündete ich mir eine Zigarette an und blickte aus dem Fenster.

Schließlich hatte er es geschafft, legte das Manuskript behutsam auf den Schreibtisch zurück, nickte und meinte: »Genauso war es. Sogar der Schüler Hurtig kommt wieder vor. Mehr kann man nicht verlangen.«

»Ehre, wem Ehre gebührt«, stellte ich fest. »Wer weiß, was

damals aus dem Kleinen Mann geworden wäre, wenn du nicht aus dem Fenster geschaut hättest!«

»Aus dem Fenster gucken kann jeder.«

»Die Kunst besteht darin, im richtigen Augenblick hinauszugucken!«

»Da bin ich also ein Künstler«, sagte er und schnitt eine Grimasse. »Auch das noch! Wenn Sie meine Zensuren in Singen und Zeichnen gesehen hätten, würden Sie das stark bezweifeln. So, und nun geh ich.« Er stand auf. »Morgen schreib ich Mäxchen, daß Sie losgelegt haben.«

»Wo steckt er denn zur Zeit?«

»Sie gastieren in Kopenhagen. Diesmal im Zirkus Schumann. Natürlich mit Riesenerfolg. Und er bliebe gerne länger. Weil es ja dort das ›Tivoli‹ gibt. ›Der schönste Rummelplatz auf der Welt‹, schreibt er. Und es gäbe in der Stadt Tausende von Läden mit Schokolade und Bonbons und vor allem mit zehn Sorten Lakritzen. Und diese Läden hätten viel länger auf als anderswo. Mögen Sie Lakritzen?«

»Sehr.«

»Ich nicht.«

»Du schwärmst mehr für Ananastörtchen.«

Er verzog das Gesicht. »Sie sind ein Spaßvogel, Herr Dichterfürst. Na ja, und sie wohnen alle in einem Hotel am Meer, das dort ›Öresund‹ heißt. Und auch da gibt's einen berühmten Rummelplatz. Den ältesten überhaupt. Er ist fast hundertfünfzig Jahre alt und heißt ›Bakken‹. Und gegenüber einen Riesenpark mit fünftausend Rehen und Hirschen und mit Eichen, die sechshundert Jahre alt sind. Eine soll sogar achthundert Jahre alt sein. Und Hünengräber aus der Wikingerzeit liegen nur so herum. Und Pferdedroschken für Spazierfahrten kann man mieten, als wären's Taxis. Und die Rehe haben überhaupt keine Angst, sondern wedeln höchstens mit den Ohren, wenn man vorbeifährt. Aber Direktor Brausewetter kann das Engagement nicht verlängern, weil sie im nächsten Monat in Oslo auftreten müssen. Na, Oslo ist sicher auch sehr schön.«

»Vermutlich«, sagte ich. »Und wo liegt inzwischen Mama Marzipan mit dem namenlosen Baby?«

»Mama Marzipan und das Baby sind doch auch in Kopenhagen! Vielleicht bleiben sie vierzehn Tage länger und fliegen erst dann nach Oslo. Vorsichtshalber und nur so. Denn es fehlt ihnen wirklich rein gar nichts. Bis …« Er biß sich auf die Unterlippe. »Bis auf den Vornamen.«

Er stand schon halb auf der Treppe, als ihm noch etwas einfiel. »Was ist denn nun mit den Kindern, die den ersten Band vom ›Kleinen Mann‹ nicht gelesen haben?« fragte er. »Ich meine die Kinder, die zuerst den zweiten Band geschenkt kriegen! Das ist doch glatt möglich, oder?«

»Jawohl. Damit muß man rechnen.«

»Na und?« Jakob wurde eifrig. »Wenn die lieben Kleinen das erste Kapitel vom zweiten Band lesen, das Sie mir vorhin gegeben haben, und wenn sie den ersten Band noch nicht kennen, dann verstehen sie ja überhaupt nicht, was eigentlich los ist! Sie wissen nicht, daß Mäxchen gekidnappt und befreit wurde und wie aufgeregt die ganze Stadt war. Und von Bernhard und dem Kahlen Otto und dem Señor Lopez haben die armen Würmer keine blasse Ahnung. Womöglich wissen sie nicht einmal, daß Mäxchen nur fünf Zentimeter groß ist und …«

»Hör auf!« bat ich. Mir war der Schreck so in die Glieder gefahren, daß ich mich an der offenen Wohnungstür festhalten mußte.

Aber er hörte nicht auf. »Na ja, vielleicht verkaufen die Buchhändler den zweiten Band nur für Kinder, die den ersten Band schon gelesen haben.«

»Dummes Zeug«, knurrte ich. »Woher sollen das denn die Buchhändler wissen? Und wer soll es ihnen denn erzählen? Tante Frieda, die nur alle Jubeljahre einen Buchladen betritt? Oder Onkel Theodor, der ein Buch bloß kauft, weil es billiger ist als eine Dampfmaschine?«

»Das sieht ja düster aus«, meinte Jakob und setzte sich auf die Treppe. Ich setzte mich neben ihn und murmelte: »Sehr düster, junger Freund.«

Nach einer Weile sagte er: »Ich weiß was! Sie müssen den zweiten Band damit beginnen, daß Sie zunächst den Inhalt des ersten Bandes erzählen. Ist das eine gute Idee?« Er strahlte, als habe er soeben Amerika entdeckt.

Ich winkte betrübt ab. »Dafür brauche ich mindestens dreißig, vielleicht sogar vierzig Buchseiten! Und was, glaubst du wohl, würden dann die anderen Kinder sagen, die den ersten Band schon kennen?«

»Sie würden fluchen.«

»Ganz richtig.«

»Sie würden ganz richtig fluchen. ›Diesen Herrn Kästner sollte dreimal die Erde verschlingen!‹ könnten sie beispielsweise fluchen, oder ›Man müßte ihm mit dem Tomahawk den Scheitel nachziehen!‹ oder ›Auf, Kameraden, wir wollen ihm Reißzwecken ins Bier träufeln!‹ oder ›Cassius Clay möge ihn aufdünsten!‹ oder ...«

»Sei nicht so blutrünstig, Jakob! Hilf mir lieber aus der Patsche!« Aber ihm fiel nichts Gescheites ein. Mir fiel nichts Gescheites ein. Und so säßen wir womöglich noch heute auf der Treppe, wenn nicht plötzlich ein Windstoß durchs Haus gefegt wäre und mit lautem Knall die Wohnungstür zugeschlagen hätte. Und mein Schlüsselbund lag drin auf dem Schreibtisch!

»Künstlerpech«, meinte Jakob. »Dichterfürst hat Künstlerpech. Wo wohnt der nächste Schlosser?« Ein Glück, daß ich's wußte. Der Junge versprach mir, auf dem Nachhauseweg dem Handwerker Bescheid zu sagen, verabschiedete sich und sauste wie ein geölter Blitz davon.

Der Schlosser war weniger gut geölt, und ein Blitz war er auch nicht gerade. Er kam, als es im Treppenhaus längst dämmerte. Und vielleicht lag es an der Dämmerung, daß mir, während ich auf den Stufen hockte, der rettende Einfall durch den Kopf schoß. (Wenn das stimmen sollte, werde ich mich künftig ziemlich oft bei Dämmerung ohne Schlüssel auf die Treppe setzen.)

Jedenfalls, als der Schlosser die Tür aufgesperrt hatte, gab ich ihm vor Freude zwei Mark zuviel, bedankte mich, weil er so spät gekommen war, und schrieb einen Brief an Herrn Lemke, der den ersten Band vom ›Kleinen Mann‹ illustriert hat. Ich schrieb: »Machen Sie doch, bitte, für den Anfang des zweiten Bandes zehn Zeichnungen über den ersten Band! Dann wissen die Kinder, die ihn nicht kennen, was darin passiert ist. Und die anderen Kinder, die ihn schon kennen, werden trotzdem ihren Spaß haben, weil für sie die zehn Zeichnungen neu sind. Übrigens, sollten Sie beim Nachdenken Schwierigkeiten haben, machen Sie's wie ich: Setzen Sie sich in der Dämmerung auf die Treppe!«

Ein paar Tage später kam die Antwort. »Ich habe«, schrieb Herr Lemke, »Ihren Rat befolgt und mich in der Dämmerung auf die Treppe gesetzt. Ihr guter Rat war leider teuer, denn die Treppe war frisch gestrichen, und das merkte ich erst, als jemand die Hausbeleuchtung anknipste. Graue Hosen mit rotem Hosenboden sehen gräßlich aus. Die zehn Zeichnungen schicke ich trotzdem. Mit den besten Grüßen von Treppe zu Treppe

Ihr Horst Lemke.«

Er schickte die Zeichnungen. Ich machte die Unterschriften. Und nun hoffen er und ich, daß den Nochnichtkennern des ersten Bandes die nächsten Seiten von Nutzen sein und, wie das ganze Buch, allen Lesern Spaß machen werden.

Das sind die zwei kleinsten Mitglieder der chinesischen Akrobatentruppe ›Familie Bambus‹ vom Zirkus ›Stilke‹. Sie heißt Tschin Tschin und er Wu Fu. Beide sind etwa fünfzig Zentimeter groß und miteinander verheiratet. Aber eigentlich heißen sie Pichelsteiner, stammen aus Pichelstein im Böhmerwald und sind gar keine Chinesen. Das böhmische Dorf Pichelstein ist aus drei Gründen berühmt: Alle Einwohner sind von winzigem Wuchs. Alle heißen Pichelsteiner. Und alle sind hervorragende Geräteturner.

Das ist Tschin Tschins und Wu Fus Sohn. Er heißt Mäxchen Pichelsteiner, wird der Kleine Mann genannt und schläft, weil er nur fünf Zentimeter mißt, in einer Streichholzschachtel. Mit sechs Jahren verliert er seine Eltern. Sie werden während eines Sturms vom Eiffelturm geweht. Zwei Wochen später fischt ein portugiesischer Dampfer ihre beiden schwarzen Chinesenzöpfe aus dem Atlantischen Ozean. Die Zöpfe werden in einem Elfenbeinkästchen von den Zirkusleuten feierlich begraben. Und Mäxchen ist sehr, sehr unglücklich.

Das ist Professor Jokus von Pokus, der Zauberkünstler des Zirkus. Er behütet und erzieht den Kleinen Mann und bringt ihm Lesen, Schreiben und Rechnen bei. Das ist bei einem fünf Zentimeter kleinen Jungen sehr kompliziert. Nachts steht die Streichholzschachtel mit Mäxchen auf dem Nachttisch des Professors. Emma und Minna schlafen auf dem Schrank und Alba, das weiße Kaninchen, in einem Spankorb. Emma und Minna sind keine Dienstmädchen, sondern Lachtauben, die, genau wie das Kaninchen, dem Professor beim Zaubern helfen.

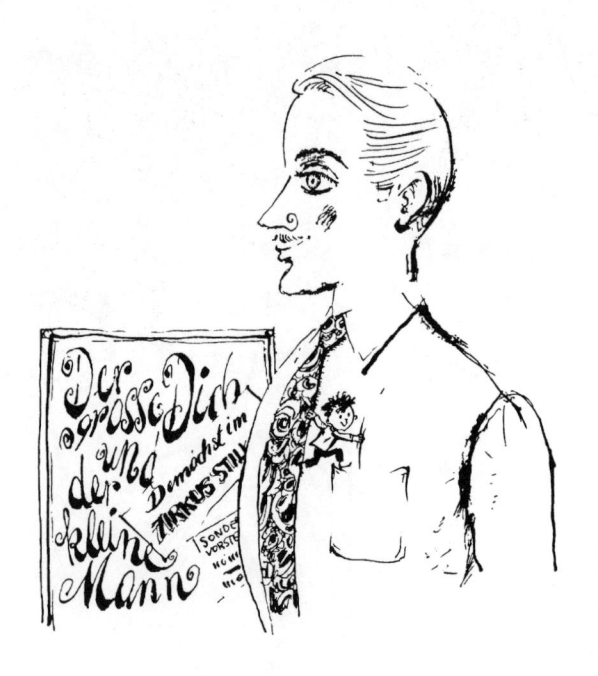

Das ist der Schöne Waldemar, von Beruf Schaufensterpuppe, bis ihn der Jokus kauft. Warum? Weil Mäxchen, so winzig er ist, Artist werden möchte. Der Jokus hat den rettenden Einfall: Er wird Mäxchen zum ersten unsichtbaren Artisten machen! Deshalb muß der Knirps monatelang auf dem Schönen Waldemar klettern und turnen, bis er alle Kunststücke beherrscht, die für eine sensationelle Zirkusnummer notwendig sind. Den Titel dafür haben sie schon: ›Der große Dieb und der Kleine Mann‹.

Das sind der dicke Herr Mager und der Rechtsanwalt Dr. Hornbostel. Sie stehen, ohne Krawatte, Schnürsenkel und Hosenträger, in der Manege und sind vom Jokus und mit Mäxchens unsichtbarer Hilfe ratzeputzekahl ausgeraubt worden, ohne daß sie's gemerkt hätten. Natürlich kriegen sie alle dreißig Gegenstände wieder. (Auf Seite 439 f. sind sie genau aufgezählt.) Das Publikum lacht sich halbtot. Und als der Jokus zum Schluß Mäxchen herumzeigt, nimmt der Jubel kein Ende. Der Professor und sein Zauberlehrling werden über Nacht berühmt.

Das ist Mäxchens Wohnung nach Maß, ein Geschenk des Königs Bileam von Breganzona. Nun badet der Junge in einer Badewanne statt wie bisher in des Professors Seifenschale. Ja, der Ruhm hat angenehme Seiten. Der Turnverein Pichelstein (T. V. 1872) ernennt Mäxchen zum Ehrenmitglied. Und eine Spielzeugfirma verkauft Streichholzschachteln, worin Puppen liegen, die wie Mäxchen aussehen. – Als der Jokus eines Tages ins Hotel kommt, liegt nicht Mäxchen in der alten Streichholzschachtel, sondern eine Puppe! Der Junge ist gestohlen worden!

Das sind Bernhard und der Kahle Otto, zwei wüste Zeitgenossen. Sie sind Mitglieder einer internationalen Bande, haben den Kleinen Mann in einem leeren Haus versteckt, bewachen ihn abwechselnd, warten auf weitere Befehle und ärgern sich, daß sie Kindermädchen spielen müssen. Mäxchen weiß nicht, wo er ist. Doch in einem ist er besser daran als der Jokus und Rosa Marzipan und die Kriminalpolizei und alle übrigen: Er weiß, daß er noch lebt! Jokus von Pokus hat eine Belohnung von 50 000 Mark ausgesetzt. Auch das hilft nichts.

Das sind Rosa Marzipan und der Jokus im ›Goldenen Schinken‹. Er hat anderthalb Tage nicht geschlafen und nichts gegessen. Nicht einmal die hübsche Rosa, eine Trampolinspringerin aus dem Zirkus, kann ihn trösten, als sie sagt: »Hier kann nur einer helfen, Mäxchen selber!« Und sie behält recht. – Mäxchen beginnt in dem leeren Haus aus Leibeskräften zu brüllen, als habe er Magenkrämpfe. Der Kahle Otto stürzt in die Apotheke, um Baldriantropfen und, bei dieser Gelegenheit, für sich eine Flasche Schnaps zu holen. Die Türen hat er abgeschlossen. Aber die Streichholzschachtel ist trotzdem leer. Denn Mäxchen hat auf Ottos Rücken das Haus verlassen, ist aufs Gartentor gesprungen und sucht Hilfe.

Das ist Jakob Hurtig, der Junge aus dem Erdgeschoß gegenüber. Er spuckt Kirschkerne auf die Kickelhahnstraße und wird von jemandem gerufen und beschimpft, den er nicht sieht. Er rennt wütend hinüber und erkennt den Kleinen Mann, der seit Tagen gesucht wird! Sie verständigen Kriminalkommissar Steinbeiß. Und als der Kahle Otto mit den Baldriantropfen (und dem Schnaps) zurückkommt, werden er und Bernhard verhaftet. – Am Abend vertilgt der Jokus vor Freude zwei Schnitzel. Mäxchen sitzt auf dem Tisch und berichtet seine Abenteuer. Der Hoteleingang muß abgesperrt werden. Die ganze Stadt jubelt, daß der Kleine Mann gerettet worden ist.

So, wertgeschätzte Leser,
dies war der Versuch, die Nochnichtkenner durch zehn Bilder ins Bild zu setzen. Wem das nicht genügt, der kann sich ja den ersten Band nachwünschen. Schließlich hat jedes Kind jedes Jahr Geburtstag, und auch das mit Recht beliebte Weihnachtsfest findet alljährlich statt.

Ist euch übrigens aufgefallen, daß es gar nicht zehn Bilder sind? Zählt einmal nach! Es sind nur neun! Herr Lemke und ich wollten ausprobieren, ob ihr gut aufpaßt. Man muß nicht alles blind glauben. Nicht einmal so netten Leuten wie den Herren Lemke und Kästner. Doch ab jetzt wird nicht mehr gemogelt.

Ab jetzt erzähle ich schlankweg, was alles nach der Verhaftung der zwei Halunken passierte. Man hatte sie ins Untersuchungsgefängnis gebracht, und jeder saß, vom anderen hübsch getrennt, in einer Einzelzelle. Bernhard starrte verkniffen an die leere Wand. Aber der Kahle Otto hämmerte mit den Fäusten gegen die Tür. »Ich will meine Flasche Schnaps wiederhaben!« brüllte er. »Ihr habt sie mir aus der Hand gekloppt! Das ist gegen sämtliche Menschenrechte!«

Da öffnete sich das Guckfenster in der Zellentür, und ein Gefängniswärter fragte unfreundlich: »Wen oder was wollen Sie wiederhaben?«

»Meine Flasche Schnaps!« schrie der Kahle Otto.

»Sie sind wohl nicht ganz bei Troste«, brummte der Beamte. »Hier wird gesessen und nicht gesoffen.« Otto schielte vor lauter Durst. »Ich werde mich beschweren! Man wird Sie entlassen!« heulte er.

»Das glaub ich nicht«, meinte der Wachtmeister. »Aber Sie wird man nicht entlassen. Das weiß ich!« Damit schlug er das Guckfenster zu.

Am nächsten Vormittag wurden die zwei Häftlinge unter strengster Bewachung ins Polizeipräsidium gebracht. Kriminalkommissar Steinbeiß wollte sie in Mäxchens Gegenwart vernehmen. Denn der Kleine Mann war ja nicht nur das Opfer, sondern auch der Hauptzeuge des Verbrechens. Der Jokus steckte ihn also in die Brusttasche, und so fuhren sie los. Auch der Schüler Jakob Hurtig wurde als Zeuge vorgeladen und von einem Polizeiwagen aus der Schule geholt. Die Klasse beneidete ihn mächtig. Schon deshalb, weil sie über einem Rechendiktat schwitzte.

Mäxchen, der Jokus und der Jakob trafen sich also bei Herrn Steinbeiß, und damit beginnt ...

Das erste Kapitel

Kriminalkommissar Steinbeiß beißt auf Granit
Bernhard hat einen Komplex, und der Kahle Otto
hat Durst · In Tempelhof landet eine Reisegesellschaft
aus Paris · Mister John F. Drinkwater kommt
aus Hollywood, ist 1,90 m lang und hat es eilig.

»Was wir bis jetzt über die zwei Halunken wissen, ist nicht der Rede wert«, sagte Kriminalkommissar Steinbeiß. »Wir haben ihre Pässe, ihre Flugscheine und ihre Fingerabdrücke. Die Pässe sind falsch. Das Flugziel war Madrid. Doch ich glaube nicht, daß sie dort bleiben wollten.«

»Aber die Fingerabdrücke, die lassen sich nicht fälschen«, meinte Mäxchen. Er saß, in der Mitte des Schreibtisches, auf der Kante des Aschenbechers und baumelte mit den Beinen. »Fingerabdrücke sind immer echt.«

»Stimmt auffallend!« bekräftigte Jakob Hurtig. »Jeder Mensch hat seine eignen. Nicht einmal Zwillinge haben die gleichen. Und wer früher schon mal im Gefängnis war, ist geliefert. Die Polizei vergleicht die neuen Fingerabdrücke mit denen von damals, und aus ist der Husten.«

»Denkt ihr, wir haben geschlafen?« fragte der Kommissar. »Wir haben kein Auge zugetan.« Er gähnte herzzerreißend. »Interpol in Paris, Scotland Yard in London, FBI in Washington und das Bundeskriminalamt in Wiesbaden wurden sofort verständigt.«

Professor Jokus von Pokus schien sich zu wundern. »Wozu die Umstände? Die zwei Strolche haben Mäxchen geraubt und wollten ihn ins Ausland verschleppen. Dafür gehören sie ins Zuchthaus, und an ihrer Verurteilung ist nicht zu zweifeln. Wie sie in Wirklichkeit heißen und ob sie früher silberne Löffel oder goldene Uhren gestohlen haben, spielt doch dabei überhaupt keine Rolle!«

»Für Sie nicht, aber für uns«, sagte Herr Steinbeiß nachsichtig. »Denn erstens verschärfen Vorstrafen das bevorstehende Strafmaß. Und zweitens möchten wir endlich dem sagenhaften Señor Lopez ans Leder. Der Kahle Otto hat dem Kleinen Mann sehr interessante Dinge erzählt. Vielleicht bringe auch ich ihn ein bißchen zum Reden.«

Mäxchen erschrak. »Wollen Sie ihn foltern?«

»Unsinn«, knurrte Herr Steinbeiß.

»Für einen Räuber hat er sich nämlich ganz nett zu mir benommen. Er ist mehr dumm als böse.«

»Auch die Dummen sind gefährlich«, stellte der Kommissar fest.

In diesem Moment kippte Mäxchen hintenüber und fiel mitten in den Aschenbecher. Als er sich wieder hochgerappelt hatte, sah er ziemlich unschön aus und mußte niesen.

Der Jokus angelte den Dreckspatz mit spitzen Fingern aus der Zigarrenasche, putzte ihn, so gut es ging, sauber und erklärte: »Aschenbecher sind kein Aufenthalt für Nichtraucher. Merk dir das!«

Im Warteraum vorm Zimmer des Kommissars standen zwei braune Holzbänke. Auf der einen Bank saß, zwischen zwei Wachtmeistern in Uniform, der Kahle Otto. Und auf der anderen Bank saß Bernhard. Auch zwischen zwei Wachtmeistern.

»Dämliche Warterei«, brummte Otto. »Man sitzt rum wie beim Zahnarzt.«

Bernhard sah ihn drohend an. »Aber beim Zahnarzt muß man den Mund weit aufmachen. Bei der Polizei hingegen …«

»Ruhe!« rief ein Wachtmeister ärgerlich.

»Sie sollen den Mund halten!« befahl ein andrer.

»Da hörst du's«, sagte Bernhard und lächelte hinterhältig. »Sogar die Polizei verlangt, daß du die Schnauze hältst.«

»Das gilt auch für Sie!« rief der dritte Wachtmeister aufgebracht. »Und nun kein Wort mehr!«

»Einverstanden«, gab Bernhard zur Antwort.

»Einverstanden«, wiederholte der Kahle Otto und blickte ängstlich zu Bernhard hinüber. Dann schwiegen alle sechs und warteten weiter.

Zuerst wurde Bernhard geholt. Er nahm dem Kommissar gegenüber Platz, schlug ein Bein übers andere und musterte die Besucher flüchtig. Auch dem Kleinen Mann, der jetzt auf einer angebrochenen Zigarettenschachtel hockte, schenkte er keine besondere Aufmerksamkeit. Er blickte sich seelenruhig in dem häßlichen Büro um und sagte: »Schön haben Sie's hier.«

Der Schüler Hurtig kicherte. Der Kommissar hatte heute keinen Sinn für Humor. Er war zu müde. »Lassen Sie die Witze! Sie und Ihr Kumpan haben den minderjährigen Artisten Max Pichelsteiner aus einem Berliner Hotel entführt, in der Wohnung eines leerstehenden Hauses gefangengehalten und wollten mit ihm ins Ausland fliehen.«

»Schon jetzt darf ich einiges richtigstellen«, erklärte Bernhard. »Den minderjährigen Artisten Max Pichelsteiner habe ich, als Kellner verkleidet, ohne Ottos Mithilfe entführt. Und daß wir ihn ins Ausland mitnehmen wollten, ist eine unbewiesene und unbeweisbare Behauptung Ihrerseits.«

»Sie wollten ihn also nicht nach Südamerika verschleppen?«

»Das hätte mir gerade noch gefehlt! Dieses kleine brüllende Ungeheuer?« Bernhard schüttelte sich vor Abscheu. »Bis nach Südamerika? Warum? Das kenne ich nur aus dem Schulatlas.«

Mäxchen sprang auf und drohte ihm mit den Fäusten. »Sie lügen! Sie wollten mich zu Lopez bringen!«

»Lopez?« Bernhard tat verwundert. »Nie gehört.«

»So, so. Und warum haben Sie dann den Jungen überhaupt gestohlen?« fragte Herr Steinbeiß.

»Das ist eine lange Geschichte.«

»Machen Sie die lange Geschichte kurz«, sagte der Kommissar.

»Ich habe nämlich einen Komplex«, begann Bernhard. »Und ich hatte diesen Komplex schon als Kind. Wenn ich eine leere Streichholzschachtel sah, nahm ich sie, tat was Lebendiges hinein und schleppte die Schachtel mit mir rum. Manchmal war's ein Maikäfer oder eine Hummel oder ein Schmetterling. Oder ein Mistkäfer. Oder eine Schmeißfliege. Da surrte und brummte und flatterte es dann in der Schachtel und in meiner Hosentasche. Es gab für mich nichts Aufregenderes. Und als ich von dem Kleinen Mann in der Zeitung las, hatte ich keine Ruhe mehr.«

»Ich bin aber kein Mistkäfer!« schrie Mäxchen empört.

»Komplexe sind eine Krankheit«, seufzte Bernhard.

»Man sollte ihm die Hosentaschen zunähen«, meinte der Schüler Hurtig.

Der Kriminalkommissar drückte auf einen Klingelknopf. »Besten Dank für Ihren Komplex, Herr … Wie heißen Sie eigentlich? Oder noch besser: Wie hießen Sie, als Sie noch Maikäfer vom Baum schüttelten?«

»Ich wäre Ihnen sehr gern behilflich«, sagte Bernhard. »Das ist ja klar. Aber ich habe meinen Geburtstag und den Geburtsort vergessen. Es ist alles schon so lange her.«

Einer der vier Wachtmeister trat ins Zimmer.

»Abführen!« befahl Herr Steinbeiß. »Und bringen Sie den anderen.«

Der Kahle Otto saß nun auf dem Stuhl, auf dem vorher Bernhard gesessen hatte. Er döste vor sich hin und stierte auf die Schreibtischplatte.

»Hallo!« rief Mäxchen.

»Mit so was wie du red ich nich«, sagte Otto. »Ich war wie 'ne Mutter zu dir, und du hast mich reingelegt. Bauchschmerzen und Baldriantropfen, und ich Dussel sause los – nee, da verliert man jeden Glauben.« Er schüttelte verzweifelt den Kahlkopf. »Was soll bloß aus der Welt werden, wenn schon so kleine Jungs so heimtürkisch sind!«

»Heimtückisch«, verbesserte Jakob Hurtig.

Otto winkte ab. »Is ja egal und Jacke wie Hose. Ich bin 'ne Seele von Mensch, und er hat mich verpfiffen. Das darf nich mal 'n Zwerg.«

»Für einen Kinderdieb sind Sie mir ein bißchen zu vorlaut«, sagte der Jokus ruhig und beugte sich vor.

»Ich mach den Mund überhaupt nich mehr auf«, meinte Otto, »nur noch beim Zahnarzt.«

»Das wäre unklug, mein Lieber«, sagte der Kommissar. Dann holte er aus dem linken Seitenfach eine Flasche Schnaps und ein Wasserglas hervor, stellte beides auf den Schreibtisch und lächelte, als sei er Ottos Lieblingsonkel. »Sie haben den Kleinen Mann nicht geraubt. Das hat Ihr Komplize Bernhard besorgt. Immerhin haben Sie sich der Beihilfe schuldig gemacht. Auch das ist ein schweres Verbrechen. Aber ›Beihilfe‹ ist ein dehnbarer Begriff.«

Der Kahle Otto starrte wie hypnotisiert auf die volle Flasche und das leere Glas.

»Es liegt im Ermessen des Gerichts, wie hoch Ihre Strafe ausfallen wird.« Herr Steinbeiß goß das Wasserglas halbvoll, schob es zu Otto hinüber und sagte: »Prost!«

Otto packte das Glas, und ehe die anderen bis drei zählen konnten, war es leer. Er grunzte vor Wonne, stellte das Glas auf den Schreibtisch zurück, holte tief Luft und fragte: »Also was wollense wissen?«

»Sie haben dem Kleinen Mann, während Sie ihn gefangenhielten, allerlei erzählt. Von einem gewissen Señor Lopez. Er sei der reichste Mann der Welt, lebe zwischen Santiago und Valparaiso in einer geheimnisvollen Burg, sammle alte Gemälde und junge Ballettmädchen und lasse sich von hundert Scharfschützen bewachen. Sie selber und Bernhard hätten vor zwei Jahren in Lissabon eine Zigeunerin entführt, die dem Lopez seitdem täglich die Karten legen müsse. Was wissen Sie noch über diesen Mann und seine Mitarbeiter? Hat er Ihnen den Auftrag, den Kleinen Mann zu stehlen, direkt erteilt? Wann und wo? Oder wer war der Mittelsmann? Wie heißt er?«

Otto starrte die Flasche an, fuhr sich mit der Zunge über die Lippen und schwieg.

»Eine Hand wäscht die andere«, stellte der Kommissar fest. »Sie helfen mir, und ich helfe Ihnen.« Er goß das Glas wieder halb voll. »Prost!«

Der Kahle Otto nahm sich diesmal Zeit. Er trank in kleinen Schlucken, schüttelte sich, als wolle er den Schnaps im Innern gründlich verteilen, und sagte dann: »Das ist wohl die schärfste Räuberpistole, die ich nach meiner Geburt gehört habe! Davon könnten einem ja glatt die Trommelfelle platzen!«

Die anderen blickten ihn entgeistert an. Mäxchen fuchtelte mit den Armen und rief wütend: »Ich lüge nicht!«

»Natürlich nich«, meinte Otto. »Lügen is für so was gar kein Ausdruck. Das is 'n Weltrekord, Jungchen. So viel Phantasie in so 'nem kleenen Kopp, wie machst du das bloß?«

»Ich lüge nicht«, brüllte Mäxchen wie am Spieß. »Das ist eine bodenlose Gemeinheit!«

Professor Jokus von Pokus zupfte nervös an seinem eleganten Schnurrbart. »Ich bin ein verträglicher Mensch«, sagte er. »Aber jetzt beginnt es mir in den Fingern zu kribbeln.« Er stand langsam auf.

»Bravo«, rief der Schüler Hurtig. »Zerlegen Sie ihn in seine Bestandteile!« Er hatte knallrote Backen.

Da schlug der Kriminalkommissar mit der Faust so energisch auf den Schreibtisch, daß Mäxchen einen unfreiwilligen Luftsprung machte. »Ich bitte mir Ruhe aus«, knurrte Herr Steinbeiß. Dann stellte er die Flasche ins Seitenfach zurück und drückte auf den Klingelknopf. »Für heute die letzte Frage«, sagte er finster zum Kahlen Otto. »Wenn es den Señor Lopez nicht geben sollte, – warum haben Sie versoffener Kehlkopf, nein, Kohlkopf, ach was, Kahlkopf dann den Jungen überhaupt gestohlen?«

Otto machte runde Augen. »Sie wissen nich, was Sie wollen. Erst erzählen Sie mir lang und breit, daß ich's gar nich gewesen bin, sondern der Bernhard. Und nu soll ich plötzlich wissen, warum ich's getan hätte. Ich war doch bloß Beihilfe, und das is 'n kolossal dehnbarer Begriff. Fragense doch Bernhard!«

Ein Wachtmeister kam ins Zimmer. »Abführen!« bellte der Kommissar.

Kaum war Otto draußen, wankte Steinbeiß zu dem Sofa in der Ecke, setzte sich, zog die Stiefel aus und sagte: »Es ist zwar erst Nachmittag, aber ich habe vierundzwanzig Stunden nicht geschlafen. Gute Nacht.« Dann kippte er um. Die Sprungfedern quiekten wie zwanzig Ferkel vor der Fütterung. Aber er hörte es nicht mehr.

DAS ERSTE KAPITEL

Am gleichen Nachmittag geschah, was unsere Geschichte betrifft, noch zweierlei. In Berlin traf Mister Drinkwater ein. Und in Orly, auf dem Flugplatz in Paris, wurde das ›Unternehmen Dornröschen‹ gestartet. Diese merkwürdige Bezeichnung erhielt das Unternehmen allerdings erst, als es zu spät war. Hinterher sind die Leute ja immer klüger.

Hinterher also stellte man fest, daß in Orly 16 Uhr 25 eine Chartermaschine mit achtunddreißig Passagieren nach Berlin abgeflogen war. Nun, solche Touristenflüge sind nichts Ungewöhnliches. Auch daß die Reisegesellschaft nur aus Männern bestand, war nicht weiter auffällig. Vielleicht handelte es sich um einen Kegelklub.

Der Flug nach Berlin verlief glatt. Die Maschine wurde in einem Hangar abgestellt. Sie war für drei Tage gemietet, und der Rückflug war vorausbezahlt worden. Der Reiseleiter, ein Monsieur Boileau, ließ sich vom Piloten das Hotel nennen, wo man ihn telefonisch erreichen könne. Denn vielleicht, sagte Monsieur Boileau, flöge er mit seiner Gesellschaft schon früher nach Paris zurück. Damit verabschiedete er sich und suchte seine Leute, die schon in der Halle neben dem Rollband auf ihre Koffer warteten.

Was sie in Berlin vorhatten, blieb vorläufig ein Geheimnis. Für Mitglieder eines Kegelklubs oder eines mehrstimmigen Männergesangvereins hättet ihr sie, wie sie ihre schweren Koffer schulterten, sicher nicht gehalten. Aber ihr wart leider nicht am Flugplatz. Na ja, man kann nicht überall sein.

Am gleichen Nachmittag traf, wie ich schon sagte, auch Mister Drinkwater ein. John Foster Drinkwater, einer der großen amerikanischen Filmproduzenten. Er war überhaupt ein großer Mann: 1 Meter 90 in Socken. Das schafft nicht jeder.

Ursprünglich hatte er nur den Europachef der Firma schikken wollen. Ihm verdankte er den ersten Hinweis auf die Sensationen, die sich rund um den Kleinen Mann abgespielt hatten. Doch dann hatte sich Mister Drinkwater höchstselbst in Bewegung gesetzt. Hollywood–New York–London–Berlin, die Zeit war ihm wie im Fluge vergangen. Er mußte Mäxchens

Geschichte verfilmen, koste es, was es wolle. Hoffentlich hatte die Konkurrenz noch nicht gewittert, was für ein Riesengeschäft hier mitten auf der Straße lag. Jetzt oder nie!

Als er am Hilton-Hotel in der Budapester Straße vorfuhr und in seiner ganzen Größe aus dem Taxi kletterte, standen bereits die Hoteldirektoren im Portal und verbeugten sich vor ihm.

»Was suchen Sie?« fragte er, weil sie sich so tief bückten. Ehe sie über seinen Witz höflich lächeln konnten, war er schon am Lift. Und ehe sie am Lift waren, saß er schon im Hotelzimmer und telefonierte. Damit beginnt …

Das zweite Kapitel

*Direktor Brausewetter wechselt die
Handschuhfarbe · Rosa Marzipan leiht
Mister Drinkwater ein Opernglas
Filmgespräche im Blauen Salon · Manche
dürfen nachts nicht schlafen, manche können
es nicht, und manche wollen es nicht.*

Mister Drinkwater war ein unermüdlicher Mann. »Ich schlafe nur zweimal im Jahr«, pflegte er zu sagen, »einmal im Juli und das zweite Mal im Dezember, dann aber den ganzen Monat hindurch, Tag für Tag vierundzwanzig Stunden lang, da kenne ich kein Erbarmen.«

Wenn die Reporter staunten und fragten, ob er denn nicht wenigstens gelegentlich aufstehe, um eine Kleinigkeit zu essen, antwortete er: »Nein. Von halben Sachen halte ich nichts. Ich verbringe die Schlafmonate auf meiner Jacht ›Sleepwell‹ und habe, außer dem Kapitän und der Besatzung, zwei zuverlässige Angestellte an Bord. Der eine muß für mich essen, und der zweite muß sich statt meiner waschen.« Ob er log oder nicht, war ihm nicht anzumerken. Denn er verzog dabei keine Miene.

Wie dem auch sei: Hier in Berlin machte John Foster Drinkwater, der große und lange Filmboß aus den USA, keinen schläfrigen Eindruck. Er telefonierte mit Jokus von Pokus. Er telefonierte mit Zirkusdirektor Brausewetter. Er telefonierte mit Kriminalkommissar Steinbeiß, dem das, weil er noch auf dem Sofa lag, gar nicht recht war. Er telefonierte mit dem amerikanischen Generalkonsul. Er telefonierte mit der Deutschen Bank. Und er telefonierte mit der Frankfurter Filiale seiner Filmgesellschaft. Dann wusch er sich. Diesmal eigenhändig, denn es war ja weder Juli noch Dezember. Später aß er in der ›Golden City-Bar‹ des Hotels, auch das persönlich, ein mit Käse überbackenes Ragoût fin.

Und zu Beginn der Zirkusvorstellung saß er in der für ihn reservierten Loge.

Direktor Brausewetter begrüßte ihn überschwenglich, trug blütenweiße Glacéhandschuhe und erkundigte sich, ob er dem restlos ausverkauften Hause den interessanten Gast vorstellen dürfe.

»Warum fragen Sie ausgerechnet mich?« meinte Drinkwater. »Fragen Sie ihn doch selber!«

Direktor Brausewetter schlug die weißen Handschuhe über dem Kopfe zusammen. »Welch ein Mißverständnis!« rief er bekümmert. »Der interessante Gast sind doch Sie.«

»Unterstehen Sie sich«, sagte Drinkwater ärgerlich. »Ich bin als Geschäftsmann hier. Verfrühte Reklame verteuert den Einkauf. Wollen Sie mir einen Gefallen tun?«

»Selbstverständlich.«

»Dann halten Sie sich, bis unser Vertrag perfekt ist, mit Ihren hübschen weißen Handschuhen den Mund zu.«

»Ich hoffe, Sie meinen das nur bildlich«, bemerkte Direktor Brausewetter spitz. »Und jetzt gehe ich.«

Mister Drinkwater blätterte im Programmheft und sagte nebenbei: »Ich dachte, Sie seien schon weg.«

In der Garderobe des Professors erzählte der Zirkusdirektor tief gekränkt, was er eben erlebt hatte. »So ein ungeschliffener Patron!« schimpfte er. »Den Mund soll ich mir zuhalten!«

»Sehr höflich war das nicht«, meinte der Jokus. »Aber im Grunde hat er natürlich recht. Er will nicht, daß die Konkurrenz aufmerksam wird und uns mehr Geld bietet als er.«

»Was geht denn das uns an?« Der Direktor zwirbelte seine Schnurrbartspitzen hoch. »Wir sollten mit dem abschließen, der am meisten zahlt.«

Der Jokus schüttelte lächelnd den Kopf. »Wir werden mit dem besten Mann abschließen. Das ist Mister Drinkwater. Darf ich Ihr Gedächtnis auffrischen, lieber Brausewetter! Vor einiger Zeit, es ist noch gar nicht so lange her, hatte die Nummer ›Der große Dieb und der Kleine Mann‹ in der Zirkuswelt einen sensationellen Erfolg. Die Gagen, die man den zwei Artisten von anderer Seite bot, waren immens. Und? Rannten sie hinter dem Geld her?«

Direktor Brausewetter blickte gequält auf die Spitzen seiner Lackschuhe. »Nein. Aber der neue Vertrag, den Sie mit mir abschlossen, war auch nicht von Pappe.«

»Das hätte gerade noch gefehlt«, sagte der Jokus. »Meine Devise heißt: der bestmögliche Vertrag mit dem bestmöglichen Mann. Das galt für Sie, und das gilt für Mister Drinkwater. Sind wir uns einig?«

»Zu Befehl, Herr Professor!« Brausewetter schlug die Hacken zusammen, machte kehrt und marschierte zur Tür. Dort stieß er mit Rosa Marzipan zusammen.

Sie trug Trikot und Gazeröckchen, weil sie in die Manege und aufs Trampolin mußte, um dort Luftsprünge zu machen. »Bleibt es dabei?« rief sie. »Soll ich mich in der Pause zu unserem Filmzaren setzen?«

»Seien Sie vorsichtig«, warnte Direktor Brausewetter. »Der Filmzar beißt.«

»Mich nicht«, sagte Rosa und drehte eine Pirouette.

»Setz dich ruhig in seine Loge, Liebling«, meinte der Jokus. »Und wenn er dich beißen sollte, beiße ich ihn wieder.«

»Ich werd's ihm ausrichten.« Sie machte einen tiefen Knicks und hüpfte in die Stallgasse.

Das Programm verlief, wie sich das für ein Programm gehört, programmgemäß. Die Artisten, die Clowns, die Pferde und sogar die Tiger gaben sich besondere Mühe. Die Zuschauer waren bester Laune. Und auch Mister Drinkwater fühlte sich gut unterhalten. Manchmal machte er sich Notizen. Es sah aus, als gäbe er Zensuren. Wahrscheinlich rechnete er. Geschäftsleute haben das so an sich. Sie rechnen sogar im Traum. Es scheint sich zu lohnen.

Jetzt kam die große Pause, und die meisten standen auf, aber er blieb sitzen. Doch dann kam Rosa Marzipan, blond und in einem silbernen Kleid, und nun stand er auf. »Sie waren sehr gut«, stellte er fest. »Und Sie sind sehr hübsch.«

Sie gab ihm amüsiert die Hand. »Es tut wohl, richtig beurteilt zu werden.« Nachdem sich beide gesetzt hatten, holte sie ein Opernglas aus der Abendtasche und hielt es ihm hin.

Er nahm es, betrachtete Rosa durch das Glas und nickte. »Sogar ganz besonders hübsch!«

»Sie sind ein Schwerenöter, Mister Drinkwater«, sagte sie. »Hindurchschauen sollen Sie doch erst, wenn der Jokus und Mäxchen auftreten!«

»Schade«, meinte er.

Nun, die zweite Programmhälfte geriet noch glänzender als die erste. Das war ja auch kein Wunder. Alles wartete fieberhaft auf die Sensation, auf die Nummer ›Der große Dieb und der Kleine Mann‹. Und als Professor Jokus von Pokus unter donnerndem Beifall die Manege betrat, preßte Mister Drinkwater Rosa Marzipans Opernglas fest an die Augen. Er ließ es erst wieder sinken, nachdem die Taube Emma, mit Mäxchen auf dem Rücken, von ihrem Flug in die Zirkuskuppel zurückgekehrt und wohlbehalten auf der Hand des Professors gelandet war.

Er war achtundzwanzig Minuten lang nicht der berühmte Filmproduzent Drinkwater gewesen, sondern einer unter ein paar tausend verzauberten Zuschauern. Er hatte mit ihnen gelacht. Er hatte wie sie gestaunt. Er hatte ihre Angst geteilt. Er hatte wie sie geklatscht.

Und er stürzte, als das Rundgitter aus der Versenkung hochstieg, wie die anderen zur Manege, um den Kleinen Mann, der ihnen allen zuwinkte, endlich zu sehen. Denn: Gesehen hatte er ihn, trotz Opernglas, nicht eine Sekunde.

Das Marzipanfräulein hatte den Herrn aus Hollywood nicht aus den Augen gelassen. Ihr war nichts entgangen. Sie wußte nun, daß er nicht nur der kühle Kaufmann war, der statt des Lebens Zahlen sah, statt der Menschen ihre Gehaltsansprüche und statt eines Blumenstraußes dessen Ladenpreis.

Als er sich aber durch die aufgeregte Menge durchgequält hatte und in die Loge zurückkam, war er schon wieder der kühle Rechner. »Die Zeltkuppel wird sich schlecht ausleuchten lassen«, sagte er verdrossen. »Aber den Flug auf der Taube muß ich, scharf wie durch die Lupe, im Kasten haben. Gibt es denn bei euch keine festen Häuser? Zirkusgebäude aus Stein? Mit stabilen Rampen für die Scheinwerfer in der Kuppel? Und für meine Kameraleute? Außerdem sind für Aufnahmen in Viermastzelten die Versicherungsprämien blödsinnig hoch.«

Rosa lachte. »Wenn das nicht so wäre, müßten nicht wir Zirkusleute, sondern die Versicherungsangestellten in Zelten arbeiten.«

»Eine wundervolle Idee!« sagte Mister Drinkwater und schloß genießerisch die Augen. »Es wäre ihnen von Herzen zu gönnen.«

Dann wurde Rosa sachlich. Beispielsweise in München, berichtete sie, gäbe es den Zirkus Krone. Am Marsplatz. Nicht weit vom Hauptbahnhof. Ein stabiles und vor wenigen Jahren renoviertes Gebäude.

»Kann man den Zirkus mieten?« fragte Drinkwater.

»Wozu?« fragte das Marzipanfräulein. »Wir gastieren dort sowieso. Noch in diesem Jahr.«

»Hoffentlich nicht im Dezember, denn dann schlafe ich.«

»Direktor Brausewetter hat für Oktober und November abgeschlossen«, sagte Rosa.

»Alright«, meinte Drinkwater. »München ist gut. Und zwei Monate sind gut. Den Zirkus drehen wir im Zirkus, die Atelierszenen bei der ›Bavaria‹ in Grünwald, und Pichelstein liegt, glaube ich, auch in der Nähe.«

»Was wollen Sie denn in Pichelstein?«

»Aber dort beginnt doch unser Film!« erklärte er. »In dem kleinen Dorf mit den kleinen Häusern und den kleinen Einwohnern und Turnern und mit Mäxchens kleinen Eltern, wie sie beide mit ihren kleinen Koffern zu dem kleinen Bahnhof marschieren, um in der großen Welt ihr Glück zu versuchen. Oder wissen Sie einen besseren Anfang?«

Sie schüttelte lächelnd den Kopf. »Es gibt keinen besseren, Mister Drinkwater.«

»Nennen Sie mich John«, sagte er vergnügt.

Die Zuschauer rundum wurden unruhig. Sie machten »Psst!« und »Schscht!« Einer sagte sogar: »Nun halten Sie endlich die Klappe!«

Nach der Vorstellung traf man sich im Blauen Salon des Hotels, in dem der Jokus und Mäxchen wohnten. Anwesend waren, um das vorwegzunehmen, fünf Personen: Rosa Marzipan, John F. Drinkwater, der Kleine Mann, Jokus von Pokus und – verlegen in eine Ecke geklemmt – Direktor Brausewetter. Er trug mausgraue Handschuhe. Sozusagen Halbtrauer. Die pomadisierten Schnurrbartspitzen trug er auf halbmast. Vielleicht war der Filmonkel aus Amerika noch immer auf ihn böse.

»O warte!« flüsterte Mäxchen hingerissen, als Mister Drinkwater auftauchte. »Der Mann hört ja oben gar nicht auf! Das wär was für mich! Die geborene Kletterstange!«

»Benimm dich!« sagte der Jokus streng. Der Kleine Mann saß auf dem Tisch und löffelte heiße Schokolade.

»Zu Befehl, Herr Professor«, wisperte Mäxchen.

Drinkwater zündete sich eine große schwarze Zigarre an und erklärte dann: »Ich möchte Mäxchen Pichelsteiners Lebensgeschichte verfilmen, und er muß die Rolle natürlich selber spielen. Auch die anderen Hauptrollen will ich nicht mit Schauspielern besetzen, sondern mit Ihnen. Gute Artisten sind fast immer brauchbare Schauspieler.«

»Und wer spielt den Zirkusdirektor?« fragte Direktor Brausewetter vorsichtig.

Drinkwater lächelte. »Selbstverständlich Sie! Oder wissen Sie einen besseren? Nein? Ich auch nicht.«

Brausewetters welke Schnurrbartspitzen richteten sich wieder auf. Dann zog er, heimlich unterm Tisch, seine grauen Handschuhe aus und steckte sie weg. Kurz darauf trug er schneeweiße Handschuhe! Das war keine Hexerei, sondern er hatte immer ein weißes, ein graues und ein schwarzes Paar bei sich. Und er wechselte sie je nach der Laune, in der er sich befand. Das brauchte er zum Leben. Warum auch nicht? Es gibt schlechtere Gewohnheiten. Und die meisten sind teurer.

Mister Drinkwater erzählte ausführlich, wie er sich den Film vorstelle. Wann und wo er ihn drehen wolle. Daß er selbst die Regie übernehmen werde. Welche zwei Schauspieler er für die beiden Kinderdiebe im Auge habe, weil, so scherzte er, die echten Halunken, Bernhard und der Kahle Otto, vom Gefängnisdirektor höchstwahrscheinlich keinen Filmurlaub bekämen. So weit sei ihm alles klar. »Nur etwas fehlt mir noch«, meinte er. »Etwas sehr Wichtiges. Eine Liebesgeschichte. Denn eine Liebesgeschichte gehört in jeden Film. Aber die wird mir schon noch einfallen.«

Da lachte Mäxchen und hätte sich fast an der heißen Schokolade verschluckt.

»Vielleicht können wir Ihnen helfen«, sagte Rosa Marzipan und verzog keine Miene. »Wie wär's, wenn sich in Ihrem Film eine der drei Luftspringerinnen in den Zauberkünstler verliebte? Und der Zauberkünstler in die hübsche blonde Luftspringerin?«

Drinkwater zog an seiner Havanna und dachte nach. »Keine schlechte Idee. Aber da fehlt noch der dramatische Konflikt. Der ist das Wichtigste. Den braucht das Publikum. Glück ohne Schwierigkeiten ist nichts fürs Kino.«

»Auch das ließe sich machen«, meinte Direktor Brausewetter, während er den linken weißen Handschuh zärtlich mit dem rechten streichelte. »Wenn zum Beispiel einer der Clowns auf den Zauberkünstler eifersüchtig wäre und in der Artistengarderobe dessen Frack mit dem des Kunstreiters vertauschte ...«

»Ich bin ganz Ohr«, sagte Drinkwater gespannt.

»Und wenn der Kunstreiter im Zauberfrack in die Manege ritte, ohne von dem Tausch etwas zu ahnen ... Und wenn dann plötzlich aus dem falschen Frack die großen Papierblumensträuße und die zwei dressierten Tauben herausflögen, und das weiße Kaninchen spränge in die Manege ... Und der Hengst würde kopfscheu, und der berühmte Kunstreiter fiele in den Sand ...«

»Wundervoll!« rief Drinkwater. »Das ist die Lösung! Liebe, Eifersucht, Spannung, vertauschte Fräcke, komische Szene vor ausverkauftem Haus, der Kunstreiter verprügelt den Clown, der Zauberkünstler küßt die appetitliche Blondine, mehr kann man nicht verlangen! Die Frage ist nur, ob ein so seriöser Herr wie Professor Jokus von Pokus die Rolle des Liebhabers spielen will.« Er blickte zu dem ›seriösen Herrn‹ hinüber und riß die Augen auf.

Denn das Marzipanfräulein, von Beruf Luftspringerin, hatte sich zärtlich an den Zauberkünstler geschmiegt und meinte: »Er wird schon wollen.«

Und der Jokus fügte, ein bißchen verlegen, hinzu: »Ich werde wohl müssen.«

»Oha«, sagte Drinkwater. »Allmählich dämmert's mir. Die Wirklichkeit war früher da als ich.«

»Stimmt.« Direktor Brausewetter freute sich wie ein Kind. »Auch der Clown und die vertauschten Fräcke und der Sturz vom Pferd – ich habe nichts erfunden, sondern alles ist neulich in meinem Zirkus passiert!«

»Hoch lebe die Wirklichkeit«, erklärte Mister Drinkwater vergnügt. »Manchmal hat das Leben fast so gute Einfälle wie die Filmleute.« Da lachten die anderen, und er lachte fleißig mit.

Dann aber wurde er todernst, setzte sich kerzengerade und sagte: »Die sogenannten künstlerischen Fragen wären damit fürs erste erörtert. Auch das mußte sein. Doch jetzt beginnt der wichtigere Teil unsrer Konferenz, nämlich der geschäftliche.«

»Ich beantrage Vertagung«, meinte der Jokus. »Der Junge muß ins Bett. Es ist höchste Eisenbahn.«

»Bringen Sie ihn in seine Streichholzschachtel«, riet der Amerikaner. »Dann verhandeln wir weiter.«

Der Jokus schüttelte energisch den Kopf. »Ausgeschlossen. Er ist mein Partner.« Plötzlich zuckte er zusammen. »Wo bist du denn überhaupt?«

Es war, als habe der Blitz eingeschlagen. Alle starrten auf den Tisch. Der Kleine Mann war verschwunden!

»Mäxchen!« rief der Jokus. »Liebling!« rief Rosa Marzipan. »Kleiner!« rief Direktor Brausewetter.

Keine Antwort.

»Maxie!« rief Mister Drinkwater.

Sie saßen still und steif wie hingemalt und hielten die Luft an. Nichts. Kein Laut. Nur draußen vor der Tür ging jemand langsam auf und ab.

Mit einem Satz war der Jokus an der Tür. Er riß sie auf. »Wer sind Sie?«

»Aber Herr Professor«, antwortete der Mann, »Sie kennen mich doch. Ich bin der Hoteldetektiv, der auf Mäxchen aufpaßt.«

»Und wo ist er?«

»Die Frage verstehe ich nicht«, meinte der Detektiv perplex. »Er ist bei Ihnen. Ich habe die ganze Zeit die Tür bewacht, damit er nicht wieder gestohlen wird.«

»Er ist fort!« rief Direktor Brausewetter und zog rasch die weißen Handschuhe aus.

»Das ist ganz unmöglich«, erklärte der Detektiv. »Der Blaue Salon hat nur diese eine Tür, und die habe ich, seit Sie hineingegangen sind, nicht aus den Augen gelassen.«

»Und warum antwortet er nicht, so laut wir auch rufen?« fragte Drinkwater nervös. »Er ist verschwunden!«

»Ausgeschlossen.« Der Detektiv war nicht aus der Ruhe zu bringen. »Ihre Krawatte ist auch verschwunden. Trotzdem muß sie noch hiersein.«

Tatsächlich. Drinkwaters bunte Krawatte war fort. Keiner hatte es bemerkt.

»Auf geht's!« rief Rosa Marzipan zuversichtlich. »In die Knie, meine Herren!«

Und schon krochen vier Männer auf allen vieren im Blauen Salon herum. Schade, daß kein Fotograf in der Nähe war. Es wäre ein prächtiger Schnappschuß geworden.

Rosa Marzipan kroch nicht. Ihr Rock war zu eng. Und sie dachte, vier Männer zu ihren Füßen seien genug. Sie durchforschte die höheren Regionen: die kleinen Ecktische, die Anrichte, den Bücherschrank, die Vitrine mit dem alten Porzellan und den zierlichen Schreibtisch aus der Biedermeierzeit. Eine der Schubladen stand offen, und über ihren Rand hing der Zipfel einer bunten Krawatte aus weicher Foulardseide.

Behutsam hob Rosa den Krawattenzipfel hoch und sagte gerührt: »Hier liegt er ja, der Schurke!« Im Nu waren die vier Männer auf den Beinen. Sie drängten zum Schreibtisch, klopften die Hosenbeine sauber und blickten verzückt in die offene Schublade. Mäxchen schlief. Er schlief wie ein Murmeltier. Er wachte auch nicht auf, als der Jokus ihn hochnahm, vorsichtig in die hohle Hand legte und mit ihm auf Zehenspitzen den Salon verließ.

Erst als er ihn, oben im Schlafzimmer, in die alte Streichholzschachtel schob, schlug Mäxchen kurz die Augen auf, murmelte: »Ich war ja soo müde«, doch dann schlief er schon wieder.

Im Korridor vorm Schlafzimmer setzte sich der Hoteldetektiv auf einen Stuhl, trank schwarzen Kaffee und hielt Wache. Er durfte nicht schlafen.

Mister Drinkwater fuhr ins Hilton und rechnete. Denn er konnte nicht schlafen.

Und irgendwo in der großen Stadt Berlin saß Monsieur Boileau mit der merkwürdigen Reisegesellschaft aus Paris zusammen. Sie wollten nicht schlafen. Sie hatten finstere Pläne zu besprechen. Für den nächsten Tag. Und mit diesem nächsten Tage, wenn auch nicht gleich mit der merkwürdigen Reisegesellschaft, beginnt …

Das dritte Kapitel

*Es ist von Geschäften die Rede · Auch Rechnen
gehört zum Leben · Das geheimnisvolle Kuvert
Herr von Goethe als Lehrmeister · Das zweite
versiegelte Kuvert · Der Handel ist perfekt.*

Die geschäftlichen Verhandlungen begannen gleich nach dem Frühstück. Wieder bewachte ein Hoteldetektiv den Blauen Salon, aber es war ein anderer Mann. Denn der Detektiv, der am Abend vorher und während der ganzen Nacht aufgepaßt hatte, war natürlich müde und mußte schlafen. Sie lösten einander alle zwölf Stunden ab.

Von den Geschäften will ich nur das Notwendigste erzählen, weil ich weiß, daß sich Kinder dafür nicht sonderlich interessieren. Es ist ihnen tausendmal lieber, wenn ein einäugiger Pferdedieb mit dem Lasso eingefangen wird oder wenn der beschwipste Bürgermeister beim Dirigieren der Feuerwehrkapelle in die Pauke fällt. Damit verglichen sind geschäftliche Verhandlungen langweilig.

Trotzdem darf ich um die Konferenz im Blauen Salon keinen Bogen machen. Erstens ist sie für unsere Geschichte wichtig. Und zweitens lernt ihr das Zusammenzählen, Abziehen, Malnehmen und Teilen in der Schule ja nicht nur, um den Lehrern und dem Rektor einen Gefallen zu tun. Wer nicht rechnen kann, wird eines Tages große Augen machen. Man wird ihn manchmal hineinlegen, daß es nur so qualmt. Denn nicht alle guten Rechner, mit denen man im Leben zu tun hat, sind gute Menschen.

»Was ich kaufen will und zu welchem Zweck, habe ich dargelegt«, sagte Mister John F. Drinkwater. »Nun sind Sie an der Reihe, Professor. Nennen Sie mir den Preis.«

»Zeig ihm doch das Kuvert«, riet Mäxchen. Er saß wieder an dem kleinen Tisch oben auf dem großen Tisch und löffelte an einem Ananastörtchen.

»Was für ein Kuvert?« fragte Drinkwater verwundert.

Rosa Marzipan lächelte spitzbübisch. »Wir Zirkusleute sind ein raffiniertes Völkchen, mein lieber John.«

»Unser Preis steht auf einem Zettel«, erklärte Mäxchen. »Der Zettel steckt in einem Kuvert. Das Kuvert ist versiegelt. Und das versiegelte Kuvert steckt in der Brusttasche meines Vormunds und Partners Jokus von Pokus.«

Direktor Brausewetter war überrascht und gekränkt. »Davon weiß ich ja gar nichts!« Er zog die grauen Handschuhe aus und saß, ganz gegen seine Gewohnheit, etwa eine halbe Stunde mit völlig nackten Händen da. Weil er noch nicht wußte, ob er die weißen oder die schwarzen Handschuhe anziehen sollte.

»Lieber Brausewetter«, sagte der Jokus, »der Vertrag zwischen Mister Drinkwater und Ihrem Zirkus ist eine Sache für sich. Damit haben wir nichts zu tun. Auf dem Zettel im Kuvert steht nur der Preis, den Mäxchen, Fräulein Marzipan und ich verlangen.«

»Ihr versiegeltes Kuvert macht mich nervös«, erklärte Mister Drinkwater. »Ich will einen Film in Breitwand und Farbe drehen. Ich will außerdem Mäxchens Geschichte in sechs Fortsetzungen fürs Fernsehen produzieren. Das wird ein teurer Spaß. Deshalb brauche ich die Weltrechte für zehn Jahre. Und deshalb brauche ich Ihr Mäxchen, Sie selber und Ihr Fräulein Braut als Hauptdarsteller für die Monate Oktober und November im Kronebau in München. Das ist doch alles sonnenklar.«

»Der Film wird ja gar kein teurer Spaß«, rief Mäxchen.

»Mein Partner hat recht«, sagte der Jokus liebenswürdig. »Ihr Film wird, samt der Fernsehserie, keinen Dollar teurer als jeder andere Zirkusfilm. Aber er wird mindestens zehnmal soviel Geld einspielen wie jeder andere. Weil noch nie vorher der Star nur fünf Zentimeter groß war. So etwas hat die Welt noch nicht gesehen, und jeder Erdbewohner wird ins nächste Kino rennen.«

»Sie werden sich dumm und dämlich verdienen!« rief Mäxchen begeistert.

Die anderen blickten ihn mißbilligend an.

»Schon gut«, brummte Drinkwater. »Also, vielleicht wird

unser Film wirklich ein großes Geschäft. Aber was soll das versiegelte Kuvert? Und wo ist es?«

Der Jokus holte einen Briefumschlag aus der Tasche, legte ihn auf den Tisch und sagte: »Hier.« Doch als der Amerikaner danach greifen wollte, hielt er dessen Hand fest. »Das Kuvert wird erst geöffnet, nachdem Sie den Betrag, den Sie uns freiwillig zahlen wollen, Ihrerseits auf einen Zettel geschrieben haben.«

»Ein bißchen umständlich«, meinte Drinkwater. »Dann öffnen wir Ihr komisches Kuvert, vergleichen die beiden Summen und beginnen zu handeln. Wozu also das ganze Brieftheater?«

»Warten Sie nur ab«, rief Mäxchen. »Das Schönste kommt ja erst.« Er rieb sich vor Vergnügen die Hände.

»Wir werden nicht miteinander handeln«, erklärte der Jokus. »Die Beträge auf Ihrem und auf unserem Zettel sind endgültig. Wenn Ihre Summe höher ist als unsere, ist der Vertrag perfekt.«

»Und wenn ich weniger geboten habe, als in Ihrem verrückten Kuvert verlangt wird?«

»Dann«, sagte Rosa lächelnd, »ist das Geschäft leider geplatzt.«

Mister Drinkwater machte, was er sehr selten tat, ein verblüfftes Gesicht. Er schwieg. Und Direktor Brausewetter zog einen schwarzen und einen weißen Handschuh über. Nun konnte kommen, was wollte.

Nach einer Weile zündete sich Mister Drinkwater eine seiner schwarzen Zigarren an, blickte den Rauchwölkchen nach, starrte bekümmert auf das geheimnisvolle Kuvert und sagte: »Die Methode ist neu. Sie sind sehr raffiniert.«

»Beides stimmt nicht«, erwiderte der Jokus. »Wir verstehen nichts von Geschäften. Und die Methode ist fast hundertfünfzig Jahre alt.«

»Sie stammt vom alten Goethe«, rief Mäxchen. »Vom größten deutschen Dichter.«

»Kenne ich«, bemerkte Drinkwater. »Und derselbe Goethe hat den Trick mit dem Kuvert erfunden? Damals gab es doch noch gar keine Filmproduzenten!«

Rosa lachte. »Aber Buchverleger gab es schon, und die waren auch nicht von schlechten Eltern.«

»Geschäftsleute sind auf der Welt, um Geschäfte zu machen«, sagte Drinkwater. »Wo sollen wir hinkommen, wenn uns die Dichter und Zauberer versiegelte Kuverts auf den Tisch legen?«

»Geschehen ist geschehen«, bemerkte der Jokus. »Ein Verleger, ich glaube, er hieß Göschen, wollte Goethes nächstes Buch herausbringen und erkundigte sich, was das Manuskript koste. Daraufhin schickte der Dichter einen guten Bekannten zu dem Verleger und ließ ihm das bewußte Kuvert vorlegen. Wenn der Verleger weniger böte, als im Brief verlangt werde, sei das Geschäft ...«

»... geplatzt«, rief Mäxchen vergnügt.

»Und wie ging die Sache aus?« fragte Drinkwater.

»Der Verleger dachte ziemlich lange nach.«

»Das kann ich gut verstehen«, meinte der Amerikaner. Er trocknete sich mit dem Taschentuch die Stirn. Ihm war heiß geworden. »Und dann?«

»Dann nannte er einen hohen Betrag. Es war der höchste, den er bieten konnte. Nun öffneten sie das Kuvert und verglichen die beiden Summen. Das Angebot des Verlegers lag höher als Goethes Forderung. Und damit war der Handel abgeschlossen.«

»Ihr großer Goethe war ein großer Halsabschneider«, erklärte Drinkwater grimmig. »Schade, daß Sie nicht nur seine Bücher gelesen haben, sondern auch noch seine Geschäftsbücher.«

»Wir wollen Sie nicht zwingen«, sagte der Jokus ruhig. »Sie können unseren Vorschlag ablehnen.«

»Nein, das kann ich eben nicht. Ich will und ich werde den Film vom Kleinen Mann drehen. Deshalb muß ich die Weltrechte kaufen.«

»Nun gut«, sagte der Jokus. »Dann erwarten wir Ihr Angebot. Wenn der Betrag unsere Summe im Kuvert übertrifft, ist alles in Ordnung. Denken Sie in Ruhe darüber nach. Es eilt nicht.«

»Ich brauche keine Bedenkzeit«, knurrte Drinkwater. »Ich

weiß was ich Ihnen äußerstens zahlen kann, ohne mich zu ruinieren.« Er stand auf, ging rasch zu dem Schreibtisch an der Wand, schrieb kurz entschlossen etwas auf einen Zettel, kam zurück, schob Jokus den Zettel hin, sagte: »Da!« und sank in seinen Stuhl.

Der Jokus las die Summe und schwieg. Rosa schaute auf den Zettel und machte »Oh!«. Direktor Brausewetter blickte dem Jokus über die Schulter und murmelte: »Donnerwetter noch mal!« Und Mäxchen, der an den Zettelrand gelaufen war, um die Summe lesen zu können, sprang von der Tischkante zum Jokus hinüber, kletterte wie ein Wiesel an ihm hoch, gab ihm einen Kuß auf die Nasenspitze und landete, nach eleganter Schußfahrt, in der altgewohnten, gemütlichen Brusttasche.

»Wir gratulieren Ihnen«, erklärte Professor Jokus von Pokus feierlich. »Sie haben gewonnen.«

Mister Drinkwater seufzte erleichtert auf.

»Wir werden uns bei den Filmaufnahmen große Mühe geben«, rief Mäxchen. »Und wenn der Film fertig ist, setzen wir uns zur Ruhe.«

Direktor Brausewetter erschrak bis in die Schnurrbartspitzen. »Sie wollen meinen Zirkus im Stich lassen?«

»Der Junge übertreibt«, meinte der Jokus. »Aber zwei Monate Ferien machen wir bestimmt.«

Nun werdet ihr wahrscheinlich wissen wollen, was auf dem Zettel stand. Ich habe ihn mit eigenen Augen gesehen. Der Professor zeigte ihn mir in Lugano, während wir auf der Terrasse Bowle tranken und auf das Große Feuerwerk warteten. Also, auf dem Zettel stand:

> 2 Millionen Dollar
> und keinen Cent mehr!
> John F. Drinkwater.

2 000 000 Dollar! In DM umgerechnet sind das ... Doch das kriegt ihr auch ohne mich heraus. Jedenfalls, eine so große Menge Geld verdient man nicht alle Tage. Auch nicht als Zauberkünstler und als Kleiner Mann. Von Luftspringerinnen ganz zu schweigen.

»Daß mir die Filmrechte gehören, weiß ich nun«, sagte Mister Drinkwater. »Und was ich Ihnen zahlen muß, weiß ich leider auch. Doch was in Ihrem verflixten Kuvert steht, das weiß ich noch nicht. Darf ich nachsehen?«
»Selbstverständlich«, erwiderte der Jokus.
»Au Backe!« meinte Mäxchen.
Das Marzipanfräulein lächelte geheimnisvoll wie eine blonde Sphinx. Direktor Brausewetter hüpfte hoch und trabte hinter Drinkwaters Stuhl. Diesmal zitterte er nicht vor Schreck, sondern vor lauter Neugierde. Er zitterte oft und gern.
Der Amerikaner riß das Kuvert auf, holte einen Zettel heraus, faltete ihn auseinander und erstarrte.
Direktor Brausewetter, der ihm über die Schulter sah, verdrehte die Augäpfel und flüsterte: »Ich falle um.« Aber dann fiel er doch nicht um, weil er sich rechtzeitig an Mister Drinkwaters Lehnstuhl, nein, an dessen Stuhllehne festhielt. Er ging nur ein bißchen in die Knie.
Der Filmgewaltige aus den USA merkte das gar nicht. Er saß noch immer starr im Stuhl wie eine Wachsfigur in einem Wachsfigurenkabinett.

Und nun werdet ihr wissen wollen, was auf diesem zweiten Zettel stand. Auch ihn habe ich in Lugano mit eigenen Augen gesehen. Mister Drinkwater hatte ihn nicht behalten wollen. Eine solche Blamage, hatte er geäußert, müsse man sich nicht auch noch einrahmen und übers Sofa hängen. Na ja, ich kann ihn verstehen. Denn der Zettel, den er aus dem versiegelten Kuvert herausgefingert hatte, sah folgendermaßen aus:

Mit anderen Worten: Der Zettel war leer! Es stand keine Zahl darauf. Es stand keine Unterschrift unter der Zahl, die nicht daraufstand. Nichts. Es war der leerste Zettel, der jemals in ein Kuvert gesteckt wurde.

Und es dauerte etwa fünf Minuten, bis sich die Wachsfigur namens John F. Drinkwater bewegte. Sie klapperte mit den Augendeckeln. Das war das erste Lebenszeichen.
»Er wird wieder«, stellte Mäxchen fest.
Nach weiteren zwei Minuten war der Amerikaner endlich sprechbereit. »Ich bin ein Esel«, sagte er zornig. »Ich hätte mir eine der zwei Millionen sparen können, und dann wären Sie immer noch gut weggekommen. Ein leerer Zettel! Ihr Mister Goethe war ein gescheiter Teufel, wie der Mephisto in seinem ›Faust‹.«
Der Jokus lächelte. »Ein gescheiter Teufel war unser Mister Goethe nur zur Hälfte. Außerdem: Das Kuvert und der Zettel stammen zwar von ihm, aber der Einfall, auf den Zettel überhaupt nichts zu schreiben, der stammt von mir selber.«
»Meinen Respekt«, sagte Drinkwater verärgert. »Aber wenn ich nun auf meinen eigenen Zettel, beispielsweise, nur zehn- oder zwanzigtausend Dollar geschrieben hätte?«
»Das hätten Sie nie getan«, meinte Rosa Marzipan. »Sie wollten ja unbedingt die Filmrechte haben.«
Drinkwater nickte. »Das ist richtig, Rosie. Trotzdem. Nehmen wir an, ich hätte es riskiert. Ich bin ein ziemlich guter Pokerspieler.«
»Und ich bin ein ziemlich guter Zauberkünstler«, stellte der Jokus fest. »Wir wußten natürlich nicht, wie hoch Sie bieten

würden. Denn wir sind Laien. Wenn Sie uns aber nur ein Trinkgeld geboten hätten, dann hätte ein anderes Kuvert auf dem Tisch gelegen.«

»Ein anderes Kuvert? Wo hätten Sie das denn so schnell hergenommen?«

»Ach sind Sie komisch«, rief Mäxchen und zog sich vor Vergnügen an den Haaren. »Es liegt doch längst vor Ihrer Nase!«

Mister Drinkwater blickte auf den Tisch. Tatsächlich. Vor seiner Nase lag ein zweites versiegeltes Kuvert. Er blickte es an, als sei er, trotz seiner Körperlänge (1,90 m) ein Kaninchen und das Kuvert eine Klapperschlange.

»Schauen Sie nach«, schlug der Jokus vor. »Lassen Sie sich nicht stören.«

Mister Drinkwater riß das zweite Kuvert auf, zog den Zettel heraus und wurde weiß wie die Wand. »Da ... das ist doch unmöglich! So viel Geld gibt's ja gar nicht!«

Der Professor nickte. »Wenn ich gemerkt hätte, daß Sie viel zu wenig böten, hätte ich viel zu viel verlangt. Damit wären unsere Verhandlungen ...«

»... geplatzt!« rief Mäxchen fröhlich.

»Und wir hätten auf einen solideren Käufer gewartet«, fügte Rosa Marzipan hinzu.

»Sie sind ein raffiniertes Trio«, sagte Drinkwater. »Und wenn Sie während der Filmaufnahmen nur halb so gut sein sollten wie heute, wird der Film ein Meisterwerk.«

»Er wird eines. Wollen wir wetten?« fragte Mäxchen.

Drinkwater hob abwehrend die Hände. »Wetten? Mit einem so gerissenen Kerlchen wie dir? Ich werde mich hüten. So reich bin ich nicht.«

»Aber ich bin jetzt reich«, sagte Mäxchen stolz. »Darf ich Sie zu einem Ananastörtchen einladen?«

»Pfui Spinne! Ananastörtchen! Ein doppelter Whisky wäre mir wesentlich lieber.«

»Geht in Ordnung«, meinte Mäxchen. »Nur eines verstehe ich nicht: wieso ein Mann, der so gerne Whisky trinkt, ausgerechnet Drinkwater heißt.«

Eigentlich wollte ich ja im dritten Kapitel noch über das ›Unternehmen Dornröschen‹ berichten. Doch die Affäre mit den drei Zetteln und den zwei Kuverts hat mich länger aufgehalten, als ich dachte. Und allzu lange Kapitel mag ich nicht. Deshalb beginnt nun …

Das vierte Kapitel

*Das Unternehmen Dornröschen
Hauptwachtmeister Mühlenschulte erinnert
sich dunkel · Der Kahle Otto hat wieder
einmal Durst · Was soll das Klavier in der Luft?
Kommissar Steinbeiß packt die Koffer
Zirkus Stilke gastiert in Glasgow und London.*

In der Nacht, die diesem Tag folgte, geschah ein aufsehenerregender Überfall. Er vollzog sich lautlos. Die Täter entkamen unerkannt. Sie raubten weder Geld noch Pelze oder Juwelen. Sie raubten zwei Gefangene. Sie überfielen kein Schmuckgeschäft und kein Bankgebäude. Sie überfielen das Untersuchungsgefängnis.

Das war natürlich eine bodenlose Frechheit. Doch außerdem war es etwas Neues. Und Presse, Funk und Tagesschau knöpften sich die Neuigkeit gründlich vor. Aber das war später und überhaupt zu spät. Man konnte nur noch lachen oder schimpfen.

Der Polizeipräsident schimpfte. Der Gefängnisdirektor trat von seinem Posten zurück. Und Kriminalkommissar Steinbeiß ließ sich beurlauben. Aber was half's? Die Polizei fühlte sich bis auf die Knochen blamiert.

Dabei hatte der Gefängnisdirektor den Überfall immerhin als erster entdeckt. Allerdings, schätzungsweise, sechs bis sieben Stunden danach. Aber das war nicht seine Schuld. Denn Doktor Heublein, so hieß er, wohnte ja nicht im Gefängnis, sondern in einem Vorort der Stadt.

Es wird am besten sein, wenn ich alles der Reihe nach erzähle. Das ist noch immer die richtige Methode. Neu ist sie nicht, nein. Doch wozu auch? Neues muß nicht immer richtig und Richtiges muß nicht immer neu sein.

Also: Herr Doktor Heublein fuhr, wie jeden Morgen, Punkt acht Uhr am Gefängniseingang vor und hupte dreimal, damit man ihm das Tor aufschließe. Aber es öffnete niemand. Er wartete und hupte wieder. Nichts rührte sich. Das war noch nie vorgekommen.

Wütend kletterte er aus dem Wagen, stellte sich auf die Zehenspitzen und blickte durch das vergitterte Fenster in die Wachstube. Zunächst verschlug es ihm die Sprache. Dann sagte er zu sich selbst: »So etwas gibt's doch gar nicht.« Er trommelte mit der Hand gegen die Scheibe. »Witschoreck!« rief er. »Was fällt Ihnen eigentlich ein?«

Wachtmeister Witschoreck saß vorm Schreibtisch und schlief. Neben seinem Stuhl lag die Schäferhündin Diana und schlief. Da half kein Trommeln.

Doktor Heublein rannte zum Tor und schlug mit den Fäusten dagegen. Knarrend bewegte sich der eine eiserne Torflügel. Heublein hörte, wie drinnen der schwere Schlüsselbund klapperte. Um alles in der Welt, sein Gefängnis war nicht abgeschlossen! Er warf sich mit letzter Kraft gegen das massive Tor, bis es so weit aufging, daß er zitternd in den Hof wanken konnte. Dann schob er den Torflügel zu, drehte den Schlüssel im Schloß um und wollte gerade ein bißchen aufatmen. Doch daraus wurde nichts.

Denn er erblickte zwar den Hauptwachtmeister Mühlenschulte, der den Schäferhund Pluto an der Stahlkette hielt, aber sie erblickten ihn nicht. Sie lagen friedlich am Boden und schliefen.

Doktor Heublein ging knieweich über den Hof zum Gefängnisbau hinüber. Ihm sträubten sich die Haare. Auch diese Tür stand offen! Er schlich durch die Korridore. Er stieg von Stockwerk zu Stockwerk. Es war überall dasselbe. Die Gefangenen schliefen. Die Gefängniswärter schliefen. Die Krankenschwester in der Ambulanz schlief. Die Köchin und ihre Lehrmädchen schliefen. Der Heizer und sein Wellensittichpärchen schliefen. Und es schliefen sogar die Fliegen an der Wand.

Doktor Heublein rief in seiner Verzweiflung den Polizeipräsidenten an und berichtete stotternd die unheimliche Neuigkeit. Der Präsident brüllte in den Apparat: »Solche Märchen können Sie Ihrer Frau Großmutter unterm Christbaum erzählen!« Aber er begann nachzudenken. Vielleicht war es gar kein Märchen?

Zehn Minuten später jagte ein Dutzend Streifenwagen durch die Stadt. Die Blaulichter rotierten. Die Martinshörner jaulten. Große Dienstwagen folgten. Im ersten saßen der Polizeipräsident persönlich, Obermedizinalrat Dr. Grieneisen, Kriminalkommissar Steinbeiß und Professor Dickhut, der Direktor des Gerichtschemischen Instituts. Die Passanten blickten verdutzt hinter der wilden Jagd her.

»Warum haben die es denn so eilig?« fragte eine Frau mit einer schweren Einkaufstasche.

»Vielleicht ist bei jemandem die Milch übergekocht«, meinte ein Schuljunge, der neben ihr stand.

»Du liebe Güte!« rief sie entsetzt. »Da hab ich also schon wieder vergessen, das Gas abzudrehen!« Und schon machte sie kehrt und rannte um die nächste Ecke.

»Du scheinst ein rechter Lümmel zu sein«, sagte ein streng aussehender Herr.

»Ich will mich nicht loben«, entgegnete der Junge. »Aber man tut, was man kann.«

Der Polizeipräsident saß in der Wachstube und erklärte mit dumpfer Stimme: »Das ist kein Untersuchungsgefängnis, meine Herren. Das ist ein Irrenhaus.« Er betrachtete den schlafenden Wachtmeister Witschoreck und die schlafende Schäferhündin Diana. Auch den schlafenden Hauptwachtmeister Mühlenschulte und den vorjährigen Europameister Pluto musterte er finster. Man hatte die beiden hereingeschleppt. Denn man konnte sie schließlich nicht im Gefängnishof herumliegen lassen.

Obermedizinalrat Grieneisen und Professor Dickhut hatten die zwei Wachtmeister und die zwei Hunde untersucht. Grieneisen sagte: »Kein Fieber. Puls normal. Atmung in schönster Ordnung. Alle vier sind kerngesund.«

»Nur ziemlich müde«, meinte der Polizeipräsident ironisch. »Wann, glauben Sie, wird dieses verrückte Gefängnis endlich aufwachen? Ich muß doch jemanden fragen können, was gestern nacht passiert ist!«

Doktor Heublein, der Gefängnisdirektor, starrte aus dem vergitterten Fenster und murmelte: »Im Märchen von Dornröschen hat es hundert Jahre gedauert.«

»Soviel Zeit haben wir nicht!« Der Polizeipräsident krächzte vor Aufregung. »Dann sind wir längst pensioniert!«

Da ergriff Professor Dickhut das Wort. Von Märchen hielt er nichts. Er war Chemiker. »Amerikanische Kollegen«, sagte er, »haben sogenannte humane Kampfstoffe entwickelt, die wir noch nicht kennen. So etwas könnte es gewesen sein. Man schießt Schlafgranaten auf die feindlichen Truppen. Im Nu sinken sie um und schlafen ...«

»Hundert Jahre lang?«

»Ach wo, ein paar Stunden.«

»Und Sie glauben im Ernst, gestern nacht sei ein Panzer mit amerikanischen Schlafgranaten vorgefahren und habe das Gefängnis bombardiert?«

»Nicht doch, Herr Präsident«, sagte Professor Dickhut lächelnd. »Solche Schlafgifte kann man natürlich dosieren, wenn man sie erst einmal erfunden hat. In Tablettenform, in Sprühdosen, in Kanistern. Man kann damit operieren wie Gärtner, wenn sie Ungeziefer bekämpfen.«

»Ich muß Ihnen glauben«, erklärte der Polizeipräsident. »Sie sind der Fachmann. Es könnte sich so ähnlich abgespielt haben. Ich frage mich nur, warum? Warum und wozu versetzt man ein ganzes Gefängnis in einen modernen Dornröschenschlaf?«

»Ich kenne den Grund«, rief Kriminalkommissar Steinbeiß atemlos. Er war eben aus dem Gefängnisbau zurückgekommen und hatte die Frage gehört. »Man hat zwei Häftlinge gestohlen. Die beiden Halunken, die den Kleinen Mann entführt hatten.« Dann stürzte er ans Telefon.

Professor Jokus von Pokus und der Kleine Mann saßen, als das Telefon klingelte, in ihrem Hotelzimmer und frühstückten. Der Jokus hob den Hörer ab, meldete sich und rief erfreut:

»Guten Morgen, Herr Kommissar. Natürlich ist er hier. Er hat sich wieder einmal mit Erdbeermarmelade vollgeschmiert. Na ja, als Millionär darf er das. – Was ist passiert? – Bernhard und der Kahle Otto sind verschwunden? Das ist ja allerhand. – Wie bitte? Nächtlicher Überfall? Alle schlafen? Auch die Schäferhunde? – Aha. Ein chemischer Großangriff. Keine Spuren? – Seien Sie ohne Sorge. Ich lasse den Jungen nicht aus dem Auge. Wie? – Sicher. Es muß eine ganze Bande gewesen sein. Haben Sie schon in Tempelhof angerufen? Der Flugplatz ist das Wichtigste. Erkundigen Sie sich nach Chartermaschinen! – Richtig. – Rufen Sie uns wieder an? Schön. Und herzlichen Dank.«

Als ihm der Jokus alles berichtet hatte, meinte Mäxchen: »Da steckt Señor Lopez dahinter, oder ich fresse einen Besen.«

»Hoffentlich gibt's so kleine Besen«, sagte der Jokus. »Und nun putze dir die Marmelade aus dem Gesicht.«

Mäxchen putzte. Dann fragte er: »Glaubst du, daß man mich diesmal wieder klauen wollte?«

Der Jokus schüttelte den Kopf. »Nein. Die Bande ist sicher längst über alle Berge. Es war ein Rückzugsgefecht.«

»Und warum hat dieser Lopez den Bernhard und den Kahlen Otto aus dem Gefängnis herausholen lassen? Das war doch sehr gefährlich und sehr teuer. Oder?«

»Geld spielt für den Mann überhaupt keine Rolle«, sagte der Jokus und trank den letzten Schluck Kaffee. »Und was war für ihn gefährlicher? Daß er die zwei Halunken rauben ließ oder daß es zu einem Prozeß gekommen wäre? Wer weiß, was sie alles verraten hätten, nur um nicht allzu lange eingesperrt zu werden.«

»Verstehe«, meinte Mäxchen. »So wird es sein. Und ich bin froh, daß ich den Besen nicht zu fressen brauche.«

Der erste Tiefschläfer, der aufwachte, war der Europasieger Pluto. Er riß das Maul auf, aber nur um zu gähnen. Schäferhunde mögen zwar klug sein, doch vom Reden halten sie nicht viel.

Der nächste Schläfer, der sich zu Wort meldete, war Hauptwachtmeister Mühlenschulte. Er schlug plötzlich die Augen auf, sah sich um und sagte: »Nanu.« Viel war das nicht. Aber der Polizeipräsident ließ ihm einen Liter schwarzen Kaffee einflößen. Das half.

Er begann sich zu erinnern. »Witschoreck und ich spielten eine Partie Dame, als die Klingel an der Einfahrt läutete. Ich ging also mit Pluto und dem Schlüsselbund hinaus, öffnete das Schiebefenster und sah einen Mann in einem schwarzen, hochgeschlossenen Jackett. Er sei der Stellvertreter des Gefängnisgeistlichen, behauptete er, und man habe ihn gerufen, weil ihm der Häftling von Zelle 34 einen Raubüberfall gestehen wolle.«

»So ein Blödsinn!« rief Doktor Heublein aufgebracht.

»Sie nehmen mir das Wort aus dem Munde, Herr Direktor. ›So ein Blödsinn‹, sagte ich zu ihm. Da schob er einen Metallschlauch durch die offene Fensterklappe. Ich dachte noch: ›Er wird mir doch nicht einen Staubsauger vorführen wollen … Mitten in der Nacht … Am Gefängnistor …‹ Und …«

»Und?« fragte Obermedizinalrat Dr. Grieneisen.

»Weiter weiß ich nichts«, meinte Mühlenschulte. »Totale Mattscheibe. Tut mir leid.« Er stutzte. »Witschoreck! Warum schläfst du denn? Gustav! Wach doch auf!«

Aber Wachtmeister Witschoreck war noch nicht soweit.

Etwa um die gleiche Zeit schlug der Kahle Otto die Augen auf und staunte nicht schlecht. Er saß in einem Flugzeug. Die Morgensonne schien. Der Himmel schimmerte stahlblau. Man flog über weißen Wolken hin wie über hunderttausend feinsten Federbetten. »Komisch«, brummte er. »Sieht nicht mehr nach Gefängnis aus.«

Da sagte jemand neben ihm: »Guten Morgen wünsch ich. Ausgeschlafen?«

Otto betrachtete seinen Nachbarn mißtrauisch. Doch dann grinste er bis hinter die Ohren. »Boileau, oller Kumpel, wie kommst denn du hierher?«

»Frag mich lieber, wie du hierhergekommen bist«, meinte Monsieur Boileau.

»Eins nach 'm andern. Erst 'n Schnaps, wenn's geht. Oder is das 'n alkoholfreies Flugzeug?« Nach dem dritten Glas fühlte er sich frischer. »Is Bernhard auch hier?«

»Ja, aber er schläft noch.«

»Schade«, erklärte der Kahle Otto. »Ich meine, es is schade, daß ihr 'n nich im Gefängnis gelassen habt. Mensch, kann der eklig sein! Er hat mich wie sein' Schuhputzer schickeniert. Das liegt mir nich. Laß mich aus der Ecke raus, ich wisch ihm eine!«

»Rege dich nicht auf«, warnte Boileau. »Denke an deinen hohen Blutdruck!«

»Denken liegt mir nich«, sagte Otto.

Boileau nickte. »Ein Glück, daß du es endlich einsiehst. Deine Dämlichkeit kostet den Chef viel Geld. Du läßt dich von einem Fünfzentimeterknirps auf den Arm nehmen. Ihr werdet eingebuchtet. Kollege Ballhaus funkt dem Lopez. Der Lopez funkt mir. Ich miete ein Flugzeug und ein paar Dutzend Spezialisten. Wir spielen ›Berlin ist eine Reise wert‹, schläfern ein Gefängnis ein, riskieren Kopf und Kragen – und wozu das alles? Nur um zwei solchen Nachtwächtern wie euch aus der Patsche zu helfen!«

»Mach die Klappe zu, sonst zieht's«, rief da jemand ärgerlich. Es war Bernhard. Er war aufgewacht und hatte Boileaus Vorwürfe gehört. »Und erzähle bloß nicht, daß euch Lopez losgeschickt hat, weil er uns so liebt. Er hatte einfach Angst, Otto könnte auspacken. Für eine Flasche Schnaps verkauft der seine zwei Großmütter.«

»Tu mir 'n Gefallen und schlaf noch 'n bißchen«, knurrte der Kahle Otto. »Warum habt ihr bloß den Kerl nich in der Zelle gelassen? Ich kann den Ton nich leiden. Schon gar nich auf nüchternen Magen.«

»Hast du Hunger?« fragte Boileau.

»Klar, Mensch.«

»Belegte Brote?«

»Nee, 'n paar Schnäpse«, erklärte Otto. »Was das Essen betrifft, bin ich noch 'n Flaschenkind.«

Mittlerweile war die Kriminalpolizei nicht faul gewesen. Kommissar Steinbeiß hatte auf dem Flugplatz Tempelhof den Hangar ausfindig gemacht, von dem aus das Charterflugzeug in der

Nacht abgeflogen war. Aber es war in Paris nicht eingetroffen, sondern sonstwo und über alle Berge.

Doch auch die Reporter waren nicht faul gewesen. Und was sie wußten und nicht wußten, stand bereits in den Zeitungen, die man nachmittags auf der Straße kaufen konnte. Die Berichte prangten auf der ersten Seite. Das ›Unternehmen Dornröschen‹ hieß es in Riesenbuchstaben.

Als Kriminalkommissar Steinbeiß die Zeitungen las, wurde er grün vor Ärger. Andere Leute kriegen vor Ärger die Gelbsucht. Er bekam die Grünsucht, eine völlig neue Krankheit. Doch das war noch gar nichts. Es kam noch dicker.

Zwei Stunden später rief seine Frau im Büro an. Sie war völlig außer Fassung und schrie und weinte und tobte, daß er den Hörer vom Ohr weit weghalten mußte. Sonst wäre ihm das Trommelfell geplatzt. »Bist du verrückt geworden?« rief sie im höchsten Diskant. »Wozu brauchen wir denn ein Klavier?«

»Ein Klavier?« Er hielt sich am Schreibtisch fest.

»Jawohl! Sie kriegten es nicht die Treppe herauf, und jetzt holen sie einen Flaschenzug, um es an der Hauswand hochzuziehen und durchs Fenster zu bugsieren.«

»Aber Mausi«, sagte Steinbeiß, »ich habe doch kein Klavier bestellt.«

»Du hast es sogar bezahlt«, rief sie. »Sie haben mir die Rechnung gezeigt! Und wenn du schon ein Klavier kaufst, warum schickst du dann andere Leute, die unsere Wohnung mieten wollen, weil wir auszögen?«

Steinbeiß hielt die Luft an.

»Und ein Krankenwagen war auch hier«, kreischte sie, »er wollte deinen Neffen abholen, der sich bei uns im Badezimmer ein Bein gebrochen hätte!«

»Behalte, bitte, die Nerven«, sagte er ruhig. »Ich komme gleich. Und gehe nicht vor die Tür.«

»Das kann ich sowieso nicht! Es stehen ja zehn große Kisten mit Weinessig davor! Wozu bestellst du zehn große Kisten Weinessig?«

Kriminalkommissar Steinbeiß knallte den Hörer auf die Gabel und hieb sich den Hut auf den Schädel.

Als er in die Konstanzer Straße einbog, sah er schon von weitem die Menschenmenge, die sich vor seinem Haus angesammelt hatte. Hoch in der Luft baumelte ein Klavier. Und Frau Steinbeiß, Hildegard mit Vornamen, eine mollige und sonst sehr geduldige Person, beugte sich weit aus dem offenen Fenster im dritten Stock und verweigerte, mit den Händen rudernd, die Annahme.

Und auf der Straße standen nicht nur neugierige Passanten und Müßiggänger, o nein. Pressefotografen, Kameraleute, Reporter mit Notizblöcken waren darunter. Es wurde geknipst und gekurbelt, notiert und gelacht, daß man sein eigenes Wort nicht verstand.

Steinbeiß sprang aus dem Wagen.

»Endlich kreuzt die Hauptperson auf!« rief ein Reporter.

»Wie kommen Sie hierher?« fragte er voller Zorn.

»Na sowas«, sagte der Zeitungsmann, und er war ehrlich gekränkt. »Sie haben uns ja alle feierlich einladen lassen! Wer sonst hätte uns denn anrufen und vor Ihr Haus bestellen sollen?«

»Wenn Sie's nicht selber waren«, meinte ein Pressefotograf, »dann kann es nur jemand gewesen sein, der Sie nicht sehr mag. Ein Klavier in der Luft, Ihre Frau am Fenster, in allen Zeitungen und in der Tagesschau, mit einem flotten Kommentar …«

Kriminalkommissar Steinbeiß stürzte die Treppe hoch, kletterte über die Essigkisten und schlug mit den Fäusten gegen die Tür, bis Mausi öffnete. Dann rannte er zum Telefon, rief die Funkstreife an, daß sie ihm helfe, und ließ sich anschließend mit dem Polizeipräsidenten verbinden. »Herr Präsident«, sagte er, »ich stelle meinen Posten zur Verfügung.«

»Ich weiß schon, worum sich's handelt«, antwortete der Polizeipräsident. »Machen Sie sich nichts daraus, lieber Steinbeiß. Diesem Señor Lopez ist keiner gewachsen. Ich denke nicht im Traum daran, einen so tüchtigen Mann wie Sie für immer einzubüßen. Aber ich beurlaube Sie für ein halbes Jahr. Dann sehen wir weiter. Einverstanden?«

»Einverstanden«, sagte Steinbeiß. »Und wenn ich den Atlantischen Ozean zu Fuß durchwaten müßte, diesen Señor Lopez kauf ich mir.«

Am Abend saß er mit Mister Drinkwater im Hotel Hilton in der Bar. Der Amerikaner ließ sich alles, was mit dem ›Unternehmen Dornröschen‹, den dürftigen Auskünften der Interpol und dem geschenkten Klavier zusammenhing, noch einmal haarklein erzählen. »Und wie soll ich Ihnen helfen?« fragte er.

»Ich muß diesen Lopez finden«, erklärte Steinbeiß. »Er hat mich für dumm verkauft. Das lasse ich mir nicht bieten. Heute lacht die Welt über mich. Ich will, daß sie möglichst bald über ihn lacht.«

»Das verstehe ich«, sagte Drinkwater. »Sie wollen also nach Südamerika fliegen.«

»Jawohl.«

»Und sich dort mit der Polizei verbünden.«

»Nein. Wer so reich wie Lopez ist, hat auch bei der Polizei Freunde. Man würde ihn warnen, und ich wäre wieder der Lackierte.«

»Wer soll Ihnen denn sonst helfen?«

»Sie.«

»Ich?«

»Hören Sie zu«, bat der Kommissar. »Sie schicken eine Filmexpedition in die Gegend, wo wir den Señor Lopez vermuten. Daß ein paar Detektive aus New York und Kriminalkommissar Steinbeiß aus Berlin dabei sind, fällt nicht auf. Wir betätigen uns als Mitglieder der Expedition. Als Lastwagenfahrer, als Essenholer, als Zeltbauer, mein Freund MacKintosh aus New York als Dolmetscher. Er kennt Südamerika wie seine Westentasche und ist einer der gescheitesten Detektive unter der Sonne. Die Expedition dreht angeblich einen Kulturfilm über Land und Leute, Sitten und Gebräuche, Schulwesen, seltene Pflanzen und exotische Schmetterlinge …«

»Ein gräßliches Zeug«, sagte Drinkwater und schüttelte sich. »Aber ich verstehe, was Sie im Sinn haben.«

»Wir kurbeln ein paar Kakteen und Papageien und horchen

dabei die Leute aus. Daß dieser Lopez keine Feinde hat, ist vollkommen ausgeschlossen. Wir werden seine seltsame Burg finden ...«

»So eine Expedition ist ein teurer Spaß. Sie kann schiefgehen. Aber wenn wir auch nur hundert Meter Zelluloid in den Kasten kriegen, die wir gebrauchen können, finanziere ich die Sache.«

»Ich kann nichts versprechen«, sagte der Kriminalkommissar. »Ich habe etwas Geld auf der Bank und eine Lebensversicherung, die man beleihen kann.«

»Entweder mache ich so etwas überhaupt nicht«, antwortete Drinkwater trocken, »oder ich übernehme das gesamte Risiko, und das werde ich tun. Wann fliegen Sie?«

»Übermorgen.«

»Gut. Sie kabeln Ihrem Freund MacKintosh. Und ich informiere mein Büro in New York. Die Filmexpedition wird zusammengestellt werden. Alles Nähere erzähle ich Ihnen morgen. Wie geht's Ihrer Frau?«

»Sie zieht zu ihrer Schwester«, sagte der Kommissar. »Denn zu Hause traut sie sich nicht mehr vor die Tür. Man lacht uns aus. Wir sind Witzblattfiguren geworden. Heute früh stand, mit Kreide hingeschmiert, an der Hauswand: ›Klavierunterricht erteilen ab heute vierhändig Kriminalkommissar a. D. Steinbeiß und Gemahlin / Anmeldungen im 3. Stock.‹ Wir haben die Klingel abgestellt und das Telefon auf Kundendienst schalten lassen. Es war nicht mehr zum Aushalten.«

»Dieser Lopez ist ein Erzgauner«, sagte Mister Drinkwater. »Aber wer sind seine hiesigen Hintermänner? Wer hat das Klavier bezahlt? Wer hat den Krankenwagen bestellt? Und wer die zehn Kisten mit dem blöden Essig?«

»Die Polizei weiß es nicht. Lauter falsche Namen und Adressen. Nur die Geldscheine waren echt.«

»Wer hat das Charterflugzeug gemietet? Wer war der Reiseleiter? Wer war der Pilot? Wie wurde das ›Unternehmen Dornröschen‹ im einzelnen durchgeführt? Wo ist das Flugzeug von Tempelhof aus mit diesem Kahlen Otto und dem Bernhard hingeflogen?«

DAS VIERTE KAPITEL

»Die Polizei weiß es nicht. In Paris wissen sie so wenig wie wir. Unser Laboratorium hat die Zusammensetzung des Sprühstoffs analysiert, mit dem das Gefängnis eingeschläfert wurde. Doch das hilft uns keinen Schritt weiter. Was nützt uns eine chemische Formel?«

Mister Drinkwater erhob sich energisch. »Auf in den Kampf!« sagte er. »Packen Sie Ihre Koffer!«

Am übernächsten Tag flog Kommissar Steinbeiß nach New York, und wir werden längere Zeit nichts von ihm hören.

Mister Drinkwater saß häufig im Zirkus Stilke und machte sich Notizen. Noch öfter kam er zu Mäxchen, dem Jokus und Rosa Marzipan ins Hotel. Manchmal war auch der Schüler Jakob Hurtig dabei. Und meist sprachen sie von dem Film, den sie im Oktober und November in München drehen wollten. Jakob wußte schon, daß er ein paar Wochen schulfrei bekäme, um mitspielen zu können. »Ich freue mir noch ein mittelgroßes Loch in den Kopf«, sagte er. »Das wird der Film des Jahrhunderts. Warum ist denn noch nicht Oktober?«

»Weil du noch vor einigen Tagen Kirschkerne auf die Straße gespuckt hast«, sagte Mäxchen. »Bring bloß nicht den Kalender durcheinander!«

Diese Bitte war nur zu berechtigt. München war noch nicht an der Reihe. Im August gastierte der ›Zirkus Stilke‹ in der Kelvin Hall in Glasgow, droben in Schottland. Im September trat man in London auf. In der Olympia Hall. Der Erfolg war, wie sogar die ›Times‹ schrieb, ohne Beispiel. ›Maxie ist das Wunder Nummer eins‹, hieß es.

Und erst am vorletzten Septembertag war es dann soweit. Wieder wurden die Menschen und die Tiere verladen. Wieder ratterte ein Güterzug mit den Käfigen und Wohnwagen durch die Nacht. Wieder überquerte man, diesmal zwischen Harwich und Hoek, auf einem Frachtboot den Kanal. Wieder wurden eine Giraffe, der Kunstreiter Galoppinski und der Löwe Ali seekrank. Wieder ratterte der Zug durch Holland. Diesmal hieß das Ziel: München. Und damit beginnt …

Das fünfte Kapitel

Pressekonferenz in München · Das Dorf auf Rädern
Mäxchen ›frisiert‹ eine Reporterin · Der Kunstreiter
Galoppinski muß sein Pferd um Erlaubnis fragen
Fünf Portionen Karamelpudding sind zu viel
Wie wär's mit einem Ausflug nach Pichelstein?

So ein Zirkus ist, wie gesagt, keine Kleinigkeit. Und der Zirkusdirektor hat nichts zu lachen. Er ließe sich am ehesten mit einem Bürgermeister vergleichen. Mit dem Unterschied, daß in anderen Städten und Dörfern, außer braven Haustieren, nur Menschen leben und auf gar keinen Fall Löwen, Tiger, Elefanten, Bären, Affen und Seehunde.

Und ein zweiter wichtiger Unterschied kommt hinzu: Der Zirkus ist ein Dorf, das reist. Jeden Monat oder jeden zweiten Monat wohnt man woanders. Man bricht das Dorf kurzerhand und über Nacht ab. Und schon am nächsten, spätestens am übernächsten Tage steht das gleiche Dorf, als sei nichts gewesen, am Rand einer anderen Großstadt und in einem anderen Land mit einer anderen Sprache. Und am selben Abend findet die erste Galavorstellung statt. Es grenzt an Hexerei.

Doch es wird nicht gehext. Es wird gearbeitet. Jeder Handgriff sitzt. Jeder Mann funktioniert wie ein Rädchen im Uhrwerk. Der Verlademeister, der Menageriechef, der Zeltmeister, der Wagenparkchef und der Chef-Elektriker sind die größeren Rädchen. Und wer hat die ganze Uhr im Kopf und unterm Zylinder? Der Herr Direktor. Der Bürgermeister des Dorfs auf Rädern. Dazu braucht man Nerven wie Stricke. Oder, wie Direktor Brausewetter, viele graue und schwarze Handschuhe.

Auch die Reise von London nach München hatte wie am Schnürchen geklappt. Als Brausewetter nachmittags die Münchner Presseleute im Zirkus Krone empfing, trug er blütenweiße Handschuhe, und seine Schnurrbartspitzen standen auf Schönwetter.

Er gab einen kurzen Überblick: »Meine Damen und Herren«, sagte er, »wir sind ein reisendes Dorf. 150 Angestellte und Artisten leben mit ihren Familien in Wohnwagen. Sie kochen und verpflegen sich selbst.«

»Nanu«, rief ein Fräulein mit Notizblock und Hornbrille. »Sie kochen sich sogar selber? Schmeckt das denn?«

Direktor Brausewetter drohte ihr mit seinem weißbehandschuhten Zeigefinger. »Legen Sie mich nicht auf die Goldwaage, junge Dame! Ich will ein paar Zahlen nennen, nichts weiter. Also: allein für unsere 300 Tiere kaufen wir täglich 150 Kilogramm Fleisch, 20 kg Brot, 100 kg Gemüse und Früchte, 25 Liter Milch, 12 Kubikmeter Sägemehl und 6 Kubikmeter Erde. Für den Fahrzeugpark brauchen wir pro Tag 400 Liter Treibstoff. Für Lichtmaschine und Heizung 500 Liter Heizöl.«

»Donnerkiel«, meinte ein Journalist, »das nenne ich einen teuren Spaß.«

Brausewetter nickte lebhaft. »Und wenn wir abends nicht ausverkauft sind, ist es überhaupt kein Spaß, sondern nur noch teuer. Denn die Mannschaft richtet ihren Hunger nicht nach dem Kartenverkauf an der Kasse. Täglich konsumiert sie, beispielsweise, einen Zentner Brot, einen Zentner Kartoffeln und einen halben Zentner Frischfleisch.«

»Und wieviel ißt der Kleine Mann?« fragte ein Journalist. »Das interessiert unsere Leser ganz bestimmt.«

Der Direktor zeigte auf die Tür. Professor Jokus von Pokus und Mister Drinkwater waren soeben erschienen. »Fragen Sie ihn doch selber!«

Die Journalisten, auch das vorlaute Fräulein, sprangen von den Stühlen hoch und klatschten in die Hände. Mäxchen, der in der Brusttasche des Professors steckte, winkte ihnen zu. Als sich alle gesetzt hatten, wiederholte der Reporter seine Frage.

»Wieviel ich am Tag esse und trinke?« Mäxchen dachte kurz nach. »Na ja, auf den Millimeter genau weiß ich das nicht, und manchmal ist es etwas mehr und manchmal etwas weniger, nicht anders wie bei Leuten, die dreißig- und vierzigmal länger sind als ich. Ich verzehre also ungefähr zwei Quadratzentimeter Schwarzbrot, eine Messerspitze Butter, einen Teelöffel Ka-

kao, einen Fingerhut Limonade, einen Pfifferling, drei Kubikzentimeter Kalbsschnitzel oder Rindsfilet, den zehnten Teil einer Salzkartoffel, zwei Häppchen Wurst …«
»Und keinen Käse?« fragte das vorlaute Fräulein.
»Doch, doch. Aber nur Schweizerkäse. Sogar sehr viel! Täglich zwanzig bis dreißig Löcher!«
Da lachten alle miteinander. Außer dem Fräulein.

Die Pressekonferenz dauerte noch eine geschlagene Stunde. Erst unterhielt sich der Jokus mit den Herrschaften, und zum Schluß kam Mister Drinkwater an die Reihe. Er erzählte von dem Film, den er drehen werde. Von den Aufnahmen im Zirkus und, mit dem Kleinen Mann auf der Taube Emma, oben in der Kuppel. Von den Atelieraufnahmen im Studio 5 draußen in Geiselgasteig. Und von den Außenaufnahmen in Pichelstein, wo kein Einwohner größer sei als 51 Zentimeter. In jenem seltsamen Dorf, das Mäxchens Eltern eines Tages verlassen hätten, um als Artisten ihr Glück zu versuchen.
»Kannst du dich überhaupt noch an Pichelstein erinnern?« fragte das ungemütliche Fräulein.
»Nein«, sagte Mäxchen. »Ich war noch nie dort.« Er konnte die Gans nicht leiden. Sie war ihm ausgesprochen zuwider.
»Aber an deine kleinen niedlichen Eltern erinnerst du dich sicher noch«, fuhr sie zuckersüß fort. »Und wie dir zumute war, als man dir erzählte, sie seien vom Eiffelturm geweht worden. Und an die Beisetzung der falschen Chinesenzöpfchen. Hast du damals sehr geweint?«
Mäxchen schwieg. Die anderen saßen stumm und steif auf den Stühlen.
»Warum antwortest du denn nicht?« fragte das Fräulein ungeduldig.
»Er antwortet nicht, weil Sie eine taktlose Person sind«, sagte der Jokus leise.
»Was heißt hier Takt?« Sie klopfte mit dem Kugelschreiber auf den Tisch. »Ein tüchtiger Reporter darf nicht zimperlich sein. Also, Kleiner, wird's bald?«
Mäxchen nickte. »Sofort, meine Dame.« Schon stand er auf

dem Tisch. Im Nu kletterte er an ihr hoch. Im nächsten Moment stand er mitten in ihrer kunstvoll aufgedonnerten Frisur und zog und zerrte aus Leibeskräften an ihren Haaren.

»Aua!« schrie sie gellend. »Laß los!« brüllte sie. »Hilft mir denn keiner?«

Niemand rührte einen Finger. Sie ruderte mit den Händen in der Luft herum. Doch Mäxchen ließ sich nicht stören. Er schuftete wie bei der Heuernte. Die Haare flogen büschelweise durch die Luft. Sie kreischte. Sie heulte. Sie schrie wie am Spieß. Aber Mäxchen war unerbittlich. Die Fotoreporter knipsten. Es war eine tolle Szene.

Das Fräulein sah sich nicht mehr ähnlich. Die kunstvolle Frisur war zum Teufel. Die Wimperntusche war, vor lauter Tränen, breitgelaufen. Mit letzter Kraft schlug sich die junge Dame auf den Kopf, um den Kleinen Mann zu erwischen. Doch sie traf nur sich selbst und eine Haarnadel und stöhnte schmerzlich. Die Tusche brannte ihr in den Augen. Sie konnte nichts mehr sehen. Die Haare hingen in langen Strähnen bis zur Bluse. Sie sah scheußlich aus.

Mäxchen saß längst wieder beim Jokus in der Brusttasche. Er war noch ganz außer Atem. »So«, sagte er schließlich, »und nun will ich Ihnen antworten. Jawohl, ich habe damals sehr geweint! Sind Sie jetzt zufrieden?«

Mister Drinkwater war ein hervorragender Organisator und, wie man in seinen Kreisen einen so erfahrenen Mann zu bezeichnen pflegt, ein alter Filmhase. Ihm konnte niemand etwas vormachen, kein Kameramann, kein Tonmeister, kein Regieassistent, kein Aufnahmeleiter und kein Beleuchter. Er hatte die Terminpläne für die Fernsehserie und den Film vom ›Kleinen Mann‹ im Kopf, als seien sie hineinfotografiert worden. Jeden Tag wurde das von ihm vorgesehene Pensum bewältigt. Es gab keine Panne. Es galt keine Ausrede.

Nachts sah und hörte er sich mit den wichtigsten Mitarbeitern im Vorführraum die ›Muster‹ an. So nennt man die in der Kopieranstalt entwickelten Aufnahmen. Neben ihm saß der Schnittmeister, und er gab ihm Anweisungen, wo und wie man die Szenen schneiden und als Teile ins künftige Ganze einbauen solle.

Ihm selber machte diese Plackerei von früh bis spät und ohne Pause nichts weiter aus. Die Mitarbeiter hingen freilich abends in den Gräten. Doch sie rissen sich zusammen. Er war der Chef. Er war der Boß. »Der Mann ist eine Wucht«, sagten sie voller Bewunderung. Er war die Lokomotive und zog alle mit sich fort.

Der Jokus und er verstanden sich prächtig. Sie duzten sich vom ersten Drehtag an und nannten einander beim Vornamen. Der Professor sagte allerdings nur selten »John« zu dem langen Amerikaner. Manchmal nannte er ihn »Johannes« und noch häufiger »Hänschenklein«.

Mäxchen, aber auch alle anderen Zirkusleute machten ihre Sache sehr gut. Nur mit dem Kunstreiter gab es Ärger, weil er weder den Zauberfrack anziehen noch vor den Kameras vom Pferd fallen wollte.

»Das verstößt gegen meine Berufsehre«, erklärte Maestro Galoppinski stolz. »Den Film wird die ganze Welt sehen, und Nero und ich wären für alle Zeiten erledigt.« Nero war sein schwarzer Hengst.

Auch als ihm Drinkwater ein Extrahonorar und dem Pferd einen Doppelzentner Würfelzucker anbot, blieben beide hart und unerbittlich. Es war aussichtslos. Drinkwater wollte schon dem Cowboydarsteller Tom Middleton telegrafieren, ob dieser und sein Schimmel Whitehorse Zeit hätten, als sich der Jokus ins Gespräch mischte.

»Ehrgefühl verdient Respekt«, meinte er. »Aber ich kenne Tom Middleton samt seinem Schimmel. Beide sind ausgezeichnete Könner. Nur, lieber Kollege Galoppinski, zur Weltklasse wie Sie und Ihr Nero gehören Tom und Whitehorse keineswegs. Tom ist nicht elegant genug. Er wird vom Pferd fallen wie ein verstimmtes Klavier, und sein Schimmel wird vor Nervosität nicht in die Stallgasse, sondern in die Logen preschen.«

»Ich fürchte, daß Sie recht haben, lieber Professor«, sagte

der Kunstreiter. »Doch es läßt sich nicht ändern. Nero und ich haben uns ein einziges Mal im Leben blamiert. Damals in Berlin, als ich, ohne es zu ahnen, Ihren verrückten Frack angezogen hatte. Wir leiden noch heute darunter. Und diese Blamage sollen Nero und ich für Film und Fernsehen absichtlich wiederholen? Damit man uns von Washington bis Moskau und von Buenos Aires bis Hongkong auslacht? Nein, meine Herren. Soviel Würfelzucker gibt es ja gar nicht.«

Der Jokus und Drinkwater ließen die Köpfe hängen. Plötzlich rief Mäxchen: »Ich weiß was!« Sie zuckten zusammen, weil sie vor lauter Sorgen vergessen hatten, daß er in der Brusttasche des Professors hockte und zuhörte.

»Ich weiß was«, wiederholte Mäxchen und rieb sich die Hände. »In jedem Kino werden doch Programmhefte verkauft. Dort könnte man drucken, wie schwer es Herrn Galoppinski gefallen ist, von Nero herunterzupurzeln. Weil doch beide zur Weltklasse gehören und so etwas eigentlich gar nicht mehr können. Deshalb hätten sie das Herunterfallen monatelang üben müssen. Wie Clowns.«

»Ich lasse mich nicht gerne auslachen«, gestand Galoppinski. Er war ein bißchen verlegen.

»Seit wann werden Clowns ausgelacht?« fragte Mister Drinkwater erstaunt. »Der letzte Dummkopf im Zirkus weiß, daß sie nicht ungeschickt sind, sondern nur so tun. Man lacht sie nicht aus. Man lacht an ihrer Stelle, weil sie selber ernst bleiben.«

Maestro Galoppinski war ein Reiter und kein Denker, und ohne sein Pferd war er sowieso nur eine halbe Portion. Deshalb stand er plötzlich auf, schnarrte: »Ich bitte um Bedenkzeit« und marschierte zur Tür.

»Wo wollen Sie denn hin?« fragte Mister Drinkwater.

»In den Stall.« Fort war er.

»Was will er denn im Stall?«

»Das Pferd will er fragen«, meinte Mäxchen. »Ohne Nero tut er nichts.«

»Erzähle mir bloß nicht, daß der Gaul reden kann!«

»Nein, aber er kann zuhören«, sagte der Jokus. »Wenn Galoppinski mit ihm gesprochen hat, schaut er ihn an. Weiter nichts. Und schon weiß er, ob Nero einverstanden ist.«
»Das machen die beiden immer so«, fügte Mäxchen hinzu.
Mister Drinkwater war sprachlos.
Fünf Minuten später kam Galoppinski aus dem Stall zurück. »Die Sache ist in Ordnung«, sagte er. »Mein Pferd hat nichts dagegen.«

Es waren harte Wochen. Abend für Abend und dreimal nachmittags Zirkusvorstellung. Morgens um sieben Ankunft im Filmstudio. Der Maskenbildner wartete schon mit der Schminkschatulle. Wenn er Mäxchen schminkte, brauchte er eine Lupe.
In der Halle 5 war verschiedenes aufgebaut: ein Hotelzimmer, ein Hotelkorridor, ein Schaufenster mit dem Schönen Waldemar und anderen Kleiderpuppen, das Innere des Herrengeschäfts, das Zimmer der Räuber, Jakob Hurtigs Parterrefenster, das Wohnzimmer seiner Eltern, das Büro des Kriminalkommissars, der Blaue Salon, der Wohnwagen des Direktors Brausewetter und wer weiß, was noch alles. Man kam sich vor wie auf einem Jahrmarkt. Zwei Tage drehte man im Blauen Salon, drei Tage in der Räuberhöhle, einen halben Tag in der Gaststube des ›Krummen Würfels‹, wo die Schauspielerin, welche die Wirtin spielte, dem Darsteller des Räubers Bernhard den Karamelpudding ins Gesicht klatschte.
Diese Szene mußte, weil es mit der Beleuchtung nicht klappen wollte, viermal gedreht werden. Der Schauspieler war schon beim dritten Pudding eine einzige Wut. Aber Mister Drinkwater ließ nicht locker, bis sein Kameramann mit der vierten Aufnahme zufrieden war.
Mittags aßen sie in der Kantine. Da saßen nun die zwei Räuber mit Rosa, dem Jokus und dem Darsteller des Kriminalkommissars Steinbeiß friedlich zusammen. Mäxchen stand neben Jakob Hurtigs Teller und probierte die Leberknödelsuppe. Mister Drinkwater unterhielt sich mit dem unrasierten Darsteller des Kahlen Otto. Die Wirtin der Filmkantine bediente die Schauspielerin, die eben noch die Wirtin des ›Krummen

Würfels‹ gespielt hatte. Kurz, es ging reichlich komisch zu. Und es wurde viel gelacht.

Am meisten aber wurde gelacht, als an jenem Tag, von dem die Rede ist, der Nachtisch serviert wurde. Das heißt, der Schauspieler, der den Bernhard darstellte, lachte nicht mit. Er schrie vor Entsetzen laut auf. Denn was, glaubt ihr, gab es als Nachtisch? Karamelpudding mit Himbeersoße!

Vier Puddings mitten ins Gesicht und jetzt den fünften vor der Nase, das war ihm entschieden zuviel. Er schüttelte sich vor Grausen und beruhigte sich erst, als ihm die Kantinenwirtin statt der ›Zittersülze‹ Camembert mit Pumpernickel brachte.

Mäxchen hielt sich wacker. Das Filmen machte ihm Spaß. Und was einem Jungen Spaß macht, strengt ihn zehnmal weniger an als eine Arbeit, die er nicht leiden kann. Uns Erwachsenen geht es ja nicht anders. Deshalb ist es so wichtig, welchen Beruf man eines Tages wählt. (Aber ich merke, ich komme vom Thema ab.)

Mäxchen, erzählte ich gerade, machte das Filmen Spaß. Doch er sah auch gern zu, wenn er drehfrei hatte. Manchmal kletterte er am Kameramann hoch und durfte durch den Sucher sehen. Sogar wenn die Kamera auf Schienen lief oder von einem Kran geschwenkt wurde.

Am interessantesten fand er freilich die Außenaufnahmen in Pichelstein. In dem Dorf, wo alle Einwohner Pichelsteiner hießen und viel kleiner waren als die übrige Menschheit. In dem Dorf, aus dem seine Eltern stammten und das sie, etwa zehn Jahre vor seiner Geburt, mit Sack und Pack verlassen hatten, um zum Zirkus zu gehen.

Als man an einem Oktoberabend nach der Vorstellung zu viert in dem Künstlerrestaurant ›Die Kanne‹ saß, sagte Mister Drinkwater: »Morgen fahre ich früh um sechs mit dem Wagen nach Pichelstein. Der Aufnahmeleiter ist schon dort. Das Team fährt heute nacht. Wenn morgen so schönes buntes Herbstwetter sein sollte wie heute, drehe ich mittags im Freien. Sonst in der Turnhalle. Der Verein will zeigen, was er kann: Bodenturnen, Hochreck, Ringe, Pferd, die Mädchen am Stufenbarren und auf dem Schwebebalken, damit wird unser Film anfangen.« Er machte eine kleine Pause, lächelte und fragte: »Wollt ihr mitkommen?«

»Oh«, flüsterte Mäxchen.

»Und was wird inzwischen aus dem Zirkus Stilke?« fragte der Jokus.

»Ihr fahrt rechtzeitig mit dem Wagen zurück«, sagte Drinkwater. »Ich selber bleibe während der Aufnahmen in Pichelstein. Übernachten muß ich allerdings in Regensburg. Denn die Betten im Pichelsteiner Gasthof sind zu kurz. Das längste mißt siebzig Zentimeter. Da müßte man für mich drei Betten hintereinanderstellen, aber dafür sind die Zimmer zu klein.«

»Selbstverständlich kommen wir mit«, erklärte Rosa Marzipan resolut. »Der Junge soll endlich die Heimat seiner Eltern kennenlernen.«

»Ist es dir recht?« fragte der Jokus behutsam.

Mäxchen sah ihn unschlüssig an. »Ich möchte schon«, sagte er. »Aber ich habe auch ein bißchen Angst davor.«

»Wir sind ja bei dir«, meinte der Professor.

»Das stimmt. Denn sonst ... Lauter kleine Menschen, die Pichelsteiner heißen und mit mir verwandt sind und erzählen werden, daß sie mit meinen Eltern in der Schule waren ...«

Als sie früh am nächsten Morgen in München abfuhren, war es noch finster und neblig. Später, als es heller wurde, löste sich der Nebel auf, und in Regensburg schien schon die Sonne. Der Himmel wurde seidenblau. Die Bäume waren bunt wie Herbststräuße. Hinter Regensburg ging es durch Dorfstraßen. Der Weg führte bergan und durch Wiesen und Wälder.

»Dort oben liegt Pichelstein«, sagte Drinkwaters Chauffeur. Und damit beginnt ...

Das sechste Kapitel

*»Achtung, beim Besuch der Kirche und des Rathauses
bücken!« · Seit wann ist die Riesenwelle erblich?
Mäxchens nachgemachte Eltern · Kommissar
Steinbeiß kommt aus Südamerika zurück
Señor Lopez wird fotografiert und flieht.*

Neben der Landstraße stand ein Schild. Sie hielten und lasen: »Achtung! Kein Durchgangsverkehr! Parkplatz vorm Ortseingang! Übernachtungsgelegenheit nur für Kinder bis 50 cm! Beim Besuch der Kirche und des Rathauses bücken! Wir bitten um Verständnis! Willkommen in Pichelstein! Alois Pichelsteiner, Bürgermeister.«

Rosa Marzipan lachte. »Da werden wir am besten auf allen vieren kriechen. Hoffentlich sind die Dorfstraßen breit genug.«

»Für uns Männer schon«, meinte der Jokus.

»Sei nicht so frech«, sagte Rosa, »sonst löse ich unsere Verlobung auf.«

Doch dann schwiegen sie und blickten gespannt nach rechts. Denn durch die herbstlichen Stoppelfelder rumpelte ein winziger Leiterwagen, den ein Pony zog. Der Wagen war nicht größer als ein Handkarren, und der Bauer sah aus wie ein Junge im ersten Schuljahr. Aber er war ein grauhaariger Mann. Er winkte dem Auto, als er aus dem Feldweg in die Landstraße einbog.

»Es sieht aus wie eine Kinderkutsche im Zoo«, meinte Mister Drinkwater.

»So groß wie der alte Bauer war dein Vater«, sagte der Jokus zu Mäxchen, der hinter dem kleinen Wagen dreinblickte.

Der Junge saß auf der Schulter des Professors, blickte auf die vielen kleinen Rechtecke der Wiesen und der umgepflügten Felder rechts und links und schwieg.

»Ob die Kartoffeln hier so groß sind wie bei uns?« fragte der Chauffeur. »Dann haben sie's verdammt schwer mit der Ernte.«

Mäxchen sagte: »Nun werden also zwei aus dem Dorf beim Filmen tun, als wären sie meine Eltern.«

Der Empfang fand am Parkplatz statt, nachdem die Gäste aus dem Auto gestiegen waren. Die Feuerwehrkapelle, lauter kleine Männer mit kleinen Instrumenten, spielte den Pichelsteiner Marsch. Der Jubel der Einwohner, so klein sie waren, war riesengroß. Alois Pichelsteiner, der Bürgermeister, hielt eine gewaltige Rede. Ferdinand Pichelsteiner, der Vorsitzende des Turnvereins, begrüßte Mäxchen als Ehrenmitglied. Mister Drinkwater überreichte dem Bürgermeister, als Dank für die Mitwirkung der Gemeinde am Film, einen Scheck auf die Deutsche Bank. Und Ferdinand Pichelsteiner kündigte Mäxchen ein Geschenk an, das ihn immer an den Turnverein Pichelstein 1872 erinnern möge.

»Wir sind eine Turngemeinde seit fast hundert Jahren«, rief er. »Deine lieben Eltern waren bei uns Vorturner. Sie trugen unseren Ruf in die Welt hinaus. Du, verehrtes Ehrenmitglied, hast ihre Talente geerbt und gemehrt. Was könnten wir dir Besseres und Schöneres schenken als – ein Turngerät? Der Schlossermeister Fidelis Pichelsteiner und meine Wenigkeit haben dir aus feinstem Stahl ein Hochreck gebaut, deiner Größe angemessen, mit vierfach verstellbarer Reckstange. Dazu gehört ein weicher Filzteppich, zehn Zentimeter im Quadrat, damit du dir, wenn du die Schwungkippe und die Riesenwelle und den Absprung in der Grätsche übst, nicht die Knöchelchen brichst. Deine Eltern waren Turner, ehe sie Artisten wurden. Du bist ein Artist, nun werde ein Turner, wie es sich für einen Pichelsteiner von echtem Schrot und Korn ziemt!«

Die Feuerwehrkapelle spielte einen Tusch. Die Pichelsteiner brüllten »Bravo«. Und schon kam ein Eselgespann um die Ecke getrabt. In dem Wagen stand ein kleiner Tisch, und auf dem Tisch hatte man das winzige Hochreck montiert. Alles staunte. Alle klatschten.

Mäxchen beugte sich weit aus der Brusttasche des Professors und rief: »Liebe Namensvettern, liebe Freunde meiner Eltern! Wir danken euch für den festlichen Empfang, und ich danke euch für das wundervolle Geschenk. Ich werde euer Hochreck stets hoch in Ehren halten. Doch zunächst einmal muß ich probieren, ob die Maße stimmen. Artisten sind gründlich.« Und ehe man sich's versah, hing der Kleine Mann längelang an der Reckstange.

Der Esel stellte die Löffel hoch. Ihm war ungemütlich zumute, weil er nicht sehen konnte, was hinter ihm vorging. Aber er hielt still wie ein Denkmal, das die Ohren spitzt.

Mäxchen hing also eine Weile regungslos am Reck. Dann hob er langsam die Beine bis zur Waagrechten, brachte die Füße aus der Vorhebhalte, bei durchgedrückten Knien, bis an die Reckstange, schob die Beine senkrecht höher, schwang nach vorn weit aus, schwang zurück, machte die Schwungstemme und eine Bauchwelle vorwärts und pausierte kurz, auf die Stange gestützt, um mit den Fingern nachzugreifen. »Das ist lustig«, sagte er zum Jokus, der erschrocken neben dem Karren niedergekniet war.

»Du bist ja total übergeschnappt«, meinte der Jokus. »Mach, daß du herunterkommst!«

»Nur noch ein paar Sekunden. Es gefällt mir so. Streck, bitte, die Hand aus.« Und ehe ihn der Jokus vom Reck pflücken konnte, schwang Mäxchen erneut durch die Luft. Hoch, höher, am höchsten. Die Arme und Beine gestreckt. Und plötzlich wurde eine Riesenwelle daraus, dann die zweite und dritte. Wie ein Sekundenzeiger rotierte er ums Reck. Dann hielt er im Handstand auf der vibrierenden Stange inne, rief »Juhu!« und sprang, mit gegrätschten Beinen, übers Reck und mitten in die ausgestreckte Hand, die ihm der Jokus entgegenhielt. Er brachte sogar die abschließende Kniebeuge fehlerlos zustande.

»Der Junge zerrt an meinen Nerven«, erklärte Rosa Marzipan aufgeregt. Doch das hörte niemand, weil sämtliche Pichelsteiner klatschten. Ferdinand Pichelsteiner drängte sich nach vorn und fragte: »Wo hat er das gelernt?«

»Nirgendwo«, antwortete der Jokus, der den Kleinen Mann in die Brusttasche stopfte.

»Seine Eltern konnten's natürlich«, sagte Ferdinand Pichelsteiner. »Aber seit wann ist die Riesenwelle erblich?«

Mäxchen kicherte. »Ich habe beim Fernsehen zugeschaut. Bei den Weltmeisterschaften. Die russischen und die japanischen Geräteturner sind fabelhaft.«

»Die Grätsche am Hochreck lernt man nicht durchs Fernsehen«, stellte Turnvater Ferdinand fest.

»Ich schon«, behauptete Mäxchen. »Ich bin Artist.«

»Das weiß ich«, sagte Ferdinand Pichelsteiner. »Das weiß ich ja, mein Junge. Du bist sogar ein weltberühmter Artist. Aber das Turnen mußt du gelernt haben. Eine andere Erklärung gibt's nicht. Du hast die Riesenwelle gewissermaßen im Blut.«

Es wurde ein interessanter Tag. Und es war ein anstrengender Tag. Die Straßen waren zu schmal. Die Häuser waren zu niedrig. Mister Drinkwater mußte sich manchmal an den Dachrinnen festhalten und konnte in die Stockwerke hineinschauen. Die Kameraleute hatten mit ihren Apparaten in der Turnhalle keinen Platz. Sie mußten das Schauturnen der Männer- und der Frauenriege von draußen drehen. Durch das Fenster am Niedermarkt.

Dort, auf dem Niedermarkt, wurde den Gästen auch das Mittagessen serviert. Es gab Pichelsteiner Fleisch. Das ist ja klar. Alles andere war weniger klar. Die Stühle waren für die Gäste zu niedrig und zerbrechlich, die Teller und die Löffel waren zu klein. Man mußte sich statt auf Stühle notgedrungen auf Tische setzen und die Mahlzeit mit Suppenkellen aus Töpfen löffeln. So ging es einigermaßen.

Am Nachmittag wurde weitergefilmt. Und weil die Sonne schien, entschloß sich Mister Drinkwater, ein paar wichtige Straßenszenen zu drehen. Nachdem er mit dem Kameramann alles Nötige besprochen hatte, nahm er Rosa Marzipan beiseite und sagte leise: »Machen Sie mit dem Jokus und dem Jungen einen längeren Spaziergang«.

»Warum denn?« fragte Rosa. »Wir wollen doch bei den Aufnahmen zusehen.«

»Wandern Sie lieber«, bat Drinkwater. »Denn ich drehe

nachher, wie sich Mäxchens Eltern auf der Straße von den Nachbarn verabschieden und das Dorf verlassen, um in der Welt ihr Glück zu versuchen.«

»Ich verstehe.«

»Das junge Mädchen und der junge Mann, die wir für die zwei Rollen ausgewählt haben, sehen Mäxchens Eltern sehr ähnlich. Und der Maskenbildner hat das Pärchen nach alten Fotografien so echt hergerichtet, daß Mäxchen erschrecken könnte. Der Junge war ja, als er die Eltern verlor, immerhin sechs Jahre alt, und die Fotografien kennt er auch …«

»Hänschenklein«, sagte Rosa Marzipan, »Sie sind noch viel netter, als ich bis vor einer Minute dachte.«

»Ich hätte es lieber dem Jokus selber erzählt. Nur, Mäxchen hockt bei ihm in der Brusttasche und …«

»Keine Sorge. Ich werde mit meinem Bräutigam wandern, bis er auf Pichelsteins Feldern zusammenbricht.«

Doch das war leichter gesagt als getan. Eine Zeitlang ließen sich der Professor und Mäxchen das Wandern gefallen. Dann wurden sie aufsässig. Sie begannen zu murren.

Und so bedeutungsvoll das Marzipanmädchen dem Jokus zuzwinkerte – er verstand heute Rosas Augensprache nicht. Sie erreichte nur, daß der Junge mißtrauisch wurde. »Warum klappert dein Fräulein Braut in einem fort mit den Augendeckeln?« fragte er neugierig.

»Keine Ahnung«, meinte der Jokus. »Frauen sind bekanntlich rätselhafte Wesen. Sogar für Zauberkünstler.«

»Ich will beim Filmen zuschauen«, maulte Mäxchen. »Wie Stoppelfelder aussehen, weiß ich schon.«

Und so kehrten sie um. Rosa Marzipan blieb nichts übrig, als mitzutrotten. ›Hoffentlich hat Drinkwater die Szene mit den falschen Eltern schon abgedreht‹, dachte sie. Aber ihre Hoffnung war vergeblich.

Sie liefen mitten in die Aufnahmen hinein. Die Kamera war auf einem Elektrokarren montiert worden. Er fuhr langsam vor dem mit Koffern und Bündeln beladenen Paar her, das die schmale Straße entlangkam.

Die junge Frau war bildhübsch. Der junge Mann hatte einen

prächtigen schwarzen Schnurrbart. Sie waren nicht größer als zwei fünfjährige Kinder und hatten an ihrem Gepäck schwer zu schleppen.

In den Haustüren und offenen Fenstern lehnten andere kleine Pichelsteiner, winkten und riefen: »Viel Glück!« und »Macht's gut!« und »Schreibt mal eine Ansichtskarte!« und »Vergeßt uns nicht ganz!«

Das Pärchen hätte gerne zurückgewinkt. Aber sie waren zu beladen. Sie konnten nur lächeln und den anderen zunicken, und auch das schien ihnen Mühe zu machen. Denn die Zukunft, der sie entgegenmarschierten, lag im Lande Ungewiß. Da lächelt sich's nicht so leicht.

Der Jokus stand starr. Nun begriff er, warum Rosa mit ihm und dem Jungen in die Felder gezogen war. Er begriff auch, warum sie nur gezwinkert hatte.

»Frauen sind bekanntlich rätselhafte Wesen«, flüsterte sie und sah ihn vorwurfsvoll an.

Und Mäxchen? Mäxchen blickte wie gebannt auf die falschen Eltern. Dann schluckte er schwer und sagte: »Lieber Jokus, bring mich fort! So schnell du kannst!«

Alles hat einmal ein Ende. Das gilt auch für Fernsehaufnahmen. Mitte November war es soweit. Die Kameraleute hatten, wie sie dann zu sagen pflegen, alle Einstellungen im Kasten. Sie hatten die Geschichte vom ›Kleinen Mann‹ abgedreht, marschierten im Regen aus dem Studio übers Gelände in die gemütlich warme Kantine und zwitscherten ein großes Helles. Doch sie tranken nicht nur ein oder zwei oder vier oder sieben Glas Bier, sondern auch schärfere Sachen. In kleineren Gläsern. Und kleine Gläser sind rascher leer als große. Das leuchtet ein.

Zwischendurch gab es Schweinsbraten mit Knödeln und Krautsalat. Man ließ sich nicht lange nötigen. Hunger macht durstig, und Durst macht hungrig. Drinkwater, der Boß, hatte sie eingeladen. Er hielt sie frei, dankte ihnen, lobte sie und ging ins Nebenzimmer, wo andere Mitarbeiter auf ihn warteten. Ein Film besteht ja nicht nur aus belichtetem Zelluloid.

Im Nebenzimmer saßen – außer dem Jokus, Rosa Marzipan und Mäxchen – der Tonmeister Sohnemann, der Schnittmeister Wegehenkel und Mademoiselle Odette. Sie war Scriptgirl, stammte aus Genf und beherrschte fünf Sprachen, als sei jede der fünf ihre Muttersprache. Es war zum Staunen.

Mister Drinkwater steckte sich eine seiner schwarzen Zigarren ins Gesicht und sagte: »Wenn die Ohren der Menschen so gescheit wären wie die Augen, könnten wir uns jetzt zu den Kameraleuten setzen und mitfeiern. Aber die Ohren sind dümmer als die Augen.«

»Tatsächlich?« fragte Mäxchen.

Der Jokus nickte. »Sehr viel dümmer. Das Auge versteht alles, was es sieht. Das Ohr versteht nur Englisch oder Japanisch oder Portugiesisch.«

»Das stimmt nicht«, meinte Mäxchen, »Mademoiselle Odette versteht fünf Sprachen.«

Fräulein Odette lachte. »Es gibt mehr als fünf. Verlaß dich drauf. Es gibt Hunderte.«

»Mir genügen fünf«, sagte Mister Drinkwater. »Auch das sind noch vier Sprachen zuviel. Doch ich kann's nicht ändern. Ich bin kein Ohrenarzt, sondern Kaufmann. Ich will nicht die Welt verbessern. Ich will Filme machen, die man überall versteht, damit ich sie überallhin verkaufen kann.« Dann legte er den Zeitplan fürs Synchronstudio, das er gemietet hatte, auf den Tisch und eröffnete ein Fachgespräch, in dem von Versionen und ›takes‹ und Terminen für die Musikaufnahmen und fürs ›Überspielen‹ und davon die Rede war, wieviele Kopien gezogen werden müßten.

Die Unterhaltung dauerte drei Stunden, und ihr hättet kaum den zehnten Teil verstanden. Ein wahres Glück, daß ihr nicht dabei wart. Die Wirtin blieb an der Tür stehen, nachdem sie das Licht angeknipst hatte. Doch dann zuckte sie die Achseln, ging in die Küche zurück und sagte zur Köchin: »Eher verstehe ich Chinesisch.«

»Na und?« fragte die Köchin ungerührt. »Die einen machen Filme, die andren machen Knödel. Hauptsache, daß jeder seinen Kram versteht. Mehr wäre zuviel.«

Um sieben Uhr am Abend redete Mister Drinkwater immer noch. Er wurde wieder einmal nicht müde. »Am 30. November fliege ich nach Genua, begebe mich an Bord meiner Jacht ›Sleepwell‹ und bin einen Monat lang für niemanden zu sprechen. Daß mir mit den Kopien der Fernsehserie alles klappt!« sagte er. »Der erste Teil läuft am ersten Weihnachtsfeiertag über dreißig Stationen. Wer einen Fehler hineinbringt, kriegt es mit mir zu tun.«

»Aber nicht, bevor Sie ausgeschlafen haben«, bemerkte Herr Wegehenkel. Und Herr Sohnemann ergänzte: »Also nicht vorm 1. Januar. Da können wir ja vorher noch in aller Ruhe Silvester feiern.«

Drinkwater sagte düster: »Es wäre Ihr letztes.« Und weil Mäxchen lachte und auch Rosa Marzipan herausplatzte, fuhr er noch düsterer fort: »Ich fürchte, ich werde in diesem Kreise nicht ernstgenommen.« Jetzt lachten alle miteinander. Denn sie hatten den langen Amerikaner sehr gern, und sie wußten, daß er es wußte.

In diesem Augenblick ging die Tür auf. Ein Taxichauffeur stellte zwei Koffer in die Stube, brummte »Grüß Gott!« und verschwand. Dann geschah eine Weile gar nichts.

Schließlich hörte man kräftige Schritte. Im Türrahmen erschien ein braungebrannter Mann. Und Mäxchen rief: »Das ist ja Kriminalkommissar Steinbeiß!«

Nach viel Hallo und etwas Whisky sahen sie sich im Vorführraum den Farbfilm an, den der Kriminalkommissar aus Südamerika mitgebracht hatte. Der Film war kurz. Und er war stumm. Deshalb übernahm Herr Steinbeiß, als das Deckenlicht erlosch und die Leinwand hell wurde, den Kommentar. Er erklärte, was es zu sehen gab.

»Auf diesem abgelegenen Hochplateau vor Ihren Augen«, so begann er, »herrscht subtropisches Klima. Es ist ein fruchtbares Land. Künstliche Bewässerung tut ein übriges. Man pflanzt und erntet Zuckerrohr, Baumwolle, Wein, Bananen und Feigen, aber auch Kartoffeln, Weizen, Mais und Gerste. Die Bauern sind Nachkommen der Araucos, eines Indianerstammes, der in früheren Zeiten den Inkas und bis ins 18. Jahrhundert den Spaniern das Leben schwergemacht hat. Heute treiben sie Landwirtschaft und Viehzucht, benutzen Lamas als Lasttier, lieben Pferde und leben in Ranchos aus Lehm oder Wellblech. Das Dorf zur Linken heißt San Cristóbal. Hier fanden wir Unterkunft. Die ersten Wochen filmten wir Kolibris, Schmetterlinge und Papageien. Wir kurbelten Kakteen, Zypressen, Magnolien, kleine Kinder, Lorbeerbäume, verwitterte Großmütter vor der Haustür, Schafe bei der Schur, die Schneegipfel der Kordilleren im Osten, kurz, wir führten uns auf, als drehten wir einen Schulaufsatz mit der Überschrift ›Mein schönstes Ferienerlebnis‹!«

»Ein teurer Schulaufsatz«, stöhnte Drinkwater. »Und das alles für mein Geld.« Doch dann wurde er mucksmäuschenstill. Denn auf der Leinwand erschien eine alte graue Burg. Mit Mauern, Zinnen und Schießscharten und mit einem dicken runden Turm. Hinter den Schießscharten patrouillierten bewaffnete Wachtposten.

»Da wohnt er also, der Señor Lopez«, flüsterte Mäxchen aufgeregt.

»Es handelt sich um ein Kastell, das im 17. Jahrhundert einer der spanischen Vizekönige bauen ließ«, berichtete der Kriminalkommissar. »Hier residierte der jeweilige Generalkapitän während seiner Inspektionsreisen. Hier hielt er Gericht, und von hier aus bekämpfte er aufständische Indios. Später verfiel das Fort. Lopez kaufte es vor dreißig Jahren, ließ das Gemäuer wieder herstellen und technisch auf Hochglanz bringen. Eigne Funkstation, eigne Wasserversorgung, eigne Elektrizität. Es ist alles vorhanden. Es gibt nichts, was es nicht gäbe.«

»Waren Sie denn drin?« fragte Mäxchen gespannt.

»Jawohl. Davon später. Was man jetzt sieht, ist der quadratische Innenhof. Er ist, bis auf den Rosengarten links, mit Betonplatten ausgelegt. Die Mädchen, die im Badeanzug herumhüpfen, sind die Tänzerinnen, die den Señor abends unterhalten müssen. Sie trainieren.«

»Sehr späte Mädchen«, meinte Rosa Marzipan.

»Kein Wunder«, sagte Steinbeiß. »Sie wurden vor zehn Jahren aus einem Nachtklub in Mexiko City entführt und waren schon damals nicht mehr ganz neu.«

»Mit dem Teleobjektiv aufgenommen?« fragte der Jokus.

»Ja.«

»Aber wo, um alles in der Welt, stand die Kamera?« fragte Drinkwater.

»Sie stand nicht. Sie hing. Im Wipfel einer sechzig Meter hohen Araukarie, eines der riesigen Nadelbäume, die hier wachsen. Unsre Indios hatten einen Hochsitz montiert. Der Kameramann wurde nachts hochgehievt und in der Nacht darauf abgeseilt. Eine luftige Angelegenheit.«

»Sind das die Scharfschützen, die im Hof antreten?« fragte Mäxchen.

»Ja. Wachablösung«, erklärte Steinbeiß. »Die Gruppe links kommt vom Mittagessen, die Gruppe rechts geht zum Mittagessen.«

»Müde Löwen«, sagte der Jokus abfällig.

»Müde?« Mäxchen schien es zu bezweifeln. »Der eine Herr Löwe hat dem Fräulein im roten Badeanzug eben eins hintendraufgehauen.«

»So etwas sieht man nicht«, bemerkte Rosa Marzipan streng. »Du wirst nie ein feines Kind.«

Mäxchen kicherte.

»Etwas mehr Ruhe«, bat der Kriminalkommissar. »Der Lastwagen, der aufs Burgtor zufährt, gehört Miguel, einem Viehzüchter. Dreimal in der Woche bringt er frisches Fleisch, Wurst, Schmalz und Hühner. Der Indio, der auf der Plane hockt, ist kein Indio, sondern der Detektiv MacKintosh. Er hat sich die Haare gefärbt.«

»Und wie wurde die Fahrt gefilmt?« fragte Mister Drinkwater. »Von einem zweiten Wagen aus?«

»Jawohl. Wir folgten in zehn Meter Abstand. Im Wagen von Gonzales, der das Obst und Gemüse liefert. Richardson, der mit seiner Handkamera unter vier Bananenstauden lag, dachte, er werde sich das Kreuz brechen.«

»Waren Sie auch als Indio verkleidet?« fragte Mäxchen.

»Natürlich. Achtung, das Tor öffnet sich.«

DAS SECHSTE KAPITEL

Das Burgtor öffnete sich. Miguels Wagen bremste in der Hofmitte. MacKintosh sprang vom Wagen, schlug die Plane hoch und schulterte ein ausgeschlachtetes Kalb. Ein paar Männer kamen angetrabt und halfen beim Abladen. Als sie einem von ihnen einen halben Ochsen aufpackten, schrie Mäxchen: »Das ist ja der Kahle Otto!«

»Stimmt«, sagte Herr Steinbeiß. »Das ist er. Und der Mann mit der weißen Schürze und der Kochmütze, der ins Bild kommt, ist der Küchenchef, Monsieur Gérard, Inhaber von drei Goldmedaillen. Er war, leider gleichzeitig, mit drei Frauen verheiratet gewesen und hatte nichts dagegen einzuwenden gehabt, als ihm Lopez aus der Klemme half. Doch nun bitte ich um Ihre ganz besondere Aufmerksamkeit. Die Kamera schwenkt zum Rosengarten hinüber. Wir sehen einen rundlichen Herrn.«

Der Herr trug einen Anzug aus Rohseide, hatte einen Strohhut auf dem Kopf und schnitt behutsam eine dunkelrote Rose ab. An seinen kurzen, dicken Fingern funkelten und blitzten Ringe wie in einem Juwelierladen.

»Das muß er sein«, flüsterte Mäxchen.

»Das ist er«, sagte der Kriminalkommissar. »Das ist Señor Lopez, der reichste Mann der Welt. Er läßt Menschen rauben, die ihm die Zeit vertreiben und die er füttert. Sie leben wie in einem Zoo für seltene Zweibeiner.«

Mäxchen seufzte. »Hier wäre ich gelandet!«

Señor Lopez kam nun mit wiegenden Schritten über den Hof, blieb vor Miguels Lieferwagen stehen, sprach mit dem französischen Koch und musterte, während er an der Rose schnupperte, einen halben Ochsen, der abgeladen wurde. Dann nickte er, machte kehrt und ging auf ein Gebäude zu, an dessen Portal ihn ein altes, zotteliges Frauenzimmer erwartete. Beide verschwanden im Haus.

»Das war die Zigeunerin, von der er sich wahrsagen läßt«, erklärte der Kommissar. »Und nun kommen zwei Indios mit einer Bananenstaude ins Bild. Sie stapeln das Obst und Gemüse neben Miguels Wagen, damit Richardson, der Kameramann, im zweiten Wagen nicht entdeckt wird. Der eine Indio ist der

Bauer Gonzales, und der andere Indio heißt im bürgerlichen Leben Steinbeiß.«

Mister Drinkwater lachte. »Nicht zum Wiedererkennen!« Auch die anderen im Vorführraum freuten sich über die Verkleidungskünste des Kriminalkommissars.

Nur Mäxchen war nicht wohl zumute. »Ein Glück, daß Bernhard Sie nicht gesehen hat«, sagte er mit zittriger Stimme. »Denn Bernhard hätte Sie vielleicht erkannt.«

»Du bist fast so schlau wie Bernhard«, meinte Steinbeiß. »Als ich, eine Woche später, zum dritten Male, beim Abladen half, kam dieser verdammte Schlauberger dazu. Er hatte einen Zahnstocher zwischen den Zähnen und stand gelangweilt neben uns. Plötzlich stutzte er und griff mir, ehe ich's mir versah, ins Gesicht. An seinen Fingern klebte braune Schminke. Und nun ging alles sehr rasch. Denn jetzt griff ich ihm ins Gesicht. Er verdrehte die Augen und kippte um. Gonzales ließ die Bananenstaude los. Sie fiel auf Bernhards Bauch. MacKintosh und Miguel sprangen auf den ersten, Gonzales und ich auf den zweiten Lastwagen, und ehe die Wachtposten wußten, worum sich's drehte, ratterten wir durchs Tor. Es gab eine kleine Schießerei. Verletzte gab es nicht.«

»Entweder waren es keine Scharfschützen«, sagte der Jokus, »oder sie haben in die Luft geschossen.«

»Sie haben in die Luft geschossen. Jedenfalls haben sie das nach ihrer Verhaftung erklärt.«

»Sie wurden verhaftet?« fragte Rosa Marzipan.

»Und Señor Lopez?« rief Mäxchen.

»Das ist ein anderes Kapitel«, sagte der Kriminalkommissar, und seine Stimme klang sehr traurig. Dann drückte er auf einen Schaltknopf, und der Film lief weiter. »Der andere Kameramann saß ja noch immer in seinem Nadelbaum. Die Aufnahmen, die Sie sehen werden, machte er zwei Stunden nach unserer Flucht aus dem Burghof. Geben Sie gut Obacht. Sie sehen meine Niederlage.«

Die anderen starrten gebannt auf die Leinwand. Man erblickte den menschenleeren Burghof. Ach nein, ganz leer war er nicht. Am Rosenbeet stand ein rundlicher, eleganter Herr.

Er trug einen Anzug aus Rohseide, hatte einen Strohhut auf dem Kopf und schnitt behutsam eine dunkelrote Rose ab. Dann drehte er sich um, schnupperte an der Rose und schien auf etwas zu warten.

»Der Mann hat Nerven«, murmelte Mister Drinkwater.

Plötzlich verschoben sich im Hofe die Betonplatten. Eine Versenkung wurde sichtbar. Und aus der Versenkung stieg, Meter um Meter, ein Flugzeug empor. Die Betonplatte, auf der es stand, fügte sich in die übrigen Platten ein. Señor Lopez ging mit wiegenden Schritten auf das Flugzeug zu. Die Bordtür wurde geöffnet. Eine Leiter senkte sich herab. Señor Lopez kletterte an Bord. Die Leiter wurde eingezogen. Die Tür schloß sich. Kurz danach hob sich das Flugzeug in die Luft und verschwand am Horizont. Der Himmel war so leer wie der Burghof.

»Ein Senkrechtstarter«, stellte Mäxchen fest.

»Ganz recht«, knurrte Herr Steinbeiß. »Die Maschinen sind aber noch nicht zur Serienfabrikation freigegeben.«

»Wozu braucht der reichste Mann der Welt auf Serien zu warten?« fragte Mister Drinkwater. »Ein Versuchspilot verfliegt sich. Die Maschine ist verschwunden. Der Pilot ist verschwunden. Nun? Vielleicht liegen sie irgendwo im Gletschereis. Vielleicht wurden sie aber auch bestochen und landen wohlbehalten in den Kasematten einer Burg.«

»So muß es gewesen sein«, sagte der Kriminalkommissar. »Jedenfalls verschwanden mit Señor Lopez und dem Flugzeug der Koch, die Zigeunerin, die Ballettratten, unsere Freunde Bernhard und Otto, der Hauptmann der Scharfschützen, ein Kunsthistoriker und einhundertvierundsiebzig gerahmte Gemälde. Wir konnten nur noch die Nägel zählen, an denen die Bilder gehangen hatten.«

»Weiß man, wohin die Maschine geflogen ist?«

»Man weiß es nicht. Nach Paraguay? Nach Bolivien? Nach Peru? Lopez besitzt Minen und Gruben, Haziendas, Fischereiflotten, Konservenfabriken, Kettenhotels und Kreditinstitute. Krösus war, mit ihm verglichen, ein armes Luder. Er ist verschwunden. In einem anderen Kastell? In einem anderen Erdteil? Er hat mich überlistet.«

»Wait and see«, sagte Mister Drinkwater. »Abwarten und Tee trinken. Ich werde Ihre Aufnahmen in allen Kinos als Vorfilm laufen lassen. Mit den nötigen Erklärungen und mit dem Hinweis auf den Großfilm vom Kleinen Mann. Die Expedition war nicht vergeblich. Die Interpol wird nun endlich eingreifen müssen. Señor Lopez hat nicht mehr viel Zeit, an roten Rosen zu schnuppern.«

»Haben Sie die Scharfschützen ausgefragt, die er im Stich gelassen hat?« fragte der Jokus.

»MacKintosh hat das besorgt. Sie waren wütend. Er hat die Tonbänder nach New York mitgenommen. Die Gespräche werden in diesen Tagen übersetzt. Wir haben die Kerle auch gefilmt und fotografiert.«

»Großartig«, erklärte Drinkwater. »Daraus machen wir einen Dokumentarbericht für ›Life‹ und andere Illustrierte.« Er klopfte dem Kriminalkommissar auf die Schulter. »Warum sind Sie mit sich so unzufrieden?«

»Warum habe ich Ihnen die Expedition eingeredet?« fragte Steinbeiß. »Um Kolibris zu fotografieren? Um eine alte Burg zu filmen? Um einem Flugzeug nachzuwinken? Wahrhaftig nicht. Ich wollte ein bißchen mehr.«

»Man will immer ein bißchen mehr«, sagte Drinkwater, »und erreicht immer ein bißchen weniger.«

Rosa Marzipan amüsierte sich. »Sie sind ein Philosoph.«

Mister Drinkwater stand auf. »In der Hauptsache bin ich Zigarrenraucher. Und nun muß ich mit New York telefonieren.«

Alles hat einmal ein Ende. Auch der November. Und sogar das sechste Kapitel meines Buches. John F. Drinkwater flog nach Genua, wo die Jacht ›Sleepwell‹ auf ihn wartete. Kriminalkommissar Steinbeiß flog nach Berlin. Der Zirkus Stilke ratterte per Eisenbahn ins Winterquartier. Mäxchen und der Jokus machten sich auf die Reise, um König Bileam zu besuchen. Und damit beginnt …

Das siebente Kapitel

*Wo Breganzona liegt, ist unklar · König Bileams
Kopfbedeckung · Beschreibung der Hauptstadt
Judith näht und Mäxchen singt · Vierzehn Tage
dauern nur zwei Wochen*

Mister Drinkwater flog also nach Genua. Wo Genua liegt, wißt ihr. Und wer es nicht wissen sollte, kann im Schulatlas nachsehen. Professor Jokus von Pokus fuhr, mit Mäxchen in der Brusttasche, nach Calais, kletterte in das Flugzeug ›Dagobert‹, das sie dort erwartete, und flog nach Breganzona. Wo Breganzona liegt, wißt ihr nicht. Und wer im Schulatlas nachsieht, wird sich wundern.

Sogar in den größten und dicksten Atlanten findet man es nicht. Da hilft kein Blättern. Und auch in meinem alten fünfundzwanzigbändigen Lexikon wird es nicht genannt. Mit keinem Wort. Obwohl sogar das Dorf Pichelstein erwähnt ist. Man faßt sich an den Kopf. Nur in dem berühmtesten englischen Nachschlagewerk, der Encyclopaedia Britannica, stehen ein paar Hinweise. Ins Deutsche übersetzt, lauten sie folgendermaßen:

Breganzona. Sämtl. Angaben ohne Gewähr. Lage, Größe und Einwohnerzahl unbekannt. Vermutlich Stadt und Insel im Atlantik. Ursprünglich Künstlerkolonie. Seit 1912 Wahlkönigtum. König Dagobert der Weise (1912–1950), französ. Abstammung, Kulturphilosoph. Seit 1951 Bileam der Nette, dtsch. Herkunft, Kunstmaler.
Ausfuhrartikel: Spielzeug, Bilder, Bücher, Bilderbücher, Süß- und Wurstwaren, Turnschuhe, Luftballons, Farbkästen, Leb- und Kirschkuchen, Kau- und Knetgummi usw.
Einfuhr: nicht nennenswert. Fremdenverkehr: keiner. Deckadresse für Export: Calais, Frachthafen, Dock XII B; für Briefpost und Päckchen: Calais, postlagernd Box 97.
Literatur über Br.: keine. Beitrag fußt auf Gerüchten.
                                                                Die Red.

Der Flug dauerte knapp zwei Stunden. Meist erblickte man Wasser, manchmal ein Stück Küste und schließlich nur noch Ozean. Keine Wellen, keine weiße Gischt, nur Gänsehaut aus zitterndem Wasser. Und ab und zu, mit Ost- oder Westkurs, winzige Schiffe.

Als die Stewardeß auf dem Klapptisch Rührei mit Schinken servierte, fragte der Jokus: »Wie oft fliegen Sie diese Strecke? Täglich? Oder zwei-, dreimal in der Woche?«

Sie schaute ihn verwundert an. »Machen Sie Spaß? Wir fliegen doch nur, um Gäste abzuholen. Und das tun wir nicht zwei-, dreimal in der Woche, sondern zwei-, höchstens dreimal im ganzen Jahr.«

»Kommen denn keine Touristen?« fragte Mäxchen, während er ein Schinkenhäppchen vom Teller angelte. »Keine Reporter und Fotografen?«

Die Stewardeß schlug die Hände über ihrem flotten Mützchen zusammen. »König Bileam bewahre uns! Solchen Störenfrieden ist der Zutritt verboten. Den letzten, der es probierte, hat Bileam der Nette eigenhändig ins Motorboot zurückgeprügelt.«

»Womtrdendamzurkprlt?« Mäxchen mußte husten.

Der Jokus sagte streng: »Man spricht nicht mit vollem Mund.«

Mäxchen hustete noch eine Weile, bis er wieder deutlich sprechen konnte. »Ich wollte nur wissen, womit ihn der König zurückgeprügelt hat.«

»Mit einem Teppichklopfer«, erklärte die junge Dame. »Aber hab keine Angst, mein Kleiner. Seine Gäste haut er nicht.« Nach diesen Worten ging sie zur Bordküche und mit einem beladenen Tablett zum Cockpit, damit der Pilot und der Funker nicht verhungerten.

»Sie hat leicht reden«, sagte Mäxchen leise. »Wenn ich jetzt allein wäre, würde ich mich vermutlich fürchten. Geht's dir auch so? Ein leeres Flugzeug. Nur die Besatzung. Und wo Breganzona liegt, weiß niemand …«

»Iß noch ein bißchen Rührei«, schlug der Jokus vor. »Das stärkt die Nerven.«

DAS SIEBENTE KAPITEL

»Nein, ich bin satt und mache mir Sorgen.« Schon kletterte der Kleine Mann am Professor hoch und verschwand in dessen Brusttasche. Plötzlich steckte er noch einmal den Kopf heraus. »Beschütz mich gut.«

»Besser als mich selber«, sagte der Jokus. Dann spürte er, wie sich Mäxchen in der Brusttasche zurechtkuschelte. Er lächelte, zündete sich eine Zigarette an und blickte durch das runde Fenster zum Horizont, wo sich der Ozean und der Himmel guten Tag wünschten.

König Bileam der Nette stand auf dem Rollfeld des Flugplatzes von Breganzona, zog die Taschenuhr aus der Brokatweste und erklärte laut und deutlich: »Wenn sie nicht gleich kommen, kommen sie später oder nie. Eine vierte Möglichkeit gibt es nicht.«

Neben ihm standen Judith und Osram, seine Sprößlinge. Und hinter den dreien bildeten vierzig Schulklassen Spalier. Mit Triangeln, Mundharmonikas, Gitarren und Querpfeifen. Alles wartete.

Der König sah aus wie ein glattrasierter Weihnachtsmann. Er hatte weißes Haar, gesunde rote Backen und trug einen steifen schwarzen Hut auf dem Kopf. Aber außerdem trug er auch die Königskrone. Sie lag, von der Krempe gestützt, auf dem runden Hutrand, blitzte golden und war von der Königin festgenäht worden. Sonst wäre sie ja beim Hutabnehmen jedesmal heruntergefallen. (Ich meine die Krone, nicht die Königin.)

»Hut und Krone gehören bei mir untrennbar zusammen«, pflegte Bileam der Nette zu sagen. »Ohne Hut wäre ich nur ein König, ohne Krone wäre ich nur ein Bürger. Ich bin beides, und ich trage beides, bis mir eines Tages die Krone zu schwer wird. Dann nehme ich sie ab, habe nur noch den Hut auf dem Kopf und male wieder Bilder.«

Prinzessin Judith zupfte ihn am Ärmel. »Papa, die Maschine kommt!«

Sie hatte recht. Das Flugzeug ›Dagobert‹ war am Horizont aufgetaucht, wurde größer und lauter, flog eine Schleife, landete, mit gedrosselten Motoren, auf dem Rollfeld, wurde vom Bodenpersonal eingewinkt und stand zitternd still. Der Ausstieg öffnete sich. Die Gangway wurde hingefahren. Zuerst erschien die Stewardeß. Hinter ihr tauchte der Jokus auf. Er winkte.

»Musik!« rief König Bileam, und schon begannen die vierzig Schulklassen zu musizieren, daß die Wände gewackelt hätten, wenn Wände in der Nähe gewesen wären. Ob es sehr schön klang, weiß ich nicht so genau. Sehr laut klang es ganz bestimmt. Man könnte am ehesten sagen: Es klang sehr schön laut.

Die Begrüßung verlief äußerst herzlich. Der König nahm Hut und Krone ab. Judith machte einen Knicks. Osram machte einen Diener. Der Jokus schüttelte allen dreien die Hand. Mäxchen winkte aus der Brusttasche und lachte. Aber man hörte nicht, daß er lachte. Und man hörte nicht, was Bileam und der Jokus sagten. Denn in jeder Schulklasse des Königreichs Breganzona sitzen zwar nur fünfundzwanzig Kinder, aber wenn vierzig Klassen Musik machen, machen tausend Kinder Musik.

Erst als sich Bileam entsetzt die Ohren zuhielt, wurden die Musikanten still. Nun sagten der König und der Jokus noch einmal dasselbe, was sie schon gesagt, aber wegen des Lärms nicht verstanden hatten. Der Jokus holte Mäxchen aus der Brusttasche, setzte ihn dem König auf den Handteller, und nun schritten sie, unter dem Jubel der tausend Kinder, zu dem Auto, das auf sie wartete. Es war ein Rolls Royce aus dem Baujahr 1930. Ein geräumiges und bequemes Vehikel. Beim Einsteigen mußte sich, trotz Hut und Krone, nicht einmal der König bücken.

»Meine Frau läßt sich entschuldigen. Sie konnte nicht mitkommen«, sagte der König, während sie durch die Stadt fuhren. »Sie kocht Kakao und stellt belegte Brötchen her. Das läßt sie sich nicht nehmen. Dabei weiß sie doch, daß wir vorher beim Würstchengott einkehren wollen.«

»Beim Würstchengott?« fragte Mäxchen. »Wer ist denn das?« Er saß auf der königlichen Krempe, mit dem Rücken zur goldenen Krone, und fühlte sich wie zu Hause.

»Der Würstchengott ist ein Fleischermeister«, sagte Osram. »Sein Lachen ist berühmt, und ...«

»... und am berühmtesten sind seine heißen Würstchen«, schwärmte Judith. »Die macht ihm keiner nach. Sie zergehen einem auf der Zunge.«

»Wie machen sie das denn?« fragte Mäxchen. »Ich kenne nur Würstchen, in die man hineinbeißt, daß es knackt, und die man tüchtig kauen muß.«

Fast wären sich die Kinder in die Haare geraten. Erst als sich der König umdrehte und gemütlich meinte: »Zankt euch nicht, haut euch lieber«, wurden sie wieder friedlich, und die zwei Männer konnten ihre Unterhaltung in aller Ruhe fortsetzen.

»Warum haben Sie eigentlich die Dame Ihres Herzens nicht mitgebracht?« fragte Bileam. »Ihr hübsches Marzipanfräulein?«

»Sie besucht eine alte Tante«, sagte der Professor, »und läßt sich vielmals entschuldigen.«

»Rosa hat gar keine alte Tante«, rief Mäxchen, »und du mogelst.«

»Stimmt das?« fragte der König amüsiert und faltete die Hände überm Bauch.

Der Jokus zwinkerte ihm verstohlen zu. »Es stimmt, daß sie keine alte Tante hat, und es stimmt, daß ich gemogelt habe.«

Mäxchen schob den Kopf über den königlichen Hutrand und drohte dem Professor mit dem Finger. »Ihr habt Geheimnisse vor mir.«

»Auch das stimmt, Söhnchen. Es ist allerdings nur ein einziges Geheimnis, aber ...«

»Können Sie mir's nicht ins Ohr sagen?« fragte Bileam.

»Erst wenn der Lümmel nicht mehr auf Ihrem Hut sitzt. Denn für das, was er nicht hören soll, hat er besonders feine Ohren.«

»Mit meinen Kindern ist es genau dasselbe«, gestand der König. »Wenn man ihnen etwas befiehlt, sind sie taub wie der Mann im Mond. Doch wenn mir ihre Mutter was ins Ohr tuschelt, verstehen sie jedes Komma.«

»Ist es wenigstens ein schönes Geheimnis?« wollte der Kleine Mann wissen.

»Du wirst Augen machen, so groß wie Suppentassen.«
»Und wann werde ich so große Augen machen?«
»In vierzehn Tagen.«

Breganzona ist eine heitere Stadt. Die Leute sind vergnügter als anderswo. Die Verkäuferinnen sind freundlicher. Die Gardinen an den Fenstern, ja sogar die Regenwolken über den Dächern blicken lächelnd auf die Straßen und Plätze. Wer in der Straßenbahn mindestens zehn Stationen weit fährt, erhält vom Schaffner einen Becher Limonade gratis. Und keine der vielen städtischen Laternen gleicht der anderen. Sie sind bunt und verschieden wie Lampions bei einem Gartenfest.

Wer Einkäufe macht, muß nicht wie ein Hase bei der Treibjagd über die Fahrbahn springen. Die Autobesitzer parken ihre Wagen außerhalb des Geschäftsviertels, holen ihre Trittroller aus dem Kofferraum und trittrollern gemütlich von Laden zu Laden.

»Sonst machen wir das auch«, sagte König Bileam. »Nur wenn wir Gäste abholen, bleiben wir in der Staatskarosse sitzen. Ehre, wem Ehre gebührt.«

Mäxchen gefiel so viel Ehre ganz und gar nicht. »Können wir denn nicht trotzdem umsteigen? Sie auf dem Trittroller und ich auf Ihrem Kronenhut oder Ihrer Hutkrone, – das wäre ein Riesenspaß.«

»Vielleicht ein andermal«, meinte der König.

»Außerdem sind wir schon da«, stellte Osram fest. »Alles aussteigen.«

Der Würstchengott war ein umfangreicher Fleischermeister und schüttelte ihnen kräftig die Hand. Nur bei Mäxchen traute er sich nicht. Die Kundschaft in dem engen Laden nahm vom König und seiner Begleitung keine Notiz. Das war in Breganzona so üblich.

Ob er auf dem Jahrmarkt mit seiner Familie Achterbahn fuhr oder auf den Lukas haute, ob er irgendwo für Judiths Aquarium Wasserflöhe kaufte oder für Hildegard, die Königin, eine Langspielplatte oder eine Eieruhr, – die Leute blickten freundlich beiseite.

Natürlich kam es trotzdem vor, daß sie gelegentlich zu ihm hinschielten. Noch dazu heute, wo der Kleine Mann auf der königlichen Hutkrempe saß. Denn so etwas sah man ja nun wirklich nicht alle Tage.

Hinter der Ladentafel glänzten und dampften die Verkäuferinnen und die Wurstkessel. Davor standen, blankgescheuert, sieben runde mannshohe Holztische. Für Stühle war kein Platz. Man aß im Stehen. Deshalb waren ja auch die Tische doppelt so hoch wie anderswo. Außerdem hatten sie, in halber Höhe, eine untere Tischplatte. Dort standen die Teller für die Kinder, wenn man welche mitbrachte. Sechs Tische waren mit Tellern, Würstchen, Semmeln und Senftöpfen beladen und von schwatzenden und schmatzenden Kunden umlagert.

Den leeren Tisch in der Mitte schmückte ein bestickter Wimpel mit der Inschrift: ›Hier schmeckt's dem König. Täglich zwischen 16 und 17 Uhr. Würstchengott, Hoflieferant.‹

»Das nenne ich praktisch«, meinte der Jokus, »jeder Tisch hat zwei Etagen.«

Der Meister, der sie persönlich bediente, strahlte. »Meine eigne Erfindung«, sagte er stolz. »Ich habe sie als den ›Zweistöckigen Steh- und Eßtisch für Groß und Klein‹ beim Patentamt angemeldet. Guten Appetit allerseits.« Dann stapfte er ins Schlachthaus, um für die dampfenden Kessel noch ein paar Spieße mit Würstchen zu holen.

»Solche Tische nennst du praktisch?« fragte Mäxchen den Professor. »Da kann ich nur staunen.« Der Jokus und der König bissen andächtig in die heißen Würstchen und seufzten selig. Mäxchen bekam von beiden Männern einen Happen ab, seufzte gleichfalls und rutschte an einem der Tischbeine in die untere Etage.

Dort bissen gerade Judith und Osram in ihre Würstchen, daß es nur so knackte. Sie verdrehten vor Wonne die Augen. Mäxchen kostete auch hier, hätte sich fast die Zunge verbrannt und schnappte nach Luft.

»Was sagst du nun?« fragte Osram.

Aber Mäxchen sagte gar nichts. Er war schon wieder am

Tischbein hochgeklettert und ließ sich droben vom König weiterfüttern.

»Noch zwei Paar heiße Würstchen!« rief der König.

Kurz darauf rief Judith: »Noch zwei Paar heiße Würstchen, bitte! Für die Kinderetage!«

Der Fleischermeister brachte wieder vier Paar angeschleppt. Wieder ließ man sich's schmecken. Und wieder kletterte Mäxchen zwischen den zwei Tischplatten hin und her und hinauf und herunter. Erst nach der zwanzigsten Klettertour gab er das Rennen auf.

»Wie hat's geschmeckt?« fragte Judith.

»Du hast recht gehabt«, antwortete Mäxchen. »Sie zergehen einem auf der Zunge.«

Auf der Fahrt zum Schloß kaufte König Bileam fünf rote Tulpen. »Für meine liebe Frau«, sagte er.

»Damit Mutti nicht schimpft«, stellte Osram sachlich fest. Prinzessin Judith lächelte klug vor sich hin. »Zwei Tulpen, weil wir zu spät kommen, und zwei Tulpen, weil wir satt sind. Doch wozu die fünfte?«

»Damit sie sich freut«, erklärte der König. »Und nun putzt euch den Mund. Hier ist mein Taschentuch.«

Die Königin blieb bis zur vierten Tulpe ungnädig. Doch bei der fünften schmolz ihr strenger Blick. Denn in der fünften Tulpe stand Mäxchen, steckte den Wuschelkopf über den Blumenrand und sagte: »Je später der Abend, um so schöner die Gäste.« Da band sich die Königin vor Vergnügen die Küchenschürze ab.

Nach der Begrüßung liefen die zwei Königskinder, mit Mäxchen in der Hand, ins Spielzimmer, wo sie schon am Vormittag die Ritterburg, die Eisenbahn und das Blockhaus mit den Trappern und den Siouxindianern aufgebaut hatten. Zuerst setzten sie die elektrische Eisenbahn in Betrieb. Osram stellte die Weichen. Judith bediente die Signale. Und Mäxchen war der Lokomotivführer. Er hatte genau die richtige Größe. (Aber wir wollen die drei beim Spielen nicht stören. Kinder haben das gar nicht gerne.)

Inzwischen saßen Bileam, seine Frau und der Jokus in der Schloßbibliothek. Die Herren tranken ein Glas Wein. Die Königin nähte mit ein paar Stichen die Krone auf dem Hut ihres Mannes fester. Und manchmal hörten sie das Kindergeschrei aus dem Spielzimmer.

»Das Schloß ist nicht sehr groß«, sagte der König. »Und alt ist es erst recht nicht. Dagobert, mein Vorgänger, ließ es nach seiner Wahl im Jahre 1912 bauen, und der Geschmack war damals ziemlich schauderhaft.«

»Aber die Mauern sind solide«, meinte seine Frau, »die Zimmer sind nicht so niedrig wie heutzutage, und seit wir Ölheizung haben, gibt es auch keine feuchten Wände mehr.« Sie biß den Nähfaden ab. »So, Bileam, nun sitzt die Krone wieder fest. Ich hänge den Hut in die Garderobe.« Sie ging und ließ die beiden allein.

»Stimmt es, daß Breganzona ursprünglich eine Künstlerkolonie war?« fragte der Jokus.

»Eine Ferieninsel für Maler, Musiker und Schriftsteller, nichts weiter. Aber die Welt draußen wurde immer lauter, die Fabrikschornsteine qualmten immer giftiger, die Kriege wurden immer übler, und das Goldene Kalb wuchs, bis es ein Riesenochse war, – da blieben die Sommergäste für immer hier.«

»Und aus dem Künstlervölkchen wurde ein Volk.«

»Nennen wir's weiterhin ein Völkchen«, meinte der König. »Mehr sind wir nicht, und mehr wollen wir nicht sein. Wir wollen weder in den Atlas noch ins Lexikon. Wir wollen weder Ruhm noch Reichtum.«

»Seien Sie froh, daß Breganzona so klein ist«, sagte der Jokus. »Sonst hätten Sie großen Ärger.«

»Prosit, Professor.« Der König hob sein Glas. »Und nun verraten Sie mir endlich, warum Rosa Marzipan nicht mitgekommen ist.«

»Wir haben, ohne daß der Junge es ahnt, ein Haus gekauft, und sie richtet es heimlich ein. Man kann nicht ewig von einem Hotel ins nächste ziehen.«

»Nur zu wahr«, brummte Bileam. »Man will wissen, wohin man gehört. Man wird nicht jünger.«

»Das gilt sogar für Mäxchen. Auch er wird alt. Er braucht endlich ein Zuhause. Er braucht endlich gründlichen Privatunterricht. Außerdem will ich meine ›Geschichte der Zauberkunst‹ schreiben ...«

»... und Fräulein Marzipan heiraten.«

»Das ist leichter gesagt als getan.«

»Nanu. Will sie nicht?«

»Lieber König Bileam, können Sie schweigen?«

»Nicht nur wie das Grab, sondern wie ein ganzer Friedhof. Was ist los?«

»Wir haben Angst um Mäxchen«, sagte der Jokus bekümmert. »Wo ich bin und schlafe und gehe und stehe, er ist bei mir, er war bei mir, und er kennt es nicht anders. Was soll werden, wenn Rosa und ich heiraten? Wenn wir Kinder haben? Ich kann mich nicht in Stücke schneiden. Er würde glauben, ich liebte ihn weniger. Er wäre unglücklich, der kleine Kerl, und ich wäre es auch.«

»So unglücklich können glückliche Menschen sein«, meinte König Bileam bedächtig. »Was sollen erst die Unglücklichen machen?«

Mittlerweile ging es im Spielzimmer hoch her. Mäxchen hatte den Beruf des Lokomotivführers längst an den Nagel gehängt. Er war trotz der hochgeklappten Zugbrücke und des tiefen Wassergrabens in die Burg eingedrungen. Im Burghof, auf den Wehrgängen und auf dem Söller hatte er sämtliche Ritter umgelegt, von den Knappen und Knechten ganz zu schweigen.

Nachdem Maximilian von Pichelstein, der edle Ritter, jeglichen Widerstand gebrochen hatte, nahm er den erbeuteten Helm vom Haupt, trocknete sich die Heldenstirn und blickte kühn in die Ferne. »Ich dürste nach neuen Taten«, rief er. »Den nächsten Feind, bitte!«

Prinz Osram wußte Rat. »Im Wilden Westen tut sich was. Die Sioux belagern das Blockhaus. Wie wär's?«

»Wer wird siegen, o Fremdling?«

»Die Rothäute wollen die Palisaden anzünden. Die Fackeln lodern schon.«

DAS SIEBENTE KAPITEL

»Wir werden sie auslöschen.«

»Womit?« fragte Osram ratlos. »Die Brunnen sind leer. Die Wasserleitung ist kaputt.«

»Dann nehmen wir Spucke«, rief Trapper Max, das unerschrockene Bleichgesicht.

»Jawohl«, schrie Osram. »Das ist die Lösung!«

»Ihr seid zwei kleine Dreckschweine«, sagte Judith pikiert. »Untersteht euch, im Zimmer herumzuspucken.«

Mäxchen blickte Osram an. »Wer ist die vorlaute Squaw? Was mischt sie sich in Männersachen?«

»Soll ich sie auf den Rücken eines Mustangs binden und in die Prärie jagen?«

Doch daraus wurde nichts. Die rüden Männer aus dem Wilden Westen vergaßen ihre grausamen Pläne mit einem Schlag und starrten fasziniert auf Judiths Hände. Denn die Prinzessin nähte. Sie nähte auf einem runden schwarzen Hut eine goldene Krone fest!

Die Krone war Judiths kleiner goldener Geburtstagsring, und der Hut war auch nicht viel größer, weil er eigentlich einer Puppe gehörte, einem fingerlangen Hirten aus der Pußta. Nun lag er kahl und unbeachtet neben Judiths Nähzeug. Sie biß den Faden ab und sagte: »So.«

»Genau wie Papas Ausgehkrone«, rief Osram.

»Für mich?« fragte Mäxchen vorsichtig.

»Vielleicht«, sagte Judith. Und während sie ihm den Kronenhut aufsetzte, verdrehte er die Augen, als wolle er sich selber auf den Kopf sehen.

Die Geschwister klatschten vor Begeisterung in die Hände. »Er paßt wie angegossen«, rief Judith. Und Osram rief: »Wie Vati auf den Briefmarken!«

Und Mäxchen? Da stand er nun neben Judiths Nähkästchen und wußte nicht, wie schön er aussah. Wie schön man aussieht, sehen immer nur die anderen. »Habt ihr denn keinen Spiegel im Haus?« fragte er zappelig.

Judith holte ihren Handspiegel, lehnte ihn ans Nähkästchen, und nun konnte sich der Kleine Mann endlich betrachten. Er ließ sich Zeit und fand sich wunderbar. Er stolzierte auf und ab, winkte seinem Spiegelbild zu, schwenkte den Hut zum Gruß und rief: »Majestät sehen heute wieder blühend aus! Na ja, kein Wunder. Heiße Würstchen sind die beste Medizin. Vor allem für Leber und Galle. Es gibt keine bessere Diät.«

Mäxchen war aufgezogen wie ein Uhrwerk. Ihm fiel ein Unsinn nach dem anderen ein. Und die Königskinder wollten sich schief und scheckig lachen.

Bileam runzelte die Stirn. »Der Krach wird ja immer toller. Waren wir als Kinder auch so schrecklich laut? Ich fürchte, wir müssen mal dazwischenfahren. Kommen Sie, Professor.« Sie verließen die Bibliothek, gingen auf Zehenspitzen den Korridor entlang und blieben vorm Spielzimmer stehen. Sie hörten, wie Mäxchen rief: »Und nun, meine Dame und mein Herr, bringe ich das Lied auf König Bileam zum Vortrag. Ich habe es vorhin in der roten Tulpe gedichtet. Sie dürfen klatschen. Der Beifall ist das Brot des Künstlers. Wollen Sie mich verhungern lassen?«

Der Jokus schmunzelte. Im Zimmer wurde laut geklatscht. Der König öffnete die Tür. Natürlich nur einen Spalt. Sie schauten hindurch und hielten sich vor Staunen aneinander fest. Mäxchen mit Hut und Krone!

Judith und Osram hockten auf dem Fußboden. Mäxchen stand vor dem Nähkästchen und erklärte: »Ich bitte um Ihre geschätzte Aufmerksamkeit. Die Kapelle läßt sich entschuldigen. Sie hat den Keuchhusten und liegt bei Doktor Ziegenpeter im Krankenhaus. Mir bleibt auch nichts erspart. Trotzdem, es – geht – los!«

Er machte ein paar Tanzschritte, drehte eine Pirouette, breitete die Arme aus und sang:

»König Bileam der Nette
trägt die Krone auf dem Hut.
Doch er trägt sie nicht im Bette,
weil sie ihn dort stören tut.
König Bileam der Nette
liegt ganz ohne

goldne Krone
und Melone
nachts im Bette,
wenn er ruht.
Denn –
wenn –
Bileam der Nette
beides nachts im Bett aufhätte,
schliefe er nur halb so gut.«

Mäxchen machte noch ein paar Tanzschritte, drehte noch eine Pirouette, zog den Hut und sagte: »Aus. Das war's. Wenn es Ihnen nicht gefallen hat, können Sie an der Kasse Ihr Eintrittsgeld zurückverlangen.«

»Es war großartig«, rief Judith, »du wirst ein Dichter wie Aznavour. Der ist ja auch nicht groß.«

»Sing's noch einmal«, bat Osram. »Wir klatschen im Takt in die Hände und singen mit.«

»Wir auch«, sagte Bileam und trat mit dem Jokus ins Zimmer. »Los, kleiner König, eins und zwei und …«

Sie klatschten zu fünft in die Hände. Mäxchen schmetterte sein Lied. Die anderen sangen mit, manchmal allerdings nur »Lalala«, aber schon bei der vierten Wiederholung konnten sie den Text auswendig und hüpften singend durch den Korridor bis zur Garderobe. Dort hängten sie Mäxchens Kronenhut neben den des Königs.

»Sie sehen wie David und Goliath aus«, meinte Osram.

»Nein«, sagte Mäxchen. »David und Goliath hingen nicht an der Garderobe.«

»Außerdem glichen sie einander nicht wie ein kleiner und ein großer Hut«, stellte Judith fest.

Osram zog einen Flunsch. »Ihr seid Rechthaber.«

»Und ich bin müde«, erklärte der König. »Marsch, ins Bett mit uns!« (Daß er der Königin im Schlafzimmer noch das neue Lied vorsingen wollte, behielt er für sich.)

Die vierzehn Tage in Breganzona vergingen wie im Fluge. Manchmal gab Bileam seinen Kindern Unterricht in Bürgerkunde, und der Jokus und Mäxchen durften zuhören. Manchmal fuhr man in die Stadt. Dann saß Mäxchen stolz mit seinem kleinen Kronenhut auf dem großen Kronenhut des Königs. So spazierten und trittrollerten sie auch, zur Freude der Einwohner, durch die Straßen. Und wenn Bileam, zum Spaß, plötzlich ins Schloß zurückwollte und fragte: »Oder haben wir etwas vergessen?« beugte sich Mäxchen jedesmal schnell über die große Hutkrempe und flüsterte: »Die heißen Würstchen!«

»Wahrhaftig«, rief dann der König erschrocken, »mein Gedächtnis läßt nach. Geht's Ihnen ähnlich, Professor?«

So kehrten sie schließlich, bevor sie heimfuhren, doch noch beim Würstchengott ein. Das gehörte zu den Fahrten in die Stadt wie der Donner zum Blitz.

Gegen Abend, wenn sie im Spielzimmer saßen, zauberte der Jokus. Er hatte ja den Zauberfrack mitgebracht. Oder Mäxchen und er zeigten ihre Glanznummer ›Der große Dieb und der Kleine Mann‹. Sie stahlen wie die Raben. Sie stahlen auch die Krone von Bileams Hut, obwohl sie festgenäht war. Die Königin konnte es überhaupt nicht fassen. Im ›Lokalanzeiger‹ stand sogar, die beiden hätten am Freitag das Nadelöhr aus Judiths Nähnadel gestohlen. Doch das halte ich für leicht übertrieben, und auch der Pressechef der Königlichen Staatskanzlei schrieb in einem Leserbrief an die Zeitung, das Nadelöhr sei keine Minute vermißt worden.

Viel Spaß machte der Königsfamilie und der Dienerschaft auch die Nummer ›Der Bauchredner und seine Puppe‹. Der Jokus tat während dieser Szene, als könne er bauchreden, und Mäxchen, der auf seinem Knie saß, bewegte, während sie sich unterhielten, den Kopf, die Augen und die Arme, als sei er eine vom Jokus heimlich gelenkte Gliederpuppe.

Liebe Leser, ich hätte euch diese Darbietung gerne näher beschrieben, aber der verehrte Herr Bauchredner war dagegen. Und Mäxchen sagte: »Die Nummer ist noch lange nicht bühnenreif.«

Außerdem fand die Vorstellung am 14. Dezember statt und wurde, trotz aller Bitten, nicht wiederholt. Denn es war Zeit zum Kofferpacken. Sogar höchste Zeit. Habt ihr schon einmal einen Zauberfrack in einem Koffer verstaut? Nein? Dazu braucht man eine bis anderthalb Stunden.

Frühmorgens am 15. Dezember brachte die königliche Familie den Professor und den Kleinen Mann zum Flugplatz. Der Abschied war herzlich und schmerzlich. Alle sagten gleichzeitig: »Auf baldiges Wiedersehen.« Die Maschine ›Dagobert‹ stieg in die Lüfte. Und damit beginnt …

Das achte Kapitel

Mäxchen zählt Schweizer Tunnels · Das Geheimnis lüftet sich · Rosa soll gemästet werden · ›Villa Glühwürmchen‹ · Eine Fernsehsendung und viele Ferngespräche · Fairbanks 3712 · Mrs. Simpson hieß vor ihrer Heirat Hannchen Pichelsteiner.

In Calais kletterten sie in eine Caravelle der Air France und flogen mit vielen vergnügten Franzosen, die zum Wintersport wollten, nach Zürich. Dort hatte es geschneit. Vorm Flugplatz stieg der Jokus in ein Taxi.

»Bleiben wir in Zürich?« fragte Mäxchen.

»Nein, mein Kleiner«, sagte der Professor.

Im Züricher Hauptbahnhof kletterten sie in einen hochmodernen Zug, der nur aus vier Waggons 1. Klasse bestand, und nahmen in der Bar des Speisewagens Platz.

»Draußen steht auf einem Schild ›Zürich-Mailand‹. Fahren wir nach Mailand?«

»Nein, mein Kleiner«, sagte der Professor. Dann bestellte er für sich einen Whisky und für den Jungen einen Tom Collins. »Natürlich ohne Wodka.«

»Sehr gern«, meinte das Servierfräulein und musterte Mäxchen. »Aber Fingerhüte haben wir leider nicht.«

»In einem normalen Glas und mit einem Strohhalm. Der Kleine sitzt gern auf dem Glasrand. Doch das Glas nicht zu voll. Sonst kriegt er nasse Füße.«

»Sehr gern«, sagte das Servierfräulein. »Ganz wie die Herren wünschen.«

Die Welt war schneeweiß. Der Zug sauste am Zürcher See entlang. Er raste am Vierwaldstätter See vorbei. Die Berge kamen näher. Die Strecke stieg an. Ein Tunnel folgte dem anderen. Die Lampen brannten.

Nachdem der Jokus seine Zeitungen gelesen hatte, vertiefte er sich in ein Buch mit dem Titel ›Wichtige Winke eines Fachmanns zur Erlernung der Bauchrednerkunst‹. Mäxchen saß auf dem Rande des Glases, hielt sich am Strohhalm fest, schlürfte seinen Tom Collins schlückchenweise und zählte die Tunnels. »Kannst du mir dein Geheimnis noch immer nicht verraten?« bohrte er.

»Nein, mein Kleiner.«

»Pfui Spinne! Und du willst mein väterlicher Freund sein? Sechsundzwanzig.«

»Was heißt hier sechsundzwanzig?«

»Der sechsund ..., schon wieder einer: der siebenundzwanzigste Tunnel.«

Es schneite dicke Flocken. Man konnte Gletscher sehen. Und zu Eis erstarrte Wasserfälle. Es ging stampfend bergan. Immer höher. ›Göschenen‹ stand an einem Bahnhof. Und schon wurde es von neuem dunkel.

»Jetzt fahren wir durch den Sankt Gotthard«, erklärte der Professor. »Mindestens zehn Minuten lang. Und wenn wir drüben in Airolo wieder aus dem Berg herauskommen, scheint die Sonne.«

»Bist du sicher?«

»Nein.«

Trotzdem behielt der Jokus recht. Als sie zehn Minuten später aus der Finsternis auftauchten, mußten sie vor lauter Sonnenschein erst einmal die Augen zukneifen. Der Himmel schimmerte blitzblau. Die Reisenden strahlten. Und der Zug selber freute sich auch. Denn nun ging es endlich bergab. Tiefer und tiefer. Schneller und schneller. Buntbemalte Häuser sausten vorbei. Auf den Balkonen wiegte sich Wäsche, die in der Sonne trocknen sollte. Die Bahnhöfe hatten italienisch klingende Namen. Alles hatte sich geändert. Nur Tunnels gab es noch immer.

»Dreiundvierzig«, sagte Mäxchen. »Seit Zürich dreiund ... Nein, vierundvierzig.« Denn schon wieder ratterten sie durch eine halbe Minute Finsternis.

»Verzähle dich nicht«, meinte der Jokus amüsiert. »Sonst müssen wir nach Zürich zurück und die Fahrt wiederholen.«

»Mach keine Witze, sonst verzähle ich mich wirklich.« Es wurde wieder dunkel. Es wurde wieder hell. »Fünfundvierzig«, stellte Mäxchen fest.

Der Zug brauste durch die Ebene. Man sah grüne Hecken mit roten Beeren. Die ersten Zypressen und Palmen tauchten links und rechts von den Gleisen auf. An einem großen Umladebahnhof hing das Schild ›Bellinzona‹. Und als der Schaffner nach einer Weile durch die Waggons ging und ausrief: »Die nächste Station ist Lugano. Wir halten nur eine Minute!«, da steckte der Professor den Kleinen Mann in die Brusttasche und stand auf.

»Das ist das ganze Geheimnis?« fragte Mäxchen enttäuscht. »Wir steigen in Lugano aus? Aber wieso ist das denn geheimnisvoll?« Der Jokus wollte antworten. Doch es kamen noch ein paar Tunnels, und Mäxchen war vollauf mit Zählen beschäftigt.

Dann hielt der Zug. Draußen rief jemand: »Lugano! Beim Aussteigen, bitte, beeilen!« Sie beeilten sich also. Es ging überhaupt sehr eilig zu. Kaum daß der Jokus auf dem Bahnsteig stand, breitete er auch schon die Arme aus, und kaum daß er die Arme ausgebreitet hatte, fiel ihm auch schon eine junge blonde Dame um den Hals. »Vorsicht«, warnte er, »zerdrücke Mäxchen nicht!«

Der Kleine lachte. »Laßt euch nicht stören. Mich stört's auch nicht. Marzipan ist ja weich.«

Vorm Bahnhof stiegen sie in ein Auto, und das Marzipanfräulein setzte sich hinter das Steuer. »Wieso?« fragte Mäxchen verwundert. »Ist das ein Mietwagen?«

»Nein. Er gehört uns«, antwortete der Jokus. »Jedem gehört ein Drittel. Welches Drittel möchtest du haben?«

Aber Mäxchen schwieg. Sie waren nach Zürich geflogen. Warum? Um nach Lugano zu fahren. Wozu? Weil Rosa auf dem Bahnsteig wartete. Weshalb? Um in ein Auto zu steigen, wovon ihm ein Drittel gehörte. Und jetzt? Jetzt fuhren sie durch eine hübsche Stadt, die Lugano hieß, über einen hübschen Platz, in dessen Mitte ein riesiger Christbaum stand, an einem hübschen See und hübschen Hotels entlang. Wohin? Vor welchem Hotel würden sie halten?

Aber sie hielten vor keinem der Hotels. Sie durchquerten die Stadt und fuhren einen der Hügel hinauf, die den See umkränzten. An Villen und Gärten vorüber. Durch Kastanienwälder und durch Dörfer mit Kirchen, Friedhöfen, Schulen, Konsumläden, Kneipen und Tankstellen. Die Straßen wurden schmäler. Sie waren nicht mehr asphaltiert. Das Auto hoppelte wie ein Kaninchen. Doch dann, ganz unerwartet, bog es in einen Wiesenweg ein und hielt vor einer weißen Mauer. Neben der Einfahrt war ein Schild angebracht. ›Villa Sorgenklein‹, las Mäxchen.

Rosa Marzipan sperrte das Tor auf, fuhr mit dem Wagen über den knirschenden Kies bis zur Garage, stieg wieder aus und sagte lächelnd: »Herzlich willkommen! Wir sind zu Hause.«

Das also war das Geheimnis. Deshalb hatte Rosa eine alte Tante besucht, obwohl sie gar keine Tante hatte. Deswegen hatten sie den Kleinen Mann angeschwindelt. Es sollte eine Überraschung sein, und das war es ja auch.

Mäxchen betrachtete die schöne ockergelbe Villa mit den grünen Fensterläden und meinte: »Ich bin platt.« Und nachdem sie über den Rasen, zwischen den Bäumen und Beeten, bis zur Terrasse spaziert waren, von der aus man, tief unten, den Luganer See und, überm anderen Ufer, den Monte Bré und den San Salvatore mit ihren Seilbahnen sah, sagte Mäxchen, nach einer Schweigeminute, sogar: »Ich bin total geplättet.« Das war das höchste Lob, das er kannte, und er ging damit sehr sparsam um.

Die Villa ›Sorgenklein‹ war weder zu klein noch zu groß. Sie hatte Platz für die dressierten Tauben Emma und Minna, für das weiße Zylinderkaninchen Alba und den Schönen Waldemar. Es gab, von den Schlaf- und Schrankzimmern abgesehen, ein Wohnzimmer mit hohen, breiten Fenstern und eine Küche, worin man nicht nur kochen und braten, sondern auch, wenn man wollte, in aller Gemütlichkeit essen konnte.

Sie hatten Appetit. Sie aßen. Es war gemütlich. Emma und Minna pickten Körner. Alba knabberte Chicorée. Die drei Hausbesitzer verzehrten Wiener Schnitzel und goldgelbe Bratkartoffeln. Mäxchen aß an einem kleinen Tisch auf dem großen

Küchentisch und erfuhr, während es allen schmeckte, alles, was er noch nicht wußte. (Fast alles.)

Der Jokus, erfuhr er, habe die Villa in aller Heimlichkeit gekauft. Rosa habe das leere Haus, während er und Mäxchen in Breganzona gewesen waren, mit schönen alten Möbeln eingerichtet und dabei drei Pfund und siebzig Gramm abgenommen. Das seien eintausendfünfhundertundsiebzig (1570) Gramm, und sie, Rosa, denke nicht im Traum daran, diese Abmagerungskur fortzusetzen.

»Andere Frauen sind heilfroh, wenn sie dünn werden«, sagte der Jokus zu Mäxchen und zwinkerte.

Rosa erklärte: »Ich bin aber keine andere Frau.«

»Da hat sie, glaube ich, recht«, sagte Mäxchen zwinkernd zum Jokus. »Außerdem weiß sie, daß du runde Damen liebst. Vielleicht sollten wir sie mästen.«

Der Professor nickte. »Ein guter Vorschlag.«

»Mit ›Leichsenrings Kraftfutter‹? Oder hilft das nur bei Hühnern?«

»Wahrscheinlich. Es wäre mir auch zu teuer. Wir füttern sie, fünfmal täglich, mit Spaghetti und Makkaroni. Teigwaren sind hier billig.«

»Sechsmal«, schlug Mäxchen vor. »Mit viel Butter, Tomatenmark und Fleischsoße. Bis sie schön dick ist.«

»Aber was machen wir, wenn sie uns auch dann nicht gefällt?« fragte der Jokus. »Wenn sie zu breit wird?«

Mäxchen wußte Rat. »Dann lassen wir sie überall tätowieren und zeigen sie auf dem Jahrmarkt. Als entflohene Haremswitwe. Gegen Eintrittsgeld.«

»Kinder und Militär die Hälfte«, sagte der Jokus. »Und du bist der Ausrufer.«

»Jawohl!« Mäxchen rieb sich die Hände. »Treten Sie näher, meine Herrschaften! Hier sehen Sie etwas völlig Neues. Tätowiertes Marzipan, frisch aus Arabien eingetroffen. Die Lieblingswitwe des Emirs Omar.«

»Hereinspaziert, meine Herr- und Damschaften«, rief der Jokus. »Sie heißt Prinzessin Corpulenta, liest Ihnen aus der Hand, falls dieselbe gewaschen ist, und zeigt in der Zweiten

Abteilung ihren Siebenschleierharemstanz, wobei sie Gewichte stemmt und Füttern verboten ist.«

»Wunderbar«, sagte Mäxchen. »So machen wir's. Und von dem Geld, das wir mit ihr verdienen, kaufen wir uns eine Makkaronifarm.«

Rosa Marzipan, die Hübsche, blickte die beiden entgeistert an. Dann flüsterte sie: »Ihr seid ja zwei fürchterliche und ausgekochte Halunken. Wäre ich doch bloß in Arabien geblieben. Dort gab es zwar zum Frühstück verdünntes Wasser und zehn Stockhiebe auf die Fußsöhlchen, – aber ihr zwei seid ja noch viel schlimmer als mein lieber Emir Omar mit dem Beinamen der Gräßliche.«

Dann mußten sie endlich laut lachen. Auch Minna und Emma, die Lachtauben, lachten mit. Nur das weiße Kaninchen beteiligte sich nicht. Kaninchen lachen höchstens im Traum.

Nach dem Essen wusch Rosa das Geschirr. Der Jokus trocknete ab. Und Mäxchen sang, mit Judiths Kronenhut auf dem Kopf, das Lied von König Bileam.

Als es draußen finster geworden war, gingen sie noch einmal durch den Garten bis zur Terrasse hinaus und freuten sich am Glanz der Dunkelheit. Lugano glitzerte, tief unten, wie ein Juwelierladen. Über den schwarzen See fuhr ein illuminierter Dampfer. Der Monte Bré, der kleine zugespitzte Berg mit seinen Villen, Hotels und Dörfern, glich einem schimmernden Christbaum.

Doch der Märchenhimmel über den drei Hausbesitzern, mit seinen goldenen, grünen, blauen und weißen Sternen, dieser uralte funkelnde Himmel übertraf auch diesmal die Welt der Glühbirnen, so schön sie sein kann.

»Ich bin ja nicht neugierig«, meinte Mäxchen, als er es sich in der alten Streichholzschachtel bequem machte, »aber wo ist eigentlich meine Wohnung geblieben?«

Professor Jokus von Pokus räkelte sich in dem breiten französischen Bett zurecht, das ihm seit heute gehörte, und fragte beiläufig: »Was denn für eine Wohnung?«

Mäxchen sagte: »Die Zweizimmerwohnung. Wer weiß, wo Rosa sie hingestellt hat.«

»Sie steht nirgends. Rosa hat uns, als wir ankamen, alle Zimmer gezeigt. Ich bin doch nicht blind.«

»Nein, das kann man dir nicht vorwerfen. Vielleicht hat sie beim Umzug vergessen, sie einzupacken?«

»Ihr zwei macht mir Spaß«, meinte Mäxchen verdrossen. »Eher hätte sie ihren Namen vergessen als meine niedliche Wohnung. Das weiß ich. Und ich weiß noch etwas: Ihr habt schon wieder Heimlichkeiten vor mir.«

»Das ist natürlich auch möglich«, sagte der Jokus. »Um Weihnachten herum kommt das vor. Weil du aber Heimlichkeiten nicht leiden kannst, werde ich dir jetzt klipp und klar erzählen, was wir dir bis zum Heiligabend verschweigen wollten. Also ...«

»Hör auf!« rief Mäxchen. »Ich will es gar nicht mehr wissen. Ich bin ein kleiner Schafskopf.«

»Irrtum«, sagte der Jokus. »Du bist ein großer Schafskopf. Und nun lösche das Licht aus, ja? Der Herr Zauberkünstler sind müde.«

»Der kleine Schafskopf auch«, murmelte Mäxchen und drückte auf den Knopf der Nachttischlampe.

Am 24. Dezember nach dem Mittagessen fuhr ein Kombiwagen durchs Tor der Villa ›Sorgenklein‹. Drei Männer kletterten heraus, trugen Kisten und Kasten und allerlei Geräte in den Garten und machten sich, auf halbem Wege zwischen der Terrasse und der Villa, in der Wiese zu schaffen. Was sie dort trieben, war nicht zu sehen.

Außerdem mußte Mäxchen die zwei Meter hohe Tanne schmücken, die im Wohnzimmer stand. Er hüpfte, leicht wie ein Vogel, von Zweig zu Zweig, steckte Kerzen fest, hängte Glaskugeln, Zuckerkringel und Engelshaar in den Baum. Der Jokus stand wie ein General daneben und sagte nur: »Die blaue Kugel etwas weiter rechts ... Die dritte Kerze am vierten Ast von unten steht schief ... Den Schokoladenring mehr in die Mitte ... Noch ein bißchen ... Das war zu viel ...«

Rosa schaute zu ihnen ins Zimmer, erklärte: »So gut möchte ich's auch mal haben«, und wollte wieder in die Küche zurück. »Kannst du nicht hierbleiben?« fragte Mäxchen. »Wir könnten dich gut gebrauchen.«

»Wofür denn?«

»Als Marzipan am Christbaum!«

Sie stemmte die Hände in die Hüften. »Du bist und bleibst das nichtschmutzigste, nein, das nichtsnutzigste Kind, das ich kenne.«

Aber Mäxchen, der sich in einem Zuckerkringel schaukelte, rief: »Warte nur ab, bis du selber welche hast.«

Da räumte sie das Feld, murmelte: »Ich glaube, der Gänsebraten verbrennt«, und fort war sie.

Als es hübsch dunkel geworden war, zündeten sie am Baum die Lichter an, ließen ein paar Wunderkerzen zischen und sprühen, sangen ›O du fröhliche‹, und jeder gab jedem einen Kuß. Das machte insgesamt sechs.

»Andere Geschenke gibt es nicht«, erklärte der Jokus energisch. »Wir haben einander die Villa geschenkt. Das ist Bescherung genug.«

»Ihr Schwindler«, meinte Mäxchen seelenruhig. »Wo ist denn meine Zweizimmerwohnung? Und was haben die Leute mittags im Garten gemacht?«

»Na schön«, sagte der Jokus. »Es ist zwar nicht üblich, am Heiligabend im Garten Ostereier zu suchen, aber wir können ja einmal nachschauen.« Er steckte den Jungen in die Brusttasche. Rosa nahm zwei Klappstühle. Und so spazierten sie ins Freie.

Zunächst zeigten ihnen die beiden Scheinwerfer am Dach der Villa den Weg. Dann wurde es für kurze Zeit finster. Doch ganz plötzlich begann es in der Wiese zu schimmern und zu leuchten und zu flimmern, als hielten, zu ihren Füßen, tausend Glühwürmchen ihre Weihnachtsfeier ab. Doch es waren keine tausend Glühwürmchen, sondern es war ein kleines Haus, kaum höher als zwanzig Zentimeter, und aus allen Fenstern zwinkerte Licht.

Mäxchens Zweizimmerwohnung mit Bad und Küche nahm den ersten Stock ein. Im Erdgeschoß lagen ein Arbeits- und ein Spielzimmer, sowie ein Turnsaal mit einem Duschraum. Eine Treppe war natürlich auch da. Sie führte bis ins Dachgeschoß, und auch hier oben, im schrägen Dach, glänzten drei Fenster.

Rosa und der Jokus saßen auf den Klappstühlen, schwiegen und lächelten zufrieden. Wißt ihr übrigens, was Mäxchen sagte? Er sagte gar nichts! Es gibt solche Kinder. Je mehr sie sich freuen, um so stiller werden sie. Mir ging es, als ich ein kleiner Junge war, ganz genau so. Und manche Erwachsene verstehen das falsch. Das ist schade, läßt sich aber nicht ändern.

Das Marzipanfräulein und der Professor gehörten glücklicherweise nicht zu der falschen Sorte. Sie konnten warten, und so warteten sie. Sie blieben auch still, als Mäxchen am Jokus hinunterkletterte, langsam zu dem Häuschen schlich und durch die Fenster blickte. Er konnte sich nicht sattsehen.

Schließlich räusperte sich der Jokus. »Willst du den Schlüssel haben und hineingehen?«

Der Kleine Mann schüttelte den Kopf.

»Der Schlüssel ist entsetzlich klein. Vielleicht verlieren wir ihn«, meinte Rosa.

Mäxchen schüttelte wieder den Kopf, lief plötzlich auf das Paar zu, kletterte am Jokus hoch, kroch in die Brusttasche und sagte ein einziges Wort. »Morgen«, sagte er.

Am ersten Feiertag, also am 25. Dezember, war er munter und vorlaut wie immer. Der Jokus nahm eine Kamelhaardecke mit und setzte sich, weil das Wetter mild und sonnig war, vor dem Liliputhaus mitten in die Wiese. Mäxchen inspizierte inzwischen sein Eigenheim vom Keller bis zum Boden, und immer wieder einmal riß er ein Fenster auf und rief: »Hier steht ja das Hochreck aus Pichelstein!« und: »Auch meine Bibliothek ist da!« und: »Ist das ein richtiges Telefon?«

»Natürlich, mein Kleiner. Und wenn du die Nummer 01 wählst, meldet sich eine uns nicht ganz unbekannte Dame.«

Mäxchen hockte sich in den Lehnstuhl und wählte die Nummer 01. (So einen kleinen Apparat habt ihr noch nie gesehen.) »Wer spricht?« fragte er. »Mademoiselle Rosa? Sind Sie es höchstpersönlich? Mein Name ist Hausbesitzer Max Pichelsteiner. Ich begrüße Sie auf das herzlichste ... Was tut not? ... Eile? ... Wieso? Warum sollen wir denn schon jetzt zum Essen kommen? ... Waaas?« Der Kleine Mann starrte zum Professor hinaus und legte auf. »Weißt du, was sie gefragt hat?« rief er.

»Nein, mein Kleiner.«

»Ob wir zwei Spielmätze verschwitzt hätten, daß 15 Uhr 15 eine interessante Fernsehsendung gezeigt wird.«

Der Jokus blickte auf die Uhr und sprang hoch. »Wie die Zeit vergeht, wenn man nichts zu tun hat! Komm, mach die Fenster zu und schließ die Tür ab!«

Als sie dann schließlich durch die Wiese zurückmarschierten, hatte es Mäxchen wieder einmal mit dem Dichten. Er sang:

»Wohlauf zu frischen Taten!
Es riecht nach Gänsebraten.
Das merkt sogar ein Kind.
Als Nachtisch gibt es Fernsehn.
Da werden wir zwei Herrn sehn,
die werden wir sehr gern sehn,
weil wir es selber sind!«

An diesem Nachmittag saßen viele Millionen Kinder mit ihren Eltern vorm Fernsehschirm und hatten eine halbe Stunde lang rote Ohren. Sie sahen Pichelstein und den Zirkus, den Zauberprofessor mit dem weißen Kaninchen und den beiden Tauben, die drei Schwestern Marzipan als Luftspringerinnen, und sie sahen, das war die Hauptsache, mit eigenen Augen den fünf Zentimeter großen Jungen, der in einer Streichholzschachtel schlief. Sie sahen und hörten, wie er beim Jokus Lesen und Schreiben lernte. Sie erlebten, wie die beiden in einem Herrengeschäft die Schaufensterpuppe kauften und wie dann Mäxchen, im Hotelzimmer, auf dem Schönen Waldemar die Kunst des Kletterns übte. Die Sendung endete mit dem Lied vom ›Leutnant Unsichtbar‹, und die Ansagerin wies auf die Fortsetzung am Sonntag in vierzehn Tagen hin.

Die Kinder waren allesamt begeistert und schwärmten bis zum Schlafengehen vom Kleinen Mann. Auch die Erwachsenen sprachen noch stundenlang darüber und meinten, wenn sie das Kerlchen nicht selbst gesehen hätten, könnten sie kaum glauben, daß es so etwas überhaupt gäbe.

Inzwischen saßen die Hauptdarsteller im Wohnzimmer ihrer stillen Villa und blickten nachdenklich vor sich hin. »Ich finde, wir waren ziemlich gut«, sagte der Jokus, »aber ganz genau weiß ich's nicht.«

»Mein Absprung zum doppelten Salto war miserabel«, erklärte Rosa Marzipan zerknirscht. »Ich sah aus wie ein lahmer Schimmel.«

Dann klingelte das Telefon, und der erste Gratulant meldete sich. Es war der Schüler Jakob Hurtig aus Berlin, und er schwor bei seinem Schulranzen, daß er, seine Eltern, die Verwandten, die Nachbarn und die gesamte Kickelhahnstraße so etwas Fabelhaftes noch nie vorher gesehen hätten. »Sie sind ganz weg«, rief er aus der Ferne, »und ich bin auch gleich weg, sonst wird das Gespräch zu teuer.« Weg war er.

»Schade«, sagte Mäxchen. »Ich wollte ihm gerade von meinem kleinen Haus erzählen. Wißt ihr schon, wie ich es nennen werde? ›Villa Glühwürmchen!‹ Gefällt euch das?«

Während es ihnen noch gefiel, klingelte das Telefon von neuem. Diesmal meldete sich der Bürgermeister aus dem völlig verschneiten Dorf Pichelstein. Sie seien hell begeistert und fühlten sich kolossal geehrt, weil ihr Dorf ja nun weltberühmt geworden sei, was sich auch auf den Fremdenverkehr vorteilhaft auswirken werde.

Das nächste Ferngespräch kam aus Breganzona. König Bileam gratulierte im Namen sämtlicher Schloßbewohner. Es sei großartig gewesen, und er gäbe den Apparat an die Kinder weiter. Nun fand Mäxchen endlich Gelegenheit, die ›Villa Glühwürmchen‹ zu beschreiben. Judith und Osram eigneten sich als Zuhörer wie niemand sonst. Denn das jetzige erste Stockwerk, die Zweizimmerwohnung mit Küche und Bad, hatten sie ihm ja seinerzeit geschenkt.

Die Anrufe rissen nicht ab. Der nächste Gratulant war Mister Drinkwater, und der Jokus rief: »Hallo, Hänschenklein. Ich denke, du schläfst?«

»Nein. Ich habe mich wecken lassen. Die Sendung war sehr gut. Ich kann mit euch und ihr könnt mit mir zufrieden sein. Und somit: Gute Nacht allerseits.«

»Wo steckst du denn?« fragte der Jokus.

Da sagte eine fremde Stimme: »Hier spricht der Bordfunker der Jacht ›Sleepwell‹. Mister Drinkwater schläft bereits wieder. Wir liegen im Hafen von Alexandria vor Anker. Es war eine unvergeßliche halbe Stunde. Grüßen Sie, bitte, den Kleinen Mann. Ende der Durchsage.«

Der letzte Anruf an diesem denkwürdigen Tage kam aus dem Winterquartier des Zirkus Stilke. Direktor Brausewetter war, schien es, völlig aus dem Häuschen. »Daß ich euch drei jetzt nicht an meine gerührte Brust drücken kann, ist das einzige, was mir zu meinem Glücke fehlt. Ihr wart göttlich. Ihr wart umwerfend. Ihr wart …«

Mäxchen rollte von der Hör- zur Sprechmuschel. »Direktor Brausepulver, was für Handschuhe haben Sie an?«

»Goldene«, rief der Direktor zurück. »Goldene Handschuhe, du Goldjunge! Meine Gattin legte mir ein Paar unter den Christbaum. Sie hat ein prophetisches Gemüt.«

Und wer rief am Morgen des zweiten Feiertags noch einmal und schon wieder an? Direktor Brausewetter. »Professor, sind Sie allein? Oder ist Mäxchen in der Nähe?«

»Nein, er badet zur Zeit in seinem Eigenheim. Wo brennt's denn?«

»Ich habe vorhin ein Telegramm aus Alaska erhalten, das höchst merkwürdig klingt.«

»Aus Alaska? Liegt das nicht beim Nordpol gleich um die Ecke?« fragte der Jokus.

»Das ist leicht möglich. Der Text des Telegramms lautet jedenfalls: ›Übermittelt Professor Jokus dringende Bitte, Fairbanks 3712 anzurufen, weil lebenswichtig. Danke schön. Jane Simpson, geborene Hannchen Pichelsteiner.‹ Haben Sie die Nummer notiert?«

»Fairbank 3712. Jane Simpson.«

»Geborene Pichelsteiner! Hannchen, auch das noch! Mitten in Alaska! Wo es dort angeblich nur Goldsucher, Eskimos und Hundeschlitten gibt. Meine Frau meint ...«

»Vielleicht hat Ihre Frau recht«, sagte der Jokus, legte rasch den Hörer auf, hob ihn sofort wieder ab und meldete beim Fernamt Lugano ›Fairbanks 3712‹ an.

»Fairbanks 3712«, wiederholte das Fräulein vom Amt, »sehr gern. Aber dort ist jetzt, glaube ich, Mitternacht oder gestern.«

»Ich bitte um ein Blitzgespräch.«

»Sehr gern, Herr Professor. Und herzlichen Dank für die schöne Fernsehsendung. Es war einmalig.«

Nach dem Essen klagte der Jokus über Kopfschmerzen, legte sich aufs Sofa, sagte, daß er Ruhe brauche, und bat die beiden, eine Spazierfahrt zu machen. Sie hatten nichts dagegen einzuwenden. Doch zuvor zwang ihn Rosa, zwei Kopfschmerztabletten zu schlucken. Das war ihm gar nicht recht, weil er ja gar keine Kopfschmerzen hatte.

Als die zwei aus dem Hause waren, sezte er sich ans Telefon und wartete. Warum er ihnen von Fairbanks 3712 kein Wort erzählt hatte, wußte er selbst nicht genau.

Inzwischen kutschierten Rosa und Mäxchen nach Carona hinüber, wo sie den alten und den kleinen Esel sowie den meckernden Ziegenbock bewunderten, die dort seit Jahren über eine bröcklige Mauer auf die Straße schauen und sich fotografieren lassen. Dann rollten sie nach Morcote hinunter und, am See entlang, nach Melide.

Hier bestaunten sie ›La Suisse miniature‹, eine im Freien für Kinder erbaute ›Schweiz im Kleinen‹: mit Bergen und Burgen, Seen und Städten, fahrenden Dampfern, Eisenbahnen und Omnibussen. Man konnte zu Fuß in einer Viertelstunde bequem durch die gesamte Schweiz spazieren. Mäxchen hockte in Rosas Manteltasche und sagte, als sie wieder ins Auto stiegen: »Das wäre ein Ländchen für mich! Genau meine Kragenweite!«

In Lugano kehrten sie im ›Kursaal‹ ein, wo ihnen ein reizender Oberkellner heiße Schokolade und frische Ananastörtchen servierte. Als er Mäxchen sah, strahlte er. »So ein Zufall! An demselben Tisch hat seinerzeit Dottore Kästner jeden Nachmittag gesessen und an dem Buch ›Der kleine Mann‹ geschrieben.«

»Auf welchem Stuhl?« fragte Mäxchen.

»Auf dem Stuhl, auf dem jetzt Fräulein Marzipan sitzt.«

»Woher wissen Sie denn, wie ich heiße?« fragte Rosa.

Mäxchen blinzelte dem Oberkellner zu. Dieser blinzelte zurück, verbeugte sich und begrüßte neue Gäste.

»Was gibt es denn da zu blinzeln?« fragte Rosa spitz. »Woher weiß er es denn wirklich?«

»Aus dem Buch ›Der kleine Mann‹. Woher denn sonst?«

Rosa lachte, daß sich die Leute umdrehten. »Natürlich!« rief sie. »Aber nun rasch in den Spielsaal! Dumme Menschen haben Glück beim Roulette.« Und tatsächlich, sie gewann in zehn Minuten dreißig Franken.

Als sie in die Villa heimkamen, wollte Rosa dem Professor noch zwei Tabletten geben. Er aber wollte nicht, sondern sagte: »Ich hatte gar keine Kopfschmerzen. Ich wollte euch nur für einige Zeit los sein.«

»Da habe ich mir ja einen feinen Mann als Bräutigam eingehandelt«, sagte Rosa Marzipan zu Mäxchen.

»Einen notariellen Lügner«, sagte Mäxchen zu Rosa.

»Einen ›notorischen‹ Lügner«, verbesserte sie.

Der Jokus drohte ihnen. »Wenn ihr euch nicht sofort auf eure vier Buchstaben setzt …«

»Wir sind zwei Personen«, meinte Mäxchen.

»… dann meinetwegen auf eure acht Buchstaben …«

»Wir sitzen schon, o Herr«, flötete Rosa. »Nicht nur auf vier oder acht Buchstaben, sondern auf dem ganzen Alphabet. Mäxchen auf dem kleinen, und ich …«

»Ruhe!« befahl der Professor. »Ich habe vorhin mit Alaska telefoniert. Mit einer Mrs. Jane Simpson. Es sei lebenswichtig, hatte in ihrem Telegramm an Brausewetter gestanden, der mich heute früh anrief. Lebenswichtig, was konnte das bedeuten?

Ihr Mädchenname sei Hannchen Pichelsteiner. Ich meldete sofort ein Gespräch an, schützte Kopfschmerzen vor, schluckte zwei scheußliche Tabletten und bat euch spazieren zu fahren.«

Rosa saß auf dem Sofa. Mäxchen saß auf der Sofalehne. Und sie schwiegen um die Wette.

»Vor etwa einer Stunde kam die Verbindung zustande. Ich habe mich mit Mrs. Simpson lange unterhalten, und sie versprach mir, sofort die Koffer zu packen. Morgen überweise ich ihr telegrafisch das Reisegeld, und wenn alles gutgeht, werden wir mit den beiden Silvester feiern.«

»Mit den beiden?« fragte Rosa. »Wieso mit den beiden?«

»Mrs. Simpson hat eine Tochter. Miss Emily Simpson ist neun Jahre alt, und wir könnten sie, wenn sie damit einverstanden ist, Emilie nennen. Oder Miss Emil. Uns wird schon etwas Unpassendes einfallen.«

Mäxchen saß wie versteinert.

»Sie haben uns auf dem Bildschirm gesehen und den ganzen Abend geweint«, erzählte der Professor. »Mrs. Simpson scheint eine kleine unglückliche Frau zu sein.«

»Wie klein?« flüsterte Mäxchen.

»Fünfzig Zentimeter groß.«

»Und wie unglücklich?« fragte Rosa.

»Ihr gefiel es nicht in Pichelstein. Damit fing es an, und deshalb lief sie vor zehn Jahren bei Nacht und Nebel davon. Sie wollte keinen Pichelsteiner, sondern einen richtigen großen Mann haben. Und große Kinder. Dreimal so groß, wie sie selber war. ›Guten Tag‹, sollten die Leute zu ihren Kindern sagen, ›wer ist denn die kleine Frau, die ihr an der Hand haltet?‹ ›Ach, das ist doch unsere Mutti‹, sollten die Kindern vergnügt antworten. Das war damals Hannchen Pichelsteiners sehnlichster Wunsch. Sie fuhr als blinder Passagier auf einem Transportdampfer bis nach Kanada. Der Matrose, der sie versteckt hatte, wurde vom Kapitän erwischt und gefeuert. Und weil der Matrose, der Simpson hieß, ein richtiger großer Mann war, heirateten sie. Er fand Arbeit als Packer in einer Konservenfabrik. Dann ließ er sich von einem Agenten für eine Pelztierfarm in Alaska anwerben. Dort bekam Mrs. Simpson eine Tochter.

Und am nächsten Tag verschwand Mister Simpson. Er ist nie wieder aufgetaucht.«

»Das verstehe ich nicht«, meinte Rosa. »War er denn so sehr enttäuscht, daß es kein Junge war? Mädchen können doch auch ganz nett sein. Ich zum Beispiel ...«

Doch sie brachte ihren Satz nicht zu Ende. Denn Mäxchen riß sich an den Haaren und rief: »Lieber, lieber Jokus, nun erzähle mir endlich, wie groß die Tochter ist! Ich halte es nicht länger aus!«

»Du hast es ja schon erraten«, sagte der Jokus und lächelte.

»Ist sie wirklich ...?«

»Sie ist wirklich ganz genau so klein wie du.«

Von diesem denkwürdigen Abend ließe sich noch allerlei berichten. Doch ich tue es nicht. Es gibt, finde ich, Augenblicke, in denen der Erzähler auf Zehenspitzen aus dem Zimmer gehen und seine Romanfiguren alleinlassen sollte. Er schließt hinter sich die Tür, lauscht noch eine Weile und spaziert dann, an der schimmernden ›Villa Glühwürmchen‹ vorbei, bis zur Terrasse und blickt auf Lugano hinunter. Welch ein Glanz und Geglitzer!

›Miss Emily heißt das daumenlange Mädchen‹, denkt er, während er hinunterblickt. ›Ob sie so hübsch und gescheit wie Mäxchen ist?‹ fragt er sich bekümmert. ›Aber Emily oder Emilie, nein, das paßt nicht. Mäxchen und Emily? Nein. Mäxchen und Emilie? Nein. Mäxchen und ...‹ Plötzlich ruft er: »Ich hab's! Mäxchen und Mielchen!« Und damit beginnt ...

Das neunte und letzte Kapitel

*Freundschaft auf den ersten Blick · Mielchen kocht
›Quatsch mit Soße‹ · Mrs. Simpson will fort und bleibt
Was sind männliche Knopflöcher? · Polterabend und
Aschermittwoch · Mäxchen und Mielchen sagen
nicht, worüber sie gelacht haben.*

Als Mrs. Jane Simpson (aus Fairbanks, Alaska) in Kloten bei Zürich aus dem Flugzeug stieg und an der Sperre ihren Paß stempeln ließ, wunderte sich kein Mensch, daß sie nur fünfzig Zentimeter groß war. Auf internationalen Flugplätzen hat man sich das Wundern längst abgewöhnt.

Sogar wenn jemand mit zwei Köpfen ankäme oder ganz und gar ohne Kopf, auch dann gäbe es nicht die mindeste Aufregung. Wenn im Paß unter der Rubrik ›Besondere Kennzeichen‹ ›zwei Köpfe‹ oder ›kopflos‹ stünde, wäre alles in bester Ordnung.

Wie gesagt, über die bloß einen halben Meter große Mrs. Simpson in ihrem Mantel aus Seehundsfell wunderte sich niemand. Es bemerkte auch keiner, wie sie dem Jokus rasch und ängstlich etwas in die Hand drückte und wie er dieses Etwas behutsam in die Brusttasche steckte. Erst danach fand die förmliche Begrüßung statt. Mrs. Simpson hatte vor lauter Dankbarkeit Tränen in den Augen. Rosa Marzipan meinte munter, das sei übertrieben. Und der Professor winkte einem Taxi.

Nun steckten also zwei Däumlinge in seiner Brusttasche. ›Hoffentlich haben sie genügend Platz‹, dachte er. ›Ich muß mit meinem Schneider darüber sprechen.‹ Dann reckte er den Hals, drehte die Augen nach unten und versuchte, sich in die eigne Brusttasche zu blicken. Er sah Mäxchens Wuschelkopf und, gleich daneben, eine winzige Pferdeschwanzfrisur mit einem roten Samtbändchen. Das war also Miss Emily Simpson.

Der Kleine Mann und die kleine Miss staunten einander an und sagten kein einziges Wort, doch dann lächelten beide. Später spürte Mäxchen, wie sich eine Hand in seine Hand schob. Da drückte er herzhaft zu.

Es war Freundschaft auf den ersten Blick, und das ist ja auch kein Wunder. Das Große Los zieht man nicht alle Tage, sondern nur einmal im Leben, und nicht einmal das ist ganz sicher. Die meisten ziehen Nieten, oder sie erwischen mit Ach und Krach einen Trostpreis. Doch wir wollen nicht neidisch sein. Neid verdirbt den Teint.

Im Zug nach Lugano waren sie immer noch sehr scheu und schüchtern. Eigentlich hatte Mäxchen mit ihr zusammen die vielen Tunnels zählen wollen. Aber dann traute er sich doch nicht, den Mund aufzumachen. Ihm war zumute, als habe man ihm ein Heftpflaster draufgeklebt.

Erst in dem zehn Minuten langen Gotthardtunnel faßte er sich ein Herz. »Ich werde dich Mielchen nennen«, flüsterte er ihr ins Ohr.

Da lachte sie leise und flüsterte: »Mäxchen und Mielchen, das klingt hübsch.«

»Und Mielchen und Mäxchen«, sagte er, »das klingt noch hübscher. Außerdem ist es höflicher.«

Sie kicherte. »Du bist ein regelrechter Gentleman.«

In diesem Augenblick fuhr der Zug aus dem Tunnel mitten in die südliche Sonne hinein. Sie blinzelten und lächelten. »So schön kann es also sein«, sagte Mielchen und wunderte sich. Glück war ihr völlig neu.

Am nächsten Abend feierten sie Silvester. Tags darauf feierten sie das Neue Jahr. Und auch die Wochentage, die dann folgten, sahen Feiertagen zum Verwechseln ähnlich. Natürlich schlug man nicht in einem fort Kobolz. Und Mielchen und Mäxchen hopsten auch nicht pausenlos im Weihnachtsbaum herum. Schon deswegen nicht, weil die kleine Miss leicht schwindlig wurde.

Als Mäxchen mit ihr auf der Taube Emma ein paar Runden gedreht hatte, mußte sie sich eine Viertelstunde hinlegen.

»Schade«, sagte Mäxchen, »eine Artistin wirst du nicht.«

»Es muß auch Zuschauer geben«, meinte Mielchen. Und ich halte es für ausgeschlossen, daß zu diesem Thema Treffenderes zu sagen wäre.

Wenn sie in der ›Villa Glühwürmchen‹ kochte, war die kleine Miss völlig schwindelfrei. Sie kochte, backte und briet, daß es nur so rauchte. Und wenn sie wirklich nicht mehr weiterwußte, rief sie von dem kleinen Telefon aus ihre Mutter an, die in der großen Villa für die Großen kochte.

Mäxchen saß gern in der Küche und schaute Mielchen zu. Manchmal las er ihr auch etwas vor. Und manchmal kochten sie, absichtlich, dummes Zeug. »Heute mittag gibts ›Quatsch mit Soße‹«, sagten sie dann begeistert, oder ›Unsinn mit rechteckigem Kartoffelsalat‹ oder ›Veilchenpastillen mit Dill vom Grill‹, und was das Tollste ist: Es schmeckte ihnen auch noch!

Einmal wollte eine Amsel unbedingt durchs offene Küchenfenster und mitessen. Das war eine Aufregung! Mäxchen schickte Mielchen zum Telefon und hielt den Vogel inzwischen mit einem Bratenmesser in Schach. Die Amsel schimpfte. Der Junge schrie: »Hau ab, oder ich mache dich zu Geflügelsalat!«

Doch das war glücklicherweise nicht nötig. Denn mitten in der Redeschlacht kam der Jokus über die Wiese gerannt, als wolle er den Weltrekord im Wiesenlauf unterbieten, und die Amsel suchte das Weite. Das Weite? Sie flog auf den nächsten Baum und schimpfte.

Es ist wirklich merkwürdig: Wenn Amseln singen, singen sie so süß wie Nachtigallen. Womöglich noch süßer und einfallsreicher. Doch wenn sie schimpfen, dann schimpfen und zetern sie wie Autofahrer bei Blechschaden.

Als die Zankamsel endlich davongeflogen war, bückte sich der Jokus und fragte: »Was gibt's denn zu Mittag?«

»Gänseleber vom Huhn mit Meerrettich und noch mehr Meerrettich«, meldete Mielchen. »Wollen Sie mal kosten?« Sie hielt ihm einen Löffel voll durchs Fenster.

Er kostete, mußte husten und meinte: »Eine scharfe Sache.«

»Aber gesund«, sagte Mielchen. »Meerrettich reinigt die Luftwege.«

»Und noch mehr Meerrettich reinigt die Luftwege noch mehr«, erklärte Mäxchen. »Außerdem ist es ein lustiges Essen, weil man dabei weint.«

»Ihr solltet eure Rezepte aufschreiben und ein ›Kochbuch für Kinder‹ herausgeben«, meinte Jokus. »Das würde Aufsehen erregen.«

»Lieber nicht«, sagte Mielchen. »Sonst kämen alle Eltern angerückt und zögen uns die Hosen straff.«

Mäxchen war trotzdem für das Kochbuch. »Dabei lernst du Lesen und Schreiben, und Spaß haben wir außerdem. Über unsere Rezepte wird man ziemlich staunen.«

»Davon bin ich überzeugt«, sagte der Jokus. »Und nun wünsche ich euch guten Appetit. Bei uns drüben gibt's Sahnegulasch mit Semmelknödeln. Wenn's dunkel wird, hole ich euch ab. Auf Wiedersehen.«

Als er über die Wiese stelzte, tat ihm das Kreuz weh. Das kommt davon, wenn man sich so lange und so tief bückt, um fremde Küchen zu bewundern.

Nach dem ebenso lustigen wie tränenreichen Menü mit Meerrettich und noch mehr Meerrettich setzten sich die kleine Miss und der Kleine Mann in die Bibliothek und tranken aus ihren klitzekleinen Porzellantassen Schokolade. Dazu gab es Mandelsplitter und gehackte Rosinen. »Es war mir ein Festessen«, sagte Mäxchen. »Du bist die geborene Hausfrau. Aber nun erkläre mir einmal, wieso du nicht lesen und schreiben kannst.«

»Wer hätte mir's denn beibringen sollen?«

»Deine Mutter.«

»Aber Mäxchen, sie stand doch von früh bis spät im Laden, und abends war sie todmüde.«

»Gab es denn sonst niemanden? Keinen Lehrer? Keine Kindergärtnerin? Keinen Jungen aus der Nachbarschaft, der in eine richtige Schule ging? Wo du doch ein so niedliches Mädchen bist? Kannst du mir das erklären?«

Mielchen sah ihm fest in die Augen und nickte. »Ich kann dir's erklären. Aber nur, wenn du mir schwörst, es keinem Menschen weiterzusagen.«

»Ich schwöre es. Bei Jakob Hurtigs Schulranzen. Er ist mein Freund, und noch toller schwören kann ich nicht.«

»In Fairbanks wußte doch überhaupt niemand, daß es mich gab«, flüsterte Mielchen geheimnisvoll. »Ich habe nicht einmal einen Geburtsschein.«

Er saß und staunte.

»Als ich zur Welt gekommen war und mein Vater sah, wie klein ich war, lief er doch fort. Ich weiß nicht, wo er ist und ob er noch lebt, und ich will's auch gar nicht wissen. Ein paar Wochen später fuhr Mutti nach Fairbanks und mietete von ihrem letzten Geld ein Kolonialwarengeschäft. Dazu gehörte eine Ladenstube. Und dort hat sie mich versteckt, bis wir hierhergekommen sind.«

Da nahm Mäxchen seine Porzellantasse und schmetterte sie an die Wand. »Neun Jahre in der Ladenstube?« schrie er. »Das war gemein! Das durfte sie nicht! Niemals!«

Mielchen kniete am Boden, sammelte die Scherben und sagte: »Schade um die schöne Tasse.«

»Ach was!« rief Mäxchen wütend. »Um die neun Jahre ist es schade!« Doch wie er die kleine Miss auf dem Teppich zwischen den Scherben hocken sah, sprang er vom Stuhl, schlang den Arm um sie und drückte sie fest an sich. So saßen sie eine ganze Weile. Mielchen weinte, und diesmal lag es nicht am Meerrettich. Der Junge wischte ihr die Tränen von den Backen, betrachtete seine Hände und sagte: »Ausgerechnet heute habe ich dreckige Finger.«

»Das macht nichts«, meinte sie und lächelte schon wieder ein bißchen.

Ich weiß ja nicht, wie ihr darüber denkt. Mäxchens erste Wut war begreiflich, und diese erste Wut war nicht seine letzte. Wochenlang konnte er Mielchens Mutter vor lauter Zorn nicht in die Augen sehen. Und sagen durfte er nichts. Er hatte bei Jakob Hurtigs Schulranzen geschworen, das wollen wir nicht vergessen. Andrerseits …

Immer gibt es dieses ruhelose Einerseits und Andrerseits. Es plagt einen noch, wenn man graue Haare oder überhaupt keine Haare mehr hat. Andrerseits, meine ich, war doch Mrs. Jane Simpson nicht so schlimm wie die beiden Eltern, die, weil sie nichts zu essen hatten, Hänsel und Gretel nachts ganz einfach in den Wald schickten!

Sie hatte sich abgerackert und in ihrem armseligen Laden Konserven und Schnaps an Eskimos und Indianer, an Lachsfischer und Pelzhändler verkauft. Auch an amerikanische Flieger und Mechaniker, die in der Nähe stationiert waren und mitunter nach Fairbanks kamen, um eine Nacht durchzubummeln.

»Sperr deinen blöden Laden zu«, hatten sie gegrölt. »Mit einem Fräulein, das nur einen halben Meter groß ist, wollten wir schon lange mal tanzen gehen.« Einer hatte sogar nach der Ladenkasse gegriffen. Und wenn sie damals nicht mit dem spitzen Büchsenöffner zugeschlagen hätte ...

Doch wozu soll ich euch mit solchen abenteuerlichen Geschichten langweilen? Ich versuche ja nur, euch und mir selber zu erklären, warum Mrs. Simpson ihr Kind so lange versteckt und totgeschwiegen hatte. Es war doch das reine Wunder, daß Mielchen trotz der neun einsamen Jahre ein gesundes und normales Kind geblieben war. Hatte das die Mutter denn nicht bedacht?

Ich kann es einfach nicht glauben. Deshalb schlage ich vor, daß wir uns anhören, was sie, etwa zur gleichen Zeit, im Wohnzimmer der ›Villa Sorgenklein‹ erzählte.

Rosa Marzipan und der Jokus saßen auf dem Sofa. Mrs. Simpson saß ihnen gegenüber auf einem Stuhl, ließ den Kopf hängen und wirkte wie ein Schulmädchen aus der vierten oder fünften Klasse. Doch wenn sie den Kopf hob, sah man ein müdes und abgehärmtes Frauengesicht.

»Alles, was ich getan habe, war falsch«, erklärte sie. »Ich wollte einen großen Mann und große Kinder haben. Ist das eine Sünde? Sind es zwei Sünden? Sind es siebenundachtzig Sünden?«

»Nein«, sagte Rosa. »Aber ...«

»Ich fand den großen Mann. Aber ich bekam ein fünf Zentimeter kleines Kind. Der Mann lief vor Schreck auf und davon. Er hielt mich für verhext. Ich hatte Angst. Angst vor mir selber, Angst vor dem Baby, Angst um das Baby, Angst vor der Farm mit den Blaufüchsen, Angst vor der Kälte. Und in dem Laden in Fairbanks gab es neue Angst. Wenn ich nun krank geworden wäre? Oder Emily? Und die Angst vor den betrunkenen Männern im Laden …« Mrs. Jane Simpson, geborene Pichelsteiner, hob den Kopf und blickte das Paar auf dem Sofa traurig an. »Ich bin kein schlechter Mensch, aber ich war keine gute Mutter. Können Sie meine Tochter hierbehalten?«

»Natürlich bleibt sie hier«, sagte der Jokus. »Mäxchen würde uns den Kragen umdrehen, wenn Mielchen nicht bliebe. Aber warum fragen Sie?«

Rosa Marzipan beugte sich vor. »Sie wollen doch nicht etwa …?«

»Doch, ich will fort. Ich bin ein überflüssiger Mensch. Nicht einmal das Kind wird mich vermissen.«

»Das glauben Sie ja selber nicht«, meinte der Jokus. »Kein Quadrat ist rund, und keine Mutter ist überflüssig.«

»Sie müssen bleiben«, sagte Rosa. »Nicht nur Mielchen zuliebe, sondern auch wegen Ihrer Semmelknödel.«

»Außerdem muß jemand das große und das kleine Haus hüten, während wir mit dem Zirkus unterwegs sind.« Der Jokus zündete sich eine Zigarette an. »Wir wollen uns doch noch nicht endgültig zur Ruhe setzen. Kurz und gut, meine liebe Mrs. Simpson, Sie bleiben, weil wir Sie brauchen, und damit basta!«

Die Aussprache hatte Mielchens Mutter gutgetan. Das merkte man schon nach ein paar Tagen. Sie war nicht mehr so schüchtern und niedergedrückt wie zu Anfang. Es kam sogar vor, daß sie lächelte, wenn die anderen lachten, und da sah man erst, wie hübsch sie eigentlich war.

Einmal holte Rosa den Jokus aus dem Arbeitszimmer, legte den Finger vor den Mund und machte an der Küchentür halt. Sie hörten Tellergeklapper, weil Mrs. Simpson das Geschirr abwusch, aber sie hörten noch etwas. Sie sang!

Da schlichen sie wieder ins Arbeitszimmer zurück, und der

Professor sagte: »Na also. Das hätten wir geschafft. Sie ist über den Berg.«

»Und morgen schleppe ich sie zum Friseur«, teilte Rosa Marzipan mit. »Eine neue Frisur verleiht uns Frauen neue, ungeahnte Kräfte.«

Am selben Abend, gleich nach dem Essen, sagte Mrs. Simpson, sie wolle Rosa und Mielchen etwas zeigen. So kam es, daß der Jokus und Mäxchen allein waren.

»Eine günstige Gelegenheit für ein Gespräch unter Männern«, meinte der Jokus.

Mäxchen fühlte sich geehrt. »Ich bin ganz Ohr.«

»Du hast Mrs. Simpson in den letzten Tagen so unverhohlen wütend angestarrt, daß ich dachte, du wolltest ihr den Kopf abbeißen.« Weil der Junge schwieg, fuhr der Professor fort: »Vermutlich hast du ein paar Dinge aus Fairbanks erfahren. Zum Beispiel über Ladenstuben. Und sicher hast du geschworen, den Mund zu halten.«

Mäxchen schwieg noch immer.

»Halte dein Wort und halte den Mund«, sagte der Jokus. »Das ist völlig in Ordnung. Ich habe aber niemandem Stillschweigen versprochen. Deshalb darf ich wenigstens zu dir über Mielchens Mutter sprechen. Du tust ihr unrecht.«

»Nein!« rief Mäxchen empört. Er zitterte vor Zorn.

»Doch, doch«, sagte der Jokus. »Vor ein paar Tagen hat sie uns alles erzählt. Hier in diesem Zimmer.«

»Weil sie ein schlechtes Gewissen hatte.«

»Ganz sicher. Aber auch, weil sie fortwollte.«

»Fort? Wohin denn?«

»Ich weiß es nicht. Und sie wußte es ebensowenig.«

»Mit Mielchen?« Mäxchen war sehr blaß geworden.

»Nein«, sagte der Jokus. »Allein. Sie sei ein überflüssiger Mensch.«

»Und warum ist sie …?«

»Warum sie nicht fortgegangen ist? Weil ich ihr befohlen habe hierzubleiben.«

Damit war das ernste Männergespräch zu Ende. Denn das Marzipanfräulein und Mrs. Jane Simpson kamen ins Zimmer, setzten sich und schienen recht vergnügt zu sein. Der Junge blickte von einer zur anderen und fragte: »Wo ist denn Mielchen?«

Da legte Mrs. Simpson eine halboffene Streichholzschachtel auf den Tisch. In der Streichholzschachtel lag die kleine Miss und schlief.

Das heißt, sie tat nur so, als ob sie schliefe. Und Mäxchen tat, als ärgere er sich. »Das ist ja der Gipfel«, schimpfte er. »Wenn man einer Frau den kleinen Finger gibt, nimmt sie gleich die ganze Schachtel! Und was hat die freche Person an? Einen meiner Pyjamas! Man merkt es ganz deutlich an den männlichen Knopflöchern.«

»Um alles in der Welt, was sind denn männliche Knopflöcher?« fragte der Jokus.

»Wir Männer haben die Knopflöcher links und die Knöpfe rechts. Und die Frauen erkennt man daran, daß es bei ihnen genau umgekehrt ist«, erklärte Mäxchen eifrig. »Also hat sie den Schlafanzug gestohlen. Ich rufe die Funkstreife.«

Da setzte sich Mielchen mit einem Ruck hoch. Ihre Augen blitzten vor Übermut. »Aber die Streichholzschachtel ist meine eigne Schachtel, und die Matratze, das Plumeau und die Kissen hat meine Mutter extra für mich genäht. Merk dir das, du … du … du männliches Knopfloch!« Und dann streckte sie ihm, man sollte es nicht für möglich halten, die Zunge heraus. »Bäh!«

Mäxchen wollte sich nicht lumpen lassen. Doch der Jokus hielt ihm den Mund zu und sagte: »Morgen bestelle ich mir beim Schneider ein Jackett mit zwei Brusttaschen, einer auf der linken und einer auf der rechten Seite, damit ihr euch wenigstens nicht zanken könnt, wenn wir unterwegs sind.«

»Da hast du's«, meinte der Professor später, als er sich voller Wohlbehagen im Bett ausstreckte. »Sie ist gar keine schlechte Mutter. Sie hatte vor lauter Freude rote Backen.«

Mäxchen, der in seiner Streichholzschachtel saß, nickte. »Einmal hat sie sogar ganz richtig gelacht.«

»Seit neun Jahren wahrscheinlich zum ersten Mal. Ihr beiden wart aber auch sehr ulkig«, sagte der Jokus. »Merkwürdig, mir ist, als lebte dieses Mädchen schon seit einer Ewigkeit bei uns. Dabei haben wir sie doch erst vor einer Woche am Flugplatz abgeholt! Rosa begreift es genausowenig.«

Plötzlich machte es ›Klick‹, und sie lagen im Dunkeln. Der Junge hatte die Lampe ausgeknipst.

»Nanu, bist du denn schon müde?« fragte der Jokus.

»Nein.«

»Sondern?«

»Ich bin über Mielchen sooo froh, daß ich's bei elektrischem Licht gar nicht sagen könnte. Nicht einmal dir.«

Sie lagen eine ganze Weile still. Vorm Fenster zauste der Wind die Zypressen. Es war der Südwind, der aus Italien kam und über die Alpen nach Norden wollte, wo es seine Leibspeise gab: frischgefallenen Schnee.

Der Jokus glaubte schon, der Junge sei eingeschlafen.

Doch mit einem Male fing Mäxchen wieder zu reden an.

»Da ist noch etwas. Noch ein Gespräch ohne Licht. Hörst du zu?«

»Freilich.«

»Ich weiß, warum ihr nicht geheiratet habt.«

»So?«

»Mir zuliebe. Ich tat euch leid. Ihr dachtet, ich käme mir sonst zu einzeln vor.«

»Werde nicht melodramatisch«, warnte der Jokus. »Sonst knipse ich die Lampe an.«

»Bitte nicht!«

»Na schön. Ich frage dich also im Dunkeln: Warum glaubst du, wir hätten deinetwegen nicht geheiratet?«

»Weil es wahr ist«, erklärte Mäxchen. »Du hast es selber gesagt: zweimal, als der Zirkus in Glasgow gastierte, einmal in London, zweimal im Schloß von Breganzona und einmal hier, in der Silvesternacht.«

»Da hört doch alles auf«, meinte der Jokus. »Daß du schwindelst, ist schon hart genug. Daß du dabei aber auch noch mit Orts- und Zeitangaben um dich wirfst ...«

»Du sprichst nämlich im Schlaf!« sagte Mäxchen laut. Kein Wort weiter. Aber das genügte. Daraufhin war es lange Zeit sehr still. Wenigstens in dem dunklen Zimmer. Draußen rumorte der Südwind heftiger als zuvor. Die Bäume bogen sich und stöhnten und seufzten, als hätten sie Rückenschmerzen. In der Ferne pfiff ein Zug.

Schließlich seufzte der Jokus, als habe auch er Rückenschmerzen, und sagte: »Ab morgen stopfe ich dir jeden Abend vorm Schlafengehen Watte in die Ohren.«

Mäxchen lachte leise. »Wozu denn?« fragte er. »Seit Mielchen da ist, bin ich ja nicht mehr einzeln! Jetzt könnt ihr doch heiraten, ohne daß euch das Gewissen beißt! Mielchen ist ganz meiner Meinung.«

»Was denn? Du hast mit ihr über Rosa und mich und das alles gesprochen?«

»Ich wollte gar nicht. Aber sie hat es herausgekriegt.«

»Was soll das heißen? Herausgekriegt?«

»Nun ja, das kam so ... Wir aßen bei uns zu Mittag. Es gab Sternsuppenschnupfen, nein, Sternschnuppensuppe mit Grüßklößchen. Dann legte ich mich für Nureinviertelstündchen aufs Sofa und schlief ein. Mielchen saß daneben. Sie häkelte an einem Topflappen aus Topflappland. Das gibt es natürlich gar nicht.«

»Und?« fragte der Jokus ungeduldig. »Weiter?«

»Mielchen häkelte und hörte mir zu.«

»Wieso hörte sie dir zu? Ich denke, du schliefst?«

»Lieber Jokus, sei nicht böse«, sagte Mäxchen ängstlich, »und auslachen darfst du mich auch nicht. Aber ...«

»Was aber?«

»... mir geht es ganz genau wie dir. Und ich habe es genausowenig gewußt. Bis es Mielchen gemerkt hat. Ich ... ich spreche auch im Schlaf!«

Da begann der Jokus zu lachen, daß die Fensterscheiben klirrten. Es klang, als könne er nie wieder aufhören. Mäxchen fing auch an. Und so lachten sie zweistimmig, bis jemand die Tür aufriß und das Licht einschaltete.

Es war Rosa Marzipan. Sie trug einen hellblauen Pyjama, hatte bereits geschlafen und fragte entgeistert: »Was soll denn dieses Höllengelächter? Noch dazu im Dunkeln? Seid ihr übergeschnappt?«

»Nein, das nicht«, fing der Jokus an. Doch dann packte ihn die Lachlust von neuem, und auch Mäxchen stimmte wieder ein und zog sich vor Wonne an den Haaren.

Das Marzipanfräulein setzte sich auf die Bettkante, nahm die Hand des Professors, fühlte ihm den Puls und sagte, sanft wie eine Krankenschwester: »Laßt euch bitte nicht stören. Ich habe Zeit.«

Alles hat einmal ein Ende. Auch ein Gelächter, das nicht enden will. So erfuhr Rosa nach und nach, worüber die beiden im Dunkeln gesprochen hatten.

»Na schön«, meinte sie fröhlich, »da werde ich also meine Marzipanjahre einmotten und Frau Hokuspokus werden.«

»Aber vorher mußt du bei mir um seine Hand anhalten«, erklärte Mäxchen. »Am besten ist, du tust es gleich. Dann haben wir's hinter uns.«

»Jetzt?« fragte sie. »Im Pyjama? Schickt sich das?«

»Jetzt!« befahl Mäxchen.

Und der Jokus sagte: »Sonst bleibst du Fräulein.«

Da stand sie rasch auf, machte vor der Streichholzschachtel auf dem Nachttisch einen tiefen Hofknicks und deklamierte: »Allerwertester Herr von Pichelsteiner, ich bitte Sie trotz der vorgerückten Stunde um die berühmte Hand des berühmten Taschendiebes Jokus von Pokus.«

Mäxchen war aus seiner Schachtel herausgeklettert, verbeugte sich vor Rosa Marzipan und sagte: »Es sei. Ich händige Ihnen hiermit seine Hand aus.«

»Ich möchte nicht unbescheiden sein«, fuhr sie fort, »aber daran erinnern, daß er zwei Hände hat.«

»Da hast du's, mein Kleiner«, seufzte der Jokus. »Erst bat sie nur um eine Hand. Nun will sie beide. In spätestens einer Minute will sie auch noch die Füße.«

»Selbstverständlich halte ich auch um seine Füße an«, sagte Rosa und machte einen zweiten Knicks. »Ferner um seine Kniekehlen, Schlüsselbeine und Bandscheiben …«

»Sie will mich an die Anatomie verkaufen«, rief der Professor.

Rosa Marzipan knickste in einem fort und zählte dabei weiter auf. »Auch bitte ich um seinen Schnurrbart, seine Augenbrauen, Ohrläppchen und Sorgenfalten. Ich werde ihm eine gute Frau sein, und wenn seine Schädeldecke eines Tages zu dünn werden sollte, häkle ich ihm eine neue.« Damit versank sie in einem abgrundtiefen Knicks und erhob sich erst, als Mäxchen es gnädig erlaubte.

»Sie haben«, erklärte er salbungsvoll, »um seine Hand und alles übrige angehalten. Das genügt, und jetzt ist alles in Butter. Miss Emily Simpson aus Alaska schließt sich meinem Jawort von Ja bis Z an.«

»Besten Dank, Exzellenz«, flüsterte Rosa.

»Jubeln Sie nicht zu früh«, warnte Mäxchen. »Unser Jawort hängt von zweierlei ab.«

»Ich habe geahnt, daß etwas dahintersteckt«, seufzte der Jokus. »Also? Heraus mit der Sprache.«

»Ihr müßt einen richtigen Polterabend machen. Mit Blindekuh und Knallbonbons und anderem Unsinn. Ja?«

»Genehmigt. Und zweitens?«

»Der Polterabend soll am Faschingsdienstag stattfinden. Mielchen hat beides noch nie erlebt. Und wenn man beides am gleichen Tage feiert, wird es billiger. Mielchen will für sich und mich rote Pappnasen machen. Das kann sehr lustig werden.«

»Davon bin ich überzeugt«, meinte der Jokus. »Nur an eines habt ihr nicht gedacht. Ihr seid zwar ein geriebenes Pärchen, aber ihr habt vergessen, welcher Tag auf den Faschingsdienstag folgt.«

»Wieso? Der nächste Tag ist der Aschermittwoch. Und?«

»Und an einem so traurigen Tage sollen wir heiraten?« fragte Rosa.

»Das ist ein sehr praktischer Tag«, erklärte Mäxchen. »Da ist das Standesamt nicht so überfüllt.«

Der Polterabend am Faschingsdienstag wurde ein großer Erfolg. Dazu trugen nicht nur Mäxchen und Mielchen mit ihren karminroten Pappnasen bei, sondern auch die Brautleute und, nicht zuletzt, die Trauzeugen, die pünktlich eingetroffen waren: Mister John F. Drinkwater und Zirkusdirektor Brausewetter. Auch den Kriminalkommissar Steinbeiß hatte man eingeladen, aber er mußte in Berlin einen Banküberfall aufklären. Das ging vor.

Weil Fasching war, hatten sich alle verkleidet. Mrs. Simpson zum Beispiel erschien als Eskimomädchen, Mister Drinkwater als algerischer Seeräuber, Rosa Marzipan als dressierter weißer Pudel – aber den ersten Preis erhielt dann doch, noch dazu einstimmig, Direktor Brausewetter. »Mich wird keiner erkennen«, hatte er schon am Nachmittag verkündet, und er behielt recht. Denn er kam abends völlig ohne Handschuhe!

Da riefen alle: »Das kann unmöglich unser lieber Brausewetter sein«, und damit hatte er gewonnen. Als Preis wurde ihm vom Jokus ein Paar eiserner Handschuhe aus der Ritterzeit überreicht, und er war selig. Eiserne Handschuhe besaß er noch nicht.

Weil nicht nur Faschingsdienstag, sondern gleichzeitig Polterabend war, wurde selbstverständlich auch mächtig gepoltert. Vor allem beim Topfschlagen.

Es ist gar nicht so einfach, mit einem Stock einen Topf zu treffen, wenn man die Augen verbunden hat, und es wurde viel daneben gehauen. Mister Drinkwater schlug versehentlich so sehr daneben, daß er statt des Topfes Direktor Brausewetters Zylinder traf!

Na, der arme Brausewetter sah ziemlich merkwürdig aus, mit dem Zylinder bis über die Nase! Und es dauerte fünf Minuten, bis man ihn befreit hatte.

Mäxchen rief: »Sie sahen aus wie der Schwarze Prinz!«

»Hauptsache, daß es dir gefallen hat«, sagte Direktor Brausewetter und massierte sich die Ohren.

Anschließend gab es heiße Würstchen aus Breganzona. König Bileam hatte zwanzig Dosen geschickt. In jeder Dose steckten sechs Paar. Und so blieben schließlich, trotz heißem Bemühen, elf Dosen übrig.

»Für unsere Silberne Hochzeit«, sagte Rosa zum Jokus.

Am Aschermittwoch fuhren alle miteinander nach Lugano hinunter. Zum Standesamt. Mäxchen hatte rechtgehabt: Das Rathaus war so leer, daß sich der Beamte geradezu freute, als er Besuch bekam.

Er prüfte die Papiere. Das Brautpaar und die Zeugen schrieben ihre Namen. Mäxchen und Mielchen durften neben dem Tintenfaß sitzen. Der Beamte hielt eine schwungvolle italienische Ansprache und schüttelte allen die Hand, dann war es überstanden. Fräulein Marzipan hieß nun Frau von Pokus. Aber sonst hatte sie sich glücklicherweise überhaupt nicht verändert.

Das Festessen fand im Ristorante Bianchi statt. Der Tisch war wunderschön gedeckt. Er war mit so vielen Blumen dekoriert, daß Brausewetter, beim Filet Café de Paris, drei Blümchen mitaß, weil er dachte, es sei die Gemüsebeilage. Den kleinen Irrtum bemerkte nur der Oberkellner, und er ließ sofort frische Blumen bringen.

Am Nachmittag saßen die Großen, von all den festlichen Anstrengungen erschöpft, im Wohnzimmer der ›Villa Sorgenklein‹ und tranken starken Kaffee. Mister Drinkwater berichtete über den Erfolg der Fernsehserie ›Der Kleine Mann‹ sowie über den für Ostern geplanten Start des Films in tausend Kinos. Und er erzählte auch, daß die Reportage über Señor Lopez großes Aufsehen erregt habe. Die Interpol sei ihm dicht auf den Fersen.

»Er wird wieder Fersengeld zahlen«, meinte Direktor Brausewetter, »reich genug ist er ja.« Nun war das zwar kein umwerfender Witz, doch weil er von ihm selbst war, lachte er, bis ihm der Magen weh tat. Vielleicht lag es aber auch an den Tischblumen. Wer kann das wissen? Es ist schwer, in das Innere eines Menschen zu blicken.

»Nun zu etwas Wichtigerem als Ihrem Magendrücken«, sagte Drinkwater. »Ich habe seit gestern einen Plan.«

»Laß ihn fallen«, erklärte der Jokus.

»Erlaube mal«, rief Drinkwater. »Du kennst doch meinen Plan gar nicht.«

»Selbstverständlich kenne ich ihn. Du willst mit Mielchen und Mäxchen einen Film drehen.«

»Du bist ein Gedankenleser. ›Der kleine Mann und die kleine Miss‹ soll der Film heißen.«

»Das klingt hübsch«, meinte Mrs. Simpson und blickte den Filmonkel aus Amerika erwartungsvoll an.

Mister Drinkwater begann:» Zunächst möchte ich …«

»Mir geht es genau wie dir«, unterbrach ihn der Professor. »Auch ich möchte noch eine Tasse Kaffee. Wie wäre es, wenn die Dame des Hauses und die Hausdame in die Küche marschierten und einen Mokka brauten, der alle Sprachen spricht? Vielleicht sogar Türkisch?«

»Sehr wohl, mein Gebieter«, flüsterte Rosa und verneigte sich orientalisch. Dann zwinkerte sie dem Gebieter zu und zog Mielchens Mutter aus dem Zimmer.

»Was soll denn das?« fragte Mister Drinkwater gereizt. »Warum muß ich denn türkischen Mokka trinken?«

»Damit Mrs. Simpson nicht hört, was ich dir jetzt klipp und klar sagen werde«, erklärte der Jokus, und seine Stimme klang sehr energisch. »Diesen Film wirst du nicht drehen! Kaum haben sich Mielchen und ihre Mutter von ihrer Zeit in Alaska erholt, kommst du daher und willst sie, als Schauspieler, noch einmal in das gleiche Elend zurückjagen, – was fällt dir eigentlich ein?«

»Im allgemeinen ist er ja ein guter Kerl«, meinte Direktor Brausewetter. »Nur beim Topfschlagen oder wenn er Filmpläne hat, wird er roh wie ein Fleischerhund.«

Mister Drinkwater nagte eine Minute an der Unterlippe. Dann sagte er: »Okay, Gentlemen.«

»Du gibst den Plan auf?« fragte der Jokus erleichtert.

Drinkwater lächelte. »Darüber unterhalten wir uns in einem Jahr.«

Mielchen und Mäxchen saßen in ihrer ›Villa Glühwürmchen‹ gemütlich am offenen Fenster und übten Faulsein. Es stand als Pflichtfach auf dem Stundenplan, der an der Wand hing. ›Faulsein, täglich 15 bis 16 Uhr, auch sonntags‹, hatte der Jokus in Schönschrift eingetragen.

Mäxchen musterte die tickende Pendeluhr überm Sofa.

»Noch vier Minuten«, stellte er fest. »Dann können wir wieder Krach machen. Was wollen wir spielen? ›Frau Vogelbauer beim Friseur‹? Oder ›Der Opernsänger hat den Keuchhusten‹?«

»Bis die Uhr schlägt, bin ich faul«, sagte Mielchen und betrachtete die Gänseblümchen vorm Fenster. Sie waren so groß wie Mielchen selbst. Und daneben wuchs ein Himmelschlüsselchen, das war sogar einen Kopf größer.

»Oder wir gehen in den Turnsaal«, schlug er vor. »Ich mache am Hochreck die Riesenwelle, und du fängst mich auf. Wie wäre das? Auch nicht?«

Sie legte den Finger vor die Lippen.

»Na schön«, brummte er. »Faul, fauler, am faulsten.« Und dann blickten sie in die Wiese, bis die Wanduhr viermal geschlagen hatte. »So«, rief er tatendurstig, »jetzt geht's los! Aber was?«

Mielchen lachte ihn an. »Ich weiß was. Wir spielen ›Das kleinste Ehepaar der Welt‹. Das ist ein Spiel ganz für uns allein, weil andere Kinder dafür viel zu groß sind.«

Mäxchen war Feuer und Flamme. »Jawohl«, rief er. »Womit fangen wir an? Mit dem Polterabend?«

»Bloß nicht«, sagte sie entsetzt. »Geschirr zerschlagen, das könnte dir so passen!«

»Oder: Wir sind schon ein paar Jahre verheiratet, und ich komme von einer Reise zurück. Wir fallen uns um die Hälse, freuen uns, daß wir gesund geblieben sind …«

»… und dann fragst du, wo die Kinder stecken«, meinte Mielchen. »Das ist gut.«

»Was denn für Kinder?« fragte Mäxchen.

»Na hör mal«, sagte sie. »Unsere eignen! Wir sind doch verheiratet und haben zwei. Einen kleinen Jungen und ein kleines Mädchen. Er heißt Fridolin, und sie heißt vielleicht Kunigunde. Ist dir das recht?«

»Fridolin und Kunigunde? Schön. Dann also los!« Und schon flitzte er aus dem Zimmer. Mielchen strich ihr Kleid glatt und stellte sich erwartungsvoll auf den Teppich.

Dann hörte sie im Flur schwere Schritte, und eine Stimme rief: »Hallo! Wo ist denn meine liebe Frau?«

»Hier, mein lieber Mann«, rief sie laut zurück. »Hier ist deine liebe Gemahlin.« Sie breitete die Arme aus, so weit sie konnte.

Mäxchen riß die Tür auf, strahlte und sagte: »Da bin ich wieder.« »Blühend siehst du aus«, sagte er auch noch. Dann stolperte er versehentlich über den Teppichrand und fiel ihr nicht um den Hals, sondern auf seine Nase. Darüber gerieten sie ins Kichern. Doch das ging vorbei.

Als sie, Hand in Hand, auf dem Sofa saßen, fragte sie zärtlich: »Was macht dein Husten? Wie waren die Geschäfte? Hast du großen Hunger? Wie war der Flug? Ist mein Liebling sehr müde? Soll ich dir den Schlafrock holen? Willst du einen Whisky? Oder einen Tom Collins? Warum sagst du denn gar nichts, mein Schatz?«

Mäxchen räkelte sich genüßlich. »Endlich wieder daheim«, meinte er. »Endlich wieder diese himmlische Ruhe in den eignen vier Wänden …«

Sie stieß ihn an und flüsterte: »Jetzt mußt du nach den Kindern fragen.«

Er nickte kurz. Dann fragte er laut: »Hatten wir, bevor ich verreiste, nicht ein paar Kinder? Zwei oder drei?«

»Zwei, mein lieber Mann. Den goldigen Fridolin und Kunigunde, unser Zuckerpüppchen.«

»Richtig, meine liebe Frau! Sind sie, während ich fort war, tüchtig gewachsen?«

»Leider nein. Ich habe sie gestern mit dem Lineal nachgemessen. Fridolin und auch Kunigündchen sind nach wie vor nur fünf Millimeter groß. Viel ist das nicht. Dabei essen sie wie die Scheunendrescher.«

»Fünf Millimeter sind ein halber Zentimeter.«

»Gewiß, mein kluger Mann.«

»Und wo stecken sie jetzt, statt an ihrem Vater hochzuklettern?«

»Schimpfe nicht«, bat Mielchen. »Aber ich mußte sie in die Schnellwäscherei bringen. Dort hängen sie zum Trocknen auf der Leine.«

Mäxchen schien entsetzt zu sein. »Ist das dein Ernst?«

»Nein«, rief sie. »Das ist nicht mein Ernst, sondern unser Fridolin! Und nach Kunigündchen fragst du gar nicht erst. Es ist ja nur ein Mädchen!«

»Erzähle, was passiert ist, oder ich zerhacke die Kommode«, knurrte er.

»Sie waren plötzlich beide weg. Ich rief und suchte und kroch durchs ganze Haus. Nichts. Endlich fiel mir der Staubsauger ein! Ich hatte alle Zimmer geputzt …«

»… und der Staubsauger hatte die Kinder verschluckt?«

»Ja. Sie saßen bis über die Ohren im Dreck, als ich den Beutel aufmachte. Staub und Teppichhaare und Zigarettenasche und Blumenerde – und dazwischen unsere beiden Lieblinge! Nicht zum Wiedererkennen. Verschmiert, verklebt, hustend, mit Rotznasen, und wie sie heulten!«

»Die lieben Kleinen«, meinte Mäxchen ergriffen.

»Ich stopfte sie in eine Tragtüte und sauste zur Schnellwäscherei.«

»Dort hängen sie nun auf der Leine?«

»Sie tropften vorhin noch ein bißchen. Aber in einer Stunde können wir sie abholen. Bis dahin hat man sie auch schon gebügelt. Sie werden wieder wie neu, hat mir der Besitzer versprochen.« Weil Mäxchen nicht antwortete, fragte sie: »Warum spielst du denn nicht weiter?«

Er zeigte in den Garten. »Wir bekommen Besuch.«

Rosa Marzipan, Verzeihung, Frau von Pokus spazierte mit ihrem Ehemann in der Wiese auf und ab. Sie hatten sich untergehakt und schienen mit sich, mit der Welt und den umliegenden Ortschaften restlos zufrieden zu sein.

»Was meinst du«, fragte Mielchen, »ob sie bald ein Baby kriegen?«

»Ob bald, weiß ich nicht«, sagte Mäxchen. »Aber schön wär's schon. Dann setzen wir uns mit in den Kinderwagen und kitzeln ihn, wenn er heult.«

»Ihn?« fragte Mielchen. »Den Kinderwagen?«

»Den Jungen!«

»Und wenn's ein Mädchen wird?«

»Dann kitzeln wir eben das Mädchen. Aber es wird bestimmt ein Junge, verlaß dich drauf. Ich habe mir sogar schon einen bildschönen Namen für ihn ausgedacht. Weil der Vater Jokus von Pokus heißt, müßte der Junge ...« Mäxchen flüsterte Mielchen rasch etwas ins Ohr.

»Nicht so schnell. Noch einmal, Joküßchen von ...?«

Da flüsterte er ihr den bildschönen Namen zum zweiten Male ins Ohr. Langsamer und deutlicher.

Jetzt hatte sie ihn genau verstanden, rief »Guuut!« und lachte und klatschte in die Hände. Mäxchen lachte tüchtig mit. Und sie lachten noch, als Herr und Frau von Pokus neugierig durchs offene Fenster blickten.

»Euch scheint's gutzugehen«, sagte der Jokus. »Das merken sogar Schwerhörige.«

Und Rosa von Pokus fragte: »Worüber lacht ihr denn?«

Aber Mäxchen und Mielchen riefen wie aus einem Munde: »Das verraten wir nicht!«

Liebe Leser,

da saßen nun Herr und Frau von Pokus verdutzt im Gras und hatten nichts zu lachen. Na ja, Hauptsache, daß ihr selber wißt, was Mäxchen der kleinen Miss ins Ohr geflüstert hat.

Wer von euch es nicht wissen sollte, der hat vielleicht die ersten Seiten dieses Buches schon wieder vergessen. Dort erzählt nämlich Jakob Hurtig ... Doch kein Angst, ich fange nicht wieder von vorne an, sondern schreibe, mit kühnem Schwung, das Wörtchen

Ende

ANHANG

Nachwort

*Parole Emil oder
Das Märchen von der Vernunft*

> *Es wird am besten sein, wenn ich alles der Reihe
> nach erzähle. Das ist noch immer die richtige
> Methode. Neu ist sie nicht, nein. Doch wozu auch?*[1]

Wer Kästner gelesen hat, geht in Dresden mit Bedacht zu Fuß. Und wundert sich vielleicht: »Fast alles hat sich geändert, und fast alles ist sich gleich geblieben.«[2] Den Platz der Einheit und den Platz der Thälmann-Pioniere, die Togliattistraße und die Dimitroff-Brücke gibt es natürlich längst nicht mehr. Und die Otto-Buchwitz-Straße nennt sich wieder Königsbrücker Straße: wie vor dem Krieg, als die Antonstadt rechts der Elbe noch die Neustadt war. Seit der Bombennacht vom 13. Februar 1945 ist sie Dresdens Altstadt.

In den maroden Villen am Albertplatz wachsen in den frühen neunziger Jahren noch Gras und Büsche durch die Fußböden. Das Tor zum Anwesen der Familie Augustin ist verschlossen, als wir, auf Erich Kästners Spuren, im Sommer 1993 zum ersten Mal durch die Neustadt spazieren. Doch die verrostete Gartenpforte gibt nach. Das vordere Haus steht leer. Es hat zu Zeiten der DDR den städtischen Verkehrsbetrieben als Kontor gedient. An der Tür die Übersicht über die Preise der Monats- und Wochenkarten für Bus und Bahn. In die Mauer eingelassen ein uralter Stahltresor, arg verwittert, die schweren Türen weit geöffnet. Der rasch zu erstaunlichem Reichtum gelangte Pferdehändler Franz Augustin, einer von Erichs Onkeln, hatte ihn angeschafft, als er, vor neunzig Jahren, seine Residenz am Albertplatz bezog. Wohin denn auch sonst mit dem vielen Geld, das er in dicken Bündeln nach Hause brachte und das niemand im Viertel ihm zu neiden schien. »Hier bewies einer der Welt, daß man es auch in der Hechtstraße zum Millionär bringen konnte! Das rechneten sie ihm hoch an. Sein Erfolg war ihr Märchen«[3], berichtet Kästner. Als er ein kleiner Junge war, hat er in diesem Haus, in diesem Garten seine Nachmittage verbracht, Johannisbeeren gepflückt und mit einer Wäschestange die Nüsse vom Baum geklopft.

Auf der Hechtstraße, die am Bischofsweg beginnt und ein gutes Stück parallel zur Königsbrücker Straße nach Norden läuft, scheint die Zeit stehengeblieben: die nach dem Ersten Weltkrieg ebenso wie die unmittelbar nach dem Zweiten. Die alte »Wachtelschänke«, im Sozialismus als »Klub der Werktätigen« aktiv, nennt sich neuerdings »Wohngebietsklub Unterer Hecht« und betreibt einen Arbeitskreis zur Erforschung der Stadtteilgeschichte. Wir fragen nach Familie Augustin. Die gab es sowohl im Haus nebenan als auch schräg gegenüber. Die alten Stallungen seien noch zu sehen, erfahren wir und machen die Bekanntschaft einer Dame, die seit achtzig Jahren in dieser Straße lebt. Sie begleitet uns in die Wohnung von Hilde Schlögel und Alfred Klötzer auf der anderen Straßenseite im ersten Stock.

Alfred Klötzer, weit über neunzig, ist mit Erich Kästner zusammen konfirmiert worden: in der Dreikönigskirche, erinnert er sich, am Palmsonntag 1913, von Pfarrer Winter. Seine Lebensgefährtin zeigt uns den Hof. Ihren Eltern hat das Haus gehört und auch die Bäckerei im Erdgeschoß. Paul Augustin wohnte nur zur Miete. Die Pferde, sagt Frau Schlögel leise, haben ihn fast so reich gemacht wie den Franz, dem die Tochter so früh gestorben ist, im Kindbett, da war sie gerade zwanzig, Dora hat sie geheißen. Oft sind sie am Wochenende miteinander gewandert, die Dora und der Erich mit seiner Mutter. Und einmal, im Sommer 1914, haben sie die Ferien gemeinsam an der Ostsee verbracht, in Müritz unweit von Rostock.

Bevor wir uns verabschieden, noch eine allerletzte Frage. Sie gilt, Luiselotte Enderle zufolge, einem »Familiengeheimnis«[4]. Der Kabarettist Werner Schneyder hat es von Kästners Sohn Thomas erfahren und mit dessen Billigung eilig gelüftet: »Es gibt so etwas wie ein Dreizehntes Zimmer im Kästner-Komplex: Das ist die Herkunft meines Vaters.«[5] Nicht der Sattlermeister Emil Kästner sei Erichs Vater, vernehmen wir, sondern Dr. Zimmermann, der Hausarzt der Familie. In Kästners Aufzeichnungen über seine Kindheit, die er 1957 unter dem Titel *Als ich ein kleiner Junge war* veröffentlicht hat, begegnet der Doktor uns an mehreren Stellen, auch in jenem Kapitel, das »Ein Kind hat Kummer« überschrieben ist: »Eines Nachmittags ging ich, statt zu spielen, heimlich zu Sanitätsrat Zimmermann in die Sprechstunde und schüttete ihm mein Herz aus.«[6] Und mitunter klingt es, als habe die Mutter, wenn wichtige Dinge zu entscheiden waren, stets auch ihn um Rat gefragt, wenn nicht um Hilfe gebeten. Sein Vorname wird nirgends genannt, an die Adresse dagegen erinnert sich Erich sehr genau: Die Praxis befand sich in der Radeberger Straße.

Im Dresdner Adreßbuch von 1899 finden wir zwei Mediziner mit diesem Namen: Gustav Zimmermann, Spezialarzt für Hals-, Nasen- und Ohrenkrankheiten, in der Bautzner Straße 27, und Emil Zimmermann, praktischer Arzt, Wundarzt und Geburtshelfer, in der Glacisstraße 16. Aus der Glacisstraße ist er 1904 in die Kurfürstenstraße verzogen und aus der Kurfürstenstraße 1909 in die Radeberger Straße. Im Adreßbuch von 1919 trägt er den Titel königlich-preußischer Sanitätsrat. Wie seiner Doktorarbeit[7] zu entnehmen ist, hatte er vor seinem Studium in Zabrze/Schlesien gelebt. Er wurde im Sommersemester 1889 an der Universität München zum Doktor der Medizin promoviert. Wir wenden uns an die Jüdische Gemeinde in der Bautzener Straße mit der Bitte um Auskunft über das Schicksal von Sanitätsrat Dr. Emil Zimmermann, zuletzt gemeldet in der Radeberger Straße 25. Die freundliche Dame lächelt und fragt zurück: Sie meinen den Vater von Erich Kästner? So ging es in der Dresdner Neustadt vor einem Menschenalter schon von Mund zu Mund, Hilde Schlögel hat es uns bestätigt. Doch mehr ist von ihm nicht bekannt. Kinder? Geschwister? In der Jüdischen Gemeinde zuckt man mit den Schultern.

Ob Emil Zimmermann jener Aemihl Zimmermann aus Zabrze war, der 1885 am Königlichen Gymnasium Gleiwitz das Abitur gemacht hat, einer von 104 jüdischen Abiturienten zwischen 1830 und 1886 und der einzige Träger dieses Namens, hat sich verläßlich nicht ermitteln lassen. Feststeht indes, daß auch Aemihl Zimmermann als Berufswunsch Arzt angegeben hatte. Wie Nachforschungen ergaben, hatte Erich Kästners leiblicher Vater, am 12. Dezember 1864 in Pitschen, Kreis Kreuzburg/Oberschlesien, geboren, mit seinen Eltern, die vermutlich aus Polen zugewandert waren, in Zabrze gelebt. Nach seiner Approbation 1890 war Dr. Emil Zimmermann in Dresden zunächst in der Wallstraße gemeldet. Von dort verlegte er seine Praxis in die Schmiedegasse, dann in die Glacisstraße. Mit seiner Ehefrau Gertrud Thekla, geborene Levy, hatte er zwei Kinder: die 1895 geborene Tochter Else und den 1900 geborenen Sohn Hans Werner. In den späten dreißiger Jahren verließ Zimmermann mit seiner Familie Deutschland. Bis zu seinem Tod am 18. März 1953 lebte er in Sao Paulo/Brasilien.[8]

Auch im »Sibyllenort« an der Ecke Königsbrücker Straße und Jordanstraße ist die Zeit nicht vergangen. Darum bestellen wir »zwei Liter einfaches Bier« und legen, als der Wirt tief Luft holen will, schnell das Buch auf den Tisch, in dem erzählt wird, wie Mutter Ida, Anfang Januar 1904, nach der bestandenen Prüfung zur selbständigen Friseuse den kleinen Erich mit der Kanne losschickt, zur Feier des Tages im »Sibyllenort« Bier zu holen, »zwei Liter einfaches Bier«.[9] Der Wirt weiß wenig über Erich Kästner. Er empfiehlt uns einen Spaziergang zum Albertplatz. Dort hat der Dichter sein Denkmal.

»Es gibt zweierlei Zeit«, sagt Kästner. »Die eine kann man mit der Elle messen, mit der Bussole und dem Sextanten, wie man Straßen und Grundstücke ausmißt. Unsere Erinnerung aber, die andere Zeitrechnung, hat mit Meter und Monat, mit Jahrzehnt und Hektar nichts zu schaffen. Alt ist, was man vergessen hat. Und das Unvergeßliche war gestern. Der Maßstab ist nicht die Uhr, sondern der Wert. Und das Wertvollste, ob lustig oder traurig, ist die Kindheit.«[10] Kästners Kindheit beginnt am 23. Februar 1899, »morgens gegen vier Uhr«[11], dauert fünfzehn Jahre und findet auf der Königsbrücker Straße statt.

Seit 1895 leben die Eltern in Dresden: Der Vater, gelernter Sattler, hat Anstellung in einer Kofferfabrik gefunden, die

Mutter verdient als Näherin dazu, läßt sich mit 34 Jahren, weil das Geld nicht reicht und die Schulden nicht geringer werden, zur Friseuse ausbilden. Ihren Salon hat sie im Schlafzimmer. Dort wäscht sie den Nachbarinnen aus der Dresdner Neustadt die verschwitzten Köpfe und dreht ihnen Locken, wenn Hochzeiten und Kindstaufen anstehen: »In der Schlafzimmerecke beim Fenster ist noch immer der Fußboden durchgebogen – von dem vielen Wasser, das beim Haarwaschen hintergekippt ist.«[12]

Im Haus Königsbrücker Straße 66, durch eine Gedenktafel als Geburtshaus des Dichters ausgewiesen, haben Kästners den vierten Stock bewohnt, gleich unter dem Dach. Das Haus wird saniert, eine Etage nach der anderen. Da mochten die Mieter nicht länger bleiben. Das Haus Nr. 48, die zweite Station der Familie Kästner, ist eine Baustelle, der Zutritt Unbefugten nicht gestattet. Bleibt das Haus Nr. 38. Niemand, der uns den Weg versperrt. »Lehrbriefausgabe«, »Ende der Raucherzone« und »Krankenzimmer« lesen wir an den Türen im zweiten Stockwerk. Was einmal das Schlafzimmer von Emil und Ida Kästner war, ist nun der Unterrichtsraum einer Handelsschule. Alle Fenster zur Straße sind geschlossen. Doch man glaubt, die Elektrische rumple durchs Zimmer. Nach Klotzsche und Hellerau verkehrt die Linie 7, wie schon zu Erichs Zeiten.

»In diesem Viertel lagen die drei Häuser meiner Kindheit. Mit den Hausnummern 66, 48 und 38. Geboren wurde ich in einer vierten Etage. In der 48 wohnten wir im dritten und in der 38 im zweiten Stock. Wir zogen tiefer, weil es mit uns bergauf ging. Wir näherten uns den Häusern mit den Vorgärten, ohne sie je zu erreichen.«[13] Ostern 1906 wird Erich eingeschult. Er besucht die 4. Bürgerschule in der Tieckstraße und wechselt 1913, nach der mit Auszeichnung absolvierten Aufnahmeprüfung, auf das Freiherrlich von Fletcher'sche Lehrerseminar. Im Juli 1917 bekommt er den Einberufungsbefehl: »Ja, und noch etwas später stand ich als Soldat mit umgehängtem Karabiner vor der Pionierkaserne Wache. Natürlich wieder auf der Königsbrücker Straße! Diese Straße und ich kamen voneinander nicht los! Wir trennten uns erst, als ich nach Leipzig zog. Dabei hätte ich mich gar nicht gewundert, wenn sie mir nachgereist wäre! So anhänglich war sie. Und ich selber bin, was sonst ich auch wurde, eines immer geblieben: ein Kind der Königsbrücker Straße.«[14] Bekennt er, als er schon auf die Sechzig zugeht, längst ein berühmter Schriftsteller ist und Manns genug, sich der armseligen, der mühseligen Jahre seiner Kindheit gern erinnern zu wollen.

Nach dem einleuchtenden Beispiel der Ausgabe von 1959 haben wir diese Kindheitserinnerungen den Kinderromanen vorangestellt. Kästner nennt sie »das Herkunftsland«[15] seiner Kinderbücher: im Hinblick auf den Stoff ebenso wie auf die Stimmung, von denen sie getragen sind. Außerdem hat der Autor selber im Vorwort erklärt: »In diesem Buch will ich Kindern einiges aus meiner Kindheit erzählen.« Und gleichwohl listig angefügt: »Nur einiges, nicht alles. Sonst würde es eines der dicken Bücher, die ich nicht mag, schwer wie ein Ziegelstein, und mein Schreibtisch ist ja schließlich keine Ziegelei, und überdies: Nicht alles, was Kinder erleben, eignet sich dafür, daß Kinder es lesen!«[16]

Im Herkunftsland von *Emil*, von *Pünktchen* oder dem *Schwein beim Friseur*, dem *Fliegenden Klassenzimmer* und dem *Doppelten Lottchen* oder dem *Kleinen Mann* ist fast alles noch so anzutreffen, wie Kästner es beschrieben hat, und auf Anhieb wiederzuerkennen: die Kulissen und die Requisiten, manchmal sogar die Schatten der einen oder anderen Person, auch wenn sie sich in der Wirklichkeit, damals, völlig anders genannt hat als im Buch. Wir ahnen also, wem Frau Friseuse Tischbein, wem Frau Fleischermeister Augustin Modell gestanden hat, und wer das Vorbild für Emil war. Ferner machen wir die Bekanntschaft einer Bäckersfrau namens Wirth (deren Laden sich jahrzehntelang an der Ecke Luisen- und Königsbrücker Straße befunden hat) und wissen aus verläßlicher Quelle, daß sowohl Pony Hütchen als auch Antons Pünktchen die Züge von Kusine Dora tragen[17], während in Fabians Freund Labude Kästners Jugendfreund Ralph Zucker wiederzuerkennen sei.[18]

Und Emil Tischbeins Vater? »Als Emil fünf Jahre alt war,

starb sein Vater, der Herr Klempnermeister Tischbein«[19], erfahren wir auf einer der ersten Seiten des Romans. Mäxchen Pichelsteiner, im *Kleinen Mann*, widerfährt dasselbe: »Als Mäxchen sechs Jahre alt war«, vernehmen wir gleich am Anfang der Geschichte, »verlor er seine Eltern. Das war in Paris, und es geschah ganz plötzlich und unerwartet.«[20] Ein Glück, daß er in Jokus von Pokus, dem weltberühmten Zauberer, einen lieben Menschen findet, der ihm, gewissermaßen an Onkels Statt, den Vater, wenn nicht sogar die Mutter zu ersetzen versucht. Johnny Trotz aus dem *Fliegenden Klassenzimmer* ist vier, als sein Vater sich auf Nimmerwiedersehen von ihm trennt: »Die Leute sind wirklich sehr gut zu ihm. Aber meistens bleibt er während der Ferien in der Schule. Er liest viel. Und er schreibt heimlich Geschichten. Vielleicht wird er einmal ein Dichter. Aber das weiß man noch nicht.«[21] Auch der kleine Berthold aus der Erzählung *Das Schwein beim Friseur*, auch Pünktchens Anton wächst ohne Vater auf – in Familienkonstellationen, wie wir sie im *Doppelten Lottchen* antreffen. Wie Mäxchen Pichelsteiner findet auch Konrad Ringelhuth einen fürsorglich um ihn bemühten Onkel, der mit ihm, am *35. Mai*, in die Welt hinaus zieht. Und wie Emil lieben auch Fabian, lieben auch Rolf Klarus aus der *Kinderkaserne* und Fritz Hagedorn aus *Drei Männer im Schnee* einen Menschen über alles: die Mutter. Ganz so wie Erich Kästner selber.

In seinen Kinderbüchern gibt es Väter gewöhnlich nur in der untergeordneten Rolle von Statisten. Nicht selten, daß die Mutter oder ein guter Onkel den Vater vollauf zu ersetzen versteht, wie im richtigen Leben der Kästners offenbar nicht anders. »Wißt ihr, wie kochender und brutzelnder Leim riecht? Noch dazu in der Küche? Für einen Sattler und Tapezierer mag er ja wie Rosenwasser duften. Doch für eine Frau, die am Herd steht und abends das Mittagessen vorkocht, stinkt er wie tausend ungewaschene Teufel! Die Nudelsuppe, das Rindfleisch, die weißen Bohnen und die Linsen, alles, was sie koche, erklärte meine Mutter, rieche und schmecke nach Leim, und nun sei damit Schluß! So wurde mein Vater aus dem Küchenparadies vertrieben. Er ging in die Verbannung. Von nun an saß er abends hinter dem Lattenverschlag zwischen unseren Kohlen, Briketts und Kartoffeln, mit der Strickjacke und dicken Filzpantoffeln, drunten im Keller.«[22] Nicht daß Emil Kästner dort unglücklich gewesen wäre. Er war ein einfacher Mann, seiner Frau deutlich unterlegen, die Enttäuschung ihres Lebens: »Ich liebe ihn doch gar nicht!«[23] soll sie sich, wie Erich zu erzählen weiß, entrüstet haben, als man ihr den Sattlergehilfen als Bräutigam empfiehlt. Das hat sie ihn auch fühlen lassen, ihn ausgegrenzt aus dem Familienleben, das sich fast ausschließlich zwischen Mutter und Sohn abspielte.

Ein Spiel, in der Tat, mit abgrundtiefem Ernst. »All ihre Liebe und Phantasie«, erinnert sich Kästner, »ihren ganzen Fleiß, jede Minute und jeden Gedanken, ihre gesamte Existenz, setzte sie, fanatisch wie ein besessener Spieler, auf eine einzige Karte, auf mich. Ihr Einsatz hieß: ihr Leben, mit Haut und Haar! Die Spielkarte war ich. Deshalb mußte ich gewinnen. Deshalb durfte ich sie nicht enttäuschen. Deshalb wurde ich der beste Schüler und der bravste Sohn. Ich hätte es nicht ertragen, wenn sie ihr großes Spiel verloren hätte.«[24] Der Verlierer Emil wurde in den Keller geschickt, wenn die Zukunft des Sohnes geplant wurde: eine Zukunft, in der sich die von Depressionen und Selbstmordgedanken geplagte Mutter gewiß auch die eigenen (vom Lebensglück ihrer reichen Brüder geweckten) Hoffnungen, Träume und Sehnsüchte zu erfüllen dachte.

Der beste Schüler und der bravste Sohn war Erich tatsächlich: der bravste Sohn seiner Mutter jedenfalls – vom Vater ist in diesem Zusammenhang nie die Rede, sondern immer nur von Menschen wie dem Hausarzt Dr. Zimmermann oder dem Untermieter Paul Schurig, in dem Kästner, wie er selber sagt, »eine Art Onkel«[25] erkennt. Obwohl er, darf man vermuten, denn seine Bücher geben eine unmißverständliche Auskunft dazu, viel lieber seinen Vater um Rat gefragt und um Hilfe gebeten hätte als solch einen Onkel: so sachverständig der auch mitredete, wenn es zu überlegen galt, was aus dem Jungen einmal werden sollte. Fast wäre Erich, wie die meisten Untermieter der Kästners, Lehrer geworden. Mit siebzehn steht er zum ersten Mal vor einer Schulklasse – und möchte auf der Stelle davonlaufen: vor diesem Beruf und vor dieser Welt, die immer wieder Kriege vom Zaun bricht, obwohl deren böses Ende leicht vorauszusehen wäre.

> Der Rektor dankte Gott pro Sieg.
> Die Lehrer trieben Latein.
> Wir hatten Angst vor diesem Krieg.
> Und dann zog man uns ein.
>
> Wir hatten Angst. Und hofften gar,
> es spräche einer Halt!
> Wir waren damals achtzehn Jahr,
> und das ist nicht sehr alt.
>
> Wir dachten an Rochlitz, Braun und Kern.
> Der Rektor wünschte uns Glück.
> Und blieb mit Gott und den andern Herrn
> gefaßt in der Heimat zurück.

So die letzten Verse des Gedichts *Primaner in Uniform*[26] aus dem Band *Ein Mann gibt Auskunft*. Soldat wird der Sekundaner Kästner im letzten Kriegsjahr, als Offiziersanwärter in einer Einjährig-Freiwilligen-Kompanie der schweren Artillerie: »Ich hätte noch zwei Jahre zur Schule gehen sollen. Als der Krieg zu Ende war, kam ich herzkrank nach Hause. Meine Eltern mußten ihren neunzehnjährigen Sohn, weil er vor Atemnot keine Stufe allein steigen konnte, die Treppe hinaufschieben.«[27] Den Beruf des Lehrers mag er nun nicht mehr ergreifen.

Vom Wintersemester 1919 an studiert er in Leipzig Germanistik, Geschichte, Philosophie und Theatergeschichte, wechselt 1921 für ein Semester nach Rostock und für ein weiteres nach Berlin, wird im Jahr darauf Redakteur des *Leipziger Tagblatts* und promoviert 1925 zum Doktor der Philosophie. Ein frivoles Gedicht namens *Abendlied des Kammervirtuosen* und eine ebenso frivole Illustration führen 1927 zur fristlosen Kündigung des Redakteurs Erich Kästner. Die Zeichnung stammte aus der Feder von Erich Ohser, der auch die Gedichtbände

Herz auf Taille, *Ein Mann gibt Auskunft* und *Gesang zwischen den Stühlen* bebildert hat und sich später, als Zeichner der Bildergeschichten von *Vater und Sohn* in der *Berliner Illustrirten*, e. o. plauen nannte. »Als Ohser und ich uns in Leipzig kennenlernten«, erinnert sich Kästner, »trieb die Inflation ihre letzten verrückten Papierblüten in die hektische Atmosphäre der Nachkriegszeit. Er war noch ein paar Jahre jünger als ich, groß, dunkelhaarig, tapsig und voller Übermut. Er studierte an der Kunstakademie und ich an der Universität. Wir waren beide unseren Berufen entlaufen und aufs Dasein neugierig, fanden die Freiheit samt ihrem Risiko herrlich, lernten und bummelten, lachten und lebten von der Hand in den Mund. Wir glaubten getrost an unser Talent und waren sehr fleißig und sehr faul, wie es sich traf. Er zeichnete und ich schrieb schon für Zeitungen und Zeitschriften, und sein Freund Erich Knauf, der es bereits zum Redakteur der ›Plauener Volkszeitung‹ gebracht hatte, war unser bester Abnehmer.«[28] Wegen »defätistischer Äußerungen im Luftschutzkeller«[29] wurden Knauf und Ohser am 2. März 1944 in Berlin verhaftet und zum Tod verurteilt. Einen Tag vor der Verhandlung erhängte Ohser sich in seiner Zelle.

Nach dem Eklat um das *Abendlied des Kammervirtuosen* geht Kästner 1927 als Theaterkritiker nach Berlin – und wird Schriftsteller. Schon im Jahr darauf erscheint sein erster Gedichtband, nicht lange danach[30] auch sein erster »Roman für Kinder«, der noch zu Lebzeiten des Autors ein in mehr als zwanzig Sprachen übersetzter[31] Klassiker des Genres wird: *Emil und die Detektive*. Die Anregung zu diesem Buch verdankt er der Verlegerin Edith Jacobsohn, der Witwe Siegfried Jacobsohns, an dessen Zeitschrift *Die Weltbühne* Kästner seit 1926 mitarbeitete. »In Ihren Kurzgeschichten kommen häufig Kinder vor«, habe sie ihn gedrängt. »Davon verstehen Sie eine ganze Menge. Es ist nur noch ein Schritt. Schreiben Sie einmal nicht nur über Kinder, sondern auch für Kinder!«[32] Merkwürdig allerdings, wie deutlich sich der Ton und die Stimmung dieser Kinderromane von seinen Büchern für Erwachsene unterscheiden.

Der Lyriker Kästner tritt als zeitkritischer Satiriker auf, mit schroffen, oft aggressiven Untertönen: ein Moralist, der seinen rhetorischen Witz und seine Schlagfertigkeit wie eine Waffe nutzt – zu Zwecken der Selbstverteidigung so wirkungsvoll wie zu gemeinnützigem Widerstand gegen ideologische Dummheit und politischen Aberwitz. Die Nationalsozialisten nennen ihn einen »Kulturbolschewisten« und »Zersetzungsliteraten«[33] und werfen seine Bücher auf den Scheiterhaufen, zusammen mit denen von Marx und Freud, Tucholsky und Ossietzky, Alfred Kerr und Heinrich Mann. Der Kinderbuch-Autor Kästner dagegen scheint aus einem völlig anderen, einem weicheren und viel helleren Holz geschnitzt[34]: ein freundlich augenzwinkernder, stets verständnisvoller und meist gutgelaunter väterlicher Freund, der natürlich weiß und auch nicht verschweigt, wie gemein und gefährlich, wie finster und feindselig die Welt der Erwachsenen sein kann, und der gleichwohl für alle auf ein gutes Ende hofft und fest daran glaubt, daß es mit Tapferkeit und Mut, Verantwortungsgefühl und Solidarität ins Werk zu setzen sei. Wenn nicht in der Welt der Erwachsenen, dann doch wenigstens in der Welt der Kinder.

Völlig ungefährdet und gänzlich sorgenfrei ist sie nicht, diese Welt. Und nicht alle Begegnungen mit ihr nehmen einen guten Verlauf, verbreiten Zuversicht und ungetrübte Lebensfreude. Die frühen Kindergeschichten, die Kästner in den zwanziger Jahren für die von ihm redigierte *Kinderzeitung* des Leipziger Familienblatts »Beyers für Alle« verfaßte, zeigen ihn am Anfang seiner Laufbahn als Kinderbuch-Autor. Noch scheint er nicht zu wissen, wieviel soziale Wahrheit er seinen jungen Lesern zumuten darf, um sich ihre Aufmerksamkeit zu sichern. Und noch hat er den Ton nicht gefunden, der sie den Kindern und ihren Eltern gleichermaßen erträglich macht. Gewiß klingen nicht alle Geschichten so düster, enden so traurig wie die Erzählung *Ein Menschenleben* und schildern die Enttäuschungen mit dem Erwachsenwerden so unversöhnlich wie *Die Entlarvung des Osterhasen*. Und nicht alle, die von Kindern handeln und ausdrücklich an Kinder adressiert sind wie das am 16. Juni 1933 unter dem Pseudonym Peter Flint publizierte

Gedicht *Besuch im Garten*, werden deren Verständnis vorausgesetzt haben. Von der grundsätzlich und bedingungslos optimistischen Stimmung freilich, die seit *Emil*, *Pünktchen und Anton* oder dem *Fliegenden Klassenzimmer* in Kästners Kinderbüchern vorherrscht, sind seine frühen Versuche in diesem Genre noch bemerkenswert weit entfernt.

In seiner 1948 gehaltenen Rede vor dem PEN-Club in Zürich, die er wie eine Befragung der eigenen Person vorträgt, hat Kästner den vermeintlichen Widerspruch zwischen dem sarkastischen Zeitkritiker, der die Hände über dem Kopf zusammenschlägt, und dem sehr unfreiwillig erwachsen gewordenen großen Jungen, der sie den Kindern entgegenstreckt, zum Thema gemacht. Und erklärt: »Als ich ihn einmal fragte, warum er neben seinen bitterbösen Satiren Bücher für kleine Jungen und Mädchen schreibe, gab er eine Antwort, die uns aus der Klemme helfen kann. Die Attacken, sagte er, die er, mit seinem als Lanze eingelegten Bleistift, gegen die Trägheit der Herzen und gegen die Unbelehrbarkeit der Köpfe ritte, strengten sein Gemüt derartig an, daß er hinterdrein, wenn die Rosinante wieder im Stall stünde und ihren Hafer fräße, jedesmal von neuem das unausrottbare Bedürfnis verspüre, Kindern Geschichten zu erzählen. Das täte ihm über alle Maße wohl. Denn Kinder, das glaube und wisse er, seien dem Guten noch nahe wie Stubennachbarn. Man müsse sie nur lehren, die Tür behutsam aufzuklinken ...«[35]

Erich Kästners Poetik ist ein pädagogisches Programm: Kindern Geschichten zu erzählen, die ihnen mit Hilfe anschaulicher und glaubwürdiger Beispiele vor Augen führen, wie es sich, zur Beförderung des Allgemeinwohls, einträchtig miteinander leben läßt; welche Regeln dazu nötig sind und wie es allen, auch jedem einzelnen, leichter fällt, sie zu befolgen; was also, um es auf den Begriff zu bringen, das Gute an der Moral sei; und was man im Leben auszurichten vermag, wenn darüber Einigkeit herrscht. Parole Emil – das ist die kürzeste Formel dafür.

Das Leben nämlich sei ernst und schwer, erfahren wir in der »siebenten Nachdenkerei« von *Pünktchen und Anton*, Kästners zweitem Kinderroman. »Und wenn die Menschen, denen es gutgeht, den anderen, denen es schlechtgeht, nicht aus freien Stücken helfen wollen, wird es noch mal ein schlimmes Ende nehmen.«[36] So mahnt der Autor und unterbricht seine Erzählung immer wieder, um den roten Faden stramm und zugleich ein Fazit zu ziehen, damit wir etwas lernen aus der Geschichte. Eine moralische Geschichte also, wie die anderen Kinderbücher Kästners auch.[37] Er selber nennt sie eine wahre Geschichte und fügt hinzu: »Ob wirklich passiert oder nicht, das ist egal. Hauptsache, daß die Geschichte wahr ist! Wahr ist eine Geschichte dann, wenn sie genauso, wie sie berichtet wird, wirklich hätte passieren können.«[38] Denn nur dann taugt sie als Lehrbeispiel.

Wir sind im Jahr 1931 angelangt. Außer dem *Fabian*, einem Lehrbeispiel für Erwachsene, erscheinen *Pünktchen und Anton*, *Der 35. Mai* und *Arthur mit dem langen Arm*, eine Sammlung von Kinderversen, allesamt wie schon der *Emil* von Walter Trier aufs einleuchtendste illustriert. »Walter Trier ist unersetzlich. Daß dem so sei, spürte ich schon, als wir einander 1927 in Berlin kennenlernten und er mein erstes Kinderbuch, *Emil und die Detektive*, illustrierte«, urteilt Kästner später. »Er war ein stiller, ernster Mann mit Kinderaugen. Alles, was er zeichnete und malte, lächelte und lachte, sogar der Schrank und der Apfel, die Wanduhr und der Damenhut. Alles war und machte heiter. Er sah die Bosheit und wurde nicht böse. Er sah die Dummheit und blieb gelassen. Er sah die Welt, wie sie war, und lächelte sie sich zurecht.«[39] Qualitäten, die ihn zum kongenialen Illustrator von Kästners Kinderbüchern gemacht haben.

Dem ersten Gedichtband ist rasch ein zweiter gefolgt und wenig später auch ein dritter. Außerdem macht der Kolumnist der *Weltbühne*, der *Vossischen Zeitung* und des *Berliner Tageblatts* als Hörspielautor von sich reden, versucht sich als Texter fürs Kabarett und denkt sich das Skript zu einem Film aus, den Max Ophüls inszeniert. Er schreibt (mit Emmerich Pressburger und Billy Wilder zusammen) das Drehbuch für die Kinoversion von *Emil und die Detektive*, bringt den *Emil* und, nicht lange danach, auch *Pünktchen und Anton* auf die Theaterbühne und schaut vom Gipfel seines frühen Ruhms sehr nachdenklich in die Zukunft, als die Nationalsozialisten die Macht an sich reißen, Fackeln und Scheiterhaufen anzünden und sofort verbieten, was sie nicht verstehen.

Die am 16. Mai 1933 im Börsenblatt für den Deutschen Buchhandel veröffentlichte »erste amtliche Schwarze Liste« verzeichnet »alle Bücher und alle Autoren, die bei der Säuberung der Volksbüchereien entfernt werden können« beziehungsweise »ausgemerzt werden müssen«. Im Falle Kästners ist vermerkt: »Alles außer: *Emil*«.[40] Die im Oktober 1935 von der Reichsschrifttumskammer zusammengestellte »Liste 1 des schädlichen und unerwünschten Schrifftums« macht diese Ausnahme nicht mehr. Sechs Monate später wird auch der Vertrieb der im Ausland publizierten Kästner-Bücher untersagt.[41] Einem umfangreichen Dossier, das auf jeder Seite die Datumszeile »Berlin W 8, den 21. Juni 1937« trägt, entnehmen wir: »Der Schriftsteller Erich Kästner, der in Deutschland wohnt und wegen seiner kulturbolschewistischen Haltung im Schrifttum vor 1933 nicht Mitglied der Reichsschrifttumskammer ist, veröffentlicht seit 1933 Romane, Jugendschriften und Gedichte in der Schweiz. Diese Bücher werden in der Tschechoslowakei gedruckt und sind bebildert von dem jüdischen Zeichner Walter Trier. Die Bücher sind für Deutschland nicht zugelassen, haben jedoch im Ausland erhebliche Auflagen erzielt. Es wirft sich die Frage auf: was ist hier zu tun? Gegen oder für Kästner?«[42]

Mit einiger Verlegenheit wird registriert: »So frisch und humoristisch der Verfasser in seinen Kinderromanen sein kann, so müde und bitter und defaitistisch gibt er sich in seinen Gedichten.«[43] Das Urteil über *Emil und die drei Zwillinge* lautet genauso (»nicht zu beanstanden«) wie das über *Das fliegende Klassenzimmer* oder die Erzählungen *Drei Männer im Schnee* und *Die verschwundene Miniatur*. Und fast immer wird, vorsichtig und meist zwischen den Zeilen, dem Bedauern Ausdruck gegeben, daß dieser Schriftsteller gleichsam in der Versenkung lebt: »In einer für Deutschland sehr selten graziösen Art wird hier ein Schwank im winterlichen Gebirgsort inszeniert, ein Schwank, der es bis zu einem gütigen Humor des Herzens bringt. Hier offenbart sich die andere, bessere Seite des Verfassers. Wenn er diese andere, bessere Seite einzig und allein pflegen wollte, so sollte uns Kästner als deutscher Schriftsteller sehr willkommen sein.«[44]

Die meisten Rezensenten äußern sich über die Kinderromane mit überaus freundlicher Zustimmung – selbst dort, wo einer, im Fall von *Pünktchen und Anton*, »seltsame sozialistische Tendenzpülverchen« gestreut sieht, »die unseren Anschauungen über Familie, Erziehung, Elternautorität und Privateigentum sehr widersprechen«.[45] Oder wo gerügt wird: »Die moralischen Betrachtungen dazwischen hätte sich Herr Kästner vielleicht schenken können, Kinder lieben so etwas nicht.«[46] Ein Einwand, dem man zumal in den Urteilen über *Der 35. Mai* immer wieder begegnet. Seine milde Variante lautet: »Störend wirken die Stellen, wo der Moralist und Pazifist Kästner den Dichter in den Hintergrund drängt.«[47] Deutlich ruppiger klingt, unter der Überschrift »Warnung vor einem Kinderbuch«, folgendes: »Kästners phantastischer ›Kinderroman‹ (als solcher wird er bezeichnenderweise vielfach empfunden) ist im Grunde zynisch und destruktiv. Und er ist das, weil sein Verfasser nicht nur jedem kindlich-gläubigen Gefühlsleben fernsteht und nur eine sehr schwache Ahnung von der unerschöpflich bunten, dem klügelnden Verstand des Erwachsenen verschlossenen Welt der Kindheit hat, sondern auch in sehr engem Rahmen dogmatisch denkt. Er teilt den Kindern u. a. nichts Geringeres als seine Kritik an der Weltgeschichte mit. An seiner Berufung dazu besteht für ihn keinerlei Zweifel; denn ihm stellt sich die Weltgeschichte ungeheuer einfach dar (man schaudert vor so viel Fehlanstrengung der Menschheit), und Ehrfurcht vor geschichtlichen Schicksalen und zumal vor der Persönlichkeit ist ihm ein völlig fremder und vermutlich sehr anrüchiger Begriff.«[48] Solche Verdikte, vor 1933 gewiß die Ausnahme, geben nach den Autodafés vom Mai 1933 den Ton an. Ein Beispiel aus der vom Hauptamt für Erzieher in Bayreuth herausgegebenen *Jugendschriften-Warte*: »Wir wollen auf Einzelheiten weiter nicht eingehen, was wir aber vor allem an diesem ›Roman für Kinder‹ tadeln, ist die Schwächlichkeit seiner Charaktere und die ganze Art der Darstellung, die oberflächlich-spielerisch und gesucht burschikos ist. Dazu passen gut die schnoddrigen Karikaturen des Juden Walter Trier. In diesem Zusammenhange sei gesagt, daß wir grundsätzlich alle Bücher ablehnen, die Walter Trier bebildert hat, auch wenn sie inhaltlich einwandfrei sind.«[49]

Ein Moralist also und ein Pazifist dazu – wenn nicht sogar ein dogmatischer Sozialist mit destruktiver Veranlagung und einer ausgeprägten Neigung zum Zynismus: Schmähungen, in den Augen seiner Kritiker, die Kästner lächelnd als Auszeichnung empfunden haben wird. Rundum mißverstanden fühlte er sich nicht. Natürlich widerspricht, was im *35. Mai* völlig selbstverständlich ist, den für die frühen dreißiger Jahre verbindlichen Anschauungen von Familie, Erziehung und Autorität: mit allen Erwachsenen so spöttisch und mit dem Stoff, dem Personal der deutschen Geschichte so respektlos umzuspringen wie Konrad Ringelhuth zum Beispiel mit Karl dem Großen, Barbarossa und Wallenstein. »Euch und euresgleichen sollte man überhaupt nur mit Zinnsoldaten Krieg führen lassen!«[50] Ruft Konrad aus, nachdem er eine Zeitlang den martialischen Kinderspielen der Feldherren Hannibal und Wallenstein zugeschaut hat. Und sucht entgeistert das Weite: mitten durch die Verkehrte Welt, in der schwererziehbare Eltern die Schulbank drücken müssen, quer durch die Schlaraffenstadt Elektropolis, in der die Zukunft längst begonnen hat – so heftig allerdings, daß einen vernünftigen Menschen davor grausen muß: »Sie sahen zurück und konnten beobachten, wie die Fahrstühle aus den Dächern flogen. Der Lärm der schwankenden Aluminiumwolkenkratzer klang nach Krieg. Onkel Ringelhuth klopfte dem Pferd den Hals, trocknete sich die Stirn und sagte: ›Das Paradies geht in die Luft.‹«[51]

Vernünftige Menschen? Zumindest vernünftige Erwachsene sind in Kästners Kinderromanen wesentlich seltener anzutreffen als vernünftige Kinder – am allerwenigsten noch in der vier Jahre nach Kriegsende veröffentlichten Erzählung *Die Konferenz der Tiere*, die in der Werkausgabe von 1959 ausdrücklich als »Familienbuch«[52] bezeichnet wird. Ein moralisches Märchen aus der Zeit nach dem Sündenfall – über die globalen Folgen, die sich einzustellen pflegen, wenn die Vernunft aussetzt, und über die Notwendigkeit, das zu verhindern: »Wie man die Menschen davon überzeugen könne, daß sie sich, mindestens ihren Kindern zuliebe, vertragen müßten. Ob man sie notfalls zur Vernunft zwingen solle, und wie das wohl zu machen sei.«[53]

Es ist das Märchen von der Vernunft, das Kästner erzählt, wider besseres Wissen, doch in gutem Glauben: »Es war einmal ein netter alter Herr, der hatte die Unart, sich ab und zu vernünftige Dinge auszudenken. Das heißt: Zur Unart wurde seine Gewohnheit eigentlich erst dadurch, daß er das, was er sich jeweils ausgedacht hatte, nicht für sich behielt, sondern den Fachleuten vorzutragen pflegte. Da er reich und trotz seiner plausiblen Einfälle angesehen war, mußten sie ihm, wenn auch mit knirschenden Ohren, aufs geduldigste zuhören. Und es gibt gewiß für Fachleute keine ärgere Qual als die, lächelnden Gesichts einem vernünftigen Vorschlage zu lauschen. Denn die Vernunft, das weiß jeder, vereinfacht das Schwierige in einer Weise, die den Männern vom Fach nicht geheuer und somit ungeheuerlich erscheinen muß. Sie empfinden dergleichen zu Recht als einen unerlaubten Eingriff in ihre mühsam erworbenen und verteidigten Befugnisse. Was, fragt man sich mit ihnen, sollten die Ärmsten wirklich tun, wenn nicht sie herrschten, sondern statt ihrer die Vernunft regierte!«[54] Ein Traum, und Kästner träumte ihn sein Leben lang: daß einmal, ein einziges Mal, Vernunft walten und schalten dürfe in den Angelegenheiten, die das menschliche und vor allem das zwischenmenschliche Leben betreffen.

Es ist der Traum eines Idealisten, der sich selbst einen Moralisten nennt und als »Urenkel der deutschen Aufklärung«[55] begreift: »Er glaubt an den gesunden Menschenverstand wie an ein Wunder, und so wäre alles gut und schön, wenn er an Wunder glaubte, doch eben das verbietet ihm der gesunde Menschenverstand.«[56] Eine Klemme, aus der dem Kinderbuch-Autor Erich Kästner nur das Märchen hilft: das Märchen von der

Vernunft, an das der Lyriker, der Kabarettist, der Publizist gleichen Namens längst nicht mehr glaubt.

Nachbemerkung für alle, die es genau wissen wollen

Warum nennt Kästner die Palatschinken, die Lotte, pardon, Luise mit Todesverachtung verspeist, in der 1959 erschienenen Werkausgabe auf einmal Eierkuchen und die Wiener Cobenzlgasse nunmehr Kobenzlallee? Weil die erfundene Kobenzlallee nicht mit der Cobenzlgasse, die es nämlich tatsächlich gibt, verwechselt werden soll – und weil gegen Ende der fünfziger Jahre die Palatschinken aus dem Wortschatz der Kinder völlig verschwunden sind. Die späteren Ausgaben der Kinderbücher weisen gegenüber den Erstausgaben und den nachfolgenden Drucken etliche kleine Veränderungen auf. Klar, daß man in den Fünfzigern nicht mehr, so altmodisch wie in den Zwanzigern, »Hôtel« und »Jungens« schreibt, sondern Hotel und Jungen. In anderen Fällen sind die Gründe weniger eindeutig. Klingt, vor Beginn des ersten Kapitels von *Emil und die Detektive*, ein Spruch wie »Die Geschichte fängt nun endlich an« wirklich zeitgemäßer als »So, nun wollen wir aber endlich anfangen«? Und was ist gewonnen, wenn es statt »Jackettasche« einfach »Tasche« heißt? Natürlich läßt sich nicht mit Sicherheit sagen, warum das »Tapeziererhandwerk« der Erstausgabe in »Tapezierhandwerk« geändert wurde. Auch wissen wir nicht, ob der Autor selber oder sein Lektor eingegriffen hat, wenn ein Wort und ein Halbsatz gestrichen wurden, um zwei Zeilen einzubringen, für die sonst eine neue Druckseite hätte angefangen werden müssen. Das ist zum Beispiel im *Fliegenden Klassenzimmer* der Fall, unmittelbar vor dem Ende des vierten Kapitels. In der späteren Ausgabe ist von dem Satz »Dort saß Uli auf einer Planke und starrte in den Schnee« nur der erste Teil übriggeblieben (*GS*, Bd. 7, S. 49, Zeile 15), und »die beiden ungleichen Freunde« wurden auf »die beiden Freunde« (Zeile 26) reduziert. Warum an anderen Stellen einzelne Wörter, auch schon einmal zwei oder drei Sätze weggefallen sind, war nicht zu klären. Bei einer Reihe winziger (gelegentlich auch typographischer) Veränderungen, von wessen Hand auch immer, ist wenig Tiefsinn zu vermuten – wenn etwa »Er lief eilig weg« in »Er lief eilig davon« redigiert oder der Brief Emils an die Großmutter zur Unterscheidung vom laufenden Text kursiv gesetzt wurde.

Palatschinken klingt zweifellos interessanter als Eierkuchen, und wer nicht weiß, wie sie schmecken, mag seine Brieffreundin in Österreich fragen. Für diese Ausgabe der Kinderbücher haben wir jedenfalls die Textgestalt der Erstausgaben wiederhergestellt. Die Orthographie wurde den Konventionen unserer Zeit angepaßt. Offensichtliche Druckfehler wurden berichtigt.

Franz Josef Görtz

Anmerkungen

[1] *Der kleine Mann und die kleine Miss, VIII, 575*
[2] *Als ich ein kleiner Junge war, VII, 13*
[3] Ebd., *VII, 115*
[4] Luiselotte Enderle: *Erich Kästner*. Mit Selbstzeugnissen und Bilddokumenten. Reinbek 1966, 14. Auflage 1993, S. 140
[5] Werner Schneyder: *Erich Kästner. Ein brauchbarer Autor*. München 1982, S. 19
[6] *Als ich ein kleiner Junge war, VII, 104*
[7] Emil Zimmermann: *Beitrag zur therapeutischen Anwendung des Sulfonal*. München 1889
[8] Vgl. Franz Josef Görtz/Hans Sarkowicz: *Erich Kästner. Eine Biographie*. München 1998, S. 150ff.
[9] *Als ich ein kleiner Junge war, VII, 84*
[10] Ebd., *VII, 14*
[11] Ebd., *VII, 43*
[12] Dietmar Grieser: *Die kleinen Helden. Kinderbuchfiguren und ihre Vorbilder*. Frankfurt 1991, S. 126
[13] *Als ich ein kleiner Junge war, VII, 46*
[14] Ebd., *VII, 47*

[15] Erich Kästner: *Gesammelte Schriften in sieben Bänden (GS)*. Zürich 1959. Bd. 6, *Romane für Kinder I*, S. 7
[16] *Als ich ein kleiner Junge war, VII, 10*
[17] Luiselotte Enderle: *Erich Kästner*, S. 29
[18] Ebd., S. 35
[19] *Emil und die Detektive, VII, 204*
[20] *Der kleine Mann, VIII, 393*
[21] *Das fliegende Klassenzimmer, VIII, 48*
[22] *Als ich ein kleiner Junge war, VII, 82*
[23] Ebd., *VII, 32*
[24] Ebd., *VII, 102*
[25] Ebd., *VII, 55*
[26] *I, 140*
[27] *II, 57*
[28] *VI, 635*
[29] Zitiert nach Helga Bemmann: *Erich Kästner. Leben und Werk*. Berlin 1994, S. 333
[30] Am 15. Oktober 1939 schreibt Erich Kästner seiner Mutter aus Berlin: »Heute kam Frau Jacobson vorbei, im Auto, und brachte mir das erste Exemplar von ›Emil und die Detektive‹. Ich schicke Dir's morgen ab, will mir's nur erst selber mal in Ruhe betrachten.« Zitiert nach: Erich Kästner: *Mein liebes, gutes Muttchen, Du! Dein oller Junge*. Briefe und Postkarten aus 30 Jahren. Ausgewählt und eingeleitet von Luiselotte Enderle. Hamburg 1981, S. 86. Abweichend nennt die Bibliographie von Uta Lämmerzahl-Bensel (Gießen 1988) als Erscheinungsjahr 1928. Vgl. dazu das von der Gesellschaft der Freunde der Stadt- und Universitätsbibliothek Frankfurt herausgegebe Begleitheft zur Ausstellung »EK, 1899–1989«. Frankfurt 1989, S. 105
[31] Vgl. das Verzeichnis der Übersetzungen im Katalog zur Ausstellung »Erich Kästner. Leben und Werk« des Goethe-Instituts, München 1964, S. 21 ff.
[32] Erich Kästner: *Gesammelte Schriften für Erwachsene (GSE)*. Zürich 1969. Bd. 8: *Vermischte Beiträge III*, S. 330
[33] In einem im Nachlaß aufgefundenen Schreiben aus dem Reichsministerium für Volksaufklärung und Propaganda vom 18. Januar 1939 an Kästners Rechtsanwalt Dr. Joachim Friese heißt es: »Herr Dr. Erich Kästner gehört nicht nur zu den Kulturbolschewisten, sondern er ist selbst Prototyp der Kulturbolschewisten. Ich bin erstaunt, daß ein nationalsozialistischer Rechstanwalt den Versuch macht, die literarische Tätigkeit Dr. Kästners in der Zeit

vor 1933 abzuschwächen und als harmlos hinzustellen. Es ist wohl kaum schlimmeres in deutscher Sprache an Zersetzendem geschrieben worden als die Hunderte von pornographischen Gedichten Kästners über die Abtreibung, die Homo-Sexualität und alle sonstigen Verirrungen.«

[34] Vgl. Petra Kirsch: *Erich Kästners Kinderbücher im geschichtlichen Wandel*. Diss. München 1986, S. 36 ff.
[35] *II, 326*
[36] *Pünktchen und Anton, VII, 497*
[37] Vgl. Kurt Beutler: *Erich Kästner. Eine literaturpädagogische Untersuchung*. Weinheim, Berlin 1967, S. 181 ff.
[38] *Pünktchen und Anton, VII, 454*
[39] *VI, 647*
[40] Zitiert nach Gerhard Sauder (Hrsg.): *Die Bücherverbrennung. Zum 10. Mai 1933*. München 1983, S. 121 ff.
[41] Vgl. Jan-Pieter Barbian: *Literaturpolitik im »Dritten Reich«. Institutionen, Kompetenzen, Betätigungsfelder*. München 1995, S. 375 f.
[42] Gutachten des Kammer-Referenten Alfred Richard Meyer zu dem 1936 im Atrium Verlag (Basel, Wien, Mährisch Ostrau) erschienenen Band *Doktor Erich Kästners Lyrische Hausapotheke* vom 21. 6. 1937. BDC/RSK/Kästner, E.
[43] Ebd.
[44] Ebd.
[45] Gerd Vielhaber: *Ein Kinderroman*. In: *Rheinisch-Westfälische Zeitung*, Essen, 7. 12. 1931
[46] anonym: Erich Kästner: »Pünktchen und Anton«. In: *Pommersche Tagespost*, Stettin, 29. 11. 1931
[47] anonym: Erich Kästner: »Der 35. Mai«. In: *Der Jungdeutsche*, Berlin, 6. 12. 1932
[48] Christian Jenssen: *Warnung vor einem Kinderbuch*. In: *Berliner Börsen-Zeitung*, Berlin, 22. 1. 1933
[49] anonym: Kästner, Erich: »Das fliegende Klassenzimmer«. In: *Jugendschriften-Warte*, Bayreuth, Sept. 1935
[50] *Der 35. Mai oder Konrad reitet in die Südsee, VII, 575*
[51] *Ebd., VII, 594*
[52] Kästner: *GS. Bd. 7: Romane für Kinder II*, S. 339
[53] *Die Konferenz der Tiere, VIII, 287*
[54] *II, 160*
[55] *V, 326*
[56] *V, 327*

Inhaltsverzeichnis

7 Arthur mit dem langen Arm

9 Vorwort zu Arthur mit dem langen Arm
10 Arthur mit dem langen Arm
14 Das zersägte Motorrad
17 Ursula hängt in der Luft
20 Die Sache mit den Klößen

23 Das verhexte Telefon

26 Das verhexte Telefon
30 Der Preisboxer
33 Ferdinand saugt Staub
37 Übermut tut selten gut

41 Das fliegende Klassenzimmer

43 Die erste Abteilung des Vorworts
46 Die zweite Abteilung des Vorworts
52 Das erste Kapitel
62 Das zweite Kapitel
69 Das dritte Kapitel
76 Das vierte Kapitel
87 Das fünfte Kapitel
96 Das sechste Kapitel
104 Das siebente Kapitel
113 Das achte Kapitel
120 Das neunte Kapitel
131 Das zehnte Kapitel
141 Das elfte Kapitel
149 Das zwölfte Kapitel
156 Das Nachwort

161 Das doppelte Lottchen

163 Erstes Kapitel
171 Zweites Kapitel
179 Drittes Kapitel
183 Viertes Kapitel
187 Fünftes Kapitel
194 Sechstes Kapitel
205 Siebentes Kapitel
212 Achtes Kapitel
227 Neuntes Kapitel
233 Zehntes Kapitel
242 Elftes Kapitel
246 Zwölftes Kapitel

255 Die Konferenz der Tiere

317 Das Schwein beim Friseur

319 Liebe Kinder
321 Das Schwein beim Friseur
324 Kicherfritzen
325 Der neugierige Friedrich
329 Fauler Zauber
330 Mama ist nicht zu Hause
333 Die Sache mit dem Löwen und dem Marktnetz
336 Frau Hebestreit spioniert
340 Weltreise durchs Zimmer
341 Zwei Mütter und ein Kind
347 Ein kleiner Junge unterwegs
353 Ein Kind hat Kummer
359 Als der Nikolaus kam
361 Felix holt Senf
364 Arno schwimmt Weltrekord

365 Zwei Schüler sind verschwunden
385 Paula vorm Haus

389 Der kleine Mann

391 Das erste Kapitel
396 Das zweite Kapitel
401 Das dritte Kapitel
405 Das vierte Kapitel
411 Das fünfte Kapitel
416 Das sechste Kapitel
421 Das siebente Kapitel
426 Das achte Kapitel
433 Das neunte Kapitel
444 Das zehnte Kapitel
450 Das elfte Kapitel
458 Das zwölfte Kapitel
466 Das dreizehnte Kapitel
470 Das vierzehnte Kapitel
476 Das fünfzehnte Kapitel
483 Das sechzehnte Kapitel
489 Das siebzehnte Kapitel
495 Das achtzehnte Kapitel
502 Das neunzehnte Kapitel
508 Das zwanzigste Kapitel
516 Das einundzwanzigste Kapitel
523 Das zweiundzwanzigste Kapitel

527 Der kleine Mann und
    die kleine Miss

529 Liebe Kinder
548 Das erste Kapitel
556 Das zweite Kapitel
566 Das dritte Kapitel

575 Das vierte Kapitel
587 Das fünfte Kapitel
596 Das sechste Kapitel
610 Das siebente Kapitel
625 Das achte Kapitel
641 Das neunte und letzte Kapitel

661 Anhang

663 Nachwort